Turhan Feyizoğlu

DENİZ

1

Bir İsyancının İzleri

Ozan Yayıncılık
Ekim 2002

Turhan Feyizoğlu

DENİZ

Bir İsyancının İzleri

Ozan Yayıncılık
Ekim 2002

Yayın No: 40

Kitabın adı: ©Deniz/Bir İsyancının İzleri
Editör: Mustafa Demir
Kapak Tasarımı: Ozan Yayıncılık
Montaj ve Baskı: Kayhan Matbaacılık
Mücellit: Kayhan Mücellit

ISBN 975-7891-40-1

OZAN YAYINCILIK

Cağaloğlu yokuşu No: 10 Zemin Kat Cağaloğlu/İstanbul
Tel: (212) 520 43 90-520 43 91-511 93 95 **Faks:** (212) 527 98 47
İnternet Adresi: www.ozanyayincilik.com
email: info@ozanyayincilik.com

Sevgili ablam Şahver
ile
ağabeyim Ali Bey'e

İÇİNDEKİLER

KISALTMALAR

AA: Anadolu Ajansı.

AIESEC: İktisat ve Ticari İlim Yapan Öğrenciler Birliği

AID:Amerikan Yardım Örgütü.

AİTİA-ÖD: Ankara İktisadi Ticari İlimler Akademisi Öğrenci Derneği.

ANAP: Anavatan Partisi.

AP: Adalet Partisi

AÜ-ÖB: Ankara Üniversitesi Öğrenci Birliği.

AÜ-TB: Ankara Üniversitesi Talebe Birliği.

AÜ-YOTB: Ankara Üniversitesi Yüksek Okullar Talebe Birliği.

BYYO: Basın Yayın Yüksek Okulu.

CHP: Cumhuriyet Halk Partisi.

CKMP: Cumhuriyetçi Köylü Millet Partisi.

Dev-Genç: Devrimci Gençlik.

Dev-Güç: Devrimciler Güçbirliği.

DDD: Demokratik Devrim Derneği.

DDKD: Devrimci Doğu Kültür Ocakları.

DP: Demokrat Parti.

DİSK: Devrimci İşçi Sendikaları Konfederasyonu.

DÖB: Devrimci Öğrenci Birliği.

Dr. : Doktor.

DTCF: Dil ve Tarih-Coğrafya Fakültesi.

EMEP: Emek Partisi

EÜ-ÖB: Ege Üniversitesi Öğrenci Birliği.

FDHKC:Filistin Demokratik Halk Kurtuluş Cephesi.

FKF-MYK: Fikir Kulüpleri Federasyonu Merkez Yürütme Kurulu.
FKF-GYK: Fikir Kulüpleri Federasyonu Genel Yönetim Kurulu.
HFTC: Hukuk Fakültesi Talebe Cemiyeti.
HÜ-ÖB: Hacettepe Üniversitesi Öğrenci Birliği.
İAYTOTB: İstanbul Akşam Yüksek Teknik Okullar Talebe Birliği.
İLK-SEN: İlkokul Öğretmenleri Sendikası.
İPSD: İşsizlik ve Pahalılıkla Savaş Derneği.
İTİA: İktisadi ve Ticari İlimler Akademisi.
İTÜ-ÖB: İstanbul Teknik Üniversitesi Öğrenci Birliği.
İTÜ-TOTB: İstanbul Teknik Üniversitesi Teknik Okulu Talebe Birliği.
İÜ-DFTC: İstanbul Üniversitesi Diş Fakültesi Talebe Cemiyeti.
İÜ-İFTC: İstanbul Üniversitesi İktisat Fakültesi Talebe Cemiyeti.
İÜ-OFTC: İstanbul Üniversitesi Orman Fakültesi Talebe Cemiyeti.
İÜÖB: İstanbul Üniversitesi Talebe Birliği.
İYTOTB: İstanbul Yüksek Teknik Okullar Talebe Birliği.
MDD: Milli Demokratik Devrim.
MGK: Milli Güvenlik Konseyi.
MİT: Milli İstihbarat Teşkilatı.
M-L: Marksist-Leninist.
ODTÜ-ÖB: Orta Doğu Teknik Üniversitesi Öğrenci Birliği.
ODTÜ-SFK: Orta Doğu Teknik Üniversitesi Sosyalist Fikir Kulübü.
PDA: Proleter Devrimci Aydınlık.
PDK: Proleter Devrimci Kurultay.
Prof. : Profesör.
SBF: Siyasal Bilgiler Fakültesi.
SD: Sosyalist Devrim.
SDD: Sosyal Demokrasi Derneği.
SDDF: Sosyal Demokrasi Dernekleri Federasyonu.
SGÖ: Sosyalist Gençlik Örgütü.

SHP: Sosyaldemokrat Halkçı Parti.
SSCB: Sovyet Sosyalist Cumhuriyetleri Birliği.
TCK: Türk Ceza Kanunu.
Ti-Sen: Tiyatrocular Sendikası.
TMGT: Türkiye Milli Gençlik Teşkilatı.
TMTF: Türkiye Milli Gençlik Teşkilatı.
TDGF-MYK: Türkiye Devrimci Gençlik Dernekleri Federasyonu Merkez Yürütme Kurulu.
TDGF-GYK: Türkiye Devrimci Gençlik Dernekleri Federasyonu Genel Yönetim Kurulu.
THKO: Türkiye Halk Kurtuluş Ordusu.
THKP-C: Türkiye Halk Kurtuluş Partisi Cephesi.
TİİKP: Türkiye İhtilalci İşçi Köylü Partisi.
TİP-GYK: Türkiye İşçi Partisi Genel Yönetim Kurulu.
TKP: Türkiye Komünist Partisi.
TMGT: Türkiye Milli Gençlik Teşkilatı.
TMTF: Türkiye Milli Talebe Federasyonu.
TÖS: Türkiye Öğretmenler Sendikası.
TÖDMF: Türkiye Öğretmen Dernekleri Milli Federasyonu.
TÜTÜS: Tütün Üreticileri Sendikası.
ÜNAS: Üniversite Asistanları Sendikası.
YİS: Yapı İşçileri Sendikası.

SUNUŞ

Kamuoyu onu ilk kez, Çorumlu 54 belediye işçisinin yalınayak yürüyerek Çorum'dan İstanbul'a gelişlerinin ardından 31 Ağustos 1966 Çarşamba günü, Türk-İş yöneticilerini protesto etmek amacıyla Taksim Meydanı'nda düzenlediği mitingde tanıdı. 19 yaşında TİP Üsküdar İlçe Sekreteri olarak katıldığı mitingde gözaltına alınmıştı. Bundan sonra idam edildiği 6 Mayıs 1972 Cumartesi gününe kadar, sayısız kez gözaltına alınıp tutuklandı.

O, 25 yıllık yaşamını gözaltı, tutuklama va kaçak olduğu anlar da dahil haksız gördüğü her olaya karşı mücadele etmekle geçirmişti. Yaptığı eylemler sonunda ismiyle konuk olmadığı ev kalmamıştı. Bir bakıyorsunuz üniversite reformu için işgal başlatmış, bir bakıyorsunuz siyasi iktidarı Atatürk'e şikayet etmek amacıyla Samsun-Ankara yürüyüşünde, bir bakıyorsunuz sosyalizmin sorunlarını bir panelde tartışıyor, bir bakıyorsunuz ABD Büyükelçisi Kommer'i protesto eyleminde gözaltına alınmış, bir bakıyorsunuz Beyazıt Meydanında polisle çatışıyor, bir bakıyorsunuz Filistin'e gerilla eğitimi yapmağa gitmiş, bir bakıyorsunuz Ho Chi Minh'i anma toplantısında konuşmacı, bir bakıyorsunuz dürbünlü tüfek nedeni ile tutuklanmış, bir bakıyorsunuz ABD Büyükelçiliği önünde nöbet tutan iki polise ateş açarak yaralamış, bir bakıyorsunuz banka soygunu eylemine katılmış, bir bakıyorsunuz 4 ABD'li askeri arkadaşlarıyla kaçırmış ve 400 bin dolar istemiş, bir bakıyorsunuz Şarkışla'da silahlı çatışma sonunda yakalanmış, bir bakıyorsunuz tutuklu iken 1961 Anayasası'nın değiştirilmesini protesto etmek amacıyla açlık grevine gitmiş. Her olayda ismi geçiyor. Tanısın tanımasın herkes onun hakkında birşeyler anlatıyor. Bu nedenle, kamuoyu onu yaşarken bir efsane haline getirmiş, idam edildiğinde öldüğüne uzun süre inanamamıştır.

Kısa yaşamına çok şey sığdıran ve inandığı siyasi dava amacıyla idam edilen Deniz Gezmiş'in yaşamı elde edilebilen bilgi, belge ve anılara dayanılarak okuyucuya aktarılmıştır.

Turhan Feyizoğlu

24 Ağustos 1999

Birinci Bölüm

Mare Nostrum
En uzun koşuysa elbet Türkiye'de de devrim
O, onun en güzel yüz metresini koştu
En sekmez lüverin namlusundan fırlayarak
En hızlısıydı hepimizin,
En önce göğüsledi ipi...
Acıyorsam sana anam avradım olsun
Ama aşk olsun sana çocuk, Aşk olsun!

Can Yücel

Çocukluğu

Ayaş, eski İstanbul-Ankara bir numaralı devlet karayolu üzerinde, Ankara'ya bağlı ve 55 kilometre uzaklıkta küçük, şirin bir kasabadır. Ayaş Çayının ikiye böldüğü, ılıca sularıyla ünlü, orta kısmı tepelerle kaplı, çayın geçtiği vadide bağların ve meyve bahçelerinin uzandığı bu şirin kasabada tek katlı evlerin birisinde soğuk bir kış günü, bir anne ikinci erkek çocuğunu dünyaya getirmektedir.

Baba Cemil Gezmiş, o günü yıllar sonra şöyle anlatmıştır:

"Karlı bir şubat sabahı Ayaş'ta dünyaya gözlerini açtığın zaman ilk işin ağlamak olmuştu."[1]

Gezmiş ailesi, 28 Şubat 1947 Cuma günü doğan çocuklarına Deniz ismini verir.

Deniz, çocukluğu hakkında şunları anlatmıştır:

"1947 senesinde Ankara'nın Ayaş ilçesinde doğdum. Babam ben doğduğum senelerde Ayaş'ın bir ilkokulunda öğretmenlik yapıyordu. O zaman ve şimdi gerek olmadığı için merak edip babamın hangi okulda öğretmenlik yaptığını öğrenmek istemedim. Daha doğrusu ben 6 aylıkken Ayaş'tan ayrıldığımız için eski durumu pek hatırlamıyorum. Ben hayata geldikten sonra babam Sivas'a nakledilmiş. Sivas'ın kaza ve köylerinde ilköğretim müfettişi olarak görev yapmış. İlkokulu Sivas'ın Yıldızeli kazasındaki okullardan birinde okudum. Sonra Sivas'a nakledildik. Sivas Selçuk İlkokulu'nda tahsile devam ederek ilkokulu bitirdim. Mezuniyet tarihini hatırlamıyorum. Ortaokulu Sivas Atatürk Ortaokulu'nda okudum ve bitirdim. Hatırladığıma göre 1961 senesi idi."

Deniz'le ilkokul ve ortaokuldan arkadaş olan Aydın Çubukçu, bu konuda şunları anlatmıştır:

"Deniz, çok yakın arkadaşımdı. İlkokul birinci sınıftan liseye kadar çocukluk dönemimiz beraber geçti. Ondan sonra, tekrar üniversitede, 68 işgallerinde karşılaştık.

Daha dokuz-on yaşımızdaydık. Bir 'Yedibela çetesi' kurmuştu. Yedi kişi değildik ama adımız nedense 'Yedibela' idi. Biz o 'Yedibela çetesi'nin üyeleriydik. Deniz de tartışılmaz şefimizdi. Yedibela çetesinin aslında pek bir şey yaptığı yoktu ama grup olarak hareket etmek, ne bileyim bir yerde top oynanıyorsa takımı belirlemek, başka mahallenin çocuklarını dövmek gibi şeyler oluyordu. Demokrat Parti'li ailelerin çocuklarıyla dövüşürdük. İkimizde koyu CHP'li ailelerin çocuklarıydık. Babalarımız birbiriyle dosttu. Babam eczacıydı. Amcam Nüzhet Çubukçu CHP milletvekilliği yapmıştı.

İlkokul mezuniyetinde çekilmiş bir fotoğrafımız var. Yıl 1958 falan. Deniz'le ben yanyana, önde çömelmişiz, arkada bütün sınıf var. Deniz eliyle altıok işareti yapıyor. İlkokul beşinci sınıftaki bir çocuğun mezuniyet fotoğrafında 'Altıok' işareti yapması, oluşmaya başlayan siyasi bir kimliğin belirtisi. İşte, o kavgacı, son derece sevimli ve afacan, etrafındakileri yöneten çocukta, bir de böyle bir yan vardı.

O sıralar, 'Çelik Bilek' diye bir çizgi roman kahramanı vardı. Deniz, Çelik Bilek'i çok severdi. Sınıfta, O'nun İngiliz sömürgecilerine karşı Amerika'nın bağımsızlığı için savaş veren bir kahraman olduğunu anlatırdı."

Sivas'ta görev yaptığı sırada bir dönem Sivas Maarif Müdür Yardımcılığı yapan Cemil Gezmiş, oğlu Deniz hakkında şunları anlatmıştır:

"Her babaya göre, evladı akıllıdır, zekidir. Bana göre Deniz, zeki ve yetenekliydi. Ona düşkündüm ben. Annesi de, her annenin çocuğuna düşkün olduğu kadar düşkündü... Her annenin evladı üzerine titrediği kadar üzerine titrerdi... Severdik oğlumuzu, her anne ve babanın çocuğunu sevdiği kadar.

Toramandı oğlum... Dokuz aylıkken yürüdü. İlkokulu birincilikle bitirdi. Teste soktum. Üstün zekalı olduğu sonucu çıktı. Ağabeyi ve küçük kardeşi ile iyi geçinirdi. Uysaldı... Hayvanları, çocukları çok severdi. Yaşlılara yardım ederdi.

Deniz çocukken dersi derste yapar, çok çalışmaz ama çabuk kavrardı. O nedenle de her sene sınıf ve okul birincisi olurdu. Örneğin bir okul yarışmasında birinci olduğu için zamanın Sivas Valisi Kadri Erdoğan O'na ödül vermişti.

Burada bir özeleştiride bulunayım. Mum dibine ışık vermez derler. Ben bir eğitimci olarak kendi çocuklarıma yeteri kadar iyi bir eğitim verdiğimi iddia edemem. Benim çocuklarım çok dürüst, haddinden fazla yurtsever olarak yetişti. Aşırı derecedeki bu yurtseverlik kendilerine bu kadar zarar getirdi. Deniz çok fazla yurtseverliğinin kurbanı oldu, gitti."

Ailesi

Gezmiş ailesini özetle şöyle anlatabiliriz:

Baba, Cemil Gezmiş: İlköğretim Müfettişi; Rize'nin İkizdere ilçesine bağlı Cimil köyünden. 1914 yılında doğan Cemil Gezmiş, 23 Haziran 2002'de İstanbul'da vefat etti.

Anne, Mukaddes Gezmiş: İlkokul Öğretmeni; Erzurum'un Tortum ilçesinden.

İki erkek kardeşi var: Abisi Bora, kardeşi Hamdi.

Cemil Gezmiş, ailesi hakkında şu bilgileri vermiştir:

"Anne tarafından deden, Balkan Savaşına askeri lise öğrencisi olarak katılmış, Kurtuluş Savaşı'nda yaralanmış ve İstiklal Madalyası almış şerefli bir subaydır. Baba tarafından deden şimdi seni Ermenilikle itham eden zibidilerin varolması için Sarıkamış Muharebesi'nde Moskof ordularına karşı savaşırken esir düşmüş ve üç yıl Sibirya ormanlarında işkence çekmiştir. Sen bilir misin, Gezmişoğulları Birinci Dünya Savaşı'nda onaltı şehit vermiş bir ailedir. Babanın üç dayısı Erzurum'un geri alınmasında Ermeniler tarafından şehit edilmişti..."

1333'de Erzurum Merkez'de dünyaya gelen ve Meslek Lisesi mezunu olan Cemil Gezmiş'in babasının adı Hamdi, annesinin adı Sultan'dır.

Deniz'in Erzurum'un Öznü ve Ovacık bucaklarında oturan akrabalarından Deniz Gezmiş'in dedesinin kardeşi olduğunu söyleyen Ali Rıza Gezmiş, Gezmişoğulları konusunda şu bilgileri vermiştir:

"Gezmiş ünvanı aslında öz dede-babam olan, muharebe zamanında fedakârlık ve gaziliğiyle, evinde mert ve hanedanlığı ile tanınan Mustafa Ağa'nın lâkabı idi."

Baba tarafından Gezmişoğulları diye tanınan ailenin, ataerkil ve hanedan diyebileceğimiz klasik aile eğitimi içinde büyüyen Deniz'in üzerinde nasıl bir etki yarattığını ya da bıraktığını yine onu tanıyan kişilerden öğrenelim.

Cemil Gezmiş, bu konuda düşüncelerini şöyle dile getirmiştir:

"Benimle anlaşamıyordun, benim görüşlerimi beğenmiyor, yarınki Türkiye'nin size ait olacağını söylüyordun. Beni tutuculukla itham ediyordun. İçten içe sana hak vermekle beraber iki ayrı dünyanın insanları olduğumuzu kabul ediyor ve susuyordum.

Üniversiteye kadar kontrolüm altındaydı. Sonra sosyalist olmuş. Tartıştık. Ayrı kuşaklardandık. Bir süre ara verdim bu tartışmalara."

Nurettin Demirdöven, bu konuda şunları söylemiştir:

"TİP'e üye olurken bizim evin adresini verdi. Bu durumlarda sürekli bizim evin adresini kullanırdı. Babasından çekinirdi."

Erim Süerkan ise, şunları anlatmıştır:

"Deniz annesini çok severdi. Belli bir saati vardı. Bu saate kadar mutlaka evde olması gerekirdi. Yoksa babası kızıyordu. Bu eve erken gitmeler, üniversitenin ikinci yarısına kadar sürdü."

Deniz'in mahalleden ve üniversiteden arkadaşı olan Eyüp Neşat Yıldırım, bu konuda şunları anlatmıştır:

"Deniz eve erken giderdi. Annesini çok severdi. Vapurla, birlikte karşıya geçerdik. 1968 Aralık ayı sonunda mini işgal olayı nedeniyle Deniz yaklaşık iki ay kadar tutuklu kaldı. Serbest bırakıldığı gün ben, Nahit Tören, Haşmet Atahan ve Deniz, birlikte eve gittik. Annesi bize yemek yaptı. Deniz'e de hafif serzenişte bulundu."

Oral Çalışlar, AİESEC olayından tutuklu bulunan Deniz'in serbest bırakıldığı günü şöyle anlatmıştır:

"Deniz, tahliye olur olmaz, babası Cemil Gezmiş, alıp götürüyor ve o gün dışarı çıkmasına izin vermeyeceğini söylüyor. Artık ondan umudumuzu büyük ölçüde kestik ve diğer arkadaşlarla sohbete giriştik. Akşama doğru, TMGT'nin aşağı merdivenlerinden Deniz'in neşeli çığlığını duyduk. 'Heyt açılın çocuklar, ben geliyorum!' diye bağırıyordu. Onu çok özlemiştik. Sarıldık, öpüştük, özlem giderdik. Babası, Deniz'i dışarı çıkmasın diye odaya kilitlemiş. Deniz bu, durur mu, odanın penceresinden atlayıp kaçmıştı. Denizlerin evi, Kadıköy'le Üsküdar arasındaki Harem iskelesinin üst tarafındaydı. Hemen bir vapura atlamış, soluğu Tünel'de almıştı."[2]

O, Deniz Gezmiş'in Babası

TMTF ve FKF'de yöneticilik yapmış gazeteci Osman Saffet Arolat, şunları anlatmıştır:

"Bunlar, devrim şarkıları söyleyerek, bağırarak, çağırarak üniversitede gezerlerdi. Ayaklarında botlar, üzerlerinde yeni yeni giymeye başladıkları parkalar olurdu. Biz de bunlara takılırdık.

'Önce babandan izin al evladım. Ondan sonra bu işlerle uğraş. Daha evine geç saatte gidemiyorsun. Devrimi nasıl yapacaksın?' diye esprilerde bulunurduk.

Bu takılmalarımıza müthiş sinirlenirlerdi. Hafif kavga-dövüş, dalaş ederdik. Bunlar, geç saatlere kadar dışarıda kalabilmek için ailelerinden izin alamazlardı. Akşam belli bir saatte evlerine gitmek zorunda kalırlardı."

Mustafa Lütfü Kıyıcı, Deniz'le ilgili bir anısını şöyle anlatmıştır:

"Deniz akşamları eve erken giderdi. Örneğin biz çoğu zaman TMGT'nda gecelerdik. Deniz pek ender TMGT'nda kalırdı. Babasından çekinirdi. Şöyle bir olay olmuştu:

AİESEC olayı nedeniyle bizler Sultanahmet Cezaevi'ndeydik. Görüş gününde babası Cemil Gezmiş gelmişti. Görüşler iki tel örgünün ardından yapılıyor. Cemil Amca, elini tokat atacakmış gibi bize doğru kaldırıp, vuracakmış gibi yaptı. Deniz, kendini iki adım geri attı. Daha sonra biz, 'Hop ne oluyor oğlum, biz de bilelim. Korkup, ürktün mü?' dedik.

Deniz de işi şakaya vurup,

'Oğlum o, Deniz Gezmiş'in babası' demişti."

Hangi kesimde olursa olsun, Türk ailesi, etkisini ve biçimini tam veya az değişmiş olarak sürdüren ataerkil ve feodal aile tipini temsil eder.

Cemil Gezmiş, Deniz'in akrabalarına düşkünlüğünü şöyle anlatmıştır: "Akrabalarına düşkündü. Erzurum'da bizim çok geniş bir aile çevremiz vardır. Sivas'ta iken, tatilde Erzurum'a gitti. Bir ay kaldı. Dolaşmış, ne kadar akraba varsa."

16 Mart 1971 günü, yakalandığında, "İlkokula Şarkışla'da başlayıp, orta tahsilini Yıldızeli'nde tamamlayan Deniz, laf sokuşturup Erzurumlu olduğunu söylemeyi de unutmaz."

Gezmiş Ailesi, İstanbul'a Geliyor

Memur oldukları için bir süre Anadolu'nun değişik il ve ilçelerinde görev yapan Cemil Gezmiş ile hanımı Mukaddes Gezmiş, daha sonra, yeni görev yeri olarak İstanbul'a atanır. Böylece Gezmiş ailesi, İstanbul'a gelir.

Deniz, bu konuda şunları anlatmıştır:

"1962 senesinde babam İstanbul Milli Eğitim Müdürlüğü'ne nakledilince hep beraber İstanbul'a geldik, Harem İskelesi Selimiye'de bir eve yerleştik."

Küçük taşra kentlerinden sonra "Dünya kenti" sayılan İstanbul'a gelen Gezmiş ailesi, İstanbul'un en güzel deniz ve doğa manzaralarına sahip olan Üsküdar-Selimiye semtine yerleşir.

Gezmiş ailesinin ilk yerleştiği yer: Harem-İskele Sokak, 57/4 numara, ikinci yer: Harem-İskele Sokak, Karlık Apartmanı No: 90 adresindedir.

Babası Cemil Gezmiş'in görev yeri, Cağaloğlu İl Milli Eğitim Müdürlüğü'ndedir. Annesi Mukaddes Gezmiş'in görev yeri ise, Selimiye İlkokulu'dur.

Deniz'in iyi bir öğrenim görmesi için evlerine yakın olan Haydarpaşa Lisesi'ne kaydı yaptırılır.

Haydarpaşa Lisesi

Deniz, lise eğitimi hakkında şunları anlatmıştır:

"Lise tahsilime İstanbul Haydarpaşa Lisesi'nde başladım. Ve ayrıldım. Sebep olarak belki beni sıkıyordu, daha doğrusu Haydarpaşa Lisesi'nde okumak istemedim. Aksaray Bilir Koleji'ne lise ikiden başladım. 1966 senesinde Bilir Koleji'ni bitirdim. Bu Bilir Koleji özel ve paralıdır. Üç taksitte alınan tahminen 1500 lira paranın babam tarafından ödendiğini biliyorum. Hem leylisi, hem niharı vardır. Ben gündüz devam ederdim. Gece devamlı evimde yatardım. Bilir Koleji'nin fen bölümünden mezunum. Bilir Koleji'nde kaybım olmamıştı. Daha önce Haydarpaşa Lisesi'nde iken bir sene kaybım vardı."

Deniz, Haydarpaşa Lisesi'ne 1962-63 öğretim döneminde kaydını yaptırır. Haydarpaşa Lisesi, o dönem, sadece erkek öğrencilere öğretim veren, orta ve lise kısımları olan bir eğitim kurumudur.

Evine çok yakın olduğu için Deniz, okula yürüyerek gider gelir. Öğretim yılı 24 Eylül 1962 Pazartesi günü başlar.

Deniz'in, lise öğrenciliği sırasında herhangi bir olaya katılıp katılmadığı konusunda şu bilgiler bulunmaktadır:

"Lise son sınıfta idi ki, İstanbul'daki devrimci hareketler içinde yer alıyordu. Aynı günlerde Haydarpaşa Lisesi'nde de üzerindeki baskılar yoğunlaşmaya başladı. Kıbrıs'ın ancak emperyalizmin güdümünden sıyrılmasıyla kurtulabileceğini ve bağımsız bir devlet olabileceğini savunan bir kompozisyon yazması üstündeki baskıları daha da yoğunlaştırdı ve Deniz, Haydarpaşa Lisesi'nden uzaklaştırılmış oldu."[3]

Deniz ise, bu konuda şunları söylemiştir:

"Okul hayatımda disiplin kurullarına verildiğim olayları pek mühimsemediğim için hatırlamıyorum. Bunlardan İstanbul Bilir Koleji'nde iken ders boykotu yapmaktan bir hafta tart cezası aldım. Haydarpaşa Lisesi'nde iken bir sene kaybım vardır."

Deniz'in hangi nedenlerle Haydarpaşa Lisesi'nden ayrıldığı konusunda yeterli bilgi şimdilik yoktur. Fakat esas ayrılma nedeni Fizik dersinden aldığı nottur. Deniz, 1963-64 öğretim dönemi sonunda Fizik dersinden 0,5 not alarak, okulun sınav yönetmeliğine göre; "Fen kolunda, fen derslerinden bütünleme sonunda tek derse indirilse dahi sınıfta kalınır" gerekçesi ile bir sene kaybeder.

1964 yaz döneminden, 1965 Eylül ayına kadar eğitimine bir yıl ara veren Deniz, lise son sınıfı 1965-1966 öğretim döneminde Aksaray'da bulunan Özel Bilir Koleji'nde tamamlar.

Herkes Onun Hakkında Birşeyler Anlatır

Tarihçi-yazar Rasih Nuri İleri şöyle demiştir:

"Deniz'i sadece bana değil, bütün İstanbul'a sorun. Herkes onun hakkında birşeyler anlatır."

İlhan Selçuk, Deniz'i şöyle tanımlıyor:

"Deniz Gezmiş'i belki tanımazsınız... Uzun boylu, dal gibi bir genç bu Deniz Gezmiş... Namuslu, devrimci, heyecanlı bir genç... İşgal hareketlerine, boykot hareketlerine katılmış, o çay senin, bu çay benim, o sinema senin, bu sinema benim diye gezecek yerde namussuz düzenin değişmesi için çırpınmış... Ve belki de hatalar da yapmış bu arada, kusurlar kabahatler işlemiş... Ama bataklık fırtınasının ortasında namussuzlukları bir türlü olağan sayamayan yüreğiyle çabalamış durmuş."[4]

Cemil Gezmiş, oğlu Deniz hakkında şunları söylemiştir:

"Şimdi bir babaya oğlunu nasıl değerlendiriyorsun diye sorulduğunda, elbette ki, baba olarak hiçbir zaman oğlu hakkındaki görüşlerinde duygusal olmaktan sıyrılamaz. Ben de o açıdan, bana Deniz'i nasıl tanırsınız derseniz, oğlum olarak tanırım derim. Dışarının tanıdığından farklı olarak tanırım derim. Deniz'i her yönüyle bilmeden, tanımadan yapılan değerlendirmelerin hiçbirisinde isabet yoktur derim. Deniz hakkında yazılmış olan bütün yazıların hiçbirisi doğru dürüst bir gözleme dayanmıyor. Bununla şunu kastetmek istiyorum: Elbette oğlumun hataları veyahut da davranış içinde ve hakkında eleştiriye neden olacak bir takım yanlışları olmuştur. Ama bunlar, benim açımdan başka türlüdür, dışarıdan görenler açısından başka türlüdür. Bir defa, Deniz'in bence, kanımca başına gelen bütün bu olaylar çok fazla insanseverliğinden kaynaklanmıştır. Yurtseverliğinden kaynaklanmıştır. Ki bunlar aşırı derecede Deniz'de vardı. Deniz insanları öyle severdi ki, bir arkadaşı vardı onun, Sivaslı galiba. Üniversitede bir yerde kalırmış, her gün bir tane yoğurt alırmış, o zaman yoğurt ucuz, o yoğurdu bölermiş, yarısını öğleyin yermiş, ikinci yarısını akşam yermiş, kalanı ertesi güne saklarmış. Ve bir gün Deniz, sabah üniversiteye giderken, sabah her zaman istediğinden fazla para istedi. Ben hiç sormazdım ne için isterdi diye. Herkes benden istediği kadar alırdı. O anlattı, böyle böyle, bir arkadaşım var diye. Anlatırken gözleri doldu. Bu bakımdan, insanların ızdıraplarıyla, çileleriyle, insanların ezilmişliğiyle çok ilgilenirdi. İşte bu ilgi, bu insanseverliği, bu yurtseverliği en sonunda başına bilinen işi getirdi.

Bir ölçü konulamaz. Deniz'i sevenler de, sevmeyenler de var. İdamında ağlayanlar da var, oh! diyenler de. Bunu gayet normal karşılıyorum.

Çünkü ben babasıyım Deniz'in, benim yanımda herkes aynı şeyi konuşmaz. Ama ben ölümünden sonra hiç tanımadığım insanlardan mektup, telgraf aldım. Akrabalarımın dışında bir sürü insan evime baş sağlığına geldi. Bunların içinde sağcısı da, solcusu da vardı. Çoğunu hiç tanımıyordum. Bu eğer ölçüyse, demek ki, sevenler çokmuş. Ama nesini sevdiler? Ülkemizin insanında mertliğe, dürüstlüğe karşı da bir saygı vardır. Kahramanlığına mı, liderlik vasfına mı sevgiydi? Neye ait olduğunu pek ayıramayacağım. Birtakım yerlere gittiğimde bakıyorum, birdenbire hava değişiyor. Emekli oldum. Emekli Sandığı'na gittim. Bir gün içinde evraklarımı çıkardılar ve maaşımı bağladılar. Tüm işimi hallettiler. Çok kolaylaştırdılar işimi, 'sen otur amca' dediler, bitirdiler. Hastahanelerde kimseye yüz vermezler, hastalanmıştım, hem de günlerden pazardı, doktor karşıladı, asistanları koşuşturdu. Laboratuvardı, tahlildi, tedaviydi hemen bitirdiler, 'aman hocam, hangi saatte istersen gel, doğru yukarı çık' dediler. Bir ilgi, bir alâka. Demek istediğim, çok yerlerde böyle oluyor.

Kendini düşünmeyen bir çocuktun. Kardeşlerine alınan bir giysi için kıskanmaz sevinirdin. Özgecil bir yaradılışın vardı. Paraya hiç kıymet vermezdin. Hattâ yapmayı tasarladığım bir iş konusunda sofrada konuşurken beni kınamış ve şöyle demiştin: Baba hayatta paraya değer vermeyen bir insan olarak seni bilirdim."

Deniz'in bu özelliği hakkında şunlar anlatılmaktadır:

"Bir gün evlerine gelen bir komşu kadın, Deniz'in çöplükte millete maaş dağıttığını söylemişti. Hemen evden çıkan anası baktı ki, Deniz, bir taşın üstünde çevresindekilere para dağıtıyor. Ayaklarına da anneannesinin ayakkabılarını giymiş. Sonradan anlaşıldı ki, üç aydan üç aya emeklilik maaşı alan anneannesinin parasını almış ve onun ayakkabılarını giyerek, mahallenin yoksullarına maaş dağıtmaya gitmişti.

Deniz, annesinin geldiğini görünce ürkmüş, fakat, yaptığı işin yanlış olduğunu söyleyenlere hiçbir zaman inanmamıştı."[5]

Özverili, Kabına Sığmayan Bir İnsan

Mahalle arkadaşı Nurettin Demirdöven, Deniz'i şöyle anlatmıştır:

"Arkadaşları arasında paylaşımcıydı. Kendisinin nesi varsa başkalarının da olmasını isterdi. Olanaklarını herkesle paylaşırdı. Maddiyata düşkün değildi. Arkadaşlarını tutardı, severdi. Hatalarını zaman zaman görmezden gelirdi. Kırıcı davranmazdı. Ters tavır da takınmazdı. Kompleksleri yoktu.

Duygusaldı. Duygusallığı yanında aynı zamanda ataktı. Anında tepki gösterirdi. Duygusallığı konusunda bir örnek vereyim: Her zamanki Kadıköy gezilerimizin birinde, şimdiki Belediye Konservatuarı'nın önünde sağ-sol kitap, dergi, gazete satan bir sergi vardı. Bunun önünden geçerken sağ bir kitabı inceleyen bizim yaşlarımızda bir genç gördük. Ben, konuşma olur, gezimiz biraz renklenir diye bu çocuğa, sağ düşünceleri kınayıcı yumuşak bir laf ettim. Ama o sözlü olarak sert bir tepki gösterdi. Ben kızdım ve bu çocuğa aniden bir tokat attım. Çocuk yanağını tuttu. Birşey diyemedi. Biz de baktık diyalog falan yok, uzaklaştık. Deniz, çocuğa vurdum diye çok üzülmüş. Ama ataktı da, Behice Hanım'ın bir konferansında çıkan olayda ben müdahale etmeden o hemen müdahale etti."

İlhan Ataöz, bu konuda şunları söylemiştir:

"Deniz, sessiz ve sakin bir çocuktu. Partide olduğu zaman kendisine bir şey sorulmadan konuşmayan genç bir arkadaştı. Öylece kendi köşesine çekilir, ellerini dizlerinin üzerine koyar otururdu. Bir şey sorduğunuz zaman ağzından dirhemle laf alırdınız. Büyüklerine karşı saygılıydı. Onlara karşı gelmeyen, dinleyen bir yönü vardı."

Nihat Sargın ise, şunları anlatmıştır:

"Deniz Gezmiş'i yakından tanırım. TİP Üsküdar ilçesi yöneticisiydi. Ben de aynı yerde üyeydim. Bu nedenle yakın ilişkim oldu. Özverili, kabına sığmayan, bir şeyler yapmak isteyen bir insan olduğuna yakınen tanık oldum."

Böyle Devrimcilik Olur mu?

Ömer Erim Süerkan, arkadaşı Deniz hakkında şunları anlatmıştır:

"Üsküdar ilçe örgütünden tanıdığımız Kenan Uluğ adında bir Matematik-Fizik öğretmeni vardı. Geçimini, özel ders vererek sağlardı. Deniz'i TİP'e üye edenlerden birisi de Kenan Uluğ'dur. Haftada ya da en azından onbeş günde bir bu öğretmenin evinde özel sohbet toplantıları yapılırdı.

Kenan Hoca'nın evi, Deniz'lerin oturduğu sokağın sonunda, bahçeli, iki katlı, çok şirin yerdeydi. Özel sohbetlere her yaştan kişi katılırdı. Sohbetler bazen uzadığından çay demlenirdi, bisküvit falan olurdu. Yaşça bizden büyük olan bazı abilerimiz de, bu sohbetlere çekirdek yiyerek katılırlardı. Böyle bir sohbet toplantısını Deniz'le izleyip, çıktıktan sonra yürümeye başladık.

Yolda Deniz, bana; 'Ne bu yahu çıt, çıt, çıt. Böyle çekirdek yiyerek devrimcilik olur mu? Ben böyle devrimci olamam, böyle devrimcilik yapamam' demişti.

Deniz'in tavrını, yapısını sergileyen çok daha ilginç bir olay vardır. Onu anlatayım.

TMTF'nin geleneksel olarak her yıl düzenlediği, 'Uluslararası Kültür Festivali' vardı. Bu festivale, başta sosyalist ülkeler olmak üzere gençler, dünyanın dört bir yanından gençlik örgütleri aracılığıyla değişik gösterilerde bulunmak üzere ülkemize gelir katılırlardı.

1967 yılı Ağustos ayında yapılan festival şenliklerinin son gününde, festivale katılan değişik ulusların gençleriyle, bizim gençler Teknik Üniversite'nin Gümüşsuyu'nda bulunan kantininde balo gibi bir şey düzenlemişler. Deniz'le kalkıp gittik. Baktık orada sosyalist ülkelerden gelmiş genç kızlarla, bizim oğlanlar dans edip eğleniyor. Deniz, anında, 'Bu ne biçim sosyalist ülke gençliği' diyerek tepkisini açığa vurdu.

Mavi Işıklar diye o dönemin çok sevilen bir müzik topluluğu da orada müzik yapıyordu. Deniz, gitti bu orkestranın davulunu patlattı. Tabii herkes ne oluyor diye şaşkınlık içinde. O sırada da, 6. Filo İstanbul'a gelmiş, Orta Doğu'da savaş var. Yine Vietnam'da ABD'ye karşı savaşanlar var.

Deniz, İngilizce olarak, 'Vietnam savaşı var. Ulusal kurtuluş savaşları veriliyor. Oysa sizler burada Amerikan müziğiyle dans edip eğleniyorsunuz' diyerek bir ajite çektikten sonra, 'Kahrolsun Amerikan Emperyalizmi, Yaşasın Dünya Halklarının Devrimci Mücadelesi' diye slogan atıp, kantinden çıkıp, gitti."

İronist

Deniz'in bu mücadeleci kişiliğinin yanında, bir diğer önemli özelliği de, şakacılığıdır. Deniz, bu özelliğini, yaşamının her anında korumuş, hissettirmiştir.

Mustafa Lütfü Kıyıcı, Deniz'in bu özelliği konusunda şunları anlatmıştır:

"Üniversiteye 1966-67 döneminde başladım. Okula başladığım dönem, TMTF, 'Gençlik Liderleri Yetiştirilecek' diye bir kampanya açmış. Bu kampanyanın afişleri üniversite çevresine de asılmış. Ben de, Deniz Çamlıbel ile TMTF'yle bağ kurmak için bulunduğu yere gittik. Girişte sorduk, ne için gittiğimizi anlattık. Bize ikinci katta bir odayı tarif ettiler. Odaya gittik. Baktık iki kişi birbirleriyle güreş yapıyor. Olayı tabii garipsedik. Bizlerle de ilgilenmiyorlar. Biraz bekledik. Onlara, şu iş için geldik, dedik. Onlar, öyle uzaktan laubali bir şekilde bazı formaliteleri yerine getirmemizi söylediler. Neyse, orada bu güreş yapan iki kişiyle bir göz aşinalığımız oldu. Hukuk Fakültesi'ne geldik. Sonra baktık ki, bunlar da fakültedeler. TMTF'de güreş yaparken gördüğümüz bu iki kişiden birisi Deniz, diğeri Mustafa Gürkan'dı.

Deniz'in espritüel bir yapısı vardı. Kendi aramızda şamata, gırgırı çok yapardık.

Deniz'in masa başı liderliğinden çok, bir meydan militanı olan yapısı vardı. Masa başı tartışmalarında herkes, oturduğu yerden konuştuğu zaman Deniz, ya ayağa kalkar ya da sandalyenin üzerine çıkar öyle konuşurdu. Heyecanlı bir yapısı vardı."

İstanbul Üniversitesi Hukuk Fakültesi Dekanı Prof. Tarık Zafer Tunaya, 26 Aralık 1968 Perşembe günü meydana gelen bir olayı şöyle anlatmıştır:

"Deniz enteresan bir çocuktu. Bir gün, Hukuk Fakültesi önündeki Gençlik Heykeli'nin oradan talebeleri aldı. İçeri getirdi ve 'İşgal' dedi. Herşey birkaç dakika içerisinde oldu. Hemen o biraraya gelişin verdiği birşey.

Gençleri toplarken, kendini pek göstermezdi. Başlangıçta o içerideydi. Sonra lider oldu.

Hocalara tavrı iyiydi, terbiyeliydi. O terbiyeyi de, o sertliği de gösteren aynı çocuk. Hafif sesiyle bağırmadan konuşmasını hiç unutamam. İnançlıydı ve kitle psikolojisinden istifade etmeyi biliyordu."[6]

Deniz, hakkında gazeteci Altan Öymen, 1969 yılı Haziran ayında şunları yazmıştır:

"İsim elbette yabancı değildi. İstanbul'daki çeşitli üniversite olaylarında gazetelere pek sık geçmişti. Tarafsız gazetelerde, 'Deniz Gezmiş'in başında bulunduğu öğrenciler', 'Deniz Gezmiş'in idaresinde ant içildikten sonra', 'Deniz Gezmiş tevkif edildi', 'Deniz Gezmiş tahliye edildi' diye. İktidar yanlısı gazetelerde, 'Sabıkalı anarşist', 'Suç makinası', Döne döne başı dönmüş bir serseri' diye.

Bizde ise -tabii ilk bakışta belli olmaz ama- sabıkalı serseri olmaktan çok, sakin, terbiyeli, hattâ biraz mahcup bir Anadolu çocuğu etkisi yaptı.

Daha sonra, ayrıca konuştuğumuz arkadaşları, onu İstanbul'un öğrenci lideri olarak tanıdıklarını anlattılar. Sakin görünüyordu ama, 'eylem sırasında son derece cesur ve inançlı' imiş. Kendisi bunlardan pek bahsetmedi. Zaten az konuşuyordu."[7]

Deniz'in bir başka özelliğini de Oral Çalışlar şöyle anlatmıştır:

"Deniz, uzun boyu, atak ve sevimli haliyle gençliğin sevgilisiydi.

Deniz, aynı zamanda zeki ve esprili bir insandı. En sevdiği arkadaşlarından Cihan Alptekin'le Karadeniz şivesini taklit ederek konuşur, ona takılmaktan hoşlanırdı."[8]

Havana'da Fidel Kastro İle Görüşmek İstiyorum

DÖB'ün kurucularından Selahattin Okur, Deniz hakkında şunları anlatmıştır:

"Deniz, herhangi bir şeyle yetinecek bir adam değildi. Hiçbir lider, hiçbir örgüt Deniz'i dizginleyemezdi. Deli dolu bir adamdı. Deli fişekti. Çocuksu bir yanı vardı. Marşsız, türküsüz, şiirsiz hayatı yoktu. Herhangi bir şiiri, türküyü veya bir devrimci marşı anında kapar, öğrenirdi.

DÖB kadrosu olarak bilinen Deniz Gezmiş, Cihan Alptekin, Mustafa İlker Gürkan, Mustafa Lütfü Kıyıcı, Mustafa Zülkadiroğlu, Mustafa Karşılayan, Ömer Erim Süerkan gibi on-onbeş kişilik grup, devamlı TMGT'nda olurduk. Üniversitede faaliyet bittiği zaman, saat 16, 17, 18'den sonra tası tarağı toplar, TMGT'na giderdik. TMGT'nda da yarın, öbürgün hangi eylemi koyalım, yapalım diye proje geliştirirdik. Kafamız devamlı bu tür şeylere çalışırdı. Gece yarısı olduğunda acıkırdık.

Öğrenci olduğumuz için bütçemiz kısıtlı. Taksim Meydanı'na çıkarken, Fransız Kültür Merkezi'nin karşısında, o zaman, işkembeciler vardı. Bütün kadro, tek kol halinde, rap rap rap yürüyerek, oraya işkembe içmeye giderdik. Saat 03.00, 04.00 civarında yine aynı şekilde Tünel'e TMGT'na dönerdik.

Çok iyi hatırlıyorum, Deniz, PTT'nin telefon santralini arar, 'Pekin'de Mao Zedung'la' ya da, 'Havana'da Fidel Kastro ile görüşmek istiyorum' diye kayıt verirdi. Daha sonra aradığımızda, santraldaki kızlardan, 'Hattımız yok', 'Bağlayamayız efendim' veya 'Ayrıntılı adres verin', 'Telefon numarası verin' gibi karşılıklar alırdık.

Bir gün Deniz, Cihan, Zihni Çetiner ve bazı arkadaşlarla içmeye gittik. Deniz birinci kadehini Marks'ın, ikinci kadehini Engels'in, üçüncü kadehini Lenin'in, dördüncü kadehini Mao'nun, beşinci kadehini Stalin'in şerefine, diyerek içmişti."

Haydar Saka ile Deniz, zaman zaman Kapalıçarşı'daki "Şark Kıraathanesi"ne gidip bir taraftan Nargile içerken, diğer taraftandan da sırayla birbirlerine şiir okurlar.

Türkan Sabuncu, ODTÜ'de kaldığı sırada Deniz'in yaptığı esprilerden bir tanesini şöyle anlatmıştır:

"Bol espri yapılırdı. Deniz'le Yusuf her vesileyle bir oyun oynarlardı. Hemen kişilik değiştirir, hayali olaylar yaşarlardı. En çok yaptıkları Deniz'in damat adayı, Yusuf'un gelin adayı, Sinan'ın da kayınpeder olması oyunuydu. Deniz, kız istemeye gelir, Sinan, ona ne iş yaptığını sorar, o da, kömürcü Rıfkı olduğunu söylerdi. Gülmekten kırılırdık."[9]

Mustafa Güngörmüş ve Mustafa Yalçıner, "Güçlü bir mizah anlayışı olan Deniz'in ironisi" hakkında şunları yazmışlardır:

"Deniz'le belli bir süre birarada bulunma şansına sahip olmuş herkes onun hayat dolu yapısına, yaşamı ne denli sevdiğine ve hattâ sıradan olmayan insanlara özgü deli-dolu yaşam usulü ve tarzına tanıklık edebilir. Canlı, yerinde duramayan, her an yeni birşeyler yaratıp üreten, öyle ki, yaşamın akışkanlığını ve çok yönlülüğünü kişiliğinde yapmacıksızca yansıtan, mizah yönü alabildiğine gelişkin bir insandı. İçe dönük, nevrotik, saplantılı, üretken olmayan tiplerin tam zıddıydı. Yaşamı da hafife alarak, kendisiyle bile alay edebilecek bir düşünce, eylem bütünlüğüydü Deniz."[10]

Deniz, bu özelliğini her ortamda korumuştur.

4 Nisan 1971 Pazar günü, "Yargıç Edip Doğrusöz, Sarkışla'da silahlı çatışma sonunda ele geçirilen gerilla hücresi mensuplarından Deniz Gezmiş hakkındaki gıyabi tutuklama kararını vicahiye çevirmek için Merkez Cezaevi'ne gitmiş ve Gezmiş'i çağırtmıştır... Ancak, Gezmiş, Yargıç Doğrusöz'ün, 'Deniz Gezmiş siz misiniz?' sorusuna, 'Ben size birşey söyleyemem' cevabını verince, Doğrusöz, Gezmiş'in odadan çıkartılması için emir vermiş ve Gezmiş, hücresine götürülmüştür."

Deniz ve arkadaşları, 15 Nisan 1971 Perşembe günü, tutuklu bulundukları Ankara Merkez Cezaevi'nden, Kayseri Cezaevine nakledilir.

"Cezaevi önünde, arabadan, önce elinde siyah tesbihi ile Deniz Gezmiş indirilmiş, Gezmiş'in, biraz ilerisinde götürülmekte olan Sevim Onursal'a laf atarak, 'Merhaba Sevim' dediği işitilmiştir. Deniz, birara kendini Gemerek'de yakalayarak Ankara'ya götüren Emniyet Müdür Muavini Şerif Ayparlar'ı görmüş, 'Madem tekrar Kayseri'ye getirecektiniz, zahmet edip, niçin Ankara'ya götürdünüz?' demiştir. Gezmiş, giriş kapısından adımını içeriye atarken, 'Demek meşhur cezaevi burası imiş' şeklinde konuşmuş, daha sonra başını arkaya çevirerek kendisini takip etmekte olan Kor Koçalak'a veda anlamında el sallamıştır."

Sıkıyönetim ilan edilince, Kayseri Cezaevi'nden Ankara'ya getirilen Deniz, 23 Temmuz 1971 Cuma günü, yapılan duruşmada, İbrahim Seven ve Necmettin Baca'nın tahliyesinin ardından, salondan çıkarken, yargıca dönerek; 'Bizi de tahliye etseniz ne iyi olur' der."

Deniz için, özetle şöyle söylenebilir:

"Cesur, atılgan ve mücadeleci kişiliğini, duygulu, ince ruhlu ve hattâ biraz utangaç ve uysal bir insan tamamlardı."[11]

Emperyalizmin Altıncı Kolu

Deniz'in ya tamamen yok sayıldığı ya da tamamen çarpıtılarak yansıtıldığı bir yönü de karşı cinsle olan ilişkisidir.

Babası Cemil Gezmiş'e göre Deniz:

"İçki sigara içmez, kadına kıza gitmezdi."[12]

Gazeteci Ahmet Kahraman'a göreyse:

"Deniz Gezmiş uzun boylu, esmer, yakışıklı bir delikanlıydı... Gerçekte Deniz Gezmiş'in bir sevgilisi yoktu. Olması da olanaksızdı. Çünkü, Deniz sürekli kovalanan bir kişiydi. Saklanmadığı zamanlarda cezaevlerindeydi... Her insan gibi, onun da sevdiği, istediği, birliktelikten mutluluk duyduğu bir kadın olabilirdi. Ama bu ortamı bulamadı. Yaşayamadı bu duyguyu. Bira ya da şarap bardağının arkasından bir genç kıza bakma olanağı bulamadı."[13]

Sağcı basın ise tamamen çarpıtarak şunları yazmıştır:

"ODTÜ'nün bir numaralı öğrenci yurdunun 201 ve 202 numaralı odalarının özel bir dokunulmazlığı var.

Bilhassa, Deniz Gezmiş, Orta Doğu Teknik Üniversitesi bir numaralı Öğrenci Yurdu'nun bu özel odasında kendisinden o kadar emin bir şekilde barınmış ki, özel yaşantısına giren kadınların bir listesini masa üzerine yazmaktan çekinmemiş. 'Haremim' başlığı altında Deniz Gezmiş'in yazdığı yazılardan anlaşıldığına göre (...) Deniz Gezmiş, haremine giren kızları karıştırmamak için bazılarına numara bile vermiştir. Güler-1 gibi. Öte yandan Esin adındaki kızın yanında parantez içine alınmış 'vay muhallebi çocuğu' şeklinde bir de not görülmektedir."[14]

Deniz Gezmiş bütün kızlarla ODTÜ'nün 201 numaralı odasında buluşuyormuş meğer... Kerataya bakın... Eli işte, gözü oynaşta. Vildan, Güler, Şenay, Sevinç, Aynur, Mine, Nezahat, Esin, Ruyman, Nur, Sevgi, Lale, Jale, Gaye, Güler, Figen, Filiz, Kausch ve de Marilyn. Hey gidi gözünü sevdiğimin üniversitesi hey!.. İlim yuvası değil, mübarek sanki fuhuş yuvası."[15]

"ODTÜ bir yuva. Deniz Gezmiş'in orada odası var. 201 numaralı oda. Üstelik kızlar bölümünde. Üniversiteyi Gezmiş yönetiyor."[16]

SDDF Genel Başkanı Semih Eryıldız ondan, "Seks ihtiyacına kadar herşeyi karşılanan eşkiya" olarak sözetmiştir.

TDGF Genel Başkanı Ertuğrul Kürkçü ise; "Bu tip haberler Deniz'in devrimci mücadelesini halkın gözünde küçük düşürmek için uydurulmuştur. Günün 24 saatinde devrimci mücadele ile uğraşan bir kimsenin kadınla kızla uğraşacak vakti olamaz" açıklamasını yapar.[17]

Kürkçü, yıllar sonra, "24 saat devrimci mücadele yürütenlerin kadınlarla kızlarla ilişkisi olmaz, demiştiniz. Hâlâ o fikirde misiniz?" sorusuna, şu sözlerle yanıt vermiştir:

"Aman yapmayın n'olur! Zor sorular bunlar. O zaman gazeteler Deniz'lerle ilgili şeyler yazmışlardı, onlar kendilerini savunacak durumda değildi, bir sürü lafın arasında o yazılmış. Yoksa herkes kendi ilişkisine kendi karar verir."[18]

Hukuk Fakültesi'nden arkadaşı olan Hikmet Bozcalı ise, 1968 işgalleri sırasında tanık olduğu bir olayı şöyle anlatmıştır:

"Deniz, işgal süresince üniversitedeydi. Zaman zaman birlikte üniversite içinde dolaşır nöbet tutardık. Merkez Bahçede dolaşırken, ağaçların altında sevgililer öpüşüyorlardı. Deniz, 'Biz, can derdindeyiz. Siz burada kalkmış ne yapıyorsunuz?' diyerek, öpüşen bir çiftin kafasını birbirine vurdu."

SBF öğrencisi Saffet Rüştü Tekin, kadın-erkek ilişkileri hakkında o dönemin bakış açısı hakkında şunları söylemiştir:

"Devrimcileri mücadeleden alıkoyuyor, engelliyor, pasif duruma getiriyorsunuz. Sizler emperyalizmin altıncı kolusunuz, diyerek kızlara espriyle takılırdık."

Deniz, THKO hareketi kurulduktan sonra, üniversitede yaşanan ilişkilerle alay ediyordu. Hattâ, Dev-Genç Marşı'nı değiştirmiş, şöyle söylemeye başlamıştır:

"Hey Dev-Genç'li Dev-Genç'li
Forum vakti yaklaştı
Al kızını tak koluna
Haydi koş gel foruma."

Deniz, En Seksi Erkekler Arasında

Deniz de sağlıklı her genç erkek gibi, karşı cinse ilgi duymanın yanısıra daha çok karşı cinsin ilgisini çeken birisi olmuştur. Dönemin genç devrimci eylemcilerine ilgi her kesim tarafından değişik olmuştur.

Altan Öymen, Deniz'le tanışmasını şöyle anlatmıştır:

"Odaya ince, upuzun boylu, esmer, sakal traşı olsa hayli yakışıklı görünecek bir genç girdi. Tanıştırdılar: Deniz Gezmiş."[19]

Sanatçı-yazar Füsun Erbulak, bu ilgiyi kendi açısından şöyle anlatmıştır:

"İdamların gerçekleştirildiği gecenin sabahı, Şişli Ümit Tiyatrosu'nda, bir ay süreyle oynamaya başladık, Yüzsüz Zühtü'yü. Altımızdaki tiyatro salonunda Ankara Sanat Tiyatrosu, 'Sait Hop Sait'i oynamaktaydı. İdamları protesto etmek amacıyla oyunları kaldırmak gerekir diye düşünmüştüm, kendimce.

Suskunduk. Tümümüze koymuştu idamlar. En ilgisiz, en katı arkadaşlar bile üzgün ve ağlamaktaydılar.

Ankara Sanat aşağıda, bizler yukarıda oynadık oyunlarımızı. Seyirci, dişe tırnağa dokunan bölümlerde daha bir katıldı, tepki verdi oyuna gibimize geldi. İlk kez o gün hiç ağlamadım. Ertesi gün kulise girdiğimde, soyunma odasındaki makyaj masalarının ayna kenarlarına sıkıştırılmış birkaç tane Deniz Gezmiş'in kürklü parkasıyla çekilmiş resmini buldum.

Arka çıkış kapısının önünde, küçük oğlan çocukları 'Deniz Gezmişçilik' oynadılar saatlerce, günlerce, haftalarca. Hâlâ oynuyorlardır belki."

Füsun Erbulak, vapurda karşılaştığı bir arkadaşı ile arasında geçen konuşmayı ise şöyle anlatmıştır:

- Tam sınıfının kadınısın. En yakışıklısı gelse saklar, dahası yatardın bile onunla eminim. Bütün burjuva karıları aynı eğilimde bana sorarsan. Hepsi üzülüyorlar bunca gencin, yakışıklı gencin öldürülmesine.

- Beni onlarla bir tutamazsın.

- Kendini eğitir, geliştirirsen evet. Ama şu sıra hiçbir farkın yok o züttürüklerden."[20]

Deniz'in fiziki özellikleri, 1971'de yakalandığı zaman üzerinde çıkan Filistin Demokratik Halk Merkezi'nden verilen hüviyete göre şöyle sıralanmıştır:

"Boy: 1.91

Göz: Siyah

Saç: Siyah

Renk: Buğday

Burun: Arabi

Özelliği: Tam.

Taylan Özgür'ün kızkardeşi, Mustafa Lütfü Kıyıcı'nın eşi Hale Özgür-Kıyıcı, Deniz'in genç kızlar üzerindeki etkisini şöyle anlatmıştır: "Deniz"i görmek için bütün kızlar Hukuk Fakültesi'ne giderdi. Onu tanıyan her genç kız, ona aşıktı. Ben bile aşıktım."

İktisadi Kalkınma Vakfı'nın Başkanı olan Meral Gezgin Eriş, Avusturya Lisesi'nde öğrenci iken Deniz Gezmiş'e duyduğu hayranlığı şöyle anlatmıştır:

"Deniz Gezmiş'in fikirlerine mutabık olmasam da mücadelesi beni etkiledi. Çok yakışıklı biriydi, fiziksel çekiciliğinden de etkilendim doğrusu. Çok beğenirdim o zamanlar."[21]

1998 Ocak ayında yayınlanan bir anketin sonuçları bu ilgiyi orta koyar. "Yüzyılın En Seksi Kadın ve Erkekleri" anketinde Deniz, en seksi erkekler içinde beşinci olur. [22]

Hercai, Yakışıklı Militan

Deniz'in İstanbul'daki ilk gençlik yıllarını arkadaşı Nurettin Demirdöven, şöyle anlatmıştır:

"Bizim kadına bakış açımız o zamanki entelektüel anlayışa denk düşerdi. Kısmen de olsa erkek egemenliğinden delikanlı olarak hoşlanırdık. Sosyal çevreden etkilenerek kadınlar hakkında konuşurduk. Bilinen zamparalık hikayeleri, fıkralar anlatırdık. Güzel kadınlar hakkında konuşulurdu. Deniz, kesinlikle kadınlara laf atmazdı. Öyle bir huyu yoktu.

Geneleve gittiğini bilmiyorum. Gitseydi bilirdim. Yalnız, mahallede bu işi parayla yapan bir kadın vardı. Bir arkadaşın odasının anahtarını aldı, kadınla orada yattı. Ben bunu eleştirdim, 'Ulan nasıl miden aldı bu karıyı?' dedim. Deniz de, 'Ne olacak. Mekanik bir iş' dedi.

Deniz, kızların peşine düşüp arkadaş olalım falan dememiştir. Bu öneri devamlı karşı taraftan Deniz'e gelmiştir. Kendi apartmanlarında oturan, kendisi gibi uzun boylu bir kız vardı. Onunla birkaç defa çıktı. Sonra ilişkisini kesti. Yine mahalleden Tıp Fakültesi'ne giden bir kız vardı. Bu kız Deniz'e ilgi duymuş. Deniz de buna yakınlık göstermiş. Beraber bir kaç defa gezmişler. Bir gün, Deniz, bana, 'Nuri gardaş, bu kız bana takılmaya başladı. Bu düşünceleri bırak, bunlar tehlikeli işler' dedi. Ondan sonra, Deniz bu kızdan da ayrıldı.

Bir de öğrenci hareketine iyice girdikten sonra bir kız, Deniz'e eğilim duymuş. Kız giyimine, kuşamına dikkat etti diye arkadaşları dalga geçmişler. Kız biraz şişman olduğu için, 'Volsvagen' adını takmışlardı."

Erim Süerkan, bu konuda şunları söylemiştir:

"Deniz, atak, girişken, yakışıklı bir adamdı. O, kızlarla değil, kızlar onunla ilgilenirdi. Çok gösterişli, manken gibi derler ya öyle bir kız vardı. Cumhuriyet Gazetesinde yayınlanan 'Dişi Bond' çizgi romanının kadın kahramanına benzediği için Modesti adını takmıştık. Kız, Deniz'e ilgi duyuyordu. Deniz de buna karşılık verip pat diye yanaşınca, kız da zaten hazırdı, buna bayıldı. Fakat, kızın ailesi buna karşı çıkınca birkaç ay içinde bu ilişki bitti."

Mehmet Mehdi Beşpınar, Deniz'in bu kızla olan ilişkisini şöyle anlatmıştır:

"Tıp Fakültesi'nde okuyan güzel bir kız vardı. Deri eteklik ve uzun deri botlar giydiği için biz bu kıza, 'Modesti' ismini takmıştık. Kızın ismi de Alev'di. Bir gün Çınaraltı'nda Boyboy Mustafa dediğimiz Mustafa Karşılayan, ben, Deniz, Zihni Çetiner bir kaç arkadaş oturuyoruz. Bir diğer masada da bu kızla arkadaşları oturuyor. Biz kendi aramızda gırgır, şamata yapıyoruz. Bir ara söz yanda oturan kızlara geldi ve 'Bu kıza kim arkadaşlık teklif edebilir', diye konuşmalar geçti.

Deniz: 'Ben ederim' dedi.

Biz, 'yapamazsın' dedik.

Yapamazsın, yaparsın diye kısa bir tartışmadan sonra, Deniz, 'Bu kızı on dakika içinde ikna ederim', dedi ve gitti, kıza:

'Biz herşeyin en güzelini, en iyisini seçeriz. Sen burada en güzel kızsın. Ben de seni seçtim' dedi. Kız da:

- Sen kimsin?' diye sordu.

- Ben Amerikan emperyalizmine, Sovyet revizyonizmine, Romen dejenerasyonuna, Yugoslav soytarılığına, oportünizme, feodal mütegallibeye, faşizme karşı mücadele eden Türk devrimcisi Deniz Gezmiş'im.

- Tamam seni tanıyorum. Senin için deli diyorlar.

Fakat yarım saat sonra Deniz, kızı götürüp Beyazıt Kulesi'nde öptü."

Deniz'in önem verdiği kız arkadaşlarından birisi Hukuk Fakültesi'nde okuyan ve TMGT'nda çalışan Avniye Anadol'dur.

Eyüp Neşat Yıldırım, bu konuda şunları anlatmıştır:

"Avniye adlı arkadaş, Mustafa Kemal Yürüyüşü'ne katılmak için çok ısrar etti. Deniz, gelsin, katılsın diye bir hava içindeydi. Ama kabul edilmedi."

Deniz'in, karşı cinse olan ilgisi Filistin kamplarında da devam etmiştir. Selahattin Okur, tanık olduğu bir olayı şöyle anlatmıştır:

"Filistin kamplarında Avrupa'nın değişik ülkelerinden gelmiş genç kız ve erkekler de vardı. Bunlar, zaman zaman eğitim kamplarına da katılırlardı. Eğitim yaparken bir kız bizi seyrediyordu. Deniz, bu kıza bakayım derken, İtalyan çukuruna düştü ve ayağını incitti. Bundan sonra da eğitime katılamadı."

Deniz'in ODTÜ'de yaşadığı bir olayı Haluk Menemencioğlu, şöyle anlatmıştır:

"Feyyaz Erinç'in ODTÜ'de nişanı vardı. Arkadaşlarla ODTÜ'ye gittik. Deniz ve arkadaşları da oradaydı. Nişan için belli formaliteler yerine getirildikten sonra bazıları dans etmeye başladı. Ben, yanımda olan Nazan isimli kız arkadaşıma, 'Git Deniz'i dansa kaldır' dedim. Nazan da burjuva kökenli, uzun boylu, sarışın bir kızdı. Nazan, Deniz'in yanına gitti ve ne yapıp etti Deniz'i dansa kaldırdı. Deniz dansa kalkmak zorunda kaldığı için gönülsüz bir iki hareketten sonra dans olayı bitti."

Feyyaz Erinç'in nişan törenine katılan Mehmet Beşlioğlu da bu konuda şunları anlatmıştır:

"ODTÜ'ye gittik. Feyyaz Erinç ile nişanlısının parmağına yüzükler takıldı. Yüzükler kırmızı kordonla birbirine bağlı. Deniz, tabancasını çekti, 'Makasla kesilmesi yerine ben kordelayı bir atış yaparak koparayım' dedi."

Deniz'in 1970 yılı sonunda, ODTÜ'de kaçak olarak kaldığı dönem, Şule Albayraktaroğlu adlı bir genç kızla olan arkadaşlığı ise yarı şaka, yarı ciddi şöyledir:

Ortadoğu Teknik Üniversitesi'nde, dileyen öğrencinin yararlanması için bir kitaplık kurulmuştur. O dönem, yönetimini Şule Albayraktaroğlu adlı bir kız öğrenci yapmaktadır.

Dersten çıktıktan sonra Şule Albayraktaroğlu, kitaplığı açar ve dileyene, orada okuması için kitap verir.

Kitaplığı öğrenen Deniz, kitaplığa gider ve bazı kitaplar seçer. Kitapları aldıktan sonra kapıdan çıkarken, Şule Albayraktaroğlu, ODTÜ'ye yeni gelmiş olan tanımadığı Deniz'in yolunu keser ve "Kitabı dışarıya vermiyoruz. Ancak burada okuyabilirsiniz" der.

Deniz, "Yurtta kalıyorum. Okuduktan sonra getireceğim" der.

"Hayır. Kitaplığın işleyiş kuralları böyle. Kitap burada okunur. Dışarıya götürmenize izin veremem..."

Genç kızın sorumlu davranmasından hoşlanan Deniz, kendini tanıttıktan sonra seçtiği kitapları alır ve odaya gider. Arkadaşlarına, "Yahu! Siz oraya 'Kitaplık Sorumlusu' diye yırtıcı bir kaplan koymuşsunuz. Az daha parçalıyordu beni. Ama, ona ne oyunlar oynayacağım" der.

Bir gün, Yusuf ile Deniz, birlikte kitaplığa iner. Şule Albayraktaroğlu'na yaklaşan Deniz, "Hanımefendi! İkimiz de sizi beğendik. Evlenmek istiyoruz. Acaba hangimizi beğeniyorsunuz?" der.

Şule Albayraktaroğlu'nun şaşkınlığından yararlanan Deniz, oradan uzaklaşır.

Yusuf'la 201-202'ye gelen Deniz, oynadığı oyunu arkadaşlarına anlatır:

"Ondan öcümü aldım, ama henüz bitmedi..."

Birkaç gün sonra Deniz, ODTÜ arazisinde dolaşırken, bir ata rastlar. Binip yurtların önüne gelir. Kitaplığa bakan Şule Albayraktaroğlu'nun kaldığı odanın penceresinin önüne giden Deniz, orada, tüm muzipliğiyle bağırır:

"Hadi kız, bohçanı hazırla... Seni kaçırmaya geldim..."

Şule Albayraktaroğlu, pencereyi açıp bakınca, Deniz, atı sürüp oradan uzaklaşır. Bu olayı, yurtların önünde bulunan herkes, kahkahalarla gülerek izler.

Deniz'in bu kıza olan yakınlık derecesini bilmiyoruz. Fakat, Asaf Güven Aksel, bu konuda şunları yazmıştır:

"Üniversiteli kız, uzun boylu, yakışıklı militana tutkundu. Ama oğlan hercai."[23]

Mahallesindeki Deniz

Deniz'in üniversite öğrencisi olduğu döneme kadar, lise öğrencisi iken mahallede tanıdığı iki kişi Deniz'i birçok yönden etkiler. Bunlardan biri Nurettin Demirdöven, diğeri Ömer Erim Süerkan'dır. İlk tanıştığı Nurettin Demirdöven, şunları anlatmıştır:

"İstanbul'a 1963 yılında geldim. İstanbul Üniversitesi Hukuk Fakültesi'ne başlama dönemim 1963-64 öğretim dönemidir. Okul, 1 Kasım 1963 günü, yapılan bir törenle açılmıştı.

Mahalleye geldiğimden itibaren buradaki emsal yaşıttaki arkadaşlarla tanıştık. Bunlardan birisi de Hukuk Fakültesi'ne birlikte gittiğimiz ve aynı sınıfta okuduğumuz Deniz'in abisi Bora idi. Bora daha sonra okula devam etmedi ve başka fakülteye kaydını yaptırdı. Diğeri ise Ankara'da iken liseden tanış olduğum Erol isimli bir arkadaşımdı. Deniz de bunun arkadaşıydı. Böylece Deniz'le arkadaş olduk. 1963-64 kışını bir kenara koyarsak, Deniz'le asıl ileri derecede bir arkadaşlık kurma olayı, 1964 yazından itibaren başlar. Konuşmalarımızda ikimiz de aynı konulardan hoşlandığımız için 1964 yazında tam bir mahalle arkadaşlığımız başlamış oldu.

Asıl yaşantısı İstanbul'da başladı. Çocukluğunu anlatırdı ama önemli birşey yoktu. Ben, onunla tanıştığımda yaygın, geniş bir arkadaş çevresi yoktu. Lise iki öğrencisiydi o zaman.

Deniz'le en büyük zevkimiz, Selimiye'den başlayıp Kadıköy Moda Burnu'na kadar konuşa konuşa, tartışa tartışa gezmek ve daha sonra geri dönerek eve gelmekti. Bazen ben onu, bazen de o beni bulurdu. Oturduğum ev giriş katında, benim kaldığım oda da, yola bakan kısmındaydı. Deniz, bakarsın gelmiş, pencereye vurup haydi gidip gezelim diye işaret ediyor. Bir yerde oturup kalmaktansa daha çok gezmekten hoşlanırdık. Bazan yürüye yürüye Çamlıca Tepesi'ne çıkardık. Orada ben, Deniz, Erim, ara sıra Balıkçı İsmail katılır, gidip piknik yapardık. Para durumumuza göre şarap, salam, peynir alır, üç-dört saat eğlenirdik. Bazan paramız çok olunca Boğaz'da bulunan lokantalara gider balık yerdik. Ama bu çok ender olurdu. Balıkçı İsmail'in kayığı vardı. Onunla balık avına çıkardık. Daha sonra, Deniz, öğrenci hareketlerinde ön plana iyice çıkınca bunları yapmaya zamanımız kalmadı."

Ömer Erim Süerkan, bu konuda şunları anlatmıştır:

"Liseyi bitirdikten sonra Üsküdar TİP örgütünde çalışmaya başladım. Parti örgütüne üye bulma, üye kaydetme çalışmaları vardı. Ben de, bu çalışmalar içinde Boğaz'ın Anadolu yakasını tanıyor ve örgütlenme çalışmaları yapıyordum. 27 Mayıs sonrasında kurulan Kültür Dernekleri vardı. Buralara da uğruyordum. Bu uğramalarımdan birinde Nurettin Demirdöven ile tanışıp, arkadaş oldum. Nurettin de Deniz'in arkadaşı idi. Deniz'le Nurettin'in aracılığıyla arkadaş olduk. Nurettin ve Deniz'le arkadaşlığımın başlaması 1964 kışına yani 1964 yılı sonlarına rastlar. Nurettin, Hukuk Fakültesi ikinci sınıf öğrencisi, Deniz ise lisede bir dersten beklemeliydi.

Nurettin, Deniz ve ben, Şemsipaşa'yı çok severdik. Üsküdar iskelesinin sağında cami, medrese, çeşme, türbe ve kütüphaneden oluşan bir yapı topluluğu vardır. Üsküdar semtinin en büyük kütüphanesi olan bu Şemsipaşa Külliyesi'ne o civarda bulunan bütün öğrenciler, ders çalışmaya giderdi. Deniz, Nurettin ve ben de, bazan ders çalışmaya, bazen de kitap okumaya giderdik.

Külliye, deniz kenarında çok güzel bir yerdedir. Külliyeyi çevreleyen duvarlardan deniz tarafına bakan bir duvarı vardır. Bu duvarda, bir kişinin rahatça sığıp oturabileceği genişlikte demir parmaklıklı, birbirlerine çok yakın pencereler vardır. Biz üçümüz, bazen de Balıkçı İsmail, biraraya gelir, o pencerelerden her birine birimiz oturur, bir taraftan denizi seyreder, bir taraftan da sohbet ederdik.

Bazen de aynı yere oturur, şarap içerdik. Çok güzel ve zevkli olurdu. Paramız olduğunda bunu sürekli yapardık. Pencereler, denize yarım metre uzaklıktadır. Denizin dalgaları gelip, şap şap duvara vurur. İyot kokusunu ciğerlerinize çekersiniz. Külliyenin hemen yanında çay bahçeleri ve iskele bulunurdu. Çay bahçelerini şimdi yıktılar. Vapurdan inen aile babaları, bizim böyle neşeli olduğumuzu gördüklerinde; 'Afiyet olsun gençler' der, gülümserlerdi. Şimdi öyle mi? Görseler küfrederler. Deniz, fazla kalamazdı. Babası kızardı. Bize göre, yaşı da küçüktü. Belli bir saatte evde olması gerektiğinden, eve erken giderdi. Bu nedenle, bir dikişte şarap şişesinin yarısını götürürdü. Neşelendiğinde, çok sevdiği bir türkü vardı onu söylerdi:

"Karşı yakaya geçelim,
Atlara yonca biçelim,
Aleylim vay leylim, aman aman.
Biz bu yardan vazgeçelim,
Oğlum nenni nenni,
Eşrefim nenni."

İlk Siyasi Arayışlar

27 Mayıs ihtilalinden hemen sonra diyebileceğimiz bir dönemde ailesiyle birlikte İstanbul'a gelen Deniz, ihtilalin sağladığı göreceli özgürlük ortamında bir lise öğrencisi olarak, kişiliğini geliştirmeye çalışıyordu. Bu sürecin nasıl oluştuğunu ve nasıl geliştiğini yakından izleyen Nurettin Demirdöven, şunları anlatmıştır:

"1964 yazından itibaren kurulan mahalle arkadaşlığımızdan sonra, sürekli birlikte olduk. Onunla daha çok sosyal ve bilimsel diyebileceğimiz konularda konuşmalar ve tartışmalar yapardık. Sadece bununla da kalmaz, bu konulara ilişkin olarak etkinlikler nelerdir, toplantılar, dernekler var mıdır? Onları da araştırırdık. Bunları önce ben, tek başıma yapardım. Arkadaş bulunca da beraber yapmaya başladık. Böylece TİP diye bir partinin olduğunu ilk önce duyduk, sonra da yerine gidip gördük. TİP'in Üsküdar ilçe binası, o zaman Balaban semtinde, Doğancılar Sokağı'nın başında idi. O binayı şimdi yıktılar. Üsküdar iskelesinin hemen yanında, tütün fabrikasının hemen arkasındaydı. Düşünce olarak sosyalist düşünceye daha çok yatkındık. Okuduğumuz gazeteler, sevdiğimiz yazarlar itibariyle bu parti bize daha yatkın gelmişti. Gazeteler olsun, TİP'in çıkartmış olduğu broşürlerde ve dağıttığı bildirilerde olsun TİP'in adını okuyor, duyuyorduk. O arayışlar içinde 1964 yazında esas olarak TİP'e gitmeye başladık. Deniz, lise ikinci sınıf öğrencisiydi o zaman. İlk başlarda sempatizan olarak çalışmaya başladık.

Tanıştığımda Deniz'in politik bir birikimi yoktu. İlerici bir yönelimi vardı. Deniz'in sosyalist bilinçlenme dönemi ya da daha doğrusu sosyalizmi öğrenme dönemi yaklaşık bir sene sürdü. O ilk önce Haydarpaşa Lisesi'nde okuyordu. Daha sonra, babası, lisanının daha güçlenmesi, iyi bir lisan öğrenmesi için Aksaray'da bulunan Bilir Koleji'ne kaydetti. Bunun Deniz'e şu yönde bir yararı oldu. 27 Mayıs ihtilalinin getirdiği özgürlük ve tartışma ortamı nedeniyle öğrenci dernekleri, eskisinden daha etkin ve faal durumdaydılar. Buralarda çok canlı tartışma ortamı vardı. Üniversiteye gittiğimden, okulda edindiğim arkadaş çevresiyle ben de buralara gitmeye başladım. İlk önce, ben gidiyordum oralara. Daha sonra, Deniz'i de götürmeye başladım.

Üniversitelerdeki kantinler faal durumdaydılar. Oralara giderdik. Deniz'i, benim tanıdığım ve daha önceden kurmuş olduğum arkadaş çevresiyle tanıştırdım. Bizim bu gidip gelmeler ve varolan etkinliklere katılmamız sonucu, Deniz'in arkadaş topluluğu gelişti. Sonra Deniz, bu çevreyi genişletip sempatisini kazandı.

MTTB, TMTF, TMGT ve 27 Mayıs Fikir Kulübü vardı. Başkanı Memduh Eren, Deniz'in akrabasıdır. Bu örgütlerin düzenlediği toplantılara, açık oturumlara gider, çalışmalarına katılırdık. Bu derneklerin hepsi, o dönem, ilerici bir hava içindeydiler. Deniz'in, bu örgütlerin etkinliklerine katılması, üniversite çevresine girmesi lise son sınıfta iken başlamıştır. MTTB'ye gittiğimiz sıralarda Yüksel Çengel, başkan idi. Benim katıldığım ilk kongrede, kongreyi hükümetin desteğiyle sağcılar kazandı. MTTB sağcıların yönetimine geçince, TMTF'ye gitmeye başladık. TMTF ile TMGT'nda bazı faaliyetlerde bulunalım, dedik. Oraya da gitmeye başladık. O sıralar, TMGT Başkanı Alp Kuran'dı. Nitekim o sıralar TMGT'nda bazı komisyonlar kurulmuş, bunlara eleman arıyorlar. Ben ve Deniz, bir komisyonda yer alalım diye TMGT'na gittik. Mahir Kaynak, o zaman, TMGT'nda faal durumda ve İktisat Fakültesi'nde asistandı. Mahir Kaynak'ın TMGT'da görevi, başvuran öğrencilere, komisyonlarda görev vermekmiş. Beni Basın komisyonu için, Deniz'i de İşçi Komisyonu için uygun gördü. Bu İşçi Komisyonu'nun içinde Şükran Soner de vardı. Hattâ, TMGT'nın düzenlediği ve bir hafta süre ile devam eden, 'Politika ve Gençlik' konulu seminerlerin sonuncusunda, başımızdan geçen ilginç bir olay vardır.

O zaman, daha yeni Partiliydik. 24 Nisan 1965 Cumartesi günü, Fatih Tiyatrosu'nda Behice Hanım'ın da katıldığı bir toplantı vardı. Deniz'le ikimiz birlikte gittik. Arka sıralarda yer aldık, konuşmaları izliyoruz. Ben, daha önceden, tek başıma siyasi çalışmalar, araştırmalar yaptığım sıralarda rastlantı olarak, Haydarpaşa Lisesi'nden sağ eğilimli bir çocukla kısa süren bir arkadaşlık yapmıştım. Bu, beni, Üsküdar'da Genç Milliyetçiler Birliği diye bir kuruluşa götürmüştü. Bunlar, daha sonra, MHP'nin kurucuları oldular. Gittiğim ilk toplantılarında, Romanya Faşist Partisi'nin tarihi gelişimi hakkında bir seminer çalışmaları vardı. Onu izlemiştim. Bu toplantıdan çıktıktan sonra, ben, bu arkadaşa, 'Yahu Romanya Faşist Partisi'nin sizin siyasal çalışmalarınızla ne ilgisi var?' diye tepkimi dile getirmiştim. Neyse, o toplantıda Üsküdar'daki sağcıları tanımıştım.

Seminerde bir baktım bir grup bunlardan oluşmuş. Ben bunları tanıyorum ama onlar beni tanımıyor. Behice Hanım, konuşmaya başlayınca, bunlar da, ufak ufak seslerini artırmaya, Behice Hanım'ı yuhalamaya başladılar. Bir taraftan da, 'Komünistler Moskova'ya' diye bağırıyorlar. Ben de gittim, bu bağıranlardan birisine, 'Bu kadın komünist değil, sosyalisttir' dedim.

Onlardan birisi de, 'Ne olmuş yani. Komüniste komünist dedik' diyerek, beni tartaklamaya başladı. Ben, daha müdahale etmeden Deniz, sağcıların üzerine hücum etti. Ardından, Partililer geldi. Bunları dışarı attık.

Partide, haftada ya da onbeş günde bir ilçe binasında, seminer biçiminde eğitim çalışmaları yapılırdı. Daha çok, emekçi işçilerin bilinçlendirilmesi yönünde konular olurdu. Bir seferinde İdris Küçükömer, bir seferinde Oya Baydar, katılarak seminer verdiler. Biz de seminer sorumlusu olarak görev aldık. Ama öyle yaratıcı bir konu üzerinde değil genellikle klasik konular üzerinde çalışmalar yapardık.

Bunun dışında bir taraftan derslerimize çalışıyor, bir taraftan da kitap alışverişi yapıyorduk. Öğrenci için kitap pahalıdır. Bende olanı ona veriyordum, o da, onda olanı bana veriyordu. Tabii ilgi duyduğumuz konularda ayrıca kendimiz için kitap, dergi alıyorduk. Onunla ortak beğeniyle okuduğumuz kitapları şöyle sıralayabilirim:

Jack London'un Martin Eden'i, Ernest Hemingvay'ın Çanlar Kimin İçin Çalıyor'u, John Steinbeck'in Gazap Üzümleri, Wels'in Kısa Dünya Tarihi ve Amerika Birleşik Devletleri Tarihi, Ali Faik Cihan'ın Sosyalist Türkiye'si, Niyazi Berkes'in Yüzyıldır Neden Bocalıyoruz'u, John Strachey'in Sosyalizm Nedir'i.

Çıkan bütün yeni kitapların hemen hepsini alıp okuyorduk. Dergi olarak Yön, gazete olarak Cumhuriyet alıyorduk. Akşam gazetesi ve o dönem bir ara çıkan Tanin adlı gazeteleri de bulunca okuyorduk.

Hukuk Fakültesi birinci sınıfında öğrenci iken, öğretim üyemiz Hıfzı Veldet Velidedeoğlu; 'Hukukçu, hergün bir gazete alıp, okumalı ve olayları sürekli izlemeli' diyerek bize öneride bulunmuştu.

Deniz'in edebi yönü çok zengindi. Sinemayı, tiyatroyu, edebiyatı, şiiri çok severdi. Hikaye yazarlığını severdi. Şiire çok tutkundu. Tutkun olduğu için belleğinde tutardı. Memet Fuat'ın çıkarttığı Yeni Dergi isimli edebiyat dergisini sürekli alırdı. Nazım Hikmet'i zaten bilirdi. Oktay Rıfat, Edip Cansever, Turgut Uyar, Cemal Süreyya ve bunların ardından Özkan Mert, Ataol Behramoğlu ve İsmet Özel'in şiirlerini de bilirdi.

Sinemacılığa, sinema yapımcılığına ilgi duyardı. Osman Saffet Arolat'la sinema, edebiyat üzerine tartışırlardı."

Osman Saffet Arolat, bu konuda şunları anlatmıştır:

"Deniz'i ben TMTF İstanbul İl Sekreteri ve Basın Yayın Kolu Başkanlığı yaptığım dönemde tanıdım. Bu çevreye yeni gelip gitmeye başlayan ve yetişmekte olan genç bir delikanlı idi. Sohbeti, tartışmayı seven, çok yönlü ilişkiler içine girmekten hoşlanan ama belli sertlikleri de taşıyan birisiydi.

O dönem şiir, edebiyat merakı vardı. Beyazıt'ta Beyaz Saray denilen binanın altında yeni kitabevleri, sahaflar açılmıştı. Oraya gider, orada bulunan kitapçılarla, sanatçılarla tanışır, sohbet ederdi.

O dönem, çok tartışılan bir dönemdi. Gruplar farklı da olsa, birbirinden farklı da düşünseler, tartışmalar genellikle Çınaraltı'nda geçerdi. Aynı şekilde Sahaflar'da, Sahaflar'ın yanındaki kahvede konuşulurdu. Hukuk Fakültesi'ndeki çay ocağının yanında insanlar, oturur ve tartışırlardı.

Deniz, özellikle o dönem, TMGT Başkanı olan ve Hukuk Fakültesi İdare Hukuku kürsüsünde asistan Alp Kuran'la birlikte hareket ederdi. Öğretim üyelerinden onu tanıyan ve sohbeti olanlar vardı. Tarık Zafer Tunaya, bunlardan birisiydi. Deniz'in öğrenci lideri olarak kitleyi peşinden sürüklediği dönemde Tarık Zafer Tunaya, Hukuk Fakültesi Dekanı idi.

Deniz, bu sıralar yeni yeni tanıştığı Hikmet Kıvılcımlı'ya büyük önem veriyordu. Hikmet Kıvılcımlı'nın Cağaloğlu-Nuruosmaniye

Caddesi'nde bir muayenehanesi vardı. Deniz, Hikmet Kıvılcımlı'nın devamlı müdavimlerinden birisiydi. Çoğu zaman TMGT'nın Tünel'de bulunan yerinden çıkıp, yürüyerek Cağaloğlu'na, Kıvılcımlı'nın muayenehanesine gider, onunla konuşur, sohbet ederdi.

Mahir Kaynak, 1968'de gençlerin önem verdiği bir öğretim üyesiydi. Çok ilginç düşünceleri vardı. Çok ilginç şeyler anlatırdı. İktisat Fakültesi'nin, 'Cuma Konferansları' vardı. Bu konferanslar içinde en etkililerden birisi, Mahir Kaynak'ın konferanslarıydı. Mahir Kaynak, kitleleri çok iyi dirije eden, çok kolayca etkileyen birisi idi. Ayrıca, Hikmet Kıvılcımlı çevresi ve MDD kadroları ile sıkı ilişkiler içinde olan birisiydi."

CHP Milletvekili Mustafa Yılmaz, yaptığı bir konuşmada, "Eski MİT mensubu Mahir Kaynak'ın Devrimci Öğrenci Birliği'nin bir toplantısında, 'Devrimci mücadelenin gücü silahtır. Silahsız mücadele başarıya ulaşamaz. Pasifizme son verelim' şeklinde, konferanslar verdiğini" söylemiştir.

Okumak İçin Ödünç Kitaplar Alırdık

Bu dönem, Eminönü Türk Devrim Ocağı üyesi de olan Ömer Erim Süerkan, Dr. Hikmet Kıvılcımlı ile nasıl tanıştıklarını şöyle anlatmıştır:

"1965 yılındaydı. Nurettin Demirdöven, bir gün, Sahaflar'dan bir kitap alırken, Hikmet Kıvılcımlı'nın, 'Tarih/Devrim/Sosyalizm' adlı kitabına rastlıyor. Bakıyor, bir Türk sosyalistinin kitabı. Çeviri değil. Özgün bir eser. İlgisini çekiyor ve kitabı alıyor. Okuyup, bakmamız için bize getirdi. Bizim de ilgimizi çekti. Kitabın arka kapağında, kitabı yazanın adresi var. Ayrıca, 'Kitap hakkında eleştirileriniz varsa yazın, gelin görüşelim" diye de bir not var.

Nurettin, Deniz ve ben kalktık, Cağaloğlu'nda bulunan Dr. Hikmet Kıvılcımlı'nın adresine gittik. Kendimizi tanıttık. İşte böyle böyle, dedik. Kitabınızı okuduk, ilgimizi çekti. Neyse, sohbetimizde, kendinden, geçmiş deneylerinden, hapisliğinden, örgütlenmeden, partiden bahsetti. Bu arada, bizim Üsküdar'da oturduğumuzu öğrenince, kendisinin de Salacak'ta oturduğunu söyledi. Böylece, Kıvılcımlı ile diyaloğumuz kurulmuş oldu.

Bu arada yine, Salacak'ta oturan Kenan Uluğ'un devamlı müdavimlerindendik. Büyük ve değerli bir kütüphanesi vardı. Okumak için ödünç kitaplar alırdık. Kenan Uluğ'la özel sohbetlerimiz olurdu. Eski bir TKP'li idi. Yaşadığı olayları, deneylerini bize aktarırdı.

Hemen hemen, her konuyla haşır neşir olmaya çalışırdık. Öğrenci derneklerinin faaliyetlerine katılırdık. Paneldi, forumdu, konferanstı hepsine katılırdık. Bu etkinliklerin kültürel yönden olsun, yeni kişilerle tanışma yönünden olsun, bizlerin gelişmesinde çok yararı olmuştur.

Örneğin, TMGT, 1967 Aralık ayında 'Türkiye'nin Milli Savunma Stratejisi ve Dış Politika' konulu bir seminer düzenledi. Bu seminere Tabii Senatörlerden Haydar Tunçkanat, Suphi Karaman, Doç. Dr. İdris Küçükömer, Mustafa Ok, İbrahim Çamlı ve İlhan Selçuk katıldılar.

İstanbul Yüksek Teknik Okulu Talebe Birliği de, 6 Ocak 1968 Cumartesi günü, Behice Boran, İlhan Selçuk ve Mihri Belli'nin katılarak konuşma yaptığı, 'Türk Devriminin Stratejisi' konulu semineri düzenledi.

Bu seminerlerin hazırlığını Mustafa İlker Gürkan'la ben yapmıştım. Deniz, İlhan Selçuk ve Mihri Belli ile bu seminerleri düzenleme çalışmaları sırasında tanışmıştı."

Deniz, vapurla karşıya geçtiği zamanlar cebinde mutlaka bir tane kitap bulunur, yolculuk boyunca da hiç konuşmaz elindeki kitabı okur. İskelede vapur beklerken gazete-kitap satan büfeye gider, gözüne kestirdiği bir kitabı alır. Vapur kalkana kadar okumaya devam eden Deniz, ertesi gün, kaldığı yerden okumaya devam etmek için kitabın sayfasını kıvırır ve kitabı yerine koyar.

Biz, Onları Eylemle Halledeceğiz

Deniz, politikaya nasıl ilgi duyduğunu şöyle anlatmıştır:

"Sosyalizmi ilk defa Yön dergisinin ikinci çıkışı sırasında bu dergiyi izlerken benimsedim. Sonra bu alanda kendimi yetiştirmeye çalıştım. Lise birinci sınıfta iken, öğretmenimin okuttuğu 'Teneke' kitabı ile yurt gerçekleriyle karşılaştım. Yine öğretmenimin ezilen halk kitleleri hakkında verdiği bilgi ile yoğruldum."

Dostoyevsky'nin kitaplarını bitirdim. Şimdi Balzac'tan okumaya başlayacağım. Çoğunu daha evvel okumuştum ama yine rahatça, canım sıkılmadan okuyorum. Hele Dostoyevsky! Yaşadığı toplumun kesitini vermiş romanlarında. Tolstoy'un müjikleri varsa onun da bir türlü iki yakaları biraraya gelmeyen şehirli küçük burjuvaları var. Onları o kadar canlı anlatmış ki, insan görür gibi oluyor. Sana İngiliz, Alman, İtalyan, İspanyol edebiyatı desem, aklına her birinden bir isim gelecek. Örneğin, Shaekspeare, Goethe, Dante, Cervantes. Ama Fransız ve Rus edebiyatı olunca durum değişir. Bir sürü isim gelir aklına. Her biri birbirinden büyük. Aynı durum İran edebiyatı için de geçerli. Ömer Hayyam, Gazali, Şirazlı Sadi."[24]

Deniz, dört Amerikalı askeri, 8 Mart 1971 günü, bırakıp kaçtıkları apartman dairesinde şu kitapları geride bırakmıştır:

"Moskova Önlerinde, Emperyalizm-Tekelci Kapitalizm ve Türkiye, Sosyalist Parti, Silah Arkadaşları, İnsan Asker Doğmaz."

Mustafa Lütfü Kıyıcı, DÖB kadrosunun, bu konuda neler yaptıklarını şöyle anlatmıştır:

"Biz hergün seyyaren okulun bahçesinde bulunurduk. Bunun dışında TMGT, Çınaraltı ve Süleymaniye'ye giderdik. Derslere girmezdik. Zaten devam zorunluluğu yoktu. Sınavlara girer geçerdik. Konuşup, tartışmalarımız da genellikle buralarda olurdu. Deniz'in, FKF'liler konusunda şöyle bir tavrı vardı: 'FKF'lilerle tartışmayın. Aşağılık duygusuna kapılırsınız. Adamlar lafazan. Biz, onları eylemle halledeceğiz.'

AİESEC olayı nedeni ile tutuklandığımızda, cezaevinde pek kitap okuma olanağımız olmadı. Olmuyordu daha doğrusu. Gerek tutuklular, gerek içeriye değişik nedenlerle düşmüş turistler tarafından yalnız bırakılmıyorduk. Sadece akşamları, biraraya geldiğimizde, Raif Ertem ve Bozkurt Nuhoğlu'yla miting, açık oturum nasıl düzenlenir gibi konularda, onların geçmiş deneyimlerini içeren sohbetler, konuşmalar yapılırdı."

Yeterki Devrim Olsun

Sultanahmet Cezaevinde birliktelikleri hakkında Raif Ertem, şunları anlatmıştır:

"Sultanahmet Cezaevinde buluştuk. Bozkut Nuhoğlu, Mustafa Lütfü Kıyıcı, Mustafa Gürkan. Daha birçok genç devrimci vardı.

O günleri hiç unutamam. Deniz'e sormuştum. İstediğin devrim olacak. Ama senin kurşuna dizilmen istenecek.

Olsa ne yaparsın?

Verdiği yanıt, kesindi, inançlıydı. Deniz Gezmiş'ti.

'Hemen karşıya geçerim. Vurun beni derim. Yeter ki devrim olsun."

Bozkurt Nuhoğlu da şunları anlatmıştır:

"Birçok kez beraber gözaltına alındık. Cezaevini paylaştık. İçerde en çok okuduğu kitap Doğan Avcıoğlu'nun 'Türkiye'nin Düzeni'ydi.

Deniz, herkesle çok rahat ilişki kuran birisiydi. AİESEC olayı nedeniyle 1968 yılında Sultanahmet Cezaevinde yatıyoruz. Deniz, yaralamadan soyguna kadar her türlü suçlar işlemiş lümpen birisiyle sürekli birlikte oluyor. Bu benim dikkatimi çekti.

Deniz'e, 'Ne yapıyorsun bu adamla?' diye sordum.

'Abi hiç karışma ben bunu örgütlüyorum' dedi.

Aradan bir süre geçti. Deniz'in sıkı fıkı olduğu bu lümpen adam bir gün bana geldi, 'Abi seninle biraz konuşalım' dedi.

- Konuşalım.

- Bu Deniz, bana birşeyler anlatıyor.

- Ne anlatıyor?

- Ben şimdiye kadar hiç namuslu, dürüst, ciddi, onurlu bir iş yapmadım. Deniz, bana ciddi bir iş önerdi.

- Nedir o ciddi iş?

- Deniz, 'ABD donanması Türkiye'ye geldiği zaman birisini kaçıralım' dedi.

- Peki aklına yattı mı?

- İşi enine boyuna düşündüm. Aklıma yattı. Ama birşeyi kafamda çözemedim. Deniz'e sordum. 'Defol git' dedi bana. Sana sorayım dedim.

- Nedir?

- Gemiyi kaçırmak aklıma yattı. Tamam kaçırırız ama kime satacağız bunu?"

Tartışmayın, Ağızlarını Açtılar mı Yapıştırın Tokadı

Devrimci Hukuklular Örgütü kurucularından Deniz Çamlıbel, bu dönem, gençlerin politik yaşamları hakkında şunları anlatmıştır:

"Beyoğlu Atatürk Erkek Lisesi'nde Mustafa Lütfü Kıyıcı ile birlikte okuduk. Daha sonra, Hukuk Fakültesi'nde de bu arkadaşlığımız devam etti. Kıyıcı, 66-67 döneminde, fakültede dolaşırken, Deniz'i gösterir ve 'Şu çocuğun ne dediği, ne yaptığı, ne düşündüğü pek belli değil. Çok karmaşık bir düşünce yapısı var. Bir bakarsın Stalin'i, bir bakarsın Kıvılcımlı'yı, bir bakarsın Atatürk'ü, bir bakarsın İkinci Kurtuluş Savaşı'nı, bir bakarsın Lenin'i savunur. Ben birşey anlayamadım' derdi.

Aslında, o dönemin gençliği, bir arayış gençliğidir. 68, birikmiş olan özlemlerin ortaya çıkış dönemidir. O dönemin gençlik hareketi, gök kubbede bir haykırış, bir çığlıktır. 68' kuşağı dogmatik, bağnaz değildi. Herhangi bir fraksiyonun peşine takılıp, gitmemiştir. Zaten fraksiyon nedir bilinmezdi. Bölünmeler, ayrışmalar, daha sonra oldu. İlk dönem, böyle olmadığı için yapılan eylemlere öğrenciler katılırdı. Ne zaman fraksiyonlaşma başladı, o zaman, öğrenci gençlik, eylemlere katılmamaya başladı.

Bizler, yapılan her eyleme katılırdık. Herkes, bir tartışma içindeydi. Bu nedenle insanlar, kısa süre içinde, bir uçtan bir başka uç noktaya gidip, gelirdi. Örneğin, bir süre İTÜ-ÖB Başkanlığını yapmış olan Hasan Yalçın, önce FKF'li idi. Sonra MDD'ci oldu, daha sonra Mao'cu oldu. Bizler, birer arayış gençliği idik.

O dönem, ekonomi üzerine kitaplar çok az okunurdu. Mao'nun Teori ve Pratik isimli kitabı okunurdu. Stalin savunulur ve kitapları çok okunurdu. Stalin tarafından mahkûm edildiği için Troçki'nin kitapları hiç okunmazdı.

Deniz, bakarsın pantalonunun arka cebine bir kitap sokmuş, gelmiş tartışıyor. Sadece anlatırdı. Karşısındakinin ne dediğini dinlemezdi. Anlatırdı, ondan sonra da kalkar giderdi.

O sıralar Deniz, 'Dağa çıkacağım, gerilla yapacağım' falan, derdi. FKF'liler de, Deniz'le, 'Elmadağ'a mı, yoksa, Uludağ'a mı çıkacaksın?' diyerek, dalga geçerlerdi. Deniz, buna bozulur ama ses de etmezdi."

Dimitır Dimov'un "Sarı Dünya-Tütün" isimli kitabı yeni çıkmış ve kitap devrimci öğrenciler arasında elden ele, dilden dile dolaşmaktadır. Fırsat bulup bu kitabı okuyamadığı için merak eden Deniz, İktisat Faktültesi öğrencisi Ragıp Zarakolu'nu yakalar ve "Ragıp sen bu kitabı okumuşsundur. Gel seninle hem biraz gezelim, hem de bu kitabı bana anlat" der.

Ragıp ile Deniz, Sultanmahmet Parkı'na gider. Oradaki çimlere uzanırlar. 1969 Mayısının sıcak bir gününde Ragıp, kitabı Deniz'e özetleyerek anlatır.

Deniz, artık eylemlerde ön planda olduğu, okumaya pek fazla hattâ hiç fırsatı olamadığı için, bu durumu, zaman zaman, soyismi "Okur" olduğu için, "Bizim aramızda da okuyan Selahattin olsun" diyerek, Selahattin Okur'a yaptığı bir espriyle dile getirir.

Bozkurt Nuhoğlu, bu konuda bir anısını şöyle anlatmıştır:

"Deniz inançlarını sınamak istemezdi. Ali Sanlı diye Hukuk birincisi olan bir arkadaşım vardı. Ali Sanlı ile Fındıkzade'de bir evde kalıyoruz. Deniz de sık sık bizim evin konuğu oluyor. Ali Sanlı, o dönemin en entelektüel, en bilgili bir genci. Ali, birlikte oldumu Deniz'e, 'Deniz bu yol yanlış. Seni asacaklar' diyor. Deniz de, sinirleniyor. Sonra, beni çevirdi:

- Ali'ye söyle benle gelip konuşmasın. Yoksa döverim.

- Ali akıllı bir arkadaş. Onunla konuş, ilişkini geliştir.

- Hayır. Biraz daha konuşursam beni ikna edecek bu adam."

Mihri Belli, Deniz'in bu özelliği hakkında şunu anlatmıştır:

"Bir gün yine Yol-İş'te oturmuş yazımı yazarken, yan odada Deniz'in konuşmasına kulak misafiri oldum. Arkadaşlarına, 'Onlarla laf yarışmasına girerseniz kaybedersiniz. Tartışmayın, ağızlarını açtılar mı yapıştırın tokadı' diyordu, Deniz. Sözünü ettiği TİP'lilerdi."[25]

Latin Amerika'nın Che'si, Türkiye'nin Deniz'i Var

Deniz'in politik görüşlerinde ve eylemlerinde dünya siyasi hareketlerinin dönemsel etkilerinin izleri de vardır.

Mustafa Lütfü Kıyıcı, bu etkileri şöyle özetlemiştir:

"Bu konu o dönemin koşulları içinde ele alınmalıdır. ABD'nin burnunun dibinde bir Küba olayı ve özellikle Che olayı vardır. Che Guevera olayının, genç bir insanın bilincinde yansımalarını o dönemi yaşamayanlar zor anlar. Che olayının o dönem genç bir devrimci üzerinde hiçbir etkisi olmadığını söylemek çok zordur."

Nurettin Demirdöven, Deniz'in bu yanını şöyle anlatmıştır:

"Liderler içinde en çok Che Guevera'yı severdi. Che hakkında bir olay anlatırdı. Çok gülerdik.

Güya, Küba'da devrim olduktan sonra bir gün Castro, arkadaşlarını toplayarak; 'Devrimi başardık. Şimdi bize bir ekonomist gerekli' demiş.

Hemen Che atılmış: 'Ben varım' demiş.

Castro şaşırmış: 'Yahu ben seni doktor olarak bilirdim. Ekonomistlik nereden çıktı?'

Che, hemen karşılık vermiş: 'Ben komünist arıyorsun zannettim' demiş."

Hasan Ataol, bir benzetme yaparak, "Latin Amerika'nın Che'si, Türkiye'nin de Deniz'i vardır" demiştir.

FKF İstanbul Sekreterliği'nde yer alan ve Ant dergisi yazarlarından olan Osman Saffet Arolat'ın bu konudaki değerlendirmesi şöyledir:

"Deniz o dönemin gençliği içinde baştan beri Mustafa Kemalci ama kendini yer yer marksist zanneden birisiydi. Olaylara sürekli olarak 'İkinci Kurtuluş Savaşı' açısından bakardı. Temel tavrı buydu.

Yeni yeni bir kimlik arayışı içinde olan üniversite gençliği kendileriyle özdeşleştirebildiği bazı insanları çok sevdiler. Çünkü bu insanlar kendileriyle özdeşleştirebilecekleri liderlerdi.

Özellikle Che Guevera buna çok uygundu. Che, aydın bir liderdi. Doktordu. Zengin diyebileceğimiz bir ailenin çocuğuydu. Zengin bir aileyi terkederek dağa çıkmıştı. Ayrıca yakışıklı bir adamdı. Çok güzel konuştuğu söylenirdi, ama bilinmezdi. O günkü kimlik arayışları içinde kendini Che Guevera ile özdeşleştirici noktalar aramaya başladılar. Sonuçta bu insanlar, Che Guevera gibi sakal bırakmaya ve Che'nin giymiş olduğu botlara benzer ayakkabılar, giymiş olduğu parkaya benzer giysiler giymeye başladılar.

1967-68 yıllarında Che'nin Türkiye'de iki kitabı yayınlandı. Bu iki kitap öğrenciler arasında çok beğenildi ve tutuldu.

Özellikle Deniz, Che'den çok etkilenmişti. Aynı biçimde Ho Chi

Minh'den etkilenmişti. Ho Chi Minh'in filozof tavrını, Che Gueve-ra'nın aktif tavrını birleştiren bir yapıyla hareket ederek, konuşma türü, olaylara bakış açısı sürekli bu yönde oldu.

Bütün bunlara rağmen temelde Mustafa Kemalci yapısını sonuna kadar terketmedi. Anti-emperyalist bir Mustafa Kemal imajı üzerine bu elbiseyi giydirmeye çalıştı."

* * *

Üniversite Öğrenciliği

Deniz, lise öğrenimini 1965-66 öğretim dönemi, Aksaray-Özel Bilir Koleji'nde tamamladıktan sonra, Üniversitelerarası Giriş Sınavına, 6 Temmuz 1966 Çarşamba günü girer.

Sınav sonuçları açıklandığında Deniz, İstanbul Üniversitesi'ne bağlı Hukuk ve Fen Fakültelerini yedek listeden kazanmıştır. Deniz, Hukuk Fakültesi'ne kaydını yaptırır.

Bu konuda, arkadaşı Nurettin Demirdöven, şunları anlatmıştır:

"Deniz, üniversite sınavlarına girerek Fen ve Hukuk Fakültelerini kazanmıştı. Sosyal konulara daha yatkın olduğundan siyasi ve sosyal çalışmalarına kolaylık olur düşüncesiyle Hukuk Fakültesi'ne kaydını yaptırdı.

Deniz, Hukuk Fakültesi'nin 10058 nolu öğrencisi olarak, 7 Kasım 1966 Pazartesi günü, üniversiteye ilk adımını atar. Fakat, Hukuk Fakültesi'nde yeni öğretim dönemi olaylı başlamıştır.

TMTF, MTTB, İÜTB gibi üst örgütlerin desteklediği ve Hukuk Fakültesi Talebe Cemiyeti Başkanı Atilla Kılıçoğlu ile Hukuk Fakültesi Talebe Derneği Başkanı Faruk Yücel gibi sağcı cemiyetçilerin yönetiminde, öğrenciler, derslere girmeyerek boykot yapmaktadır.

Hukuk Fakültesi'nde 1500'den fazla öğrencinin belge verilerek, kayıtlarının silinmek istenmesi üzerine yapılan boykotta, öğrencilerin başlıca istemleri şunlardır:

1) Birinci sınıfta 1965-1966 döneminde belge alanlara bir sene daha okuma hakkı tanınması,
2) Bir ve ikinci sınıfta ancak üç sene aynı sınıfta kalanlara belge verilmesi,
3) Üç ve dördüncü sınıftan belgenin kaldırılması,
4) Yükseltmenin kaldırılması,
5) Bütün derslerden Şubat hakkı tanınması,

6) Yazılıyı almış her öğrenciye üç sözlü hakkı tanınması.

Bu dönemde Hukuk Fakültesi Dekanı Prof. Reha Poroy, İÜ Rektörü ise Adnan Menderes'in özel doktorluğunu yapmış olan Prof. Ekrem Şerif Egeli'dir.

TMTF tarafından boykotun kaldırılması yolunda alınan karar, Hukuk Fakültesi Talebe Cemiyeti ve Talebe Derneğince de desteklenir ama bazı öğrenciler, boykota devam eder. Birinci, ikinci ve üçüncü sınıflarda dersler yapılmaz. Bahçede düzenlenen toplantıda Hukuk Fakültesi Talebe Derneği Başkanı Faruk Yücel, istifa eder.

11 Kasım 1966 Cuma günü, Hukuk Fakültesinin birinci sınıfında, "Roma Hukuku" dersinde bir kısım boykotçu öğrenci, derse girerek gürültü yapar. Bunun üzerine Prof. Türkan Rado, "Şu halde ben de size bir masal anlatayım" der. Boykotta direnen öğrenciler, devamlı surette marşlar söyleyerek, profesörün masal anlatmasına da mani olur.

Boykot, güvenlik kuvvetlerinin müdahale etmesi ve öğretim üyelerinin desteklememesi üzerine bitirilmek zorunda kalınır. Sorunlar, böylece, bir sonraki döneme ertelenmiştir.

Hukuk Fakültesi, 1967-68 öğretim döneminde, yine öğrencilerin dersleri boykotuyla açılır.

Bu yıl, fakülteden belge alarak atılan öğrenci sayısı 1000'in üzerindedir. Bütün öğrencilerin desteğiyle, 30 Ekim 1967 Pazartesi günü başlayan ders boykotu, öğretim üyelerinin desteklememesi ve durumun savcılığa bildirilerek, bazı öğrencilerin gözaltına alınması üzerine 8 Kasım 1967 Çarşamba günü sona erer. Fakülte yönetimi, ayrıca, fakülteyi 9 Kasım 1967 Perşembe günü, saat 16.30'dan 15 Kasım 1967 Çarşamba günü akşamına kadar tatil eder.

Öğrencilerin istemlerine sadece adli önlemlerle yanıt veren üniversite yönetimine başkaldırı ve öğrenci patlaması şeklinde başgösteren olaylara altı ay gibi kısa bir süre vardır.

Üniversite İşgalleri

Ülkemizde üniversite ile üniversite öğrencilerinin yaşadıkları sorunlar, tarihi yüz yıla kadar dayanan ve köklü çözümlere kavuşturulması gereken bir konu olmuştur.

1887 yılında Askeri Tıbbiye öğrencilerinin yaptığı eylem ve öne sürdükleri istem, günümüzdeki istemlerle ortak özellikler taşımaktadır:

"Bütün talebe tarafından Tıbbiye'nin de diğer yabancı fakültelere benzemesi ve ıslahı için düzenlediğimiz tasarı, müdüriyet ve nezaretçe kabul edilmiyordu. İç işlerine karıştığımız iddiasıyla Müdür-i Umumimiz Miralay Namık tarafından baskılar başladı. Bu baskıya karşı, talebe grev yapmaya karar verdiğinden mesele büyüdü. Hep birlikte mektep binasını izinsiz terk ettik ve mektebi boşalttık. İş fena şekil aldı. Demirkapı ile mektep binası ciheti, askeri birlikler tarafından abluka altına alındı."[26]

1961-71 dönemini ele aldığımızda, öğrencilerin bu yönde ilk istemi, 1964 Temmuz ayındadır.

Üniversite yönetimi her yıl öğrencilerden aldığı kayıt, kabul, sınav ve ders harçlarının miktarını arttırır. Bunun üzerine öğrenciler, kendilerini temsil eden TMTF-MTTB ve İÜTB aracılığıyla protesto hareketlerine başlar. İki ay süren protesto hareketleri sonunda Milli Eğitim Bakanlığı'nın 30 Eylül 1964 tarihli yazısıyla, harçlara yapılan zamlar geri alınır.

10 Aralık 1964 Perşembe günü, öğrenciler bir bildiri yayınlayarak, "Üniversite reformu yedi gün içinde gerçekleştirilmezse, üniversitenin kapısına kilit vurarak kapatacaklarını" açıklar.

Hükümet yetkililerinin araya girmesi ve reform çalışmalarına başlanacağı konusunda söz verilmesi üzerine, yapılacak eylemler ertelenir. Böylece ertelenen üniversite reformu, her öğretim dönemi başlangıcında gündeme geliyor, fakat bir çözüme kavuşturulmadan bir sonraki yıla erteleniyordu.

1968 yılına gelindiğinde, öğrenci istemleri değişiyor, artık üniversitede reform değil, "Üniversitede ve Eğitimde Devrim" isteniyordu.

Öğrenci liderlerinden Harun Karadeniz, bu konuda şunları anlatmıştır:

"Üniversitede varolan potansiyeli 1968 Kasım döneminde değerlendirmeye karar vermiştik. Temel sloganımız, 'Eğitimde Devrim' olacaktı. Ancak, bu konunun enine boyuna incelemesini yapmak ve çok somut hedefler belirleyerek, sonuç almak taraftarıydık. Daha önceki reform istekleri gibi belirsiz amaçlara yönelmemek gerekiyordu.

Bunun için Kasım ayına kadar Türkiye'deki eğitim düzeni ve özellikle yüksek öğrenim sorunu üzerine araştırma yapacaktık. Fakat, bizim dışımızda gelişen olaylar, bu planı değiştirmemize sebep oldu.

Biz, Kasım için kendimizi hazırlarken, Türkiye'deki ilk hareket, Ankara'da Dil, Tarih ve Coğrafya Fakültesi'nde patladı. Gelişmeleri yerinde incelemek üzere derhal Ankara'ya gittik. Teknik Örgütlerin başkanları olarak yaptığımız bu gezi sırasında hareket İstanbul Üniversitesi'ne sıçrayıverdi."[27]

Sağ-Sol Yok, Boykot Var

21 Mayıs 1968 Salı günü, Hukuk Fakültesi Talebe Cemiyeti İkinci Başkanı sağcı Yıldırım Tosunlar, düzenlediği basın toplantısında, "Devrimci Öğrenci Örgütü adı altında gizli bir teşkilat kuran bazı öğrencilerin, Fransa'da olduğu gibi İstanbul Üniversitesi'nde karışıklık çıkartmak için hazırlık yaptıklarını" açıklar.

Bu dönem, üniversitedeki sorunları çözümlemek amacıyla, bir tarafta Talebe Birliği'nde sağcıların, Ufuk Şehri'nin; öteki tarafta Deniz'in başını çektiği Devrimci Hukuklular Örgütü'nün, diğer tarafta da FKF İstanbul Sekreterliği'nin hazırlığı vardır.

İstanbul'da ilk girişim sağcılar tarafından başlatılır.

11 Haziran 1968 Salı günü, İstanbul Üniversitesi Talebe Birliği Başkanı Ufuk Şehri, birlik lokalinde bir basın toplantısı yaparak "Üniversitede reform istediklerini" söyler ve "12 maddeyi kapsayan reform isteklerini, İstanbul Üniversitesi Rektörlüğü'ne verdiğini" açıklar.

Bundan sonraki gelişmeleri, Enver Nalbant, şöyle anlatmıştır:

"Sonra biz, FKF'de bir toplantı yaptık. Ben kalktım dedim ki, 'Arkadaşlar, bu iş Ankara'da başladı, bir an önce biz de başlatalım, yoksa iş sağcıların eline kalacak' falan... Neredeyse oradaki herkes karşı çıktı. Bir kısmı da çekimser davrandı. Neyse, ben tek başıma kalınca çıktım, TMGT binasına, Tünel'e gittim. Deniz ve arkadaşları oradalar ve onlar da bu meseleyi tartışıyorlar. Ama oradakiler de karşı çıkıyor harekete. Deniz, hemen başlayalım falan diyorsa da destekçisi yok. Neyse, benim de gelmemle biraz daha fazla bastırdık ve sonunda karar alındı. Ertesi gün İstanbul Üniversitesi işgal edilecek.

Sabah okula gelinir, "ama ortada Deniz, ben ve bir kaç kişi daha var, gerisi hep genç genç çocuklar. Sanıyorum aralarında Cavit de var: Cavit Kavak. Neyse bir yerden başlayalım diye dolaşırken bir sınıfa girdik. Sanıyorum üçüncü sınıftı. Deniz, kürsüye çıktı ve eylemin başladığını anlattı. Bu sınıfta beklenmedik bir destek görünce, yahu bu iş oluyor, deyip doğruca 1. sınıf amfisine gittik. Çünkü, en kalabalık sınıftı, kocaman bir amfide toplanıyorduk. Derken bir anda sınıfları boşalttık ve binayı işgal ettik."

Mustafa Lütfü Kıyıcı, bu konuda şunları anlatmıştır:

"İşgal olayını anlatmak zor. Hiç kimse işgal olayının başarılı olabileceğini düşünemiyordu. Böyle büyük bir eylemin başarısızlıkla sonuçlanabileceğini, bunun sorumluluğunun sosyalistlerin üzerine kalacağını, bunun vebalinin büyük olduğunu söyleyerek ilk başta FKF İstanbul Sekreterliği, işgale karşı çıktı. Hattâ yapılacaksa, işgal hareketinin önünde bir solcu öğrencinin yanında bir sağcı öğrencinin de bulunması gerektiği söylenmişti. Bu konuları bizzat ben, o dönem, FKF İstanbul Sekreteri olan Veysi Kemal Sarısözen ile İktisat Fakültesi Talebe Cemiyeti'nin spor odasında uzun uzun konuştuk, tartıştık. İşgal bir anlamda spontane bir olaydı. Örneğin ben, sınav için okula gittiğimde, okul işgal edilmişti."

12 Haziran 1968 Çarşamba günü, saat 08.00'de başlayacak Haziran dönemi sınavlarına girmek için Hukuk Fakültesi öğrencileri Üniversiteye gelmiştir.

Sınava girmeden önce bazı öğrenciler, boykot yapılsın mı, yapılmasın mı diye konuşup tartışmaktadır.

Hukuk Fakültesi Öğrenci Bürosunun önünde ayaklı, seyyar, siyah bir tahta vardır. Boykot taraftarı olan öğrenciler, kara tahtaya, "Boykot var" diye yazar. Boykota karşı olanlar, yazıyı gidip siler, "Hayır. Boykot yok" diye yazar. Aynı olay bir kaç defa tekrarlanır. En sonunda Binali Erdoğan, kara tahtaya gidip bir tekme vurur ve devirir. Bundan sonra boykot ve işgalin önü alınmaz olur. Böylece hareket başlar.

Üçüncü sınıf B grubunun Medeni Hukuk dersinden sınav olacak öğrencileri, sınav salonunda sınavın başlamasını beklemektedir. Deniz içeri girer ve bir konuşma yapar. Konuşmada, yapılan eylemin nedeni öğrencilere anlatılır ve işgale katılmaları istenir. İşgal fiilen başlatılmıştır.

Saat 08.30'da sınav için okula gelen öğrenciler, sınav kapılarının otuz kadar öğrenci tarafından tutulduğunu görür. Kapıları kapatan bu öğrenciler, sınava girmek için gelen arkadaşlarına Hukuk Fakültesi öğrencileri olarak neler istediklerini açıklar ve sınavlara girmediklerini söylerler.

Merkez binanın arkasındaki iç bahçede toplanan yaklaşık üç bin kadar öğrenciye, aralarında bulunan Deniz Gezmiş, Bozkurt Nuhoğlu, Tunga Ongun ve Binali Erdoğan durumu özetle şöyle açıklar:

"Bu sabah, işgal eylemine dört kişi ile girdik. Haklarımızı çakallık etmeden alacağız. Hiçbir birey ve parti adına çalışılmayacaktır. Şu veya bu eğilime hizmet için bu harekete girişmedik. Hiçbir kuruluşa bağlı değiliz. Yakıp yıkmak, şuraya buraya saldırmak asla doğru değildir. Yönetmeliğe karşı haklı olarak giriştiğimiz bu işgal başka türlü genişlerse, biz haksız duruma düşeriz. Hiçbir kuruluşa bağlı olmaksızın bozuk öğrenim düzenini yeniden kurmak için tüm arkadaşları göreve çağırıyoruz. Hukuk Fakültesi öğrencileri olarak haklarımızı alıncaya kadar birlik ve beraberliğimizi bozmayıp işgale devam edeceğiz. Bu hareketi destekleyeceğimize şerefimiz ve gençliğimiz üzerine ant içeriz."

"Fakülte yönetimine ortak olmak isteyenler, ellerini kaldırsın" denildiğinde, bütün öğrenciler el kaldırır.

"Bugünkü bozuk düzeni benimseyenler el kaldırsın" denildiği zaman, kimse el kaldırmaz.

Konuşmalardan sonra orada toplanan öğrencilerin oylaması sonunda Deniz Gezmiş, Kemal Bingöllü ve Tunga Ongun'dan oluşan Hukuk Fakültesi Boykot Komitesi kurulur.

Kemal Bingöllü, işgal olayını şöyle anlatmıştır:

İstanbul Üniversitesi tarihinde unutulmayacak bir gün. Saat 9.30 sıralarıydı. Süleymaniye Kütüphanesi'nde çalışıyordum. Üç gün sonra sınavım vardı. Kitaplar arasındaki bu derin sessizliği, bir anda içeri dalan heyecanlı bir arkadaşın haykırışı yırtıverdi:

'Arkadaşlar, Hukuk boykota başladı...'

Kütüphane bir anda karışıverdi. Herkes fırladı yerinden. Ben de bir nefeste dışarı çıktım. Hukuk Fakültesi'ne koştum. Büyük bir öğrenci kalabalığı kaynıyordu. Marşlar söyleniyor, tempo tutuluyor, her kafadan başka bir ses yükseliyordu. Her arkadaş, bir başka kıvılcımla parlamıştı. Bu kalabalığa dalarken, gözlerim tanıdık bir sima arıyordu. Derken uzun boylu, esmer, sert çizgili yüz hatlarıyla genç bir arkadaşım karşıma çıktı. İsmi Deniz Gezmiş. Hukuk Fakültesi'nde ikinci sınıf öğrencisiydi. Gözlerinden ateş püskürüyordu. Ne olduğunu sordum.

'Bıktık artık bu despotizmden...' diye heyecanla başladı. 'Bizimle berabersin değil mi?'"

İşgal başladığında, Merkez binanın arkasındaki iç bahçede toplanan öğrenciler, yaptıkları forumdan sonra, Merkez binaya girer. Bu arada, Hukuk Fakültesi'inde saat 08.45 sıralarında üniversiteye gelen Hukuk Fakültesi Dekanı Prof. Reha Poroy ile karşılaşan öğrenci temsilcileri, durumu Dekana anlatarak, isteklerini bildirir.

Öğrenciler, daha sonra, ilk iş olarak üniversite santralına giderek, beş kişilik bir grup ile santral odasını, ardından bildirilerin basılabilmesi için teksir odasını işgal eder.

Bu arada sınav günlerinin asıldığı tahtalara, "Sağ-Sol Yok. Boykot Var" yazan öğrenciler, "Üniversite hocaları, Severler paraları, Biz size sormaya geldik, Bir devrim yapmaya geldik", sözlerini şarkı biçiminde söyleyerek, Rektörlüğe doğru yürüyüşe geçer.

Yürüyüşlerinde, "Rektör İstifa Et" diye slogan atan öğrenciler, "Dağ Başını Duman Almış" Marşını söyleye söyleye Rektörlük binasına gelir.

Rektör Prof. Ekrem Şerif Egeli, odasına giren öğrencileri ayakta karşılayarak, öndeki öğrencilerin ellerini sıkar.

"Hoşgeldiniz, buyurun, dilekleriniz nedir?" diye sorar.

Bu sırada, odada Cerrahpaşa Tıp Fakültesi Dekanı Prof. Celal Öker de bulunmaktadır. Bundan sonra, konuşmalar daha çok Deniz ile Rektör arasında geçer. Deniz, Rektör Prof. Egeli'ye;

"Üniversitede devrim istiyoruz, fakültenin yönetiminde söz sahibi olmak istiyoruz" diyerek, isteklerini sıralamaya başlar.

Rektör Egeli, yumuşak, sakin ve kararlı bir ses tonuyla topluluğa hitaben,

"Genç arkadaşlarım. Orduda karavanaya kaşık atarak Türkiye'nin yüzlerce sorunlarının gürültüleri içinde alnı açık, yüzü pak, vicdanlı bir vatandaş olarak buraya geldim. Yaşlı bir arkadaşınız olarak, tekrar ediyorum. Davalarınızı sükûn içinde halledin, konuşma alışkanlığına varın. Önce üniversiteli olarak gürültü ve yaygara.." dediğinde, Deniz, Rektörün lafını, şu sözlerle keserek konuşmasına fırsat vermemeye çalışır:

"Bu yaygara değil, gençliğin sesidir. Geçen sene gürültü yapmadık da ne oldu? İstifa et! Dekan da istifa etsin!"

Sözünün, aniden, hiç alışılmadık bir şekilde kesilmesine şaşıran Egeli, kendisini toplayarak, sözlerini sakin bir şekilde sürdürmeye çalışır:

- Genç arkadaşlarım, bir düzensizlikten bahsediyorsunuz. Fakat düzeltmek imkânı vermiyorsunuz.

- Bütün bir gençliği temsil ediyoruz. Sakin olamayız. İki yıl geçti. Daha ne zamanı istiyorsunuz?

- Dileklerinizi bir heyet aracılığı ile bildirin.

- Belge, belge. Biz pazarlığa gelmedik. İsteklerimizi bildirdik, gideceğiz. Hukuk Fakültesi'nden ikibin öğrenci atılırken neredeydiniz?

- Siz yanlış bilgiye dayanıyorsunuz. Halledilmesi mümkün olanların halledilmediği bir karar alınmış mıdır ki, bu şekilde konuşuyorsunuz?

- Zor mu kullanılması gerek?

- Kullandınız işte.

- Biz Atatürk genciyiz.

- Atatürk genci önce benim. Ben, Atatürk'ün ağzından gençliğe hitabesini dinledim. Burada, hesaplaşma olmaz. Bu kalabalıkta mesele çözümlenemez. Talebe Birliği Başkanı Ufuk Şehri'nin bize verdiği dilekçe ve broşürü inceliyoruz. Ufuk Şehri'nin bahsettiği hususların dışında istekleriniz var mı?

- Evet, var.

-Gördünüz mü, onun için heyet seçin, yeniden dileklerinizi getirin diyorum. Rektörlüğün sarfettiği gayretin içyüzünü biliyor musunuz. Bu meselenin daha sakin, daha rahat bir şekilde görüşülmesi gerekir. Sizin bu hareketiniz bir takım kaptı kaçtıların da yararlanmalarına sebep olur. Gençliği bu şekilde yetiştirecek bir üniversite mi istiyorsunuz? Reformdan kasdınız nedir? Ufuk Şehri'nin bildirdiklerine hayır diyorsunuz, o halde bunların tümü nelerdir bildiriniz.

- Bazı öğretim üyeleri tarafından tehdit ediliyoruz.

- Şu gençlik tehdit edilir mi? Tek tehdit vasıtamız şudur: Onu da söyleyeyim. Hocanızım. Büyüğünüze saygı gösterin. Kitapların maliyeti bizim ölçülerimize göre yüksektir. Maliyeti azaltmak için muayyen bir takım tedbirlere başvurmuş bulunuyoruz.

- Sabreden derviş, açlığından ölmüş.

- Doğrusu, sabreden derviş, muradına ermiştir.

- İsteklerimizi biliyorsunuz. Bunları yenilemiyeceğiz. Sene başındaki gibi telefonla polis çağırmayacağınızı sanıyoruz. Uzun yıllar öğretim üyeliği yapan bir hocasınız. Fransa'daki ve İtalya'daki öğretim üyelerinin düşmüş olduğu hatalara düşmeyeceğinizi, gerekli önlemleri alacağınızı sanıyoruz. Üniversitede devrim istiyoruz. Üniversitede söz sahibi olmak istiyoruz. Hükümetlerin dümen suyuna gidilmemesini istiyoruz.

- Benim geldiğim yol belli, gittiğim yol belli.

- Belli, belli. Mason locasından geçiyor. İstifa et.

Bu sırada, söze karışan Hukuk Fakültesi Talebe Cemiyeti Başkanı Halil Akyüz, "Arkadaşlarımız haklı davalarına savunmak için bugünden itibaren boykota başlamıştır. Haklarımızı kesin şekilde alıncaya kadar boykota devam edeceğiz" der.

Yapacak birşeyi kalmayan, Rektör Egeli, genel sekreterinin yardımı ile Profesörler Evi'nden çıkarak, otomobiline doğru gitmeye çalışır.

Deniz, Rektörlük merdivenlerin üzerinde, öğrencilere şöyle seslenir:

"Arkadaşlar. Rektör yine Vatan, Millet, Sakarya safsataları ile bizi uyuttuğunu sanıyor. Ancak uyandık ve şu andan itibaren fakültemizi işgal etmeye başlıyoruz. İlk defa santrali ele geçirip, okulu personelden temizlememiz gerekir."

Bundan sonra, Rektör Egeli'nin otomobilinin çevresini saran öğrenciler, zorla Prof. Egeli'yi bindiği otomobilden dışarı çıkarır ve otomobilinin lastiklerinin havasını indirerek; "İstifa et. Davamızı halledeceğine söz ver, öyle git. Bırakmayız, buradan gidemezsiniz" diye bağırır. Rektör Egeli, kendisine getirilen başka bir otomobile binerek, üniversiteden ayrılır.

Mustafa Lütfü Kıyıcı, bu olayla ilgili olarak şunları anlatmıştır:

"Rektör Egeli'nin Rektörlük makamına öğrenci kitlesiyle birlikte gidilmişti. Egeli, hitabet kabiliyeti olan, konuştuğu zaman dinlenen biriydi. İnsanları etkileyen bir yönü, bir hitabet yeteneği vardı. Ayrıca öğrenciler arasında saygınlığı olan birisiydi. İşgal başlamıştı. Rektörlük binasında, Rektör Egeli, konuşmasıyla orada bulunan öğrencileri etkileyip ikna etmeye başlamıştı. Ama, onu orada konuşturmamak, susturmak gerekliydi. Deniz, öğrencilerin ikna olmaya başladığını görünce, Rektörün masasına elindeki sopayla vurdu ve bağırmaya başladı. Egeli, sustu. Kitle de, Egeli'nin etki havasından sıyrıldı. Öğrenciler yeniden coşup, bizim havamıza girdi. Deniz, bunu yapmasaydı, Egeli, hemen hemen herkesi ikna ediyordu, belki de hareket fiyaskoyla sonuçlanacaktı. Yani başlamadan ya da başladığı gibi bitecekti. Deniz'in bu olayda rolü büyüktü."

Saat 10.00'a doğru, üniversitenin bütün kapılarını kapatan öğrenciler, kapılara nöbetçi yerleştirir ve herkese şebeke göstermek zorunluluğu getirilir. Saat 11.00'de Hukuk Fakültesi İşgal Komitesi imzasıyla yayınlanan bildiride, istekler şöyle açıklanır:

"Birinci sınıfta tek dersten borçlu hakkının tanınması,

İki, üç ve dördüncü sınıflarda belgenin kaldırılması,

Bütün derslerden Şubat hakkının derhal tanınması,

Bir yazılıya üç sözlü hakkı verilmesi,

Hoca-öğrenci ilişkilerinin düzenlenmesi."

Hukuk Fakültesi, birinci sınıf amfisinde toplanan öğrencilerin, Hukuk Fakültesi Boykot Komitesi olarak seçtiği 21 kişi şunlardır:

Deniz Gezmiş, Tunga Ongun, Deniz Çamlıbel, Kadir Bakoğlu, Hüseyin Kovalı, Rahmi Aydın, Binali Erdoğan, Nizar Özkaya, Eray Karabilgin, Mustafa Lütfü Kıyıcı, Cihan Alptekin, Cavit Kavak, Ömer Yasa, Sena Esen, Yusuf Baha Gürcan, Ali Rıza Dizdar, Fuat Aptikoğlu, Macide Birol, Önder Yerlikaya, Muzaffer Öztekin ve Kemal Bingöllü.

Saat 16.00 sıralarında İstanbul Üniversitesi'ne bağlı Hukuk, İktisat, Tıp ve Eczacılık Fakültelerinin yönetimi öğrencilerin eline geçer.

Çay ocağı ve kantini açtıran gençler, daha sonra, Hikmet Bozcalı'nın getirdiği davul ve zurnacı eşliğinde horon oynayıp, halay çeker ve geceyi üniversitede geçirir.

Gençlerimiz Yerden Göğe Kadar Haklıdır

Birdenbire gelişen ve yaygınlaşan üniversite işgal ve boykot hareketlerine iktidarda ve muhalefette bulunan siyasi parti temsilcilerinin tepkileri çok değişik olur.

Başbakan Süleyman Demirel, "Dünya yeni ufuklara giden bir dünya oldu. Bu dünyanın yeni ufuklara doğru ne kadar gittiğini, nereye varacağını, bunların nelere bağlı olacağını kestirmek güç" der.

CHP'li Nihat Erim ise, "Bu bir patlamadır. Genç kuşağın patlamasıdır. Gençlerimiz esasında yerden göğe kadar haklıdır. Üniversitelerimiz ve genel olarak bütün eğitim sistemimiz baştan sona reforma, düzeltilmeye muhtaçtır. Üniversitelerimiz reform istiyor. Bunda şaşacak, üzülecek bir nokta yoktur" açıklamasını yapar.

TİP Milletvekili Behice Boran ise, "Başbakanın her ne kadar hoşuna gitmese de, mesele bozuk düzene dayanıyor" der.

Üniversiteleri işgal eden öğrenciler, varolan öğrenci örgütlerini kendilerini temsil edecek güçte ve yönetim yanlısı örgüt olarak kabul ettikleri için üniversite yönetimi karşısında kendilerini temsil edecek kurum ve organları fiilen oluşturur.

Öğrenciler, 14 Haziran 1968 Cuma günü, bu konuya bir çözüm bulmak için toplanır ve "İşgal Komitesi"ni kurar.

Bu arada, öğrenci cemiyetleri ve fakülte Fikir Kulüplerinde daha çok örgütlülüğe sahip olan FKF İstanbul Sekreterliği, işgali gerçekleştiren DÖB kadrosu ile uzlaşarak işgale katılır ve daha önceden hazırlamış olduğu bildiriyi yayınlamaz.

Bu katılıma uygun olarak da yeni bir örgütlenmeye gidilir. İşgal Komitesi Başkanlığına Bozkurt Nuhoğlu ve Kemal Bingöllü, Sekreterliğe Toygun Eraslán, Muhasipliğe Metin Tamer seçilir.

Öğrenciler, işgal boyunca açık olan üniversitenin yemekhanesinden iki lira karşılığında yemek yer. Yatma sorunu ise merkez binanın çevresinde bulunan yurtlarda ve merkez binada hazırladıkları yerlerde çözümlenir.

Üniversitenin güvenliğini sağlamak için nöbet tutulmaya başlanır.

Mehmet Zihni Çetiner, saldırılara karşı koymak için barut atacak top yapar.

Deniz, zaman zaman gider, Diyarbakır Öğrenci Yurdunda kalır. Diyarbakır Öğrenci Yurdunda kalan Hikmet Bozcalı, Zeki Tekeş, Ömer Ayna, Zerruh Vakıfahmetoğlu gibi arkadaşları vardır. Sabahleyin üniversiteye gelirken bir şişe büyük süt içmeyi de ihmal etmez. Arkadaşlarıyla birlikte içtiği sütlerin parasını da her zaman Deniz öder.

İktisat Fakültesi öğrencisi Ragıp Zarakolu, "Muhtar Deniz" diye lâkap taktıkları Deniz'le ilgili bir anısını şöyle anlatmıştır:

"Deniz havuzun kenarında, 'Yataklarınızı buraya taşıyın, deniz görür. Çamlarda hiç kamp yapmadık. İşte üniversite bahçesi...' diyor."[28]

Şimdi Yenildiğimizi Sanıyorsunuz Ama Merak Etmeyin Yeneceğiz

Bu sırada bazı solcu öğrenciler, üniversite yönetimiyle anlaşma yapmasını engellemek amacıyla İÜTB Başkanı Ufuk Şehri'yi gözaltına alır. Bunu duyan hemşehrisi ve İşgal Konseyi Başkanlarından Bozkurt Nuhoğlu, Ufuk Şehri'yi gözaltına alan diğer İşgal Komitesi üyeleriyle tartışırken elini kapının camına vurur. Camın kırılması sonucu sağ eli çeşitli yerlerinden kesilen Nuhoğlu, bir süre eli sargılı olarak dolaşmak zorunda kalır.

Bu arada, Çetin Özek, Osman Saffet Arolat ve Toygun Eraslan tarafından iki gün çalışılarak hazırlanan 52 sayfalık "Üniversite Reform Tasarısı", İstanbul Üniversitesi Rektörlüğü ve Üniversite Senatosu'na sunulur.

Tasarı üzerinde, üniversite yönetimi ve işgalci öğrenciler arasında görüşmeler başlar. Fakat, üniversite yönetimi, öğrencileri oyalama ve aldatma taktiği uygulayarak, işgali kaldırmaları konusunda çaba harcar. Dönemin İstanbul Valisi Vefa Poyraz da, işgalin kaldırılması konusunda bazı girişimler içindedir.

O dönem, İstanbul Milli Müdürlüğü'nde görev yapmakta olan Cemil Gezmiş, bu konuda şunları anlatmıştır:

"Dairede bizim Müdür Sekreteri geldi. Dedi ki, 'Sizi Vali istiyor.' Vali de o zaman Vefa Poyraz. Gittim. İçerde daire müdürleri filan var.

Onları çıkardı dışarıya. Bana dedi ki, 'Bu boykot ve işgal, amacına ulaştı. Herkes bundan nasibini aldı. Artık çocukların ne istediklerini anladık. Üniversite de gerekli uyarıyı aldı. Artık bunu daha fazla uzatmaya gerek yok. Deniz'e söyle de bu işgale son versin.'

Kalktım, ordan taksiye atladım, üniversiteye gittim. Deniz'e dedim ki, 'Deniz, durum böyle...Vali böyle dedi. Ne diyorsun buna?' Dedi ki, 'Baba, hâlâ aklı havada, istiyorsa orayı da basalım, Vilayeti de basalım' dedi.

Atladık bir taksiye geldik. Cağaloğlu'nda bir berbere soktum. Sakalı uzamış, uykusuz falan. Traş oldu. Gittik Vali'nin yanına. 'Sen gir' dedim. Ben, Özel Kalem Müdürü'nün orada oturdum. İçeri girdi. Bir yarım saat konuşmuşlar. Yarım saat sonra çıktı dışarı. Kimse var mı diye sağa sola baktı. 'Gel oğlum, çekinme' dedim. 'Baba' dedi, 'İşgali kaldıracağız.'"[29]

İşgalin kaldırılması sadece Deniz'in iradesine ve gücüne bağlı değildir.

22 Haziran 1968 Pazar günü, İşgal Konseyi üyelerini görüşme yapmak üzere toplantıya çağıran Üniversite Senatosu'nun tavrını Kemal Bingöllü, şöyle anlatmıştır:

"Hemen ben, Toygun, Metin, Deniz, Savaş Derbent, Baltalimanı'na gittik. Biz gittiğimizde Hidrobiyoloji Enstitüsü'nün kapıları kapalıydı. Açmalarını rica ettiğimizde de açmadılar. Çok nazik bir andaydık. Senato, içeride hayati bir karar vermişti veya vermek üzereydi ama bizim için bir muammaydı. Deniz, bize biraz beklememizi söyledi ve bahçe duvarının parmaklıklarından atlayarak içeri girdi. Biraz sonra da Sait Sey'le birlikte gelip, kapıyı açtılar. İçeri girdik, bizi bir odaya aldılar; daha sonra, Rektör beyle birkaç senatör yanımıza geldiler."

Yapılan toplantı sonunda bir anlaşma sağlanamaz. Günlerce süren işgalden sonra, 26 Haziran 1968 Çarşamba günü, Baltalimanı Hidrobiyoloji Enstitüsü'nde Rektör Egeli, Üniversite Senatosu ve öğrencilerden Deniz Gezmiş, Bekir Sıtkı Coşkun, Ali Rıza Dizdar, Mehmet Mehdi Beşpınar, Uğur Oya ile İzzettin Özakdağ adlı öğrenciler, saat 11.00'de başlayıp, 15.30'a kadar süren bir toplantı daha yapar. Toplantıdan ayrılan öğrenciler, doğruca Üniversitenin merkez binasına giderek, arkadaşları ile bir toplantı yapar.

Toplantıdan sonra şu açıklama yapılır:

"Yarın önce Rektörlük, sonra Dekanlıklar teslim edilecektir. Binalarda herhangi bir şekilde eylemli durum kalmayacak. Ancak, görüşmeler olumlu bir sonuca bağlanıncaya kadar boykota devam edilecektir. Fakülte yönetim kurulları kısa vadeli istekleri kabul edip, uzun vadeli istekleri görüşünce, boykot da kaldırılacaktır."

Nöbeti tutan, üniversitedeki işleri yapan öğrenciler, işgalin kaldırılacağını öğrenince, "İşgali nasıl kaldırırsınız?" diye İşgal Konseyi'nin toplantı yaptığı salonu basmak ister.

Deniz, gelen arkadaşlarını toparlar, onlara marş söyletip, yatıştırdıktan sonra şöyle seslenir:

"Şimdi yenildiğimizi sanıyorsunuz ama merak etmeyin yeneceğiz."

İşgal kaldırılıyor

27 Haziran 1968 Perşembe günü sabahı saat 07.55'de üniversite açılır. İşgal Komitesi'ni oluşturan öğrenci liderleri, üniversite kapısında, Rektör ve öğretim üyelerini beklemeye başlar.

Saat 08.20'de üniversiteye gelen Rektör Ekrem Şerif Egeli, Prof. Bülent Davran ve Doç. Cevat Babuna'yı öğrencilerden Deniz, Toygun Eraslan, Metin Tamer ve Kemal Bingöllü karşılar.

Rektör, Dekanlar ve öğrenci liderleri, toplu halde, boşaltılmış bulunan Rektörlük binasına gelir.

Rektör Egeli, odasına girdiği zaman masasının üzerinde, "Reform yapılmazsa bu teslim ve bir son değil, başlangıçtır" yazısı ile karşılaşır.

Öğrencilerden birisi, Egeli'ye sorar:

- Makamınıza oturmaz mısınız?

- Ayakta durmasını severim. İstediğimizden daha uzun sürdü. Ama sonuç düşündüğümüzün dışında olmadı. Ancak bu kadar rahat ve bu kadar anlayışlı bir hava içinde bitebilirdi. Sakin ve hızlı bir çalışma ile olumlu sonuçlar alacağız.

Masanın arkasında Atatürk'ün bir portresinin duvara asıldığını ve üzerine, "Üniversite Boykot Savunma Komitesinin, Rektörlüğe Hediyesidir" yazıldığını gören Egeli, öğrencilere:

- Buna neden ihtiyaç duydunuz? Masamda Atatürk'ün büstü ve bir fotoğrafı vardı."

- Biz geldiğimizde yoktu da ondan."

İşgal o gün biter ama üniversitenin ve üniversite öğrencilerinin sorunları daha çözümlenmemiştir. Senato, üniversitenin açılmasına, sınavların 15 Temmuz'da başlamasına karar verir.

Üniversitenin sorunlarının çözümlenebilmesi için öğretim üyeleri ve öğrencilerden bir komisyon oluşturulur.

Komisyonda yer alan kişiler şunlardır:

Öğretim üyelerinden; Tarık Zafer Tunaya, Edip Çelik, Lütfü Turan, Zait İmre, Bülent Köprülü, Öztekin Tosun, İsmet Sungurbey, Çetin Özek, Ümit Yaşar Doğanay, Aydın Aybay, Necip Kocayusufpaşaoğlu. Asistanlardan; Rona Serozan, Kevork Acemoğlu, Yıldızhan Yaylaoğlu, Yavuz Alanguya. Öğrencilerden; Kemal Bingöllü, Bozkurt Nuhoğlu, Ömer Yasa ve Deniz Gezmiş.

İşgallerin sona erdirilmesinin ardından, İstanbul Cumhuriyet Savcılığı, üniversitelerdeki boykot ve işgal komite üyeleri hakkında soruşturma açar.

Hakkında soruşturma açılan öğrencilerden bazıları şunlardır: Deniz Gezmiş, Bozkurt Nuhoğlu, Osman Saffet Arolat, Mehmet Cavit Kavak, Veysi Kemal Sarısözen.

Soruşturmanın açılması üzerine, boykot ve işgal komitelerine bağlı öğrenciler, sorumluluğu paylaşmak üzere kendi aralarında 8 Temmuz 1968 Pazartesi günü, imza kampanyası açar. Kampanyanın ilk günü 500 imza toplayan öğrenciler, imzaladıkları metinde şu görüşlere yer vermiştir:

"Biz aşağıda imzaları bulunan İstanbul Üniversitesi öğrencileri, 12 Haziran 1968 ve onu izleyen tarihlerde, üniversite içindeki işgal ve boykot hareketlerine, Türkiyemizin ve üniversitelerimizin yüksek menfaatleri için bizzat katıldığımızı kamuoyuna duyururuz."

Üniversiteyi Kazanamayanlar

Üniversiteyi kazanamayıp açıkta kalan bir grup öğrenci, 21 Kasım 1968 Perşembe günü, üniversiteye kayıt olabilmek amacıyla İstanbul Üniversitesi Rektörlük binasını işgal eder.

Olay üzerine Rektörlüğe gelen Bozkurt Nuhoğlu, Toygun Eraslan ve Deniz Gezmiş, işgalci öğrencilerin sorunlarını anlatmak ve bir çözüm yolu bulabilmek ümidiyle Rektörle bir görüşme yapar. Rektörle görüştükten sonra dışarı çıkan öğrenci liderleri, işgalcilere şu açıklamayı yapar:

"Hükümet devamlı şekilde uyutma politikası içindedir. Biz aldatıldık, siz de aldatılıyorsunuz, sizinle beraberiz."

Üniversiteden İhraç

Mustafa İlker Gürkan, yaşadığı öğrenci eylemlerini değerlendirerek şunları söylemiştir: "Bu Devlet-i Âli Osmaniye'yi yönetenleri çok iyi falan sanma, adamın başına öyle işler getirirler ki, olmayacak yerde namus belasına hapse düşersin!"[30]

Deniz'in de başına böyle bir iş gelir ve Devlet-i Âli Osmaniye mantığıyla ibret-i Alem olsun diye yaklaşık elli kişiyle yapılan bir eylem neden gösterilerek sadece Deniz, üniversiteden ihraç edilir.

İstanbul Üniversitesi Edebiyat Fakültesi Profesörler Kurulu, sosyoloji bölümü asistanı Oya (Baydar) Sencer'in, "Türkiye'de İşçi Sınıfının Doğuşu ve Yapısı" adlı doktora tezini 20 lehte, 37 aleyhte oyla reddeder. Tezinin iki kez ayrı zamanlarda kabul edilmemesi üzerine dört yıldan beri asistanlık yapan Oya (Baydar) Sencer, görevinden istifa eder.[31]

Bu olaya tepki duyan öğrenciler, 26 Aralık 1968 Perşembe günü, saat 14.30'da Üniversite Senatosu'nun toplantısını basar. Toplantı halinde bulunan Senato üyeleri, bir anda neye uğradığını şaşırır.

Toplantıyı yarıda kesen öğrenciler, orada bulunanlara hitaben, "Demokratik üniversite istiyoruz. Edebiyat Fakültesi Dekanı derhal istifa etsin. Bu konuda derhal bir karar alın. Yoksa burayı terketmeyiz" derler.

Rektör ve Fakülte Dekanları, karşılaştıkları bu olay sonunda, hiçbir tepkide bulunmaz ve bir süre sonra yanlarında görevli memurlarla birlikte binadan ayrılarak, toplantılarına devam etmek için Fen Fakültesi'ne giderler. Burada yaptıkları toplantı sonunda, aldıkları bir kararla, "Üniversiteyi süresiz olarak kapattıklarını" açıklarlar. Bu açıklamanın ardından Valiliğe başvurarak, üniversitenin işgal edildiğini, okulun polis tarafından boşaltılmasını isterler.

DÖB Başkanı Deniz Gezmiş'in üniversitenin kapatılmasına tepki olarak yayınladığı bildiri şöyledir:

"Devrimci arkadaşlar, Üniversiteyi kapatmakla rektör ve senatonun, öğrenciye karşı olan kinini açığa vurup tarihi ihanetlerini belgeledikleri, kapatma kararının iktidarın nizamı koruma kanunu çıkarması, anayasayı çiğnemesi ve özgürlükleri yoketmesi için bir oyun olduğu, kanunun devrimci güçlere karşı bir boğma aracı olduğu; 'Bu kanun getirildiği takdirde, devrimci gençliğin tezinin Gazi Mustafa Kemal yolunda Anayasa için iktidara parlamento dışı muhalefet olduğu' ifade edilmektedir.

Bildiride, belirli bir kanunun meclislerden çıkmaması talep edilmekte, siyasi meclislerin siyasi bir tasarrufu hakkında mütalaa yürütüldüğü gibi, böyle bir tasarı kanunlaştığı takdirde, devrimci gençliğin iktidara karşı, parlamento dışı bir muhalefette bulunacağı belirtilmek suretiyle, gençlik siyasi nitelikte bir mücadeleye davet edilmektedir."

DÖB adına yayınlanan bu bildiri sonucu, derneğin feshi amacıyla, DÖB ve Başkanı Deniz Gezmiş hakkında, İstanbul Cumhuriyet Savcı Yardımcısı A. Bedri Soykan tarafından soruşturma açılır.

Rektörlüğün bir anda boşaltılmasıyla, binada bulunan yüz kadar devrimci öğrenci işgalci konumuna düşer.

Deniz, arkadaşlarını, "Senato'nun üniversiteyi kapatma kararına karşı, ertesi gün saat 09.00'da üniversite içindeki Atatürk Anıtı önünde kapatma kararını protesto mitingine katılmaya" çağırır.

Bu çağrıdan sonra, saat 18.45'te üniversiteden ayrılan gençler, konuyu tartışmak üzere TMGT'na gider. FKF ve DÖB'den militan kadroların katıldığı toplantı, gece saat 22.00'ye kadar sürer.

Toplantı sonunda bir basın toplantısı düzenleyen gençler, şu açıklamayı yapar:

"Olay bir işgal değil, protesto hareketidir. Rektör Ekrem Şerif Egeli, Üniversite Senatosu'nu toplamak ve üniversiteyi kapatmakla yüz üniversite öğrencisini polisin kucağına atmıştır. 12 Haziran 1968 tarihinde başlayan işgal ve boykot hareketleri sonucu, üniversitenin kendisini reforme edeceği konusunda yetkili kurullarla anlaşmaya varmıştık. Fakat bugüne dek bizleri tatmin edecek olumlu neticenin alınmayışı nedeniyle bugünkü protesto hareketi kendiliğinden meydana gelmiştir. Şu hususu önemle belirtiriz ki, bu bir işgal olayı değildir."

27 Aralık 1968 Cuma günü, sabahın erken saatlerinden itibaren İstanbul Üniversitesi'ni tamamen denetim altında bulunduran, kapılarda barikat kuran emniyet güçleri, üniversiteye kimseyi sokmaz. Çok sayıda sivil polis ise, çevreyi dolaşarak işgalci olarak bilinen öğrenci liderlerini toplamaya çalışır.

Üniversitenin giriş kapısı önünde biriken devrimci öğrenciler, ilk önce Turan Emeksiz Anıtı önüne gider ve İstiklal Marşı'nı söyleyerek, "Emperyalizme karşı sonuna kadar savaşacaklarına" ant içer. Daha sonra, merkez kapının önüne gelen öğrenciler, Rektör ve Üniversite Senatosu aleyhine protesto gösterisi yapar.

Bu arada, arkadaşları tarafından omuzlara alınan Deniz, "28 Nisan'dan bu yana ilk kez üniversiteye polisin sokulması, Senato'nun tarihi ihanetini belgelemiştir. Şu anda bize düşen, zincirlerini kırıp üniversitemize girmektir" diyerek, orada toplanan kitleye hitap eder.

Polisler, Deniz'i yakalamak isteyince, öğrencilerle sivil polisler arasında çatışma çıkar. Çıkan karışıklıkta, Deniz, polisin elinden kaçarak kurtulur.

Sivil polis, daha sonra, üniversite içinde ve çevresinde değişik saatlerde yakaladığı öğrencilerden Öcal Okay, Bogos Masis Kürkçügil, Mehmet Mehdi Beşpınar, Kemal Bingöllü, Bozkurt Nuhoğlu ve Cihan Alptekin'i adliyeye götürür. Beşinci Sulh Ceza Mahkemesi'nde sorguları gizli yapılan öğrencilerden Cihan Alptekin, serbest bırakılır; Deniz Gezmiş ve Celal Doğan hakkında gıyabi tutuklama kararı verilir. Bu arada, Fen Fakültesi Dekanı Prof. Lütfü Biran da yaptığı açıklamada şunları söyler:

"İşgalci öğrenciler hakkında, öğrenci yönetmeliğinin 10. maddesi gereğince idari soruşturma açılacaktır."

DÖB Genel Sekreteri Mustafa İlker Gürkan, 29 Aralık 1968 Pazar günü, Sultanahmet Cezaevi önünde düzenlediği basın toplantısında şu açıklamayı yapar:

"Tutuklu arkadaşlarımızın serbest bırakılmasını istiyoruz. Basit bir protesto ve ihtar hareketine karşı üniversiteyi kapatmak tarihe bir ihanetin belgesi olarak geçecektir. İktidarın işbirlikçisi Senato, ortalığı bulandırmak istemektedir.

Nizamı Koruma Kanunu Tasarısı'nın çıkmaması için parlamento üyelerinin çalışması, bunu engellemesi gerekmektedir. Bu yapılmadığı takdirde biz gençlik olarak parlamento dışı faaliyette bulunuruz.

İktidarın işbirlikçisi Senato, ortalığı bulandırmak istemektedir. Ortalık bulandırılmalıdır ki, iktidar, 'Nizamı Koruma Kanunu'nu' çıkarabilsin."

Arananlardan Celal Doğan, 31 Aralık 1968 Salı günü, iki sivil polis tarafından yakalanır.

Mini işgal nedeni ile kaçak duruma düşen Deniz, Zihni Çetiner'le İzmir'e gider. Gerekli para da Memduh Eren'den alınır.

Deniz ile Zihni, ilk önce, İzmir'de Buca Öğrenci Birliği Başkanı Remzi Oluk'un evine gider.

Zihni Çetiner, Deniz'i, Remzi'ye, "Kemal" diye tanıtır ve birkaç gün kalacağını söyler.

Remzi Oluk, "Bunun ismi Kemal değil. Bunu ben bir yerden tanıyorum" der.

Deniz de hemen, "Ne Kemal'i ben Deniz Gezmiş'im" der.

Deniz ile Zihni, daha sonra, İzmir İTİA'dan Erol İstanbullu'nun evinde kalır.

Deniz, kendini deşifre edince, mecburen İstanbul'a dönülür.

2 Ocak 1969 Perşembe günü yakalanan Deniz, yakalanmasını şöyle anlatmıştır:

"27 Aralık günü üniversite önünde arkadaşlarımın omuzlarında kalabalığa hitap ederken, polis saldırdı, kaçtım. Bir hafta sonra, tutuklu bulunan arkadaşım Celal Doğan'ın evinde bir baskın sonucu yakalandım. Götürüldüğüm Birinci Şube'de ifade vermeyi reddettim. Yakalandığımdan bir saat sonra Sultanahmet Cezaevi'nde idim. Bu hızlı çalışmanın, sadece adliye için değil, memleket kalkınmasında da geçerli olmasını dilerim. Bu kez yenildik, ama temelli değil, daha disiplinli olarak mücadelemize devam edeceğiz."

Celal Doğan'la birlikte 12 Eylül 1980 harekatı sonrasında bir süre Zincirbozan'da gözaltında kalan Süleyman Demirel, bu olayla ilgili olarak şunları söylemiştir:

"Celal Doğan, birgün bana, 'Beni siz tevkif ettirdiniz' dedi. 1969 yılında Rektörün odasını basmışlar. Ben yurtdışındaydım. 'Kim bastıysa hepsini hapsedin' dedim. Meğer hapsedilenlerden birisi Celal Doğan'mış. Kendisine, 'Yıllar sonra biraraya geldik' dedim."

Mini işgal olayı ile ilgili olarak yargılanan öğrenciler şunlardır: Bozkurt Nuhoğlu, Celal Doğan, Deniz Gezmiş, Kemal Bingöllü, Bogos Masis Kürkçügil, Mehmet Mehdi Beşpınar, Öcal Okay, Toygun Eraslan, Bekir Sıtkı Coşkun, Mehmet Cavit Kavak, Mustafa Lütfü Kıyıcı, Yusuf Baha Gürcan, Ahmet Akın Özsoy, Mürsel Engin, Abdi Ayhan ve Taşkın Tanman.

Deniz, bu olay nedeniyle, ilk önce Sultanahmet Cezaevi'ne konur. 26 Ocak 1969 Pazar günü ise 1570 tutuklu ile birlikte yeni yapılmış olan Sağmalcılar Cezaevi'ne nakledilir. Nakledilme sırasında, ellerinde kitapları ile eski cezaevini terkeden öğrenci liderleri, Che Guevera'nın "Anılar" adlı kitabını izleyenlere gösterir.

31 Ocak 1969 Cuma günü, çıkarıldığı Üçüncü Asliye Ceza Mahkemesi'nde Deniz, şunları söyler:

"Biz işgal yapmadık. Amacımız, demokratik üniversite kurulması için bir protesto hareketi yapmaktı. Senato üyeleri, herhalde gündemdeki maddelerden sıkılmış olacaklar ki, kendi kendilerine toplantıyı bırakıp Rektörlüğü terkettiler."

Öğrenciler lehine ifade veren Hukuk Fakültesi Dekanı Prof. Tarık Zafer Tunaya ve Eczacılık Fakültesi Dekanı Prof. Cemal Kasım Güven, özetle şunları söylemişlerdir:

"Üniversite yönetim kurulu toplantı halinde iken, içeriye 30-40 kadar öğrenci girdi. Fakat, burada bulunan sanık öğrencileri bunlar arasında göremedik. Kimse bizi cebir ve şiddet kullanarak dışarıya çıkarmadı."

Tutuklu olan Deniz, 22 Şubat 1969 Cumartesi günü, serbest bırakılır.

15 Nisan 1969 Salı günü, İstanbul'da bulunan Başbakan Süleyman Demirel, saat 16.30'da İstanbul Valiliği'ne bir ziyarette bulunur. Burada İstanbul Üniversitesi Rektörü Ekrem Şerif Egeli'yi kabul ederek, bir süre görüşür. Görüşmede neler konuşulduğunu bilmiyoruz. Fakat, 19 Nisan 1969 Cumartesi günü, üniversite içinde çeşitli olaylara neden oldukları ve bunları düzenleyip yönettikleri gerekçesiyle

Deniz Gezmiş, Celal Doğan ve Öcal Okay'ın ifadeleri, Hukuk Fakültesi Dekanlığı tarafından alınır.

Deniz, bu konuda şunları söylemiştir:

"1966 yılında üniversite kapısına hükümeti protesto eden bir yazı yazmaktan dolayı, disiplin kuruluna verildim. Hemen hemen her olayda disiplin kurullarına verildiğimi hatırlıyorum. Bu olaylardan dolayı tanzim edilen dosyalar toplanıp yekûn teşkil ettiğinden, üniversite senatosu, hepsine birden karar vererek, üniversite içinde eğitim ve öğrenimin devam edebilmesi için süresiz ihraç kararı verdiler."

Deniz, Üniversite Tahkikat Komisyonu'nun defalarca yaptığı çağrılara uymayarak, savunmasını yapmaz ve 20 Ağustos 1970 günü alınan bir kararla, üniversiteden uzaklaştırılarak fakültesiyle ilişkisi kesilir. Üniversiteden ilişkisinin kesildiğine dair karar, Deniz, bu dönem tutuklu olduğu için, bir yazı ile babası Çemil Gezmiş'e gönderilir.

Üniversite, Amerikan Emperyalizmine Karşı Kavganın Kalesi Haline Getirilmelidir

İstanbul Üniversitesi Disiplin Kurulu, bazı öğrenciler hakkında verdiği çeşitli cezaları, 1 Eylül 1969 Pazartesi günü, Eylül dönemi sınavlarının başladığı sırada açıklar.

Açıklamaya göre; Bekir Sıtkı Coşkun'a ihtar, Öcal Okay'a bir ay, Deniz Gezmiş'e üniversiteden ihraç kararı verilmiştir.

Bu kararlar üzerine, İstanbul Üniversitesi Direniş İcra Konseyi adına yayınlanan bildiride şu görüşlere yer verilmiştir:

"Demokratik üniversite kavgası, hareketin liderlerini yok etmekle dahi bitmeyecektir. Mücadelemiz öğretim üyesi kisvesine bürünmüş vatan hainlerini, satılmışları kovana, ülkemiz sorunlarına yönelik eğitim düzeni kurana dek sürecektir. Bazı devrimcileri enterne ederek zahiri terör havası estirmek isteyen senato ve yönetim kurullarına hodri meydan."

Üniversite Disiplin Kurulu tarafından verilen bu cezalara öğrencilerin tepkisi büyük olur. 2 Eylül 1969 Salı günü, üniversitede bir basın toplantısı düzenlenir. Basın toplantısında Ömer Güven, şu açıklamayı yapmıştır:

"Özünde demokratik olan hareketler, bugünkü burjuva kanunlarına ters düşebilir. Ama, bu bizim demokratik üniversite için direnmemizi engellemez ve engelleyemez. Yöneticiler, bizim karşımıza çıkmak zorundadırlar. Çünkü, devrimci kadrolar, demokratik üniversite kavgasında ötelere gitmişlerdir. Yapmak istedikleri şey, devrimci kadroları tasfiye etmek ve demokratik üniversiteyi uyutmak. Ama, biz bu yolu tıkayacağız. Onların bu eylemi yapmasına engel olacağız."

Öğrenciler, daha sonra, olayı protesto etmek amacıyla, Hukuk Fakültesi Dekanı Prof. Orhan Aldıkaçtı, İktisat Fakültesi Dekanı Prof. Abdullah Türkoğlu, Prof. Sıddık Sami Onar, Prof. Sahir Erman, Prof. Memduh Yaşa ve Prof. Bülent Davran'ın kitaplarını, merkez binanın arka bahçesinde yakar.

FKF İstanbul Sekreteri Rahmi Aydın ise, disiplin cezalarıyla ilgili olarak yaptığı açıklamada, bunların devrimci grubu yeni eylemler için tahrik etmekten başka bir anlam taşımadığını ifade eder ve üniversite yöneticilerinin tutumu karşısında, öğrencilerin önümüzdeki günlerde yeniden eyleme girişeceklerini bildirir.

Deniz, üniversiteden ihraç edildiğini, polis tarafından arandığı ve kaçak olduğu bir dönemde, Ankara'da SBF ve ODTÜ yurtlarında kaldığı sırada öğrenir.

SBF Öğrenci Derneği Başkanı Cengiz Çandar, bu olay hakkında yayınladığı bildiride şunları söylemiştir:

"Haziran öğrenci hareketleri yatıştıktan ve öğrenciler, Eylül ayında sınavlara girme kararı aldıktan sonra devrimci gençliğin önderlerinden Deniz Gezmiş, kahpece ve sinsice alınan bir kararla İstanbul Üniversitesi'nden çıkarılmıştır.

Deniz Gezmiş, devrimci gençliğin türlü çetin mücadelelerinden geçmiş değerli bir önderidir. Deniz Gezmiş'i üniversiteden kahpece çıkartmak, onun şahsında devrimci gençliğe karşı düzenlenmiş bir komplodur.

İstanbul Üniversitesi mensuplarından aldıkları kararı derhal değiştirmelerini talep ediyoruz. Aksi takdirde, altından Deniz Gezmiş'i uzaklaştırmak istedikleri çatı, bu bilim simsarlarının başına yıkılacaktır."

3 Eylül 1969 Çarşamba günü, disiplin cezalarını protesto etmek ve ihraç edilen arkadaşları Deniz Gezmiş'e sahip çıkmak için, yaklaşık ikibin öğrenci, Hukuk Fakültesi'nin 1 nolu amfisinde forum dü-

zenler. Forumda Ömer Güven, Celal Doğan ve Bekir Sıtkı Coşkun, olayı kınayan bir konuşma yapar.

Celal Doğan, forumda şu konuşmayı yapar:

"Mesele bir Deniz Gezmiş davası değildir. Reform yerine arkadaşlarımızı okuldan çıkarmakla bir şey halledilemez. İçimizden bin kişiyi de üniversiteden kovsalar gerekli reformlar yapılmadıkça herbirimiz birer Deniz Gezmiş gibi mücadeleye devam edeceğiz. Yalnız Rektöre de, profesörlere de, senatoya da yine ihtar ediyoruz. Dövüşeceğiz. Bunu böyle bilsinler.

Haziran'daki hedeflerden hiçbirini elde edemedik. Kamuoyuna yanlış aksettirilen direnişe sınavlardan kaçmak için değil, tüccar hocaların özel okullara gitmelerini, Adliye koridorlarında dava kovalamalarını önlemek, özel muayenehane yerine devlet hastahanelerinde görev yapmalarını gerçekleştirmek için geçtik."

Konuşmaların ardından Deniz'in göndermiş olduğu mektup okunur. Mektup şöyledir:

"Kardeşler, bugüne kadar Amerikan emperyalizmine karşı verdiğimiz mücadelede, düşmanlarımızın safında yer alan İstanbul Üniversitesi Senatosu, tarihi ihanetlerine bir yenisini daha eklemişlerdir. Bu vatan hainleri, Ali Kemal'ler sürüsü, üniversitemizde devrimci kavgayı terörle durduracaklarını zannedip, 20 asistan ve birçok devrimci öğrenci hakkında kovuşturmaya başlamışlardır. Bu güruhun başında bulunan sosyete doktoru Ekrem Şerif Egeli, Hukuk Fakültesi'nin armatör ve gerici Dekanı Orhan Aldıkaçtı, halk düşmanlarının öncülüğünü yapmışlardır.

Kardeşlerim, sizinle, sokaklarda, meydanlarda, fabrikalarda Amerikan emperyalizmine karşı omuz omuza dövüştük. Sizinle, üniversiteyi emperyalizmin kalesi yapmak isteyen uşaklar sürüsüne karşı mücadele ettik. Şimdi bu düşmanlarımız görünüşe bakıp kendilerini güçlü zannetmektedirler. Oysa, asıl güçlü olan devrimcilerdir. Çünkü, tarih çarkı devrimcilerden yana dönmektedir. Ve yarının sahipleri olanlara karşı koymak demek, tarihi gelişmeye karşı koymak demektir.

Durum bu olduğuna göre, ne yapmak gerekmektedir? Bundan böyle, bu halk düşmanları üniversiteden ihraç edilmeli ve üniversite, Amerikan emperyalizmine karşı kavganın kalesi haline getirilmelidir.

Yaşasın tam bağımsız ve gerçekten demokratik Türkiye! Yaşasın emperyalizme karşı dövüşen tüm dünya halkları!"

Forum, öğrencilerin, "Düşmanın güçlülüğüne bakmadan, yılmadan, usanmadan, korkmadan, ağalığa, tefeciliğe, bütün işbirlikçilerine ve Amerikan emperyalizmine karşı" içtiği andla sona erer.

İhraç Raporu

Üniversiteden ihraç edilen Deniz'in rapor metni özetle şöyledir:

"Tanıkların beyanlarından anlaşıldığı ve soruşturma kurulunun raporunda ifade edildiği üzere, 26 Aralık 1968 Perşembe günü, saat 14.00'e doğru senato toplantısı salonunda, Üniversite Yönetim Kurulu toplantı halinde iken, 'Rektör İstifa, Erzen İstifa' sesleri ile birlikte bir grup öğrenci, Rektörlük binasına gelmiştir. Öğrenciler, toplantı salonuna girerek, bir ağızdan, 'Demokratik Üniversite' diye bağırmış, tempo ile tepinmiş ve binayı sarmışlardır. Rektör, grubun başında bulunan Deniz Gezmiş adındaki öğrenciyi yanına çağırmış ve 'Düzeltilmesini istediğiniz kararda bir haksızlık yapılmış ise kanun yolları açıktır. Ve demokratik düzen içinde başka bir düzeltme yolu olamaz. Derhal Rektörlüğü terkediniz' demiştir. Deniz Gezmiş, Rektörü, 'Ama siz sosyoloji asistanı Oya Sencer'in tezini reddettiğiniz gibi, reform işlerini de halletmediniz' demiştir.

Deniz Gezmiş ve hüviyeti tesbit edilemeyen sarı bıyıklı bir genç, bir ara, dışarda bekleyen arkadaşları ile görüşmüşler, daha sonra, Yönetim Kurulu'nun toplantı halinde bulunduğu salonun kapısını açarak, üyelere hitaben, 'İşgale karar verildi. Üç dakika içinde burayı terkedin' ihtarında bulunmuşlardır. Bu sırada, Deniz Gezmiş, dışarda bağrışmakta olan öğrencilere susmalarını söyledikten sonra, Yönetim Kurulu üyelerine hitaben, şimdilik Rektörlük binasının ve fakültelerin de işgal edileceğini ve hemen binayı terketmelerini bildirmiş; Yönetim Kurulu da binayı terketmiştir. Cebir ve şiddet tehdidi altında yapılan bu harekette, en büyük sorumluluk payı Deniz Gezmiş'e aittir. Böylece demokratik üniversite parolasını ilan edenler, demokratik düzende hiç yeri olmayan zorbalığa tenezzül etmektedirler. İdealist olduğu iddia edilen bir gencin, karşı koyamayacaklarını bildiği üniversite öğretim üyelerine cebir ve şiddet tehdidini reva görmesi acıklıdır.

Bugün ülkemizde müesseseleri zedelemeye yönelen akımların var olduğundan şüphe edilemez. Deniz Gezmiş gibi düşünenler ve hareket edenler bilerek veya bilmeyerek, bu gibi akımlara hizmet etmektedirler.

Sanık Deniz Gezmiş, 26.12.1968 günü vuku bulan rektörlük işgal olayının baş sorumlusudur. Kendisi işgalci öğrencileri sevk ve idare etmiştir. İşgalin, sanığın ifadesine göre, beş saat sonra sona ermiş olması kendisini hiçbir surette sorumluluktan kurtaramaz. Anayasa düzeni içinde her fikrin sözlü ve yazılı savunabileceği, idarenin ve özerk kurumların bütün eylem ve işlemlerinin yargı organının denetimine tâbi olduğu bir ortamda, beğenmedikleri hareketlere karşı zorbalığa girişenlere elebaşılık eden bir öğrencinin üniversite camiası içinde yeri yoktur. Bu sebeple, Deniz Gezmiş hakkında Disiplin Kurulumuz, ÖDY'nin 9. maddesinin son fıkrasında eylemin nitelendirilmesi konusunda kendisine tanınan takdir yetkisini kullanarak ÖDY'nin 4'ncü maddesinin E fıkrasına uyularak, 'Üniversiteden çıkarılma' cezasını oy birliği ile kararlaştırmıştır."

Gezmiş'e Verilen Cezada, İşlediği Suça Göre Büyük Nisbetsizlik Bulunmaktadır

Deniz'in, üniversiteden ihraç edilmesi, değişik çevrelerde tepkiyle karşılanır. Gazeteci Altan Öymen, bu konuda özetle şunları yazmıştır: "Önce Deniz Gezmiş üniversiteden ihraç edildi. Bir arkadaşı fakülteden üç ay uzaklaştırıldı. Biri kınama cezası aldı. Dün de Mustafa Karşılayan ve bir başka Kimya öğrencisine 'Geçici ihraç' cezası verildi.

Bu kararlar neresinden bakılırsa bakılsın, haksızdır, çirkindir, hatalıdır. Haksızdır: Çünkü, olay bir suç sayılıyorsa, aynı suçu işleyenlerin hepsinin aynı cezaya çarptırılması gerekir. Üniversite işgallerinde rol oynayanların sayısı yüzlerce, binlerce olduğuna ve bunların hepsi de cezalandırılamayacağına göre, bunlardan en göze çarpanlarını seçip onların geleceğiyle oynamanın, hukukla, adaletle, hiçbir ilgisi yoktur."[32]

İlhan Selçuk da tepkisini şöyle dile getirmiştir:

"...reform dileklerini uyutur, cümle yalan dolan ve entrikaya eyvallah edersiniz de bir genç çocuktan mı çıkaracaksınız tüm üniversitenin günahını? Bir insanın geleceğini karartmakla mı düzelecek üniversiteniz?

Hayır mesele o değil... Mesele, üniversitede reform davasını izleyen öğrencilere gözdağı vermektir. Bir yıl çırpınıp durduktan sonra gençler, üniversitede reform yerine öğrenciye ceza politikasıyla karşılaşıyorlar."[33]

Deniz'in üniversiteden ihraç kararına itiraz için avukatı Enis Coşkun, 4 Eylül 1969 Perşembe günü, Üniversite Senatosu'nda görüşülmek üzere Rektörlüğe bir dilekçe verir.

Bu sırada Ankara'da olan Deniz, Ho Chi Minh'in ölümü üzerine 7 Eylül 1969 Pazar günü, Siyasal Bilgiler Fakültesi'nde düzenlenen bir törene katılarak konuşma yapar.

Hakkında tutuklama kararı bulunan Deniz Gezmiş, yaptığı konuşmada, "Teslim olmayacağım. Bu kaçış devrime kadar sürecektir" demiş ve şunları ilave etmiştir:

"Senato, konuyu oldu bittiye getirdi ve ortada fol yokken, yumurta yokken atılmama karar verdi. Bu, Senato'nun oyunudur.

Ben doğru yolda olduğuma inanıyorum ve doğru yoldayım. Bu yüzden teslim olmayı hiç düşünmüyorum.

Yakalanmamaya çalışıyorum. Zor oluyor. Ayrıca fiilen kavganın dışındayım. Bundan da üzüntü duyuyorum. Ama en kısa zamanda yine katılacağım. Bu kaçış devrime kadar sürecektir, tabii polisler yakalayamadıkları sürece."

SBF'de yapılan bu konferansa, ayrıca hakkında tutuklama kararı bulunan ODTÜ öğrencisi Mustafa Taylan Özgür de katılmıştır.

Hareketlerimiz Daha da Şiddetli Olacaktır

Üniversite Senatosu, Deniz Gezmiş'in ihraç kararını görüşmek üzere 18 Eylül 1969 Perşembe günü, toplanır.

Demir Küçükaydın, bu konuda şunları anlatmıştır:

"Deniz, Ankara'dan telefon etti ve 'Senato benim hakkımda karar alacakmış. Cihan'ı gör. Birşeyler yapın' dedi. Ben de ertesi günü Cihan'ı buldum. Deniz'in söylediklerini aktardım.

Selahattin Okur, Cihan, Mustafa Zülkadiroğlu ve ben bir eylem planladık. Hukuk'un büyük amfisinde sınavlar vardı. Cihan, çıkıp bir konuşma yaptı. Ben, bir iki tane molotof attım. Aynı anda, Selahattin ile Mustafa Zülkadiroğlu ise Orhan Aldıkaçtı'nın arabasına dinamit koyacaklardı. Dinamiti benzin deposuna koydukları için istenilen şekilde patlamadı."

Aynı gün, İstanbul Üniversitesi'ne gelen Deniz, sivil polislerin sıkı önlem almalarına rağmen yakalanamamıştır.

Hukuk Fakültesi Dekanı Prof. Orhan Aldıkaçtı'nın otomobilinin tahrip edilmesiyle ilgili olarak şu açıklama yapılır:

"Mesele Deniz Gezmiş davası değildir. Fakat, bugün ona yapılan yarın da bize yapılacaktır. Mücadelemiz devam edecektir. Öğrencilerine bu şekilde davranışlarda bulunan bütün öğretim üyelerine artık açıkça savaş ilan ediyoruz. Bugün patlayan iki molotof kokteyli bir ikazdır. Bundan sonra hareketlerimiz daha da şiddetli olacaktır."

Bunlara rağmen, Üniversite Senatosu, toplantı sonunda, Deniz'i üniversiteden ihraç etmeye kesin karar verir.

FKF Sekreteri Ruhi Koç, bundan sonrasını şöyle anlatmıştır: "SBF'deki Ho Chi Minh toplantısına katıldığı zaman Deniz, ODTÜ'de kalıyordu. Şoför Zakir Koçak'ın arabasını alarak İstanbul'a birlikte gittik. Bizimle birlikte Fehmi Erbaş da vardı."

Deniz, alınan bu ihraç kararını Hukuk Fakültesi Dekanı Prof. Orhan Aldıkaçtı ile görüşmek üzere, 23 Eylül 1969 Salı günü İstanbul Üniversitesi'ne gelir.

Deniz ve arkadaşları, saat 09.30'da Hukuk Fakültesi Dekanı Prof. Orhan Aldıkaçtı'nın odasına giren Deniz, "Hocam bu iş böyle devam etmez" der ve masaya vurur. Masanın camı kırılır. Deniz, tekrar, "Benum durumum ne olacak?" diye Prof. Orhan Aldıkaçtı'ya sorar. Prof. Aldıkaçtı, "Az gelişmiş bir ülkenin camını kırdın. Olan bu oldu. Başka olacak bir şey yok" diyerek karşılık verir.

Deniz'in üniversiteye geldiğini haber alan 1. Şube Müdür Muavini Mahmut Dikler, polis memuru İsmail Kalaycılar ve bir polis memuru, dekanın odasına girer.

Deniz ile birlikte dekanın odasına gidenlerden Demir Küçükaydın, bu olay hakkında şunları anlatmıştır:

"Deniz, gece yarısı Ankara'dan geldi. Ertesi gün onun okula gelmesini istemiyorduk. Fakat Deniz, 'Geleceğim' dedi. Sabahleyin erken saatte üniversiteye giderek, üniversiteyi işgal ettik. Fehmi Erbaş, ben, Deniz, Ankara Hukuk'tan Engin Mert ve Cihan Alptekin, Orhan Aldıkaçtı'nın odasına gittik. Cihan, ben ve Metin Eşrefoğlu, Aldıkaçtı'nın sekreterinin odasında kaldık; Deniz, Fehmi Erbaş ve Engin Mert, Aldıkaçtı'nın odasına girdi.

Aldıkaçtı'nın odasının iki kapısı vardı. Birisi sekreterinin odasına diğeri direkt koridora açılıyor. Deniz, Aldıkaçtı ile Dekanlık odasında görüşürken, içerden gürültüler gelmeye başladı. İçeriye bir baktık, Deniz'i iki polis yakalamış çekmeye çalışıyor. Aldıkaçtı, 'Öldürün bunu' diye bağırıyor. Polisin biri ateş etmek istiyor, fakat Deniz debelendiği için diğer iki polis onu tutmağa çalışıyor. Dolayısıyla istemeden Deniz'in hedef olmasını engelliyorlar. Fehmi Erbaş, elinde tabanca ile çıktı. 'Ne yapalım?' diye sordu. 'Git aşağıya haber ver. Arkadaşları çağır' dedim.

Ben polislere atıldım. Adamlar güçlü oldukları için beni tuttukları gibi bir kenara savurdular. Benim de üzerim dinamit dolu. Birisi bir mermi atsa, binayı havaya uçuracak kadar dinamit doluyum. Cihan, arkadaşlarla geldi. Deniz'i polislerin elinden kaptık. Fakat bu sırada üniversitenin çevresi binlerce polisle sarıldı. O sırada Taylan Özgür, ben ve Sait Kozacıoğlu, birlikteydik. 'Silahları ne yapalım?' dedik. Varolan silahların çoğunu aldık. Deniz'in arkadaşı Avniye Anadol ile Selma Özkul isimli bir kız arkadaş vardı. Silahları bu kız arkadaşlara verdik. Ben onlarla birlikte arka kapıdan çıktım. Taylan ile Sait, ön kapıdan çıktı. TMGT'nda buluşacaktık. Fakat, Taylan, Beyazıt Meydanı'nda öldürülmüş."

Bu sırada Hukuk Fakültesi bahçesinde, Birinci Şube Müdürü Nihad Kaner ile Emniyet Müdür Muavini Kenan Koç, üniversite çevresinde gerekli önlemi alarak, Deniz'i teslim almak için uğraşmaktadır. Deniz'in arkadaşları ise, Deniz'i saklayarak polise teslim etmek istemez. Bu arada Bozkurt Nuhoğlu, "Bırakın ben Nihad Beyle konuşayım. Bir çaresini buluruz" der.

Böylece bir grup polis ile Bozkurt Nuhoğlu ve arkadaşları arasında görüşme yapılır. Toplantı yapıldığı sıra, Sıtkı Coşkun, arkadaşlarına hitap ederek şunları söyler:

"Deniz Gezmiş, toplum polisine teslim edilirse, su gibi kan akar...

Deniz Gezmiş'in kılına dokunulursa, her kılı için bir doçent, bir profesör ölecektir."

Yapılan görüşmeler sonunda Deniz, toplum polisine teslim edilmemesi, işkence edilmemesi koşulları ile saat tam 11.00'de arkadaşları tarafından saklandığı yerden çıkarılarak, Üniversitenin Bakırcılar kapısında bekleyen Birinci Şube Müdürü Nihad Kaner ve İkinci Şube Müdürü Saip Gözet ile yanındaki memurlara teslim edilir.

Deniz, bir polis otomobiline bindirilerek, yanında eşyalarının bulunduğu valizlerle birlikte Emniyet Müdürlüğü'ne götürülür. Akşam üzeri Adliyeye sevkedilen Deniz, Nöbetçi savcı yardımcısı Necdet Mengüç tarafından Nöbetçi 8. Sulh Ceza Mahkemesi Yargıcı Alaattin Dehlioğlu tarafından, "ruhsatsız silah taşımak, görevli devlet memuruna hakaret, mukavemet, Hukuk Fakültesi Dekanını tehdit" suçlarından saat 21.30'da tutuklanarak Sağmalcılar Cezaevi'ne gönderilir. Tutuklama kararını öğrenen Deniz'i, yanında bulunan babası Cemil Gezmiş ve arkadaşları sakinleştirmeye çalışır.

Deniz, bu olayı şöyle anlatmıştır:

"Dekan beni çağırtmış. Dört arkadaşımla birlikte odasına gittik. Daha kapıdan içeri girer girmez, anahtarı sadece dekanda olan yan kapılardan biri açıldı ve içeri dört sivil memur girdi. Dekan, memurlara, 'Ne duruyorsunuz? Bu adam tabancalı, ateş edip öldürünüz' dedi. Fakat memurlar buna cesaret edemediler. Arkadaşlarım önlerine geçti. Memurlardan ikisi, benim tabancamı aldılar. Bizlerden hiç kimse onların tabancasını almış değildir. Sonra aşağıdaki patlamaları ve cam kırılmalarını işittim."

Emniyet Müdürü Muzaffer Çağlar olayı şöyle anlatmıştır:

"Deniz Gezmiş hakkında, son öğrenci olaylarından dolayı yakalama müzekkeresi vardı. Bundan bir müddet evvel de, üniversiteden ihracına karar verilmişti. Birkaç gün evvel Deniz Gezmiş, kendi paralelindeki arkadaşlarıyla İstanbul'a gelerek İÜTB kongresini etkilemek istemiştir. Bu arada, 70-80 arkadaşıyla, Hukuk Fakültesi Dekanının odasını işgal etmiş, Dekana fiilen ve lisanen tecavüzde bulunmuş, masasının camını kırmış, suçlu duruma düşmüştür. Bunun üzerine Rektörlüğün onayı alınarak Üniversiteye girilmiş; Deniz Gezmiş, tabancası ile birlikte yakalanarak Savcılığa verilerek tevkif olunmuştur."

Deniz'le birlikte Dekan Prof. Orhan Aldıkaçtı'nın yanına giden altı öğrenci şunları anlatmıştır:

"Deniz, okuldan atılma kararına itiraz etmiş, fakat bu karar görüşülmemişti. Durumunun ne olduğunu anlamak için Dekanla görüşmek istedi. Üç arkadaş, içeri girdi. Üç arkadaş da kapıda beklemeye karar verdik. Görüşme devam ederken, içeri memurlar ve sekreterler giriyorlardı. Deniz, Dekandan polise haber vermemesini istemişti. Fakat, içeri girip çıkan memurlarla haber yollamış olacak ki, biraz sonra dört sivil memur gelerek, içeri girmek istediler. Dışarda bulunan arkadaşlar, buna mani olmaya çalıştık. Aramızda boğuşma başladı. Sesler içerden duyulunca kapı açıldı ve Deniz 'beni sattınız hocam' diye bağırmaya başladı. Bir süre karşılıklı itişme sonunda kaçmayı başarmak üzereydik ki, Dekanın, sivil polislere hitaben 'vurun bunu, ondan başka türlü kurtulmamızın çaresi yok' şeklinde bağırdığı, 'vurun' kelimesini birkaç defa bağırarak tekrarladığı duyuldu. Sivil polisler silahlarını çıkardılar; fakat, hiçbiri bunları kullanmaya teşebbüs etmediği gibi peşimizden de gelmediler. Biraz sonra, alt katlarda bize katılan 30-40 kadar arkadaşla birlikte tekrar yukarı çıktık. Deniz, çok sinirliydi. Dekanla tartışmak istiyordu. Fakat, arkadaşlar kendisini yatıştırdılar. Sadece elindeki sopayla, Dekan'ın masasındaki camı kırdı. Daha sonra, toplum polisine verilmemesi ve dövülmemesi şartıyla Deniz'in teslim olmasında anlaşmaya varıldı."

Gençsin, Atılgansın, Biraz Temkinli Hareket Et

Babası Cemil Gezmiş, Deniz'in üniversite konusunda ne düşündüğünü şöyle anlatmıştır:

"Oğlum bozuk düzen deyip duruyorsun, şu okulunu bitir, yoksa sana kimse ekmek vermez. Diplomanı al, sonra ne istersen yap, derdim ona. Bana yanıtı şu olurdu; 'Baba' derdi, 'Kendisini topluma kabul ettirebilecek insanlar için diplomaya gerek yok. Benim zaten üniversiteden alacağım bir şey yok, onun bize verecek bir şeyi yok, bugün öğrenci üniversiteyi çok aştı, üniversite çağdaş üniversite olmaktan çıktı.'"

Polisin, Deniz hakkında hazırladığı bir dosyada bu konudaki değerlendirmesi şöyle olmuştur:

"Şu anda bütün öğrenci gruplarından kopmuş, yani liderliğini kaybetmiştir."

İTÜ ile İstanbul Üniversitesi'nin içinde ve dışında bazı gençler, 20 Ekim 1969 Pazartesi günü, "Türkiye Devrimci Gençlik Federasyonu İstanbul Bölge Yürütme Kurulu Başkanı Cihan Alptekin" imzasıyla bir bildiri dağıtılır.

Deniz'in okuldan çıkarılışını protesto eden bildiride özetle şu görüşlere yer verilir:

"Amerikan emperyalizmine ve işbirlikçilerine karşı verdiğimiz bağımsızlık ve demokrasi kavgamızda, en önde yiğitçe yürüyen devrimci kardeşimiz Deniz Gezmiş'i işbirlikçi Senato üniversiteden çıkarmak istiyor. Çıkaramazlar.

Bağımsızlık ve demokrasiden yana herkes, karşı çıkacaktır bu kahpeliğe, onbinlerce Deniz Gezmiş'in yumruğu yüzlerinde patlayacaktır."

Tutuklu olan Deniz, 25 Kasım 1969 Salı günü, İstanbul 3. Asliye Ceza Mahkemesi hakimi Hurşit Saydam, tarafından tahliye edilir. Deniz, saat 14.15'te jandarmalar refakatinde Adliyeye getirilir.

Adliye koridorlarına dolan arkadaşları, Deniz'e sevgi gösterilerinde bulunur; "Bağımsız Türkiye" diye slogan atar. Hakim Hurşit Saydam, savunma avukatlarının talebine uyarak Deniz'in tutuksuz yargılanmasına karar verir.

Hakim Hurşit Saydam, daha sonra, Deniz Gezmiş'e şu nasihatte bulunur:

"Beni bir baba, bir ağabey, bir kardeş bil. Sana hem hakim, hem de baba olarak hitap ediyorum. Tahliye ediliyorsun. Gençsin, atılgansın. Biraz temkinli hareket et. Dikkatli ol. Karşıma ikinci defadır çıkıyorsun. Memlekette kanun var, nizam var. Kanunlara, nizamlara saygılı olmalısın. Kanunlar nezdinde reisicumhurun da, hakimin de boynu eğiktir."

Deniz, bu duruşmasında tahliye edilir. Fakat hemen serbest bırakılmaz. Askerliğini tecil ettirmediği gerekçesiyle, Askerlik Şubesi'ne sevkedilir. Askerlik Şubesi, 1970 Haziran ayına kadar askerliğini tecil ettirdiği gerekçesiyle Deniz'i serbest bırakır.

İstanbul Hukuk Fakültesi Öğrencisiyim

26 Kasım 1969 Çarşamba günü, Hukuk Fakültesi'nin 1969-70 öğretim dönemi açılışında devrimci öğrenciler, 1 Nolu amfide forum düzenler.

İ.Ü.T.B.'nin iki başkanından biri olan Şuayıp Dilmen, TDGF Genel Başkanı Atilla Sarp, TDGF İstanbul Bölge Yürütme Kurulu Başkanı Cihan Alptekin ile Hukuk Fakültesi Talebe Temsilcisi Mehmet Cavit Kavak, sırasıyla söz alıp birer konuşma yapar.

Cihan Alptekin, konuşmasında şu açıklamayı yapar:

"Deniz Gezmiş, bu okula tekrar alınacaktır. Bunda kararlıyız."

Daha sonra konuşan Mehmet Cavit Kavak da, şunları söylemiştir:

"Deniz Gezmiş'i okuldan atanı biz de okuldan atacağız."

Bu konuşmalardan sonra, forumda bulunan öğrenciler sol yumruklarını havaya kaldırarak, bunun için çalışacaklarına dair ant içer. Öğrenciler, forum bittikten sonra Hukuk Fakültesi Dekanı Prof. Orhan Aldıkaçtı'nın gönderdiği çelengi, Deniz'in okuldan atılışını protesto amacıyla yakar.

Hukuk Fakültesi'nin yeni ders yılına başlaması dolayısıyla açılış forumu düzenleyen öğrenciler, bir bildiri yayınlayarak bazı öğretim üyeleri hakkında çok ağır ithamlarda bulunmuşlardır.

Haklarında ağır suçlamalar ileri sürülen Hukuk Fakültesi profesörleri şunlardır:

"Orhan Aldıkaçtı, Kemal Oğuzman, Reha Poroy, Sulhi Dönmezer, Recai Galip Okandan, Hıfzı Timur, Selahattin Sulhi Tekinay, Türkan Rado, İlhan Postacıoğlu, İlhan F. Akın, Sahir Erman, Halit Kemal Elbir, Rabi Koral, Yılmaz Altuğ, Bülent Davran, Feyzi Feyzioğlu ve Bülent Köprülü."

Üniversiteden ihraç edilmesine rağmen, Deniz, üniversite çevresinde düzenlenen eylemlere katılmaktan geri durmaz.

Üniversiteye giremeyen bir gurup öğrenci, aralarında Deniz Gezmiş'in de bulunduğu bir grup devrimci gencin yönlendirmesiyle, 8 Aralık 1969 Pazartesi günü, Hukuk ve İktisat Fakültelerinde asılan listeleri yırttıktan sonra rektörlüğe gelir ve rektörlükte bir süre, "Okumak istiyoruz, okumak istiyoruz" diye bağırır. Bu arada talebeler, rektörlüğe gelen Milli Eğitim Bakanı Prof. Dr. Orhan Oğuz'la da bir süre görüşür.

Deniz, 10 Aralık 1969 Çarşamba günü, forum yaparak bir konuşma yapar ve öğrencileri yürüyüş yapmaya teşvik ederek, son olaylar konusunda çeşitli bildiriler dağıttırır.

Üniversitenin ihraç kararını kaldırabilmek amacıyla yasal yollara başvurarak yeniden öğrencilik hakkını elde eden Deniz, bu konuyu şöyle anlatmıştır:

"1969 senesinde ben üçüncü sınıfta iken üniversite işgal ve öğrenci olaylarına karıştığımdan, üniversite senatosunun kararı ile süresiz olarak Hukuk Fakültesi'nden ihraç edildim. Hukuk Fakültesi'nden ihracıma müteakip Danıştay'a şahsen müracaat ederek kanunsuz işlemin durdurulmasını istedim. 1970 senesi Eylül ve Ekim aylarında Danıştay tarafından üniversite senatosunun aldığı ihraç kararı bozuldu. Bu karara göre, benim tekrar fakülteye devam etme olanağım çıktı."

İçişleri Bakanlığı, bu konuda şu açıklamayı yapar:

"Geçen yıl Hukuk Fakültesi'nden çıkartılmış, ancak Danıştay, bu kararı durdurmuştur."

Bu konuda Danıştay'a açtığı ihraç kararını iptal davası, Danıştay 12. Dairesi'nin 11 Kasım 1970 günü aldığı bir kararla Deniz'in lehine sonuçlanır ve öğrenci olmaya yeniden hak kazanır.

Danıştay 12. Dairesi'nin 11.11.1970 günü aldığı ve 31 Mart 1971 Günü, İstanbul Hukuk Fakültesi Dekanlığına tebliğ edilen karar, özetle şöyledir:

"İşgaller dolayısıyla katıldığı eylemlerde öğrenci lideri olduğuna dair delile rastlanmamıştır. Şimdiye kadar pek çok defa çeşitli zamanlarda değişik öğrenciler tarafından işgaller yapıldığı halde bu öğrencilere herhangi bir ceza verilmemiştir. Gezmiş'e verilen cezada, işlediği suça göre büyük nisbetsizlik bulunmaktadır."

Bu karar, üçte iki çoğunlukla verilmiştir.

12 Nisan 1971 Pazartesi günü, hakkında açılmış bir davadan

yargılandığı Ankara 2. Ağır Ceza Mahkemesi'nde Deniz ile duruşma yargıcı arasında şu konuşma geçer:

- Okuyor musunuz?
- Evet, öğrenciyim. İstanbul Hukuk Fakültesi öğrencisiyim.

***

Parti Üyeliği

Deniz'in siyasi eylemlerle ilişkisi, duygusal da olsa ilk gençlik dönemine rastlar. "Ortaokuldayken CHP ile ilgileniyor, bu partiyi tutuyordu. Daha ilkokuldayken arkadaşları arasında kitap ve defterlerinin kapağına CHP'nin simgesi altı oku çiziyordu."[34]

Bu konuda annesi Mukadder Hanım, "Deniz'in bir gün evden kaçtığını ve Sivas'a gelen İnönü'yü görmek için, İnönü'nün kaldığı eve gittiğini" anlatmıştır.[35]

Bu olay, CHP Genel Başkanı İsmet İnönü'nün 16 Ekim 1958 Perşembe gecesi, trenle Sivas'a geldiği sıra yaşanmıştır. Sivas halkı, İnönü'yü büyük bir sevgi gösterisi ile karşılar ve gece saat 22.00'ye kadar kaldığı evin önünden ayrılmaz. Bunun üzerine İnönü, evin balkonuna çıkarak, birikmiş olan kalabalığı; "Benim hatırım için dağılın. Evinize gidin yatın" diyerek, evlerine gönderir.[36]

Deniz'in İstanbul'a geldiği ilk yıllardaki siyasi faaliyetlerini Nurettin Demirdöven, şöyle anlatmıştır:

"Deniz de, ben de, CHP'ye hiç gitmemiştik. Düşünce olarak sosyalist düşünceye daha yatkındık. 1964 yazından itibaren TİP'e gitmeye başladık. İlk başlarda sempatizan olarak gidiyorduk. Kongre vardı o zaman. İlişki kurduğumuz ekip, ilçe yönetimini ele geçirmek istiyordu. O ekip, beni, doğrudan üye yaptı. Deniz, bir yıl sonra üye oldu. Çünkü, siyasi partiye üye olabilmek için 18 yaşını doldurmak gibi bazı formaliteler gerekliydi.

Partinin düzenlediği etkinliklere katılırdık. Partide görev alarak çalışırdık. Öyle özel bir görevimiz yoktu. Partiden herhangi bir görev verildiği zaman yerine getirir, yapardık.

1965 seçimlerine katıldık. Çalışmalar yaptık. Şimdi gülünç gelebilecek bir anım var, onu anlatayım. 1965 seçimlerinde Adalet Partisi'nin 5 Ekim 1965 Salı günü, Taksim'de bir seçim mitingi vardı. Ben, Deniz ve ortanca kardeşim, bu mitinge gittik. Amacımız, mitinge katılan kişilerle konuşup, ikna ederek, kendi saflarımıza kazanmaktı. Bazı kişilerle konuştuk, fakat dövülmekten de zor kurtulduk.

Deniz, bu dönemde Partiye üye oldu. Ekip olarak katıldığımız ikinci kongrede Deniz, ilçe sekreteri oldu. Bu kez, aynı ekibin içinde Erim de vardı.

Böylece üç kişi, olduk. Ben, Deniz, Erim.

Şakadan kendimize, 'Balaban Cuntası' diye isim takmıştık. Kongre arifesi idi. İlçe kongresini kazanmak için kulisler falan yapıyorduk. Az çok etkinliğimiz, ağırlığımız olduğu için kendimize bu lâkabı takmıştık. Bu ekipte, bizim yaşlarda olan ve balıkçılık yapan İsmail Tanrıverdi de vardı. Sonuçta ilçe kongresini bizim ekip aldı."

Deniz, Partiye üye olmak için 16 Eylül 1965 Perşembe günü, başvurur. İlçe yönetimi, 11 Ekim 1965 Pazartesi günü, üyelik başvurusunu uygun bulur. 2 Nisan 1966 Cumartesi günü ise aday üyelikten, asıl üyeliğe alınır. Böylece Deniz, Üsküdar TİP örgütünün 35 nolu, İstanbul örgütünün 208 nolu üyesi olur.

TİP Üsküdar İlçe kongresi 30 Temmuz 1966 Cumartesi günü yapılır. Yönetime seçilen kişiler ve yaptıkları görevler şunlardır:

İlhan Ataöz (Başkan) - Serigrafçı, Deniz Gezmiş (Sekreter), Ahat Yegane (öldü), Sezai Zeren (Maden-İş Sendikası Kartal temsilcisi - öldü), İsmail Tanrıverdi (Balıkçı).

TİP'in il ve ilçe kongrelerinin yapıldığı bu günlerde, Hikmet Kıvılcımlı da, "Uyarmak İçin Uyanmalı, Uyanmak İçin Uyarmalı" başlıklı broşürünün, kendisiyle bağlantılı olan TİP üyeleri aracılığıyla Parti örgütlerinde dağıtımını yaparak, kongreleri kendi lehinde etkilemeye çalışır. Bunun yanısıra, basın yoluyla yaptığı açıklamalarla, "Vatan Partisi"ni yeniden kurmak istediğini dile getirir.

Hikmet Kıvılcımlı'nın bu çalışmalarından haberdar olan Nurettin Demirdöven, bu konuda şunları anlatmıştır:

"Hikmet Kıvılcımlı'yı tanıyorduk. Erim, Deniz ve ben, kendisine giderek konuştuk. 'Partiden, örgütlenmeden bahsediyorsunuz. Gelin TİP'e üye olun. Hazır bir Parti var. Orada çalışın' dedik. Kıvılcımlı, 'Üye olsam, kabul etmezler' dedi. Biz de, 'Nasıl kabul etmezler. Olmaz öyle şey. Biz, ağırlığımızı koyar, sizi Partiye kayıt ettiririz' dedik. Sonuçta, Kıvılcımlı, ne düşündüyse geldi, Partiye müracaat etti."

Kıvılcımlı, Deniz'in Sekreter olduğu 1966 Temmuz ayından kısa bir süre sonra üyelik için başvurur. TİP Genel Merkezi, Siyasi Partiler Yasasına uygun olmadığı için, 28 Ekim 1966 tarihli bir yazı ile Kıvılcımlı'nın üyeliğini, kabul etmez.[37]

TİP Üsküdar İlçe Başkanı İlhan Ataöz, bu konuda şunları anlatmıştır:

"TİP Üsküdar ilçe örgütünün 1961 yılından 1969 yılına kadar yöneticiliğini yaptım. Deniz, Partiye üye olmadan önce Partili gençlerle ilişkileri, arkadaşlıkları vardı. Salacak'ta bir kahvehane vardı, oraya gelirdi. Birbirimizi görür, selamlaşırdık. Deniz'in, daha çok, Partili gençlerle diyaloğu vardı.

Deniz, Partide üzerine düşen bütün sorumlulukları aksatmadan yerine getiren, sağlam karakterli, görevlerine düşkün, genç bir arkadaşımızdı. Deniz'in Parti içinde, bir dönem, sekreterliğinin dışında, bir diğer sorumluluğu da, İstanbul İl Örgütüyle Üsküdar İlçe Örgütü arasındaki örgüt işlerini üstlenmesiydi. Okulu da karşıda olduğu için, evrakları, bildirileri, o getirir götürürdü.

Hikmet Kıvılcımlı'nın Salacak'ta evi vardı. Gençler, onun evine gider, konuşurlardı. Kıvılcımlı, herhangi bir kişi gibi geldi, partiye üye olmak için başvurdu. Partiye üye olmak isteyen birisini geri çeviremezsiniz. Biz de başvurusunu kabul ettik. Zaten, altı ay aday üyelik var, eğer bu zaman içinde başvurusu uygun bulunursa asıl üye olunabiliyordu. İlçe yönetimi olarak kabul ettik. Daha sonra, il yönetimine gönderdik. Üyeliğe uygun bulunmadı."

Deniz'in TİP'li Olarak İlk Siyasi Faaliyeti

Çorum'da Genel-İş Sendikası'na üye 54 temizlik işçisi, Çorum Belediye Başkanı Kemal Demirer'in 72 işçinin işine son vermesi ve işçileri başka bir statüye tâbi tutarak, ücretlerini 350 liradan 250 liraya indirmek istemesi üzerine, 27 Temmuz 1966 Çarşamba günü, Çorum'dan Ankara'ya kadar sürecek bir yürüyüş başlatır. 3 Ağustos Çarşamba günü, Anıtkabir'e gelen işçiler, yürüyüşü bitirir. 5 Ağustos'ta ise Danıştay'da açtıkları davayı kazanmaları üzerine, işçiler, 8 Ağustos'ta işbaşı yapar. Fakat, Belediye Başkanı, belediyenin geliri olmadığını öne sürerek, 10 Ağustos'ta Danıştay'ın kararına uymaz. Belediyeye maddi yardım yapması için ABD Cumhurbaşkanı Johnson'a mektup yazdığı için halk, Belediye başkanına,"Johnson Kemal" lâkabını takmıştır.

Abdullah Baştürk'ün Başkanı olduğu Genel-İş Sendikası'na üye işçiler, Çorum Belediye Başkanı'nın Danıştay'ın kararını uygulamamasını protesto etmek amacıyla, 15 Ağustos'ta Ankara'dan İstanbul'a yalınayak bir yürüyüş başlatır.

İşçilerin bu yürüyüşünü, başta TİP olmak üzere, Türkiye'deki ilerici, devrimci bütün kamuoyu sahiplenir. Yürüyüşün her anı gazetelerde haber konusu olur. Uluslararası düzeyde işçi sendikaları tarafından desteklenir. FKF Genel Başkanı Hüseyin Ergün ve MYK üyesi Ahmet Ali Arlı, yürüyüşe Ankara'dan katılarak, işçilerle birlikte İstanbul'a kadar yürür.

Bilge ve Faruk Haksal adlı İstanbul Üniversitesi Hukuk Fakültesi öğrencisi karı-koca iki genç de, işçilere destek olmak amacıyla, yürüyüşe Düzce'den itibaren katılır.

Bu sırada, TMTF, yürüyüşçüleri destekleme çağrısı yapar. Yapılan çağrıya İstanbul Tekstil, Basın-İş, Yapı İşçileri, Maden-İş, Gıda-İş, Ağaç-İş, Kimya-İş, Haberleşme-İş ve TÖS katılır. Çağrıya katılan kuruluşlar, "Türkiye İşçi, Gençlik, Öğretmenler Dayanışma Konseyi (TİGÖK)"ni oluşturur.

TMTF ve TİGÖK temsilcileri, işçileri Hendek'te karşılar.

Deniz Gezmiş'in, TİP Üsküdar İlçe Sekreteri olduktan sonraki ilk siyasi faaliyeti, Çorum işçilerinin, bu yürüyüşü sırasındadır.

Nurettin Demirdöven, bu olayı şöyle anlatmıştır:

"Çorum işçilerinin İstanbul'a yaklaştığını öğrendik. Deniz'le birlikte işçileri, Otosan fabrikasının önünde karşılamaya gittik. İşçileri orada karşıladık. Çiçek yaptırmıştık, onu işçilere verdik. Oradan, işçilerle birlikte yürüyerek, Üsküdar-Harem yol kavşağına kadar geldik. Üsküdar'da, Partililer de katıldı. Daha sonra, vapurlarla karşı yakaya geçildi.

Gümüşsuyu'nda Türk-İş Birinci Bölge Temsilciliği'nin önüne gelindi. Türk-İş, Amerikan sendikacılığını benimseyen bir tutumda idi o zaman. Halen öyle ya. TİP'in kurucuları da aynı federasyonda ama diğerleri, bunların tutumunu benimsemiyor. TİP'i destekleyici bir sendika kurma çabası içindeydiler. Daha sonra, DİSK'i kurdular. Yürüyüşe katılanların çoğunluğu da bu düşüncede olduğu için, orada, Türk-

İş aleyhinde gösteriler oldu. Bu gösteriler, Taksim'deki Atatürk Anıtının orada da, devam etti. İsmail Topkar, konuşuyordu. Deniz, ajitasyon yaptı. Bu ajitasyon üzerine diğer arkadaşlar da, Türk-İş aleyhine gösteriye başladılar. Gösterilerin sonunda, polis, Deniz'le birlikte birkaç kişiyi gözaltına aldı. Deniz, uzun boylu olduğu için hemen dikkati çekiyordu.

Gözaltına alınanlara yiyecek-içecek götürdük. Ben, Partinin merkezine gittim. Durumu Aybar'a anlattım. Partili milletvekillerinden Kemal Nebioğlu ve Rıza Kuas, hemen ilgilendiler. Beraberce, Taksim Karakolu'na gittik. Komiserle konuşuldu. Ağırlıklarını koydular. Gece baktım, eve iki kişi geldi.

Deniz, adres olarak bizim evin adresini verirdi. Babasından çekinirdi bu konularda. O zamanki yasalara göre, polis, bazı formaliteler yerine getirildikten ve kefil bulduktan sonra, karakolda gözaltına olan birisini serbest bırakabiliyordu. Deniz de, Taksim Karakolu'ndan Selimiye Karakolu'na devrediliyor. Oradan, bir polis nezaretinde ikametgâh adresi olarak kullandığı bizim eve getirildi. Ben de imza verdim. Böylece, Deniz, serbest bırakıldı."[38]

Türk Sosyalizminin Bunalımı

Deniz'in TİP Üsküdar ilçe yönetimine seçilmesi, daha çok TİP yönetimine muhalif olan kişi ve gruplarla kurduğu ilişkiler sayesinde olmuştur.

Deniz'in TİP'e üye olmasını sağlayan Kenan Uluğ, İstanbul Yüksek Tahsil Gençlik Derneği'nin Nazım Hikmet için 15 Mayıs 1950 Pazartesi günü, Aksaray'da Çiçek Palas düğün salonunda düzenlediği, "Nazım Hikmet'i Kurtarınız" kampanyası için yapılan toplantıda çıkan gösteriler sırasında gözaltına alınmış birisidir. Deniz, aynı dönemde, Hikmet Kıvılcımlı ile tanışmış, bu yönde ilişkileri olmuştur. Yine bu dönem, üniversite çevresinde, TMGT ve TMTF gibi örgütlenmeler içerisinde ise Kemalist olarak adlandırılan kesimlerle birlikte hareket eden bir gençtir.

Bu örgüt ve kişilerle ilişki içinde olan Deniz, daha çok Milli Demokratik Devrim saflarında yer alarak sorumluluklar üstlenir. Basitleştirerek söylersek, Deniz'i "parlamento dışı mücadele" anlayışına iten etkenlerin başlangıç tarihi 1966 yılıdır.

Deniz'in TİP Üsküdar İlçe Yönetim Kuruluna seçildiği dönem, 1966 Haziran ayında Doğan Avcıoğlu, Yön dergisinde, "TİP Tartışmaları" başlığı altında TİP'e karşı bir muhalefet başlatır.

TİP Genel Başkanı Mehmet Ali Aybar, bu konuda özetle şunları anlatmıştır:

"Bizim dışımızdaki sol çevrelerin bize cephe aldıklarını gösteren işaretler alıyorduk. Doğan Avcıoğlu ve grubundan başka Malatya kongresinin yaklaştığı günlerde 'Eski Tüfek'lerin de, yani Mihri Belli takımıyla Hikmet Kıvılcımlı takımının da partiye cephe aldıkları anlaşılıyordu. Ancak bu iki grup Malatya'da daha çok gözlemlerle yetindiler. 'Eski Tüfek'lerin İstanbul'da kimi ilçelerde etkili oldukları söyleniyordu. Halkı etkilemeleri olanaksızdı. Ama gençleri etkileyebilirlerdi. Bu da ciddi bir tehlike idi. Nitekim de etkilemişlerdi. Milli Demokratik Devrim (MDD) görüşü o tarihlerde gençlerin savunduğu ortak bir düşünce sistemi haline gelmişti.

TİP'in 'Türkiye'ye özgü sosyalizm' formülünden rahatsız oluyorlardı. TİP'in tepeden inmeci devrim modeline karşı çıkmasını anlayamıyorlardı. Oysa her şey apaçık ortadaydı. İkinci kongreye böyle bir ortamda gidilmişti. TİP'in karşısında Yön'ün etrafında çevrelenmiş çeşit çeşit 'kestirmeciler', 'tepeden inmeciler' vardı."

20-24 Kasım 1966 günleri arasında TİP İkinci Büyük kongresi Malatya'da toplanır. Kongrede yoğun tartışmalar olur. TİP'e karşı muhalefet eden MDD'ciler, Mehmet Ali Aybar'ın dediği gibi, "Mihriciler ve Kıvılcımlıcılarla birlikte seçimlere ayrı liste ile katıldılar... Partiyi ele geçirmeyi deniyorlardı. Başaramadılar."[39]

MDD'ciler TİP'i ele geçirmeyi belki başaramadılar ama TİP Hatay Milletvekili Yahya Kanbolat'ın dediği gibi; "Eğitilmiş bir görevliden daha büyük bir tahribatı TİP içinde yapmayı başardılar."[40]

TİP Üsküdar İlçe Örgütünün kongresi, 30 Temmuz 1967 Pazar günü, Bağlarbaşı Rüya Düğün Salonu'nda yapılır. Kongrede yapılan seçim sonunda ilçe yönetim kuruluna; İlhan Ataöz (başkan), Çetin Yücel (sekreter), Kenan Uluğ (sayman), Sezai Zeren, Tahsin Yılmaz, Ali Taşyonsul, Rıza Yılmaz seçilir.

7 Ocak 1968 Pazar günü yapılacak olan İstanbul il kongresi delegeliklerine de; Cavit Şarman, Sezai Zeren, Ali Kan, Medih Adam,

İsmail B. Balcıoğlu, Ahat Yegane, Kenan Uluğ, İlhan Ataöz, İdris Küçükömer, Deniz Gezmiş, Tahsin Yılmaz, Necmi Baysal seçilir.

TİP Üsküdar İlçe Başkanı İlhan Ataöz, bu konuda şunları anlatmıştır:

"Deniz, eylemleri seven genç bir arkadaşımızdı. İktisat Fakültesi öğretim üyelerinden İdris Küçükömer de bizim ilçenin üyesiydi. Deniz'le İdris zaman zaman tartışmalara girerlerdi. Deniz, İdris'in partiyi ve halkı pasifize ettiğine inanıyordu. Üniversitedeki öğrenci olaylarına karşı tutumunu eleştirirdi.

Deniz, aslında gençliğinin verdiği heyecan içinde hareket ediyordu. Çünkü İdris'in, birincisi, bilim adamı yönünden kaynaklanan sakin ve soğukkanlı bir özelliği vardı. İkincisi, İdris partiye, parti üyeliğine, parti disiplinine çok önem verirdi. Parti örgütü, parti disiplini nedir biliyordu. Deniz ise gençliğinin verdiği coşku ile parti disiplinine, parti anlayışına gelemiyordu. Bu nedenle daha çok gençlik eylemlerine önem ve ağırlık verirdi."

Deniz bu sırada Demokratik Devrim Derneği Yönetim Kuruluna seçilir. Deniz'in Yönetim Kuruluna alınmasını öneren Rasih Nuri İleri, bu konuda şunları anlatmıştır:

"Yürütme kurulu üyesi Deniz Gezmiş zaten bürokratik görevlere katılmazdı, tartışmalara da katılmazdı, sadece tarafımızı tuttu. Toplantılara katılmak Deniz için zaman kaybı anlamına geliyordu. Deniz, hiç olmazsa toplantılara gel, alınan kararlara katıl, derdim. Deniz ise, Rasih ağabey siz kararları alın ben uygularım, derdi."

Deniz, 24 Aralık 1968 Salı günü, Türkiye Öğretmenler Sendikası'nın Aksaray'da bulunan toplantı salonunda yapılan, "Türk Sosyalizminin Bunalımı" konulu bir panele katılır.

Tiyatrocular Sendikası (Tİ-SEN), Devrimci Öğrenci Birliği, Yapı İşçileri Sendikası, İşsizlik ve Pahalılıkla Savaş Derneği, Demokratik Devrim Derneği ile 17 Nisan Derneği'nin temsilcileri olarak Muvaffak Şeref, Şevki Akşit, Hikmet Kıvılcımlı, Osman Sercan, Deniz Gezmiş ve Tİ-SEN temsilcisi, panele katılarak konuşma yapar.

Aynı toplantıları Ankara ve değişik il-ilçelerde de düzenleyen MDD'ciler, yaptıkları bu toplantılar sonunda ortaya çıkan düşüncelerini 28-29 Aralık 1968 günlerinde Ankara'da yapılan TİP'in olağanüstü üçüncü büyük kongresine katılan delegelere sunmak üzere,

"Türkiye İşçi Partisi Devrimci Grup Bildirisi" adı altında imzaya açar. TİP Üsküdar ilçe örgütünden bu bildiriyi Deniz Gezmiş ve Serpil Akalın imzalar.

Kongre sonunda başkanlığa yeniden Mehmet Ali Aybar seçilir. MDD'ciler umduklarını bu kongrede de bulamamışlardır.

Bu sırada FKF'nin Üçüncü Kongresi için İstanbul'da çalışmalar yapılmakta ve Yusuf Küpeli, Münir Ramazan Aktolga, Doğu Perinçek gibi MDD'nin gençlik içinde önde gelen isimleri İstanbul'da bulunmaktadır. Deniz, bu sıralar aranmaktaydı. Bu arada arkadaşlarıyla görüşüp görüşmediğini şimdilik bilemiyoruz. Daha sonra 2 Ocak 1969 Perşembe günü, saklandığı evde yakalanarak, gözaltına alınır.

FKF MYK, İstanbul Sekreterliğini Kontrolü Altına Alıyor

4-5 Ocak 1969 günleri İstanbul'da toplanan FKF Üçüncü Kongresinde FKF Genel Merkezi MDD'cilerin eline geçer ve Yusuf Küpeli, genel başkan olur. İstanbul Sekreterliği ise yine sosyalist devrimcilerde kalır ve Sıtkı Coşkun, İstanbul Sekreteri olur.

FKF-MYK ilk toplantısında, tutuklu bulunan Deniz Gezmiş ve arkadaşlarına bir telgraf çekerek, "Aynı kavganın erleri olduğumuzu bildirir, siz yiğit kardeşlerimizi sevgiyle kucaklarız" der.

Deniz, tutuklu bulunduğu Sağmalcılar Cezaevi'nden Doğu Perinçek'e 7 Şubat 1969 Cuma günü yazdığı mektupta şunları ister:

"Yusuf Küpeli'nin başkan seçilmesi beni fazlasıyla sevindirdi. Fakat yine de bu, oportünizmin tasfiyesi anlamına gelmez. Yalnız bu bizim için iyi bir fırsat olmalı. Benim burada kimseyle temasım olmuyor. Sen İstanbul'a gelip de bizim çocukların FKF'ye giriş işini bir düzene soksan iyi olur."

Yusuf Küpeli, DÖB'lülerden Mustafa Gürkan'ın FKF'ye nasıl kaydedildiğini şöyle anlatmıştır:

"Mustafa Gürkan, Ankara'ya gelmişti. SBF Öğrenci Derneği'nin büyük odasında bir grup genç konuşuyorduk. Gürkan'a, 'Bak, güreşte beni yenersen, seni bu örgüte alacağım' dedim. Hemen kabul etti. Masalar, sandalyeler çekildi. Yere battaniyeler serildi. Soyunduk. Diğer kavgacılar etrafa dizildi. Kapıştık. Fakat işler hiç de umduğum gibi gitmiyordu. Gürkan, çok güçlü idi. Biraz sonra bana garip oyunlar yapmaya başladı. Güçle dayanıyordum ama, sonunun gelmeyeceğini hissettim. Fiyakam iyice bozulmadan, 'Dur dur, tamam. Üye oldun, senin gibi yiğitlere gereksinimimiz var' dedim. Emekli bir albayın oğlu olan Gürkan, meğerse Eskişehir bölgesi Greko-Romen güreş şampiyonu, ya da üçüncüsü imiş."

Robert Kolej Talebe Cemiyeti, 21 Nisan 1969 Pazartesi günü saat 14.30'da kolej salonunda "Son gençlik eylemleri üstüne" bir açık oturum düzenler.

Ali Aydın Çığ, bu konuda şunları anlatmıştır:

"Boğaziçi Üniversitesinde Harun Karadeniz, Masis Kürkçügil, Osman Saffet Arolat, Deniz Gezmiş ve birçok arkadaşın katıldığı bir toplantı yapıldı. Deniz, o toplantıda 6. Filo olayları ve Harun'ların tavrı nedeniyle çok katı, çok sert, çok kırıcı sayılabilecek bir konuşma yaptı ve 'Arkadaşlar, artık bir daha bunlarla bir arada olamayız' dedi. Örneğin ben, bu toplantıdan sonra Harun'la hiç konuşmadım.

Masis Kürkçügil, 'Yahu burada tartışacağımıza dünya para babalarının Kültür Sarayında toplantıları var. Gidelim onları protesto edelim' dedi.

Toplantının özü aktivizm, pasifizm gibi bir başlık taşıyordu. Biz, fiili kuvvet kullanalım diyorduk. Onlar, önce kitleye düşüncelerimizi iletelim diyorlardı. Harun'un konuşmasıyla bizim yollarımız onlarla orada kesinkes ayrıldı. Biz, artık eylemciliğimizi kendi kendimize kanıtlamış olduk."

Bundan sonraki gelişmeleri Harun Karadeniz, şöyle anlatmıştır:

"MDD'cilerin tek hedefi FKF İstanbul Sekreterliği oldu. İstanbul Sekreterliği'nde Veysi Sarısözen ve Sıtkı Coşkun özellikle saldırılan iki isim oldu. Sekreterliğe yapılan baskı kaba kuvvete döküldü. Sekreterlik çalışmaz duruma geldi ve istifa etti."[41]

FKF İstanbul Sekreteri Sıtkı Coşkun ve Güray Tekin Öz, Savaşkan Oral, Taner Kutlay "DÖB'lülerin FKF'nin iç işlerine karıştığını, genel merkezle aralarında bulunan çelişki nedeniyle çalışamadıklarını" gerekçe göstererek, 22 Nisan 1969 Salı günü istifa eder. FKF İstanbul Sekreteri DÖB'lü Rahmi Aydın olur.

Oysa, Harun Karadeniz'in yazdığı gibi, "MDD'cilerin tek hedefi FKF İstanbul Sekreterliği değildir." MDD'cilerin bir diğer hedefi de Harun Karadeniz'in Başkanı olduğu İTÜ Öğrenci Birliği'dir. 30 Nisan

1969 Çarşamba günü yapılan İTÜ Öğrenci Birliği seçimlerinde Harun Karadeniz'in yerine MDD'ci Tarık Almaç başkan seçilir.

Öğrenci derneklerine ele geçirme diğer başka yerlerde de yapılır. 8 Mayıs 1969 günü yapılan SBF Öğrenci Derneği'nin ve 17 Mayıs 1969 günü yapılanSBF sosyalist Fikir Kulübü'nün genel kurullarında etkili olabilmek ve yönetimi alabilmeleri için arkadaşlarına destek olmak amacıyla Deniz Gezmiş ve arkadaşları, Ankara'ya gitmiştir.

Karargah kurdukları yurtta, "oportünist" diye adlandırkalır kişileri SBF'nin kantinine sokmazlar. Bu nedenle zaman zaman gerginlikler yaşanır.

Deniz, SBF yurdunun alk katındaki uzun koridorda, hedefe şeftali koyarak geceleri atış talimleri yapar.

1 Mayıs Belgrat Ormanında Kutlanıyor

FKF İstanbul Sekreterliğini ele geçiren DÖB'lüler, TİP yandaşı olan ve kendilerine yakın buldukları gençlerle ilişki kurarak, kendi saflarına çekmek ister.

Deniz, bir gün YİS'e telefon eder:

- Gelin 1 Mayıs'ı kutlayalım.
- Ne yapalım?
- Arkadaşları toplayalım, Belgrat Ormanları'na gidelim.

Yurtlara telefon edilir. O sırada Çapa Yüksek Öğretmen Okulu'nda meydana gelen olaylar nedeniyle okula gidemeyen İbrahim Kaypakkaya ve arkadaşları FKF İstanbul Sekreterliği'nde yatıp kalkmaktadır. İbrahim ve arkadaşları daha MDD'ci olmamış, henüz TİP eğilimindedirler.

1 Mayıs 1969 Perşembe günü, aralarında Celal Doğan, Metin Eşrefoğlu, İbrahim Kaypakkaya, Hikmet Şenses, Demir Küçükaydın ve Deniz'in de bulunduğu bir grup, Belgrat Ormanları'na gider. Top oynanır, piknik yapılır. Fakat, bu işleri yaparken esas amaç, İbrahim ve arkadaşlarını MDD'ci yapmaktır.

Deniz, şakayla karışık, İbrahim'e kafa-kol çeker ve "Gel seni kafaya alayım" der.

FKF Genel Başkanı Yusuf Küpeli, bu gelişmeleri şöyle anlatmıştır:

"FKF dışında örgütlenmiş DÖB üyeleri FKF'ye kaydılar. Peşinden TİP oportünistlerinin kontrolünde olan 6-7 kadar Fikir Kulübü'nün yönetimleri feshedildi. İdeolojik mücadelenin yanında devrimci şiddet metodları da kullanılarak oportünistler ezildi. En önde gelen elemanları yavaş yavaş kulüpten atıldı. TİP oportünizminin yanında olan İstanbul Sekreterliği de istifa etmek zorunda kaldı. Sonunda FKF Merkez Yürütme Kurulu İstanbul Sekreterliğini de kontrolü altına aldı."

Parlamento Dışı Mücadele Anlayışı

FKF Genel Merkezi ve İstanbul Sekreterliği'nin MDD'cilerin denetimine geçmesi üzerine gündeme TİP dışında yeni bir parti kurma çalışması gelir.

O sıralar SBF Fikir Kulübü Başkanı olan Oral Çalışlar, bu konudaki çalışmaları şöyle anlatmıştır:

"Hepimiz TİP yönetimine muhalefet içinde ortak bir platform oluşturmuştuk. FKF yönetimi de aynı birlik tarafından yönetiliyordu. Çok büyük bir kuvvete kumanda ediliyordu. O zamanki anlayışımız mücadelenin TİP örgütü ile yürütülemeyeceği yönündeydi. Belki doğru, belki yanlış ama hepimizin ortak düşüncesi TİP dışında bir örgüte ihtiyaç olduğu şeklindeydi.

Deniz'le bu konuyu ta 1968 Kasım'ında Samsun yürüyüşünde konuşmuştuk ve kafası yatmıştı. Doğu, baştan beri bu inançtaydı. Mahir'in de bu yönde fikirleri olduğunu biliyorduk. Herkes Mihri Belli'yi inisiyatif göstermesi için uyarıyordu."[42]

MDD'ciler parti konusunu birçok kez görüşür, konuşur. Fakat aralarında görüş ayrılıkları çıkar. Doğu Perinçek, bu konuda şunları yazmıştır:

"Mihri Belli ve maceracılar ise Parti'nin gereğini inkar ettiler. Mihri Belli 1951 tutuklamasından dilinin yandığını açıkça belirtiyor ve Parti'yi reddediyordu. Maceracılar ise, gerilla fokosunu proleterya partisinin yerine koyuyorlardı."[43]

FKF'nin Dev-Genç'e Dönüştürüldüğü Kurultay

Parti kurma çalışmaları konusunda en büyük çalışma alanı FKF ile TİP'dir.

TİP'liler FKF'den ya atılmış, ya da istifa etmeye zorlanmışlardır.

Kendi aralarında çıkan ayrışmalar nedeniyle MDD'ciler, FKF'ye egemen olmak için çaba gösterir. Bir çok fikir kulübü genel kurulunda yoğun faaliyet yapılır.

İstanbul Üniversitesi Tıp Fakültesi Fikir Kulübü'nün genel kurulu, 2 Ekim 1969 günü. yapılır. Genel kurulda yapılan seçim sonunda FKF Kurultayına katılacak delegeler şunlardır: Ömer Güven, Kenan Rıfkı Ertuğrul, Selahattin İsmail, Mustafa Özgür, İsmail Bayar, İbrahim Şahin, Melih Uzel, İlkay Alptekin, Barış Devren.

FKF Kurultayı, 9-10 Ekim 1969 günleri SBF konferans salonunda yapılır. Kurultay başkanlığına Selahattin Okur seçilir.

Kurultayda FKF'nin hem ismi, hem de amaç maddesi değiştirilir. Türkiye Devrimci Gençlik Federasyonu (TDGF) ismini alan örgütün genel Başkanlığına Atilla Sarp, İstanbul Bölge Yürütme Kurulu Başkanlığına da Cihan Alptekin getirilir.

Deniz Gezmiş, bir olay nedeni ile İstanbul'da tutuklu olduğu için FKF'nin Dev-Genç'e dönüştürüldüğü kurultaya katılamaz.

Mücadelemiz Parlamento Dışı Muhalefet Şeklinde Olacaktır

MDD'ciler, bir taraftan yeni bir parti kurma çalışmaları yaparken diğer taraftan TİP içinde, "örgütü ele geçirme" ve "ideolojik mücadele" çalışmaları yürütür.

7 Aralık 1969 Pazar günü, TİP Eminönü ilçe genel kuruluna Deniz Gezmiş ile Hikmet Bozcalı da katılır.

Kongre Divan I. Başkanlığına Nejat Aksın, II. Başkanlığına Hikmet Bozcalı seçilir.

Kongrenin, siyasi konuşmalar bölümünde Üsküdar ilçesi üyesi Deniz Gezmiş ve Ankara ili Çankaya ilçesi üyesi Doğu Perinçek, verilen önergelerin kabulü için konuşur. Her iki konuşmacı da Türkiye'deki devrimci hareketin bugün içinde bulunduğu aşamanın, "Milli Demokratik Devrim" aşaması olduğunu belirtir. Bu aşamada yarı bağımlı ve yarı feodal belirledikleri yapı içerisinde emperyalizme, işbirlikçi sermayeye ve feodal ağalara karşı şehir küçük burjuvazisi, orta köylü, asker-sivil-aydın zümre ve milli burjuvazinin birlikte mücadele edeceklerini belirtirler.

"Türkiye'nin temel çelişkisi, milli sınıfların durumu, partinin durumu ve oportünizmle mücadele" konularına değinen konuşmacıların ardından Güray Tekin Öz, konuşur. Yapılan seçim sonucunda Demokratik Devrimciler kongreyi kaybeder.

Deniz Gezmiş ve Oral Çalışlar, 1969 Aralık ayında Ankara Hukuk Fakültesi'nde asistanlık yapan Doğu Perinçek'in fakültedeki odasında biraraya gelerek parti konusunu yeniden görüşür.

Oral Çalışlar, yapılan bu konuşmayı özetle şöyle anlatmıştır:

"1969 yılı sonlarıydı. Doğu, Deniz'in Ankara'da olduğunu öğrenince, onunla son bir kez konuşmak istediğini söyledi... ODTÜ'ye gidip Deniz'i buldum, Doğu'nun kendisiyle görüşmek istediğini anlattım. Deniz, Doğu'ya karşı dikkatli ve ölçülü davranırdı. Peki deyince Hukuk Fakültesi'ne geldik. Doğu, devrimciler içindeki bireysel mücadele eğilimini, kitlelerden kopuk eylem anlayışının giderek bir tehlike oluşturduğunu ve bir Parti'nin gerekli olduğunu söyledi... Deniz, Doğu'yu dikkatle dinledikten sonra, uzun süre sustu, düşündü, 'Esas olarak söylenenlere' katıldığını ve parti sorununu ciddi ciddi düşünmek gerektiğini açıkladı."[44]

Bu konuda Deniz, 1969 yılı Eylül ayında, Günaydın gazetesi muhabiri Yurdaer Acar'a, "Bundan sonraki mücadelemiz parlamento dışı muhalefet şeklinde olacaktır", diyordu.[45]

Bir ay sonra Günaydın gazetesinden Necati Zincirkıran, Başbakan Süleyman Demirel ile "Parlamento dışı-içi muhalefet" konusunda bir röportaj yapar. Röportajda özetle şu görüşlere yer verilir:

"...Solcular, parlamento dışı muhalefetten bahsediyorlar. Parlamento dışı muhalefet demek, meseleleri Meclis'te tartışmak bir neticeye bağlamak yerine sokakta halletmek... Daha doğrusu hadise çıkarmak... Demirel'e sorulacak önemli sorulardan biri şuydu:

'Parlamento dışı muhalefet için ne diyorsunuz?'

Yeniden dört yıl için Türkiye'yi idare edecek genç adamın kaşları çatıldı.

'Biz sokağa daha fazla adam çıkarırız. Onların kuvvetini ve kudretini seçim kampanyası sırasında gördük. Onların 5.000 kişi topladıkları yerlerde biz 200 bin kişi topladık' dedi.

Sonra küçük bir püro yaktı. İki nefes çektikten sonra:

'Sokakta kimse bugüne kadar birşey bulmadı. Kanunlar dışına kim çıkarsa hizalarız. Parlamento dışı muhalefet yerine parlamento dışı iktidar desinler bari. Bu hakkı nerede buluyorlar, kim veriyor bu hakkı? Milletin canı nasıl isterse öyle olur' dedi."[46]

Abi Ne Zaman Devrim Olacak?

Deniz, üniversiteye girdikten itibaren bazı düşüncelere sahipti.

İlhan Selçuk, bu konuda şunları yazmıştır:

"Yıl 1968...

Öğrencinin gözleri kor gibiydi; gizemli bir bakışla, alçak sesle sordu:

'Abi ne zaman olacak?'

İçimden:

'Kerata, diye düşündüm. Üniversiteye iki yıl önce girdi, çıkıncaya kadar devrim olsun istiyor.

Sevgili bir çocuktu...

Astılar."[47]

Günümüzde politika dilinde, zaman zaman, Osmanlı devlet anlayışından kaynaklanan, "politika yapanların iki gömleği vardır: Birisi bayramlık, birisi idamlık" ya da "politika yapmak, kelleyi koltuğa almaktır" deyimleri kullanılır.

Oysa, politika, bireylerin toplumsal yaşama her alanda aktif olarak katılması için devlet çarkını partileri aracılığıyla ele alarak yönetmesi demektir.

Yalınlaştırarak söylersek devlet biçimini demokrasi ve diktatörlük olarak sınıflandırdığımızda siyasi iktidarı elde etme çabası barışçıl ve çatışmalı biçimde geçer.

Siyasi mücadele çok karmaşık ve çok ince bir sanattır. Neyin nerede, nasıl başladığını, nerede biteceğini, bittiğini ayırdedebilmek, kestirebilmek güçtür.

Bu güçlüğü, silahlı bir saldırı sonucu öldürülen Nihat Erim şöyle dile getirmiştir:

"Politika sanatların en gücüdür. Keman çalarsınız, şayet elinizdeki alet iyi yapılmışsa, siz de mahirseniz her zaman güzel sesler çıkarırsınız. Ama politikada, politika sanatını icra ederken, sizin gibi etten kemikten, sinirden yapılmış mahlûklarla iş yürüteceksiniz. Onun için sanatların en gücüdür. Heykeltraşsanız, alırsınız elinize, eğer maharetiniz varsa, mermer de iyi cinsten mermerse, güzel yontarsınız, istediğiniz şekli verirsiniz. Politikada öyle değil... Kaç tane insan varsa, o kadar değişik sinir, değişik kafa var. Reaksiyon var."[48]

68' Hareketi İçinde Yer Alınmaması İmkânsızdı

1960-70 dönemi yapılan öğrenci eylemlerini bir kişiye indirgemek, simgeleştirmek, ya da bir kişiye maletmek haksızlık olduğu gibi önemli bir yanlışlıktır da. Çünkü, kişiler onbinlerce insanın katılımıyla gerçekleştirilen eylemlerin içinde sadece birer unsurdur. O dönemi yaşayanlardan Atıl Ant'ın dediği gibi:

"68'in içinde yer almamak ya da başka türlü davranmak mümkün değildi. O dönemde gençliğin önemli bir bölümü bu hareketin içindeydi. Yer almayanlar esasen o kuşağın en pısırık, en geri, en işe yaramaz kesimiydi. 68 eylemleri, içinde yer alınmaması imkânsız eylemlerdi."[49]

Deniz de, işte bu yer alınmaması imkânsız olan eylemlerin içinde ilk önce sempatizan olarak, daha sonra da gençlik lideri olarak yer almıştır.

Deniz'in bu dönem etkinliklerine katıldığı ve yer aldığı öğrenci kuruluşları şunlardır: TMTF ve TMGT. Bu örgütler tarafından düzenlenen ve Deniz'in Devrimci Hukuklular Örgütü kurulana kadar katıldığı eylemler şunlardır:

TMTF, zamları ve hayat pahalılığını protesto etmek amacı ile 1967 yılı Mart ayında eylem kararı alarak uygulamaya girişir.

11 Mart 1967 Cumartesi günü, Fatih semtinde duvara yağlıboya ile, zamları ve pahalılığı protesto için yazı yazan Nurettin Demirdöven, Erim Süerkan, Davut Aslantürk ve Timur Kalkan adlı dört üniversite öğrencisi duvarına yazı yazdıkları ev sahibinin şikayeti üzerine polis tarafından gözaltına alınır, daha sonra da ikâmete rapten serbest bırakılır.

Nurettin Demirdöven, bu olayla ilgili olarak şunları anlatmıştır: "Duvarlara yazı yazmak adliyenin ilgi alanına değil, duvarları kirlettiğimizden dolayı belediyenin ilgi alanına giriyordu. Bu olayda Deniz kaçarak kurtuldu. Biz ise polisin üniversiteye bildirmesi nedeniyle bir hafta disiplin cezası aldık."

31 Ağustos 1967 günü, TMTF, İÜTB, İTÜTOTB, İYOTB, ODTÜ-ÖB ve AÜYOTB ortaklaşa olarak, "Zeytinyağı Skandalı"nı Marmara ve Ege bölgesinde zeytin üreticisine anlatmak için on il, kırk köyü kapsayan bir kampanya başlatır.

Bu kampanya hakkında İTÜ Talebe Birliği, 2 Eylül 1967 Cumartesi günü şu açıklamayı yapar:

"1 Eylül'de Edremit'de Yeni Sinema'da saat 16.00'da ilk toplantı yapıldı. Büyük bir dinleyici kitlesinin izlediği toplantıda Faruk Yalnız, Hasan Yalçın, Üstün Karadeniz konuştular. Sahtekârlıkta Amerika'nın ve dış üretim ülkelerinin etkisi olabileceği üzerinde duran konuşmacılar, Ticaret ve Sağlık Bakanlığı yöneticilerinin geniş oranda suçlu olduğunu ileri sürdüler. Zeytinyağının besleyiciliği üzerinde durarak üreticilerden ve halktan ürünlerine sahip çıkmalarını dilediler. Konuşmacılara çeşitli sorular soran dinleyiciler, devletin suçluları bularak idam etmesi gerektiğini belirterek gençlerden zeytinyağının diğer bölgelerde de propagandasını yapmalarını istediler. Halk tarafından büyük ilgi gören temsilciler gene Hasan Yalçın, Üstün Karadeniz, Faruk Yalnız, Deniz Gezmiş ve Ural Ataşer, Atilla Salt'tan müteşekkil ekipler halinde Güre, Zeytinlik ve Kızıl Keçeli köylerinde halkla konuştular. Temsilciler 3 Eylül'de Ayvalık'ın köylerinde konuşacaktır."

10 günlük gezi süresince 50'ye yakın köy ve 4 kasabada konuşma yapan TMTF İkinci Başkanı Faruk Yalnız ve 5 birlik başkanının dahil bulunduğu 10 kişilik üniversiteliler heyeti, geziyle ilgili olarak 11 Eylül 1967 Pazartesi günü bir basın toplantısı yaparak, izlenimlerini açıklar:

"Halk, Ticaret ve Sağlık Bakanlıklarını suçlu buluyor. Küçük müstahsil bir araya gelemediği için margarincilerle başa çıkamamaktan şikayetçi. Bu arada karışık yağ ihraç eden firmanın halk arasına saldığı ajanlar, firma sahiplerini acındırmağa ve pişmanlık duyduklarını yaymağa çalışıyor."

Halkın anlatılan gerçekler karşısında soya üreticisi Amerika'nın bu işte büyük ölçüde rol oynadığını kabul edip meseleyi temelden kavradığını söyleyen gençler, Ayvalık ve Burhaniye'de konuşturulmamak için tertiplerle karşılaştıklarını açıklar.

Bu Vatanı Herkes Sizler Kadar Sever

22 Kasım 1967 Perşembe günü öğrenci dernekleri tarafından "Kıbrıs Mitingi" düzenlenir.

Bu mitingde meydana gelen olayı Nurettin Demirdöven şöyle anlatmıştır:

"1967 sonlarında öğrenci cemiyetleri Kıbrıs üzerine bir miting düzenlemişlerdi. Miting Beyazıt'ta başlayıp Karaköy'den geçip Taksim'de bitecekti. Karaköy'e geldiğimizde, Deniz burada bir Amerikan motoruna asılı bayrağı gördü. Aniden fırlayıp, demir parmaklığı aştı ve bir koşu Amerikan bayrağını yerinden kaparak getirdi. Sonra o bayrağı Taksim'e çıktıktan sonra yaktılar."

Bayrak yakma olayında Deniz, Uğur Büke ve Aşık İhsani Sırlıoğlu gözaltına alınır, sonra serbest bırakılır.

Türkiye Milli Talebe Federasyonu'nun yirmi birinci dönem çalışması 13 Kasım 1966 Pazar günü Adapazarı Öğretmenler Lokali'nde başlar. 26 Kasım 1966 Cumartesi günü Ankara Yüksek Okullar talebe delegasyonundan Sencer Güneşsoy ilk turda katılan 107 delegeden 70'inin oyunu alarak TMTF genel başkanı seçilir. 27 Kasım Pazar günü ise İTÜ Teknik Okulu'ndan Faruk Yalnız 120 delegeden 69 oy alarak TMTF ikinci başkanı seçilir.

Fakat bu seçimlerde kaybeden hükümet yanlıları, 2 Aralık 1966 Cuma günü, Adapazarı'nda kendi aralarında yeniden toplanarak TMTF genel başkanlığına İstanbul Üniversitesi Edebiyat Fakültesi'nden Ekrem Özer'i seçer.

Böylece TMTF iki başkanlı hale gelir. Bunun üzerine, TMTF yönetimine yeddi emin olarak Doç. Yalçın Karataş atanır.

Buna karşı çıkan solcu öğrenciler, 19 Ocak 1967 Perşembe günü, Cağaloğlu'ndaki TMTF binası önünde polisle çatışır. Çatışma sonunda Deniz Gezmiş, Bülent Yardımcı ve Atilla Özdemiroğlu, gözaltına alınır. Nejat Şen, gözaltında bulunan öğrencilere yiyecek, içecek, sigara getirir. Bu ilk tanışmadır.

Sevkedildikleri Asliye 5. Ceza Mahkemesinde sorguları yapıldıktan sonra Deniz, Bülent Yardımcı ve Atilla Özdemiroğlu, tutuksuz yargılanmak üzere serbest bırakılır.

Savcı, Deniz'in tevkifini talep ederse de hakim, delillerin toplanmadığı ve sanığın ikametgâh sahibi olduğunu belirterek serbest bırakır.

Hakim, serbest bıraktığı öğrencilere, şu şekilde nasihat eder:

"Bu vatanı herkes sizler kadar sever, bu sürtüşme neden? Bu tepki nereye kadar gider? Bu olayların çığ gibi büyüyüp gitmesinin sonucu ne olacaktır?"

Bu davadan yargılanan Deniz ve arkadaşları, delil yetersizliğinden beraat eder.

Devrimci Hukuklular Örgütü Kuruluyor

O dönem hemen hemen bütün öğrenci örgütleri, kongrelerde yaşanan çatışmalar sonucu iki başkanlı hale gelmiştir.

İstanbul Hukuk Fakültesi Talebe Cemiyeti kongresi, 23 Şubat 1967 Perşembe günü, Marmara Öğrenci lokalinde saat 14'de 150 kadar öğrencinin katılmasıyla yapılmaya çalışılır.

Kongrede, İdare Heyetinden Metin Tolay, geçen yıl cemiyete gelen paraların kayıtlara geçmeden barlarda, pavyonlarda yenildiğini söyler. Kongreyi açmaya çalışan Cemiyetin İkinci Başkanı Yıldırım Tosunlar da, kongreyi açtığını bildirir ve başkan adaylarının gösterilmesini ister. İdare Heyeti üyelerinin anlaşmazlığı sebebiyle kongre uzun süre başlayamamıştır.

Yapılan tartışmalardan sonra üç başkan adayı gösterilir ve bu üç adaydan daha sonra Devrimci Hukukçular Örgütünün kurucusu olacak Saim Deliismailoğlu 48 oy alır. Diğer başkan adayı Faruk Yücel aldığı 11 oya itiraz eder ve bu itiraza karşı koyan öğrencilerle aralarında kavga başlar. Bunun üzerine, Yıldırım Tosunlar, kongreyi süresiz olarak tehir ettiğini söyler ve hükümet komiserinden öğrencilerin dışarı çıkarılmasını ister.

Ertelenen kongre, 14 Mayıs 1967 Pazar günü, Kadırga semtinde bulunan Adana Öğrenci Yurdu'nda, öğrencilere duyurulmadan yapılmaya çalışılır. Deniz ve arkadaşları da bu kongreye katılmak ister, fakat içeri alınmazlar. Çıkan tartışma kavgaya dönüşür. Kongre yeniden ertelenir.

Mustafa Lütfü Kıyıcı, bu olayla ilgili olarak şunları anlatmıştır: "Sağcılar bu dernek nedeniyle anlaşmazlık içine düşmüşlerdi. Bu nedenle derneğin defterleri bizim elimize geçti. O derneği ele geçirmek için çalışmalara başladık. Fakat daha sonra ondan vazgeçip kendimiz bir dernek kurmak için çalışmalara başladık. Mustafa İlker Gürkan, daktilonun başında TMGT'da bir odaya kapanmış, derneğin tüzüğünü yazıyoruz. Deniz Çamlıbel de var. Hukuk Fakültesi Hukuk Fakültesi Talebe Cemiyeti'ni ele geçiremiyeceğimiz belli olmuştu, FKF'ye de katılmak istemiyorduk. Sebeplerimiz vardı. Örgütsüz mücadele olamayacağına göre, kendi örgütümüzü kurmaya karar vermiştik. İsmi 'Devrimci Hukuklular Örgütü' olacaktı. Amacı içerisinde, 'Atatürk devrimi doğrultusunda' ifadesi bulunacaktı. Bu konuda anlaşmıştık. Amaç maddesini ve yasal zorunlulakları yerine getirdik. Kurucu listemizi yazdık. Temsil gücü olan, sembolik isimlerdi bazıları, İstanbul Valiliği'ne hitaben yazılması gereken dilekçenin altına kurucu başkan olarak Gürkan, 'Deniz...' yazdı ve durdu. 'Gezmiş', soyadının yazılmasında tereddütlerim vardı. Yakın arkadaşı olmalarına rağmen onun da olmalı idi ki tepkimi ölçmek için beklemişti. Zaptedilmez aktivitesinin başkanlık için yararlı olmayacağını düşünüyordum. Deniz Çambıbel yazdık. Ve Çamlıbel Deniz hiç başkanlık yapmadı! Deniz'in olduğu yerde başkan doğası gereği Deniz'di. Bu hep böyle oldu. Kimse de itiraz etmeyi düşünmedi. Deniz ve Mustafa'lar söylemi böyle başladı. Sonra, zamanla başka Mustafa'lar da eklendi.Bizim ilk örgütümüz, Devrimci Hukuklular Örgütü oldu. 'Devrimci' az kullanılan bir sıfattı. O zamana kadar sol, ilerici gençlik idealis/ ülykücü gençlik v.s. gibi sıfatlar kullanılırdı. Devrimci daha kapsamlı idi. Biz ihtilalci/ revolüsyoner anlamında kullanmayı yeğledik. Gönlümüzde yatan bu idi."

Deniz Çamlıbel, bu çalışmayı şöyle anlatmıştır:

"O sıralar TMTF ve bazı gençlik örgütleri çift başlı hale getirilmişti. Bizler de, ne yapmalıyız diye düşünüyor, çare arıyorduk. Birbirine yakın arkadaşlar bir toplantıda biraraya geldik. O toplantıda Mustafa İlker Gürkan, Önder Yerlikaya, Deniz Gezmiş, Rıfat Çaldırık, Saim Deliismailoğlu, Öcal Okay, Cavit Savcı, Yüksel Çengel, Şuayıp

Dilmen, Ayşın Erem, Aslan Mengüç, Mehmet Ata Tansuğ, Mustafa Lütfü Kıyıcı, Veysi Kemal Sarısözen, Bora Gözen ve şimdi ismini hatırlayamadığım FKF'li birkaç arkadaş vardı.

Tartışıyoruz. Herkes çıkıp birşey söylüyor. Veysi Sarısözen çıkıp, kurulacak yeni örgütün sosyalist nitelikte olması gerektiğini, çünkü, Mustafa Suphi'yi öldürttüğünü falan söyleyerek Mustafa Kemal'i suçladı. Saim Deliismailoğlu, ben ve bazı arkadaşlar buna bozulduk, toplantıyı terkettik. Deniz bizimle gelmedi. Toplantı bittikten sonra yanımıza geldi. Toplantıyı terketmemizin yanlış olduğunu söyledi. Biz ise, yaptığımızın doğru olduğunu söyledik. Deniz'in bizimle birlikte gelmemesine bozulmuştuk. Ona biraz kızdık orada. O da bozuldu. Heyecanlandı. Neyse. Sonra konuyu konuşmak üzere TMGT'na gittik.

Yaptığımız tartışmalar sonunda Devrimci Hukuklular Örgütü'nü kurduk. Tüzüğünü, benimle Mustafa Lütfü Kıyıcı yazdı. Geçici yönetim kurulu başkanı beni yaptılar. Yasal bir dernek olmasına rağmen bir-iki bildiriden başka hiçbir belgesi ve faaliyeti yoktur."

30 Ocak 1968 Salı günü, İstanbul Üniversitesi Hukuk Fakültesi öğrencilerden bir grup, Türkiye'nin emperyalizmden ve kapitalizmin tahakkümünden kurtulması için verilen savaşa yardımcı olmak amacıyla, "Devrimci Hukuklular Örgütü"nü kurar. DHÖ kurucularının yayınladıkları bildiride özetle şu açıklama yapılır:

"Artık cepheler belirlenmiştir. Bir yanda emperyalist komprador-ağa-mütegallibe üçlüsü, diğer yanda anti-emperyalist, anti-feodal millici güçler. Bu şartlarda tarih madem ki seni 20. yüzyılın ikinci yarısında geri kalmış bir ülkenin insanı olarak yaşamak zorunda bıraktı, o halde sen bu mücadeleye istesen de istemesen de girmek zorundasın' denilir."

AP'nin Çelengi Yakılıyor

Devrimci Hukuklular Örgütü'nün ilk etkinliği, 20 Şubat 1968 Salı günü, TBMM'de Adalet Partili milletvekillerinin TİP milletvekillerinden Çetin Altan, Rıza Kuas, Ali Karcı, Yusuf Ziya Bahadınlı, Tarık Ziya Ekinci ve Yunus Koçak'a saldırarak dövmeleri üzerine olur.

23 Şubat 1968 Cuma günü, FKF, İTÜTB, İTÜTOTB, İÜİFTC, İÜOFTC, İÜDFTC ve Devrimci Hukuklular Örgütü temsilcileri, Taksim Atatürk anıtına bir çelenk bırakarak, bildiri yayınlar.

Bildiride şu görüşlere yer verilir:

"Komprador iktidarına şunu da hatırlatmak isteriz ki, demokrasiden ve emekten yana olanlar bugün hergünkünden daha güçlüdür. Gücümüz muştaların, tabanca kabzalarının ucunda değil, kafamızda ve yüreğimizdedir."

Devrimci Hukuklular Örgütü, 16 Mayıs 1968 Perşembe günü bir bildiri yayınlayarak, FKF'nin başlattığı "NATO'ya Hayır" kampanyasına katıldığını açıklar.

24 Şubat 1968 Cumartesi günü, Ankara Tandoğan alanında "Anayasa Eylemi" tertiplenir.

İstanbul'danda öğrenciler bu eyleme katılmak için otobüslerle Ankara'ya gider. Deniz Gezmiş, Atilla Özdemiroğlu ve Cihan Alptekin, Ankara'ya eyleme giden öğrenciler arasındadır.

İstanbul Hukuk Fakültesi'nden 200 kadar genç, 20 Mayıs 1968 Pazartesi günü, AP İstanbul Gençlik Kolu'nun İstanbul Üniversitesi merkez binası bahçesindeki Atatürk Anıtı'nın önüne bıraktığı çelengi yakar.

Devrimci Hukuklular Örgütü'ne üye öğrenciler, bu hareketin gerekçesini, "Atatürk ilkelerinden sapmış ve sömürgecilerin Türkiye'de temsilciliğini yapan bir iktidar partisinin çelengi Atatürk Anıtı önüne konulamaz" şeklinde belirtir.

Devlet Bakanı Seyfi Öztürk Yuhalanıyor

Devrimci Hukuklular Örgütü üyelerinin, bu dönemde katıldığı en önemli eylem, Devlet Bakanı Seyfi Öztürk'ün protesto edilerek yuhalanması olayıdır.

AİESEC'in 20. Genel Kurulu, 7 Mart 1968 Perşembe günü, İstanbul Üniversitesi Fen Fakültesi Konferans Salonunda saat 11.00'de başlar. 44 ülkeden ikiyüze yakın temsilcinin izlediği salon tamamen dolmuştur.

Genel Kurul, AİESEC Türkiye Komitesi Başkanı Hasan Saydam'ın yaptığı İngilizce konuşma ile açılır. Hasan Saydam'dan sonra Başbakan Süleyman Demirel adına Devlet Bakanı Seyfi Öztürk kürsüye gelerek konuşma yapmak ister. Seyfi Öztürk'ün kürsüye gelmesiyle birlikte protestolar başlar. Sürekli yuhalamalar, "Yankee Go Home", "Morrison Süleyman", "Satılmışlar", "Bağımsız olmak istiyoruz", "Sen yobazlara hitap et" bağırmaları arasında Öztürk, konuşmasına bağırarak devam etmek ister. Bu sırada protestocu gençler de, "Dağ Başını Duman Almış Marşı" ile "Gençlik Marşı"nı söyler. Protestocular, gösterilerini sürdürerek Öztürk'ün konuşmasını engellemeye çalışır.

Seyfi Öztürk, bu olay hakkında şu açıklamayı yapar:

"Demokrasinin hüküm sürdüğü bir ülkede benim şahsıma, isteyen istediğini söyleyebilir. Ben bunu, gençliğin heyecanlarına veririm. Fakat toplantıda sarfedilen sözler, benim şahsımdan çok devlete yöneltilmiştir. Bu da benim iradem dışına çıkar ve savcıların, mahkemenin vereceği karara dayanır. Ben tutuklanan öğrencileri tanımam ve hiçbir karşıtlığım yoktur. Yaptıkları ve söyledikleri, Türk Ceza Kanununa göre suç ise, tabii ki cezalarını çekeceklerdir."

Devlet Bakanı Seyfi Öztürk'ü protesto ettikleri gerekçesiyle, başta Deniz olmak üzere Bozkurt Nuhoğlu, Raif Ertem, Mehmet Mehdi Beşpınar, Mustafa Lütfü Kıyıcı, Mustafa İlker Gürkan, Hayri Eroğlu, Rahmi Aydın, Rıfat Çaldırık, Sait Bülbül adlı öğrenciler hakkında dava açılır.

Bu Konfor Bizi Rahatlatır. Bu Evde Kalmayalım

Protesto eden öğrenciler, polis tarafından aranmaya başlanır. Teslim olmak istemeyen Mehmet Mehdi Başpınar, Harun Karadeniz'in nişanlısı olan Hülya Kınalıoğlu'nun ailesinin Söğütlüçeşme civarındaki evinde bir süre gizlenir.

Deniz ile Rahmi Aydın, Raif Ertem'in kız arkadaşı olan Tuncay Özen'in Üsküdar-Harem civarındaki evinde bir gece kalır. Deniz, evdeki rahattan sıkılır ve "Bu konfor bizi rahatlatır. Bu evde kalmayalım" diyerek evden ayrılır.

Memduh Eren'den bir miktar para alan Deniz ile Rahmi Aydın, Ankara'ya gider, Bekir Harputlu'yu bulur. Fakat Deniz, Ankara'da da "geri dönelim" diyerek ısrar eder. Bunun üzerine İstanbul'a geri dönülür. Deniz, teslim olur, Rahmi Aydın, kaçmaya devam eder.

Bu davada yargılananlar, 1960 sonrasında ilk kez en uzun süre cezaevinde kalan gençler olur.

Kurucularının ve üyelerinin uzun süren tutukluluğu ve mahkeme hakiminin yasa dışı uygulamalarını protesto eden Devrimci Hukuklular Örgütü, 2 Nisan 1968 Salı günü sert bir bildiri yayınlayarak, şu görüşlere yer verir:

"Siyasi iktidar faşist yollarla iktidarı elinde tutma gayreti göstermektedir. Anayasayı savunan güçler karakollarda dövülerek işkence görmektedir. Hürriyet diye bağırdıkları için demir parmaklıklar arkasına atılan devrimciler âdeta devrimciliklerinin kefaretini ödemektedirler. Siyasi iktidarın arkasına sığınarak Atatürk devrimlerini kolayca çiğneyen kişiler ise elini kolunu sallayarak dolaşmaktadırlar. Bu düzen daha ne kadar sürecektir. Bütün bu olayların sonu nereye varacaktır?"

TMTF Genel Başkanı Kazım Kolcuoğlu, TMGT İkinci Başkanı Taylan Benli ve TMGT eski Genel Başkanı Süha Alp Kuran 16 Nisan 1968 Salı günü, Sultanahmet Cezaevine Deniz ve arkadaşlarına, "Geçmiş olsun" ziyaretine gider.

"Seyfi Öztürk'ü yuhaladığı" iddiasıyla Sultanahmet Cezaevinde tutuklu olan Deniz, 2 Mayıs 1968 Perşembe günü, serbest bırakılır.

Bir Devlet Büyüğüne Karşı Gelmiştik

Mustafa Lütfü Kıyıcı, olayı ve olayın kendilerinde yarattığı etkileri şöyle anlatmıştır:

"AİESEC'in bulunduğu yer TMGT'nin bulunduğu binanın üst katındaydı. Oraya giden arkadaşlarımız vardı. Böyle bir konferansın düzenleneceğini ve dönemin Başbakanı Süleyman Demirel'in bu konferansa katılacağını önceden öğrendik.

Amacımız konferansa katılan yabancı delegelere ülkede demokrasi olmadığını anlatmaktı. Bir diğer tepkimiz ise, 27 Mayıs'a karşı olanların ve onların temsilcilerinin üniversiteye girmeleri, 27 Mayıs ihtilalini gerçekleştiren önemli güçlerden birisi olan üniversite öğrencilerine bir meydan okuma gibi geldi. Bu nedenle Başbakan dahi olsa üniversiteye gelmemeliydi. Üniversiteye giremezdi. Girerse protesto edilmeliydi. Böyle düşünüyorduk. Fakat Süleyman Demirel konferansa katılmadı, yerine Devlet Bakanı Seyfi Öztürk'ü gönderdi.

Seyfi Öztürk'ü protesto ettikten sonra da aranmaya başlandık. Ben, olaydan sonra iki gün İTÜ yurdunda Harun Karadeniz'in odasında kaldım. Teslim olacağım gün Harun'dan Nazım Hikmet'in bir kitabını almıştım. O kitap üzerimdeydi. Savcılığa gittim teslim oldum. Aşağıya indirdiler. Bir jandarma eri beni, devlet bakanını yuhaladım ve üzerimde Nazım Hikmet'in kitabı var diye hortumla feci şekilde dövdü. Sonra Sultanahmet Cezaevi'ne götürdüler.

AİESEC olayı bizler için birçok bakımdan çok önemli bir olaydır. Bu olaya kadar hapishane bizim için bir tabuydu. Hapishane nedir bilmiyorduk. Bilmediğimiz için de korkuyorduk. O zamana kadar da herhangi bir olayda polis tarafından yakalandığımızda ya karakolda ya da savcılıkta o gün bırakılırdık. Bu olayla birlikte ilk kez hapishane gerçeğini öğrendik. Hapishaneye girdik. Gözümüzde büyüttüğümüz kadar değildi. Hapishanede tutuklular tarafından çok iyi karşılandık. Şöyle bir şey vardı: Biz bir devlet büyüğüne karşı gelmiş, onu yuhalamış, protesto etmiştik.

Bir devlet adamına karşı gelmek orada bulunan tutuklular için büyük ve saygı duyulması gereken bir olaydı. Nasıl olurdu bir devlet büyüğüne karşı gelmek. Hapishanelerin bir raconu vardır. Kabadayılığa, mertliğe önem verilir. Ayrıca, o dönem okumuş insana da büyük saygı vardı. Böyle birkaç faktör, tutukluların bize karşı olumlu davranmalarında rol oynadı. Bize karşı saygıları büyüktü.

Bütün bunlar hapishanenin önemli bir yer olmadığını, korkulacak bir yer olmadığını öğretti.

Protesto eylemi sonrası tutukluluğumuzda, eylem iktidara karşı yapıldığı için ilerici, demokrat kamuoyu bu olayı ve bizleri sahiplendi. Alp Kuran, Ziya Erün, Mahiru Akdağ, Kemal Okvuran, Yılmaz Halkacı, Ali Turgan, Metin Kumbasar, Mustafa Kemal Kumkumoğlu gibi otuz kadar avukat tarafından savunulduk. Basın bu olaya ve bizlere çok geniş yer verdi. Her mahkemeye çıktığımızda, Dördüncü Asliye Ceza Mahkemesi Başkanı Hakim Sıtkı Karabel, olumsuz tavırlar takınarak olay yarattı. Böylece bizler gazete manşetleriyle ön plana çıkar olduk. Bu olay bizlerin üniversite içinde iyice tanınmamıza yol açtı. Öğrenciler arasında 1960 sonrası ilk kez bu kadar uzunca bir süre hapishaneye giren ve tutuklu kalan öğrenciler olduğumuzdan çevremizde bulunan öğrenciler tarafından davranışları ve tavırları saygıyla izlenen kişiler durumuna geldik."

İstanbul'da Devrimci Güçbirliği Kuruluyor

Sol içi yaşanan tartışmalar sonrasında TİP'e karşı muhalefet eden kişi ve kuruluşlar biraraya gelerek Devrimciler Güçbirliği'ni kurar. Deniz ve arkadaşları da, bu örgütlenmenin içinde yeralır.

İTÜ-ÖB Başkanı Harun Karadeniz, bu konuda özetle şunları yazmıştır:

"Milli demokratik devrim görüşü gençler arasında ilk kez 1966 yılında ortaya çıktı. MDD görüşünü benimseyen ilk örgüt, 'Devrimci Hukukçular'dır... MDD görüşü ilk yıl gençlik arasında pek tutunmadı. Fakat 1968 yılından itibaren tutunmaya başladı. MDD bir yandan gençlik içinde yerleşmeye çalışırken, öte yandan TİP içinde çalışmaya başladı... 1968 yılı içinde bir çok örgüt MDD'cilerin eline geçti. Dev-Güç bu dönemde kuruldu. Biz karşı çıktık."[50]

İlk önce Ankara'da kurulan Dev-Güç, yapılan bir dizi toplantıdan sonra 22 Mayıs 1968 Çarşamba günü de, İstanbul'da kurulur. İstanbul'da Devrimciler Güçbirliği'ne katılan kuruluşlar şunlardır:

"Devrimci Hukuklular Örgütü, TMGT, İYTOTB, Yapı İşçileri Sendikası, Öz-İş (Devlet, Belediye, Özel İdare ve benzeri hizmetlerde çalışan odacı, hademe, çöpçü, itfaiyeci ve emsali hizmet görevlileri işçileri sendikası), 27 Mayıs Milli Devrim Derneği İstanbul Şubesi, Demokratik Devrim Derneği, İşsizlik ve Pahalılıkla Savaş Derneği, İstanbul Akşam Yüksek Teknik Okulu Talebe Birliği, İstanbul Yüksek Teknik Okulu İnşaat Şubesi Talebe Cemiyeti, İYTOTB Harita Şubesi Talebe Cemiyeti, İAYTOTB Elektrik Şubesi Talebe Cemiyeti, Türk Edebiyatçılar Birliği, Türkiye Gıda Sanayi İşçileri Sendikası, İstanbul İlk-Sen, Cerrahpaşa Tıp Fakültesi Sosyal Demokrasi Derneği, 17 Nisan Derneği, İÜ İktisat Fakültesi Sosyal Demokrasi Derneği, Türkiye Öğretmen Dernekleri Milli Federasyonu İstanbul Şubesi.

Devrimciler Güçbirliği'nin hedef ve ilkeleri yayınlanan bir bildiri ile şöyle özetlenmiştir:

"Tam bağımsızlık, gerçek demokrasi, sosyal ve hukuk devleti ilkelerinin gerçekleşmesi için; halka karşı olduğundan ötürü savaşılması gereken birer hedef olarak seçilen emperyalizm ile, din sömürücülüğü ile, kapitalist sistem ve toprak ağalarının yarattığı sömürü ile, cehalet ve mevcut eğitim düzeni ile savaşta dayanışma halinde bulunmayı sağlıyacak 'Devrimciler Güçbirliği'ne' katılmaya karar verdik."

Deniz, Devrimci Hukuklular Örgütü (DHÖ) içinde yer alan bir birey olarak sırasıyla AİESEC olayı, üniversite işgalleri ve 6. Filo'yu protesto olaylarına katılır.

Aynı dönemde öğrenci hareketlerinden etkilenerek, haklarını almak için fabrika işgal eden işçiler de vardır.

İTÜ-ÖB, TOTB, FKF ve TMGT'na bağlı ve bazı fakültelerle özel okulların boykot komiteleri üyelerini temsilen altmış kişilik bir öğrenci grubu Kazlıçeşme'de bulunan Derby lastik fabrikasını işgal eden işçileri desteklemek amacıyla 5 Temmuz 1968 Cuma günü ziyarete giderler. Ziyaretçiler arasında Deniz de vardır.

Vedat Demircioğlu Ağır Yaralanıyor

İstanbul'da bulunan Amerikan 6. Filosunu protesto eden gençler, 15 Temmuz 1968 Pazartesi günü, ilk önce Dolmabahçe'deki Amerikan bayrağını yarıya indirir, daha sonra da yollara filoyu protesto eden yazılar yazar. Gençler, daha sonra, gece saat 22.00 sıralarında Amerikalı askerlerin yüzlerine ve üstlerine İstiklâl Caddesi'nde boya atar.

Şüphe üzerine Eyüp Neşat Yıldırım, Mustafa Karşılayan, Ali Yazıcı ve Cihan Alptekin adlı öğrenciler Beyoğlu Emniyet Amirliği tarafından gözaltına alınır. Öğrencilerin ellerinde boya lekeleri bulunduğu söylenir.

Bu arada Gümüşsuyu'ndan Taksim'e protesto yürüyüşü yapmak isteyen Hasan Yalçın, Rahmi Aydın, Ayhan Özer, Rafael Avidor, Ali Osman Altın, Engin Kaymak, Zafer Geçim, Ahmet Özdemir, Fahri Aral, Mehmet Özdemir, Ertuğrul Yeşilova, Can Saydam, Mümin Karaoğlu ve Gürbüz Şenol adlı öğrenciler gözaltına alınarak Beşiktaş Karakolu'na götürülür.

16 Temmuz 1968 Salı günü, 6. Filoyu protesto etmek amacıyla gece İstiklâl Caddesi'nde Amerikalı askerlere çata-pat ve mürekkep atılır. Nuri Yazıcı, Sadettin Güven, Kemal Ortaç, Yusuf Güven, Yusuf Baha Gürcan adlı öğrenciler olay nedeni ile gözaltına alınır.

Burada kısada olsa, Nuri Yazıcı'yı anmadan geçmek olmaz. "Kastro Nuri" olarak anılan Nuri Yazıcı, 27 Mayıs 1960 ihtilalini doğuran kitlesel öğrenci eylemlerini 28 Nisan 1960 günü İstanbul Üniversitesi Hukuk Fakültesi'nde bir konuşma yaparak başlatan öğrenci önderidir. Nuri Yazıcı, 30 Ağustos 1987 Pazar günü, uzun süredir tek başına yaşadığı Çayeli'ne bağlı Madenli köyünde ölür.

17 Temmuz 1968 Çarşamba günü, gece saat 23 sıralarında devrimci öğrenciler, 6. Filoya mensup erlere taş ve yağlıboya atar. Daha sonra Taksim Meydanına yürüyen öğrenciler, Taksim Atatürk Anıtına 6. Filo ilgilileri tarafından konulan çelengi parçalar. Öğrenciler, eylemlerinin polisler tarafından engellenmesi üzerine koşarak Gümüşsuyu Yurt binasına sığınır.

Gümüşsuyu Yurt binası önünde kendilerine nasihat eden Emniyet Amiri Necati Karahasanoğlu, öğrenciler tarafından yakalanarak üniversite bahçesinde rehin alınır. Bunun üzerine olay yerine Albay Hikmet Silahçıoğlu komutasında askeri birlik gönderilir. Öğrenciler, kendileriyle görüşen ilgililere, Emniyet Amiri Necati Karahasanoğlu ile gözaltına alınan iki yaralı öğrencinin takas edilebileceğini söyler. Albay Silahçıoğlu'nun öğrencilere yaptığı çağrıdan sonra takas işi yapılır ve Emniyet Amiri Karahasanoğlu, öğrenciler tarafından bırakılır.

Toplum Polisleri, Sabaha karşı saat 04.30'da Gümüşsuyu İTÜ öğrenci yurdunu basmak için harekete geçer.

Hukuk Fakültesi öğrencilerinden Vedat Demircioğlu, Akın Çıtakoğlu ve Çanakkale Öğrenci Yurdu Müdürü Halil Erdoğan Sezginm, yurdun lokal kısmındadır. Toplum Polislerinin saldırdığını görünce, yatakhanelere çıkmak için merdivenlere doğru yönelirler., Akın Çıtakoğlu, uzun boylu olduğu için merdivenleri üçer-beşer atlayarak yurdun en üst katına çıkar ve bir odaya girerek, arkadan kilitler. Biraz sonra gelen polisler, kapının camını kırarak içeri girmeye çalışırken, Akın Çıtakoğlu, odanın penceresinden çatıya çıkar, sonrada çatıdan kendini atarak kurtulur. Vedat Demircioğlu geride kalmıştır. Toplum polislerinin baskını sırasında ya yurdun penceresinden aşağıya atılan veya panik nedeniyle yurdun penceresinden atlayan Hukuk Fakültesi ikinci sınıf öğrencisi TİP Eminönü ilçesi üyesi Vedat Demircioğlu ağır yaralanır.

Dolmabahçe'ye Dolmabahçe'ye

FKF'liler, 18 Temmuz Çarşamba günü, miting yapmak amacıyla Taksim'de toplanır. Yapılan yürüyüş Gümüşsuyu İTÜ önünde bitirilecektir. Taksim'de miting yapılır ve öğrenciler, İTÜ Gümüşsuyu binası önünde toplanır. Burada, arkadaşlarının omuzlarında bir konuşma yapan Deniz, 500'e yakın genci bir anda galeyana getirir ve Dolmabahçe'ye doğru bir koşu başlatır. Amerikalılar Dolmabahçe'de dövülerek, taşlanarak denize atılır.

DÖB'lüler bu olayı şöyle anlatmıştır:

"Haber İstanbul'da bir bomba gibi patladı. Duyan herkes Teknik Üniversite'ye koştu. Yurt avlusu ana baba günüydü. Gelenler polis tarafından yerle bir edilen demir kapının üzerine basarak içeri giriyor ve iki taşın arasına bir sopayla raptedilmiş pankarta bakıyorlardı. 'Kardeşimizin kanını takip et' pankartının arkasındaki kan izleri metrelerce uzuyor ve bir kan gölüyle bitiyordu. Kulaktan kulağa haberler yayılıyordu. Miting saat 12:00'de. Dolmabahçe'ye yürünecek. Bütün gençlik yurt avlusunda toplanıyordu. Dağ Başını Duman Almış marşı söyleniyor, hep bir ağızdan 'Kahrolsun Amerika' sloganları atılıyordu.

Bu sırada avluya asılmış hoparlörden, yürüyüşün saat 13:00'de başlayacağı, yürüyüşü Teknik Üniversite Öğrenci Birliği'nin ve İTÜTOTB'nin düzenlediği ve onların direktifleriyle hareket edileceği bildiriliyordu. Yürüyenler, kısa bir tartışmadan sonra durdular. Beklediler. Hasan Yalçın, avlu kapısının damına çıkmıştı. Elindeki megafonla konuşuyordu: 'Hareketlerin belli bir disiplin içinde ve örgütlü olarak yapılması gerekir. Aksi takdirde, başarı şansı yoktur. İçimizden bazı anarşistler çıkıp, sizleri aşırı hareketlere itmek isteyebilirler. Böylelerine iltifat etmeyiniz. Örgüt disiplinine uyunuz.' Gençler, sustu, bekledi. Harun Karadeniz geldi, konuştu: 'Arkadaşlar, hareketi yöneten örgütler olarak, içerde oturduk. Meseleyi enine boyuna görüştük. Her ihtimali düşünerek, her ihtimali hesaplayarak şu karara vardık ki; yürüyüş, Dolmabahçe'ye değil, Taksim'e yapılmalıdır. Biz, üç-beş Amerikan denizcisine değil, en geniş anlamıyla emperyalizme karşıyız. Ve emperyalizmi tel'in etmek için, Taksim'e yürüyeceğiz. Aramıza anarşistler karışmış olabilirler, onların tahriklerine kapılmayın, örgütlerinizin direktiflerine uyun.' Harun'un konuşmasından sonra gençler, Taksim'e yürüdüler. Sloganlar şunlardı: 'Bağımsız Türkiye', 'Kahrolsun Amerika', 'Amerikalı it, evine git.'

Gençler marş söylüyorlardı:

'Tanklarıyla, toplarıyla gelseler dahi,
Bağımsız olacak Türk'ün ülkesi.
Yıldırım, Bora sükûn bulacak.
Bize Amerika, bize Amerika
Selam duracak.'

Taksim Anıtı'na varıldı, çepeçevre sarıldı ve bayrak yarıya çekilerek nutuklar atıldı. Teknik Üniversite Öğrenci Birliği Başkanı Harun Karadeniz, FKF adına Genel Yönetim Kurulu Üyesi Osman Arolat, Orman Fakültesi Talebe Cemiyeti adına Başkan ve FKF Genel Yönetim Kurulu üyesi Fahri Aral konuştular. Miting bitmişti. Miting tertipçileri, yurda dönüleceğini söylediler. Konuşan yönetici, şöyle diyordu: 'Bugünkü hareketimiz burada sona ermiştir. Bugün, Dolmabahçe'ye inilmeyecektir. Hareketi düzenleyen örgütler olarak, arkadaşları disiplin içinde yurda dönmeye davet ediyoruz. İçimizde bulunan anarşistler, Dolmabahçe'ye inmek üzere sizleri tahrik edebilirler. Onlara uymayın. Örgüt disiplinine karşı gelenler, ihanet içindedirler, haindirler.'

Soğuk bir hava esti. Küçük bir grup, flamalarıyla yurdun yolunu tuttu. Gece dövülen arkadaşlarının hesabını sormak isteyen kitle kalakalmıştı. Kararsızdı. Birden, Taksim Anıtının kaidesine Deniz Gezmiş, fırladı, 'Arkadaşlar' dedi: 'Biz, buraya nutuk dinlemeye gelmedik. Biz, ta Beyazıt'tan Teknik'li kardeşlerimizle Dolmabahçe'ye inmeye geldik. Orada, kadınımıza kızımıza saldıranlara gerekli dersi vermeye geldik. Kimse bizi, boş laflarla yolumuzdan alıkoymaya muktedir olamayacaktır. Hedefimiz Dolmabahçe'dir. Yürüyelim arkadaşlar.'

Kalabalık dalgalandı. Heyecan yükseldi. 'Dolmabahçe'ye, Dolmabahçe'ye' sesleri Taksim'i çınlattı. Gençler yürüdüler.

'Ölenler dövüşerek öldüler, Güneşe gömüldüler.
Vaktimiz yok onların matemini tutmaya.
Akın var, Akın, Güneşe akın.
Güneşi zaptedeceğiz güneşin zaptı yakın.'

Deniz, gür sesiyle, omuzların üzerinden okuyordu bunu. Diğerleri katıldılar. 'Güneşin zaptı yakın.' Kalabalık gittikçe artan hızıyla aşağıya iniyordu. 'Öndeki kardeşler katılır diyorlardı, onlar da katıldılar.'

Dolmabahçe'ye giden yol Gümüşsuyu'ndan geçer. Yani, Teknik Üniversite Yurdu'nun önünden. Yurda gidenlerle, Dolmabahçe'ye gidenler aynı yoldaydılar. Yurda dönenler önde, Dolmabahçe'ye gidenler arkada, Gümüşsuyu'na yaklaştıkça, FKF'liler, Dolmabahçe'ye inenleri durdurma çabalarına hız verdiler. 'Safların arasına giriyor, anarşistlere uymayın' diye öğüt veriyorlardı. Yurda gelindi. O ne? Önde gidenler, yolda barikat kurarak, Dolmabahçe'ye inenleri durdurmaya hazırlanıyorlardı. Deniz, gürledi: 'Dolmabahçe'ye inmemizi engellemek isteyenlere, bir kere daha hatırlatırız. Biz, nutuk dinlemeye değil, Dolmabahçe'ye inmeye geldik.' Öndeki gruptan megafon, disiplin gereği yurda dönüleceğini tekrarlıyordu: 'Anarşistlere uymayın.' Fakat, kenetlenen saflar yarıldı. Kalabalık Dolmabahçe'ye aktı. Bir grup, yukarıda kalmıştı. Ama Dolmabahçe, yavaş yavaş doluyordu. Merdivenler koşar adımlarla inildi. Rıhtıma aynı hızla girildi. Amerikan denizcileri kendilerini motorlara güç attılar. Kaçıyorlardı. Kalabalık gittikçe arttı. Bir gece evvelki Sükan'ın aslanları ortada görünmemişler, Amerikan denizcilerini koruyamamışlardı.

Olaylar çığ gibi gelişti. Tutulan Amerikan erleri denize atılıyor, kamyon kamyon gelen Amerikan malzemesi yakılıyor, ya da denize atılıyordu. Yağma yapılmadı. Dolmabahçe'de saatler ilerledikçe, öğrenci kadar, halk da katıldı protestoya. Lüks bir Amerikan arabası geçiverdi oradan; daha doğrusu geçemedi. Camları, çerçeveleri indirildi, lastikleri parçalandı. Kalıverdi ortada. Hızla yukarı kaçmak istiyordu. Beton bloklar nazik cildini çizdi, eğdi, buruşturdu. İçindeki Amerikan çavuşu ellerini başına koymuş, korkudan fincan kadar açılan gözleriyle bakıyordu koltuğunun altından. Protestonun böylesi olur muydu ya! İnsan gibi protesto edilmeliydi. Öyle protestoya onlar da razıydı. Ama böylesi... Böylesi olmamalıydı. Saatler ilerledi. Öğrenciler, yavaş yavaş yurtlarına döndüler ama, işinden dönen halk birikmişti rıhtıma. 2.000, 3.000, 4.000 kişi. Halktı bu halk! Onlar da anlamıyorlardı protestonun nazikçesini. Geleni denize atıveriyorlardı. Hıncı vardı bu halkın. Ankara'da ezilen 8 Mehmetçiğini, Samsun'da öldürülen kardeşini, Adana'da sarkıntılığa uğrayan bacısını unutamıyordu. Hıncı vardı bu halkın ve hıncını nazikçe anlatamıyordu.

Saat 21:00 oldu. Hareket 7 saattir sürüyordu. Ne nutuk atan vardı orada, ne de yöneten. Ama 7 saat olmuştu. Hâlâ dağılmıyor, 'karaya çıkarmayız' diyorlardı. Gerilmiş sinirler yavaş yavaş gevşedi. Alay edilmeye başlandı Amerikalılarla. Tam bu sırada, birden coplar sardı etrafı. Bunlar, gece çıkıyorlardı ortalığa. Vahşi bir saldırı başladı. İki çember çevrilmişti. Birinci çemberden kurtulan, ikincisine düşüyor, dövülüyordu. 17-18 yaşlarında bir genç yaklaştı, 'abi' dedi, 'iyi cop yedim ama, iyi de kafa attım.' Gencin ensesi davul gibi şişmiş, ortası yarılmış kanıyordu. Bir başkası kenara çömelmiş, hafiften inliyordu. Yaklaşınca başını kaldırdı. Burnu yoktu âdeta. Davul gibiydi onun suratı da. Ağzı kan içindeydi. Önündeki toprakta kan göllenmişti. Arkadaşları koluna girdiler, hastaneye götürdüler. Sükan'ın aslanları, bu gece de iyi 'iş' görmüşlerdi. Görmüşlerdi ama Amerikalılar da bir temiz dövülmüşlerdi."

FKF İstanbul Sekreteri Veysi Sarısözen, bu konuda şunları söylemiştir:

"Örgütümüze bağlı bazı üyeler, İTÜ'lü bazı arkadaşlarla, bu hareketi yanlış değerlendirdi ve barikatla Dolmabahçe'ye iniş engellenmek istendi. Örgüt, sonradan bu hatayı kavramış, direnişe katılan arkadaşların çoğunlukla FKF'li gençler olduğu anlaşılmış, Dolmabahçe direnişi adlı gazete bu nedenle diğer örgütlerle birlikte çıkartılmıştır."

Olaylar nedeniyle Faruk Haksal, Zeki Girgiçli, Metin Demirci, Mustafa Ünal, Bora Çeşmeler, Halil Kocatürk, Ferruh Tüzer, Mustafa Solak, Mehmet Öztürk, Demir Sağır, Yaşar İnan, Erdoğan Durmaz, Burhan Yılmaz, Mustafa Güngör, Ali Yuna, İsmet Erdem, Aydın Coşkunerler, İlhan Eroğlu, Mahmut Hoşafoğlu, Turhan Üreten, Abdullah Kızılay, Rafael Avidor, Murat Altıok, Dursun Öz, Tahsin Soylu, Süha Berk ve Müslim Birbudak gözaltına alınır.

TMGT Başkanı Kazım Kolcuoğlu, Eski TMGT Genel Sekreteri Fikri Yazıcı, gözaltında olanların durumuyla ilgilenmek amacıyla Tophane Karakoluna gider.

Deniz ile Cihan da, Kazım Kolcuoğlu'nun gözaltına alındığını zannederek, arkadaşlarıyla Tophane Karakolunu basmaya gider. Gözaltına alınanların büyük kısmı, ifadeleri alındıktan sonra, ikametgâhlarına rapten serbest bırakılır.

Sabahleyin yurdu ziyaret eden İTÜ Rektörü Prof. Bedri Karafakioğlu, öğrenciler tarafından, "İstifa, istifa" denilerek karşılanır.

6. Filo ilgilileri, olaylar sırasında 18'i hafif, 2'si ağır 20 denizcinin yaralandığını açıklar.

Kana Kan İsteriz

FKF İstanbul Sekreterliği, 20 Temmuz 1968 Cumartesi günü, "Barış için Amerikan emperyalizmine karşı savaş" mitingi düzenler. Hürriyet Meydanı'nda düzenlenen mitingde Mehmet Karahan, Murat Kovacıoğlu, Toygun Eraslan, İdris Küçükömer, Çetin Altan, Osman Saffet Arolat ve Harun Karadeniz konuşma yapar.

Öğretim üyesi İdris Küçükömer konuşurken, Deniz ve arkadaşları, mitinge katılan insanları yaptıkları ajiteyle peşlerine takıp Dolmabahçe'ye götürmek ister, fakat, götüremezler.

Üniversite bahçesinden çıkan Deniz ve bir grup genç, Turan Emeksiz anıtına giderek saygı duruşunda bulunur ve İstiklâl Marşı söyler. "Şiddet ve Kavga", "Kana Kan İsteriz" şeklinde bağıran bu grubun, Dolmabahçe'ye gitme isteklerine diğer gruptaki arkadaşları engel olur.

Rasih Nuri İleri, yaşadığı bu olayı şöyle anlatmıştır:

"Deniz ve arkadaşları, üniversite kapısından sloganlar atarak geldiler. Konuşmacıları ve topluluğu Dolmabahçe'ye götürmeye kalktılar. Biz katıldık. Çetin Altan ve arkadaşları bizi izlemediler. Kitle bize katılmayınca meydanda bulunan Turan Emeksiz anıtına kadar gidip saygı duruşunda bulunduk ve geri döndük."

Bıldırcın Operasyonu

Amerikan Altıncı Filosu'nun İstanbul'u ziyareti sırasında İTÜ öğrenci yurdundan düşerek ağır yaralanan ve on gün Beyoğlu İlk Yardım Hastanesi'nde tedavi edilen Vedat Demircioğlu komadan çıkamayarak 24 Temmuz 1968 Çarşamba sabahı ölür.

Bunu duyan İTÜ öğrencileri, ellerinde "Katiller" yazılı bir çelenkle Valilik binası önüne gelerek çelengi bırakmak ister. Polis, öğrencileri engeller ve Ertuğrul Tığlay, Alparslan Ertuğ, Yusuf Kıracaruş, Seyit İzingür, Rakıp Tekbiçer, Münir Danışman, Haydar Gürbüz, Hasan Şahin, Nihat Özgür ve Yaşar Yılmaz adlı öğrencileri gözaltına alır.

Bir saat sonra, yakalarında Vedat Demircioğlu'nun resmi olan Fikir Kulüpleri Federasyonu'na ve Hukuk Fakültesi'ne mensup öğrenciler, Valilik önüne gelerek ellerinde bulunan bayrak, flama ve ölen arkadaşlarının fotoğraflarını bırakmak ister.

Toplum polisi bu kez, Osman Saffet Arolat, Toygun Eraslan, Nabi Yağcı, Tamer Erdoğan, Hanifi Bağdatlı, Atilla Coşkun, Nusret Kurtoğlu, Tülay Ödeş, Melek Aydınberk, Akın Çıtakoğlu, Namık Behramoğlu, Sadi Boyar, Duray Çetinay, Nuri Baydar, Zeki Soydan, Alaaddin Güç, Nihat Behramoğlu, Ragıp Zarakolu, Mustafa Aydın, Fikret Ayber, Yalçın Yalçın, Adil Parlak, Metin Ahatoğlu, İbrahim Özdenoğlu, Arif Türkçügil, Ali Osman Artuğ, Tufan Engen, Ertuğrul Yeşilova, Adnan Celayir, Cihan Şenoğuz, Hacı Ceyhun Can, Fahri Aral ve Nihat Emeksiz adlı öğrencileri gözaltına alır.

Polisin elinden kurtulan öğrenciler, Site Öğrenci Yurdu önünde yeniden toplanarak, ellerinde "Arkadaşımızın cenazesini istiyoruz" yazılı bir pankartla yürüyüşe başlar. Beyazıt-Çemberlitaş-Cağaloğlu kavşağına gelen öğrenciler, burada önlem alan toplum polisi tarafından durdurulur. Ancak, öğrenciler, polisi taşa tutarak üzerlerine saldırır. Toplum polisinin harekete geçip duruma müdahale etmesi üzerine geldikleri yöne dağılan öğrencilerden Muhsin Karaali, Hüseyin Omurkır ve Platin Yürek yakalanır. Polis, kaçan Deniz Gezmiş adlı öğrenciyi aramaya başlar."

DÖB kurucularından Mehmet Mehdi Beşpınar, bu olay hakkında şunları anlatmıştır: "Vedat Demircioğlu'nun ölümünün duyulması üzerine FKF'liler, 40-50 kişi kadar toplanarak İstanbul Valiliği'nin önüne gidip, protesto için yere oturuyorlar. Polis de, otobüsleri getirip, bunları tek tek toplayıp götürüyor. Biz bu olaya, 'Bıldırcın Operasyonu' demiştik. Biz, bu olayın arkasından bütün fakülteleri ve yurtları tek tek gezerek, anında 5-6 bin adam topladık. Bu arada, Bozkurt Nuhoğlu, '50 bin öğrenci İstanbul Üniversitesi'nde toplandık. İçerdeki arkadaşlarımız bırakılmazsa, Sultanahmet'i basıp Bastille örneğini yaratacağız' diye İstanbul Valiliği'ne telefon etti. Adliye'ye kadar yürümeye başladık. Birincisi Vedat Demircioğlu'nun ölümünü protesto ediyoruz. İkincisi, yakalananlar bırakılsın istiyoruz. Adliye'ye geldiğimizde Bozkurt'un blöfü tutmuştu. FKF'liler serbest bırakılmıştı. Basar mıydık? Gerçekten basardık. En azından gider Sultanahmet Cezaevi'ni taşlardık."

İşte Devrim Oluyor. Çocuklar Yapar Bu İşi

Vedat Demircioğlu'nun ölümüyle başlayan olaylar 25 Temmuz 1968 Perşembe günü de devam eder ve Cağaloğlu savaş alanına döner.

Cemil Gezmiş, bu konuda şunları söylemiştir:

"Vedat Demircioğlu öldürüldüğünde şu kanapenin üzerine yüzükoyun kapanıp kaldı. İki saat sarsıldı. Vedat'ı tanır mıydı, arkadaşlığı var mıydı bilemem. Fakat o günlerde salmadım Deniz'i dışarı. Dolmabahçe olaylarına gitsin istemedim."

Fakat Deniz, yine öğrencilerin en önündedir.

Vedat Demircioğlu için sabahın erken saatlerinden itibaren Hukuk Fakültesi önünde toplanan öğrenciler, Atatürk anıtı çevresinde, ellerinde Vedat Demircioğlu'nun portresi ile saygı duruşunda bulunur.

İstanbul Üniversitesi Hukuk Fakültesi öğrencilerinin, hazırladıkları bir bildiri dağıtılır. Bildiride, olaylar yerilmekte, İTÜ'ye yapılan baskın günü görevli olan bütün polislerin tutuklu olarak yargılanmaları, Konya olayları sanıklarının hemen savcılığa verilmeleri, mağdurlardan açıkça özür dilenmesi, Vedat Demircioğlu'nun Anıt-Kabre gömülmesi istenir.

Daha sonra heyecanlı bir hava içinde başlayan törende Hukuk Fakültesi Dekanı Reha Poroy, Prof. Tarık Zafer Tunaya ve öğrenci temsilcileri birer konuşma yapar. Konuşmalar yapılırken üniversite bahçesine, Türk bayrağına sarılı boş bir tabut getirilir.

Deniz, Üniversite Merkez kapısının demir parmaklıklarına çıkarak yürüyen arkadaşlarına şöyle seslenir:

“Vedat, devrim için öldü. Ölenler ölür, ölenler güneşe gömülür. Ölenlerin yasını tutacak vaktimiz yok arkadaşlar. Bugün savaş günüdür. Yürüyüşün hedefi Vilayettir. Tabutu ve siyah çelengi Valinin kapısına bırakacağız."

Sembolik tabutla yürüyüşe geçen öğrenciler, Plevne Marşını söyleyerek ve slogan atarak Beyazıt'tan Adliye binası önüne gelir.

Adliye önünde, aralarında Deniz'in de bulunduğu öğrenci temsilcileri birer konuşma yapar.

Mehmet Mehdi Beşpınar, bu konuda şunları anlatmıştır:

"Deniz, burada çok güzel bir konuşma yaptı. 'Ölenler Dövüşerek Öldüler' şiirini, ilk kez burada kullandık.

Şiiri şöyle uyarlamıştık:

Ölenler dövüşerek öldüler, Güneşe gömüldüler, Vaktimiz yok onların matemini tutmaya. Akın var Vilayete akın. Vilayetin zaptı yakın.

Vilayeti basmaya, daha sonra, Taksim'e doğru yürümeye kalktık. Cağaloğlu Kız Lisesi'nin önüne gelirken, polis arka arkaya 2-3 sıra barikat kurdu. Biz yürümeye devam ettik ve polisle karşı karşıya kaldık. Erdem Hançerlioğlu diye FKF'li bir arkadaşımız vardı. Biz en önde olduğumuz için polisle yüzyüzeyiz. Erdem Hançerlioğlu, hemen benim arkamda. Omzumdan yükseldi ve karşımda duran polisin yüzüne bir yumruk yapıştırdı. Ortalık karıştı ve bir anda polisler üzerimize saldırıp coplarla giriştiler. Polisle büyük bir çatışma oldu. Polis arabalarını sopa ve taşlarla tahrip ettik. Sonuçta polislerin yerine askerler geldi. Askerlerin başında bir albay vardı. O albay, askeri bize karşı kullanacaktı ama, biz hemen albayı omuzlarımıza aldık. 'Ordu Gençlik El Ele' gibi polisin aleyhine, askerin lehine sloganlar atmaya başladık.

Eski tüfeklerden Şevki Akşit Abi, bu olayları Türk Solu dergisinin bulunduğu büronun penceresinden seyrediyormuş. Orada bulunanlar ağlamışlar. 'Biz Türkiye'de bugünleri de mi görebilecektik. İşte devrim oluyor. Çocuklar yapar bu işi' diye bağırarak, heyecanlarını dile getiriyorlarmış."

Bu sırada öğrenciler, toplum polisini yoğun bir taş yağmuruna tutar. İki-üç koldan hücuma geçen öğrencilerin taş saldırısı karşısında polis geri çekilmek zorunda kalır.

Öğrencilerin şiddetli taş saldırısı sonunda aralarında İstanbul Emniyet Müdür Muavini Halil İbrahim Ural olmak üzere bazı polisler çeşitli yerlerinden yaralanır.

Olayların genişlemeye başladığı bir sırada Cağaloğlu Meydanına ikiyüz kadar inzibat eri gönderilir. İnzibat erlerinin duruma müdahalesi üzerine öğrencilerin taş yağmuru kesilir.

"Yaşasın Ordu. Toplum Polisi Geldiği Yere Gitsin" diye bağıran öğrenciler oldukları yerden ayrılmaz.

Çatışmaların durduğu sırada Hukuk Fakültesi öğretim üyeleri olay yerine gelir. Saat 15.50'de öğretim üyelerinden Tarık Zafer Tunaya, Çetin Özek, Ümit Yaşar Doğanay, Aytekin Ataay, Necip Kocayusufoğlu, Aydın Aybay ve Saim Üstündağ, öğrencilerden Celal Doğan, Bozkurt Nuhoğlu ve Deniz Gezmiş, Vali Vefa Poyraz ile gözaltına alınan öğrencilerin durumu hakkında saat 16.50'ye kadar süren bir görüşme yapar.

Bozkurt Nuhoğlu, bu görüşme hakkında şunları anlatmıştır:

"Bir taksiye binerek Vilayet'e gittik. Vali Vefa Poyraz, bizi salona aldı. Vali, 'Durdurun bu eylemleri size emrediyorum' gibi şeyler söyleyerek öğretim üyelerini azarlar bir tonda konuştu.

Tarık Zafer Tunaya, 'Bizi azarlamaya mı, yoksa konuşmaya mı çağırdın? Bizim, bu eylemlerle bir ilgimiz yok. Öğrenci liderleri burada. Bir sorun varsa onlara anlat' dedi.

Vali, bana döndü, 'Eylemleri durdurmanızı istiyoruz' dedi.

- Bizim şartımız var. Sen polisi çekeceksin, biz öğrencileri çekeceğiz.

- Anlayışlı ol biraz. Ben devleti ve hükümeti temsil ediyorum. Böyle bir şeyi yapamam.

Deniz, Vali'nin duyabileceği bir şekilde, 'Abi, işbirlikçilerle pazarlık yapma' dedi.

Vali, duymamazlıktan geldi ve 'Rica ediyorum. Lütfen, öğrencileri çekin ve eylemleri durdurduğunuzu basına ilan edin. Bilâhare polisi çekeceğim' dedi.

- Hayır birinci şartımız bu. Olayların sebebi polistir. Sokaktan ilk polisi çekin.

Deniz bu kez herkesin duyabileceği bir şekilde yine, 'İşbirlikçilerle lütfen pazarlık yapma. Ben gidiyorum' der ve ayağa kalktı.

Zaten Vali ile konuşacak birşey de kalmamıştı. Hep beraber oradan ayrıldık."

Polis, 26 Temmuz Cuma günü "Deniz Gezmiş ve Harun Karadeniz hakkında gıyabi tutuklama kararı olduğunu, görüldükleri yerde tutuklanacakları"nı açıklar.

TMGT, 27 Temmuz Cumartesi günü "Anayasa ve Kanunlara Saygı" mitingi düzenler.

"Saat 14.30'da Beyazıt meydanında başlayan ve Taksim Alanında son bulan bu mitingi Deniz Gezmiş ve Harun Karadeniz katılarak, organize ederler."

Deniz, arandığı bu dönem, Akın Nejat Önal'ın arkadaşı olan İlhan Biber'in Bakırköy'deki evinde saklanır. Evde kaldığı süre içinde İbrahim Oral ile İlhan Biber, Deniz'in dışarıyla irtibatını sağlar.

Deniz, 30 Temmuz 1968 Salı günü sınava girmek için Akın Nejat Önal'la birlikte İstanbul Üniversitesi'ne gelir.

Çetin Özek tarafından Ceza Hukuku imtihanı yapılan ve "Pekiyi" derece alan Deniz, bir otomobille üniversiteyi terkederken sivil polisler çevirir. Deniz, tekrar üniversite avlusuna girer ve öğretim üyeleri ile görüşür. Öğretim üyelerinin ikna etmesi üzerine, üniversite kapısında bekleyen sivil polislere teslim olan Deniz, Adliye'de yargılandıktan sonra, öğrencileri kanunsuz yürüyüşlere teşvik etmek suçundan tutuklanır.

Atılan Taş, Yarılan Baş

Deniz'in 17 Temmuz günü meydana gelen olaylar sonrasında yakalanarak Sultanahmet Cezaevi'nde 58 gün tutuklu kalmasına neden olan olay, öğrencilerin şiddetli saldırısı sırasında atılan bir taşın İstanbul Emniyet Müdür Muavini Halil İbrahim Ural'ın başına gelmesi ve onu yaralamasıdır.

Cemil Gezmiş olayı şöyle anlatır:

"Bunlar da taş attılar. Onlardan biri, şu kadarcık bir kiremit parçası, Emniyet Müdür Muavini'nin başına gelmiş, ufak bir çizik olmuş. Hemen ertesi gün, mahkemeye başvurdular aceleyle. Zaten çocukları toplayıp götürmüşlerdi, o zaman bu kişi, adli tabipten bir rapor alıyor, bir aylık ve altında da şöyle bir kayıt var: 'Hayati tehlike vardır.' Çünkü bu kayıt düşülmezse, mahkeme kolay kolay tutuklama kararı almaz. Bir çizik var oysa sadece. Mahkeme de o rapora dayanarak tutuklama kararı verdi. Rapordan üç gün sonra, bu kişi Ankara Emniyet Müdürlüğü'ne atandı, "sayın" ve "muhterem" Demirel tarafından. Emniyet Müdürüyken, İş Bankası olayı oldu, o zaman Ankara Emniyeti bütün gücüyle Deniz'in arkasına düştü, başaramadı. Sonradan da milletvekili oldu bu adam."[51]

Halil İbrahim Ural, 1983 yılında Halkçı Parti'den İstanbul milletvekili olarak parlamentoya girdi. Halkçı Parti daha sonra SODEP'le birleşerek SHP oldu. Halil İbrahim Ural, SHP milletvekili iken 1987 yılında yapılan milletvekili genel seçimlerinde Urfa'dan aday adayı gösterilmesi üzerine SHP Genel Başkanı Erdal İnönü'yü ağır bir şekilde suçladı ve İnönü'nün rektör olduğu dönemde ODTÜ'de Deniz Gezmiş dahil 103 kanun kaçağını barındırdığını iddia ederek SHP'den istifa etti.[52]

Ünlü kabadayı Dündar Kılıç, bir soruya karşılık şu yanıtı vermiştir: "İbrahim Ural, eski vali ve polis müdürüdür, büyük bir adamdı. Ve adaylığını koyacağını söyledi, yalnız onun milletvekili olması için Osman Cevahiroğlu'yla (Oflu Osman) birlikte ona yardım ettik. Kampanyaya katıldık, arkadaşlar oyunuzu İbrahim Bey'e verin dedik. Beyoğlu ilçesinden aday oldu ve seçildi."[53]

Deniz'in 1970 sonu ile 1971 yılı başında ODTÜ öğrenci yurtlarında kaçak olarak barınması, o dönem ODTÜ rektörü olan Prof. Erdal İnönü'yü değişik zamanlarda eleştiri ve suçlamalarla karşı karşıya bırakır.

Erdal İnönü, kendisine yöneltilen bu konudaki eleştirileri Mustafa Ekmekçi'nin, "Ankara Notları"nda şöyle yanıtlar:

"Bunlar söylendi söylenecek. Ben, rektörlüğüm sırasında üniversiteyi koruduğuma inanıyorum. Bunlar, bir şekilde tekrar gündeme gelecek anlaşılan; ben 'ne yapılsa, bu şekilde hikayeler çıkmasına engel olunamaz' diye düşünüyorum."[54]

Olayı Yaşamak Gerek, Anlamak İçin

TKP yöneticilerinden Reşat Fuat Baraner, 12 Ağustos 1968 Pazartesi günü vefat eder.

Deniz, cezaevinde birlikte yattığı bir grup öğrenciyle Reşat Fuat Baraner için ortak başsağlığı telgrafı gönderir. Telgrafın metni şöyledir:

"Türkiye emekçilerinin kurtuluşu uğruna 50 yılı aşkın onurlu bir uğraşı veren Reşat Fuat Baraner'in ölümünü derin bir üzüntü ile karşıladık. Tutuklu bulunuşumuzdan ötürü cenaze törenine katılamayışımız ayrı bir üzüntü kaynağıdır. Bu büyük kayıptan ötürü sizlere ve emekçi halkımıza başsağlığı dileriz.

Amerikan emperyalizmini kınadıkları için Sultanahmet Cezaevi'nde tutuklu: Bora Gözen, Veysi Sarısözen, Deniz Gezmiş, Rıfat Akkaya, Nusret Özelmacı, Jak Menase."

Reşat Fuat Baraner'in cenazesi, 15 Ağustos Perşembe günü, Feriköy mezarlığında Dr. Şefik Hüsnü'nün yanına defnedilir.

Asım Bezirci, Haldun Taner, Orhan Kemal, Edip Cansever, Fehmi Yazıcı, Hikmet Kıvılcımlı, Rasih Nuri İleri cenaze törenine katılanlar arasındadır.

Baraner'in cenazesine Ankara'dan Doğu Perinçek, Oral Çalışlar, Cengiz Çandar, Uluç Gürkan gibi devrimci gençler de gelmiştir. Doğu Perinçek, Sultanahmet Cezaevine giderek, Türk Solu Dergisi Yazı İşleri Müdürü Bora Gözen ile Deniz'i ziyaret eder.

Türkiye'de üniversite ve fabrika işgalleri olurken dış dünyada da Rusya, 21 Ağustos 1968 sabahı Çekoslavakya'yı işgal eder.

Rusya'nın işgali yoğun ideolojik tartışmalara yolaçar. İşgale karşı çıkanlar olduğu gibi haklı bulanlar da vardır. Bu tartışmalara Türkiye'deki solcular da katılır.

TİP Genel Başkanı Mehmet Ali Aybar, "Sovyet işgalini Amerika'nın Vietnam'a yaptığı" işgale benzeterek kınar. Daha sonra TKP'de yeralacak olanlar, işgali haklı bulur.

Deniz, Çekoslavakya'nın işgaline karşı tepkisini, "Kızılordu oportünizmin göbeğini nallıyor" şeklinde dile getirir.

Deniz, tutuklu bulunduğu bu dönem, "Defter-i Hatırat-ı Zindan" adını verdiği bir günlük tutmaktadır.

Günlüğüne şöyle yazmıştır:

"Buradaki durumu dışarıdan birinin anlayacağını tahmin etmiyorum. Yalnız bu konuda değil, her konuda öyle. Olayı yaşamak gerek, anlamak için."

Sen-Ben-Bizim Oğlan

Deniz, sadece İstanbul Emniyet Müdür Muavini Halil İbrahim Ural'a taş atıp, başından yaraladığı için değil, adliyede ıslık çalarak protestoda bulundukları ve böylece Toplantı ve Gösteri Yürüyüşleri Kanununu ihlal ettikleri iddiasıyla da Kemal Bingöllü, Bozkurt Nuhoğlu, Raif Ertem, Mehdi Beşpınar ve Mustafa Gürkan'la birlikte İstanbul İkinci Asliye Ceza Mahkemesinde 29 Ağustos 1968 Perşembe günü yargılanır ve tutuklanır.

Deniz, tutuklu bulunduğu Sultanahmet Cezaevi'nden 21 Eylül 1968 Cumartesi günü, tahliye olur.

Bu dönem, bir grup devrimci genç, Devrimci Öğrenci Birliği'ni kurar. Derneğin tüzüğü, 15 Ekim 1968 tarihli Türk Solu dergisinde yayınlanır. DÖB'ün kuruluş nedenini Mustafa Lütfü Kıyıcı şöyle anlatmıştır:

"Biz; sen, ben, bizim oğlan diyebileceğimiz kadar azınlıktaydık. FKF'liler arasında erimekten korkuyorduk, onun için de ayrı örgüt kurduk. Açıkça onların laf ebeliği diyebileceğimiz konuşkanlıklarından yılıyorduk. Bu nedenle ayrı örgüt kurmanın ve mücadele etmenin daha doğru olacağına inandık ve ayrı örgüt kurduk. Daha sonra da FKF'nin genel merkezini Ankara'daki arkadaşların ele geçirmesi üzerine DÖB'ü feshettik ve delege olarak FKF'ye katıldık."

DÖB kurulduktan sonra, uzunca bir süre TMGT'nın Tünel'de bulunan binasında faaliyet gösterir. Feshedilmesine yakın bir zamanda Babıâli Caddesi No: 29 adresinde çalışmalarını sürdürür.

Bu konuda Yapı İş Sendikası Genel Başkanı İsmet Demir şunları anlatmıştır:

"YİS üç katlı bir bina kiralamış, faaliyetini devam ettiriyordu. Türkiye'de sol hareket de hızla gelişmeye başlamıştı. Faaliyet için yer gerekli idi. İşte YİS'e ait katın biri sol harekete verildi ve Türk Solu gazetesi çıkmaya başladı. Artık İstanbul'da solla ilgili ne kadar kişi ve kuruluş varsa bu binaya gelip gidiyor, dolaylı olarak YİS'le de irtibat kurmuş oluyordu. Bu durum 'sol yuvarlar' çıkıncaya kadar devam etti.

İşte böyle bir faal devrede, gençler kurmuş oldukları derneklerine yer bulamıyorlardı. 'Polis Haydar-Haydar Saka' diye isimlendirilen arkadaş bana geldi, Deniz Gezmiş ve arkadaşlarının kurdukları Devrimci Öğrenci Birliği'ne yer bulamadıklarını söyledi. Ben de, 'sendikanın üst katında faaliyet gösterebilirler' dedim ve onlara üst katı verdim."[55]

DÖB Cumhuriyeti

Mustafa Lütfü Kıyıcı, DÖB gurubu için şunları anlatmıştır:

"Kendimize, 'Keçi Sakallılar-Latin Amerika'nın etkisiyle, Tosbağa Suratlılar-Mao'ya benzeyenler' adlarını takmıştık. Deniz, Tosbağa Suratlılar'dandı.

Biz bazen, Ankara'ya ODTÜ'ye giderdik. ODTÜ'lü arkadaşlar, şakadan ODTÜ'ye, 'ODTÜ Aşiretliği' adını takmışlardı. Bunlar Ankara'da, 'ODTÜ Aşiretliği'ni ilan edince, biz de, İstanbul'da, 'DÖB Cumhuriyeti'ni ilan ettik.

Ankara'ya genellikle erken giderdik. Bunlar, halen uykuda olurlardı. Biz de, 'DÖB Cumhuriyetinin asil evlatları geldi hey' diye bağırıp, yurtları ayağa kaldırırdık."

Deniz ise, "Dünyada iki cumhuriyet var. Biri Çin Halk Cumhuriyeti, diğeri de DÖB cumhuriyeti. Mao, Çin Halk Cumhuriyeti'nin başkanı, ben de DÖB cumhuriyetinin başkanıyım" der.

Burada Bizi Değil, Mustafa Kemal'i ve O'nun İlkelerini Yargılıyorsunuz

Deniz'lerin DÖB'lü olarak katıldığı en önemli eylem 30 Ekim ile 10 Kasım 1968 günleri arasında, Samsun'dan Ankara'ya yapılan, "Tam Bağımsız Türkiye İçin Mustafa Kemal Yürüyüşü"dür.

Yürüyüşe TMGT, DÖB, AÜTB, ODTÜ-ÖB, TÖDMF, 27 Mayıs Milli Devrim Derneği, HÜOB, AYOTB, Aşıklar Derneği ve FKF katılır. Yürüyüşe katılanlar yayınladıkları bildiride amaçlarını şöyle açıklar:

"1919'da başlayan Mustafa Kemal devrimi kendisinden sonra gelen yöneticiler tarafından amacından saptırılmış, cumhuriyetin bütün kurumları yozlaştırılmıştır. Bugün Türkiye'miz dünyada ilk anti-emperyalist ve anti-kapitalist devrimi gerçekleştiren Mustafa Kemal'e rağmen yabancıların desteklediği karşı devrimcilerin etki alanına girmiştir. Biz Mustafa Kemal gençliği olarak, saptırılan devrimi rayına oturtmaya azimliyiz, kararlıyız. Bugün başlayan yürüyüşün amacı budur."

Yürüyüşe İstanbul'dan katılacak olanlar, 28 Ekim'i 29 Ekim'e bağlayan gece saat 00.30'da Kadıköy'den otobüsle Ankara'ya hareket eder. Saat 09.00'da Ankara'ya varan yürüyüşçüler, 27 Mayıs Milli Devrim Derneği'nde toplanır.

Yürüyüşe katılanlar 30 Ekim Çarşamba günü Samsun'da olur.

Saat 13.30'da toplu halde Samsun Atatürk anıtı önüne giderek bir dakikalık saygı duruşunda bulunan yürüyüşçüler, İstiklâl Marşı'nı söyledikten sonra, en önde Türk bayrağı ile yürüyüşe başlar.

O dönem Samsun'da öğretmen olan Yılmaz Elmas, yürüyüşçüleri karşılayan ve uğurlayanlar arasındadır.

Samsun'u 15-20 kilometre geride bıraktıkları bir sırada emniyet mensupları, yürüyüş yapan 22'si öğrenci,2'si işçi toplam 24 yürüyüşçünün önünü keser ve önceden izin almadıkları için kanunsuz yürüyüş yaptıkları gerekçesiyle yürüyüşçüleri Emniyet Müdürlüğü'ne götürür.

Bu dönem Samsun Valisi Ertuğrul Ünlüer'diir.

Yürüyüşçüler, 31 Ekim günü, Adliye'ye sevkedilir.

Bozkurt Nuhoğlu, duruşmada:

"Sayın yargıcım, burada bizi, 24 genci değil, Mustafa Kemal'i, O'nun ilkelerini yargılıyorsunuz" der.

Yargıç, bunun üzerine, elinden kalemi bırakarak,

"Ne bugün, ne de bugünden sonra hiçbir hakim, Mustafa Kemal'i ve O'nun ilkelerini yargılayamaz" diye cevap verir ve O'na bağlılığını belirtir.

Yargıç duruşmayı erteler. Yürüyüşçüler, serbest bırakıldıktan sonra otobüsle Havza'ya gider.

DÖB'lülerin arasında ilk tartışma 1 Kasım 1968 Cuma günü Havza-Merzifon arasında verdikleri molada çıkar.

Deniz Çamlıbel bu tartışmayı şöyle anlatmıştır:

"Yürüyüş başlarken, en önde bir arkadaşımızın yürüyüşün sonuna kadar Türk bayrağı ile yürümesine karar vermiştik. Polisin yürüyüşü ilk günde engellemesi üzerine, bayrakla mı bayraksız mı yürüyelim diye bir tartışma çıktı. Benimle birlikte birkaç arkadaş, bayrakla yürümemiz gerektiğini söyledik. Deniz'in de aralarında bulunduğu bazı arkadaşlar, bayraklı yürürsek polis yine izinsiz yürüyüş yapıyoruz diye bizi engeller. Yürüyüşü sürdürmek istiyorsak bayraksız devam etmemiz gerekli, dediler. Sonunda bir oylama yaptık. Bayrakla yürüyelim diyenler azınlıkta kaldı. Bunun üzerine ben ve birkaç arkadaş yürüyüşten ayrıldık."

Bu arada yürüyüşe İstanbul ve Ankara'dan yeni katılımlar olur.

Ankara'dan bir grupla yürüyüşe katılan Atilla Sarp, yaşadığı ilginç bir olayı şöyle anlatmıştır:

"DÖB hareketi, FKF'nin tam MDD çizgisine gelmediği bir dönemde ortaya çıktı. Bunlar, vurdukları vurduk, kırdıkları kırdık tam bir militan hareketti. Ankara'daki öğrenci hareketine hiç uygun değil. Bunlar, gidiyorlar rektörün masasına sopayla vuruyorlar. Biz ise gidiyoruz, 'sayın rektörüm' diye söze başlayarak görüşle-rimizi açıklıyoruz. İstanbul ve Ankara'da öğrenci hareketi böyle giderken, 1968 Kasım ayında Samsun yürüyüşü oluyor. Arkadaşlar da bu yürüyüşe gidip katılıyor. Fakat gelen haberler hiç de iyi değil. Mustafa Karşılayan, en önde bayrağı yüklenmiş, 'Viva Liberta' diye bağırarak, dağda bayırda yürümeye başlamış. DÖB'lü arkadaşlar, kimseye söz hakkı vermiyorlar. Ankara'ya, 'Tam anarşistler geldi' diye haberler geliyor. Ankara'dan giden öğrenciler, bunları görünce yadırgıyor. Çünkü, her şeyin daha disiplinli, daha kolektif olmasını istiyorlar. Biz de bu sıra, yürüyüşçüler Ankara'ya gelince burada büyük bir yürüyüş düzenleyelim diye hazırlıklar yapıyoruz. Yürüyüşte sorunlar çıkınca, bana, 'Burada işler karışık. Yürüyüşte birisinin, yürüyüşü şöyle yapalım diye bir fikir söylemesi mümkün değil. Söyledi mi hemen sert bir şekilde müdahale ediyorlar. Sen de yürüyüşe katıl' diye haber geldi. Biz de, onlar da genç adamlarız. Grupla gidelim, kendimizi ezdirmeyelim, dayak yemeyelim, diyerek, yaklaşık elli kişilik bir grupla, 4 Kasım 1968 günü yürüyüşe katıldık.

Yürüyüşe katıldığımız gün, yürüyüşün arka tarafında bir kargaşa oldu. Gittim ki, Mustafa Gürkan ile Mersinli Ali Askeri isimli arkadaşlar kavga ediyorlar. Bu olay varolan gerilimi iyice arttırdı. Bunun üzerine, DÖB'lülere, 'bu yürüyüşte her şey sizin dediğiniz gibi olmaz. En iyisi bir komite oluşturalım' dedik. Deniz Gezmiş ile ben aday olduk. Oylama yapıldı, ben bir oy farkla komite başkanlığına seçildim. Bundan sonra yürüyüşü seçtiğimiz 7 kişilik komite yürüttü.

Yürüyüş Çorum'da iken benim başkanlığıma geçti. Yürüyüşe devam ediyoruz fakat o güne kadar yürüyüşün hızı günde 60-62 kilometreymiş. DÖB'lüler bir yerden, 'Che Guevera, günde seksen kilometre yürürmüş. Sonra banyo yapmak istediğinde donunu ve çoraplarını çıkarınca diktiği yerde dimdik dururlarmış. Che, banyosunu yapıp geldiğinde aynı çorapları ve donu yeniden giyermiş' gibi bir şey duymuş veya okumuşlar. Biz de, 'Yahu adam çoraplarını ve donunu çıkarınca nasıl dimdik duruyor? Böyle olur mu? Günde seksen kilometre yürünür mü? Milleti öldürmeyin' dedik ama DÖB'lüler bizi dinlemiyor. Bu nedenle biz de sekseni yakalamaya çalışıyoruz. Oysa onlar, Samsun'dan beri yürüdükleri için alışmışlar. Biz ise Ankara'dan gelmiş kişiler olarak yürüyüşe yeni katılmışız. İlk gün herkes yürüdü ama ikinci gün Ankara'dan gelen herkesin ayakları şişti. Biz, bu arada, yere yatarak, 'Vatan' yazdık.

Mola sona erdikten sonra yolumuza devam ettik. Merzifon'a bayraksız girdik. Zira kanunun bazı maddeleri bizim için pekâlâ uygulanabilirdi."[56]

FKF Genel Başkanı Zülküf Şahin, Hüseyin Cevahir, Orhan Kotan, Şekip Mermut ve bir grup öğrenci, 6 Kasım 1968 Çarşamba günü, destek olmak amacıyla Ankara'dan bir Rıza Kuas'ın Wolsvagen minübüsüyle yola çıkar ve yürüyüşçülerin bulunduğu Kocabaş köyü'ndeki dinlendikleri yere gelir. Şirin Yazıcıoğlu ile Akay Arsoy, yürüyüşçüler için dolma, midye gibi yiyecekler hazırlamıştır.

FKF Genel Başkanı Zülküf Şahin, Deniz Gezmiş'e, "Yürüyüşe FKF olarak katılmak ve desteklemek istiyoruz" der.

Deniz, "FKF'nin adıyla yürüyüşe katılıp katılmayacağınız için toplantı yapmamız lazım" der.

Toplantı yapıldıktan sonra Deniz, Zülküf Şahin'e, "Biz, Samsun'dan buraya kadar belli bir komite ile yürüdük. Yürüyüşün bitimine kısa bir zaman kaldı. Bu nedenle yürüyüşe FKF olarak değil kişi olarak katılabilirsiniz ".

Zülküf Şahin, "Ben, bir gençlik federasyonu başkanıyım. Komitesinde ve insiyatifinde olmadğım bir yürüyüşe benim katılmam doğru omaz. Getirdiğim arkadaşlarımı geri götürmem. Onlar sizinle beraber yürüyüşün sonuna kadar devam eder. Ama, ben, bu şartlarda devam etmem." der ve Kırıkkale'ye kadar yürüyüşe katılır.

7 Kasım 1968 Perşembe günü, Hüseyin Karslı'nın da bulunduğu bazı öğrenciler, İstanbul'dan Kırıkkale'ye gelir ve yürüyüşe katılır. FKF Genel Başkanı Zülküf Şahin, yürüyüşten ayrılır ve tek başına Ankara'ya geri döner.

Onbir-Onbir-Onbir

Yürüyüş, toplumun değişik kesimlerinin tepkilerine yol açmakta gecikmez.

Yürüyüş, Ankara'ya yaklaşırken söylentiler artmaya başlar. Söylentilerden en önemlisi şudur:

Yürüyüşçüler Anıtkabir'e girerken bir grup eylem koyacak. Eylem koyan bu grup taranacak ve o gece darbe olacak.

17 Nisan 1980 tarihli Aydınlık gazetesi bu konuda şunları açıklar:

"Sami Ünver kışkırtıcıları bu noktada harekete geçerler. Sözde amaçları yürüyüşçülerin Ankara'ya girmesini sağlamak. Bunun için Dil-Tarih'i basacaklar. İki hademeyi öldürecekler. Polisi fakülteye çekecekler. Böylece yürüyüşçüler Ankara'ya rahatça girecek. Dil-Tarih baskını, kortejin Ankara'ya gireceği sıraya denk getirilecek.

Sami Ünver grubunun planlarını Fikir Kulübünden Doğu Perinçek ve Gün Zileli haber alıyorlar. Birkaç devrimci genci Samilerin amacını iyice öğrenmek için, onların toplantısına gönderiyorlar Gençler toplantıda, öğrencilerle ilişkisi olmayan birçok şahsa rastlıyorlar. Bu adamların çoğunun sivil giyinmiş subaylar olduğu anlaşılıyor. Teğmen, üsteğmen, hatta yüzbaşı var aralarında. Toplantı bunlarla yapılıyor. Son derece gizli olan toplantıdan, şüpheli haberler geliyor. Kışkırtıcılar eylem için etraflarına birçok devrimciyi de toplamayı başarmış durumda. Tertipçilerin hademeleri vurduktan sonra, birkaç devrimciyi de katledecekleri hissediliyor.

Sonunda, Doğu Perinçek ve arkadaşları, polisin bu eyleminin engellenmesine karar veriyorlar. Gün Zileli, olayın devamını şöyle anlatıyor:

"Bunun üzerine onların o gün yaptıkları toplantıya gittik. İçeri girince, bize birşey diyemediler. İçlerinde arkadaşlarımız da var zaten. Şöyle bir hava yarattılar: İşte hep baraberiz , aramıza arkadaşlar da katıldı.

İçlerinden biri silahı çıkarttı, masanın üzerine koydu.

Yeni gelen arkadaşlar da , bizim önceden yaptığımız gibi silah üzerine yemin etsinler. Eylemi beraber yürüteceklerine, sonuna kadar sürdüreceklerine, polise haber vermeyeceklerine ve kaçmayacaklarına dair. Kim aksine davranırsa vurulacak Yemin etsinler.

Biz, yemin etmeye gerek yok, bu eylemi hatalı görüyoruz. Biz katılmayacağız, çekileceğiz, dedik. Eylemden ve sonuçlarından tamamen kendilerinin sorumlu olacağını söyledik. Çıktık, gittik. İş açığa çıkınca, adamlar bir şey yapamadı . DTCF'ni basma, hademeleri öldürme, belki de devrimcileri orada katletme planı, Sasun yürüyüşünün provokasyona getirilmesi planının bir parçasıydı. Bu işin içinde Troçkistiz diyen Sami Ünverler, bir takım subaylar ve büyük bir ihtimalle MİT vardı."

CHP Genel Başkanı İsmet İnönü, 7 Kasım 1968 Perşembe günü bir konuşma yaparak, "Gençlerin, demokrasi düşmanlarına fırsat verebilecek her türlü davranıştan kaçınmalarını" ister.

İnönü'nün bu sert çıkışı üzerine TMGT Genel Başkanı Kazım Kolcuoğlu, İkinci Başkanı Taylan Benli, AÜTB Başkanı Bilal Moğol, ODTÜ-ÖB Başkanı İskender Odabaşoğlu ve AYOTB Başkanı Galip Altun bir bildiri yayınlayarak, yürüyüşten çekildiklerini açıklar.

Başbakan Süleyman Demirel, 8 Kasım 1968 Cuma günü bir konuşma yaparak, "Öğrenci yürüyüşü ile sokaklar eskimez. Yeter ki kanuni olsun" der.

Aynı gün Bugün gazetesi, Bugün imzasıyla yayınladığı bir başyazıda şu görüşlere yer verir:

"Türkiye'deki komünistlerin dilinde 11, 11, 11 diye bir parola dolaşmaktadır. Bu nedir? Şifreli laflardan anlayanlara bakarsanız, bunun manası 11'inci ayın, 11'inci günü, saat 11'de demektir. Yani, bu tarihte harekete geçeceklerdir. Sayın Cumhurbaşkanı, Başbakan, Genelkurmay Başkanı, İçişleri Bakanı ve Milli Güvenlik Kurulu Genel Sekreteri ve muhalefet liderleri... Millet gözlerini sizlere dikmiştir. İpleri Moskova'dan oynatılan kızıl anarşistlere karşı en sert tedbirlerin alınmasını bekliyor. Komünizme karşı mücadelenizde halk sizinle beraberdir. Halk, gerekirse ordu ve zabıtanın yanında savaşacaktır. Tâ ki, mübarek Türkiye toprakları Moskof uşağı komünistlere mezar olsun."[57]

TMTF Genel Başkanı Ekrem Özer, "10 Kasım günü Sayın Cumhurbaşkanımızı Anıt Kabir'e sokmamak için hazırlıklar dahi yapılmıştı" diiye açıklama yapar.

Sonuçta yürüyüş 9 Kasım 1968 Cumartesi günü, Ankara'nın Kayaş ilçesinde bitirilir.

TMGT, AÜTB, ODTÜ-ÖB, yürüyüşten imzalarını geri çekince, yürüyüş yasa dışına düşmüş olur. Bunun üzerine, bir taşın üzerine çıkan Deniz, Rahmi Aydın'ın anlattığına göre tepkisini, orada bulunan arkadaşlarına ant içirerek şöyle dile getirir:

"Küçük burjuva devrimcileriyle, küçük burjuva reformistleriyle hiçbir zaman, hiçbir eylemde bundan sonra beraber olmayacağımıza; emperyalizme, emperyalizmin yerli işbirlikçilerine karşı savaştığımız gibi bundan sonra da küçük burjuva devrimcilerine, reformistlerine karşı savaşacağımıza ant içeriz."

Yürüyüşe katılan öğrenciler, 10 Kasım Pazar günü Anıtkabir'e giderek Atatürk, Gürsel ve Devrim Şehitleri'nin kabrini ziyaret eder, Anıtkabir özel defterine şunları yazar:

"Milli kurtuluş yolunda, Amerikan emperyalizmine karşı gerçekten izindeyiz. Milli Kurtuluş mücadelesi yok edilemez, onu yok etmek için, bütün Türk milletini yok etmek gerekir."

Anıtkabir'deki törenden sonra Deniz Gezmiş, Doğu Perinçek ve arkadaşları, TİP Kurultayına gider.

TİP Üsküdar İlçe Başkanı İlhan Ataöz, bu konuda şunları anlatmıştır:

"İlginç bir anım vardır Deniz'in bu yönüne ilişkin. TİP'in, 10 Kasım 1968 Pazar günü, Ankara Selim Sırrı Tarcan Spor Salonu'nda büyük kongresi vardı. Kongrenin ikinci gününde, bir ara, 'Deniz kongreyi basacak' diye bir söylenti dolaştı. Aradan bir zaman geçtikten sonra Deniz, arkadaşlarıyla birlikte kongreye geldi. O sırada Partinin güvenlik sorumlusu olarak da, Sinan Cemgil, Hüseyin İnan, Ayı Atilla dediğimiz Atilla Arsoy, Asker Mehmet dediğimiz Mehmet Sönmez gibi genç arkadaşlarımız var. Sinan, dışarı çıkarak, Deniz'e; 'Eğer kongreyi izlemek için geldinse gir, izle. Yok olay çıkartmak istiyorsan buna izin vermeyiz. Olay çıkartmazsan iyi olur' gibi şeyler söyledi. Tabii Üsküdar ilçesi üyesi olduğu için Başkanı olarak ben de yanına gittim. Deniz'i alıp içeriye girdim. Bu olayda, Doğu Perinçek de vardı. Bunlar Parti üyesi olduğu için rahatça içeri girebildiler. Bir süre birlikte oturduk. Olayı böylece yatıştırdık."

Cemal Tural'ın 1968 Kasım Ayında Darbe Hazırlığı İçinde Olduğu Söylentisi

Yürüyüş sırasında, yayılan söylentiye göre, yürüyüş Ankara'ya varınca, askeri bir darbeyle bitecekmiş.

Yürüyüşe katılanlardan Eyüp Neşat Yıldırım, bu konuda şunları anlatmıştır:

"Yürüyüşün sonlarına yaklaştığımızda bazı yayın organlarında aleyhimizde yayınlar arttı. Doğu Perinçek'in babası Sadık Perinçek, Adalet Partisi milletvekili ve partinin önde gelen adamlarındandı. Onun aracılığıyla bize haberler gelmeye başladı. Yürüyüşü bitirin. Ankara'da yürüyüş hakkında çok olumsuz şeyler söyleniyor, vb. diye. Daha sonra yürüyüşü destekleyenlerden 27 Mayıs Milli Devrim Derneği Genel Başkanı eski subaylardan Kadri Kaplan da bize gelerek, yürüyüşü Ankara'ya girmeden bitirmemizi istedi. Böylece yürüyüşü bitirdik."

Bu konuda Bozkurt Nuhoğlu şunları söylemiştir:

"Yürüyüşü Ankara'da düzenleyeceğimiz büyük bir mitingle kapatacaktık. Burada amacımız, yürüyüş boyunca yol üzerinde bulunan yerleşim birimlerindeki insanlara, iktidarın yasa dışı eylemlerini sergilemek, ülkede özgürlük ve demokrasi olmadığını anlatmaktı. Bizler, bazı arkadaşlar samimi bir şekilde bunları sergilemek istiyoruz, bazı arkadaşlar burada darbe yapmayı planlıyorlardı. Ama eylemin arkasında da bir sürü güçler vardı. Bu koşullar içinde 12 Mart'a gelindi."

Cüneyt Arcayürek, "Darbeler ve Gizli Servisler" isimli kitabında (sayfa:105), "Cemal Tural'ın 1968 Kasım Ayında darbe hazırlığı içinde" olduğunu belirtir.

Talat Turhan, "Özel Savaş Terör ve Kontgerilla" isimli kitabında (sayfa: 34,35), "Cemal Tural'ın darbe planı doğrusu dört dörtlüktü" diye bahseder.

Bu yürüyüşe katılanlardan bir kısmı şunlardır:

Doğu Perinçek, Hüseyin Cevahir, Deniz Gezmiş, Mustafa İlker Gürkan, Mustafa Lütfü Kıyıcı, Eyüp Neşat Yıldırım, Deniz Çamlıbel, Kazım Kolcuoğlu, Bozkurt Nuhoğlu, Oral Çalışlar, Cengiz Çandar, Cihan Alptekin, Orhan Kotan, Atilla Sarp, Mustafa Zülkadiroğlu, Timur Erkman, Özgün Nas, Demir Küçükaydın, Selahattin Okur, Mustafa Karşılayan, Mehmet Mehdi Beşpınar, Cevat Ercişli, Hüseyin

Karslı,Feridun Şakar, Şekip Mermut, Ali Askeri, İskender Odabaşoğlu, Zülküf Şahin, Toygun Eraslan, Nazif Önal, Önder Aktosun (Tarzan Önder), Muzaffer Köklü ve eski Milli Birlik Komitesi üyelerinden 27 Mayıs Milli Devrim Derneği Başkanı Kadri Kaplan.

Bugün gazetesi, yürüyüş hakkında yayınladığı yazı dizisinde şunları açıklamıştır:

"11 Kasım 1968. Birkaç günden beri herkesin ağzında dolaşan 11, 11, 11 gerçekleşmedi. Deniz Gezmiş'in ortaya attığı ve herkese dağıtılan bu 11'lerin manası şuydu: 'Kasım ayının on birinci günü, saat on birde."[58]

Yaşanan tartışmalar bir çok kişide düş kırıklığı yaratmıştır.

Samsun-Ankara yürüyüşüne İstanbul'dan katılanlar otobüsle İstanbul'a geri dönerken, iki şişe konyak içmiş olan İstanbul Üniversitesi Hukuk Fakültesi öğrencisi Hüseyin Karslı, otobüsün arka tarafında oturan Deniz Gezmiş'in yanına giderek°

"Biz kemalist miyiz, marksist miyiz yoksa neyiz?" diye bir soru sorar ve kafa vurur.

Devrimci Gençlere Silah Çekiliyor

Deniz, 12 Kasım 1968 Salı günü, arkadaşlarıyla birlikte saat 11.30'da "Dağbaşını Duman Almış" Marşını söyleyerek İstanbul Üniversitesi orta bahçesinden yürüyüp Atatürk anıtı önüne gelir. Burada Atatürk'ü anma nedeni ile Adalet Partisi tarafından konulan çelenk önce parçalanır, sonra da yakılır.

O sırada bildiri dağıtmakta olan Hukuk Fakültesi Talebe Cemiyeti İkinci Başkanı Yıldırım Tosunlar, Deniz ve arkadaşları tarafından dövülür.

27 Kasım 1968 Çarşamba günü Deniz, Hukuk Fakültesi'nin duvarlarına yazı yazmaktadır. CMKP'li bir komando kendisine engel olur. Deniz bunun üzerine kendisine karışan komando ile ilk önce tartışır, daha sonra da onu hırpalar.

Olayın hemen ardından üniversite merkez binasına gelen otuz CKMP'li, iki DÖB'lü öğrenciyi yakalayarak hakarette bulunur. Bunu duyan DÖB'lü öğrenciler, arkadaşlarına saldıranlara ders vermek amacıyla Edebiyat Fakültesi'ne gider.

Burada yakaladıkları CKMP'li komandolara şiddetle yanıt verilir. Bu arada CKMP'lilerin önde gelenlerinden Ufuk Şehri dayak yememek için pardösüsünün cebinde bulunan silahı çekerek, DÖB'lülere doğrultur. Selahattin Okur, Şehri'nin üzerine yürür, fakat CKMP'liler tarafından önlenir. Olay daha sonra araya girenlerce yatıştırılır.

İkiyüzelli Lira

DÖB, Yapı İşçileri Sendikası, Türk Solu Dergisi ile Demokratik Devrim Derneği aynı politik doğrultuda hareket eden kuruluşlardır ve aynı binada çalışmalarını sürdürmektedir. DÖB'lü gençler, diğer örgütlerin yönetim organlarında da görev alır.

Deniz, Rasih Nuri İleri'nin isteğiyle Demokratik Devrim Derneği yönetim kuruluna girer. Derneğin 24 Kasım 1968 Pazar günü yapılan genel kongresinde Deniz yönetim kuruluna girer ve "Gençlik Hareketleri Seksiyonu" sorumluluğunu üstlenir.

14 Mayıs 1968 Çarşamba günü kurulan Demokratik Devrim Derneği, İstanbul 5. Sulh Ceza Mahkemesi'nin aldığı bir karar üzerine 26 Haziran 1969 Perşembe günü kapatılır.

Bu sırada basında iki açıklama yayınlanır.

Siyasi polis tarafından yapılan açıklamaya göre, Demokratik Devrim Derneği tarafından Deniz Gezmiş'e verilmiş 250 liraya ait iki makbuz bulunmuştur.

Gazete muhabirlerinden Uğur Akyel ise şu açıklamayı yapar:

"Bir gün iş dolayısıyla N. Z.'nin odasına girdim. Bir zarfa binlikler koymakla meşguldü. Paraları koyduktan sonra zarfı kapattı. Bu arada da odaya Erdoğan Arıpınar girdi. Kendisini patronun gönderdiğini belirttikten sonra, 'Deniz Gezmiş'e bir emanet varmış, götüreceğim' dedi. N. Z. az önce kapattığı zarfı Erdoğan Arıpınar'a uzattı. 'Kimse görmesin, bir de röportaj istiyorum' şeklinde konuştu."[59]

Günaydın gazetesi tarafından yapılan röportaj, 20 Eylül 1969 Cumartesi günü, Yurdaer Acar imzasıyla, "Deniz Gezmiş'le saklandığı yerde konuştuk" başlığıyla yayınlanır.

Deniz'le yapılan bu röportaj konusunda, şimdi Avrupa'da yaşayan Mihri Belli şunları söylemiştir:

"Özellikle Deniz Gezmiş'in şahsı için yapılan reklam sonucu kamuoyunda uyanan ilgiyi de abartmamak gerekir. Günaydın gazetesi gibi yayın organlarının arkasındaki basın tröstünün Demirel'i iktidardan düşürmekte özel menfaatları vardı."[60]

Babası Cemil Gezmiş ise bu konuda şunları yazmıştır:

"Sana dışarıdan çok miktarda para alıyor dediler, bazı gazete sahipleri zarflar içinde binlikleri sana gönderdi dediler. Bu ne tezat oğlum, bu kadar bol parası olan banka soyar mı?"[61]

Dağa Çıkmaya Karar Verdik

Öğrenciler, ABD'nin Ankara'ya yeni atadığı büyükelçi Robert Commer'i protesto etmek amacıyla havaalanına gider. Ahmet Candangil, olayı şöyle anlatmıştır:

"28.11.1968 tarihinde saat 15.00 sularında DÖB'lü ve birkaç tane de FKF'li öğrenci TMGT'nda konuşuyorlardı. Bu arada Yeşilköy Havaalanı Danışma Bürosu'ndan teşkilata telefon edilmiş; saat 16.30'da Amerikan Büyükelçisi Commer'in Yeşilköy'e ineceği haber verilmişti. O sırada TMGT'nda bulunan öğrenciler süratle İstanbul Üniversitesi Hukuk ve İktisat Fakültelerinin amfilerine dağıldılar. Deniz Gezmiş'in yaptığı konuşmalarla 80 kişilik bir öğrenci grubu derhal Yeşilköy'e hareket etti. Yeşilköy'de polisle karşılaşılmış ve Commer'in uçağı sanılarak başka bir PAN Amerikan uçağına hücum edilerek, çürük yumurta ve taş atılmıştı."

Olay sonrasında gözaltına alınan 18 öğrenciden Deniz Gezmiş, Mustafa Zülkadiroğlu, Mustafa Gürkan, Toygun Eraslan ve Rahmi Aydın 29 Kasım Cuma günü, Bakırköy Nöbetçi Sulh Ceza Mahkemesi tarafından tutuklanır.

Duruşma yargıcının, "Son sözünüz var mı?" sorusuna gençler:

"Son sözümüz kahrolsun Amerika'dır" karşılığını verir.

Öğrenciler, duruşmadan çıktıktan sonra, "Bağımsız Türkiye Marşını" söyler.

Commer'i protesto eden öğrencilerin Cumhurbaşkanı Cevdet Sunay'a gönderdikleri telgraf şöyledir:

"Vietnam'da emperyalist Amerika'nın uşaklığını yapan CIA ajanı Commer yeni bir Vietnam denemesi için Türkiye'ye geldi. İtimatnamesini kabul etmeyiniz. İTÜ-ÖB, İÜİF, İÜOF, İÜ Dişçilik Fakültesi, DÖB, FKF."

Bu tutukluluklarında Sultanahmet Cezaevi'nde Deniz ile yaptığı bir konuşmayı Rahmi Aydın, şöyle anlatmıştır:

"Cezaevi avlusunda, Deniz ile bir taraftan volta atıyoruz, bir taraftan sohbet ediyoruz. Deniz anlatıyor, ben dinliyorum. Sohbetin bir yerinde, Deniz,

'Fakülteyi bitirmek, diploma almak. Bunların hiçbirisinin devrimcilikle bir ilgisi yok. Bunlar burjuva işi. Bir kere okulu bırakmak lâzım. Zaten okulu bırakmış gibiyim. Nasıl olsa tutuklamalar peş peşe' dedi.

'Peki, okulu bıraktıktan sonra ne yapacağız?' diye sordum.

'Yirmi otuz kişi, dağa çıkarız' dedi.

'Tamam. Bizim şehirlerde işimiz ne? Dağa çıkalım' dedim.

Deniz anlatıyor, ben onaylıyorum. O gün görüş günüydü. Türk Solu, Aydınlık, Ant gibi dergiler ve birçok kitap getirdiler. Dergilerdeki bazı yazıları okuduk. Ve o yazılara göre, bir saat içinde üç defa tavır değiştirdik. İlk önce dağa çıkmaya karar vermiştik. Bir yazı okuduk, 'Bu iş gerilla ile olmaz, ilk önce parti kurmak lâzım. Parti kurmadan milli demokratik devrim olmaz' dedik. Deniz, 'Bu iş dağa çıkmayla olmaz. İlk önce parti kuracağız' diyor, ben, 'Tamam Deniz. Parti kuralım' diyerek onaylıyorum. Bir başka yazı okuduk, Cephede partinin olması gerekli ama öncü olması gerekmez, diyor. O zaman, Deniz'le beraber, 'Madem öncü olması gerekmez partiyi başkaları kursun' diye karar aldık. Ondan sonra, bir başka yazı daha okuduk, tekrar dağa çıkmaya karar verdik.

Fakat, biz Deniz'le sonra ayrı düştük. Deniz, kişi olarak yürekli, insancıl, arkadaşlarına düşkün, çok ayrı özellikleri olan bir kişiydi. Deniz ile ne zaman tartışsam, söylediklerime hep hak vermiştir. Ama Deniz'le oturup, tartışamıyorsun. Bir bakıyorsun ki, Deniz içerde. Deniz, hapishaneden çıkıyor, geliyor, üniversitede eylem koyuyor. Yani hapishaneden; Sultanahmet Cezaevi'nden üniversiteye yürüyüp geliyor ya, o arada bir eylem planlıyor, geliyor bir hocanın dersini basıyor. Deniz böyle bir adam."

Gençlik Eylemlerinin Bitim Noktası

Deniz'in 1968 Temmuz'unda başlayan öğrenci liderliği, FKF Genel Merkezini MDD'cilerin ele geçirmesi ve genel başkanlığa Yusuf Küpeli'nin getirilmesi, ardından FKF İstanbul Sekreterliği'ne MDD'cilerin gelmesiyle sona erer.

Harun Karadeniz, bu konudaki görüşlerini şöyle dile getirmiştir: "Sanırım gençliğin eylemlerinin bitim noktası için şu genel ilkeyi belirlemek yeterlidir. Genel olarak 'Gençlik eylemleri iktidara yöneldiği anda biter.' Daha doğrusu eylem iktidara yöneldiği anda, gençliğin faydalı hareket sınırı aşılmış ve partinin eylem alanına girilmiş demektir.

1969'da öğrenci eylemlerinin ve Türkiye'nin geldiği nokta özellikle öğrencilerin ve bizim gücümüzü çoktan aşmıştı.

Ancak fikir ayrılıkları, bölünmeler, suçlamalar ve sapmalar bu dönemde başladı. Benim burada söylemek istediğim en önemli yan, Türkiye'deki gelişmelerin artık gençliği aşan bir düzeye varmasıdır. Evet, gelişme artık gençliği aşıyordu. Yurt sorunları oldukça anlaşılmış ve devrimci dünya görüşleri genellikle öğrenilmişti ve artık yapılması gereken iş iktidar savaşıydı. Bu iktidar savaşını yürütmek ise gençlerin hele hele öğrenci gençlerin işi ve görevi de değildi. Bu işi yapacak olan örgüt, işçi sınıfının örgütü yani bir parti olmalıydı. Fakat o dönemin tek partisi olan TİP içinde de çatışmalar büyüyor ve parti yavaş yavaş insiyatifini kaybediyordu. Bunun içindir ki, gençlik kuruluşları birer partiymiş gibi çalışmalar yapmaya başladılar.

1970 sonrası olayları, 1969'da gençlerin girdiği yolun doğal sonuçları oldu. Çünkü 1968-1969'da iktidar ortaklığına çağrılan gençler, bir iki bekledikten sonra kendi başlarına iktidar mücadelesine yöneldiler. Gerçi bu yönelmenin yine de kendi başlarına değil, bazı cunta ilişkileri içinde olmuşluğu da sözkonusu."[62]

Olaya bir başka boyuttan bakarak değerlendiren Müfit Özdeş ise şunları söylemektedir:

"Öğrenci hareketi kısa vadeli amaçlar için hareket edebilir. Siyasi bir işçi hareketi önümüzdeki 100 yıl içinde iktidarı ele geçirme perspektifiyle hareket edebilir ama öğrenci hareketi o kadar uzun vadeli baktımı yerinde sayar, yerinde oturur. Kısa vadede, hemen birşey yapmak düşüncesindedir. Sınıfsal konumu dolayısıyla da bu böyledir."

Aynı değerlendirmeyi Bozkurt Nuhoğlu bir başka açıdan şöyle ifade etmiştir:

"1969-71 arasında bir kısım arkadaşlar kısa yoldan çözümlere gittiler. Bilinen olaylar. Gençler atak insanlardır. Erken çözümü kabul ediyorlar. Uzun ve sabırlı işlerde gençler yok. Politika, birşeyler kotarmak uzun ve sabır isteyen birşey. Bir grup arkadaşımız o dönem kısa ve çabuk netice alındığına inandıkları çözüm yollarına gittiler. Gerilla savaşını istediler ve başlattılar. Onlara birisinin empoze ettiğini sanmıyorum. Ama birşeyi vurgulamak istiyorum, o dönem Türkiye'de darbe yapmak isteyen bazı çevreler bu arkadaşlarla ilişkiye girdiler. Bu ilişki kurma girişimi ya bunlar tarafından ya da karşı taraftan geldi, onu bilmiyorum."

Osman Saffet Arolat ise şunları söylemiştir:

"Biz genel olarak 1960 gençliği, o dönem iktidarı alma amacında olan bir gençliktik. İktidar için mücadele ettiğimizi sanıyorduk. Bu hem TİP paralelindeki hem de TİP dışındaki gençler için böyleydi. Herkes erken bir dönemde iktidara gelineceğini zannediyordu. Bu, 1967'deki Milli Bakiye Seçim Sistemi'nin ortadan kalkmasına kadar da devam etti. Sonra o tür bir hareketin olamayacağı çok açık olarak ortada olunca o zaman kadrolar kendi aralarında farklı yollar seçtiler. Bir bölümü yine iktidara parlamento yoluyla geleceğine inanıp bu yolda çaba harcadı, bir bölümü hareketin askeri kadrolarla yapılabileceğini düşündü, bir bölümü fokoculuk dediğimiz Latin Amerika devrimi örneğini düşündü, bir bölümü Çin devrimi örneğini düşündü. DÖB kadrosundaki arkadaşlar aslında kendilerini erken olarak iktidarın adayı bireyler olarak görüyorlardı."

Mustafa Zülkadiroğlu da, bu konuda şunları söylemiştir:

"Deniz, yer aldığı siyasi hareket ve düşünce olarak temel anlamda kendini gençlik kesimine dayandırmıştı.

Vietnam Devrimci Gençlik Birliği'nden, Vietnam İşçi Partisi'nin doğuş örneği vardır. 1920'lerde Şanghay'da binlerce insanın öldüğü öğrenci ayaklanması vardır. O ayaklanmadan sonra yüzlerce öğrenci öldürülmüş, tutuklanmış ama sonra işçilerin ayaklanmasına yol açmıştır. Böyle bir şey olabilir düşüncesi vardı."

BİRİNCİ BÖLÜM DİPNOTLARI

1. *Cumhuriyet,* 18.1.1971

   Not: Deniz, 28 Şubat 1947 Cuma günü doğmuştur. Deniz'in Nüfus İdaresi'ndeki bilgileri şöyledir:

   Adı: Deniz

   Soyadı: Gezmiş

   Baba Adı: Cemil

   Ana Adı: Mukaddes

   Doğum Yeri: Ayaş

   Doğum Tarihi: 28.2.1947

   Nüfusa Kayıtlı Olduğu İl: Erzurum

   İlçe: Ilıca

   Mahalle/Köyü: Öznü-Beypınarı

   Cilt No: 5

   Sayfa No: 129

   Hane No: 27
2. *68 Başkaldırının Yedi Rengi,* Oral Çalışlar, sayfa: 15
3. *Darağacında Üç Fidan,* Nihat Behram, sayfa: 133
4. *Cumhuriyet,* 3.9.1969
5. *Darağacında Üç Fidan,* Nihat Behram, sayfa: 132-133
6. *İkibine Doğru,* 24.12.1989, sayı: 53
7. *Akşam,* 18. 6.1969
8. *68 Başkaldırının Yedi Rengi,* Oral Çalışlar, sayfa: 14
9. *Aydınlık,* 11.4.1980
10. *Toplumsal Kurtuluş,* Ağustos 1987, sayı: 2; *Zemin,* Temmuz 1987, sayı: 8
11. *Halkın Sesi,* 6.5.1975, sayı: 4

12. *Cumhuriyet,* 18.1.1971
13. *Darağacında,* Ahmet Kahraman, sayfa: 264, 343-344
14. *Hürriyet,* 20.3.1971
15. *Tercüman,* 22.3.1971
16. *Çankaya'ya Giden Yol,* Cüneyt Arcayürek, sayfa: 44
17. *Milliyet,* 22.3.1971
18. *Nokta,* 15 Mart 1987, sayı: 10
19. *Akşam,* 18. 6.1969
20. *Niçin Geç Kaldım,* Füsun Erbulak, sayfa: 257 ve 248.
21. *Tempo,* 3.1.1996, sayı: 1, sayfa: 46, 47, 48, 49.
22. *Hürriyet,* 2.1.1998; *BİBA* Dergisi, Ocak 1998. BİBA Dergisinin okuyucuları arasında yaptığı, "Yüzyılın En Seksi Kadın ve Erkekleri" anketinde, en seksi seçilen erkekler sırasıyla şöyledir: 1- Richard Gere, 2- Bruce Wills, 3- Tom Cruise, 4- Brad Pitt, 5- Deniz Gezmiş, 6- Tarkan, 7- Mehmet Aslantuğ, 8- Beyaz, 9- Levent Özdilek, 10- Mustafa Sandal.

Not: konu için ayrıca bakılabilir:

1) Bayanların Deniz'e olan ilgisini bir gazeteci, Deniz'in bir duruşmasında karşılaştığı olayla ilgili yazısında şöyle yansıtmıştır: "Sandalye üzerine çıkan kız öğrencilerin hıçkıra hıçkıra ağladıkları dikkati çekmiştir." *Yeni İstanbul,* 1.2.1969.

2) "Çok Sıkı Tedbir Vardı- Cengiz Polatkan: Ankara-Türkiye'de ilk gerilla efsanesinin kahramanı Deniz Gezmiş, dün sabah Adalet önünde hesap verdi. İkinci Ağır Ceza salonunu dolduran kalabalık her ne kadar vatandaş gibi görünüyorsa da tümünün polis olduğu apaçık okunuyordu. Kapı önünde genç kızlar saf duruyorlardı. Evet, Deniz Gezmiş, kadın polisler tarafından korunuyordu Adliyede.

Sabahın erken saatlerinden itibaren Adliye önünde bekleşen vatandaş kitlesi polis ve askeri birlikler tarafından güçlükle dağıtılmıştı. Yargılama başlayıncaya kadar Adliye görevlilerinden çoğu da içeriye giremediler.

Kalabalık arasında çoğunluğu teşkil eden öğrencilerin yarıdan fazlası Gezmiş'in kız arkadaşlarıydı. Ne yazık ki rüyalarına giren Deniz'i bu kez de göremeyeceklerdi.

Duruşma salonu kapısında duran beş altı genç kız nefes dahi almadan Gezmiş'i dinliyorlardı. Etrafta bulunanlar genç kızlar için, 'Belki Deniz Gezmiş'in aşklarından bir kaçı' diyorlardı. Ama aslında bu genç kızlar Emniyet Müdürlüğü'nün kadın polisleriydi.

'Kızların sevgilisi' olarak bilinen Deniz Gezmiş, Adliyede kadın polisler tarafından korunuyordu.

Anafartalar caddesini dolduran vatandaşlar ve kız arkadaşları sabah gelişinde olduğu gibi gidişinde de sadece cezaevi otomobilini seyretmişlerdi." (*Yeni İstanbul,* 13.4.1971)

23. *İkibine Doğru,* 24.12.1989, sayı: 53
24. *Özgürlük Dünyası,* Mayıs 1989, sayı: 7
25. *Milliyet,* 10.8.1989
26. *İbrahim Temo'nun İttihat ve Terakki Anıları,* sayfa: 12
27. *Olaylı Yıllar ve Gençlik,* Harun Karadeniz, sayfa: 91
28. *Ant,* 2 Temmuz 1968, sayı: 79
29. Mehmet Ali Birand/Can Dündar/Bülent Çaplı, *12 Mart,* Ankara, İkinci Baskı, Eylül 1994, sayfa: 147-148
30. *Cumhuriyet,* 6.1.1991.
31. Oya Baydar, bu konuda şunları anlatmıştır: "Türkiye İşçi sınıfının Doğuşu konulu doktora tezim, jüri kabul ettiği halde; İstanbul Üniversitesi Edebiyat Fakültesi Profesörler Kurulu tarafından onaylanmayarak reddedilmişti. Bu, o günlerin siyasal havası içinde fakültedeki sağcı-solcu öğretim üyeleri çekişmesinin bir sonucuydu. Türkiye İşçi Partisi üyesi ve sosyalist olduğum biliniyor, bizim gibi genç asistanları destekleyen, hattâ bize serbestçe ders verme olanağı tanıyan demokrat ve sol eğilimli profesörlerle benim tezim bahane edilerek hesaplaşılıyordu.

    Sosyoloji Bölümü'nde Sosyal Düşünce Tarihi derslerini ben veriyordum. Derslere, başka fakülte ve bölümlerden de gelenler olurdu. Ama o gün amfi tıklım tıklım doluydu. Felsefe-sosyoloji koridorunda da olağanüstü bir hareketlilik vardı. Doktora tezimin reddedildiği haberi duyulmuştu ve öğrenciler açıklama bekliyordu. Hiçbir şey olmamış gibi kürsüye çıktım ama bir süre sonra konunun doğal akışını keserek doktoranın reddi konusuna geldim ve Türkiye İşçi Sınıfının doğuşundan, bu konunun belli çevreleri rahatsız ettiğinden sözettim. Ders bitince de neden o kadar kalabalık olduğunu hâlâ kavrayamadığım amfiden alkışlar arasında çıktım ve odama döndüm. Bir dakika kadar sonra kapı vuruldu. Kapıda çok uzun boylu, bugün hatırladığım kadarıyla başı neredeyse kapının üstüne değen bir genç vardı. 'Ben Deniz Gezmiş'im, doktoranız reddedildiği için üniversiteyi işgal edeceğiz' dedi ve başka hiç bir şey eklemeden çıkıp gitti. Bu Deniz Gezmiş'i ilk ve son görüşümdü. Sonradan 'mini işgal' diye anılan olay böyle başladı." (Cüneyt Akalın, *Düşler ve Gerçekler,* Sarmal Yayınevi, İstanbul, Kasım 1995, sayfa: 158, 159.)

32. *Akşam,* 5.9.1969
33. *Cumhuriyet,* 3.9.1969
34. *Darağacında,* Ahmet Kahraman, sayfa: 264
35. *Darağacında Üç Fidan,* Nihat Behram, sayfa: 133; *Darağacında,* Ahmet Kahraman, sayfa: 265
36. *Ulus,* 16/17 Ekim 1958
37. *TİP'te Oportünist Merkeziyetçilik,* Rasih Nuri İleri, sayfa: 60-61, *Çağdaş Yol,* Şubat 1988, sayı: 3
38. Konu için bak: "Çorumlu İşçiler Yürüdü-Sendikacılar Nutuk Çekti" Yazı Dizisi, Tanju Cılızoğlu, *Akşam*: 2/6.9.1966
39. Mehmet Ali Aybar, *TİP Tarihi,* cilt: 3, BDS Yayınları, İstanbul, 1988 Temmuz, sayfa: 61, 62, 63.
40. Yahya Kanbolat, *Olduğu Gibi,* Bayır Yay. Hatay, Nisan 1979, sayfa: 24.
41. Harun karadeniz, *Olaylı Yıllar ve Gençlik,* sayfa: 178
42. *68 Başkaldırının Yedi Rengi,* Oral Çalışlar, sayfa: 118-120
43. *Proleter Devrimci Aydınlık* Seçmeler, C: 1, sayfa: 14-15, 20
44. *68 Başkaldırının Yedi Rengi,* Oral Çalışlar, sayfa: 132-133
45. *Günaydın,* 20.9.1969
46. *Günaydın,* 17.10.1969
47- *Cumhuriyet,* 7.4.1988

48- *Milliyet,* 7.11.1971

49. *Bir Uzun Yürüyüştü 68,* Alev Er, sayfa: 119

50. Harun Karadeniz, *Olaylı Yıllar ve Gençlik,* sayfa: 177, 178.

Harun Karadeniz, İstanbul'da oluşturulan Dev-Güç olayı konusunda ayrıca şu bilgileri vermiştir:

"1968'in Mart ayı ortalarında Ankara, İstanbul ve İzmir'den gelen gençlik temsilcileri ile Maçka'da toplandık. İTÜTB adına Hasan Yalçın ve ben katılıyorduk. Ankara'dan TMTF adına Sencer Güneşsoy, Ankara Yük. Ok. TB'den başkan Necla Macit, ODTÜ-ÖB'den Cengiz Haksever'den başka İzmir, Ankara ve İstanbul'dan epeyce örgüt temsilcisi katılmıştı toplantıya. Yanılmıyorsam otuz kişiden fazlaydık.

Toplantıda başlıca iki konu görüşüldü. Daha doğrusu toplantı iki bölümden oluşuyordu. Birinci bölüm, birleşmenin ve birlikte eylem yapmanın gereği üstüneydi. İkinci bölüm ise yapılacak eylemlerle ilgiliydi.

Birinci bölümde herkes söz aldı. Fazlaca bir ayrılık yoktu. Hemen herkes birleşmenin ve birlikte eylem yapmanın faydalarından söz etti. Bu konuda herkes hemfikirdi. Fakat yeni örgütlenmenin nasıl olacağı ve neler yapılacağı konuşulmaya başlayınca durum değişti. Toplantıya katılanlar ikiye bölündü. Bu bölünme sosyalizmi isteyenlerle, CHP'ye paralel kalınmasını ve CHP ile diyalog kurulmasını isteyenler biçimindeydi. Sosyalizm yanlıları İTÜ-TB, İTÜ-TOTB, ODTÜ-ÖB ve bazı başka örgütler idi. Bu örgütler, Özel okullar yürüyüşünü gerçekleştirmiş ve iyi bir dayanışma ile Türkiye'deki devrimcilerin desteğini sağlamıştı ve gençlik içindeki en ileri çizgiyi temsil ediyorlardı.

Sencer Güneşsoy başkanlığındaki TMTF, Ankara Yüksek Okullar ve diğer bir kısım örgüt temsilcileri ise ilericiliği benimsemiş fakat sosyalizmi pek benimsememiş kişilerdi. Bunlar örgüt adına konuşmaktan öte gençlik içinde de pek etkinliği olmayan kişilerdi.

Tartışma öyle bir noktaya geldi ki; sosyalist olmayanlar ile sosyalistlerin yolu ayrıldı. Sosyalist olmayanlar, NATO'yu benimsemediklerini fakat 'NATO'ya Hayır' diyemeyeceklerini, Çetin

Altan ve Muammer Aksoy gibi insanlara okullarında konferans verdirmeyeceklerini söylediler. NATO'ya hayır deyip dememe öyle uzun bir tartışma halini aldı ki, ben önce tek tek temsilcilere sorularak, durumun aydınlığa kavuşmasını önerdim. Öneri uygun bulundu ve herkese soruldu:

'NATO'ya evet mi, hayır mı diyorsunuz?'

Bütün cevaplar 'Hayır' idi. Fakat konu orada bitmedi. Özellikle Ankara'dan gelenler: 'Biz hayır diyoruz ama, şimdi bunu kitleye karşı söylemek olmaz, onun için biz...' diye sözü uzatıyorlardı ki Hasan Yalçın kızdı: 'Bu toplantıdan hiç bir sonuç çıkmayacağı anlaşılmıştır. Saatlerdir aynı konuya takılıp kaldık. İTÜTB delegasyonu olarak toplantıdan çekiliyoruz' dedi.

Toplantıdan ayrıldık. Biraz sonra ODTÜ-ÖB delegasyonu ve diğerleri bizi izledi. Kendi aramızda yaptığımız görüşmelerde yeniden bir toplantı düzenleyerek üst örgütü oluşturmayı, bu üst örgüte göstermelik örgütleri almamayı ve sosyalist çizgideki örgütlerin birleşmesini sağlamayı ve böylece devrimci potansiyeli gerçekten devrimci bir çizgide değerlendirmeyi öngörerek dağıldık.

Aradan bir ay geçmemişti ki, Ankara'da 'Devrimciler Güçbirliği' adı altında bir birlik kurulduğu ilan edildi. Maçka toplantısında bize karşı olanların tümü bu birliğe girenler arasındaydı. 'Devrimciler Güçbirliği' alelacele ve bizden habersiz kurulmuştu. Özellikle teknik örgütler en hareketli ve en ilerici örgütlerdi. Devrimciler Güçbirliği ise bizden gizlice ve Maçka toplantısında 'NATO'ya Hayır' diyemeyeceklerle beraber kuruluvermişti. Üstelik devrimciler güçbirliğinin başında tabii senatör Kadri Kaplan bulunuyordu. Hareket düpedüz bize karşı planlanmıştı. 27 Mayısçılar 1960'dan sonra İnönü ile anlaşmışlar, daha doğrusu İnönü'ye yanaşmışlardı. Anlaşılan oydu ki, belli bir çizgiden daha ileri gidilmemesi isteniyordu. Özellikle gençliğin 27 Mayısçılardan ve Atatürkçülerden ayrı olarak örgütlenmesi tehlikeli bulunuyordu.

Özellikle 1967'den itibaren Türkiye'deki devrimciler her konuya sınıf açısından bakmaya yönelmişlerdi. 27 Mayıs ve Atatürk ilkeleri geride kalmış; devlet, ordu ve egemen sınıflar doğru olarak kavranmaya başlanmıştı. Fakat bizim aydınlarımızın yapısında biraz tepeden inmecilik vardır. Tanzimatta, Türkiye Cumhuriyeti'nin kuruluşunda ve daha bir çok olayda bu tavrı görmek mümkündü. 1960'ta ise bu tavır; 'halka rağmen halk için' diye ifade ediliyordu. 1960'tan sonra sürekli bir Cunta söylentisi içinde yaşamıştık. Cuntacılık oldukça taraftar buluyordu. Sosyalist dünya görüşünün yayılmasıyla bu tür eğilimler azalmıştı ki bir Mihri Belli çıktı; 'Asker, sivil, aydın zümre' diye bir laf tutturdu ve cuntacılığa sosyalist literatürde bir yer verdi. Milli demokratik devrim, 'Asker, sivil, aydın zümrenin devrimci geleneğine' binaen gerçekleştirilecekti. Tam sosyalist teori benimsenip Cuntacılık bir kenarda bırakılıyordu ki Mihri'nin bu teorisi imdada yetti (!)

Ankara'da aceleyle kurulan Dev-Güç Mayıs ayında İstanbul'da örgütlenmeye yöneldi. TMGT aracılığı ile toplantıya çağrıldık. Dev-Güç'ün İstanbul'daki örgütlenmesi TMGT çevresinde olacaktı. TMGT'nda geniş bir toplantı düzenlendi. Toplantıya Dev-Güç'ün ağır topları da katılıyordu.Bizim tavrımız doğal olarak Dev-Güç'e karşıydı. Çünkü Dev-Güç bize karşı kurulmuştu. Daha ileri çizgide örgütlenmemizi engellemek üzere aceleyle ve komik sloganlarla kurulmuş bir birlikti bu.

Bu birliğin gençliğe yaptığı teklifin gerçek anlamı şuydu:

'Siz devrimci bir iktidar istiyorsunuz. Biz 27 Mayısın eksik olduğuna inanıyoruz. Onun yolundan giderek bu eksiği tamamlayacağız. Bizimle gelin iktidara ortak olun.' Evet. Dev-Güç'ün gençliğe çağrısı, iktidar ortaklığına çağrıydı."

Ben öğrenci birliğimizin Dev-Güç'e katılmayacağını söylediğimden ve Dev-Güç'ün yanlışlığını savunduğumdan dolayı devrim düşmanı ilan edilecek, birçok yerde oportünist olarak yerilecektim. Burada belirtmek istediğim bir nokta daha var: Bu Dev-Güç'e katılan gençler son iki yıldır, gençlik eylemlerinde bulunan kimselerdi. Sosyalizmin kuruluşunda cuntayı açıktan açığa savunmuyorlardı. Fakat içinde bulundukları ilişkiler onları cuntacılara faydalı eylemler yapmaya götürüyordu. Bazıları ise daha heyacanlı idiler ve cunta getirebilecek olaylar çıkarmaya özellikle gayret sarfediyorlardı. Geniş öğrenci kitleleri karşısında ise son derece keskin nutuklar atıyorlardı. Çoğunlukla şiddet taraftarı oluyorlar ve bu davaya hayatlarını koyduklarını, ölmeye hazır olduklarını yansıtıyorlardı." (Sayfa: 167'den 177'ye kadar.)

51. *Özgürlük Dünyası*, Mayıs 1989, sayı: 7

52. *Cumhuriyet*, 30.9.1987.

Milliyet gazetesinde yayınlanan bu haber özetle şöyledir:

"İnönü ile Deniz Gezmiş: SHP İstanbul Milletvekili İbrahim Ural, Milletvekili aday listesini beğenmeyip istifa ederken, Erdal İnönü'yü 19 yıl önce ODTÜ'de Deniz Gezmiş'i saklamakla suçladı. Erdal İnönü, 1968'de ODTÜ Rektörüyken İbrahim Ural, Ankara Emniyet Müdürüydü. Sözlerinin o yüzden bir ağırlığı vardı. Arkadaşımız Musa Ağacık, Ankara'da İbrahim Ural ile konuştu:

– Sayın Ural, SHP'ye nasıl girmiştiniz?

– Ben SHP'ye girmedim. Meslek arkadaşım Necdet Calp'in çağrısı ile HP'ye girmiştim. SODEP ile HP birleşince, ben de ister istemez SHP'li oldum.

– İnönü'yü nasıl değerlendiriyorsun?

– Hiçbir zaman saygı duymadım ve güvenemedim kendisin

– Neden?

– Orta Doğu'yu aradığımız zaman bize takındığı tavır nedeniyle. Kendisiyle yaptığımız görüşmeler nedeniyle.

– Siz üniversiteyi aradınız... İnönü karşı mı çıktı?

– İnönü engel olacak durumda değildi.

– O halde nedir mesele?

– Orta Doğu'yu aramamızı istemiyordu.

– Belki de ilke olarak böyle birşeye karşıydı. Belki derslerin aksamaması için bu tavrı almıştı.

– Askeri mahkeme karar vermişti, orada 103 tane kanun kaçağı var diye... Biz bunun için gittik.

– Daha önce hiç mi gitmediniz oraya?

– Gitmesine gidecektik ama, Demirel korktuğu için gidemedik.'

– Kimden korktu Demirel?

- Bugün kahraman kesilen Demirel, o zamanlar İnönü'nün oğlu olduğu için ODTÜ'ye gitmemizi engellemiştir. Bunun en canlı şahidi Faruk Sükan'dır.'" *Milliyet,* 1.10.1987

53. *Erkekçe,* Şubat 1989, sayfa: 29 ve 98
54. *Cumhuriyet,* 2.10.1988
55. *Anılar/Deneyler,* İsmet Demir, sayfa: 57; *Milliyet,* 10.8.1989
56. Konu için not: Deniz Gezmiş'in başkanlığını yaptığı DÖB grubu hakkında bu dönem özellikle Ankara'daki devrimci gençler tarafından "anarşist, maceracı suçlaması" yapılmaktadır. Mustafa Kemal Kaçaroğlu, bu konuda bir anısını şöyle anlatmıştır:

   "DÖB kadroları Ankara'da SBF'ye geldiklerinde mutlaka bazı olaylar olurdu. Akşamleyin sokak lambaları yandığı zaman, SBF önünde bulunan elektrik direklerinde bulunan lambaları düşürmek için nişan talimgâhı olarak kullanır, ateş ederlerdi.

   Deniz'in, fevri davranışlar içine girebilen, bazan sıkıntılı anlar yaşatabilen bir yapısı vardı. Bir keresinde Giyom Tel örneği, Sabahattin Kurt arkadaşın başına bir şişe koyup ateş etmek istemişti. Bu konuda Deniz, kendisine güveniyordu. Sabahattin, yiğit bir arkadaşımızdı. Öyle bir teklife karşı 'Evet' dedi. Fakat biz engelledik."

   DÖB ve Deniz Gezmiş'e yönelik olan bu eleştiriler için not:

   20 Ocak 1970 günü SBF'de yapılan "Türkiye'de Devrimci Eylemin Sorunları" konulu açık oturumda yapılan tartışmalarda, konuşmacıların bu konuda yaptıkları değerlendirmeler aynen şöyledir:

   "Doğu Perinçek: S. Erdoğdu, DÖB'ün, Deniz Gezmiş'in anarşizmin göbeğinde olduğunu söylemiştir."

   "Seyhan Erdoğdu: DÖB'cüleri suçladığım doğru değildir. 'Abartılan sol sapma eğilimi alabildiğine genişletilmiştir. Proleter devrimci gençliği sol sapma diye niteleyerek sağcıların paraleline düşmüşlerdir.'" (Hikmet Kıvılcımlı, *Dev-Genç Konferansları,* Kıvılcım Yayınları, İstanbul, Mayıs 1989, sayfa:166'dan 172'ye kadar.)

57. *Bugün,* 8.11.1968
58. *Bugün,* 5.7.1969

59. *Yeni İstanbul,* 19.12.1970
60. *Mihri Belli Olayı,* cilt: 3, Rasih Nuri İleri, sayfa: 967
61. *Cumhuriyet,* 18.1.1971
62. *Olaylı Yıllar ve Gençlik,* Harun Karadeniz, sayfa: 182, 186, 189, 190.

İkinci Bölüm

Bir zifir karanlıkta düştüm yola
Vurdum yolumu dağlara
Can görirem, cin görirem
korkmirem
Kükremiş aslan görirem
korkmirem
Bir tuhaf elvan görirem
korkmirem
Bir yobaz insan görirem
korkirem
Onun bana can alıcı fikirlerinden
can alıcı zikirlerinden
korkirem.
Korkirem balam korkirem.
(Bir Erzurum deyişi)

Kuleye Türk Bayrağı Çekiliyor

DÖB ve İstanbul Üniversitesi İktisat Fakültesi Talebe Cemiyeti'nden bir grup öğrenci, 10 Şubat 1969 Pazartesi günü, saat 12.45'te İstanbul Üniversitesi giriş kapısının üzerine "6. Filo Defol. Vedat Demircioğlu" yazılı büyük bir bez pankart asar.

ABD Altıncı Filosu'nu protesto etmek için 11 Şubat 1969 Salı günü öğleden sonra yürüyüş yapan devrimci gençler, daha sonra İstanbul Üniversitesi merkez binasındaki bahçede Atatürk anıtı önünde toplanarak konuşmalar yapar, saygı duruşunda bulunur. Bu arada, bir kısım devrimci genç, üzerinde Vedat Demircioğlu'nun resmi bulunan kırmızı bir bezi, Beyazıt Kulesi'nin tepesine asar.

Bu olayı fırsat bilen sağcı basın, "Beyazıt Kulesi'ne Kızıl Bayrak Asıldı" diye yayın yapar.

Devrimci öğrenciler, İstanbul Üniversitesi İktisat Fakültesi'nin iki numaralı amfisinde forum düzenler. Forumda, "Biz, 1919 ruhunun 1969 mensuplarıyız. Yeni Kuvayı Milliyeciyiz. Halk düşmanları ve Amerikalılar kovuluncaya kadar direneceğiz" diye konuşmalar yapılır.

Forumdan sonra yürüyüşe geçen ve Sultanahmet'teki Adliye Sarayı'nın önüne gelen öğrenciler, tutuklu bulunan Deniz için gösteri yapar. Yusuf Küpeli, yürüyüş kolunun azaldığını görünce, Mustafa Gürkan'a, "Daha fazla yürütmeyin. Kalabalık dağıldı. Motivasyon da yok. Asıl yürüyüş dört gün sonra. Burada dağılırsanız iyi olur" der.

Selahattin Okur, Küpeli'yi, "korkaklıkla" suçlar.

Adliye Sarayı'nın önünden yürüyüş yeniden başlatılır. Belediye Sarayı'nın önüne gelen öğrenciler, "6. Filo'yu İstanbul'a gelmeden özel bir uçakla giderek ziyaret ettiği" gerekçesiyle, Belediye Başkanı Fahri Atabey'i kınar ve istifasını ister.

Eylemciler, iki polis grubunun arasında kalır. Bu sırada mitingçilerin arasından fırlayan birisi, polislere karşı, "Kana kan, intikam" diye bağırmaya başlar. FKF Genel Başkanı Yusuf Küpeli, bağıran adamı susturmak isteyince kavga çıkar.

Kalabalık, Belediye Sarayı'nın önünden ayrılarak bu kez Deniz Kuvvetleri Komutanlığı'na gitmek amacıyla yürüyüşe başlar. Unkapanı Köprüsü'nün önüne gelindiğinde köprünün karşı tarafında polisin barikat kurduğu görülür.

Mustafa İlker Gürkan, Yusuf Küpeli'nin omuzuna çıkarak, kalabalığa, "Biz savaşa kazanacağımız zaman gireriz. Kaybetmek için girmeyiz. Geri dönülecek" der. Köprüye girilmeden üniversiteye dönülür. Geri dönüldüğü için, "Korkaklık-cesaretlilik, erkeklik-karılık" lafları etrafında tartışmalar yapılır.

Eylemcilerden Mustafa İlker Gürkan, Mustafa Lütfü Kıyıcı, Mustafa Zülkadiroğlu, Ahmet Güneysev, Levent Yılmaz ve Özkan Civelek hakkında, yürüyüş yapmağa teşebbüs etmek, duvarlara beyanname yapıştırmak ve polise mukavemet suçlarından Savcılıkça soruşturma açılır.

Daha sonra polis ajanı olduğunu itiraf eden Muzeffer Köklü, ABD 6. Filosunu protesto için kendisini yakmaya karar verir. Fakat kendini yakmaktan vazgeçip 13 Şubat 1969 Perşembe günü, İstanbul'a gelir.

SBF Öğrenci derneği Başkanı Murat Cahit Koğacıoğlu, İktisat Fakültesi Öğrenci Derneği Başkanı Sıtkı Coşkun'a telefon ederek, "Köklü'den polis ajanı olarak şüphelendiklerini" söyler.

Sıtkı Coşkun, Muzaffer Köklü'yü bulur ve İktisat Fakültesi Talebe Cemiyetine götürür. Ayaklarından tavana asılan Köklü, polisle çalıştığını itiraf eder.

Yanlış ve kasıtlı haber yapan sağcı basını protesto etmek için, Devrimci Öğrenci Birliği ve 30 öğrenci kuruluşu adına, üç öğrenci, 13 Şubat 1969 Perşembe günü, Beyazıt Kulesi önünde bir basın toplantısı yaparak; "Gençler, Beyazıt Kulesi'ne kızıl bayrak çektiler" yolunda çıkan haberleri kınar.

Toplantıda gençler şu açıklamayı yapar:

"Al renk, Türkiye Cumhuriyeti'nin milli bayrağının rengidir. O, Atatürk Türkiye'sinin bayrağıdır. Birinci milli kurtuluş savaşımızın şehitlerinin bağımsızlık uğruna döktükleri kanların rengidir. Beyazıt kulesine çekilen ve üzerinde Vedat Demircioğlu'nun resmi bulunan flamanın rengi de al bayrağımızın rengidir. Bazı gazetelerin kasıtlı neşriyatını kınıyoruz."

Açıklamayı yaptıktan sonra gençler, saat 11.15'de, Beyazıt Kulesi'ne çıkmış ve göndere büyük bir Türk bayrağı çekmiştir.

Kız öğrencilerin yaptığı yürüyüş sırasında, güvenlik kuvvetleri, DÖB Genel Sekreteri Mustafa Gürkan'ı yakalamak ister. Çıkan kargaşa sırasında Gürkan, fırsattan istifade ederek kaçar.

Kanlı Pazar

76 devrimci kuruluşun desteklediği, "Emperyalizme ve Sömürüye Karşı İşçi Yürüyüşü" 16 Şubat 1969 Pazar günü yapılacaktır.

Kaçak ve aranan Mehmet Şevki Eygi adlı yazar, 16 Şubat 1969 pazar günü, Bugün Gazetesi'nde yayınlanan yazısında, "Cihada hazır olunuz" diye İslami kesime seslenir.

Bu tür kışkırtmalar sonunda İstanbul'a değişik il ve ilçelerden otobüslerle gelen yaklaşık 15 bin kişi, 16 Şubat Pazar günü, Taksim'de yasal miting düzenleyenlere muşta, bıçak, zincir gibi aletlerle saldırıyor ve TİP üyesi Duran Erdoğan ile Ali Turgut Aytaç adlı kişileri öldürüyorlardı.

İçişleri Bakanı Faruk Sükan, yaptığı açıklamayla olaylardan sorumlu olarak saldırganları değil, saldırıya uğrayanları suçlar. Hattâ Sükan, bu olayın olduğu gün Sağmalcılar Cezaevi'nde tutuklu bulunan Deniz Gezmiş'i bile bu olayı yaratan elebaşılardan birisi olarak TBMM'de açıklar. Faruk Sükan'ın TBMM'de yaptığı konuşma hakkında gazeteci Yavuz Donat, özetle şunları yazmıştır:

"İçişleri Bakanı Faruk Sükan, 16 Şubat'ta Taksim Meydanı'nda meydana gelen ve 2 kişinin ölümü, yüzlerce kişinin de yaralanmasıyla sonuçlanan 'Kanlı pazar' olaylarıyla ilgili olarak 48 kişinin 'suçlu' ve bunların hepsinin de 'solcu' olduğunu açıklarken, İstanbul Savcılığı, ikisi halen tutuklu olan sadece 4 kişi hakkında dava açmıştır. Hakkında dava açılan bu 4 kişiden biri toplum polisi Haşim Bozkurt, biri de belediye zabıta memuru Seyit Atmaca'dır.

Bakan Sükan, Milli Emniyet ve Emniyet Genel Müdürlüğü'nün soruşturmaları sonucunda, 'suçlu' oldukları saptanan bu 48 kişinin hepsinin solcu olduğunu, İstanbul'daki bütün fabrika ve üniversite işgalleri ile, kanunsuz gösteri ve mitinglere katıldıklarını ileri sürerken, izinli mitingi basarak olaylara karışan ve gazetelerde resimleri yayınlanan eli bıçaklı, sopalı, sakallılar grubundan tek söz etmemiştir.

İçişleri Bakanı Sükan'a göre, 'Kanlı Pazar' olaylarının suçluları olarak gösterilen 48 kişi şunlardır:

Ali Özgentürk, Bekir Sıtkı Coşkun, Bogos Masis Kürkçügil, Bozkurt Nuhoğlu, Mehmet Cavit Kavak, Celal Doğan, Cengiz Gülderen, Cevat Ercişli, Cihan Alptekin, Çetin Uygur, Deniz Gezmiş, Ertuğrul Günay, Ertuğrul Tığlay, Harun Karadeniz, Hasan Faruk Kurdoğlu, Hasan Yalçın, Haşmet Atahan, Kemal Bingöllü, Mehmet Dinçel, Mehmet Mehdi Beşpınar, Veysi Kemal Sarısözen, Mustafa İlker Gürkan, Mustafa Lütfü Kıyıcı, Mustafa Zülkadiroğlu, Nabi Yağcı, Namık Behramoğlu, Nihat Emeksiz, Nihat Fındıkçı, Osman Saffet Arolat, Öcal Okay, Önder Aktosun, Rafael Avidor, Rahmi Aydın, Raif Ertem, Kazım Kolcuoğlu, Rıfat Çaldırık, Savaşkan Oral, Selahattin Okur, Süleyman Balkan, Şevket Açıkelli, Taner Kutlay, Taner Mersin, Toygun Eraslan, Turhan Celayir, Ümit Şen, Yücel Yaman.

Yukarıda isimleri olan ve Kanlı Pazar olaylarına karıştıkları gibi daha önceki kanunsuz gösterilere de katıldıkları ileri sürülen 48 kişinin dışında, Taksim olaylarının 'elebaşıları' olarak MİT ve Emniyet teşkilatı tarafından saptanan öteki solcular ise şunlardır:

Zihni Turgay Anadol, Dr. Hikmet Kıvılcımlı, Suad Vecdi Özgüner (Eski komünist, halen takipte), Rasih Nuri İleri, Latife Fegan (İşsizlik ve Pahalılıkla Savaş Derneği üyesi), Kutber Akalın (Turgut Akalın'ın eşi), Hüsnü Özdemir, Bekir Sıtkı Coşkun (FKF Genel Sekreteri), Ali Kemal Yalçın.

Sükan, yukarıdaki isim ve bilgilerin tamamını da meclis zabıtlarına geçirtmiştir.

İçişleri Bakanı Faruk Sükan 'Kanlı Pazar' olaylarıyla ilgili olarak 48 kişinin suçluluğunun saptandığını ve hepsinin de solcu olduğunu açıklayıp bu sözlerini Meclis zabıtlarına geçirtirken, İstanbul Savcılığı, bugüne kadar biri polis memuru Haşim Bozkurt, biri belediye zabıta memuru Seyit Atmaca olmak üzere 4 kişi hakkında dava açmıştır.

Sükan'ın, '48 suçlu tesbit edildi' dediği, 'Kanlı Pazar' olaylarıyla ilgili olarak İstanbul Savcılığının haklarında dava açtığı ikisi halen tutuklu dört kişi şunlardır:

1) Seyit Atmaca: Belediye Zabıta Memuru. Eli bıçaklı şahıs. Kavgaya karışmaktan sanık. Tutuklu.
2) Haşim Bozkurt: Toplum Polisi Memuru. Adli görevi ihmalden sanık. Tutuklanıp sonradan tahliye edildi.
3) Haki Şenol: Kavgaya karışmaktan sanık. Tutuklu.
4) İhsan Türkölmez: Kavgaya karışmaktan sanık. Tutuklanıp serbest bırakıldı."[1]

Alman Televizyoncuları

16 Şubat 1969 Pazar günü meydana gelen olaylarla ilgili olarak Türkiye'de çalışmalar yapmakta olan Alman televizyoncuları, olayın içinde yer alan ve mitingi düzenleyen öğrenci dernekleri başkanları ile 24 Şubat 1969 Pazartesi günü görüşme yapar. Konuya ilişkin haber şöyledir:

"Bütün dünyada geniş yankılar uyandıran Taksim olaylarından sonra, gözler Türkiye'de Amerikan aleyhtarlığı yaratan güçlere çevrilmiştir. Yabancı gazeteciler, yetkili kişilerden aldıkları beyanatların yanısıra sol eğilimli gençlik liderleriyle de görüşmüşlerdir. Fikir Kulüpleri Federasyonu'nda on dakikalık bir televizyon filminin çekimini yapan Almanlar, FKF Genel Başkanı Yusuf Küpeli, Devrimci Öğrenci Birliği yöneticisi Deniz Gezmiş ve Teknik Üniversite Öğrenci Birliği Başkanı Harun Karadeniz ve diğer solcu gençlerle görüşerek liderlere, 'Neden Amerika'ya karşısınız? Nasıl bir Türkiye istiyorsunuz?' sorularını sormuşlardır. Ayrıca, gençlerin afiş ve pankart hazırlayışlarını da filme almışlardır. Hazırlanan film gelecek hafta içinde Alman televizyonunda Türkçe ve Almanca yayınlanacaktır."[2]

Bolu Dağında Eğitim

Cihan Alptekin davasında yargılanan Oktay Kaynak, "İlk silahlanma kararını Kanlı Pazar olayından sonra aldıklarını açıklar."[3]

İstanbul Polis Okulu öğretim üyesi Prof. Bedrettin Çalışkur, saldırı ve silahlanma konusunda özetle şu değerlendirmeyi yapmıştır:

"Özellikle Kanlı Pazar olaylarının arkasından solcu öğrencilerin silahlanması, kendi aralarında ölü, şehit verdikten sonra olmuştur. Ölüm korkusu kolay değildir. Öldürülme korkusu olmadıkça, kimse kimseyi öldürmez. 17 Temmuz 1968'deki ABD filosunu protesto olayına kadar polis hiçbir şekilde gençlerin eylemine zor kullanmak suretiyle karşı koymamıştır. Polis üniversiteye de girmiyor. Bütün bunlar, bu olaydan sonra başlıyor."[4]

Kanlı Pazar olayından sonra 20 Şubat 1969 Perşembe günü, İstanbul'un her tarafına, "Vatandaş, işte anarşistler, üniversiteli kardeş, bu adamları iyi tanı" başlığı altında gençlik liderlerinden Veysi Sarısözen, Harun Karadeniz, Çetin Uygur, Osman Saffet Arolat, Hasan Yalçın, Cevdet Açıkelli, Şevket Orhan, Mustafa Gürkan, Öcal Okay ve Deniz Gezmiş'in fotoğraflarının bulunduğu afişler asılarak, hedef haline getirilir.

1969 kışında, Deniz ve bazı arkadaşları, Akın Nejat Önal'ı bulur ve "Abi, Türkeş'in adamları her yerde kampa girdiler. Bolu Dağı'nda bir yerimiz var diye hep söylerdin. O dağa gidip, talim yapabilir miyiz?" diye sorar.

Akın Nejat Önal, Deniz, Mehmet Mehdi Beşpınar, Mustafa Lütfü Kıyıcı ve Mustafa İlker Gürkan, Bolu Dağı'nın eteğindeki Elmalı köyüne gider. Amaçları Bolu Dağı'nda eğitim yapmaktır.

Elmalı köyü Akın Nejat Önal'ın annesi Hacer Hanım ve akrabalarının yaşadığı bir Çerkez köyüdür. Eğitim yapmaya gelenler, çok kar olduğu için evden dışarı adım atamaz.

Akın Nejat Önal, bunun üzerine, "Sizi başka bir dağa götüreceğim" diyerek, Deniz ve arkadaşlarını İstanbul'da Taksim-Elmadağ'a götürür ve "Siz ancak burada talim yaparsınız" diyerek, orada bırakır.

Madenler Emperyalistlere Satılıyor

DÖB, FKF, TMGT, İTÜ-ÖB, İÜTB, TMTF ve TÖS'ün katılımıyla, 10 Mart 1969 Pazartesi günü, Kıbrıs Türk Talebe Cemiyeti'nin Sirkeci'deki lokalinde, "Türkiye'nin Sorunları ve Örgütümüzün Güçleri" konulu bir seminer düzenlenir. Seminerden sonra bir de açık oturum yapılır.

Yusuf Küpeli, FKF Başkanı olarak bu konuda yaptığı çalışmalar hakkında şunları anlatmıştır: "FKF Başkanı olduktan sonra Ziya Öztan bir gün bana geldi, 'Hikmet Kıvılcımlı'ya SBF'de bir konferans verdirelim' dedi. Şevki Akşit'i gittim buldum. Şevki Akşit, Deniz ve ben Hikmet Kıvılcımlı'nın evine gittik. Daha sonra, Hikmet Kıvılcımlı ile Aziz Nesin, SBF'de konferans verdiler."

Bu sırada, Devrimci Öğrenci Birliği, madenlerin satılmaması konusunda yayınladığı bildiride şu görüşlere yer verir:

"TRT ve Nizamı Koruma Kanun tasarılarına kamuoyunun dikkati çekilerek, madenlerimizin hepsi 14 Mart 1969 tarih ve 13148 Sayılı Resmi Gazete'de 6/11148 Numaralı kararname ile emperyalistlere satılmıştır.

Buna göre Amerikan Potash and Chemical Corparation ile Fransız Ugine Kuhimah firmalarının teşkil ettiği gruba maden cevheri hazırlamak, zenginleştirmek, mamûl ve yarı mamûl hale getirmek, ihraç etmek hakları tanınmıştır.

Bu firmalara, bakır, berilyum, bor tuzları, seryum, fluorin, fosfat, kobalt, lityum, nikel, niobyum, sodyum tuzları, toryum, titan, vanadyum, zirkonyum madenlerini aramak, bulunmuşları devralmak ve işletmek, bunları yarı mamûl ve mamûl hale getirmek, ihraç mamûllerini müsaade ile dahile satmak yetkileri tanınmıştır.

Bunun anlamı, Türkiye'nin bütün madenlerinin satılmış olduğudur. Bunun sonucu, MTA ve Etibank'ın yetkilerinin iyice kısılma ve kapatılması yoluna gidilecek ve maden sahalarının ruhsatları iptal edilerek, milli şirketlerin hakları emperyalistlere devredilecektir.

Bugünün teknolojik gelişmesinde büyük rol oynayan kobalt, nikel, niobyum, toryum, titanyum ve vanadyum ile zirkonyum gibi minerallerin de kararnameyle ithal edilişleri ve diğerleri gibi bunların da memleket dahilinde satışlarının izne bağlı oluşu, bunların önce ihracını sonra da ithalini gerektirecek ve teknolojik gelişmemizi büyük ölçüde engelliyecektir.

Bilhassa, stratejik olan bu madenlerin tasarruf hakkının yabancılara ait olması, milli gücümüzü büyük ölçüde etkileyecektir.

İşte bu gayri milli zihniyet, Türk mühendis ve teknisyenlerinin bu tip teknolojiyi geliştiremeyeceğini kararnameye gerekçe olarak göstermektedir. Gene bu zihniyet, milli sanayimizi çıkmaza sokmuş ve başarısızlıkları Türk mühendis ve teknisyenlerine yükleterek yabancı uzmanları davet etmiştir.

Bu kararnameyi imzalayanlar, şunu bilmelidirler ki, büyük Milli

Kurtuluşçu Gazi Mustafa Kemal'in gençliği ve halkı, bunlardan er geç hesap soracaktır.

Hesaplarını Mahkeme-i Kübrada değil, yakın bir gelecekte büyük Türk Halkı'nın önünde vereceklerdir.

Kahrolsun Emperyalistler ve onların uşakları. Yaşasın Tam Bağımsız ve Gerçekten Demokratik Türkiye."

Vedat Demircioğlu Okuma Salonu

Adalet Partisi Genel Başkan Yardımcısı İsmet Sezgin, 7 Mart 1969 Cuma günü, yanında AP İstanbul Gençlik Kolu Başkanı İbrahim Çetinkaya ile saat 11.00'de ilk önce TMTF'ye giderek, TMTF Başkanı Ekrem Özer ile bir saat süren görüşme yapar. Daha sonra, saat 12.30'da İstanbul Üniversitesi'ne giderek Rektör Ekrem Ş. Egeli ile 45 dakika süren bir başka görüşme daha yapar. Görüşmeler üzerine açıklama yapılmaz.

Bu sırada, İstanbul Üniversitesi Kimya Fakültesinde boykot yapılmaktadır. Kimya Fakültesinde başlayan boykot hakkında Kimya Fakültesi Öğrenci Cemiyeti Başkanı Hüsnü Tiryaki, 7 Mart Cuma günü, şu açıklamayı yapar:

"Mevcut yönetime karşı ve tüm baskılara antipati, asistanların haklı direnişlerine sempati boykotu kararını almış bulunuyoruz."

Deniz Gezmiş ve on arkadaşı, 10 Mart 1969 Pazartesi günü boykotu desteklemek üzere Kimya Fakültesine gider.

15 Mart 1969 Cumartesi günü, kendilerine komando adı veren bir grup öğrenci Hukuk Fakültesi'ne gelerek, fakültenin duvarlarına afiş yapıştırmak ister. Deniz'in de aralarında bulunduğu bir grup devrimci öğrenci buna engel oldukları gibi, afiş asmak isteyen öğrencilere de dayak atar. Ardından, okuma salonunun kapısına, "Vedat Demircioğlu Okuma Salonu" yazılı bir tabela asar.

Bu olaylar üzerine TMTF Başkanı Ekrem Özer, yanına topladığı elli kadar kişiyle Hukuk Fakültesi'ne gelir. Okuma salonunun kapısının üzerinde bulunan "Vedat Demircioğlu" yazılı tabelayı söküp, yerine, "Ziya Gökalp" yazılı tabelayı asar. Kendilerini milliyetçi olarak adlandıran bu grup, ayrıca, 26 Mart gününde düzenledikleri "Bozkurt Gecesine" ait afişlerle Bozkurtların gazetesi Türk Yolu afişlerini asar.

Komandolar bunu yaparken, olay yerine gelen Deniz ve arkadaşları ile Ekrem Özer grubu arasında çatışma çıkar. Çatışma sonrasında, "Milliyetçi, Toplumcu Bozkurtlar" akşam üzeri TMTF lokalinde toplanarak, bazı kararlar alır. Toplantı sonrasında, yayınladıkları bildiride görüşlerini şöyle dile getirmişlerdir:

"Bugün İstanbul Üniversitesi Hukuk Fakültesi'nde vuku bulan nahoş hadiseler bir daha göstermiştir ki, üniversitelerimize musallat olan, gençlerimizin huzurunu bozanlar, Türk gençliğine ve Türk milletine düşmanlık eden komünist satılmışlardır.

Fakat, Enternasyonal marşı söyleyerek, ellerindeki demirden ve odundan sopalara, tabancalara ve hazır bulundurdukları taşlara rağmen, başta Ermeni ve Yahudi tohumları olmak üzere daha ilk temasta 'Kurt'tan kaçan itler' gibi kaçmışlardır.

Büyük milletim, bil ki senin vatanının bütünlüğüne, milli ve manevi değerlerine kasteden, açıktan açığa sana küfreden Ermeni, Yahudi v.s. piçlerine ve uydularına senin gençliğin dersini vermiştir ve her zaman verecektir. Olayları bil. Düşmanları tanı ve titre, kendine dön. Tanrı Türk'ü korusun."

Cemil Gezmiş, oğluna yazdığı bir mektupta, bu konuya değinmiş ve şunları belirtmiştir: "Sana Ermeni demişler...Sen de, '...ürür, kervan yürür' demiş, geçmiştin."[5]

Olayda bulunanlardan Hikmet Bozcalı, Necmettin Büyükkaya, Atilla İpek, Mehmet Ali Özdemir ve Alaattin Tütüncü Laleli'deki "Bağdat Kıraathanesi"ne gider.

Deniz, bir süre sonra "Bağdat Kıraathanesi"ne gelir. Orada bulunan tanıdıklarına, "Hadi kalkın gidiyoruz. Komandolara karşı eylem yapacağız" der. Orada bulunanlar gitmek istemez.

Deniz, "Gelmiyorsanız ben tek başıma giderim" der. Bunun üzerine orada bulunanlardan Hamit Necmettin Yazıcı, Atilla İpek ve bir kaç kişi, Deniz'i sakinleştirmeye çalışır ve birkaç kişi daha bulalım diye Kadırga Yurdu'na gitmeyi önerir.

Kendisine katılanlarla birlikte Kadırga Yurdu'na giden Deniz, orada epey vakit geçirildikten sonra yanlarına birkaç kişi daha katılır ve FKF'ye getirilir. Deniz, bir odaya kapatılır ve kapı tutulur. Deniz, buna sinirlenir ve kapıyı tekmeleyerek açmaları için bağırır. Aradan 15 dakika kadar geçtikten sonra kapı açılır.

Aralarında Mustafa İlker Gürkan ve İbrahim Kaypakkaya'nın da bulunduğu arkadaşları tarafından ikna edilen Deniz, o gün eyleme gitmekten vazgeçirilir.

Fakat, esas büyük olaylar, 17 Mart 1969 Pazartesi günü, patlak verir. Komandolar, 17 Mart 1969 Pazartesi günü, sabahın erken saatlerinde, büyük bir kalabalık grupla gelip, İstanbul Üniversitesi Merkez binasını ablukaya alır.

Merkez binada hazırlıklı olan devrimci öğrenciler, kapıyı kapatır ve binanın çatısına çıkar. Çatıya çıkanlardan Bogos Masis Kürkçügil, Atilla Coşkun, Fikret İlkiz, Mehmet Mehdi Beşpınar, Celal Doğan, Rahmi Aydın, Mustafa İlker Gürkan, Selahattin Okur aşağıdan kendilerine silahla ateş eden komandoların üstüne molotof kokteyli ve taş atar.

Daha sonra, karşılıklı olarak birbirlerine silah, molotof kokteyli ve taş atan iki grup öğrencinin çatışması, öğretim üyelerinden Tarık Zafer Tunaya ve Abdullah Türkoğlu'nun araya girmesiyle, o gün için sona erer. Komandolar saat 16.00'da sloganlar atarak üniversiteden ayrılır.

Bu olayların sonunda Deniz, Selahattin Okur ve Bozkurt Nuhoğlu gözaltına alınır.

Dokuzuncu Sulh Ceza Mahkemesi, yaptığı sorgudan sonra, "yaralamaya sebebiyet vermek, ruhsatsız tabanca bulundurmak" suçlarından Deniz'in tutuklanmasına, 19 Mart 1969 Çarşamba günü karar verir ve Sağmalcılar Cezaevi'ne gönderir. Deniz, Dündar Kılıç ile bu tutukluluğu sırasında Sağmalcılar Cezaevinde tanışır.

Tutuklama üzerine DÖB adına şu bildiri yayınlanır:

"Deniz Gezmiş, haksız yere tutuklanmıştır. Çünkü, son üniversite olaylarında savunma durumunda olan devrimci, gerçek milliyetçi öğrencilerden sekiz kişi sanık olarak Adliye'ye verildiği halde, saldırganlardan eli tabancalı, beli bıçaklı hiç kimse yoktur. Biz, Mustafa Kemal gençliği olarak Amerikan emperyalizmini ve onların çömezlerini Türkiye'den atıncaya kadar savaşa devam edeceğiz. Bu uğurda tevkif değil, hepimiz öleceğiz. Zira hiçbir şey bağımsızlık ve özgürlük kadar değerli değildir."

İstanbul Üniversitesi Senatosu, 18 Mart 1969 Perşembe günü bir toplantı yaparak, "Amfilerde toplantı yapılamayacağına, üniversite içinde bildiri dağıtılamayacağına ve afiş asılamayacağına" dair bir karar yayınlar.

DÖB Başkanı Deniz Gezmiş, avukatlarının itirazı üzerine nöbetçi 9. Sulh Ceza Mahkemesi tarafından, 31 Mart 1969 Pazartesi günü, serbest bırakılır.

Deniz Saldırıya Uğruyor

Eylemlerde hep ön saflarda olan Deniz, daima boy hedefi olmuştur. Nurettin Demirdöven, Deniz'e yönelik bir saldırıyı şöyle anlatmıştır:

"Bir dönem MTTB'nin başkanlığını yapan Rasim Cinisli evlerine gelmiş. Uzaktan ya tanışıyorlar ya Denizlerin akrabası ya da hemşerisi oluyor. Babasına, 'Oğlunun başına bazı şeyler gelebilir. Bunu bu işlerden geri çek' demiş. Bu olay Deniz'in öğrenci hareketinde iyice sivrildiği sıralar oluyor. Bu ziyaretin ardından kısa bir süre sonra arabalı vapurdan tek başına inip evine giderken bir grup bunu yakalamış ve kovalamış. Sonra Deniz, mahalle içine girince kurtulmuş."

Eyüp Neşat Yıldırım, bu olayı, şöyle anlatmıştır:

"15 Mart 1969 Cumartesi günü, sağın önde gelen adamlarından Ekrem Özer ve çevresindekilere İstanbul Üniversitesi Merkez binada iyi bir dayak attık. Ekrem Özer ve grubu da bu dayağın acısını Deniz'den çıkartmak için plan yapıyor. Bu olaydan birkaç gün sonra Deniz eve tek başına giderken, vapurdan indikten hemen sonra 15-20 kişilik bir grubun zincirli, bıçaklı, falçatalı saldırısına uğradı. Deniz karşı koyuyor, ama adamlar kalabalık. Çevreden insanlar yetişiyor. Deniz bu saldırıdan alnında bir falçata sıyrığıyla kurtulmuştu."

Deniz, bundan sonra, Üsküdar'da bulunan evine, zaman zaman Eyüp Neşat Yıldırım ve Metin Eşrefoğlu gibi arkadaşlarıyla gider.

Devrimci Mücadelede Arkadaş mı Olur?

Öğrenciler, Disiplin Yönetmeliği'nin 9. maddesinde yer alan bazı yasaları protesto etmek amacıyla 3 Nisan 1969 Perşembe günü, bir forum düzenler.

Forum sonunda, dokuzuncu maddenin kaldırılması için Rektör Yardımcısı Prof. Lütfü Biran'a bir dilekçe verilir. 4 Nisan günü, üzerinde, "Burada Demokratik Üniversite Yatıyor" yazılı bir tabutu Atatürk Anıtı'na bırakır ve bu konuda hazırladıkları afişleri Rektörlük binası önüne yapıştırırlar.

8 Nisan Salı günü, Sıtkı Coşkun Başkanlığındaki FKF İstanbul Sekreterliği, İktisat Fakültesi'nde bir forum düzenledikten sonra rektörlüğe kadar bir protesto yürüyüşü yapar. Deniz'in yönetimindeki DÖB kadrosu, eylemin boykotlarla devam etmesini ister. FKF İstanbul Sekreteri Sıtkı Coşkun, buna karşı çıkar. DÖB kadrosu, bunun üzerine, sınıfları dolaşarak Hukuk Fakültesi'ni boykota sokmaya çalışır. I. sınıfta ders veren Doç. Ali Özgüven ve III. sınıfta ders veren Prof. Feyzi Feyzioğlu dersten çıkartılır. Fakat, öğrenciler katılmadığı için boykot o gün gerçekleştirilemez.

10 Nisan günü DÖB'de biraraya gelen bir grup öğrenci, boykotu başlatmak için toplantı yapar.

11 Nisan Cuma günü öğrenciler, ilk önce İktisat Fakültesi'nde, ardından Hukuk Fakültesi'nde saat 14.45'ten itibaren, "Disiplin Yönetmeliği'nin dokuzuncu maddesinin kaldırılmaması" nedeniyle bir hafta süreyle boykota başlar.

Komandolar, örgütlü bulundukları yerlerde bütün güçleriyle bu boykota karşı koymak için hazırlık yapmaya başlar.

Cerrahpaşa'da bulunan Konya Öğrenci Yurdu komandoların örgütlü oldukları bir yerdir. Akşam üzere biraraya gelen komandolar:

“Arkadaşlar, komünistler okulumuza gitmemizi ve eğitimimizi engelliyor. Bunu kırmamız lâzım. Yarın bir forum düzenliyoruz. Komünistler bu foruma mutlaka saldırır, kavga çıkartır. Buna hazırlıklı olalım” diye kendi aralarında konuşurken, bir ranzanın üst katında uyumak için bulunan Kenan Rıfkı Ertuğrul'un farkına varılır.

Daha önce Konya Mücadele Birliği'nde birlikte çalıştığı için Kenan Rıfkı Ertuğrul'u tanıyan bir komando, arkadaşlarına, “Tamam bizden biri. Rahat konuşun” der. Yapılan konuşmalarda, MTTB'de “Hazır kuvvet” bulundurulması kararına varılır. Kenan Rıfkı Ertuğrul, yapılan konuşmaları ve alınan kararları Deniz'e anlatır. Deniz, Ertuğrul'a, “Tamam, sen yine içlerine git, bize haber getir” der.

14 Nisan Pazartesi günü, saat 10.00'da birinci amfiye gelen bir grup öğrenci boykotun sona erdiğini, arkadaşlarının sınıflara girebi-

leceğini söyler. Bir saat sonra amfiye gelen otuza yakın komando, toplantı hazırlığına başlar.

Toplantının başladığı haberini alan, aralarında Deniz Gezmiş, Zihni Çetiner, Mustafa Gürkan, Namık Kemal Boya, Mehmet Can, Mehmet Tüysüz ve Hikmet Bozcalı'nın da bulunduğu gençler, amfiyi basar.

Deniz, Zihni Çetiner'e, "Şu komandolara bir bomba atalım" der.

Zihni Çetiner, amfinin üst tarafından, amfinin boş tarafına bir sis bombası atarak komandoların yaptığı toplantıyı dağıtır.

Deniz, Zihni Çetiner'e, "Niye komandoların ortasına atmadın?" diye sorar.

Zihni Çetiner de, espriyle karışık, "İçlerinde arkadaşlarım vardı. Ondan atmadım" der.

"Devrimci mücadelede arkadaş mı olur?"

Devrimciler ile komandolar, daha sonra Merkez binanın bahçesinde taş ve sopalarla çatışır. Çatışma sonunda Turan Özbay ve Erdoğan Özkısanlı adındaki öğrenciler yaralanır. Hukuk Fakültesi Yönetim Kurulu toplantı yaparak, olayları önlemek amacıyla okulu bir hafta tatil eder.

İç Savaş Başlamıştır

13 Nisan 1909 İç savaş başlamıştır.

13 Nisan 1969 İç savaş başlamıştır.

13 Nisan 1909 (Eski tarihle 31 Mart 1909) Salı günü, "Daha önceden Beyazıt Meydanı, Bab-ı Seraskeri dahilinde silah çatmış, çadır kurmuş avcı taburları içinde kaynaşma başlamıştı.

Nitekim sabahın erken saatlerinde sokaklara dökülen bu asker grupları havaya silahlarını boşaltıyor, genç zabitleri yakalarından sürükleyerek öldürüyordu. İşitilen ses şu idi: 'Şeriat isteriz!'

Salı sabahı Beyazıt Meydanı, Ayasofya Meydanı, onbinlerce insanın toplandığı sahalar manzarasını almış, sağa sola çatanlar, ortalığı kırıp geçirenlerle dolmuştu. Artık bu iki meydan arasındaki meşhur Divanyolu Caddesi de tıkanmıştı.

Asker şeriat isteğinden başka şeyler de talep ediyordu. Derhal Meclis-i Vükela'nın toptan istifasını, mebusların dağıtılmasını, ahkâm-ı şer'iyenin tatbikini ve alaylı zabitlerin tekrar yerlerine iadesini şart koşuyor; güneş batana kadar, bu arzuları yapılmadığı takdirde, bütün hükümet erkânını katledeceklerini ilan ediyorlardı. İşin hayret edilecek tarafı, bu bağırıp çağırışmalarda Padişahın isminin geçmemesi, sanki sarayın ve Sultan Hamid'in kendilerine bu hususta müsaade ettiği hissini vermesi idi.

Kendilerine hiçbir şey yapılmadığını gören asi asker, gittikçe küstahlaşarak Meclis-i Mebusan'ı sarmış, o sabah Meclis'e gelen mebusları tevkif eylemiş, bu meyanda vaziyete mani olmak isteyen Adliye Nazırı Nazım Paşa ile Lazkiye mebusu Aslan Bey'i de Meclis-i Mebusan'ın önünde şehit etmişti.

İstanbul tam üç gün üç gece zapt-ı rapt dinlemez asi askerin elinde kalmış; mektepli zabitler, gençler, okumuş kimseler sokaklarda sürüklenerek telef edilmiş, halk korkudan dışarı çıkamaz olmuştu. İsyanda birinci, ikinci avcı taburlarının rolü büyüktü. Taksim Kışlası'ndaki askerler de isyana karışmışlardı."[6]

Dönemin gazetelerinden Volkan, İkdam ve Mizan gazeteleri ile İttihad-ı Muhammediye Cemiyeti'nin organize ettiği ve ilk önce asker, daha sonra din öğrencileri ve halkın katılımı ile onbir gün süren isyan, İttihatçılardan kurulu "Hareket Ordusu" tarafından bastırılır.

"Tarih tekerrürden ibaret değildir" ama gazeteci yazar Uğur Mumcu'nun belirttiği gibi; "Fransız ihtilalindeki Jakoben ve Jironden ikilemi, Meşrutiyet döneminde İttihatçı-İtilafçı çelişkisi ile yaşamış ve bu çelişkiler aynı denizlere akan nehirler gibi bugünkü ilerici ve tutucu akım, eğilim ve partilere kaynaklık etmiştir.

"İttihat ve Terakki ile Hürriyet ve İtilaf, Cumhuriyet döneminde de ilerici ve tutucu akımlara kaynaklık etmiş değil midir? Halk Fırkası ve CHP'de İttihat ve Terakki'nin; Serbest Fırka, DP ve AP'de, bugün de ANAP'da 'Hürriyet ve İtilaf'ın siyasal izlerine rastlanır."[7]

13 Nisan 1969 Pazar günü, Tercüman gazetesi, yayınladığı bir başyazı ile özetle şu görüşlere yer verir:

"Savaş günlerinde, tavizsiz, çıkarsız ve tam imanla silah başına koşar gibi bütün vatandaşların, partilerin, üniversiteler ve diğer kuruluşların mesuliyet başına koşacakları günler gelmiştir.

Ciddi olunuz, sağlam durunuz sayın devletliler, liderler, rektörler, profesörler ve gençler! İç savaş başlamıştır."

Halkımız İkinci Kurtuluş Savaşının Eşiğindedir

Deniz, Feridun Şakar, Vural Yıldırımoğlu ve birkaç arkadaşı, Kağıthane'de grev yapan işçilere destek olmak amacıyla, 24 Nisan 1969 günü Kağıthane'ye gider. Fakat işçiler, kendilerini desteklemeye gelen öğrencileri bir sorun çıkaracağı düşüncesiyle pek hoş karşılamaz.

Yargıtay Başkanı İmran Öktem, 1 Mayıs 1969 Perşembe günü, geçirdiği bir kalp krizi sonucu ölür. 3 Mayıs Cumartesi günü Ankara-Maltepe Camii'nde kalabalık bir halk topluluğu ile İmran Öktem'in cenaze namazı kılındığı sıra bazı din adamları ile şeriatçılar "Allahsızın namazı kılınmaz" diyerek cenaze namazının kılınmasını engelledikleri gibi cenaze törenine gelenlere de saldırır.

Saldırıya uğrayanlardan CHP Genel Başkanı İsmet İnönü, tepkisini şöyle dile getirir:

"Olay her manası ile, kesin ölçüde bir 31 Mart vakasıdır."

DÖB, FKF, İTÜ Öğrenci Birliği, Ankara Üniversitesi Talebe Birliği, TMGT, İTÜ Teknik Okulu Öğrenci Birliği, İstanbul Özel Gazetecilik Yüksek Okulu Fikir Kulübü, İstanbul Üniversitesi Diş Hekimliği Fakültesi Talebe Cemiyeti, İstanbul Üniversitesi Eczacılık Fakültesi Talebe Cemiyeti, İstanbul Üniversitesi Cerrahpaşa Tıp Fakültesi Talebe Cemiyeti, İstanbul Üniversitesi Orman Fakültesi Talebe Cemiyeti, İstanbul Üniversitesi Kimya Fakültesi Talebe Cemiyeti, İstanbul Üniversitesi Fen Fakültesi Talebe Cemiyeti ve İstanbul Üniversitesi İktisat Fakültesi Talebe Cemiyeti, 3 Mayıs Cumartesi günü ortaklaşa yayınladıkları bildiride, İmran Öktem'in cenazesine yapılan saldırıyı kınar. Bildiri şöyledir:

"Türkiye Halkına,

Mustafa Kemal'in önderliğinde Kurtuluş Savaşı veren halkımız; İkinci bir kurtuluş savaşının eşiğindedir. Amerikan emperyalizmi ve işbirlikçi siyasi iktidar tarafından sinsi sinsi teşkilatlandırılan karşı devrimci kişiler azgınlaşmışlardır. Namuslu bir milliyetçi olan İmran Öktem'in cenazesine saldıranlar emperyalistlerin zavallı kuklalarıdır. Devrimci gençlik ve halkımız bağımsızlık yolunda kendilerine gereken dersi verecektir.

Kahrolsun Amerikan emperyalizmi ve işbirlikçileri.

Kahrolsun irtica.

Yaşasın tam bağımsız ve gerçekten demokratik Türkiye."

İstanbul'da 5 Mayıs 1969 Pazartesi günü, Hukuk Fakültesi'nde bir forum düzenlenir.

Sabahın erken saatlerinde Hukuk Fakültesi birinci sınıf amfisinde toplanan öğrenciler "Emperyalizm ve irticaya karşı forum" adı altında bir toplantıya katılır. Amfiyi hınca hınç dolduran öğrenciler, ilk önce, İmran Öktem için bir dakikalık saygı duruşunda bulunur. Daha sonra yapılan konuşmalarda, "İrticanın, emperyalizmin ve onun Türkiye'deki iktidarının bir oyunu olduğu" belirtilir.

Öğretim üyelerinin de katıldığı forumda fakülte dekanı Prof. Dr. Tarık Zafer Tunaya şunları söyler:

"İmran Öktem'in şahsında bir hukukçuyu kaybettik. Cenaze töreni sırasında çıkan hadiseler sadece üzücü değil, ilerisi için tehlikelidir. Bayrağa sarılı tabuta saldırmanın dinle ilgisi yoktur. Bu hareket tamamen siyasidir. Dinin kötü bir şekilde istismar edilmesidir. Bu saldırganlar, Anayasa'ya karşıdırlar, laikliğe karşıdırlar. Amaçları teokratik devlet kurmaktır. 31 Mart zihniyeti hiçbir zaman İstiklâl Savaşı zihniyetine karşı çıkamaz."

Daha sonra konuşan bir öğrenci temsilcisinin, Atatürk'ün, "Türkiye asla dervişler, müritler ve meczuplar ülkesi olamaz" şeklindeki konuşmasını nakletmesi büyük bir tezahürata yol açar.

Forumdan çıkan kalabalık öğrenci grubu, en önde "Devrimciler ölür, devrimler yaşar" ibaresi yazılan bir çelenkle ve ellerinde pankartlarla yürüyüşe geçer.

"Atatürk Geliyor - Kahrolsun İrtica - Hükümet İstifa" diye bağıran yürüyüşçülerin önü Çemberlitaş'ta kesilir.

Toplum Polisi Müdür Muavini Yusuf Aksu, yürüyüşün kanunsuz olduğunu söyler. Ancak gençler, Aksu'yu iterek yürüyüşlerine devam eder ve Adliye Sarayı önüne gelirler.

Adliye Sarayı önünde yargıçlar lehine tezahürat yapan öğrencilere hitaben İstanbul Savcı muavinlerinden Nejat Ülgen;

"Üzüntülerinizi anlıyoruz. Biz de sizin üzüntülerinize katılıyoruz. Getirdiğiniz çelengi şimdi savcının odası önüne koyduracağım. Yalnız sizden ricam, şimdi okullarınıza dönün" der.

Deniz, Savcı'ya;

"Biz çok nutuk dinledik. Arkadaşlar, bu adam daima öğrencileri tevkif etmekle tanınır. Şahsen beni iki defa tevkif etti. Biz ne yapacağımızı çok iyi biliyoruz" diye karşılık verir.

Adliye Sarayı'ndan dönen gençler, Valilik önüne gitmek ister. Ancak, toplum polisi yolun ortasına üç sıra barikat kurarak öğrencileri geçirmez. Bir kısım öğrenci, toplum polisine taş ve molotof kokteyli atıp çatışarak Valiliğe gitmek ister, fakat bazı öğrenciler bu harekete engel olur.

Bunun üzerine geri dönen öğrenciler, yoldan geçmekte olan bir Binbaşıyı omuzlarına alarak, "Ordu-Gençlik El Ele" diye bağırarak ordu lehine tezahüratta bulunur. Binbaşı üniversiteye kadar taşınır.

Bu olay nedeniyle Celal Doğan, Cihan Alptekin, Yücel Özbek, Mustafa Karşılayan, Işıtan Gündüz, Mustafa Zülkadiroğlu, Mustafa Lütfü Kıyıcı, Deniz Gezmiş, Mehmet Mehdi Beşpınar ve Mehmet Cavit Kavak hakkında dava açılır.

Deniz, Boy Hedefi Haline Gelmişti

Bu olaydan sonra DÖB içinde yaşanan gelişmeleri Mehmet Mehdi Beşpınar, şöyle anlatmıştır:

"İmran Öktem'in cenaze törenine Ankara'da yobazlar tarafından saldırılar olmuştu. O saldırının olduğu günün ertesinde, 5 Mayıs 1969 Pazartesi günü gecesi bütün yurtları gezdik ve protesto eylemi yapalım diye arkadaşları ikna ettik. Ertesi gün bir yürüyüş yaptık. Bu yürüyüşle birlikte Deniz, iyice boy hedefi haline gelmişti. Daha sonra, DÖB'ün çekirdek kadrosunu oluşturan 35-40 kişi toplayıp, gündemi oluşturan üç-dört maddelik tartışmalı bir toplantı yapmak üzere TMGT'na gittik.

O toplantıya katılan 35-40 kişinin hepsiyle tek tek iki gün boyunca konuştum. Temelde iki önerim vardı. Birincisi, DÖB'ün kapatılması yanlıştır. Bizim örgütlenme modelimiz Ankara'daki arkadaşlara da önerilsin, FKF de kendi yapısını sürdürsün, diyordum. Beni, 'Artık FKF çözülüyor. Üyelerinin bir kısmı bize geliyor. Biz FKF'nin tümünü ele geçiririz. İsmini de değiştiririz. DÖB'ü fesheder, Dev-Genç yaparız' diyerek ikna etmeye çalışıyorlardı. Oysa ben, DÖB'ün kapatılıp FKF'ye katılmasına sürekli karşı çıktım. Ahmet Özdemir ise,

'DÖB'ün kapatılması 635 kuruştur. Bir dilekçe verir kapatırız, bir dilekçe verir açarız' diyordu.

İkinci önerim ise, 'Deniz çok fazla önde gözüküyor, kişisel olarak da bunun zararını görecek. Her an öldürülebilir. Deniz'i ön plandan arka plana çekelim' diyordum.

O sıralarda da Deniz'e bir-iki öldürme teşebbüsü olmuştu. Ben, 'Deniz artık lider olamaz. İsmi kendisinden büyük olmaya başladı. Bu nedenle liderlik yapması tehlikeli' dedim.

Böyle önerilerden oluşan bir toplantıydı. Ben arkadaşlarımın hepsini ikna ettiğimi zannediyordum. Deniz'i bekliyoruz. Biraz bekledikten sonra Deniz, elinde sopayla içeri girdi ve 'Ne var ulan godoşlar? Bana baş mı kaldırıyorsunuz?' dedi.

Ahmet Özdemir, hemen, 'Bizim liderimiz Deniz'dir' deyince birkaç kişinin dışında herkes kararlaştırılanın aksine hareket etti."

Ayrışma ve tartışmalar hem DÖB kadroları, hem de diğer sol hareketler içinde vardır. Bu ayrışmalarda bazan yöresel etkiler de sözkonusudur.

Bozkurt Nuhoğlu ile Selahattin Okur arasında, 8 Mayıs 1969 Perşembe günü öğle saatleri civarında, Beyazıt Çınaraltı'nda bir tartışma yaşanır.

Bozkurt Nuhoğlu, 8 Mayıs günü akşamı, FKF İstanbul Sekreterliği'ni, hemşehrileriyle, basar. FKF İstanbul Sekreterliği'nin basılması ciddi tartışmalara yolaçar.

14 Mayıs 1969 Çarşamba günü, DDKO kurulur.

Politika güce dayanır.

Deniz, Karadenizlilerle sürtüşmesinden sonra, DDKO üyesi olan Ömer Ayna, Avni Gökoğlu, Yavuz Yıldırımtürk, Zerruh Vakıfahmetoğlu gibi gençlerle yakınlaşırken, DÖB'deki bir kısım arkadaşı ile çatışmaya girer.

Mustafa Zülkadiroğlu, bu konuda, şunları anlatmıştır:

"Deniz'den bizim kopuşumuz 1969 yılına dayanır. 1969 Haziran üniversite işgalleri sırasında, DÖB kadrosuna danışmadan, DÖB hareketi adına bizim dışımızda işler yapmaya, Diyarbakır Yurdu ve DDKO çevresinden bazı kişilerle hareket etmeye başlamıştı. Onlar, herhangi bir çatışmada bizim yanımızda olan kişiler değildi. Biz, bu nedenle, 'Bizim dışımızda ne yapıyorsun? Ne olduğunu bilelim' diyerek Deniz'in yaptığı bu emrivakiye karşı çıktık. Bunun üzerine Deniz ile aramıza bir sürtüşme girdi."[8]

Dev-Güç'le 19 Mayıs Mitingi

Mayıs ayının ilk haftasında eski Demokrat Partililerin siyasi haklarının geri verilmesiyle ilgili TBMM'ye bir kanun önerisi sunulur. Kanun önerisi, başta, Demokrat Parti'yi 1960'da düşüren öğrenciler tarafından tepkiyle karşılanır. Tepkiler, ülkede yeni bir siyasi bunalımın doğmasına yol açar.

17 Mayıs 1969 Cumartesi günü, Genelkurmay Başkanı Orgeneral Memduh Tağmaç, CHP Genel Başkanı İsmet İnönü'ye aktarılmak üzere CHP Genel Sekreteri Kemal Satır'a şunları söyler:

"Ordu, bu kanunun çıkmasını istemiyor. Biz, alttan gelen tazyik karşısında kararımızı tesbit ettik. Alttan gelen şiddetli tazyiki tutamayız. Buna rağmen, kanun çıkarsa, kesinleşirse, meydana gelecek olaylardan asla sorumluluk duymayacağız ve biz, 1960'daki gibi, o zamanın Genelkurmay Başkanı Rüştü Erdelhun'un durumuna düşmek istemiyoruz. İsmet Paşa, bu gerçeği bilsin ve eğer bu kanun buna rağmen çıkarsa, ilk önce bütün Yüksek Kumanda sınıfı, Genelkurmay Başkanı olarak ben dahil istifamızı vereceğiz."

Deniz ve arkadaşları, 16 Mayıs'ı 17 Mayıs'a bağlayan geceyarısı saat 00.30'da İstanbul'dan hareketle Ankara'ya gider.

Aynı gün, FKF, TMGT, 27 Mayıs Devrim Derneği ve otuzu aşkın öğrenci örgütü adına, Genelkurmay Başkanlığı'nı ziyaret eden bir grup öğrenci, kırmızı karanfillerle kaplı ve üzerinde, "Anayasamızın inançlı bekçileriyle beraberiz" ibaresi bulunan çelengi Genelkurmay Başkanlığı Basın ve Halkla İlişkiler Dairesi Başkanı Tuğgeneral Vehbi Akdoğan'a verir.

Başbakan Süleyman Demirel, 18 Mayıs Pazar günü, "Silahlı Kuvvetlerimizin şu veya bu şekilde aktif politikanın içine itilmemesi lâzımdır" diyerek tepkisini dile getirir.

19 Mayıs 1969 Pazartesi günü, FKF, TMGT ve AÜTB ortak olarak "Anayasaya Sen de Sahip Çık" mitingini Ankara-Tandoğan Meydanında yapar.

Mitingi 500 kadar genç ve bol miktarda polis ile bazı Milli Birlik Komitesi üyeleri, AP, CHP, TİP'li milletvekilleri izler.

Atatürk'ün Bursa Nutku'nu büyük bir beze yazdırarak meydana asan gençler, "İnönü-Bayar Yassıada'dan Selam Var" dövizini taşır.

Mitingde Alp Kuran, Mukbil Özyörük, Taylan Benli, Muammer Aksoy ve bazı öğrenci temsilcileri konuşma yapar.

Miting sonunda mitingçilerle polis arasında çıkan çatışma sonunda Hüdai Ergin adında bir albayla birlikte Doğu Perinçek, Deniz Çamlıbel, Huyum Çolak, Sabri Çedik, Şadi Samer, Tarık Duru, Mustafa Yılmaz, Mustafa Çınar, Kamil Dede, Koray Doğan, Altan Türen, Atilla Alçıdoyu, Aktan İnce, Oktay Etiman, Cengiz Ateş, Mehmet Kabadayı, Ahmet Üzümağ, Nuri Ödekan, Ekrem Öztürk, İsmail Yıldız ve Oğuz Pekin gözaltına alınır.

Bundan sonrasını Oral Çalışlar şöyle anlatmıştır:

"Doğu ve diğer yakalanan arkadaşlar 20 Mayıs akşamına doğru serbest bırakıldılar... O akşam, Mihri Belli, devrimci hareketin önde gelen isimlerini biraraya topladı. Belli'nin annesinin Kızılay civarındaki evinde toplanan kişiler, aklımda kaldığı kadarıyla şunlardı: Deniz Gezmiş, Mahir Çayan, Doğu Perinçek, Gülten Çayan, Yusuf Küpeli, Cengiz Çandar, Mustafa Lütfü Kıyıcı, Tarık Almaç, Mustafa Kemal Çamkıran, Gün Zileli, Ömer Özerturgut ve ben."[9]

Toplantıda daha çok, mitingde çıkan olaylar ve FKF'nin durumu ele alınır. Mihri Belli ile Yusuf Küpeli toplantıda tartışır. Küpeli toplantı sonunda Mihri Belli'ye şunları söyler:

"Seninle benim aramda örgütsel, hukuki hiçbir ilişki yok."

FKF Başkanı Yusuf Küpeli ile Mihri Belli arasındaki ilişki bu görüşmeden sonra iyice kopar.

FKF Olağanüstü Kurultayı Çalışma Raporu'nda miting şöyle değerlendirilmiştir:

"Bayar ve şürekâsının affıyla ilgili tartışmalar sırasında, 19 Mayıs 1969'da Tandoğan Meydanı'nda yapılan devrimci miting, büyük ölçüde FKF'nin devrimci gücüne dayanmıştır. Bu vesileyle FKF, toplumumuzdaki bütün ileri hareketlerin ve birikimlerin mirasçısı ve asıl sahibi olduğunu bir daha ispatlamıştır. 19 Mayıs 1969 mitingi proleter sosyalist kadrolarla sol Kemalist devrimciler arasındaki bağları sıkılaştırmıştır."

Parlamentoya verilen kanun önerisi Cumhuriyet Senatosu'nda 21 Mayıs 1969 günü kabul edilmeyerek geri döner.

27 Mayıs 1969 Salı günü TMGT'da, 27 Mayıs Devrimi'nin dokuzuncu yıldönümü münasebetiyle düzenlenen toplantıya katılan bir kurmay albay, çeşitli konuşmacıları iki saat dinledikten sonra, Hukuk Fakültesi Dekanı Tarık Zafer Tunaya'nın konuşması sırasında ayağa kalkıp, profesörün sözlerini özür dileyerek keser ve bir fıkra anlattıktan sonra da toplantıyı terkeder. Adının açıklanmasını istemeyen albayın fıkrası şöyledir:

"Bir Türk askeri ile bir Alman askeri, Çanakkale cephesinde uzun süre birlikte çarpışırlar ve dost olurlar. Savaş sonunda Alman askeri memleketine dönerken Mehmetçik, Türkler hakkındaki kanaatini sorar. Alman yarım Türkçesi ile cevap verir: Sizde var kilometrelerce laf, bir arpa boyu iş..."

Devrimci Direniş Komitesi'nin Hedefi

29 Mayıs 1969 Perşembe günü, Üniversite Tazminat Tasarısı TBMM'de görüşülüp kanuna bağlanmadan, parlamento tatile girer.

Bunun üzerine başta İstanbul Üniversitesi olmak üzere Ankara ve Ege üniversitelerinden yüzlerce öğretim üyesi idari görevlerinden istifa eder. Başbakan Süleyman Demirel, bu tepkiler üzerine, "Üniversite reform tasarısı mevcut değil ki, çıktı, çıkmadı münakaşası yapılsın" açıklamasını yapar.

İstanbul Üniversitesi Rektörü Ekrem Şerif Egeli ise, "Üniversite reform tasarısı Meclis'e sunuldu" diyerek farklı bir açıklamada bulunur.

30 Mayıs 1969 Cuma günü sabahı İstanbul Tıp Fakültesi ile Cerrahpaşa Tıp Fakültesi öğrenciler tarafından işgal edilir. Saat 11.00'de Hukuk Fakültesinin bir numaralı amfisinde toplanan öğrenciler, bir forum düzenler.

Forumda, görüşlerini dile getiren öğrenciler, Hukuk Fakültesi'nin işgal edilmesine karar verir. İşgal hareketini yürütmek için, "Devrimci Direniş Komitesi" adı altında bir organ oluşturulur. Komiteye Deniz Gezmiş, Celal Doğan, Rahmi Aydın, Zeynel Ünal ve Vural Aydınoğlu adlı öğrenciler seçilir.

Forumdan sonra yürüyerek toplu halde rektörlük binası önüne gelen öğrenciler, rektörün istifa etmesini ister. Daha sonra merkez binaya dönen öğrenciler, Hukuk Fakültesi Dekanlık koltuğuna Hamit Necmettin Yazıcı'yı oturturlar.

Hukuk Fakültesi koridorunda bir gün önce dekanlık görevinden istifa etmiş olan Prof. Tarık Zafer Tunaya ile karşılaşan Deniz, Prof. Tunaya'ya şunları söyler:

- Hocam, Üniversite Senatosunun yarın yapacağı toplantıya kadar üniversitede fiili durum yaratmaya karar verdik. Bu bir işgal değildir. Sadece Üniversite Senatosuna bir uyarıdır. Eğer, Üniversite Senatosu istenilen kararı vermezse sadece Hukuk Fakültesi'nde yarattığımız bu fiili durumu bütün üniversiteye yayacağız ve üniversiteyi işgal edeceğiz.

- Ben istifa ederek görevimi yaptım. Başka bir düşüncem yok. Size önerim yarın yapılacak Üniversite Senatosu toplantısının sonucunu beklemenizdir. Bu süre içinde de herhangi bir fiili durum yapmamanızdır.

Konuşmaları izleyen Prof. Aytekin Ataay da,

"Bizi davranışlarımızda rahat bırakın, daha iyi çalışalım. Üzerimize düşen görevimizi sonuna kadar sürdüreceğiz" der.

Prof. Tarık Zafer Tunaya bu konuşmanın ardından odasına girer. Yan odada toplanan öğrenciler, "Şen ola Tunaya şen ola" diyerek halay çeker. Öğleden sonra "Devrimci Direniş Komitesi" adına Deniz Gezmiş bir numaralı bildiriyi okur ve ikincisinin beklenmesini ister. Bildiri şöyledir:

"12 Haziran işgallerinden beri, üniversite reform tasarısını siyasi iktidar ve üniversitedeki onun işbirlikçileri sürekli olarak atlatmakta idi. Asistan arkadaşlarımızın haklı isteklerine karşı, siyasi iktidar çözüm getiren tasarıların görüşülmesini gelecek dönem parlamento oturumuna kadar erteledi. Siyasi iktidar, bu tutumu ile demokratik haklarımızın alınmasını politik amaçları içinde eritme ve bizi uyutma taktiklerine feda etti.

Hedeflerimiz, Siyasi iktidara sonuna kadar direnmek. Siyasi iktidarın üniversitemizdeki işbirlikçilerinin kesin olarak tasfiyesi.

Yarın rektör tarafından olağanüstü toplantıya çağrılan Senato, bütün olarak istifa etmeli ve üniversitenin temel öğesi olan öğrencilerden yana olduklarını göstermelidirler. Bütün dekanlar ve fakülte yönetim kurulu üyeleri istifa etmelidir.

Öğretim üyelerinin ve asistanların sınavlara girmeme kararından dolayı sınavlar ertelenmiştir."

Devrimci Gençlik Bu Kavgayı Sürdürecektir

31 Mayıs 1969 Cumartesi günü, İstanbul Üniversitesi Senatosu yaptığı üç saatlik toplantı sonunda, üniversitenin süresiz olarak kapatılmasına ve devlet güvenlik kuvvetlerine teslimine oy birliği ile karar verir.

Sabahın erken saatlerinden itibaren üniversite bahçesinde toplanan üçbine yakın öğrenci, Üniversite Senatosu'nun kararını öğrenince rektörlük binasına yürür ve Rektör Egeli'nin istifa etmesini ister. Bu arada bir kısım öğrenci, Rektör Egeli'yi tartaklar. Öğrenciler, daha sonra, saat 11.30'da Hukuk Fakültesi 1 nolu amfisinde forum düzenler. Forumda Hukuk Fakültesi asistanlarından Pertev Bilgen, Mehmetcan Köksal ve öğrencilerden Bekir Sıtkı Coşkun, Celal Doğan birer konuşma yapar.

Yapılan konuşmalarda, reform tasarısını gerçekleştiremeyen hükümeti şiddetle yererek, üniversitenin, istekleri gerçekleşene kadar işgal edilmesine karar verilir.

Forum, daha sonra öğrencilerin, "Türkiye'deki işçi-köylü iktidarı kurulana kadar devrimci gençliğin bu kavgayı sürdüreceğine" dair ant içmesiyle sona erer.

Öğrenciler tarafından işgal edilen üniversiteye geceyarısı gelen öğretim üyelerinden Tarık Zafer Tunaya, Celal Öker, Aytekin Ataay, Yüksel Ülken, Sami Akıner, Ümit Yaşar Doğanay, Aydın Aybay, Teoman Akünal ve Pertev Bilgen, direniş komitesi üyesi öğrencilerle görüşerek, işgali kaldırmaları için ikna etmeye çalışır.

Öğrencilerle görüşen öğretim üyeleri, üniversiteden ayrılarak gece yarısından sonra Emniyet Müdürlüğü'nde Vali Vefa Poyraz ve Emniyet Müdürü Muzaffer Çağlar ile bir toplantı yapar. Toplantı saat 01.30'da biter.

Öğretim üyeleri toplantıda, "Öğrencileri ikna edip hareketlerinden vazgeçireceklerini, çünkü sorunun öğrenim sorunu değil, üniversitede öğretim üyeleri ve topluluğunun tazminat tasarısı konusu olduğunu" söyler.

Bu toplantının ardından saat 04.45'de Hukuk Fakültesi asistanlarından Pertev Bilgen, üniversiteye yeniden gelerek direniş komitesi üyesi öğrencilere, "Valiliğin elinde arama kararı var. İşgale devam etmek hepinizi bir anda suçlu duruma düşürecek. Adliyeye gelmiş olacaksınız. İşgali kaldırmalısınız" der.

Bunun ardından kendi aralarında toplanan öğrenciler, işgali kaldırmaya karar vererek üniversiteyi saat 05.20'de tamamen boşaltır. Sayıları bine yaklaşan öğrenciler, yayınladıkları bildiride, şu açıklamayı yapar:

"Türk kamuoyuna, İstanbul Üniversitesi öğrencileri ve işgal konseyi olarak haklı direnişimizde Üniversite Senatosu'nun almış olduğu üniversitenin kapatılması kararına karşı, fakat Türk yargıcının kararlarına, gençlik olarak saygılı bulunduğumuzdan, İstanbul mahkemelerinin üniversite merkez binasına girerek arama yapılması kararı karşısında 1 Haziran 1969 sabahı bu binayı Türk yargıcının girebilmesi için boşaltıyoruz."

Polis, mahkemeden aldığı arama kararını uygulamaya saat 11.05'den itibaren başlar.

Arama sonrasında yapılan açıklamada; Üniversitede, koridor ve odalarda taş, sopa, tuğla yığınları, musluklara bağlanmış hortumlar, molotof kokteylleri yapmaya yarayan boş şişeler, çatıda taşlar ve demir çubuklar bulunduğu öne sürülür.

TMGT'da Toplantı Yapılıyor

Haziran ayında giriştikleri bu eylemler sonucu özellikle öğrenci hareketinin önderleri, öğretim üyelerinin desteğini kaybeder.

Mustafa Gürkan, bu konuyu şöyle açıklamıştır:

"Ne zaman o silah olayı işin içine girdi, yani silah olayının mahiyeti değişti, silahı kullanmanın gerekçesi kendini korumaktan çıkıp ihtilal yapmaya dönüştü, işte o zaman insanlar, bütün bu insanlar bizi haksız görmeye başladılar. Ne diyorum, gece saat üçte sorduk, 'hocam, işte böyle böyle oldu, ne dersiniz' diye. O da bize olumsuz bir tutum takınınca, yani işgali onaylamadığını hissettirince, sabah erkenden 06.30-07.00'de üniversiteye gittik ve işgali kaldırdığımızı açıkladık... Bir eylem planı yaparken nelere dikkat ederdik? Gençlik hareketi bir aydın hareketidir. Düşündüğümüz insanlar hep subaylar, yazarlar, öğretim üyesi gibi insanlardı. Gerçek durum buydu ve az önce saydığım tipten insanların tepkileri önemliydi bizim için. Mesela üniversite işgal edildiğinde hatırlıyorum. Tarık Zafer Hoca'nın odasına girdik, işte Deniz falan hep birlikteyiz, bize, 'hepiniz dışarı, defolun' dedi ve hepimiz gık demeden dışarı çıktık."

Fakat aradan birkaç gün geçtikten sonra 5 Haziran Perşembe günü, üniversitenin açılma kararından sonra saat 07.10 sıralarında üniversiteye gelen öğrenciler, üniversiteyi tekrar işgal eder.

İşgal sırasında, Üniversite bahçesinin yarısında polisler, yarısında öğrenciler ilk kez dövüşmeden tatlı tatlı sohbet eder. Öğrencilerle polisler arasında eski çatışmaların muhasebesi yapılırken, polisler emir kulu olmaktan, öğrenciler de yönetici kadroların tutuculuğundan dert yanıyorlardı.

Polis ve öğrencinin karşı karşıya kalması üzerine öğretim üyelerinden Prof. Sami Akıncılar ve Asistan Mehmetcan Köksal ile bazı öğretim üyeleri aracılık yaparak, öğrencilerden işgali kaldırmalarını ister. İşgalci öğrenciler, saat 22.30'da hep birlikte üniversiteden ayrılır.

6 Haziran günü toplanan Üniversite Senatosu, Haziran dönemi sınavlarının 9 Haziran tarihinden itibaren polis gözetiminde yapılmasına karar verir.

Bunun üzerine, Direniş Komitesi adına şu bildiri yayınlanır:

"Polis nezaretinde sınavlara girmeyi haysiyetsiz bir durum olarak kabul ettiğimiz için sınavlara girmeyeceğiz. Rektörün yaptığı baskıyı tamamen faşist bir taktik olarak niteliyoruz. Rektörün öğrenci-polis çatışması konusundaki gayretkeşliği gözden kaçmamaktadır. Polis, öğrenciye karşı çok haksız davranışta bulunmadığı sürece polisle çatışılmayacaktır. Senato ve rektörün, polis ile öğrencileri çatıştırmak suretiyle üniversitede polis terörü yaratmak ve bu nedenle üniversite özerkliğini zedelemek suretiyle öğrenci ve halk düşmanı olduğu ortaya çıkmıştır."

İktisat Fakültesi öğrencisi Mehmet Mehdi Beşpınar, Merkez Binanın önüne asılmış olan sınavlarla ilgili kağıdı, 7 Haziran Cumartesi günü, kopartıp, yırtar. Polis tarafından gözaltına alınan Beşpınar, sonra serbest bırakılır.

8 Haziran Pazar günü akşamı konuyu görüşmek üzere öğrenci örgütleri başkanları saat 18.00'de TMGT'nda toplanır. Toplantıya Tabii Senatör Kadri Kaplan da katılır.

Sonuçta, 1960 sonrasında meydana gelen öğrenci-polis çatışmalarının en şiddetlisi gerçekleşir.

Öğrenci-Polis Kıyasıya Çatışıyor

Yer : Hürriyet Meydanı.

Tarih: 9 Haziran 1969 Pazartesi.

Öğrenciler sabah saat 08.00'den itibaren sınavlara girmek üzere üniversitenin önünde toplanmaya başlar. Kısa sürede merkez binanın önünde toplanan binlerce öğrenci, polisi protesto etmeye ve marş söylemeye başlar.

Gittikçe sayıları artan öğrenciler, "Polissiz Üniversite İstiyoruz - Rektör İstifa - Üniversite Senatosu İstifa" diye tempo tutarak hep birlikte slogan atmaya başlar.

Bu arada üniversitenin içinde 1 nolu amfide sınavlara girmek isteyenlerle sınava engel olmak isteyenler arasında tartışma çıkar. Sonuçta sınava girmek isteyen öğrenciler, sınav salonunu terkeder.

Öğrenciler, saat 12.00'ye doğru bazı öğrenci liderlerinin, "Arkadaşlar, yarın saat 07.00'de toplanmak üzere şimdi dağılalım" önerisiyle yavaş yavaş Beyazıt alanını terketmeye başlar. Fakat bu sırada Beyazıt Kütüphanesi'nin önünde polislerin iki öğrenciyi tartakladıkları görülür. Heyecan içinde olan binlerce öğrenci arasında başlayan dalgalanma bir anda öğrenci ile polisi karşı karşıya getirir. Polisler kalkan ve coplarla, öğrenciler ise taşlarla kıyasıya birbirine girer. Çatışmada 26 öğrenci, yedi gazeteci, üç polis çeşitli yerlerinden yaralanır.

Olaylardan sonra, "Direniş Komitesi" şu bildiriyi yayınlar:

"Senato üyeleri ile rektör meşruiyetini yitirmiş ve birer öğrenci düşmanı olduklarını bu olaylar sonucunda isbat etmişlerdir. Senato istifa etmelidir. İstanbul Üniversitesi öğrencileri polis kordonunda imtihana girmemek suretiyle bu senatoya gerekli cevabı vermiş ve direnenlerin bir azınlık değil, tüm öğrenciler olduğunu bir kere daha ispatlamıştır."

On yedi öğrenci kuruluşu, gece TMGT'nda bir toplantı yaparak, üniversitede çıkan olayları değerlendirmiş ve polise üniversiteyi terketmesi için yarın saat 09.00'a kadar mühlet verilmesini kararlaştırmıştır."

Çatışma Savaşa Dönüşüyor

Yer : Beyazıt Meydanı.

Saat : 08.00

Tarih: 10 Haziran 1969 Salı.

İstanbul Üniversitesi'nin Esnaf Hastanesi'nin karşısında bulunan kapısının önünde biriken öğrencilere, İktisat Fakültesi Talebe Cemiyeti Başkanı Sıtkı Coşkun;

"Polis kordonu altında sınavlara girmeyeceğiz" diye ant içirir.

Ant içen öğrenciler, matbaada bastırdıkları, üzerinde iki polis ve arasında öğrenci resmi olan ve "polis kordonunda sınavlara girmeyeceğiz" yazılı bez kokartları göğüslerine asar.

Saat: 09.00 - Fakülte yönetimini temsilen bir şahıs kapı önüne gelerek sınava gireceklerin isimlerini ve numaralarını okur.

Islıkla, "Gazi Osman Paşa" ve "Gençlik" Marşlarını çalan öğrenciler, daha sonra, Rektörü ve Senatoyu istifaya davet eden sloganlar atar. "Bağımsız Türkiye", "Gerçekten Demokratik Türkiye" ve "Halka Dönük Üniversite" diye tempo tutar.

Saat: 09.30 - Sayıları üç bini aşan öğrenci kitlesi, toplu halde üniversitenin yan kapısı önünden, Site Öğrenci Yurdu'na doğru yürüyüşe geçer. Yol üzerindeki diğer öğrenci yurtlarından takviye alan öğrenciler, Rektörlük binası önüne gelerek, burada Rektörü ve Üniversite Senatosunu istifaya davet eder.

Saat: 09.50 - Beyazıt'ta toplanan öğrenciler, Edebiyat Fakültesi'nin önüne doğru marşlar söyleyerek yürüyüşe geçer. Yürüyüşe halktan katılanlar olur. Kimya ve Fen fakültelerinin önünden geçerek tekrar Site Öğrenci Yurdu'nun önüne gelen yürüyüşçü öğrenciler,

"Gençlik Buraya" diye slogan atarak, yurtta bulunan öğrencilerin kendilerine katılmalarını ister.

Saat: 10.10 - Öğrenciler, Bozdoğan Kemeri'nden Süleymaniye'ye, Esnaf Hastanesi önünden tekrar Beyazıt'a dönerek Rektörlük binasının önüne gelir.

Saat: 10.20 - Bir öğrencinin elindeki molotof kokteylinin rektörlük binasının önünde patlaması üzerine kısa süren bir heyecan dalgası topluluğa yayılır. Az sonra da Rektörlük binası taşa tutulur ve camları kırılır.

Saat: 10.30 - Üniversite önündeki gösteride konuşan bir öğrenci, "Sorunlarımızı anlatabilmek için bir megafona gereksinimimiz var. Bunun için sizlerden para yardımı yapmanızı istiyoruz" der.

Bu konuşmadan sonra Beyazıt Meydanı'nda bulunan öğrencilerden ve halktan bir torba bozuk para toplanır.

"Ata Binmiş Eşekler, Millet Sizden Ne Bekler", "Bağımsız Türkiye", "Rektör İstifa", "Gençlik Hey, Ordu Hey, İktidar Yuh, Rektör Yuh" sesleri ve sloganları ile öğrenciler, Divanyolu'na doğru yürüyüşe başlar.

Saat: 10.45 - Öğrenciler Divanyolu'na geldikleri sırada, burada bulunan Balıkesir Öğrenci Yurdu'nun önünde üç molotof kokteyli arka arkaya patlatılır. Polis yürüyüşe henüz müdahale etmez.

Vilayet'e gitmek isteyen fakat Divanyolu'ndan Cağaloğlu'na girişin polis tarafından kesildiğini gören öğrenciler, "Fruko", "Katil Polis" diye slogan atar.

Saat: 10.50 - Sultanahmet Meydanına inen öğrencilerden bir kısmı Alman Çeşmesi'nin önünde toplanır.

Esas amacı Vilayet'e gitmek olan Deniz, polisin Vilayete giden yollardan çekilip çekilmediğini öğrenmek amacıyla Kenan Rıfkı Ertuğrul'u bir kaç defa Divanyolu'na gönderir. Polisin Vilayet'e giden yollardan çekilmediğini öğrenen Deniz, Alman Çeşmesi önünde toplanmış olan arkadaşlarına şöyle hitap eder:

“Polis yuvamızı terkedene kadar mücadeleye devam edeceğiz. Zafer bizimdir. Yeter ki, sizler inançlı olarak mücadelenize devam edin aslan kardeşlerim. Eylemimiz tam bağımsız ve gerçekten demokratik Türkiye mücadelesinin bir parçasıdır. Demokratik üniversitenin gerçekleştirilmesi için giriştiğimiz mücadele halkımızın milli demokratik devrim mücadelesinden ayrılamaz. Öğretim üyelerinin davranışları, biz gençliği sindirme yolunda bir adımdır. Buna karşı sonuna kadar direnmemiz gerekir. Savaşımız senato ve arkasındaki emperyalizm ve işbirlikçileriyledir. Savaşımız, Türkiye'nin bağımsızlığı içindir."

Öğrenciler, daha sonra, hep birlikte şu andı içer:

"Biz Amerikan emperyalizmine ve onun işbirlikçilerine karşı sokak, meydan ve üniversitelerde sonuna kadar, tam bağımsız ve gerçekten demokratik Türkiye için sonuna kadar dövüşeceğiz."

DÖB Hareketinde Bölünme

Saat: 11.00 - Perşembe günü tekrar buluşmak üzere anlaşan öğrenciler dağılmaya başlar.

Mustafa Zülkadiroğlu, bundan sonrasını şöyle anlatmıştır:

"Deniz, kalabalığı Sultanahmet'teki Alman Çeşmesi'nin önünde dağıtmak istiyordu. Biz o gün, polisle çatışmak için hazırlanmıştık. Deniz'e, 'Sen ne yapıyorsun?' diyerek karşı çıktık. 9-10 Haziran olayları Deniz'le bizim en son birlikte dövüştüğümüz sokak hareketidir. "

Deniz, "Dövüşmeye gidiyoruz" diyerek, öğrencileri, Alman Çeşmesi'nin önünden Beyazıt'a geri döndürür.

Marşlar söyleyerek Beyazıt'a gelen öğrenciler, hep birlikte meydanda yere oturur. Bu sırada toplum polisi de meydanın setleri üzerinde önlem alır. Polislerle öğrenciler arasında psikolojik yıpratma savaşı yapılmaktadır.

Saat: 11.10 - Setlerde bekleyen toplum polisine öğrenciler, molotof kokteylleri atmaya başlar. Polis de ses bombası kullanarak karşılık verir. Öğrenciler de polise, taş ve molotof kokteylleri atarak karşılık verince çatışma bir anda patlayarak savaş halini alır. Polis ve öğrenciler kıyasıya birbirine girer. Karşılıklı atılan rastgele taşlardan yaralanan polis ve öğrenciler hastanelere kaldırılır. Yoldan geçmekte olan otomobiller süratle ara sokaklara kaçışır. Halk, önüne gelen kapıdan içeri dalar. Arka arkaya durmadan patlayan molotof kokteylleri ve bomba sesleriyle yaşlı kadınların ve çocukların ağlama sesinden geçilmiyor. Önüne gelen birbirine taş atmakta!

Patrona Halil Hamamı ile Edebiyat Fakültesi arasındaki sokağın bir başında toplum polisi, bir başında öğrenciler birbirlerini karşılıklı taş ve bomba yağmuruna tutmaya başlar. Bir ambulans olay yerinden acı acı düdük çalarak geçer.

Toplum polisiyle birlikte öğrencileri taşa tutanlar arasında şimdi kırmızı gömlekli bir sivil de var. Az sonra onun yanına bazı sivil şahıslar katılarak öğrencileri taşlamaya başlar. Civardaki bankalar, dükkanlar kepenklerini indirir.

Saat: 11.30 - Beyazıt, Koska, Laleli, Vezneciler, Şehzadebaşı ve çevresinde gittikçe kızışan çatışmalar bütün hızıyla devam etmekte. Yağmur gibi taş yağıyor. Öğrenciler, üniversite binasına girmek istiyor, toplum polisi buna karşı duruyor.

Üniversiteli öğrencilere katılan lise ve ilkokul öğrencileri ile birlikte gençler, birden Marmara Pasajı'nın önünden, setlerin üzerinde bekleyen toplum polislerine karşı taş atarak koşmaya başlar. Polisler de taş ve sis bombası kullanarak öğrencilere karşı hücuma kalkar ve önüne kattığı öğrencileri kovalar. Bu sırada öğrenciler arasında kalan bir toplum polisi kıyasıya dövülür. Öğrencileri taşlayan toplum polislerinden biri de göğsüne isabet eden bir taşla ağır yaralanır.

Saat: 11.45 - Polisin saldırısından kaçan öğrenciler ve halktan insanlar açık olan mağazalara sığınır. Askeri inzibatlar, toplum polisinin önüne gönderilir. Gençler, ordu lehine, "Ordu Ordu, Çok Yaşa" diye tezahüratta bulunur. Az sonra zırhlı araçlara bindirilmiş askeri birlikler, Beyazıt Meydanı'na gelir. Öğrenciler, ordu lehine tezahürata devam eder.

Saat: 12.00 - Toplum polisi, Milli Savunma Öğrenci Yurdu'ndan taş atılması üzerine yurdu basar. Öğrenciler direnişe geçer ve polisle karşılıklı taş, molotof kokteyli, sis bombası atılır.

Yaralanan öğrenci ve polislerin merkez binanın bahçesine taşınmasıyla üniversite, hastane havasına bürünür, âdeta cephenin geri hattı haline gelir.

Saat: 12.10 - Edebiyat Fakültesi ve üniversitenin çevresini askerler kordon altına alır. Ara sokaklarda ise çatışma, yine bütün hızıyla sürüp gidiyor. Başlangıçtan beri olaylara seyirci kalan bazı üniversiteli gençlerin de artık çatışmalara katıldıkları görülür. Bu arada Beyazıt Camii'nin Sahaflar Çarşısı'na açılan kapısı ve köşesinde biriken bazı siviller toplum polisiyle birlikte öğrencileri taşlamaya ve küfretmeye başlar. Üniversitenin merkez bina kapısının önündeki sete çekilen polisin önüne asker geçer ve gençler askere büyük tezahürat yapar. Askerler öğrencileri yatıştırmaya çalışır.

Saat: 12.40 - Gençler, çatışmaların yer yer sürdüğü ve çevreye yayıldığı sırada askerlerin gelişiyle bir süre sakinleşir. Beyazıt Meydanı'nda toplanan öğrenciler, "Vilayete, Vilayete", diyerek yürüyüşe geçmek için caddeye çıkar. Yürüyüş başlar başlamaz, toplum polisi, askeri birliklerle beraber Vilayet önünde ve Cağaloğlu'nda ortak önlemler almaya başlar.

Saat: 13.00 - Divanyolu'na gelen öğrenciler, burada Cağaloğlu'na girişin polis tarafından kesildiğini görünce, ara sokaklardan geçit bulmaya çalışır. Bunun üzerine polislerle öğrenciler arasında çatışma yeniden başlar. Molotof kokteylleri, taş ve sis bombaları atılır.

Saat: 13.25 - Çatışmanın şiddetlenmesi üzerine bir albayın yönetimindeki erler olay yerine gelir. Çatışma yan sokaklara sıçrar. Adliye Sarayı'nın karşısında kızışan çatışmayı askerler güçlükle önler.

"Bizden dört, beş kişi öldü. Biz de bir polis öldüreceğiz" diyen öğrencilerin yakaladığı bir toplum polisini, öğrencilerin elinden halktan bazı kimseler zorla kurtararak Adliye kahvehanesine sokar. Bunun üzerine öğrenciler, taş atarak kahvehanenin camını kırar. Taş atma devam ederken bir inzibat albayı yetişir. İçerde, sinir krizleri geçiren toplum polisine sivil elbise giydirip koluna takarak kurtarmaya çalışır. Ancak, dışarı çıkarılanın polis olduğunu öğrenen öğrenciler, polisi yeniden taşlamaya başlar. Albay, polisin önüne geçerek, onu korumaya çalışır. Öğrenciler bunun üzerine taş atmaktan vazgeçer. Gençlerden bazıları gidip albaydan özür diler ve elini öper.

Saat: 14.15 - Site ve birçok öğrenci yurdunun bulunduğu Şehzadebaşı çevresinde son derece gergin olan hava, polis arabalarının gözükmesiyle tekrar kızışır ve bir kısım öğrenci, toplum polisinin camları tel örgüsü ile korumalı iki büyük arabasını ateşe verir. Öğrenciler, ayrıca, arabalardan birinin benzin deposunu delip içine molotof kokteyli atar. Arabayı söndürmek isteyen İtfaiye, öğrenciler tarafından engellenir. Aynı anda bir grup öğrenci yine polise ait bir cankurtaran arabasını devirerek tahrip eder. Askeri birliklerin gelmesiyle olay yatışır.

Saat: 14.45 - Site Öğrenci Yurdu'nun pencerelerinden öğrenciler, sürekli molotof kokteylleri atmaktadır. Polis ve askeri birlikler, öğrenci yurdunu kordon altına alır.

Saat: 15.00 - Edebiyat Fakültesi'nin bahçesinde toplanan toplum polislerinden bazısı kızgınlıklarından ağlar. Yöneticilerine, "Bıktık artık. Bırakın bildiğimizi yapalım" dedikleri duyulur. Toplum Polisi Müdürü Selim Bahadır Çakır ve Emniyet Müdür Muavini Vedat Sokullu, polislerle konuşarak onlara "morallerini bozmamaları"nı söyler.

Saat: 15.10 - Aksaray'dan Beyazıt'a yürüyen bir grup öğrenci, "Plevne Marşı"nı söyleyerek Fen Fakültesi önüne kadar gelip dağılır.

Altı saat süren öğrenci-polis çatışması sonunda öğrenci, polis ve halktan 33 kişi yaralanır.

Polis-Öğrenci çatışması, Sıtkı Coşkun, Celal Doğan, Eyüp Neşat Yıldırım, Yusuf Baha Gürcan, Mehmet Mehdi Beşpınar, Hamdi Olgunsoy, Önder Dedeağaç ve Cemil Gök adlı öğrencilerin gözaltına alınmasıyla o gün biter.

İstanbul Valisi olaylar üzerine şu açıklamayı yapar:

"Bugünkü hadiseleri iki grupta toplayabiliriz: Birincisi, Senato çalışmasını önlemek için yapılan öğrenci hareketleri; ikincisi, Senato kararından sonra işgal için yapılan öğrenci hareketleri. Öğrencilerimiz her iki maksadı elde etmek için bugün çok asabi ve her türlü vasıtaya başvurarak polisle çatıştılar."

Kavgamız Emperyalizm ve İşbirlikçilerine Karşıdır

DÖB, FKF İstanbul Sekreterliği, İTÜ Öğrenci Birliği, TMGT ve diğer devrimci öğrenci kuruluşları temsilcileri, 19 Haziran 1969 Perşembe günü, İstanbul'da ortak bir toplantı yaptıktan sonra bir bildiri yayınlar. 9-10 Haziran olaylarıyla ilgili çeşitli fotoğrafların da gösterildiği toplantıda, öğrenci kuruluşlarının yayınladığı bu bildiride, 1961 Anayasasının tatbiki istenir ve bazı parlamenterlerle öğretim üyeleri şiddetle yerilir. Bildiri şöyledir:

"Gençlik, tam ve gerçek bir demokrasi yaratma yolundadır. Yoksa Filipin tipi demokrasiyi yaşatma yolunda değildir. Gençlik, köylülerin özgür toprak sahibi vatandaşlar olduğu, işçilerin sendikal ve sosyal örgüt haklarının bulunduğu, bütün halkımızın okuma yazma bildiği, hayat şartlarının garanti altında olduğu, herkese söz ve yayın, gösteri ve benzerleri gibi hakların verildiği bir demokrasi istemektedir.

Gençlik, kendilerine demokratik diyen fakat hiçbir ilgisi bulunmayan gerici parlamenterler ve onun üniversite içindeki işbirlikçilerine karşı kavgasında yalnız bırakılmak istenmektedir.

Gençlik, üniversitede reform kavgası, köylerdeki toprak kavgası ve hür insan olma kavgasının yanındadır.

Gençlik, fabrikalardaki patron-iktidar baskılarına karşı sendikal ve sosyal hürriyet isteyen işçilerin kavgasının da yanındadır.

Gençlik, 27 Mayıs ve Anayasasına yönelmiş hücumlara karşı milli ordu düzeni içindeki Silahlı Kuvvetlerin ve aydınların kavgasının yanındadır. Personel kanunu isteyen memurların yanındadır. Gençliğin kavgası yalnız ve yalnız demokrasi düşmanı ağalarla, emperyalizm ve işbirlikçilerine karşıdır."

Kendini Komünist Sayıyordu

10 Haziran 1969 günü meydana gelen öğrenci-polis çatışmasında yaralanan Deniz'i Cihan Alptekin, ilk önce Kadırga Öğrenci Yurduna götürür. Nihat Emeksiz ile Cihan Aptekin, daha sonra, Deniz'i Cerrahpaşa Tıp Fakültesi'ne tedavi için gütürür.

Deniz ile Kenan Rıfkı Ertuğrul'un tedavisi, Cerrahpaşa Tıp Fakültesi Hastanesi'nde yapılır.

Şevki Akşit'in hanımı Nuran Akşit de bu sıra, Cerrahpaşa Tıp Fakültesi'nde öğrencidir. Gelen yaralılarla ilgilenir.

Deniz'e tetanoz iğnesi yapılır. Tedainin parasını ödeyen Nihat Emeksiz, biraz dinlenmesi için Deniz'i Kadırga Öğrenci Yurduna geri götürür, kapıcı Cemil Bey'e teslim eder. İstanbul'da tedavi olduktan sonra Ankara'ya giden Deniz, SBF'de kalmaya başlar.

Yusuf Küpeli, bu konuda şunları anlatmıştır:

"Tuslog baskını olduğu zaman, Deniz Ankara'da idi ve SBF'de bir odada kalıyordu. 'Aranıyorum' diye gelmiş, beni bulmuştu. Yurtta kalmak istemediği için, işgal altındaki fakültenin odalarından birine yere yatak yapmıştık.

Tuslog olayı ile öncelikle benim ve daha birçok gencin aranmaya başlanmasından sonra, SBF'de kalamazdım ve buradan o günlerde sürekli beraber olduğum Deniz ile ayrıldık. Kaldığımız ilk yer bir CHP saylavının birinci kattaki çok güzel apartman dairesi idi. Saylavın bu işten haberi yoktu. Bizi o eve kardeşi götürmüştü. Bu evde 3-4 gün kaldık. İkinci kaldığımız yer küçük bir apartman dairesiydi. Burada bazı insanlarla ilişki kurduk.

Deniz'in bana anlatırken asıl vurguladığı şey, Yakup Cemil'in kavgacılığı, silahşörlüğü ve tabancaları idi. Deniz, kendisine 'Yakup Cemil', Selahattin Okur, 'Resneli Niyazi' ismini takmıştı.

Deniz'in bana anlattığı ikinci olay da Dündar Kılıç'ın, baskına gelen Piç Hüseyin olarak tanınan Hüseyin Turan ve avanesine karşı, kendini yere atarak belindeki iki Smith Wesson tabancayı nasıl çekip ateş ettiği idi. Deniz, ilk hapse girdiğinde Dündar Kılıç ile kalmıştı.

Silah, kavga hayranlığının ön plana çıktığı bilinçsiz bir İttihatçı sempatizanlığının yanında sosyalizme, komünizme karşı da ona özgü bir inancı görürüz. Çünkü, toplumsal haksızlıklara, eşitsizliklere karşıdır ve doğal olarak sosyalizme, komünizme gidecektir. Artık DÖB olayından kopmuştu; kendini 'Komünist' sayıyordu."

Program

Deniz'i, 18 Haziran 1969 Perşembe günü, o dönem, FKF'nin Genel Merkezi olan Selanik Caddesi, Kat: 3, No: 31 adresinde görürüz.

Bu sırada, Yusuf Küpeli ve Deniz Gezmiş adına bir bildiri yayınlanır. Bu bildiri hakkında Yusuf Küpeli, şunları anlatmıştır:

"Bu manifesto-bildiriyi ben ve Mustafa Kemal Çamkıran hazırladık. Çamkıran, 'Bildiriye İstanbul devrimci gençlik liderlerinden Deniz'in adını da ekleyelim' dedi. Biz de koyduk. Aslında, Deniz'in bildirinin hazırlanması ve yazılmasında katkısı yoktur. Bildiriyi hazırladıktan sonra kendisine haber verip imzasını koyduk."

Yusuf Küpeli ve Deniz Gezmiş adına yayınlanan bu "manifesto-bildiri", 23 Haziran 1969 Pazartesi günü, İstanbul'da iki gün süren ve İstanbul, Ankara, İzmir, Trabzon ve Eskişehir yüksek öğrenim örgüt temsilcilerinden 160 delegenin katıldığı "1. Devrimci Milliyetçi Gençlik Kurultayı"na sunulur.

Ankara ve İstanbul'da devrimci öğrencilerin lideri ve tüm öğrenci hareketlerinin yöneticisi olan Yusuf Küpeli ile Deniz Gezmiş bir 'manifesto-bildiri' yayınlayarak İstanbul'da toplanan 'Devrimci Milliyetçi, Demokratik Gençlik Kurultayı' öncesinde 'Tam bağımsız ve gerçekten demokratik Türkiye' hedefi için bir mücadele programı açıklamışlardır.

Haklarında tutuklama kararı çıkarıldığı için polisçe aranmakta olan Küpeli ve Gezmiş, manifestoda 'Halkımızın İkinci Milli Kurtuluş Savaşı'nda verdiğimiz kavgadan dolayı, Amerikan emperyalizminin işbirlikçisi faşist siyasi iktidar hakkımızda tutuklama kararı aldırmıştır' demişler, bu yüzden toplantıya katılamadıklarını açıklayarak, manifestteki önerilerin bütün devrimci gençlik hareketlerinin mücadele programı olarak kabul edilmesini istemişlerdir.

"Manifestteki öneriler şunlardır:

1) Amerikan sömürgecileri, askerleri, askeri ve ekonomik teşkilatları, ikili antlaşmaları, bütün kurumlarımıza girmiş ajanları ve uşaklarıyla derhal yurdumuzdan kovulmalıdırlar.

2) Amerikan sömürgeciliğinin aracı olan NATO'dan derhal çıkılmalı, milli ordu ve onun temel şartı olan milli savaş sanayisi kurulmalıdır.

3) Anayasamıza aykırı olan TCK'nun 141. ve 142. maddeleri gibi düşünce özgürlüğünü engelleyen bütün hükümleri kaldırılmalıdır.

4) Yurdumuzda yaşayan etnik gruplara, anayasamızın öngördüğü biçimde kendi dillerini konuşma ve kültürlerini geliştirme olanakları sağlanmalıdır.

5) Dış politika tam bağımsızlık ilkesine dayandırılmalı, emperyalizme ve yerli işbirlikçilerine karşı savaş veren bütün geri kalmış ülke halklarının yanında yer alınmalıdır.

6) Amerikan emperyalistlerinin tavsiyesiyle kurulmuş olan faşist toplum polisi teşkilatı kaldırılmalıdır.

7) Genel af çıkartılmalıdır.

8) Köklü bir toprak reformu yapılmalı, işgal edilen topraklar üzerinde köylülerin mülkiyet hakkı tanınmalıdır.

9) Özellikle yıllardır ihmal edilen Doğu ve Güneydoğu Anadolu illerimizde ve büyük şehirlerdeki gecekondu semtlerinde dayanılmaz duruma gelen açlık ve sefaleti yok etmek için köklü tedbirler alınmalı; su, yol, ışık, okul vs. gibi halkın temel ihtiyaçları karşılanmalı, sosyal meskenler yapılmalı ve halk sağlığının korunması için köklü tedbirler alınmalıdır.

10) İşçi ücretleri gerçek anlamda arttırılmalı, işçilerin sağlığa uygun şartlarda çalışma, barınma, sağlık, sigorta, emeklilik vs. gibi sosyal ihtiyaçları en yüksek seviyede karşılanmalı, vergiler gelirlerle orantılı olarak alınmalıdır.

11) Herkese eşit okuma imkânları sağlanmalı, eğitimdeki yabancı ve gerici etkiler yok edilmeli, üniversite reformu, öğrencilerin yönetime katılması ilkesi ışığında derhal yapılmalı, özel yüksek okullar devletleştirilmeli, milli, halkçı ve ilerici bir eğitim sistemi uygulanmalıdır."

Filistin'e Gidiliyor

Ömer Erim Süerkan, Filistin'e gitme olayını şöyle anlatmıştır:

"9-10 Haziran olayları çok önemli bir hareketti. Polisle sokak savaşları yapıldı. Hemen hemen bütün üniversite öğrencileri, o mıntıkada bulunan esnaf, işçi vb. yekvücut halinde polise karşı çatıştı. İstanbul polisi bütün gücünü Hürriyet alanına yığdı. Buna rağmen Hürriyet alanında barınamadı. Öğrenci gençlik, halktan da aldığı destekle polise karşı direnmiş ve galip gelmişti.

Olaylar sonrasında üniversiteyi tatil ettiler. Haziran sınavları Eylül ayına kaydırıldı. Öğrenci gençliğin liderleri için aranma durumu çıktı.

O sıralar Filistin Demokratik Halk Kurtuluş Cephesi'nin Türkiye devrimci gençliğiyle ilişki kurma girişimleri ve Filistin'e davet olanağı vardı. Bunu böyle bir durumda değerlendirelim dedik.

İlk önce arkadaşları Ankara'ya gönderdim. İstanbul'da işleri yoluna koydum. Ardından Ankara'ya gittim, onlara baktım geri döndüm. Daha sonra yeniden Ankara'ya gittim.

Haziran ayı sonlarında Ankara ve İstanbul öğrenci hareketinin liderleri olarak biraraya geldik. Bu sırada Yusuf Küpeli ve Mahir Çayan ile daha yakın ilişki içindeyiz.

Filistin'e öğrenci hareketi içinden ilk gidenler biz olduk. Ben, Deniz, Cihan, İstanbul Üniversitesi Eczacılık Fakültesi öğrencisi Kıbrıslı Fadıl Hasan, Monşer takma isimli diğer bir Kıbrıslı arkadaş ve Yusuf Küpeli birlikte gittik. Mahir Çayan da bizimle gelecekti. Fakat, Mahir, gelmedi."

Ankara'da olmasına rağmen Hüseyin İnan, Filistin'e gitmez.

Yusuf Küpeli, Filistin'e gitme konusunda şunları anlatmıştır:

"Filistin'e gidiş işini bana Deniz açmıştı. Ben zaten gidecektim. Benim Filistin'e gidişimle onların gidişleri böylece çakışmış oldu. Ben, onların yanında bir arkadaştım.

Deniz ile kaçak olarak kaldığımız eve Mahir Çayan ile Gülten Savaşçı birbirlerinden ayrı olarak ayrı ayrı zamanlarda uğradılar. Gülten ile Deniz ilk kez o evde karşılaştı ve tanıştı. Gülten, bir saat kadar oturdu, sualler sordu vb. gitti. Başka bir gün Mahir geldi ve bizlerle Filistin'e gitmek istediğini söyleyecekti. Fakat, gideceğimiz zaman da onu bulamayacaktık. Deniz, bu olayı ciddiye almıştı.

Üçüncü kaldığımız yer, Bahçelievler civarında, en üst katta bir apartman dairesi idi. İşte bu evde iken Cihan Alptekin ve Selahattin Okur gelip, Deniz'i ve beni bulacaklardı. Cihan ve Selahattin, yanlarında iki valiz dolusu 'Sol yayınlara' ait kitap ve dört silah ile bir Sürmene kama getirmişlerdi. Dediklerine göre, bir örgüt idiler, bu kadar çok kitabı da daha uzun süre kalacaklarını düşündükleri için yanlarına almışlardı.

Kısa bir süre için kayboldular, tekrar geldiler ve bu evden Suriye'ye doğru yola çıkmıştık. Antep'te durup bir otele gidecektik. İstanbul Üniversitesi'nden, Deniz ve arkadaşlarının tanıdığı Filistin Demokratik Halk Kurtuluş Cephesi'nin bir üyesi olan Abu Süleyman isimli kılavuzumuz, daha gecelemeden gelmiş, bizi bu otelde bulmuştu. Bir arabaya atlayacak ve sınırda akrabalarının olduğu bir köye gidecektik. Tam sınırdan giden bir istasyona inecek, gar memuruna adam başına 10 TL. verip karşıya geçecektik. O ağır valizlerle karşıya geçip 600-700 metrelik hafif bir yokuşu çıktıktan sonra, tepenin üzerinde bir eve girdik. İçeride entarili iki-üç adam vardı. Biraz sonra bir arazi arabası geldi. Bizleri aldı. Bir kilometre kadar sonra küçük bir köyün içinden geçtik. Fırat kenarına, bir salın bağlı olduğu yere dek geldik. Araba bizi bıraktı. Bekledik. Sala bindik ve karşıya geçtik. Yine yüz metrelik bir yokuşu çıktıktan sonra, Halep, Hama, Humus üzerinden Demaskus'a (Şam'a) giden karayolunun kenarına çıktık. Arabalara işaret etmeye başladık. Sonunda eski bir taksi durdu. Şoför, içinde ne olduğunu anlayamadığı ağır valizleri bagaja koydu. Arabanın içine sıkıştık ve gazladı.

On-onbeş dakika kadar ya gitmiştik ya da gitmemiştik, yol çevrildi. Arama vardı. Bize hiç bakmadılar. Bagajı açtırdılar. Bizden ayrı birkaç Arap yolcu da dahil indirdiler. Deniz ve arkadaşları ile gelen valizleri açmışlar, içindeki silahları, kitapları görmüşlerdi. Silahlardan rahatsız olmuşlardı. 'Bunlar kimin?' diye sordular. Mecburen öne çıktık. Abu Süleyman böylece ilk çevirilerini yapmaya başladı. Benim de belimde bir silah vardı. İlerde bir olay çıkmasın diye bu tabancayı milislere vermek için elimi belime atınca, milisler aniden gerilime itildiler ve silahları üzerimize doğrulttular. İşaretle sakin olmalarını söyledim ve tabancayı yavaşça çıkartıp verdim. Abu Süleyman, bizlerin Demokratik Cephe'ye gittiğini söylemiyor, Suriye pasaportunu da gizliyordu. Demokratik Cephe'yi Suriye'de illegal sayıyor, güya örgütünü koruyordu. Milisler bizi, resmi bir arabaya koydular ve Lazkiye'ye doğru gazladılar.

Deniz sloganlar atmaya, marşlar söylemeye başlamıştı. Son derece tuhaf bir durumdu. Sanki Türkiye'de polise yakalanmış, gösteri yapıyordu.

Suriyeliler yolda aniden geri döndüler, bu kez arabayı Halep'e doğru sürmeye başladılar. Halep'de bizi polise veya istihbarata ait bir ufak binanın zemin katındaki hücrelere, bilemediğimiz, Araplarla karıştırarak ve bölerek koydular. Burada dört gün kaldıktan sonra bizi bir otobüse koyup Şam'da büyük bir askeri binaya götürdüler. Burada, bizi, hiç baskı yapmadan yazılı sorguya çektiler. Kağıtları verip, 'Kim olduğunuzu yazın' dediler. Burada da dört-beş saat kadar kaldıktan sonra bizi yine arabaya koyup Şam'ın kenarındaki bir askeri birliğe götürdüler. Garnizon içindeki okul gibi bir binanın 40 m^2 kadar büyüklüğündeki bir odasına koydular. Odada karyolalar, tuvalet, lavabo, masa vb. vardı. Pencereleri, askerlerin eğitim gördükleri bahçeye bakıyordu. Arada bir gelip bize bakan bir subayla Deniz, bir kavga çıkarttı. Adam sinirlenecekti ama birşey demeden gidecekti.

Burada oniki gün kaldık. Sonunda aramızda tartışıp Abu Süleyman'ın herşeyi anlatmasına, nereye gittiğimizi söylemesine karar verdik. Abu Süleyman gitti, subaya herşeyi anlattı. O bir yerlerle ilişki kurdu. Ertesi gün, Demokratik Halk Kurtuluş Cephesi'nin adamları güle oynaya geldiler. 'Neden daha önce haber vermediniz?' diyorlardı ve olanlara gülüyorlardı. Bizi bir arabaya attılar ve Şam'ın kenar mahallelerinde olan merkezlerine sürdüler.

Şam'ın kenar mahallelerinden birinde olan yerleri, kocaman tabelası ile legal bir yer idi. Burada üç gece, dört gün kaldık. Şam'da bizlere cephe hüviyetleri yapacaklar, kendileri takma isim vereceklerdi. Aralarındaki anlaşmaya göre, bu hüviyetler, Suriye ile Ürdün sınırında pasaport gibi geçerlilik taşıyordu. Fakat örgütün Lübnan'da hiçbir legalitesi yoktu."

Gizli Bir Örgütün Özel Misyonu Olan Temsilcisi

Yusuf Küpeli, sözlerine şöyle devam etmiştir:

"Şam'dan Amman'a doğru yola çıkmadan önce, Demokratik Cephe'nin adamları ile bir askeri birliğe uğradık. Burada, aldıkları valizleri, kitapları ve silahları iade ettiler.

Örgütün merkezi ufak bir villa idi. Deniz, 'Biz bir örgütüz; Naif Havatme ile görüşmemiz lâzım' diye ısrar ediyor ve Abu Süleyman'ı da bunları çevirmesi için zorluyordu. Bana özellikle rica etti. Onlarla gözükecek, işini bozmayacaktım. 'Çok büyük gizli bir örgütün özel misyonu olan temsilcisi' olarak tanıtacaktı kendini Naif Havatme'ye. 'Bizleri örgüt yollamış' olacaktı. Onunla sanki eşit şartlarda imiş gibi konuşmak istiyordu. Ben de bu oyunu bozmamalı idim.

Deniz'i uzun zamandır tanıyordum. Çocukça oyunlar oynardı. Ona tam kızamazdınız. Kızsanız bile hemen geçerdi, hoş görürdünüz. Çünkü karşınızdakinin gerçekte entrikacı, zehirli bir tip olmadığını bilirdiniz. Fakat ciddi, disiplin isteyen işler için bir güven de duymazdınız tabii.

Deniz'in o 'kaçak' yaşadığı günlerde, bir gün, SBF'nin yanındaki Hukuk Fakültesi'ne Mustafa Kuseyri ile gitmiş ve birileri ile kavga etmişlerdi. Akşam üzeriydi. Deniz kafasında bir şiş ile geldi. Biraz da içmişlerdi. Kimlerle kavga ettikleri belli değildi.

Cemiyetteki masanın üzerine bayılıyormuş gibi uzandı ve birşeyler sayıklamaya, devrimden, kavgadan vb. sözetmeye başladı. Ben, oynadığını anladım ama diğer çocuklar inanmışlardı.

ODTÜ-SFK yöneticilerinden Neşe Erdilek'in babası Paruğ Erdilek cerrahtı. Neşe Erdilek, babasına telefon etti ve Paruğ Erdilek yirmi dakika içinde çantası ile geldi. Deniz'i muayene etti, gözlerinin içine aletle baktı. Deniz, hâlâ 'sayıklıyordu.' Adam hiçbir şey demeden çantasını aldı, yürüdü gitti. Bu, bir dakika sonra kalktı, gayet neşeli, gitti birine takılmaya başladı.

Naif Havatme işini de yine böyle bir oyun olarak düşündüm. Çok canım sıkılmıştı, böyle birşeye alet olmak istemiyordum. Fakat yapacak birşey yoktu. Toplantıya katılmazsam birbirimize küsmemiz gerekiyordu. Günleri olaysız geçirmek gerekliydi.

Deniz'in Naif Havatme ile görüşme isteğini biraz temkinli karşıladılar. 'Şimdi burada yok, bekleyin!' dediler ve bizleri biraz ilerideki açık arazide kurulmuş olan bir çadıra götürdüler. Bu çadırda bir grup kalıyordu. Başlarında çok iyi Arapça ve İngilizce konuşan, atletik yapılı, uzun boylu, 30 yaşlarında bir Fransız genci vardı. Deniz, bununla hemen takıştı, üzerine yürüyüp bağırdı vb. Fransız genci, sadece, o topluluktaki kuralları ve kendi görevini anlatmaya çalışmıştı. Deniz ise başında başka bir otorite görmek istemiyordu."

Deniz, Havatme'ye Ne Yapması, Nasıl Savaşmaları Gerektiğini Anlatmaya Başladı

Daha sonra neler olduğunu Yusuf Küpeli, şöyle anlatmıştır:

"Yanılmıyorsam üçüncü gün bizleri Naif Havatme ile karşılaştırdılar. Kenarda dinleyecek, hiçbir konuşmaya karışmayacaktım. Deniz, büyük ve gizli bir örgütü temsil ettiğimizi, kendisinin bu örgütün sözcüsü olduğunu vb. söyledi. Burada kalıp çarpışacağız, belki öleceğiz vb. diye durumu iyice dramatize etmeye başladı.

Naif Havatme, çok kibar, son derece diplomat bir adamdı. Çocuğu yaşındakini büyük bir nezaketle, gülümseyerek dinliyordu. Abu Süleyman da çeviriyordu.

Havatme, kibarca, 'Biz zaten enternasyonal bir tugay kurmak istiyoruz, buna katılmanız, diğer arkadaşlarınızı da getirmeniz yararlı olur' vb. diye yanıtladı.

Bu kez, Deniz, Havatme'ye ne yapması gerektiğini, nasıl savaşmaları gerektiğini anlatmaya başladı. Heyecanlanmış, el kol hareketleri ile de konuşuyor, bu işin şakaya gelmeyeceğini söylüyor, Che Guevera'dan örnekler vererek garip birşeyler anlatıyordu. Abu Süleyman bunları çevirmek istemeyince de onu payladı, zorladı. Deniz, bağırınca çevirdi. Havatme, durumu anlamıştı. Hiç bozuntuya vermedi. Öyle kafa sallayarak, sadece dinledi. Saatine baktı ve biz oradan ayrıldık."

Erim Süerkan, bundan sonra ne yaptıklarını şöyle anlatmıştır:

"Oraya değişik ülkelerden gelmiş bizim gibi gençlerle birlikte FDHKC'nin düzenlemiş olduğu konferanslara katıldık. Bu konferanslarda Filistin sorunu, savaşımı, FDHKC'nin amacı vb. konular anlatıldı. Daha sonra zaman buldukça bizi gerilla eğitimlerine kattılar. Silah kullanmasını, silahların nasıl sökülüp takıldığını, bakımını, korumasını öğrendik.

Gerillaların yaşamına uygun olarak günlük yaşantımızı düzenledik. Gerillalar gibi üzerimizdeki elbiselerle, botlarımızla yatıp kalkarak yaşamasını öğrendik. Yaklaşık bir aylık süre sonunda yine Amman'daki FDHKC'nin 'Siyasi Büro'suna uğrayıp Havatme ile görüştük. Aynı yollardan geçerek Türkiye'ye giriş yaptık.

Ürdün'de kaldığımız sırada bizim aramızda bazı tartışmalar çıktı. Bu tartışmalar daha sonra ayrılıkların iyice ortaya çıkmasına neden oldu. Deniz, hemen dağa çıkıp gerilla yapmak istiyordu. Öyle hemen dağa çıkılır, gerilla yapılır mı? Neyse, Türkiye'ye girdikten sonra Ankara'ya gittik. Orada ben birkaç gün kaldım. Ardından İstanbul'a geçtim. Deniz, bir süre daha Ankara'da kaldı."

Filistin'e Haziran ayının sonunda gidilir, Ağustos ayında ise geri dönülür.

Halk Savaşını Başlatıyoruz

Münir Ramazan Aktolga, Deniz ve arkadaşlarının Filistin'den geldikten hemen sonrasını şöyle anlatmıştır:

"Erim, Deniz, Cihan ve Selahattin Filistin'den dönmüştü. Selahattin Okur hemşerimdi, bir gün geldi, 'Biz Filistin'den geldik. Bize bir yer lâzım' dedi.

Ben bunları aldım, Kavaklıdere'de Serdar Haybat diye bir arkadaşımız vardı, onun evine götürdüm. Deniz'in ODTÜ grubundan Hüseyin İnan ve arkadaşlarıyla ilişkisi bu evde başlamış oldu. Çünkü, bu eve Taylan Özgür ile Hüseyin ve arkadaşları da gelip gidiyorlardı. O sıra Deniz'de hava şuydu: 'Biz bu eğitimi gördük. Hakkâri'de dağa çıkacağız. Biz çıktıktan üç ay sonra da köylüler arkamızdan gelecek.' Zaten gelirken üzerindeki komando elbisesini de değiştirmemişti. 'Ne öğrendiniz?' diye sordum. Cihan, evin içinde öğrendiği şeyleri göstermeye başladı. O ara İstanbul'da İÜTB kongresi vardı. Deniz'in ilk anda Hüseyin ile bağlantısı kurulamadı. Bir tek Taylan Özgür'le bağlantı kurdu ve onu alıp İstanbul'a götürdü."

Bundan sonrasını Demir Küçükaydın şöyle anlatmıştır:

"Bir gün Aliağa'ya Deniz'den, 'Ankara'ya gel' diye telefon geldi. Kalktım Ankara'ya gittim. Taylan ile Deniz, BYYO'nda gizleniyorlardı. Deniz, Filistin'den yeni geldiği için efsanevi bir yanı vardı. O gece oturduk, konuştuk.

Deniz, 'Halk savaşını başlatıyoruz. Sen proleteryayla ilgili bir insansın. Bu işi halledeceğiz. Yalnız para lâzım. İki yol var. Birincisi ODTÜ'deki bankayı soyacağız. İkincisi senin çalıştığın sendikayı satacağız' dedi.

– İşçilere karşı bunu yapamam. Bu iş olmaz.

– Önemli değil. Onları sonra yine kazanırız. Sen git, satalım mı, satmayalım mı diye İsmet Abiyle görüş. Ayrıca benim hakkımda gazetelerde çıkan haberleri toplayın. O küpürlerle Arnavutluk Konsolosluğu'na gidin. Oradan silah almak için küpürleri tanıtım olarak gösterin.

- Dağa çıkacağız ama, bizde eğitim yok. Nasıl olacak?

- Zaten orada da eğitim falan göstermiyorlar. Piyade eğitiminden, yakın düzen eğitiminden başka birşey yok esasında.

Deniz'in üzerinde yeşil renkten oluşan haki renkli askeri bir elbise vardı. Elbisesini göstererek, 'Bu renkli elbise ile yatınca etraftan görünmüyorsun' dedi.

Ertesi gün, Ho Chi Minh'i anma toplantısı vardı. Deniz, toplantıya kasıtlı olarak bu askeri elbiseyle çıktı. Bu bir tür, ne düşündüğünün ve ne yapacağının bildirisi gibi birşeydi aslında. O geceki konuşmada, herşeye rağmen, 'Tamam' dedim ve İsmet Demir ile görüşmek için İstanbul'a hareket ettim. İsmet Demir'le görüştüm, 'Olmaz' dedi. Deniz'e telefon ettim, durumu bildirdim. Deniz de, 'Kusura bakma. Ben de öylesine söylemiştim' dedi."[10]

Bu dönemde artık devrimci gençlik hareketi içinde, merkezden bağımsız hareket eden gruplar ortaya çıkmıştır.

Ankara'daki devrimci öğrenci hareketi içinde FKF'den bağımsız bir grupta yer alan Şaban İba, bu dönemde Deniz Gezmiş ile kurdukları ilişki konusunda şunları anlatmıştır:

"Komando Nejat dediğimiz Nejat Şen isimli arkadaş, Deniz'e bizi, 'Ankara'nın güvenilir ekibi' diye tanıtıyor. İlişkiler gelişince, Deniz'in 1969 yılının son aylarında bize ilk teklifi, 'ABD elçisini kaçıralım' oldu. Daha sonra başka teklifleri de oldu tabii."

Merhaba Ernesto Gibi Ölenlere

Deniz, Filistin'den döndükten sonra ilk kez ODTÜ Öğrenci Birliği seçimlerinde, daha sonra da SBF Öğrenci Derneği'nin düzenlediği bir anma toplantısında görünür.

SBF Öğrenci Derneği Başkanı Cengiz Çandar tarafından, SBF'nin konferans salonunda, "Ho Chi Minh'i Anma" töreni düzenlenir. Anma töreninin yapılacağı salona Mustafa Kemal Atatürk ile Ho Chi Minh'in iki posteri yanyana asılır. Bu anma törenine katılan Deniz, bir de konuşma yapar.

7 Eylül 1969 Pazar günü yapılan törende Deniz, özetle şu konuşmayı yapar: "Amerikan emperyalizmine karşı yedi iklim, dört cephede mücadele ettiğimiz, Bolivya'da, Venezüella'da, Angola ve Vietnam'da kahramanca ölmesini bildiğimiz bugünlerde Ho Chi Minh arkadaşı kaybettik.

Onun Amerikan emperyalizmine karşı verdiği kavgada, kararlı, azimli tutumu zor günlerimizde bizlere yol gösterecek ve Vietnam halkının milli demokratik devrim mücadelesinde inançlı adımları oportünizme karşı mücadelemizde bizlere örnek olacaktır."

Deniz sözlerini Özkan Mert'in şiirinden dizeler okuyarak bitirir:

"Merhaba Ernesto gibi ölenlere
Merhaba Camillo gibi ölenlere
Merhaba Ho Chi Minh'lere
Yuh olsun emperyalizme."

Törende Cengiz Çandar, Doğu Perinçek, Malatya Eğincik köyü muhtarı Köse Polat, SBF öğretim üyesi Türkkaya Ataöv, FKF Genel Sekreteri Ruhi Koç, SBF Fikir Kulübü Başkanı Oral Çalışlar ve gazeteci-yazar İlhan Selçuk birer konuşma yapar.[11]

Toplantıyı, bir dönem Gaziantep Belediye Başkanlığı yapan Dr. Mecit Barlas'ın hanımı Eczacı Nejla Barlas ile izleyen Mihri Belli, bu olayı şöyle anlatmıştır:

"Dönüşte bizim eve geldiler, ayaklarında çöl botları vardı. O kadarı olabilirdi. Ama birkaç gün sonra Ho Chi Minh'i anma toplantısında Deniz'in kürsüye gerilla üniformasıyla çıkmasını yadırgadım. O günün akşamı Deniz ile bir evde buluştuk. Doğu Perinçek de oradaydı. İki kişi daha vardı. Doğu henüz bizden ayrılıp 'Pekinci' olmamıştı. Deniz heyecanla silahlı savaşın gerekliliğini savunuyordu."[12]

Daha Hazırlıklı, Daha Sorumlu Mücadele Edeceğiz

Silahlı savaşa insan ve para konusunda destek sağlayabilmek amacıyla öğrenci birliklerine de el atılır. Bu nedenle, devrimci öğrenciler, ODTÜ Öğrenci Birliği seçimlerine katılır.

Seçimleri sosyal demokratların kazanacağı anlaşılınca, başlarında Deniz'in de bulunduğu bir grup, sosyal demokratlara saldırarak dövdükleri gibi, seçim sandıklarını da kaçırarak, olay çıkartırlar. Böylece, ODTÜ Öğrenci Birliği'nin sosyal demokratların eline geçmesi engellenir.

ODTÜ Sosyalist Fikir Kulübü Başkanı olan Atilla Keskin, yayınladığı bir bildiri ile bu konudaki görüşlerini şöyle açıklar:

“Her ne pahasına olursa olsun, devrimcilerin Öğrenci Birliği'ni ele geçirmeleri ve elde tutmaları kaçınılmaz bir görevdir. Bu silahı anti-emperyalist olmayanlara teslim etmek, kavgaya ihanettir.”

İstanbul Üniversitesi Talebe Birliği kongresinde arkadaşlarına destek olmak amacıyla Deniz, ODTÜ'den bazı arkadaşları ile İstanbul'a gelir ve İTÜ Öğrenci Yurdunda kalmaya başlar.

Bu sırada, İstanbul Üniversitesi Orman Fakültesi öğrencisi Mehmet Cantekin, 19 Eylül 1969 Cuma günü, Beşiktaş'ta bulunan Işık Mühendislik ve Mimarlık Özel Yüksek Okulu'nda saat 21.30 sıralarında, ölür.

FKF eski Genel Başkanı Zülküf Şahin, Şekip Mermut, Mehmet Demir, Mümtaz Kotan, Süleyman Ramazanoğlu ve bazı arkadaşları cenaze törenine katılmak için Ankara'dan İstanbul'a gelir ve kalmak için Diyarbakır Yurduduna gider.

Mehmet Cantekin'in cenaze törenin nasıl yapılacağı hakkında öğrenci liderlerinin katıldığı bir toplantı İTÜ'nin bir salonunda yapılır.

Zülküf Şahin, bu konuda şunları anlatmıştır:

"İTÜ'de yapılan toplantıya Hikmet Bozcalı ile ben de gittim. 150 kişilik bir anfiydi. Deniz çıktı, 'Devrimci arkadaşımızı katletmişler. Bunun artık ideolojik bir tartışması olmaz. Dişe diş, göze göz bir mücadele vermek gerekir. Herkes hazırlıklı olsun. Yarın, İstanbul Üniversitesi'nin bahçesinde buluşalım' dedi. Ölen Mehmet Cantekin de DDKO üyessiydi. Toplanhtıdan sonra dışarı çıkınca Hikmet Bozcalı'ya, 'Cenazeyi Kâhta'ya biz götüreceğiz. Yarın nasıl bir eylem yapmayı düşünüyorlar. Deniz'i çağır bir konuşalım.' dedim. Deniz geldi ve 'Bu tür şeylerin tartışması olmaz' diyerek kesip attı. Bir iki gün içinde olaylar üst üste geldi. O gece de MTTB'nin Cağaloğlu'ndaki binasında Mustafa Bilgi adında sağcı bir genç elinde bomba patlaması sonucu öldü. Sabahleyin İstanbul Ünieversitesi'ne gittik. Ortalık polis kaynıyor. Üzerimde silah vardı. Silahımı Mümtaz Kotan'a verdim ve ı dışarda kaldı. Mehmet Cantekin için İktisat Fakültesi Talebe Cemiyeti odasında bir anma töreni yapıyorduk. Sıtkı Coşkun, Toygun Eraslan, Enver Nalbantoğlu da toplantı da vardı. Bu sırada bir haber geldi , Deniz, Hukuk Fakültesi Dekanını enterne etmiş diye. Gittik baktık bir yığın sivil polis. Bizim eyapmak istediğimiz eylem böylece kırılmış oldu. Bir polis şefi Deniz'e karşı enterne edilerek İktisat Fakültesi Talebe Cemiyeti odasına sokuldu. Pazarlık yaptı arkadaşlar. Pazarlığı yapanlar arasında Toygun Eraslan da vardı. Deniz'e hiç bir işkence yapılmaması ve doğrudan savcılığa teslim edilmesi koşuluyla biz polis şefini bıraktık. Deniz'i de gerçekten doğrudan savcılığa götürdüler. O sıra bir olaydan dolayı aranıyordu Deniz. Sonrada tutuklayıp cezaevine attılar. Deniz'in İstanbul Üniversitesi'nde tutuklandığı gün ayrıca Taylan Özgür öldürüldü."

Deniz, İTÜ Öğrenci Yurdunda kaldığı süre içiende bazı arkadaşlarını yurda çağırarak görüşmeler yapmıştır. Binali Erdoğan'ı Site Öğrenci Yurduna göndererek Tıp Fakültesi öğrencisi Atilla Özdemiroğlu'nu yurda çağırır.

"Yarın, Üniversiteye geleceğim ne diyorsun?" diye soran Deniz'e Atilla Özdemiroğlu, "Aranıyorsun. Sen gelme. Polis yakalar" der. Fakat Ankara'dan gelenler, "Biz bazı eylemler yapmaya karar aldık. Sen ne karışıyorsun?" diye sertçe çıkışır.

Deniz, ertesi gün İstanbul Üniversitesi'ne gider ve polis tarafından yakalanır.

Yapılan İÜTB kurultayı sonunda iki ayrı başkan ortaya çıkar. Devrimciler İktisat Fakültesi öğrencisi Şuayıp Dilmen'i, sağcılar Hukuk Fakültesi öğrencisi Atilla Kılıçoğlu'nu başkan seçer.

İstanbul Emniyet Müdürü Muzaffer Çağlar, bu konuda özetle şu açıklamayı yapar:

"Birkaç gün evvel Deniz Gezmiş, kendi paralelindeki arkadaşlarıyla İstanbul'a gelerek İÜTB kongresini etkilemek istemiştir."

23 Eylül 1969 Salı günü yakalanan Deniz, tutuklu bulunduğu Sağmalcılar Cezaevi'nden arkadaşlarına şu mektubu yazar:

"Amerikan emperyalizmine karşı verdiğimiz kavgada tıpkı bizden evvelkilerde olduğu gibi hapishanelere de gireceğiz, arkadaşlarımız da ölecek. Bu bizi yıldırmamalı, fakat her ölen kardeşimizin hesabını karşı devrimcilerden ve baş sorumlu Amerikan emperyalizminden soracağız. Üstelik son olaylar bizim ne kadar güçlü olduğumuzu ortaya koymuştur. Çünkü onların bizden ne kadar korktuğu, ürktüğü ortaya çıkmıştır. Onlar için tehlike çanları çalmaya başlamıştır. Bizim şimdiki durumumuz 946'larda, 942'lerde daha ağır şekilde geçmiş ve onlar yılmamışlardır. Bu, solun tarihi gelişim içindeki geçit noktasıdır. Bundan böyle güçlerimizi merkezileştirip daha hazırlıklı ve daha sorumlu mücadele edeceğiz. Tam bağımsız ve gerçekten demokratik Türkiye için ileri..."

Deniz'i Sağmalcılar Cezaevi'nde Orhan Ağın, Doktor Atilla Özdemiroğlu ve Hamdi Gezmiş ziyaret eder. Deniz, bu ziyaret sırasında kardeşi Hamdi'ye şunları söyler:

"Bir daha buralara gelme. Talebe olaylarına karışma. Derslerinle ilgilen."

Arkadaşları Deniz'i sadece hapishanede değil, duruşmalarında da yalnız bırakmaz. Sultanahmet'teki Adliye Sarayı'na 11 Kasım 1969 Salı günü duruşması için gelen Deniz'e, arkadaşları sloganlarla destek verirken, bu sırada bir başka dava için Adliye'de bulunan Mücadele Sancağı'na bağlı gençler, "Kahrolsun komünistler" diye bağırmaya başlar. Devrimci ve İslamcı iki grup öğrenci arasında sloganlarla başlayan tartışma kısa sürede taşlı sopalı kavgaya dönüşür. Polis, çatışmadan sonra TDGF İstanbul Bölge Yürütme Kurulu bürosunu basarak TDGF İstanbul Bölge Yürütme Kurulu Başkanı Cihan Alptekin, İTÜÖB Başkanı Tarık Almaç ile birlikte Metin Eşrefoğlu, Saim Kurul, Ahmet Özdemir, Hasan Zorlu, Özer Faruk Ciravoğlu, Kenan Rıfkı Ertuğrul, A. Osman Altın, Şükrü Üstündağ, Zeki Diren, Yaşar Uzunlar, Bilal Kandik, Mustafa Canatan, Ruşen Topçuoğlu, Emin Özkan, Melih Uzel, Adil Ovalıoğlu, Faruk Almaç, Fikret Erbaş, Tahir Çiftçi, Oktay Karaşahin, Ferhat Keçecioğlu, Hilmi Tekoğlu, Yavuz Yıldırımtürk, Mehmet Sürücü, Kürşad İstanbullu, Osman Bahadır, Tunç Göre, Haşim Mısır, Sabatay Varol, Yaşar Özkan adlı öğrencileri gözaltına alır, bir gün sonra serbest bırakır.

Deniz'se, 25 Kasım 1969 Salı günü yapılan duruşmasından sonra serbest bırakılır.

Bugün Gücümüz Dokuzbin Kişiye Yükseldi

Deniz'in cezaevinde olduğu süre içinde, TDGF İstanbul bölge Yürütme Kurulu'ndaki arkadaşlarının ne yaptığını Demir Küçükaydın, şöyle anlatmıştır:

"Deniz tutuklanınca gerillaya başlamamız da ertelenmişti. Bunun üzerine İbrahim Kaypakkaya, ben ve Cihan Alptekin oturduk konuştuk. Yeni bir ekip kuralım, dedik. Bu arada Filistin'e gitme durumları oldu. Cihan, İstanbul'da kalacak, İbrahim Kaypakkaya ile ben, Filistin'e gideceğiz. O sıra, Zihni Çetiner ile İbrahim Kaypakkaya arasında bir kavga oldu. Cihan, 'İbrahim gelmiyor' dedi. Zihni Çetiner ile ben Ankara'ya gittik. Ankara'da ODTÜ'ye, Hacettepe'ye uğruyoruz, araştırıyoruz. Fehmi Erbaş, bu sıra hapisten çıktı. Onunla karşılaştık. O da Filistin'e gitmek istiyormuş. ODTÜ'den İbrahim Seven bizimle gelmek istedi. Hareket edeceğimiz gün, cezaevinden serbest bırakılan Deniz'le Ankara'da karşılaştık. Deniz, 'Hacettepe'yi gericiler basacakmış oraya gideceğiz' dedi. Toplandık, silahlandık, hep birlikte Hacettepe'ye gittik. Orada gericileri bekliyorduk. Fakat Zülküf Şahin, Atilla Arsoy ve arkadaşları geldi. Onlar da silahlı. Herkes gergin. Birisi bir hareket yapsa, iki taraf da ateş edecek. Deniz, beş on adım attı. Atilla Arsoy, beş on adım attı. 'Nasılsınız? Ne var, ne yok?' 'İyiyiz, siz nasılsınız?' gibi laflar edildi. Onlar da, biz de Hacettepe'den böylece ayrıldık. Biz, daha sonra, 30 Kasım 1969 Pazar akşamı, hemen bir otobüs bulduk, sabaha karşı Adana'ya gittik. Oradan da Filistin'e geçtik."

Bu sırada Ankara'da olan Deniz, ODTÜ'de bazı arkadaşlarıyla ilişki içerisindedir.

Daha sonra İstanbul'a gelen Deniz'i bu kez Yıldız Devlet Mimarlık-Mühendislik Akademisi kampüsünde görmekteyiz.

Namık Kemal Boya, akademinin özelliğini şöyle anlatmıştır:

"Akademi batılı anlamda bir yüksek okuldu. Kampüs sistemi vardı. Öğrenci yurdu ve kantini vardı. Öğrenci Birliği bizim elimizdeydi. Geliri iyi olan bir yerdi.

Sağcı-mukaddesatçı tayfa, dışardan aldığı destekle akademiyi ele geçirmeye çalışıyordu. Çünkü, okulda güçleri, tabanları yoktu. Pusu kurup, öldürüp öldürüp kaçıyorlardı."

Deniz, bu dönem, yaptığı bir açıklamada, İstanbul Üniversitesi ile ODTÜ'deki öğrenci sayısını kastederek; "Bugün gücümüz İstanbul'da 5 bin, Ankara'da 4 bin olmak üzere 9 bin kişiye yükseldi. Mücadeleci kadromuz gittikçe çoğalacaktır" der.

Bunu gazetelerde okuyan Sarp Kuray, 9 bin kişiye sahip birisiyle güç birliği yapmak amacıyla Deniz'le görüşmek ister. Görüşmeye Tümer Önder ile Selahattin Okur gelir. Fakat, bu görüşme sonunda, Selahattin Okur, Sarp Kuray'ı Hikmet Kıvılcımlı ile tanıştırır.

Mehmet Büyüksevinç 8 Aralık 1969 Pazartesi, Battal Mehetoğlu 14 Aralık 1969 Pazar günü, pusu kurularak öldürülür.

Deniz, öldüğünü haber aldığı Battal Mehetoğlu'nun cenazesinin bulunduğu yere gelir. Yerde yatan Mehetoğlu'nun boynundaki kolyeyi alıp içine baktığında genç bir kızın resmini gören Deniz, duygulanır ve ağlar.

İTÜ Öğrenci Birliği Başkanı Targan Ülbey, yanında Deniz Gezmiş olduğu halde ve cenaze başında ayaküstü bir basın toplantısı yaparak, özetle şunları söyler:

"Dört gün önce arkadaşımız Mehmet Büyüksevinç'i öldüren şeriat taraftarları, camilerde organize edilmektedir. Böyle bir saldırıyı beklediğimiz için ben, Yusuf Çivri ve ölen arkadaşımız geceden beri okulun önündeki barikatlar arasında nöbet tutarken, otuz-kırk kadar saldırgan geldi.

Battal Mehetoğlu, gelenlere, 'Durun okula giremezsiniz' diyerek önlerine çıktı. Daha sözünü bitirmemişti ki, onbeş-yirmi silah birden patladı. Battal, yaralandığını anlayınca bizim bulunduğumuz barikatın arkasındaki kulübeye geldi. Sanki bir şey aranıyordu. Sonra tekrar dışarı çıktı. İkinci kez tabancalar patlayınca yere düştü. Mermilerden biri sol gözünü çıkarmıştı. Vücudunda daha başka yaralar vardı."

Mehmet Büyükseving ve Battal Mehetoğlu'nun silahlı saldırı sonucu ölmesi üzerine öğrenciler, 15 Aralık 1969 Pazartesi günü, Hukuk Fakültesi'nin bir nolu amfisinde forum düzenler.

Deniz Gezmiş ve asistan Bülent Tanör'ün de konuşma yaptığı forumda Adliye'ye kadar yürüme kararı alınır.

"Başta bayrağımız Kemalizm", "Başta bayrağımız sosyalizm" sloganlarıyla Üniversiteden yürüyüşe başlayan öğrenciler, Çarşıkapı'ya geldiklerinde, Hürriyet Alanı'nda öğrencilerin geçişini seyreden ve çocuğunun elini tutan bir şahıs, "Kahrolsun!" diye bağırınca ortalık bir anda karışır. Öğrenci liderlerinden Bozkurt Nuhoğlu ve Deniz Gezmiş bir çember kurarak yaşlı adamı kurtarır. Yaşlı adamı linç etmeye kalkan topluluk, öğrenci liderlerinin uyarıları ile yatışır. Güvenlik önlemi olarak yaşlı adamı polislere götüren ve ona kaçma fırsatı veren öğrencilerden bir grup, polisin hücuma geçmesi üzerine geri kaçmaya başlar.

Bundan sonra, öğrencilerle polis arasında görülmemiş bir taş düellosu başlar. Bu arada, molotof kokteylleri, dinamit lokumları ve tabanca mermileri vızıldamaya başlar.

Olayların gittikçe büyümesi üzerine İstanbul Valisi Vefa Poyraz'ın emri üzerine toplum polisi Beyazıt Meydanı'ndan geri çekilir ve çatışma durur.

Forum yapılırken, "Battal Mehetoğlu'nu öldüren guruptan birisi üniversitenin merkez bahçesinde", diye haber getirilir. Söylenen şahıs, Kenan Rıfkı Ertuğrul, Taşkın Tanman, Mustafa Lütfü Kıyıcı, Orhan Ağın, İktisat Fakültesi öğrencisi olan ve "Sarı Erol" olarak tanınan Erol Dolunay ile arkadaşları tarafından enselendikten sonra üniversitenin ikinci katında bir odaya sokularak sorguya çekilir.

Daha sonra, Yıldız DMMA'ya götürülen şahsı, Hüsnü Akkaya, Süleyman Aslan, Kenan Rıfkı Ertuğrul ve bir grup genç, sorguya çeker. Sorgu sırasında tokat atılan, falakaya yatırılan, hattâ burnunun dibinden silah sıkılan şahıs, "İsterseniz öldürün, şehit olurum", der ve burada da konuşmaz.

DMMA'daki devrimci arkadaşlarına dayanışma olsun diye Deniz, Yıldız'a gelir. Yıldız DMMA'ya gelen Deniz'e, "Adam konuşmuyor. Adın var. İçeri gir, bir görün. En azından bir tokat vurur, korkutursun. O zaman belki konuşur" denir.

"Eli kolu bağlı bir adama ben böyle birşey yapmam, yapamam" diyen Deniz, ısrarlar sonucu mecburen odaya girer. Elini bir kaç kez tokat atmak için kaldıran Deniz, adama vuramadığı için odadan çıkarılır.

Kenan Rıfkı Ertuğrul, sorguya çektikleri şahsın abdestini bozmak için zorla şarap içirir ve "Seni öldüreceğim" der. Bunun üzerine adam konuşmaya başlar.

Deniz, DMMA'lı devrimcilerle sohbet ederken, "Sağcıların saldırılarına karşı neler yapıyorsunuz, nasıl tedbir alıyorsunuz?" diye sorar. Yıldız DMMA Dev-Genç İkinci Başkanı Hüsnü Akkaya, Sirkeci'de av malzemeleri satan bir mağazadan satın aldığı biri 22 kalibrelik, diğeri 5'li şarjörlü iki adet tüfeği, Deniz'e gösterir. Tüfekle neler yapılabilir diye birkaç hareket de gösteren Deniz, DMMA'dan ayrılır, TMGT'a gider.

Güvenlik kuvvetleri, 20 Aralık 1969 Cumartesi günü, DMMA'da bir arama yapar. Aramada DMMA Dev-Genç İkinci Başkanı Hüsnü Akkaya'nın satın almış olduğu 22 kalibrelik tüfek de bulunur. Tüfeğin Deniz'e ait olduğunu öne süren güvenlik kuvvetleri, TMGT'na baskın yapar ve Deniz'i gözaltına alır.

Yıldız Devlet Mimarlık ve Mühendislik Akademisi'nde kendisine işkence edildiğini söyleyen Edebiyat Fakültesi öğrencisi Mustafa Avşaroğlu, tedavi edilmekte olduğu İlk Yardım Hastahanesinde, 21 Aralık 1969 Pazar günü, 4 öğrenci ile yüzleştirilir.

Kendisiyle yüzleştirilenlerden Deniz Gezmiş ve Cihan Alptekin için, "Bana bunlar işkence ettiler ve dövdüler" diyen Avşaroğlu, Bekir Sıtkı Coşkun ve Nabi Yağcı'yı tanımadığını söyler.

Adliyeye sevkedilen Deniz Gezmiş ve TDGF İstanbul İl Sekreteri Cihan Alptekin'i, gece Nöbetçi Sulh Ceza Mahkemesi, hürriyeti tahdit, darp, av tüfeği bulundurmak ve halk mahkemesi kurmak suçlarından tutuklar. Tutuklama kararını öğrendikten sonra Deniz, şu açıklamayı yapar:

"Ankara'da bulunduğum sırada, İstanbul'da işlediğim bir suçtan itham ediliyorum. Henüz mahkemem yapılmadan İçişleri Bakanı, 'Suçlular bulundu' diyerek, mahkemeyi etki altında bırakmıştır. Haksız yere tutuklanıyorum. Bu nedenle açlık grevine başlıyorum."

Istranca Kampı

Deniz ile Cihan Alptekin, tutuklandıktan sonra Sağmalcılar Cezaevi'nin "Hasımlar Koğuşu"na konulur.

Sağ ve sol kesimden bazı gençler, bu sıra, haklarında açılmış bazı davalar nedeniyle Sağmalcılar Cezaevinde tutukludur.

Çatışma, sadece dışarda değil içerde de devam eder.

Deniz ve arkadaşları ile Yavuz Aslan Argun ve arkadaşları arasında, 2 Ocak 1970 Cuma günü, kavga çıkar.

Cihan Alptekin tutuklandığı için, TDGF İstanbul Bölge Yürütme Kurulu Başkanlığını Ömer Güven yürütür.

Bu sıra bir grup genç, Karadeniz kıyısında, Istranca Dağları eteklerindeki Balaban Köyü'nde kamp yapmaya gider.

Ömer Erim Süerkan, bu konuda şunları anlatmıştır:

"Devrimci militan kadroların bir kısmıyla Tekirdağ, Istranca Ormanları bölgesinde bir süre kamp yaptık. Kampta Mustafa İlker Gürkan, Mustafa Lütfü Kıyıcı, Mustafa Zülkadiroğlu, Kenan Rıfkı Ertuğrul, Ahmet Çetiner, Nahit Tören, Namık Kemal Boya ve ODTÜ'den Veysel Akın gibi yaklaşık otuz kişilik bir ekiptik.

Dönüşümlü olarak gelip gidiyorlardı. Kampımız Terkos Gölü'ne yakın bir yerdeydi. O civarda bulunan köylülerden bazılarının TİP'le ilişkileri vardı. O köylünün orman kenarında iki katlı bir evi vardı. Durumu anlattım. 'Burada gerilla eğitim kampı kuracağız' dedim. Önce, 'Tamam' dedi. Sonra, 'Ne haliniz varsa görün' diyerek ikinci gün evi bize bıraktı, gitti.

2-3 tane tabancamız vardı, ama silahlı eğitim olmadı. Daha çok doğa şartlarına uyum eğitimi yapıldı. Fakat katılanların çoğunun posası çıktı. Uyum sağlayamadı."

Deniz'le Cihan için Yardım Kampanyası Açılıyor

Hukuk Fakültesi Talebe Temsilcisi Mehmet Cavit Kavak ile Celal Doğan, Ali Çiftçi ve Mehmet Nohut isimli gençleri dövdükleri gerekçesiyle, 24 Ocak 1970 Cumartesi günü tutuklanır ve Sağmalcılar Cezaevine konur.

Deniz, düşündüklerini kim olursa olsun açıklamaktan çekinmez. Deniz'le cezaevinde tanışan bar fedaisi Celal Çiçek, bu konuda şunları anlatmıştır:

"Sağmalcılar Cezaevi'nin avlusunda 4 kişi volta atıyoruz. Deniz Gezmiş, Cihan Alptekin, şimdi ANAP yöneticisi olan Cavit Kavak ve ben... Deniz dönüp takılıyor, 'Celal, devrim olduğunda seni de İstanbul Emniyet Müdürü yaparız' diyor."[13]

16 Mart 1970 Pazartesi günü, Hukuk Fakültesi'nde bir forum yaptıktan sonra yürüyerek Adliye sarayı önüne gelen devrimci öğrenciler, "Deniz'i Cihan'ı isteriz", "Onlar bizim devrimci kardeşlerimiz. Biz, onları isteriz" diye slogan atar.

19 Mart 1970 Perşembe günü de İstanbul Hukuk Fakültesi'nin 1 Nolu amfisinde bir açık oturum düzenlenir. Büyük bir öğrenci topluluğu tarafından ayakta izlenen toplantının sonunda, "Bağımsızlık Andı" tekrarlanır.

Açık oturumda Prof. Edip Çelik, Doç. Bülent Tanör, Cumhuriyet Gazetesi yazarı İlhan Selçuk, dinleyicilere hitap eder.

Saat 13.30'da başlayan ve 2 saat süren açık oturumun sonunda, Sağmalcılar Cezaevinde tutuklu bulunan Deniz ile TDGF İstanbul Bölge Yürütme Kurulu Başkanı Cihan Alptekin için yardım kampanyası açılarak para toplanır.

Her gün eylemlerin yapıldığı bu dönemde yeni tutuklamalar da olur.

Eylemler sırasında sıkça dinamit kullandığı için, "Dinamit Kenan" olarak hitap edilen Cerrahpaşa Tıp Fakültesi öğrencisi Kenan Rıfkı Ertuğrul, 20 Mart 1970 Cuma günü, Feriköy Konya Öğrenci Yurdunda kaldığı sırada odasındaki dolapta dinamit bulunduğu için tutuklanır.

Yıldız DMMA öğrencisi Zeki Tekeş 9 Nisan 1970 Perşembe günü, TDGF İstanbul Bölge Yürütme Kurulu Sekreteri Ömer Güven 10 Nisan 1970 Cuma günü tutuklanarak Sağmalcılar Cezaevine konur.

Sen Git Okulunu Bitir Bilim Adamı Ol

Nisan ayının ilk haftasında Sağmalcılar Cezaevinde tutuklu bulunan devrimci gençlerin sayısı 27'dir.

Bunların arasında; Ömer Güven, Zeki Tekeş, Kenan Rıfkı Ertuğrul, İbrahim Kaypakkaya, Salman Kaya, İbrahim Öztaş, Osman Recep Bahadır, Feridun Şakar, Vural Yıldırımoğlu, Atilla Özdemiroğlu, Öcal Okay, Kaşif Ongunyurt ve Deniz'in küçük kardeşi Hamdi Gezmiş de vardır.

Anne ve babasının tepkisini bildiği ve kendisinden ötürü kardeşinin cezaevine girdiği duygusu içinde olan Deniz, babasının bir ziyaretinden sonra, anne ve babasını daha fazla üzdüğünü düşünerek, bir köşeye çekilerek ağlar.

Deniz, çok az bir süre cezaevinde kalan küçük kardeşi Hamdi'ye, cezaevinden tahliye olurken, "Git okulunu bitir. Bilim adamı ol" diye öğüt verir.

Deniz, Sağmalcılar Cezaevi'nde iken, bazı düşüncelerini gerçekleştirmek amacıyla firar etmek düşüncesindedir. Bunun için bazı planlar yapar.

Birincisi çarşafları birbirine ekleyerek duvardan atlayıp kaçmak; ikincisi, İstanbul Tıp Fakültesi'ne hastalık nedeniyle giderek oradan firar etmek; üçüncüsü, demirleri kesip çatıya çıkarak ordan çarşafları aşağıya sarkıtıp kaçmak.

Firar etmenin amacı ise; Ankara'da bulunan diplomatlardan birisini, mümkünse ABD elçisini kaçırarak rehin almak, bunun karşılığında tutuklu bulunan Yusuf Küpeli ve bazı arkadaşlarını istemektir. Deniz bu nedenle, dışardaki arkadaşlarından kendisine silah temin etmesini ister.

Firar etme fikri sınırlı olarak bazı kişilere söylenir. Salman Kaya'ya teklif edilir fakat, yakında tahliye edileceğini düşündüğü için Kaya, kabul etmez.

Deniz, Cihan, İbrahim Öztaş ve Kenan Rıfkı Ertuğrul firar etmek için çaba gösterir. Fakat, İbrahim Öztaş ile Kenan Rıfkı Ertuğrul'un kısa zamanda tahliye edilebileceği ortaya çıkınca firardan vazgeçilir. Bunun üzerine İbrahim Öztaş ile Kenan Rıfkı Ertuğrul'a, tahliye oldukları zaman "Kaçırılabilecek bazı diplomatlar hakkında istihbarat çalışması yapmak ve bunun maddi olanaklarını yaratmak görevi" verilir. Mayıs 1970'te ilk önce İbrahim Öztaş, daha sonra da Kenan Rıfkı Ertuğrul, tahliye edilir.

Cezaevinden tahliye olan İbrahim Öztaş, kimseye açmaması gereken, kendisine verilen görevi birçok kişiye söyler. Bu nedenle bu işten o zaman için vazgeçilir.

TDGF İstanbul Bölge Yürütme Kurulu Saymanı Mustafa Zülkadiroğlu, İstanbul Üniversitesi Hukuk Fakültesi Talebe Cemiyeti Başkanı İbrahim Özlen ile Sağmalcılar Cezaevine gider. Tutuklu olan diğer devrimci gençlerle birlikte Deniz'le de görüşme yapılır.

Zülkadiroğlu, bu görüşme hakkında şunları anlatmıştır:

"Deniz ile Sağmalcılar Cezaevi'nde yüz yüze görüşürken, benden, 'Bölge Yürütme Kurulu'ndan istifa etmemi' istedi. İstifa etmeyeceğimi, ancak DÖB kadrosunun istemesi halinde istifa edeceğimi, onun şefliğini kabul etmediğimi söyledim. Bunun üzerine Deniz'in benle kopuşu başladı. Bu kopuş, diğerlerine de yansıdı. Olay şu: Cezaevine para Deniz'in adına giderdi. Deniz giden parayı, 'Bölge Yürütme Kurulu size bakmıyor' deyip, idarede tutarak, çocukları cezaevi yemeğine talim ettiriyor. Böylece, çıkacağı zaman kuracağı hareket için para yığmaya çalışıyordu. Bu arada biz, cezaevine düşen militanları Deniz'in yanına gönderiyorduk. Fakat Deniz, bu militanları bize karşı örgütlemeye çalışıyordu. Ben, bunu Mustafa Gürkan, Mustafa Lütfü Kıyıcı ve Namık Kemal Boya gibi bizim önde gelen arkadaşlara anlattığım zaman onlarda da Deniz'e karşı tavır oluştu."

Halk Savaşına Giden Yol Belirleniyor

Komando olarak adlandırılan öğrenciler ile devrimci öğrenciler arasında, 6 Nisan 1970 Pazartesi günü yapılan silahlı çatışma sonunda kapatılan İstanbul Üniversitesi, 4 Mayıs 1970 Pazartesi günü düzenlenen bir törenle açılır.

Deniz, 27 Üniversite öğrencisiyle, 4 Mayıs 1970 Pazartesi günü, Sağmalcılar Cezaevinde yayınladığı bildiride görüşlerini özetle şöyle açıklar:

"Bundan 50 yıl evvel Türkiye halkının devrimci mücadelesiyle kazanılan bağımsızlığımız işbirlikçi sermaye ve feodal mütegallibe tarafından, Amerikan emperyalizmine peşkeş çekilmiştir. Bütün siyasi partiler karşı devrim çizgisinde bu gidişe ayak uydurmuşlardır."

4 Mayıs Pazartesi günü İstanbul Teknik Üniversitesi Öğrenci Birliği'nin yönetim seçimi de yapılmaktadır.

Başkan adaylarından Gökalp Eren 67, Mehmet Altun 59 oy alır. Yönetime: Gökalp Eren (Başkan), Osman Recep Bahadır (İkinci Başkan), İhsan Çaralan (Genel Sekreter), Fethi Çimen (Genel Sekreter Yardımcısı), Adem Ercan (Muhasip Üye), Metin Eşrefoğlu, Mehmet Faruk Kurtuluş, Şafak Morgül, Turan Seyrek, Hüsnü Yurttaş, Cihat Şar seçilir.

İTÜ Öğrenci Birliği, daha sonra, THKO Hareketi'nin İstanbul merkezi gibi olacaktır.

Mustafa Lütfü Kıyıcı ile Mustafa Karşılayan, otobüsle, İstanbul'dan Ankara'ya giderken, 9 Mayıs 1970 Cumartesi günü saat 07.00'de yapılan aramada, üzerlerinde iki adet tabanca ve ondokuz mermi bulunduğu için tutuklanır.

Ankara Üniversitesi Hukuk Fakültesi öğrencisi Mustafa Şefik Kuseyrioğlu, 22 Mayıs 1970 Cuma günü BYYO Öğrenci Temsilciliği odasında arkadaşlarıyla oturken, saat 21.15 civarında arkadaşı Nejat Arun'un silahından çıkan kurşunla ölür.

"Kuseyrioğlu'nu, komandolar öldürdü" diye yalan söylenir.

Mustafa Zülkadiroğlu ile Mihri Belli, otobüsle İstanbul'dan Ankara'ya gider.

Kuseyrioğlu için İstanbul Üniversitesi'nde 23 Mayıs 1970 Cumartesi günü forum düzenlenir.

Forumda İTÜ Öğrenci Birliği Başkanı Gökalp Eren, TMGT Başkanı Kazım Kolcuoğlu, Bozkurt Nuhoğlu, TDGF İstanbul Bölge Yürütme Kurulu üyelerinden Necmi Demir konuşma yapar.

Gökalp Eren, yaptığı konuşmada şunları söyler:

"Her günden daha güçlüyüz. Halk savaşına giden yol belirleniyor. Emperyalizme karşı cephe açıyoruz."

Kuseyrioğlu, Deniz'in çok sevdiği ve güvendiği arkadaşlarından birisidir.

Aydın Çubukçu, bu konuda şunu söylemiştir:

"Yaşamış olsaydı Mustafa Kuseyrioğlu kanalıyla THKO ile birlikte hareket edebilirdik. Deniz ve biz, Kuseyrioğlu'nu çok seviyorduk."

Deniz, Sağmalcılar Cezaevinde yatan arkadaşlarıyla birlikte foruma bir mesaj göndermiştir.

Forum başlamadan önce Üniversitenin arka bahçe kapısı yakınlarında, Hukuk Fakültesi öğrencisi Sadettin Enhoş isimli öğrenci tabancayla vurularak yaralanır.

Bir kaç gün önce Sağmalcılar Cezaevinden serbest bırakılan ve bu olay nedeniyle aranmaya başlanan Kenan Rıfkı Ertuğrul, İzmir'e gider.

İstanbul Üniversitesi'nde 25 Mayıs 1970 Pazartesi günü, bir forum düzenlenir. Forumda, Prof. Aytekin Ataay, Prof. Çetin Özek, Prof. Edip Çelik ve öğrenci temsilcileri konuşma yapar.

Forumdan sonra öğrenciler, Kuseyrioğlu'nun ölümü nedeniyle 3 günlük yas ilan eder ve şu açıklamayı yapar:

"Bugüne kadar silahsız sürdürdüğümüz devrimci mücadelemize, ölmemek için, bundan sonra silahlı olarak devam edeceğiz."

Artık her gurup, kendi kadrosunu ve örgütlenmesini yaratma amacı içindedir.

27 Mayıs'ın onuncu yıldönümünü kutlamak amacıyla İstanbul'dan bir grup genç Ankara'ya gitmiştir.

Mustafa İlker Gürkan ile Ömer Erim Süerkan, bu dönem, Eski Cumhurbaşkanı Muhafız Alayı Komutanı Osman Köksal ve İlhan Selçuk ile SBF Talebe Cemiyeti'nde oturup, konuşur.

Bu konuşmada Osman Köksal, her söze girişinde, "27 Mayıs'ta süngü önde, fikir arkadaydı. Bu kez fikir önde, süngü arkada olacak" diyerek düşündüklerini açıklar.

Her Devrimcinin Görevi Devrim Yapmaktır

Sağmalcılar Cezaevi'ndeyken kaleme alınan ve TDGF'nin merkez yayın organı olan "İleri" dergisinin 1970 Haziran sayısında yayınlanan yazı, Deniz'in bu dönemdeki amacını ortaya koymaktadır.

TDGF İstanbul Bölge Yürütme Kurulu Başkanı Cihan Alptekin, Sekreteri Ömer Güven, daha sonra THKO hareketine katılan İbrahim Öztaş, Kenan Rıfkı Ertuğrul ve Deniz Gezmiş imzasıyla yayınlanan "manifesto" şöyledir:

"1968'den beri yoğunlaşan gençlik eylemleri bu yıl nitelik bakımından büyük bir değişime uğrayarak yeni bir döneme girmiştir. Profesyonel devrimci kadrolar yetişmiş, emperyalizme karşı dövüşen dünya halkları ile organik bağlar kurulmuş ve en önemlisi militan örgütlenmeye doğru ilk adımlar atılmıştır. Bunlar yeni dönemin olumlu gelişmeleri. Buna karşılık Amerikan emperyalizmi-işbirlikçi sermaye-feodal mütegallibe üçlüsü devrimcileri silahla susturmaya yönelmişler, hapishaneler hiçbir dönemde olmayan bir sayıda devrimci ile dolmuş ve kendilerine devrimci adını veren bir takım pasifist entelektüel eğilimler saflarımızda bozguncu çalışmalara girişmişlerdir. Filistin'de yürütülen devrimci mücadelenin ülkemizde de etkisini göstermesi karşısında telaşa kapılan egemen sınıflar bir takım provokasyonlarla Filistin'de emperyalizme karşı dövüşmüş devrimci kardeşlerimize aşağılık tertipler hazırlamıştır.

Önümüzdeki dönem karşı-devrimin silahlı saldırısını arttıracağı, egemen sınıfların faşist yöntemlere başvuracağı dönemdir. Her dönemin politik çizgisi tutarlı bir askeri çizgi ile birleştirilmedikçe başarıya ulaşamaz. Bu dönemde ne yapmalıyız?

1 - Militan örgütlenmeye önem ve hız vermeliyiz.

2 - Karşı-devrimcilerin silahlı saldırganlıklarını etkisiz bırakmalı, mücadelenin her biçimine hazırlıklı olmalıyız.

3 - Emperyalizmle dövüşen dünya halklarıyla bağlarımızı daha da sıklaştırmalıyız, bu bağ en güçlü, en sağlam biçimde ülkemizde emperyalizme karşı mücadeleyle kurulacaktır.

4 - Saflarımızda bozguncu, pasifist ve küçük burjuva entelektüel eğilimleri açığa çıkarıp etkisiz hale getirmeliyiz.

5 - İşçi, köylü yığınlarının kendiliğinden gelme hareketlerinin örgütleyicisi olmalı ve proleter devrimci politik düzeye ulaşmalıyız.

Marksist, her dönemde devrimcidir. En iyi Marksist odur ki mücadelenin her safhasında devrimci öfkesini pratiği ile birleştirendir. Her devrimcinin görevi devrim yapmaktır."

Deniz ile Cihan, tutuklu bulundukları İstanbul Sağmalcılar Cezaevi'nden sıkı güvenlik önlemleri altında Bursa'ya gönderilerek Bursa Cezaevi Savcısı Ali Haydar Cengiz'e, 10 Haziran 1970 Çarşamba günü teslim edilir. Bu dönem, Bursa Cezaevi Müdürü Neşet Doğanbatur'dur.

15-16 Haziran Olayları

Sendikal yasalarda anti-demokratik değişimler yapılacağı gerekçesiyle, 15-16 Haziran 1970 günleri özellikle İstanbul'da kitlesel gösteriler olur. Bu gösterilere TDGF İstanbul Bölge Yürütme Kurulu üyeleri de güçleri dahilinde katılır.

15-16 Haziran olayları ile birlikte sıkıyönetim tarafından aranır duruma gelen ve aralarında TDGF İstanbul Bölge Yürütme Kurulu üyelerinin de bulunduğu Mustafa Zülkadiroğlu, Taner Kutlay, Nahit Tören, Metin Eşrefoğlu, Celal Doğan, İbrahim Özlen, Erol Dolunay (Sarı Erol), Namık Kemal Boya, Gökalp Eren, Haşmet Atahan, Ahmet Çetiner, İbrahim Öztaş, Necati Sağır, Tarhan Özgür Ankara'ya giderek SBF ile ODTÜ yurtlarında kalmaya başlar.

6 Nisan 1970'de İstanbul Üniversitesi merkez binasında meydana gelen olaylar nedeniyle gıyabi tevkif kararıyla aranan Mustafa İlker Gürkan da, bir süreden beri Ankara'dadır.

Ege bölgesinde olan Kenan Rıfkı Ertuğrul (Dinamit Kenan) da, Ankara'ya gelir bu sıralardı.

Bu ekipten Necati Sağır, Salman Kaya, Süleyman Asaf Taneri, Süleyman Aslan, İbrahim Öztaş, Kenan Rıfkı Ertuğrul, Metin Eşrefoğlu, Mustafa İlker Gürkan, Namık Kemal Boya, Tarhan Özgür, Taner Kutlay ve Ankara Hukuk Fakültesi'nden Hüseyin Onur, Toroslara gerilla eğitimi yapmaya gider.

Hüseyin Onur'un ailesinin Pozantı civarındaki Tekir Yaylasında sahip olduğu yayla evinde bir süre konaklayan ekip, Adana'dan Mersin'e kadar karayolunu takibederek yürür. Ekip, daha sonra Ankara'ya geri döner.

Nahit Tören ise, bazı arkadaşlarıyla Karadeniz bölgesine gitmiştir. Fındık üreticileri arasında yaptıkları çalışmalar sırasında Nahit Tören, Ahmet Cem Yücesoy ve Bahadır Birsaygılı, 12 Temmuz 1970 Pazar günü, Bulancak'ta gözaltına alındıktan sonra Ordu'ya götürülerek savcılığa çıkartılır. Ahmet Cem Yücesoy ile Bahadır Birsaygılı serbest bırakılır, Nahit Tören ise tutuklu olarak İstanbul'a getirilir.

Toroslar'a katılanların da aralarında bulunduğu Zihni Çetiner, Mustafa İlker Gürkan, Mustafa Zülkadiroğlu, Kürşat İstanbullu, Taner Kutlay, Süleyman Aslan, Kenan Rıfkı Ertuğrul, Ahmet Çetiner, Engin Mert (Sarı Engin), Ahmet Cem Yücesoy ve Tarhan Özgür gerilla eğitimi yapmak amacıyla Filistin'e gidilmesine karar verirler.

Ankara'dan yola çıkan gurup, ilk önce İstanbul Üniversitesi Hukuk Fakültesi öğrenci temsilcisi İbrahim Özlen'in Mardin'deki evinde bir gece kalır. Burada kendilerine rehber olan bir kişinin aracılığıyla Nusaybin'den sınırı geçen ekip, Suriye Kamışlı'da BAAS yetkilileriyle görüştükten sonra, kendilerine verilen bir Landrower ile Şam'a doğru yola çıkar.

Şam'ın biraz dışında El-Saika örgütünün yerleştiği alana götürülen ekip, burada bir eve yerleştirilir.

BAAS ve El-Saika yöneticileriyle daha çok Mustafa Gürkan ile Taner Kutlay görüşür.

Bu sırada Şam'da uluslararası bir fuar vardır. Fuara katılan Kore, Çin, Vietnam, Rusya ve sosyalist olarak bilinen ülkelerin standları ziyaret edilir. Rus pavyonunda Lenin'in, Stalin'in; Çin pavyonunda Mao'nun; Küba pavyonunda Che ve Castro'nun boy boy posterleri asılmıştır. İstenildiği kadar rozet, poster ve broşür alınabilmektedir.

Türk pavyonuna gidildiğinde ne Mustafa Kemal Atatürk'ün posteri, ne rozeti hiçbir şey yoktur. "Bu ulusun hiçbir ulusal lideri yok mu ki posteri ya da resmi asılmamış" denilerek, olay çıkarılır. Ertesi gün, yetkililer, bir Atatürk resmi asmışlardır.

Eylül ayının ilk haftasında Suriye'de ve Ürdün'de iç savaş başladığı için, grup, sınırdan gizlice geçerek Türkiye'ye geri döner.

Türkiye'de Zaten Kaç Kişiyiz, Hepimiz Öleceğiz

Deniz ile Cihan'ın tutuklu bulunduğu Bursa Cezaevinde, mahkûmların çalıştığı işlikler vardır. Mahkûmlar, bu işliklerde kumaş dokur, okul sırası yapar. Mahkûmlar, bir nevi üretim içindedir.

Bursa Cezaevi'nde bir kısım mahkûm, çeşitli nedenler ileri sürerek, 23 Temmuz 1970 Perşembe günü ayaklanır.

Bursa Cezaevi'nin savcıları Memduh Oktay ile Ali Haydar Cengiz, Bursa Cezaevi Müdürü Neşet Doğanbatur'dur.

Cezaevi Savcısı Ali Haydar Cengiz ile 17 gardiyanı rehin alan isyancı mahkûmlar, Deniz'e, "Başımıza geç!" teklifi yapar. Fakat Deniz, isyanı haklı bulmadığı için bu öneriyi reddeder ve olayların bastırılması konusunda çaba gösterir. Askerlerin gelmesi sonucunda, isyan sona erdirilir. Deniz, Bursa Cezaevi'nde tutuklu iken bazı arkadaşlarıyla haberleşir.

Eyüp Neşat Yıldırım, bu konu hakkında şunları anlatmıştır:

"Deniz, Bursa Cezaevi'nden bize yazdığı mektuplarda, 'Kısa ama yoğun yaşadık. İttihat ve Terakki'den sonra yaşatılmayan ihtilalci ve devrimci geleneği biz yaşatacağız' derdi."

Deniz, bu sıra Ankara Cezaevi 12. Koğuşunda tutuklu olan Yusuf Küpeli ile de mektuplaşır. Yusuf Küpeli'ye yazdığı iki sayfalık mektupta, Deniz özetle şunları söyler:

"Biz Türkiye'de zaten kaç kişiyiz. Hepimiz öleceğiz. Dağa çıkacağım."

Küpeli, mektubu, kendisine ziyarete gelen Süleyman Ege'ye de okutur. Daha sonra da yırtar.

Yusuf Küpeli, Ankara Cezaevinden serbest bırakıldıktan sonra Hüseyin Onur'la birlikte Deniz'i Bursa Cezaevinde ziyaret eder. Deniz, düşündüklerini, ne yapmak istediğini Yusuf Küpeli ile Hüseyin Onur'a anlatır, silahlı mücadeleden bahseder.

Ayrıca, Deniz'i Bursa Cezaevi'nde iken arkadaşları ve tanıdıkları, zaman zaman ziyaret eder.

İktisat Fakültesi öğrencisi Veli Şar ile Tıp Fakültesi öğrencisi Atilla Özdemiroğlu, Deniz ile Cihan'ı ziyaret eden arkadaşlarındandır.

Bir keresinde, 1922 doğumlu ve Haydarpaşa Lisesi'nde öğrenim görmüş olan Haydar Saka ile avukat Vahit Çalın ziyaret etmiştir.

Sohbet sırasında Deniz, Haydar Saka'ya "Gençlerden kimler etkin olarak 15-16 Haziran olaylarında yeraldı?" diye sorar.

Ziyaret bitiminde Deniz, karanfil konmuş bir pencereyi Haydar Saka'ya göstererek, şunları söyler:

"Bak abi. Nazım'ın kaldığı yer. Ben de orada kalıyorum."

Ayrıca, Kars Dev-Genç üyesi Erdal Nesiboğlu da, Deniz'i ziyarete gelir. Erdal Nesiboğlu, daha sonra, THKO davasından yargılanan Yavuz Yıldırımtürk tarafından gönderilen bir miktar parayı Deniz'e verir.

Erhan Erel, SBF Yurdundan aldığı yatak, yorgan ve battaniyeleri, Yse-İş Sendikasının kamyonetiyle Bursa Cezaevine götürerek Deniz ile Cihan'a verir.

Deniz'i Bursa Cezaevi'nde ziyaret edenler arasında Aktan İnce ve Aydın Çubukçu da vardır.

Sağmalcılar Cezaevi'nde iken firar edemeyen Deniz, aynı düşüncelerini Bursa Cezaevi'ndeyken de gerçekleştirmek ister. Bu nedenle Aktan İnce ve Aydın Çubukçu ile görüşerek, birşeyler yapılmasını ister.

Aydın Çubukçu, bu konuda şunları anlatmıştır:

"Deniz, dağa çıkmayı kafaya koyduktan sonra kendine yakın olan grupların hepsini ne yapabiliriz, ne kadar işimize yarar diye sınadı. Bizden de Aktan İnce ile konuşmuştu. Deniz'in söylediği şuydu: Bir Amerikalı generali kaçıralım ve kaçırdığımız bu adamla birlikte dağa gidelim.

O, andan itibaren de gerilla başlayacaktı. Kaçırılacak adam Malatya bölgesine götürülecekti. Sonra, Deniz'le konuşmak için Bursa Cezaevine gittim. Meseleyi Deniz'le konuştuk.

Biz, Ankara'da hazırlık yaptık. Jusmat'ta çalışan Amerikalı bir subay tesbit ettik. Adamın evini biliyorduk. Herşey hazırlandı. Kaçıracaktık, fakat, Deniz, bu sırada tahliye oldu."

Kır Gerillasının 31 Koşulundan 16'sı Var

Deniz ile Cihan, 18 Eylül 1970 Cuma günü Bursa Cezaevinden tahliye edilir. Deniz, serbest bırakıldıktan sonra, Erzurum Askerlik Şubesi'nin bir yazısı üzerine, Bursa Emniyet Müdürlüğü'nde gözaltına alınır.

Babası Cemil Gezmiş, özetle şu bilgileri vermiştir:

"Cihan, Deniz'in eşyalarını bir gece eve getirdi ve 'Deniz biraz sonra gelecek' dedi... Bursa'dan çıktıktan sonra Ankara'ya, ODTÜ'-ye gitmiş. Ancak ben Onu daha sonra Ankara'da gördüm. Ankara'-ya gidip arkadaşlarını bulup sordum. Beni ODTÜ'ye götürdüler. 202 Numaralı odaya girdiğimde iki kişi ranzada uzanmış yatıyordu. Biraz sonra Deniz geldi. Yatanlardan birini göstererek 'o Azeri; Metin Yıldırımtürk, silahını kapıp gelmiş' dedi. İş Bankası soygunundan sonra 66 gün hiç görüşmedik."

Deniz, 19 Eylül 1970 Cumartesi günü Bursa Askerlik Şubesi'ne teslim edilir. Bursa Askerlik Şubesi'nden Sivas Piyade Alayı'na sevkedilen Deniz, birliğine teslim olmayarak, ortadan kaybolur.

Cihan Alptekin, Necmi Demir, Ömer Erim Süerkan, Gökalp Eren, Namık Kemal Boya'nın da katıldığı TDGF İstanbul Bölge Yürütme Kurulu toplantısı, 23 Eylül 1970 Çarşamba günü İTÜ'de yapılır.

Toplantıda çok sert tartışmalar olur. Bu toplantıda, Bölge Yürütme Kurulu'ndan istifa eden Mustafa Zülkadiroğlu, 26 Eylül 1970 Cumartesi günü tutuklanarak cezaevine konur.

Namık Kemal Boya, o dönem yapılan tartışmaları şöyle anlatmıştır:

"FKF'nin Dev-Genç adını aldığı kurultaydan sonra Anadolu'da düzenlenen bütün üretici mitinglerine katıldık. Bizim açımızdan ilginç olan ve yeni deneyimler edinmemize yol açan bazı olaylara değineceğim.

1970 Mart ayında Gediz depremi olmuştu. Biz de Federasyon olarak deprem felaketzedeleri için ilaç, kan vs. gibi yardım malzemeleri toplayarak deprem bölgesine gittik.

Arkadaşların hepsinin kollarında Dev-Genç yazan kırmızı pazubentleri vardı. Halk da, bunları görüp diyor ki, 'Devlet genci geldi.' Yani halk Dev-Genç'i devlet genci olarak görüyor ve bizi devletin kendilerine yardım etmek için görevlendirdiği gençler olarak algılıyordu.

Üretici mitinglerine katıldık. Köyle, köylüyle ilişki kurduk. Fakat burada bir hataya parmak basacağım: Arkadaşlar arasında kır gerillasına başlama eğilimi doğdu. Düzenlenen mitinglerdeki coşku, bağırma, iktidara karşı bazı sloganlar... Sanıldı ki, üç-beş kişi silahla dağa çıktığı zaman arkadan bunlar da gelir.

Burada aramızda bir anlaşmazlık çıktı. Biz, 'Olmaz diyoruz kardeşim. Bu adamlar bunu yapmaz. Bu adamın sorunu iktidarla değil ki. Bu adamın sorunu baş fiyat. Ürünün 3 liradan 4 liraya yükselmesi onun için daha önemlidir. Ardından gelirse ürününün 1 lira daha fazlaya satılması için gelir, yoksa gelmez.'

'Bir kıvılcım bir bozkırı tutuşturur' görüşü ortaya atıldı. Tamam tutuşturur ama bozkır kuruysa. Bizim gördüğümüz kadarıyla bozkır o kadar kuru değil. Bozkır ıslak ve nemli.

Hukuk'ta okuyan arkadaşımız Cihan: 'Türkiye'de kır gerillasının 31 koşulundan 16'sı var' dedi.

- Yahu sen %50 sermaye ile şirket mi kuruyorsun? Yani yarısından bir fazla olursa Türkiye'de öyle şey olabilir mi?

- Biz öyle düşünüyoruz.

- Öyle düşünüyorsan, yanlış düşünüyorsun.

Sonra, olmaz, olur. Olur, olmaz. Ve koptu ipler."

Mustafa Zülkadiroğlu, 1970 Ekim ayında yapılan son TDGF kongresi hakkında şu değerlendirmeyi yapmıştır:

"Deniz, Bursa Cezaevi'nden çıktıktan sonra İstanbul'a geldi. Bölge Yürütme Kurulu'na ait olan paraları istedi. Verilmedi. Neden verilecekti ki? Deniz'in Dev-Genç'le ilişkisi yoktu ki. Hem olsa bile, Deniz istedi diye para ona mı verilecekti? Biz onun düşüncelerine katılmıyorduk.

Deniz, 'Artık bu defteri kapatmanın zamanı geldi. Başarıya ulaşamayacak ama, bir gelenek yaratırız' diyordu."

Che Guevera'nın Yoluna İnanıyorum

Deniz, geldiği İstanbul'da bazı arkadaşlarıyla da görüşür. TMGT'na uğrar. Akın Nejat Önal, Ali Aydın Çığ ve orada bulunan arkadaşlarıyla sohbet eder. O dönem, İstanbul Belediyesi'nde çalışan Akın Nejat Önal, yemek getirtir. Yemek yenir, sohbet edilir.

Deniz, İstanbul'da bir kısım arkadaşıyla görüşme yapar.

Neler görüştüklerini Mustafa Lütfü Kıyıcı şöyle anlatmıştır:

"Deniz ve Cihan'ın tutuklu bulundukları Bursa Cezaevi'nden bize gönderdikleri mektupların sonu 'Yaşasın Halk Savaşının Zaferi' olarak bitiyordu. Kendisini Bursa Cezaevi'nde de ziyaret ettim. Daha sonra serbest bırakıldı. Deniz İstanbul'a geldi. Çok kısa bir süre kaldı. Deniz'in baştan itibaren belli düşünceleri vardı. Bunları o sıra yeniden konuştuk. Biz 15-16 Haziran işçi olayları nedeniyle eski DÖB'lüler olarak baştan beri etkilendiğimiz Che, Castro, Vietnam, Küba, Filistin vb. gibi hareket ve kişilerin düşüncelerinden, gelişen olaylar içinde ister istemez uzaklaşmıştık. Oysa Deniz'de daha çok, 'yapalım, edelim' havası vardı. Deniz için, önemli olan başlamaktı, gerisi gelirdi. 'Biz başlattıktan sonra da devam edecektir bu hareket' diyordu. Biz, 'Yok olmaz' dedik. Sonra baktı ki, bizimle istediği, beklediği ilişkiyi kuramıyor, bütün bağlar koptu. Böylece Deniz yalnız kaldı. Mustafa Gürkan'la Deniz'in bir tartışması vardır. Sonuçta Deniz'le varolan bütün köprüleri atmıştık."

O dönem polis tarafından arandığı için kaçak yaşamakta olan Mustafa İlker Gürkan, Deniz'le yaptığı görüşmeyi şöyle anlatmıştır:

"Deniz ile Osmanbey'deki Sami Can'ın evinde buluştuk. Evde Zihni Çetiner, Mustafa Zülkadiroğlu, Mustafa Lütfü Kıyıcı, Cihan Alptekin ve ben varım. 'Polis baskını olacak' diye bir haber aldık. Oradan Yücel Gürsel'in Levent Zeren Aralığı 4/b'deki evine gidip konuşacağız. Deniz, burada iken bana, 'Seninle toplantıdan önce bir konuşalım' dedi.

Sami'nin evinden çıktık. Bomonti Bira Fabrikası'nın orada çöplük vardı. Oraya kadar gittik, yol bitti. Yolda tek kelime bile konuşmadık. Deniz, orada bana, 'Gürkan, Che Guevera'nın yoluna inanıyorum' dedi.

Che Guevera'yı benim çok sevdiğimi bildiği için 'Gerillacılık yapalım' demiyor da öyle bir psikolojik yaklaşımla beni ikna etmek umuduyla, Che Guevera'ya inandığını söylüyor. Ben, 'İnanmıyorum' dedim. Deniz, 'O halde yollarımız ayrıldı seninle' dedi.

- Evet!

- Dönelim.

- Tabii.

Tartışma falan yok. Hepsi bu kadar. Yine yürüyoruz. Mecidiyeköy civarına geldik. Deniz, bu kez:

- Arkadaşlar ne düşünüyor?

- Arkadaşlar da benim gibi düşünüyor. İstersen bir konuş. Ben onları ikna edemem. Bir kısmı Mahir'le beraber. Geri kalanları da benim gibi düşünüyor. O kadrolar içindeki insanları etkilemen de olamaz diye düşünüyorum.

- Beni bu ülkede öldürecekler. Benim bu ülkede yaşama şansım yok. Filistin'e gitmek istiyorum.

Filistin Fedai kartı vardı. Onları istedi. Komando subayı olan babamın Beşiktaş'ta kaldığı evde saklıyorduk onları. Ayrıca benden başka isteklerde de bulundu. Filistin'e giderken sınırdan geçmek için kendisinin yanına Engin Mert ile Ahmet Çetiner'i vermemi istedi.

- Tabi arkadaşlara söyleriz, gelirler. Senin Filistin'e sağ salim gitmen için elimizden geleni yaparız. Bugün ya da yarın, hemen gidecek misin?

- Yok. İlk önce ODTÜ'ye gidip, bekleyeceğim. Arkadaşlar oraya gelsin.

- Olur.

Deniz, ertesi gün Ankara'ya gitti. İşte ne olduysa ODTÜ'de oldu. ODTÜ'de onu Filistin'e gitmekten vazgeçirip, THKO'ya girmeye ikna ettiler."[14]

Deniz, Devrimci Doğu Kültür Ocağı (DDKO) Başkanı Hikmet Bozcalı ile Diyarbakır Yurdunda bir görüşme yapar.

Deniz, Hikmet Bozcalı'nın, "Kır gerillası yapmak amacıyla kendisine katılmasını" ister. Hikmet Bozcalı, bazı siyasi sorumlulukları olduğu gerekçesiyle katılamayacağını söyler.

Mehmet Zihni Çetiner, Deniz'in Filistin'e gitme olayı konusunda şunları anlatmıştır:

"Deniz, Ankara'ya döndükten bir süre sonra, 'Deniz'i Filistin'e götür' diye haber geldi. 'Götürmem' dedim. Çünkü Deniz'in disiplinli davranacağına inanmıyordum. Deniz'in devrimciliği ayrı bir olay. Bunu hiç karıştırmamak lâzım. Ben Suriye'ye Kırıkhan'da bir yerden geçiyordum. On metre koştuktan sonra Suriye'desin. Bu yolu bana Suriye devletinin kendisi gösterdi. Korunarak geçirildim oradan. O kapının sağlam durması için, 'Ben Deniz'i geçirmem ama istiyorsa kardeşim Ahmet geçirsin. Onun da Ceylanpınar tarafında sınırı geçtiği ayrı bir kapısı var. O götürsün' dedim. Deniz onunla da gitmedi."

Deniz, Filistin'e gitme teklifini Necmi Demir'e de yapmıştır fakat Necmi Demir, bu dönem Mahir Çayan ile ilişkide olduğundan gitmez.

Az Kalsın Kafamızı Patlatıyordu

Deniz ve Cihan, Ömer Erim Süerkan'la da görüşmek amacıyla sabahın erken saatinde Anadoluhisarı'na gider.

Tam kapıyı çalacakken emekli subay Mehmet Süerkan da, elinde bastonu ile dışarı çıkmak üzeredir. Kapıda Deniz ile Cihan'la karşı karşıya gelen Mehmet Bey, "Ne istiyorsunuz?" diye sorar.

- Amca, oğlunu görmeye geldik. Biz, okuldan arkadaşlarıyız.

Öğrenci olayları aklına gelen Mehmet Bey,

"Erim, merim yok burada defolun" dedikten sonra, Deniz ile Cihan'ı bastonuyla kovalamaya başlar. Deniz ile Cihan, bahçe kapısının dışına kadar kaçıp, köşede gizlenir.

Çıkan gürültüler nedeniyle balkona çıkan Ömer Erim Süerkan, olayları görür ve hemen aşağıya iner. Annesi merdivenlerin başında karşılar: "Dur oğlum, hemen gitme. Baban çok sinirli. Birdenbire karşı karşıya geldiler. Baban şimdi camiye gider."

Mehmet Bey, bahçede birkaç dakika bekledikten sonra evden ayrılır. Köşe başında gizlenmiş olan Deniz ile Cihan, Mehmet Beyin gittiğini görünce gülerek eve gelir. Deniz, "Ulan az kalsın kafamızı patlatıyordu elindeki bastonuyla" der.

Oturup sohbet ederler. Deniz, "Dağa çıkma" düşüncesini açar. Erim, dağa çıkma fikrini çok erken bulduğu için vedalaşarak, ayrılırlar.

Kamboçya'ya, Eritre'ye Gideriz

Deniz, kendisiyle hareket edebileceğini düşündüğü kişilerle tek tek görüşür. Kenan Rıfkı Ertuğrul'la da Beşiktaş'ta buluşur ve ne yapacağı hakkında konuşur. Yapacağı işler hakkında genel olarak düşüncelerini açıkladıktan sonra Deniz, "Dayım! Sen, İzmir'deki arkadaşların bir kısmını tanıyorsun. Onlarla görüşelim. Ayrıca, gider Ankara'da ve Anadolu'daki arkadaşlarla görüşürüz.

Baktık, İstanbul'da vardığımız sonuç ortaya çıktı. Bilâhare Cihan ve arkadaşlara durumu aktarırız. Onlar, burada kalır. Biz, ikimiz boş durmayız. Çeker ya Kamboçya'ya, ya da Eritre'ye gider, orada mücadele ederiz. Bu arada gelişmeler olursa Türkiye'ye döner, kaldığımız yerden devam ederiz. Ne diyorsun?"

Deniz ile Kenan, bu dönem, zaten aranmaktadır.

"Tamam dayım, gideriz."

Deniz ile Kenan Rıfkı Ertuğrul, Yıldız civarında oturan Kayhan

Edip Sakarya'nın evine gider. Deniz, dağa çıkma teklifini Kayhan Edip Sakarya'ya da yapar.

Sakarya, "Sizinle birlikte yer alamıyacağım. Size başarılar dilerim" der.

Deniz ile Kenan Rıfkı Ertuğrul, Elif Gönül Tolon'un Beşiktaş Nüzhetiye Caddesindeki evine gider, bir gece kalır.

Ertesi gün buluşan Deniz, Cihan, Metin Eşrefoğlu, Yavuz Yıldırımtürk, Kenan Rıfkı Ertuğrul, bazı konuları konuşur.

Deniz, arkadaşlarına özetle şunu söyler:

"Kenan ile aranıyoruz. İstanbul'da olduğumuz da biliniyor. Artık zaman kaybetmeyelim. Kenan ile Ankara'ya gidip, tanıdık arkadaşlarla görüşelim. Burada ilişkileri Cihan yürütsün. Siz de burada boş durmayın. Cihan ile Yavuz, İstanbul I. Şube Müdürü Ilgız Aykutlu hakkında istihbarat toplasın. "

Metin Eşreoğlu, Yavuz Yıldırımtürk, Deniz ve Kenan Rıfkı Ertuğrul konuşmadan sonra bir taksiye biner ve arabalı vapurla Üsküdar'a geçer. Çiçekçi'de taksiden inen Deniz ile Kenan Rıfkı Ertuğrul, Gezmiş Ailesinin evine gider.

Akşam olmak üzeredir. Mukadder Hanım evde yalnızdır. Deniz, annesiyle sarılıp, kucaklaşır.

Evden ayrılan Deniz ile Kenan, izleniyorlarsa daha temkinli davranmak, hem de bazı işlerini halletmek amacıyla Bursa üzerinden Ankara'ya gitmeye karar verir. Eğer izleniyorlarsa bu konuda en az akla gelebilecek yer olarak düşündükleri Kartal vapur iskelesinden Bursa'ya geçmeyi tercih ederler.

Kartal'dan arabalı vapurla Yalova'ya geçen Deniz ile Kenan, Yalova'dan da Bursa'ya ulaşırlar.

Deniz'in ayrıca, Bursa'ya uğramasının iki nedeni daha vardır. Birincisi Bursa cezaevinde bıraktığı silahını, ikincisi de Bursa Savcısında emanet olarak bıraktığı parasını almaktır.

Bursa'ya vardıklarında bazı işler için vakit geçtir. Cezaevinde bulunan silah alınamaz. Bursa Cezaevi Savcısı Ali Haydar Cengiz'in yanına uğranır. Daha önceden bırakılmış olan 10.000 lira savcıdan alınır.

Savcı, Deniz ile Kenan'a, "Bugüne kadar yapacağınızı yapmışsınız. Yorulmadınız mı? Bu işleri bırakın artık ve önce okulunuzu bitirin" der.

Ankara'ya Eskişehir üzerinden geçilmesine karar verilir. Bursa'dan Eskişehir'e gelinir. Garajda Ankara otobüsünü beklerken sivil birisi tarafından izlendiklerinin farkına varırlar.

"Bizi yolda almazlarsa Ankara'da alırlar" düşüncesiyle Ankara'ya giden otobüse binen Deniz ile Kenan, Ankara'ya yaklaştıkları ve herkesin uyuduğuna emin oldukları bir zaman ani olarak otobüsten inerler. Arazide uzunca süre yürüdükten sonra bir yerleşim yerine gelen Deniz ile Kenan, bir taksi tutarak, sabaha karşı SBF'ye gider.

Şafak atarken Deniz ile Kenan, SBF Öğrenci Yurdu'ndan içeri girer. Nihat Akseymen'i gören Deniz, "Nihat'la biraz konuşayım, geliyorum" diyerek, Kenan'dan ayrılır. Nihat Akseymen'le bir süre sohbet ettikten sonra Kenan'ın yanına gelen Deniz'in morali bozuktur.

Deniz, daha sonra, BYYO öğrencisi Aydın Çubukçu ile de bir konuşma yapar. Deniz, konuşma yaptığı arkadaşlarından istediği karşılığı bulamaz.

Deniz, daha sonra, BYYO Komünü olarak adlandırılan gruptan Aktan İnce ile, 4 ABD'linin kaçırılmasından bir kaç gün önce bir görüşme daha yapılır fakat bu görüşmede de anlaşma sağlanamaz.

Deniz ile Kenan, Doğu Bölgesine Gidiyor

SBF'de umduklarını bulamayan Deniz ile Kenan, bir taksiye binerek ODTÜ'ye gider. Yorucu bir gündür. Bir kaç saat uyunarak dinlenilir.

Deniz, Yusuf Arslan'ı arar, fakat bulamaz. Mustafa Yalçıner ile "Hemşerim" lâkaplı Ahmet Erdoğan ile karşılaşılır. Diyarbakır'a gittiği öğrenilen Yusuf Arslan'ın gelmesi için beklenir. Bir kaç gün sonra gelen Yusuf Arslan'la konuşulur. Yusuf Aslan, mahkemenin gidişatı hakkında bilgi verir.

Diyarbakır Cezaevinde bulunan Hüseyin İnan ve arkadaşlarının duruşmaya çıkacakları güne kadarki zamanı değerlendirme açısından Deniz'le Kenan Rıfkı Ertuğrul, kurulmuş olan ilişkileri görme amacıyla Yusuf Arslan'la bazı yerlere gitmeye karar verir.

Malatya'da Teslim Töre ile görüşülür.

Teslim Töre, bu konuda şunları anlatmıştır:

"Kır gerillasına başlamanın ön çalışmalarını yaparken Deniz'le birlikte, Malatya'nın Kilise köyünde akrabam Mustafa Akdeniz'in evine gitmiştik. Evde yere serilmiş döşeklerin üzerinde oturmuştuk. Deniz, oturduğu yerde ayaklarını boydan boya uzatmıştı. Ben, Deniz'e, 'Ayaklarını topla. Burada ayıp karşılanır' anlamında göz işaretleri ediyordum. O da bana öykünür gibi yaparak hiç keyfini bozmuyordu. Daha sonra biz kalktık. Giderken Mustafa Akdeniz'in babası Hacı Amca bana, 'Biraz dur' dedi ve 'Bu adam kim?' diye sordu. Ben de Deniz'in gençlik lideri olduğunu söyleyip övgüyle anlattım. Ben söylediklerimi bitirince, 'Bana Bak. Ben senin nelerle uğraştığını iyi biliyorum. Sen böyle adamlarla Sağırla (İsmet İnönü) ile baş edemezsin. Oğlum Mustafa bile bu adamdan daha akıllı. Bu adam daha cemaatte oturmasını bile bilmiyor' dedi. Hacı Amca'nın söylediklerini Deniz'e anlattığımda, 'Amca sadece oturma biçimimi mi beğenmemiş, söylediklerime bir itirazı olmamış ama değil mi?' dedi. Güldük."

Daha sonra, Hüseyin İnan, Yusuf Aslan ve diğer arkadaşları da Teslim Töre'nin evine gitmiş, belirli sürelerle kalmışlardır.

Teslim Töre, eve belirli sürelerle gelip kalanlar nedeniyle annesinin kendisine yönelik tepkisini şöyle dile getirmiştir:

"Annem bana çok kızmıştı, 'Kim bu adamlar, getirip eve bırakıp gidiyorsun, günlerce gelmiyorsun... gelenimiz, gidenimiz, dostumuz, düşmanımız var, elalem ne der ne demez?' diyerek söylendi. Ben de; 'Onlar benim arkadaşım, yoldaşım bunlar için böyle konuşamazsın. Ayrıca Hüseyin'de liderimiz, nasıl böyle konuşursun?' diye karşılık verdim. 'Sen ne anlaşılmaz şeylerle uğraşıyorsun, ne lideri, lider gerekiyorsa neden Deniz gibi lafını sözünü bilen birini değil de bu sümesizi (sümesiz ya da sümesi kötü sözcükleri bizde iyi bir görünümü olmayanlar için kullanılır) lider yapıyorsun' diye çıkıştı. Ben annemi susturmak için 'Anne Deniz sunni, Hüseyin Alevi, hangisi lider olsun' deyince, annem hemen 'Kötü mötü yine de Hüseyin olsun oğlum' dedi. Annemin bu dediklerini hemen orada Hüseyin'e Yusuf'a aktardım. Yusuf 'Ana haklı. Hüseyin'in sümesi bir kaç gündür çok kötüydü, tek laf bile etmedi' dedi. ... Daha sonra Yusuf'la birlikte aynı espriyi Deniz'e aktardığımızda da önemli bir mavra konusu olmuştu."

Deniz, Sivas'ta yakalandığında o yörede yaşayan bazı bireylerin tepkilerini bir dönem Ankara'da Pir Sultan Abdal Kültür Derneği Genel Sekreterliğini yapan Hasan Nedim Şahhüseyinoğlu, şöyle anlatmıştır:

"Alevilerin teslim ettiğini sanarak Deniz yakalandığında sunni bir köylü şunu söylemiş 'Bu alevilere güven olmaz. Deniz gelseydi sakalımın içinde saklardım'. Her kesimden sevilen birisiydi Deniz. Karım Güllü Şahhüseyinoğlu anlatmıştı. Deniz yakalandığında kadının birisi, 'Gelseydi memelerimin arasına kordum. Allah bulamazdı' demiş. Bu kadar inanç duyuyor ve seviliyor."

Deniz, Kenan Rıfkı Ertuğrul ve Yusuf Arslan, Teslim Töre ile görüştükten sonra, Elazığ'a geçer. Elazığ'da Metin Güngörmüş ve Palulu Yusuf Aslan'la görüşülür.

Yusuf Aslan, akşam karanlığı basarken Diyarbakır'a giderken, Deniz, Metin Güngörmüş ve Kenan Rıfkı Ertuğrul, Elazığ'ın kuzeybatı kesiminde Metin Güngörmüş'ün tanıdığı Tunceli'de meydana gelmiş olaylara katılmış ihtiyar bir adamın evinde konuk edilir.

Gecenin ilerleyen bir saatinde ev sahibi ihtiyar, "Evin çevresinde garip hareketlenmeler var. Tehlikeli bir durum olabilir. Dikkat edin" diye uyarır. Işıklar söndürülüp dışarıya bakıldığında, evin bazı kimseler tarafından izlendiği gözlenir. Evden bir an önce ayrılma yönünde karar verilir.

Ev sahibi ihtiyar, odada bulunan bir tünelden geçirdiği Metin Güngörmüş, Deniz, Kenan Rıfkı Ertuğrul ve Yusuf Arslan'ı evin 150-200 metre uzağında bir araziye çıkartır. Geceyi Elazığ'ın Pertek istikametinde bulunan bir bağ evinde geçiren gurup, sabahleyin Sün Köyü'ne gider.

Deniz, Kenan Rıfkı Ertuğrul ve Metin Güngörmüş, Sün Köyü'nde bir hafta kaldıktan sonra Tunceli'ye hareket eder.

Metin Güngörmüş'ün Nazimiye-Tercan-Pülümür tarafında bulunan Zel dağında tek başına yaşayan "Şeker Ali Emmi" adıyla anılan akrabasının yanına uğrayan Deniz ile Kenan Rıfkı Ertuğrul'a, "Şeker Ali Emmi", şu nasihattalerde bulunur: "Gençsiniz, toysunuz. Siz devletle başetmeyi kolay zannediyorsunuz. Devletle başetmek kolay değildir. Biz de sizin gibi devletle başetmek kolaydır diye düşünmüştük. Bizzat gittik 1930'larda bir köprü uçurduk. Köprüyü uçurursak askere yardım gelmez, bize artık asker bir şey yapamaz dedik. Biz, bu asker, bu kadar çiviyi, bu kadar taşı, bu kadar tahtayı nereden bulacakta, bu köprüyü yapacak diye düşündük. O tarafı sağlama aldık diye başka tarafa yöneldik. Ama iki gün içinde o köprüyü yeniden yaptılar. Bizi geldi buldular ve perişan ettiler. Biz, devletin ne güçlü olduğunu o şekilde anladık. Geç anladık o kadar gğüçlü olduğunu. Siz gençsiniz, anlamıyorsunuz. Girmeyin bu işlere. Yazık olur."

Ertesi gün Tunceli'ye gelen Deniz ile Kenan Rıfkı Ertuğrul, yine Metin Güngörmüş'ün bir akrabasının evine konuk olur.

Deniz ile Kenan Rıfkı Ertuğrul, Tunceli'de kaldıkları süre içinde başta Kemal Burkay olmak üzere bazı kişilerle görüşme yapar.

Bir lokantada buluşup, eski TİP Tunceli İl Başkanı Avukat Kemal Burkay'a düşündükleri ile yapmak istediklerini anlatan Deniz ve Kenan Rıfkı Ertuğrul, kendilerine destek vermesini ister. Burkay, Deniz ile Kenan Rıfkı Ertuğrul'a çizgilerinin yanlış olduğunu, söyler.

Ertesi gün, sola sempatisi olan ve Tunceli'ye Orman Mühendisi olarak yeni atanmış birisiyle görüşme yapılması kararlaştırılır.

Bu işleri yaptıkları sırada izlendiklerini anlayan Deniz ile Kenan Rıfkı Ertuğrul, Metin Güngörmüş'e; "Öğretmen Okulu'nun bulunduğu yamaçtaki ormanlık alana gidelim. Hiç olmazsa kendimizi koruruz. Orada yakalanma olasılığımız daha az olur ve daha az dikkat çekeriz. Takip edenler de iyice açığa çıkar. Karanlık basana kadar orada kalırız. Karanlık bastıktan sonra da yola iner, geçen bir vasıtaya bineriz. Mühendisi ormanlık alana getir. Görüşebilirsek orada görüşelim." der.

Deniz ile Kenan, Öğretmen Okulu'nun bulunduğu sırttaki meşelikte beklemeye başlar. Bu sırada bir hışırtı duyan Deniz ile Kenan, tedirgin olur. Ağaçların arasından sürekli olarak bir hışırtı ve ses gelmektedir ama görünürde birşey yoktur.

Ellerinde silah, yere uzanarak beklenilmeye başlanır. En sonunda, iki tane tosbağanın, hem birbirlerine hem de yerdeki gazellere sürtünerek ilerlemekte olduğu görülür.

Deniz ile Ertuğrul'un bir süre tedirgin bekleyişinden sonra Metin Güngörmüş, Orman Mühendisi ile ormanlık alana gelir.

Genel olarak neler yapacaklarını Orman Mühendisi'ne anlatan Metin Güngörmüş, Deniz ve Kenan Rıfkı Ertuğrul, Karanlık bastıktan sonra yola iner. Geçen bir vasıtaya el kaldırılır. Binilen otobüste Kadırga Yurdundan tanıdıkları Ali Kılıç da, tesadüfen vardır.

Dört arkadaş sohbet ederek Elazığ'a gelir.

Deniz ile Kenan, Elazığ'da arkadaşlarından ayrılarak, otobüsle Ankara'ya hareket eder.

Dönüş yolculuğu sırasında otobüs, sabaha karşı yemek molası verir. Deniz ile Kenan Rıfkı Ertuğrul, otobüsten inmez. Ertuğrul, hem açlıklarını bastırmak, hem de biraz ısınabilmek için, "Hiç olmazsa gidip bir çorba içelim" der.

Cebinde onbin lira olmasına rağmen Deniz, "Hayır Dinamit!. O paraya dokunamayız. Bize daha önemli ihtiyaçlarımız için gerekecek" diye karşılık verir.

Böylece Ankara'da ODTÜ'ye gelinir. Yusuf Arslan da Diyarbakır'dan gelmiştir.

Yusuf Arslan, Hüseyin İnan'dan, "Deniz, herhangi birşey yapmasın, bizim mahkemenin sonucunu beklesin" haberini getirmiştir.

Hüseyin'in İnan ve arkadaşlarının, duruşma sonucu beklenir.

Hüseyin İnan, Ahmet Tuncer Sümer, Teoman Ermete, Ercan Enç, Müfit Özdeş, Alpaslan Özdoğan, Kadir Manga ve arkadaşları tutuklu bulundukları Diyarbakır Cezaevinden 8 Ekim 1970 Perşembe günü, serbest bırakılır.

Böylece, daha sonra, THKO adını alacak hareketi oluşturan önder kadronun tamamı serbest kalmıştır.

* * *

"Delikanlım!.
Senin Kafanın içi
yıldızlı karanlıklar
kadar
güzel korkunç, kudretli ve iyidir.
Yıldızlar ve senin kafan
kâinatın en mükemmel şeyidir.
Delikanlım!.
Sen ki, ya köşe başında
kan sızarak kaşından
gebereceksin
ya da bir darağacında can vereceksin.
İyi bak yıldızlara
onları göremezsin belki bir daha."

Nâzım Hikmet

Devrimler Hep Üniversite Yurtlarından Başlar

Fransız reklamcı Jacques Seguela, "C'est toujours des campus que partent les revolutions - Devrimler hep üniversite yurtlarından (kampüs) başlar" demiştir.[15]

Bu sözü doğrularcasına 68'li yıllarda, değişik ülkelerin üniversitelerinde, öğrenciler tarafından Almanya'da Kızıl Ordu Fraksiyonu (RAF), İrlanda'da İrlanda Cumhuriyet Ordusu (İRA), İtalya'da Kızıl Tugaylar, Türkiye'de ise Türk Halk Kurtuluş Ordusu (THKO) oluşturuluyordu.

İstanbul devrimci gençlik hareketi liderlerinden Deniz Gezmiş ile Ankara devrimci gençlik hareketi liderlerinden Hüseyin İnan, 1970 Ekim ayında ODTÜ'de biraya gelir.

Hasan Ataol, bu konuda şunları söylemiştir:

"THKO, bir parti gibi görevleri yazılı olarak belirlenmiş insanların oluşturduğu bir örgütlenme değildi. Hani, toplumda yasalaştırılmamış, teamülen uygulanan bazı kurallar vardır. THKO işte öyle bir şeydi. Aynı duyguları paylaşan, aynı amacı güden, birbirlerine alabildiğine güvenen, birbirlerini seven, sayan insanların oluşturduğu dar bir arkadaş grubuydu. Kimin başta, kimin sonda olduğu öyle kurallarla belirlenmemişti. Hiyerarşik bir sıra yoktu... Kendiliğinden ortaya çıkan bir hiyerarşi vardı. Herkes yerini, görevini bilir, yapması gerekeni yapardı."[16]

Böyle bir dar arkadaş grubu olduğu için, "71 hareketinin yenilgisiyle THKO'nun örgütsel yapısı da hemen tümüyle dağılmıştı."[17]

Oluşturulan yapı daha çok kendi kişiliklerine dayanan "öncü savaşçı" anlayışına uygun olduğu için, THKO adıyla değil, kamuoyunca, "Deniz Gezmiş Davası - Gezmiş Davası - Deniz Gezmiş ve Arkadaşlarının Davası" olarak bilinir.

Sizin Yolunuz Ayrı, Benim Yolum Ayrı

Deniz ile Hüseyin İnan'ın serbest bırakıldığı sırada MDD'ci kesim, 17 Ekim 1970 Cumartesi günü başlayacak olan TDGF'nin kongresine hazırlanmaktadır.

"Dağcılar" kır gerilla faliyetine hazırlandıkları için TDGF kongresine önem vermez bir tavır içindedir.

Deniz, TDGF Kongresi için Ankara'ya gelen arkadaşlarına, "Ertuğrul Kürkçü'nün desteklenmesinden yanayız. Bizim tavrımız o yöndedir" der.

Deniz, bu düşüncesini, kongreden önce ODTÜ'de karşılaştığı Ertuğrul Kürkçü'ye şöyle yansıtmıştır:

"Bir dileğim var. Öğrenci hareketini bir fraksiyonel harekete dönüştürme. Burası herkesin yeri, herkesin alanı."

Deniz'in, Ertuğrul Kürkçü'yü desteklediği ve ayrı bir liste ile kongre'ye katılacağını duyan Mustafa Lütfü Kıyıcı, Deniz'le görüşmek için Işıtan Gündüz'le gece saat 02.00 civarında ODTÜ 201 No.lu odaya gider.

Nahit Tören, Celal Doğan, İbrahim Özlen, Kenan Rıfkı Ertuğrul ve birkaç kişi daha 201 nolu odada oturmuş, sohbet etmektedir.

"Neden ayrı bir liste ile girmek istiyorsun?" diye soran Kıyıcı'ya Deniz şöyle der:

- Böyle bir şey yok. Sizin yolunuz ayrı, benim yolum ayrı. Size niye gölge edeyim. Herkes kendi kadrosunu kendisi seçsin. Bu beni il-

15-K

gilendirmez. Hem siz, Dev-Genç'i ne için istiyorsunuz? Cuntaya teslim etmek için mi? Dev-Genç'in nesine oynuyorsunuz?

- Açık. Biz, Dev-Genç'in kasasına oynuyoruz. Başka nesine oynayacağız.

Eyüp Neşat Yıldırım ise şunları anlatmıştır:

"TDGF'nin kongresi için Ankara'ya gittiğimizde ODTÜ'ye giderek Deniz'i ziyaret ettik. ODTÜ'nün bir amfisinde Deniz, Sinan Cemgil, Necmi Demir, Nahit Tören tahtanın başına geçmiş birşeyler yapıyorlardı. Biz de Hüseyin Karslı, Mustafa Gürel ve ben amfinin kapısından içeri girdik. Deniz bizi görünce sıraların üzerinden atlayarak yanımıza geldi. Bizi kucakladı. Sarıldık, öpüştük.

Deniz, sonra, tahta başındakileri kastederek, 'Yahu yine bu işi bu adamlarla yapacağız' dedi. Saim Kurul ve Cihan Alptekin de vardı bizimle. Cihan, buradaki sohbetimizde, 'İç savaş başladı' diyerek düşüncesini açıklamıştı."

Deniz'in ODTÜ'ye çağırıp görüştüğü kişiler arasında Haşmet Atahan, Gökalp Eren, Necmettin Yazıcı ve Zeki Tekeş de vardır.

Deniz, Hamit Necmettin Yazıcı ile Zeki Tekeş'i Ankara'ya çağırarak görüşür. Necmettin Yazıcı Vanlı, Zeki Tekeş Diyarbakırlıdır.

Deniz, Hamit Necmettin Yazıcı'dan şunları öğrenmeye çalışır:

- Gerilla hareketini başlatıyoruz. Van, Diyarbakır, Doğu ve Güneydoğu Anadolu bölgelerinde kır gerillası yapılabilecek uygun yer var mıdır? Bunun için Doğu'da bize müsait zemin hazırlayabilir misin? Ayrıca, Molla Mustafa Barzani bize yardımcı olabilir mi?

- Siz bu hareketi orada başlatırsanız provokasyon olur. Doğu ve Güneydoğu Anadolu bölgesi şimdi gerilla yapmaya uygun değil. Bunu aklınızdan çıkarın. Ben, bu saatten sonra macera aramam.

- Kaçıyor musun?

- Ölümüne kadar seninle varım. Ama benim de kendime göre düşündüklerim var.

- Tamam abi anladım ama bir sabah bakarsın kendini hareketin içinde bulmuşsun.

Zeki Tekeş de şunları söyler:

- Bölgede devlet gücünün olmasına, gelmesine gerek yok. Devlet güçlerinden önce bölgedeki şeyhler ve ağalar seni yakalar, yokeder.

3-5 kişiye, 'Öldürün bu komünistleri' dediği zaman olay biter. Bunu yapmazsa, götürür devlete teslim eder. Bir yerde, köylü birşey görse bitti. Yapacağınız eylemin çok kısa bir süre dahi tutunacağına inanmıyorum. Ben, şahsen böyle birşeyde yokum. Hattâ, Doğu ve Güneydoğu'da üslenmeyi düşünmeyi dahi doğru bulmuyorum. "

Deniz, Zeki Tekeş ve Hamit Necmettin Yazıcı vedalaşarak birbirinden ayrılır.

Deniz'le ODTÜ'de görüşmeye gidenler arasında Mustafa Kemal Çamkıran ile Hikmet Bozcalı da vardır.

Mustafa Lütfü Kılyıcı 28 Ekim 1970 Çarşamba günü, Nahit Tören 29 Ekim 1970 Perşembe günü, Necmi Demir 4 Kasım 1970 Çarşamba günü, İstanbul'da yakalanır ve Dev-Genç davası nedeniyle Ankara'yea gönderilir.

Yaklaşık 45 gün Ankara Cezaevinde tutuklu kaldıktan sonra serbest bırakılan Cihan Alptekin ile Nahit Tören ODTÜ'ye, Necmi Demir SBP'ye, Mustafa Lütfü Kıyıcı ile Mustafa Zülkadiroğlu da Mihri Belli'nin evine gider.

Onu Türk-İş'e Genel Başkan Yapacağız

Ekim ayının son günlerinde Ankara'da iki toplantı vardır.

TİP'in IV. Büyük Kongresi ile Proleter Devrimci Kurultay.

29-31 Ekim 1970 günleri yapılan TİP'in IV. Büyük kongresi için Ankara'ya giden Hidayet Kaya, arkadaşı Deniz'i görmek için Sefer Güvenç ile ODTÜ'ye de uğrar. Deniz, Hidayet Kaya ve Sefer Güvenç 201-202 nolu odada buluşur.

Deniz, Sefer Güvenç'e, "İsmet Demir'e selam söyle. Onu Türk-İş'e genel başkan yapacağız" der.

Deniz'le ODTÜ'de görüşenlerden birisi de Mihri Belli'dir. Belli, bu görüşmeyi şöyle anlatmıştır:

"Deniz'le son görüşmemiz 1971 başlarındadır. Banka soygunundan altı gün önce faşistler Recep adındaki arkadaşı yaralamışlardı. ODTÜ revirinde yatıyordu. Ona geçmiş olsun demeye gitmiştik. Yanımda Muammer Soysal ve Ahmet Kardam vardı. Kardam haberi 'Aydınlık'ta yazacaktı. Yaralıyla bunun için görüşecekti. Deniz'i çağırttım. Geldi. Revirin önüne çıkıp konuştuk. Biraz sinirliydi."

Mihri Belli, Deniz ile görüşmek ister.

ODTÜ'ye Cihan Alptekin, Kenan Rıfkı Ertuğrul, Yavuz Yıldırımtürk, Metin Eşrefoğlu ve Mihri Belli otomobille, birlikte gider.

Mihri ile Deniz arasında şu konuşma geçer:

- Beni niye desteklemiyorsun?

- Biz, seni ayrı düşünmüyoruz. Yollarımız her zaman aynıdır. Ama bu iş olmaz.

- İstesekte, istemesekte askeri bir hareket kaçınılmaz. Bir tavrımız olması lâzım. Biz, sol cuntanın yanında durmalıyız. Sol cuhtayı desteklemeliyiz.

- Mihri Abi klasik bir Stalinistsin ama bu konuda yanılacaksın. Sağı da gelse, sol görünümlü de gelse, biz dağlardayız. Bizi dağlarda ve karşısında bulacak. Ayrıca, sol da gelse bize vuracaktır. Ama iş işten geçmeden gönül ister ki yanımıza gelesin.

Konuşmadan sonra Mihri Belli ile Deniz, veda ederek birbirinden ayrılır.

Sonuç Ne Olursa Olsun Bu Yolu Deneyeceğim

TMGT genel kurulu, 14 Kasım 1970 Cumartesi günü yapılır ve başkanlığına Bozkurt Nuhoğlu seçilir.

1971 yılı başlarında Bozkurt Nuhoğlu ile Deniz, ODTÜ'de bir görüşme yapar. Bozkurt Nuhoğlu bu görüşmeyi şöyle anlatmıştır:

"Deniz, tarihini tam hatırlamıyorum, 1971 yılı başlarında beni Ankara'ya çağırdı. Gittim. ODTÜ'nün o meşhur 201 nolu odasında buluşup, konuştuk. Kendisine katılmamı istedi. Katılamayacağımı söyledim. Bunun üzerine Deniz, 'İstanbul'da bütün eylemleri birlikte kotardık. Bana güvenmiyor musun?' diye sordu. Ben de, 'Kendisine her zaman güvendiğimi, fakat ilişki kurduğu çevrelere güvenmediğimi, bunların kendisini yarı yolda tek başına bırakacağını, kendisinin de bunlara güvenmemesi gerektiğini' anlatmaya çalıştım. İkna olmadı. 'Ben de bu insanlara güvenmiyorum, ama sonuç ne olursa olsun bir de bu yolu deneyeceğim' dedi. Kararlı olduğunu belirtti. Kucaklaşarak ayrıldık. Bu Deniz'le son karşılaşmamız oldu."

Deniz, Sarp Kuray ile de ODTÜ'de bir görüşme yapmıştır. Bu görüşmeden sonra Sarp Kuray, Deniz ve arkadaşlarına silah, malzeme ve saklanma konusunda yardımcı olmuştur.

Eylemler Başlıyor

Deniz, ODTÜ'de bulunduğu süre içinde ODTÜ Teorik Kimya Bölümü Başkan Yardımcısı Prof. İskender Öksüz ile Matematik Bölümü öğretim üyelerinden İbrahim Örs'ü, "Sağcısınız. Size burada hayat hakkı tanımayacağız" diyerek, 16 Aralık 1970 Çarşamba günü, bir grup arkadaşı ile tartaklar.

Konya Lisesi mezunu ODTÜ öğrencisi Ersin Bagatır isimli öğrenci, 28 Aralık 1970 Pazartesi günü gecesi Kenan Rıfkı Ertuğrul ve bir grup arkadaşı tarafından, ODTÜ Yurdu 4. Blok 504 numaralı odası basılarak, başka bir yere götürülür. Ersin Bagatır'a dayak atılır ve silahı alınır. Deniz, Ersin Bagatır'a dayak atılan yere gelir ama olaya karışmaz.

Deniz, THKO'yu oluşturdukları arkadaş grubuyla silahlı eylemlerine ilk kez 29 Aralık 1970 Salı günü sabaha karşı ABD Büyükelçiliği önünde nöbet bekleyen Nuri Selçuk ve Vahap Çınar adlarındaki iki polisi silahla tarayarak başlar.

İkinci eylemi, 11 Ocak 1971 Pazartesi günü açılan Türkiye İş Bankası'nın Emek Şubesi'ni saat 16.30'da soymasıyla gerçekleşir.

Banka soygunu eylemini kendilerinin yaptığına ilişkin bir bildiri yayınlayana kadar kamuoyu Deniz'lerin yaptığına inanmaz. Bunun polislerin bir tertibi olduğunu söyler.

Örneğin babası Cemil Gezmiş, Cumhuriyet gazetesinde yayınlanan açık mektubunda, Deniz'e şöyle seslenir:

"Eğer sen bu suçun faili isen, bulunduğun yerde adaletin hükmünü beklemeden kendini cezalandır. Eğer suçsuz isen, çık adalete teslim ol... Korkma memlekette yargıçlar da var."

50 yıldır politikanın içinde olduğunu, 20 yaşında Mardin'in Midyat ilçesinde parti başkanlığı yaptığını, 28 dernek kurduğunu ve hepsinde seçimle iş başına geldiğini açıklayan Cemil Gezmiş, bir başka yerde ise şunları söylemiştir:

"Her kuşun eti yenmez. Deniz de tertip hazırlayanların midesine oturacaktır."

13 Ocak günü gazeteler, polise dayanarak verdiği haberlerde, banka soygununu, "Eski öğrenci liderlerinden Deniz Gezmiş ve Yusuf Aslan'ın yaptığını ve polise 'vur emri' verildiğini" yazar.

Deniz'lerin yaptıkları banka soygunu siyasi gelişmeleri hızlandırır. İlk banka soygunundan sonra THKP-C kurucuları olan Yusuf Küpeli ile Münir Aktolga, Hüseyin İnan, Yusuf Aslan ve Deniz Gezmiş'le görüşerek 'mücadeleyi erken başlattıkları'nı, 'bir siyasal parti olarak örgütlenmeksizin silahlı propagandaya girişilemeyeceğini' öne sürerek aynı mücadele yöntemlerini savunduklarına göre birlikte örgütlenme önerisi yaparlar. Fakat öneri reddedilir.

16 Ocak 1971 Cumartesi: ODTÜ Rektörü Prof. Erdal İnönü ile eşinin, Bahçelievler Mebusevleri Ayten Sokak 22 numaradaki evlerinde olduğu ve tam yatacakları sıra saat 00.20'de telefon çalar. Telefondaki kişi ile Rektör İnönü arasında şu konuşma geçer:

- Alo, Ben Deniz'im.

- Hangi Deniz?

- Deniz Gezmiş'im.

- Peki ne istiyorsun?

- Beni çok fena sıkıştırdılar. Üniversiteye gidip orada saklanmak istiyorum. Beni saklayın.

- Olmaz öyle şey.

- Peki ne yapayım?

- Git polise teslim ol.

- Polise teslim olmam.

- Öyleyse ben şimdi polise haber vereceğim. Üniversiteye de tenbih edeceğim.

Bu telefon konuşmasından sonra büyük bir patlama olur. Patlama sonunda evde hasar meydana gelir.

Prof. İnönü, bu konuda, özetle şunları söyler:

"Telefondaki meçhul sesten sonra derhal Ankara Valisine telefon ederek, durumu bildirdim, gereken tedbirlerin alınmasını istedim. Rektör Vekili arkadaşıma da telefon ederek aynı şekilde durumu bildirdim. Bundan çok kısa bir süre sonra evin içinde olmuşçasına bir patlama duyduk."

Ankara İş Bankası Şubesinin beş kişi tarafından soyulması olayına polis tarafından adı karıştırılan Yusuf Küpeli, özetle şunları demiştir: "İktidar devrimci gençliğin sürdürdüğü anti-emperyalist mücadeleye bir takım tertip ve oyunlarla karşı çıkmaya çalışmaktadır. Devrimci öğrenci liderlerinin bir banka soygununa karıştırılması maksatlıdır. Arandıkları ileri sürülen öğrenciler için 'vur' emri verilmesi, niyet ve maksadı açıkça ortaya koymaktadır. Bu yoldan önümüzdeki günlerde bir takım devrimci genç ve öğrencilerin faili bulunmayan cinayetlere kurban gitmesi sürpriz olmayacaktır. Benim yerim ve adresim belli. Fakat bugüne kadar gelip benimle görüşebilmek için herhangi bir harekette bulunmayan polisin, adımı bir banka soygununa karıştırması tertiplerin ne kadar bayağı ve adi olduğunu ispatlamaktadır."

17 Ocak 1971 Pazar: Ankara İş Bankası Emek Şubesi soygununu yaptıkları gerekçesiyle Deniz Gezmiş, Yusuf Küpeli ve Yusuf Aslan Siyasi Polis ve Cinayet Masası Dedektifleri tarafından İstanbul Sağmalcılar semtinde aranır.

18 Ocak 1971 Pazartesi: Polis, Ankara'da uzun boylu, esmer, bıyıklı ve parka giyen gençleri Deniz Gezmiş zannederek yakalamaya başlar. Deniz ve arkadaşları, ayrıca, Konya'nın Kulu ilçesinde aranır.

Deniz'in arkadaşları, Maçka Maden Fakültesi Mustafa Kemal Anfisinde bir forum düzenler. Foruma katılan öğrenciler, yaptıkları konuşmalarda şu açıklamayı yapar:

"18 gencin katilleri serbestçe dolaşırken, iktidar, Deniz Gezmiş ve arkadaşlarına koplo kurmuştur. Deniz Gezmiş, polis tarafından hazırlanan bir oyuna getirilmek isteniyor. Deniz'e yapılan bütün saldırılara karşı tüm devrimciler omuz omuza mücadele kararı alıyoruz."

Foruma katılanlar, daha sonra, yürüyüşe geçerek Gümüşsuyu'ndaki Philips binasını, Opera Otelini ve Türk-İş 1. Bölge Temsilciliğini taşa tutar ve camlarını kırar. Öğrenciler, ayrıca, Philips binasına dinamit atar.

Milli Birlik Komitesi üyesi Fazıl Akkoyunlu, 19 Ocak 1971 Salı günü Deniz Gezmiş ve arkadaşlarına "Teslim ol" çağrısı yapar. Akkoyunlu, "Son banka olayı suçlaması doğru bile olsa, adi bir gasp saymıyorum. Çünkü milyonların bir bir gasp edildiği bir düzende mücadeleyi devam ettirebilmek için paraya da ihtiyaç vardır, fakat banka soygunu kanunen suçtur" açıklamasını yaptıktan sonra ev ve telefon numarasını vererek, "Başvurduğunuz takdirde hayatınız tehlikeden kurtulacaktır" der.

TMGT Genel Başkanı Bozkurt Nuhoğlu, 19 Ocak Salı günü, "Deniz Gezmiş'in üç gün önce Ankara'da yakalandığını" açıklar.

24 Ocak 1971 Pazar günü, gazeteler, "Polise göre, Deniz Gezmiş 'iç harp' planlıyor" başlığı altında bir haber verir.

Ya Vatan, Ya Ölüm

Deniz, 29 Ocak 1971 Cuma günü Cumhuriyet gazetesinde yayınlanan açık mektubunda, görüşlerini şöyle dile getirir:

"Baba, Sana her zaman müteşekkirim. Çünkü Kemalist düşünceyle yetiştirdin beni.

Küçüklüğümden beri evde devamlı Kurtuluş Savaşı anılarıyla büyüdüm. Ve o zamandan beri yabancılardan nefret ettim

Baba, biz Türkiye'nin 2. Kurtuluş savaşçılarıyız. Elbette ki hapislere atılacağız, kurşunlanacağız da. Tıpkı 1. Kurtuluş Savaşı'nda olduğu gibi. Ama bu toprakları yabancılara bırakmayacağız. Ve bir gün mutlaka yeneceğiz onları.

Düşün baba, bugün hükümet, işini gücünü bırakmış bizimle uğraşıyor. Çünkü bizden başka gerçek muhalefet kalmamış durumda. Ve hepsi Kemalist çizgiden sapmışlar. Ve tarih önünde hüküm giymiş durumdadırlar. Biz çoktan onları tarihin çöplüğüne atmış durumdayız.

Baba, mektubuma son verirken seni, annemi, Bora'yı, Hamdi'yi devrimciliğimin olanca ateşiyle kucaklarım.

Ya Vatan Ya Ölüm. Deniz Gezmiş."

Deniz'in mektubunda dile getirdiği bu düşüncelere karşı CHP Genel Başkanı İsmet İnönü, şu açıklamayı yapar:

"Herkesin dilinde 'Bağımsız Türkiye' ve 'İkinci Kurtuluş Savaşı' var. Kurtuluş Savaşı'nı öyle her babayiğidin sabah kalktığında icad edebileceği bir meydan muharebesi zannederler. Kurtuluş Savaşı bir defa olmuştur. Millet, yedi düvele karşı, onlarla birlikte olan padişaha karşı, o padişahın emriyle idam fetvası veren Şeyhülislam'a karşı memleketi kurtarmaya muvaffak olmuştur. Atatürk öncülüğünü yapmıştır. Şimdi 25 yaşında delikanlı, nereden, nasıl bir kuvvetle ve hangi anlayışla tahriklere alet olarak kurtuluş savaşı yaptığını ilan edebiliyor? Türk milleti bağrından Mustafa Kemaller çıkaracaktır. Daima bağımsız kalacaktır. Büyük kabiliyetler, istidatlar çıkaracaktır. Ama her gün böylesi çıkacak? Tabiat bu kadar zengin değildir."

ODTÜ Ne Zaman Açılacak?

İş Bankası Emek Şubesi'nin 11 Ocak 1971 günü soygunundan sonra da Deniz'ler bir süre ODTÜ'de saklanır.

20 Ocak 1971 Çarşamba gününden itibaren ODTÜ bir süre kapatılır. Deniz ve arkadaşları da, bundan sonra değişik yerlerde barınır.

20 Ocak 1971 Çarşamba: Deniz Gezmiş ve arkadaşlarını yakalamak amacıyla üç avcı botunun Karadeniz sahiline açıldığı öne sürülür.

21 Ocak 1971 Perşembe: Deniz Gezmiş ve arkadaşları İzmir ve Düzce'de aranır. Devrimci Avukatlar Derneği Başkanı Niyazi Ağırnaslı, yaptığı yazılı açıklamada, "Arananların soygun olayı ile ilgisi olmadığını" söyler.

22 Ocak 1971 Cuma: Deniz Gezmiş, Trabzon'da aranır.

23 Ocak 1971 Cumartesi: Deniz Gezmiş, İstanbul Fatih'te ve İskenderun'da aranır.

24 Ocak 1971 Pazar: Polis, yaptığı açıklamada, Deniz Gezmiş ve arkadaşlarının, ellerindeki telsizlerle polisin bütün harekâtını izlediklerini belirtir.

25 Ocak 1971 Pazartesi: Deniz Gezmiş, Samsun'da aranır. Samsun Merkez Karakolunda görevli Şeref Ağaca isimli polis memuru, "Namussuzların namuslulardan çok olduğu bir ülkede yaşamak imkânsızdır" diyerek, 38 kalibrelik beylik tabancasıyla kalbine tek kurşun sıkarak intihar eder.

27 Ocak 1971 Çarşamba: Deniz Gezmiş ve arkadaşları İstanbul ve Kahramanmaraş'da aranır.

Gazeteci Mete Akyol, İstanbul'dan Ankara'ya Emniyet Genel Müdür Yardımcısı Halit Elver'le birlikte otomobille giderken, 3 Şubat 1971 Çarşamba günü, saat 20.00'de Eskişehir Orduevi'nin karşısındaki kafeteryada mola verdikleri sırada tesadüfen Deniz'le nasıl karşılaştığını özetle şöyle anlatmıştır:

"Polisin, Ankara'yı kazan, kendini kepçe yaptığı ve 'arayıp da bulamadığı banka soyguncusu' Deniz Gezmiş, şu anda Eskişehir'de benim karşımda, hem çifte tabancalı, hem mesleğine aşık üst düzey bir polis yöneticinin ise beş adım önündeydi.

Halit Elver, otomobili park etmeye çalışırken, ben, Deniz'e, 'Bir bahane uydur, hemen ayrıl yanımdan. Çifte tabancalı polisle birlikteyim' dedim. Deniz Gezmiş, bir sağa, bir sola çevirdi başını, kimseyi göremedi; 'Halit Elver mi yani? Hani, nerede?' Gözlerimi, kolunun yanından, arkasına doğru kaydırmamaya özen gösterdim,. sesimi de biraz hafiflettim: 'Sakın başını arkana çevirme. Yanımıza geliyor ama merak etme, nasıl olsa seni şahsen tanımıyor. Gelince de bir bahane uydurursun, yanımızdan ayrılırsın. Ben idare ederim gerisini.' Deniz Gezmiş, birkaç saniyelik fırsatı değerlendirdi: 'ODTÜ ne zaman açılacak, abi? Bir bilgin var mı?' Ben de saniyelerle yarışarak yanıt verdim: 'İstanbul'dan geliyorum. Üç dört gündür Ankara'da olup bitenlerden haberim yok.' Biraz öteye park ettiği otomobilinden çıkıp, şimdi Deniz Gezmiş'in arkasından bize doğru gelen Halit Elver'in birkaç adım ötesinde ise, sokak lambasının oluşturduğu gölgelik yerde, iki kişinin siluetini gördüm. 'Yalnız değilsin galiba?' dedim. 'Hayır, değilim' dedi.

Bu arada, Halit Elver'le beş adımlık uzaklık dört adım oldu, üç, iki, bir adım oldu ve... Halit Elver de yanımıza geldi, bize katıldı. 'Ne o Mete, buradada mı bir tanıdık buldun?' dedi. Ben, 'Ankara'dan tanıyormuş beni... Buraya, teyzesinin yanına gelmiş de... Tesadüf...' derken, Halit Elver elini uzattı, Deniz Gezmiş'e döndü: 'Merhaba kardeşim. Ben Halit Elver.' Deniz Gezmiş kendini elbette tanıtmadı: 'Memnun oldum, efendim' dedi sustu. Tam bu sırada kafeteryanın kapısı açıldı, bir garson içeri buyur etti bizi: 'Donacaksınız tipide beyler. Buyurun, içeri buyurun... Nefis mercimek çorbamız var...' Halit Elver'in aklı fikri Eskişehir'in meşhur salebindeydi. 'Burada en iyi salep nerede bulunur?' dedi garsona. Belli ki kafeteryada salep yoktu: 'Bu saatte salebi ne yapacaksınız beyim?. Nefis mercimek çorbamız var... Şahane tas kebabımız var.' Halit Elver, nedense salebi takmıştı diline: 'Canım, önce çorbamızı içeceğiz, yemeğimizi yiyeceğiz elbette. Ben, yemekten sonra nerede bulabiliriz en iyi salep yapan yeri diye soruyorum.' Sonra garsonu bıraktı, Deniz Gezmiş'e döndü: 'Madem buralısınız, siz de bilirsiniz. Eskişehir'de en iyi salep nerededir?'

Deniz Gezmiş, kalın kumaştan yapılmış bir palto giymiş, özenle traş olmuştu. Elini uzattı, kentin iç bölümlerine doğru koyulaşan karanlıkları işaret etti: 'Şu ilerdeki ışıktan sağa dönünce, biraz ilerde bir pastane vardır. Oranın salebi iyidir.' Deniz Gezmiş'in bu yanıtına kafeteryanın garsonu çok şaşırdı: 'Senin o dediğin yerde pastane mastane yok, efendi. İstasyondan başka bir yerde salep bulunmaz burada.' Garsonun bu sözleri Deniz Gezmiş'in canını sıktı. Lafa ben karıştım hemen: 'Yahu donduk burada, kapının ağzında. İçeri girelim de önce sıcak bir çorba içmeye bakalım.' Garson bir adım geri çekildi, kapıdan girişi kolaylaştırdı. Ben elimle Halit Elver'e yol gösterdim: 'Sen önden buyur, abi.' Deniz Gezmiş'e döndüm, yanak yanağa öpüştüm: 'Haydi eyvallah, kardeş' dedim ona, 'Ankara'da ara beni... Büroya gel, görüşelim.' Halit Elver de vedalaştı Deniz Gezmiş'le: 'Allahaısmarladık kardeşim. Tanıştığımıza memnun oldum.'"

3 Şubat 1971 Çarşamba: Antalya'ya gitmekte olan bir otübüs Burdur'da jandarmalar tarafından durdurulur ve arama yapılır. Bir genç Deniz Gezmiş diye karakola götürülür. Yapılan araştırma sonunda öğrencinin Deniz Gezmiş değil, İstanbul Otelcilik Okulu öğrencisi Aslan Yazıcı olduğu anlaşılmış ve serbest bırakılmıştır.

Deniz Gezmiş Efsaneleşip Gidiyor

7 Şubat 1971 Pazar: Emniyet yetkililerinin açıkladığına göre Deniz Gezmiş ve arkadaşlarının yakalanması amacıyla bugüne kadar Ankara'da 120 eve baskın yapılmıştır.

9 Şubat 1971 Salı: Deniz Gezmiş Antalya'nın Manavgat ilçesi Ahmetler Köyünde aranır.

10 Şubat 1971 Çarşamba günü: Deniz Gezmiş ve arkadaşlarının Fatsa'da olduğu ve ilçenin Güney'indeki dağlık arazide saklandığı iddia edilir.

13 Şubat 1971 Cumartesi günü: Deniz Gezmiş ve arkadaşlarına benzetilen üç kişi Hatay-Reyhanlı'da Abdo Yasak adlı taksi şoförünün arabasına binmiş, Cilvegözü sınır kapısına götürmesini söylemiştir. Cilcegözü sınır kapısını ve Suriye sınırını inceleyen gençler, daha sonra Reyhanlı'ya dönmüş ve Halk Bankası önünde inerek kayıplara karışmıştır. Şoför Abdo Yasak, Deniz Gezmiş ile Yusuf Aslan'ı kesin teşhis ettiğini söylemiştir.

Deniz ve arkadaşları, 15 Şubat 1971 Pazartesi günü, Ankara-Balgat semtinde bulunan Amerikan üssüne girerek görevli bir Amerikalı çavuşu kaçırır. Aradan yaklaşık onyedi saat geçtikten sonra da Amerikalı çavuş serbest bırakılır.

19 Şubat 1971Cuma günü: Deniz Gezmiş ve arkadaşları, Kayseri'nin Pınarbaşı ilçesinde aranmıştır.

24 Şubat 1971 Çarşamba: Ankara Petrol Ofis Genel Müdürlüğü Satınalma Komisyonunda görevli Rafet Akın, akşam, saat 18.35 sıralarında Emniyet Nöbetçi Müdürlüğüne telefon ederek, Deniz Gezmiş ve arkadaşlarının oturduğu evin bodrum katında saklanmakta olduklarını bildirir.

25 Şubat 1971 Perşembe: Bir ihbar nedeniyle Deniz Gezmiş'in yakalanması amacıyla Ankara Bahçelievler'de baskın yapılan yer randevuevi çıkar.

26 Şubat 1971 Cuma: Suriye polisi, Kamışlı ilçesinde Deniz Gezmiş diye birisini yakalayarak Nusaybin polisine teslim eder.

3 Mart 1971 Çarşamba: Deniz Gezmiş ve iki arkadaşının Ayvalık ve Batman'da görüldüğü ileri sürülür.

4 Mart 1971 Perşembe günü, Ankara-Gölbaşı semtinde bulunan Amerikan üssünde görevli dört Amerikalı asker kaçırılır.

Emniyet Genel Müdürlüğü Önemli İşler Müdürlüğüne göre, Amerikalıları kaçıran gizli örgüt elemanlarının bazıları şunlardır: Deniz Gezmiş, Yusuf Aslan, Sinan Cemgil, İrfan Uçar, Kor Koçalak, Mehmet Ali Özdemir, Mahir Çayan, Mete Ertekin, Mahir Sayın, Mustafa Kaçaroğlu, İlhami Aras. Tutuklu bulunan Mahir Çayan, Mustafa Kaçaroğlu ve İlhami Aras'ın olayı cezaevinden idare etikleri söylenir.

5 Mart 1971 Cuma: Hasan Dinçer, Amerikalıların kaçırılmasıyla ilgili olarak, özetle şu açıklamayı yapar:

"Mete Ertekin'in ifadesine göre Amerikalıları kaçıran 5 kişi Deniz Gezmiş, Yusuf Arslan, Hüseyin İnan, Sinan Cemgil ve kendisidir. Ertekin'e göre, ODTÜ'ne karargâh kurmuşlardır."

6 Mart 1971 Cumartesi: Hüseyin Turgut adında bir emekli Hava Tümgenerali, "Dört Amerikalı Personeli Kaçıranlara Açık mektup" başlığıyla Ankara'da şu çağrıyı yapar:

"Kendinize, Türkiye Halk Kurtuluş Ordusu adını veriyorsunuz.

Büyük bir isimdir bu. Oysa, yaptığınız iş bu ada uymuyor. Bir ordu, eline geçirdiği esirlere karşılık para istemez. Esir ticareti yapmaz. Kendisini Türk diye açıklayan bir ordu, hiçbir zaman esir öldürmez, bu çok utanç verici sayılır. Bütün tarihimiz boyunca, savaş meydanında düşman kurşunlanır, süngülenir. Oysa, esir olduktan sonra ona hiç dokunulmaz. Kahraman atalarımız esir satmamışlar, esir öldürmemişlerdir. Sizler de böyle bir şey yapmayınız. Silahsız ve savaşsız elinize geçen dört insanı öldürür iseniz, bir Türk askeri olarak, bundan çok büyük bir utanç duyarım. Elinizdeki dört tutukluyu tanrıya emanetle serbest bırakınız. Bu, sizin için şan ve şeref olur."

Türk Hukuk Kurumu Başkanı Prof. Muammer Aksoy, 6 Mart Cumartesi günü İstanbul'da bir çağrıda bulunarak, "Amerikalıların öldürülmemesini ve serbest bırakılmasını" ister.

CHP Genel Başkanı İsmet İnönü ise, bir açıklama yaparak, "Saldırganlar ellerini kana bulamasınlar, her kusur tamir olunur ama kan kusuru tamir olunamaz" der.

7 Mart 1971 Pazar günü, Amerikan Associated Press Ajansı'nın Ankara muhabiri, "Kaçırılan Amerikalıların öldürülmeyeceklerini ve serbest bırakılacaklarını" öne sürer.

8 Mart Pazartesi günü, kaçırılan dört Amerikalı askeri saat 23.15 sırasında Deniz Gezmiş ve arkadaşları sağ olarak serbest bırakır.

Bunu duyan Hüseyin İnan, Sarp Kuray ile 4 ABD'li askeri yeniden rehin almak için Amaç Apartmanı önüne gider ama geç kalmışlardır. Çünkü, 4 ABD'li asker çoktan evden ayrılmıştır.

Prof. Muammer Aksoy, "Pazartesi akşamı Deniz Gezmiş ve arkadaşları ABD elçisi nezdinde benden arabulucu olmamı istemişti" açıklamasını yapar.

Prof. Aksoy'la Siyasal Bilgiler Fakültesi'ndeki odasında görüşen ve bu öneriyi yapan Hüseyin İnan'dır.

8 Mart günü başka yerlerde de hareketlilik vardır.

"Radikallerin sürekli aşağıdan yukarı doğru baskısıyla sonunda 8 Mart'ı 9 Mart'a bağlayan geceyarısı silahlı kuvvetlerin büyük bir bölümüne harekete geçmek üzere alarm verildi. Darbe için hazırlanmış planlar uyarınca birlikler seferber edildi. Sıra kuvvet komutanlarının hareket emrini vermesindeydi. Ancak bu emir hiçbir zaman gelmedi."

9 Mart 1971 Salı günü, Amerikalıların rehin tutulduğu Amaç Apartmanında arama yapan polisler, çeşitli giyim eşyaları arasında, deniz subayı şapkası ile bir üsteğmen elbisesi de bulmuşlardır. Şapkanın Eski Ankara Valisi Enver Kuray'ın oğlu Sarp Kuray'a ait olduğu ileri sürülür.

Eski Ankara Valisi Enver Kuray ve eşi Bedia Kuray, 10 Mart Çarşamba günü yaptıkları açıklamada, bundan 15 ay kadar önce genç bir deniz teğmeni iken Donanma'dan emekliye sevkedilen oğulları Sarp Kuray'ın adının Deniz Gezmişlerin üst üste yarattığı olaya karıştırılması üzerine, "Böyle birşey katiyen olamaz. Sarp her gün evinde, bu türlü haberler polisin tertibidir" demişlerdir.

9 Mart gecesi Hava Kuvvetleri Komutanlığı'nda yapılan toplantıda Orgeneral Faruk Gürler, "Eyleme geçilmesin, alınacak herhangi bir karar varsa yarın yapılacak Genişletilmiş Komite Konseyi'ne bırakılsın" önerisinde bulunur.

Faruk Gürler, 10 Mart günü yapılan toplantıda, "Celil Gürkan'dan 14 Mart'a kadar süre ister."

Gazeteci-yazar Cüneyt Arcayürek, bu konuda şu bilgileri vermiştir:

"7 Mart 1971... 'Eğer, Deniz Gezmiş ve arkadaşları bulunup yakalanabilirlerse, olaylar yatışabilir' dedim.

Onayladı.

Sonra acı acı güldü. 'Geçen gün, arkadaşlara, 'Şu Deniz Gezmiş'i bulsam, Ankara'ya Emniyet Müdürü yapacağım' dedim de, arkadaşlar bu sözümün altındaki anlamı kavrayamadılar. Oysa, her işte uzmanlaşma gerekli' dedi."

11 Mart 1971 tarihini taşıyan bölümde ise şu bilgiler yer almaktadır:

"Polis, Deniz Gezmiş'i ev ev arıyor. Yok!

Sonradan öğrenecektim ki, İçişleri Bakanı Menteşoğlu, Gezmiş'in saklandığı sokaktaki evin önünden üç kez geçip gitmiş. Herhalde Gezmiş de pencereden Bakanı izliyordu.

Deniz efsaneleşip gidiyor. Ordu, meclis, partiler, sokak... Karmakarışık!"[18]

12 Mart 1971 Cuma: Deniz Gezmiş ve arkadaşlarını arayan po-

lis ekipleri, Keçiören'deki evlerinde bir astsubay elbisesi ile çalınmış bir otomobil ruhsatnamesi bulunan Yıldırım Uzunefe, Zülfi Metin, Cemal Salman Pakoğlu ve Cengiz Özateş adlı gençleri gözaltına alır. Polis ekipleri, Gezmiş ve arkadaşlarını bulmak amacıyla, ayrıca, eski TDGF Genel Başkanı Atilla Sarp'ın Bülbülderesi'ndeki evinde de arama yapar.

12 Mart 1971 Cuma günü, kuvvet komutanlarının verdiği muhtıra üzerine Başbakan Süleyman Demirel ve hükümet üyeleri istifa eder.

Bundan sonra olaylar zamandan daha hızlı akmaya başlar.

Amaç Hasıl Oldu Demirel Hükümeti Düştü

15 Mart 1971 Pazartesi günü, THKO adına yayınlanan bir bildiride, "Amaç hasıl oldu. Demirel hükümeti düştü. Güvenlik önlemlerinin kaldırılması halinde, bundan sonra mücadeleyi bırakıp teslim olacağız. Adalet önünde hesap vereceğiz. Bize imkân tanınsın" açıklamaları yer alır.[19]

CHP Genel Başkanı İsmet İnönü, CHP ortak grubunda yaptığı önemli konuşmada, "Aşırı uçlar parlamento hayatına ordu müdahalesiyle nihayet verilmesini teşvik ve tahrik etmişlerdir. Şimdi âdeta sevinçten uçmaktadırlar" der.

Hazırlanan bir kararname ile silahlı kuvvetlerin üst düzeyinde görev yapan bir grup subay emekliye sevkedilir.

Deniz, Doğan Avcıoğlu'na yakın Doktor. Nejat Candan'ın otomobiliyle Ankara dışına çıkarılır.

Gün akşama doğru devrilirken iki motosiklete binmiş 4 kişi, Ankara'nın birkaç kilometre dışında buluşarak Sivas'a doğru yola çıkar. Motosikletin birisinde Deniz ile Yusuf, diğerinde Tayfur Cinemre ile Sinan Cemgil vardır.

Deniz ile Yusuf'un kullandığı motosiklet arızalanır. Arızalı motosikletle, Sarıkaya ilçesine ulaşılır.

Kendilerine Ankara'dan çıkarken yardımcı olur düşüncesiyle adresi verilen, Sarıkaya ilçesi Askerlik Şubesinde görevli üsteğmen Alpaslan Batu'nun evine uğrayan Deniz, Sinan, Yusuf ve Tayfur burada, bir süre dinlenir. Sinan ile Tayfur, arızalı motosikletin yapılması için Sarıkaya ilçesinde beklerken, Deniz ile Yusuf, çalışır vaziyetteki motosikletle Sivas'a doğru hareket eder.

Deniz, 29 Aralık 1970 Salı günü ABD Büyükelçiliği önünde görev yapan iki polisin yaralanması olayından 78 gün ve İş Bankası soygunundan 66 gün sonra, 16 Mart 1971 Salı günü polislerle girdiği silahlı çatışma sonucu yakalanır.

"Yusuf Aslan, Sivas Emniyet Müdürlüğü'nde vermiş olduğu ilk ifadesinde yakalanmalarını özetle şöyle anlatmıştır:

'Ankara'daki emniyet tedbirlerinin sıklaştırılması karşısında, orada daha fazla barınamayacağımızı anladık ve Ankara'dan kaçmak için çareler düşünmeye başladık. Bu arada 06 EY 943 plakalı bir motosiklet çaldık. 15 Mart gecesi saat 18.00'de Ankara'dan ayrıldık, ana caddeden Yozgat yoluyla çıktık Ankara'dan... Motoru ben kullanıyordum. Sivas istikametinden gelirken, 6 kilometre mesafede trafik kontrol ekiplerini gördük ve Sivas'a geliyor gibi yapmayıp, tam orada Şarkışla'ya ayrılan yola saptık. Şarkışla'ya 20 kilometre kala benzin bitti. Yolumuza motoru iterek yaya devam ettik. Yol arızalı ve hava da fırtınalı olduğu için, ilerlememiz bir hayli güç oldu. Şarkışla'da 38 AL 684 plakalı bir pikabı, bizi Bünyan'a götürmek üzere 225 liraya kiraladık. Dursun Arı adlı bir şoförle pazarlık ettik. Motorumuzu pikabın arkasına yüklerken bir bekçi geldi ve bizi karakola davet etti. Biz de gittik. Binanın kapısından girerken kendimizi kurtarmak için havaya ateş ederek bahçeye kaçtık. Bizim ateşimize polis ve jandarmadan karşılık geldi. Ben kasığımdan yaralandım. Kimin vurduğunu bilmiyorum."

Polis Adil Çelen, olayı şöyle anlatmıştır:

"Uzman çavuşun uyarması sonucu, bekçi Salih Yıldız, şehirde iki yabancının bulunduğunu haber verdi. Kaymakamlığın üst katındaki odanın penceresinden baktım ve onları gördüm. Bir yeşil pikaba, beyaz bir motosiklet yüklüyorlardı. Arkadaşım Şaban Çulha ile birlikte yanlarına gittim. Onlara ilk sözüm; 'Arkadaşlar, bu motosikletin arka tekerleğini çıkarmazsanız, içeri sokamazsınız' oldu. Sonradan Deniz Gezmiş olduğunu öğrendiğim, başında miğfer ve mika gözlük olan uzun boylusu, çok yumuşak, centilmen bir ifadeyle, 'Haklısın abicim' dedi. Bundan sonraki konuşmalarımız çok efendice geçti. Ne yalan söyliyeyim şüphelerim silinmiş, gevşemiştim. Beraberce motorsikleti pikaba yükledik. Yüzünde gözlük olmayan kısa boylusu pikabın arkasına, uzun boylusu da önüne oturuyordu ki, uyandım. Kendilerini hüviyet tesbiti için karakola davet ettim. Hemen, 'Peki' dediler ve önümüze düştüler. 20 adım gitmiş ve Kaymakamlığın merdivenlerine yaklaşmıştık ki, uzun boylusu birden döndü. Elinde Sten vardı. 'Kıpırdamayın, ellerinizi kaldırıp, arkaya dönün. Yoksa yakarım' dedi. Öteki de tabancasını çekmişti. Arkamızı döndük. Havaya ateş ederek kaçmaya başladılar. Biz de derhal mukabele ettik."

Kazım Demirezen ise şunları anlatmıştır:

"38 AL 684 numaralı yeşil pikap için Deniz Gezmiş ve Yusuf Aslan benimle pazarlık ettiler. Havanın soğuk ve yağışlı olduğunu, Bünyan'a gitmek istediklerini söylediler. 225 liraya pazarlık ettik. Tam motoru yüklüyorduk ki, olaylar başladı."

Bekçi Salih Yıldız olayı şöyle anlatmıştır:

"Gece saat 09-09.30 sıralarında iki şahsın bir motosikleti bir kamyonete yüklemeye çalıştıklarını gördüm. Yanlarına gidip kim olduklarını sordum. Şaşırdılar ve kekelemeye başladılar. Bunun üzerine ikisinin de durumundan şüphelendim ve kendilerini karakola davet ettim. Hiç itiraz etmeden benimle birlikte karakolun bulunduğu Kaymakamlık binasına kadar geldiler. Tam dış kapının merdivenlerini çıkıyorduk ki sonradan Deniz Gezmiş olduğunu öğrendiğim şahıs tüylü başlıklı bir Amerikan parkasının altından bir sten tabanca çıkararak önce havaya ateş etmeye, sonra da etrafı taramaya başladı. Bu sırada silah seslerini duyan halk evlerinden ve kahvelerden koşarak Kaymakamlık bahçesinin etrafında toplandı. Bu iki kişi delirmişler gibi ateş ederek kaçıyorlardı. Bahçenin etrafı tel çevrilidir. Deniz Gezmiş bu tele yaklaşınca havada takla atarak telin üzerinden atladı ve halkın arasından ara sokaklara doğru kaçmaya başladı. Takla atarken de etrafa gelişi güzel ateş ediyordu. Bu sırada arkadaşı Yusuf Aslan kasıklarından vuruldu. Yusuf Aslan bu haliyle biraz daha kaçtı ve bahçenin yanındaki astsubay gazinosunun önünde yığıldı.'

Silah sesleri üzerine astsubay gazinosundan çıkan havacı astsubaylar yerde kanlar içinde yatan kişinin başlıklı, kürklü Amerikan tipi bir askeri parka giydiğini görünce onu önce arkadaşlarından biri zannetmişler ve 'arkadaşımızı vurdun' diyerek, bekçinin üstüne yürümüşlerdir.

Durum çok kısa bir süre sonra anlaşılmış, kim olduğunu soran bir astsubaya, 'Ben Yusuf... Yusuf Aslan' demiştir.

Yusuf Aslan, astsubayların yardımıyla sağlık Ocağına kaldırılırken, 'Ben kimseyi öldürmek istemedim, hep havaya ateş ettim. Öldürmek isteseydim, çoğunuzu öldürebilirdim' demiştir."

Ben Ömrümde Bir Kadına Ateş Etmedim

Bu arada Deniz Gezmiş, halkın şaşkınlığından ve ortadaki karışıklıktan yararlanarak Şarkışla Kaymakamlık binasının arkasındaki sokağa sapar ve orada Ankara plakalı bir taksinin durduğunu görür. Otomobilin park edildiği evin kapısına yanaşan Deniz, kapıyı önce sert bir şekilde çalar, açılmayınca zorlayarak açmaya çalışır. Gürültü üzerine uyanan ev sahibesi Şengül Fırıncı, kapıyı açmadan kim olduğunu sorar.

Deniz Gezmiş, "Ben üsteğmenim... Çabuk kapıyı açın" diye yanıt verir. Şengül Fırıncı kapıdaki kişinin bu şekilde konuşması ve kapıyı zorlaması karşısında korkar ve o gün bir tatbikattan döndüğü için erken uyumuş olan eşi kıdemli hava başçavuşu İbrahim Fırıncı'yı uyandırır.

İbrahim Fırıncı olayın bu bölümünü şöyle anlatmıştır:

"Ben uyuyordum. Kapı çalınmış. Kapıyı açmak istemişler. Bizim hanım uyanmış. Koşarak bana geldi. İbrahim, bir subay kapıyı zorla açmaya çalışıyor dedi. Bu arada ben kalktım, aniden kapıyı açınca karşımdaki sten makineliyi göğsüme dayadı. Ben Deniz Gezmiş'im dedi. Çabuk arabanın kontak anahtarını ver, dedi. İçinde benzin var mı, dedi. Ben de, sekiz kilometre götürür, fazla benzin yok dedim. Bu arada içeri girdim ve hanım birdenbire kapıyı kapadı. Hanım kapıyı arkadan kilitlemeye çalışırken Deniz Gezmiş dışardan ateş etti. O zaman hanımın eli yaralandı. Deniz Gezmiş sonra beni aldı, pijamamla arabaya götürdü ve o durumda arabayı Kayseri istikametine doğru sürmemi istedi... Yola çıktıktan sonra da 'Ben ömrümde bir kadına ateş etmedim... Yengeyi isteyerek ve bilerek yaralamadım. Senden çok çok özür dilerim. Yengeye de söyle... Ondan da özür dilerim... Beni Affetsin' dedi."

Deniz Gezmiş, astsubayın kullandığı 06 AH 827 plakalı taksiyle Kayseri'ye doğru yol alırken, olaydan haberdar edilen Sivas Emniyet

Müdürü Nurettin Özal da Kayseri yolu üzerinde bulunan ve Şarkışla'dan 40 kilometre uzaklıktaki Gemerek'e telefon ederek, durumu nakletmiş ve yola barikat kurularak 06 AH 827 plakalı, altı mavi, üstü beyaz 54 model Ford marka otomobilin mutlaka durdurulmasını emretmiştir. Nurettin Özal bu emri verdikten sonra, İl Jandarma Komutanı Albay Şaban Kutlu, Komiser Nizamettin Yerlikaya ve trafik polisi ve şoför Nazım Karadeniz'le Şarkışla'ya vardığında Yusuf Aslan'ın ilk tedavisinin yapıldığı sağlık ocağına gitmiş ve kendisini ona doktor olarak tanıtmıştır.

Yusuf Aslan, Emniyet Müdürünü tepeden tırnağa süzmüş ve "Sen doktora benzemiyorsun, olsan olsan polis olursun sen" demiştir.

Sivas Emniyet Müdürü Özal, Yusuf Aslan'ın yanından ayrılıp, Kayseri istikametine doğru giderken, Deniz Gezmiş'in içinde bulunduğu otomobili engellemek amacıyla Gemerek'te yolun ortasına çekilen bir otomobil ve ormandan alınan iki ağaç direkten kurulu bir barikat yapılır. Barikatın arkasında ise polis ve jandarmadan başka Gemerek'in hemen hemen bütün erkekleri, ellerinde sopa, balta ve tahta parçalarıyla beklemektedir.

Sivas Emniyet Müdürünün telefon emri, polis tarafından Belediye Başkanı'na bildirilince, Gemerek Belediye Başkanı Ragıp Çatak, şehrin çeşitli yerlerinde bulunan belediye hoparlörlerinden durumu halka duyurmuş ve "Gangsterin yakalanması için bütün Gemerek halkını yardıma çağırıyorum" demiştir.

Bu sırada, astsubay İbrahim Fırıncı yönetimindeki otomobilde bulunan Deniz, astsubay Fırıncı'ya otomobilde yakıt olup olmadığını sorduktan sonra Yeniçubuk ile Gemerek arasındaki bir istasyona benzin almak için girer.

İstasyondan yeteri kadar benzin aldıktan sonra otomobil, Gemerek'e yaklaştığında Deniz, durumda olağanüstü bir hal olduğunu anlar ve otoyu kullanan Astsubay Fırıncı'ya otomobili derhal geri döndürmesini söyler.

Bu sırada Molla Osman Baran adında bir bekçi barikatın öte yanında beklediğinden, otonun lastiklerinden birine ateş eder ve lastiği patlatarak arabayı hareket edemez duruma getirir.

Deniz, kaçma imkânı kalmadığını görünce, kurtuluşunu etrafa gelişi güzel ateş etmekte arar ve yanındaki Belçika Browning tipi 14'-lük tabanca ve bir sten tabancayla otomobilin içinden dört bir yana ateşe başlar.

Yolun kenarında bırakılan otomobilin sağ kelebek camı hariç, bütün camları ya tamamen paramparça olur, ya da ikişer, üçer kurşun delikleriyle parçalanır. Otomobilin yan ve üst saç kısımlarında da birçok mermi izi bulunur.

Deniz, otomobilin dört yanından ateş ederken, arabanın çevresini kuşatan polis ve jandarmalar bu ateşe karşılık verir, ancak onların kurşunları Deniz ve Astsubay İbrahim'e isabet etmez.

Bu çarpışmada tek yara alan Sami Metin adında Gemerekli bir polis olur. Kurşun boğazına isabet etmesine rağmen Sami Metin'in yarası hafiftir.

Sten tabancadan çıkan kurşun otomobilin sac kısmından geçerken hızını kaybettiği için, boğazındaki yarası gazlı bezle ve flasterle kapatılmış olan Sami Metin, daktilosu başına geçerek olayın tutanağını hazırlar.

Deniz, otomobilden ateşe devam ederken, Belçika yapısı tabancası sıkıştığı için, arabanın içine atmış ve kucağına stenini alarak astsubaya, "Hadi bakalım... Tarlalara kaçacağız. Sana zararım dokunmayacak. Belki rehin olarak kullanabiliriz seni" diyerek, onunla birlikte otomobilden çıkar ve karanlıklar içinde, tarlalarda kaybolur.

Deniz, gerek Yeniçubuk, gerek Gemerek'te yakalanmamaya çalışırken, alarma geçirilen Kayseri'deki görevli güvenlik kuvvetleri de Sivas istikametinde yol almaya başlar. Hüseyin İnan'ın, memleketi Sarız'a ve Sarız üzerinden bir yol bularak güney sınırına inebileceği ihtimalini dikkate alan Bünyan, Pınarbaşı, Sarıoğlan ve Sarız'da görevli asayiş kuvvetleri de bütün kilit noktaları tutar. Kayseri İl Jandarma Komutanı Albay Fehmi Törün, Kayseri Emniyet Müdür Muavini Şeref Ayparlar ve diğer polis şeflerinin yönetimindeki 50'ye yakın polis ve jandarma, büyük bir sürat içerisinde Gemerek'e gelir.

Emniyet ve jandarma kuvvetleriyle Gemerek halkı ana yolun kenarındaki bu tarlayı sarar ve Deniz'i aramaya başlar. Gözgözü görmeyen bir karanlıkta yapılan bu arama üç saatten fazla sürer.

Deniz, bu konuda özetle şunları anlatmıştır:

"Yeniçubuk'a girdiğimiz sırada bir benzin istasyonuna yanaşıp benzin aldık. İstasyondan tam çıkacağımız sırada yeni bir yaylım ateşi ile karşılaştık. Ben de mukabelede bulundum. Şanssızlığım burada da yakamı bırakmadı. Barikatı yarıp kaçarken arabanın lastiğine bir mermi isabet etti. Büyük bir süratle arabayı terkettik. Astsubayı rehin olarak tutuyordum. Arazide tahminen 5-6 kilometre koştum. Nefes nefese kalmıştım. Çalılıkların üstünden atlarken her tarafım çizilmişti. Allah'tan ayağımda botlar vardı. Önüme bir başka benzinci geldi. Köşesine pusuya yattım. Birkaç dakika sonra bir jandarma jeepi geldi ve benzin istasyonunun önünde durdu. Jandarmaların üçü aşağıya inmişti. Biri ise direksiyon başında kalmıştı. Üzerlerine atılıp 'Davranmayın' diye bağırdım. Afalladılar. Silahlarını yere attırdım. Jandarmaları esir almıştım. Sonra vazgeçip kendilerini serbest bıraktım. Benzincinin arka tarafına geçtim. Karşıdan daha başka jandarmalar da gelince etrafım bir anda sarılıverdi. Kendi elimle kapana düşmüştüm. Karşılıklı ateş açtık. Bütün emelim çemberi yarmaktı. Bu amaçla cebimdeki iki el bombasından birini çıkartıp benzin bayiinin üstüne attım. O kadar şiddetli patlama oldu ki ben bile afalladım. Hattâ jandarmalar kaçıştılar. Bundan istifade ederek çemberi yarmayı başardım. Tepeyi aşıp Gemerek ilçesine vardım. Jandarma Komutanlığı önünde bir jeep gördüm. İçine binip çalıştırdım. Fakat kullanamadım. İşte o an şoförlük bilmediğime lânet ettim. Üstelik astsubay da bir fırsatını bulup yanımdan kaçmayı başarmıştı.

Jeep çukura düşünce inip sokak aralarında koşmaya başladım. Jandarmalar yine peşime takılmışlardı. Üstelik Kaza halkının ayakta oluşu diktatimi çekti. Herkes yakalanmamı istiyordu âdeta. Kaza sakinlerini Belediye Başkanının aleyhime kışkırttığını öğrendim. Sorupsoruşturup evini öğrendim. Bir tekmede açtım evinin kapısını. Elimde makineli tüfek karşısına dikilince korkudan kekelemeye başladı. Bu ders ona yeterdi. Başka birşey lüzumsuzdu. Başkanın evine baskın yaptığım zaman içerde bulunanlar heyecandan tir tir titriyorlardı. Kendilerine hiçbir şekilde kötü bir davranışta bulunmayacağımı söyledim. Başkanın elinde araba olup olmadığını sordum. Yok, dedi. Evde daha fazla kalmadım. Dışarıya çıktım. Bir süre dolaştım. Belediye

Başkanının evinden çıkışta Yeniçubuk tarafına kaçtım. Etrafımdan sayısız devriyeler geçiyordu.

Askerler, polisler gidip geliyordu. Uzaktan silah sesleri geliyordu. Jandarma sayısının çoğaldığını hissettim. Bir polis jeepi hemen yanımda durunca kendimi yere attım. Ve bu sırada iyice çembere girdiğimi, çarpışmaya gerek olmadığını düşündüm. Etrafım çevrilmiş, üzerime ondan fazla sten namlusu dönmüştü. Polis ve jandarma üzerime gelince kalkıp elimdeki silahı onların üstüne doğru fırlattım. Çünkü, Allah'ın belası alet ateş almamış, tutukluk yapmıştı. Böylece teslim oldum."

Deniz'i bulunduğu mevzide Kayseri Emniyet Müdürlüğü komiserlerinden Coşkun Erdem, polis memurlarından Mehmet Çam, Osman Solak, Yaşar Kesici, iki sivil şahıs olan Seyit Bayram, Yüksel Öztoprak, Salih Yüksel ile dört jandarma eri yakalar.

Deniz'i tarlalarda sürünerek arayan ekipten onu ilk gören Seyit Bayram, Deniz'in yakalanışını şöyle anlatmıştır:

"Ben aslen Yeniçubukluyum. Yeniçubuk, Gemerek'e 5-6 kilometre uzaktadır. Polislerle çarpışma olduğunu silah seslerinden anladım. Hemen vardık. Gemerek mevkiinde Gezmiş'i yakalamaya biz de uğraştık. 3-4 saat tarlaların içinde sürünerek bir yandan kendimizi kurşunlardan koruduk, bir yandan da Yüksel Öztoprak ve polis Yaşar Kesici ile orayı burayı aradık. Nasıl oldu bilmiyorum. Deniz Gezmiş birden karşımıza çıktı. Yüksel Öztoprak'la ben yanyana durduk ve polis olduğunu anlamasın diye Yaşar Kesici'yi arkamıza sakladık. Bizi görünce bir şeyden şüphelenmedi. Halimizden köylü olduğumuz belli. Bu işten haberimiz yok sandı. Tam o sırada ben üzerine atladım ve elindeki sten tabancayı yakaladım. O hemen öbür eliyle ceplerini araştırmaya başladı. Otomobilde bıraktığı Belçika yapısı tabancasını arıyormuş. O sırada Yüksel Öztoprak üstüne atılarak kollarını onun kolları etrafına sardı ve sıktı. Deniz Gezmiş, stenin kayışını bir türlü bırakmıyordu. Sten benim elimde, kayışı ondaydı. Yüksel onun elinden kayışı kurtarırken, Yaşar Kesici tabancasını çekti ve 'teslim ol' dedi."

Olayın bundan sonraki bölümünü Yaşar Kesici anlatır:

"Deniz Gezmiş karşısında polisi görünce durdu; 'artık terfi edersin... Seni terfi ettirirler' dedi.

Onu aldım getiriyorum. Astsubay nerede, dedim. Onu daha fazla tutmadım, bıraktım dedi. Sonra da elimdeki tabancaya bakarak, şu tabancayı kılıfına koysana, dedi. Koymam, dedim. İtiraz etmedi. Öyle yürümeye başladık. Çamurlar içinde. Bana dedi ki, 'Müsademede ölen var mı?' Ben de, 'Ölen yok ama hafif yaralılar var' dedim. Bunun üzerine 'Ölen olmadığı iyi... Keşke yaralılar da olmasaydı. Yazık' dedi. Hiç öyle işleri yapmış birine benzemiyordu. Çok kibardı. Efendiden biri gibi konuşuyordu. Ben de böyle bir zamanda onun tepesini attırmayayım diye müsamahalı konuştum. Onun suyuna göre konuştum yani...' 300 metre kadar getirdik, tam amirime teslim edeceğim sırada Kayseri ekibi geldi, elimizden almak istedi. Vermedim tabii... Sonra Kayseri Alay Komutanı Albay geldi. Verdim tabii..."

Deniz'in üzerinde 25 lira, bol miktarda mermi çıkar. Otomobilde ise bir bütün 500 liralık ile Belçika yapısı Browning tipi tabanca bulunur.

Deniz, yakalandıktan sonra, jandarma komutanı ve polis şeflerinin arasında bir trafik otomobiline bindirilerek Kayseri'ye getirilir. Kayseri Emniyet Müdürlüğünde, zaman zaman hep "devrim kavgası"nda söz eden Deniz, "Bu bir devrim kavgasıdır. Elbetteki devam edecektir. Benim yakalanmam önemli değil" der.

Çok Önemli Bir 24 saat Geçirdik

Kayseri Emniyet Müdürlüğünde ilk ifadesi alındıktan sonra, Kayseri'den Ankara'ya çok sıkı polis kordonu altında ve iki bileği iki ayrı polisin koluna kelepçeli olarak, İçişleri Bakanı'nın telsizle verdiği emre uyularak doğruca İçişleri Bakanlığına getirilen Deniz, ilk olarak kendisini merak ve heyecanla bekleyen Bakan Haldun Menteşoğlu'nun makam odasına götürülür. Bakan Menteşoğlu, Deniz odasına girince ilk iş olarak bileklerindeki iki kelepçeyi çözdürür ve "Benim odamda kelepçe takmayınız" der.

Makam odasında Deniz'le bir süre konuşan Menteşoğlu, daha sonra, Deniz'in hemen yanında duran polislerden birini eliyle çeker, kendisi o polisin yerine geçer ve birlikte resim çektirir. Bakanın Deniz Gezmiş'le birlikte resim çektirme işi sona erince, polisler hemen kelepçeyi yeniden takmak ister. Ancak Bakan Menteşoğlu, tekrar müdahale ederek odasında kelepçe taktırmaz.

Menteşoğlu, Deniz ve Yusuf'un yakalanma olayı konusunda özetle şu açıklamayı yapar:

"Deniz Gezmiş ve arkadaşları, ODTÜ Makina Bölümünde okuyan Tayfur Cinemre'ye ait motosikletle Sivas'a hareket etmişlerdir.

Ankara'da bunların büyük bir yataklık ve himaye çevresine sahip oldukları tesbit olunmuştur. Sistemimizin özelliği olan bir taktik de, bazı yerlerde gevşemeler yaparak çıkmalarına imkân vermek ve kurulan tedbirler ağına düşürmek idi. İşte bunlar da Ankara'nın boşalan bir kanalından çıkmışlar, fakat vatanın diğer köşesinde kurulan bir ağa düşmüşlerdir."

İsmet İnönü, CHP ortak grubunda yaptığı ikinci önemli konuşmasında, "Memleket için çok önemli bir 24 saat geçirdik" der.

"Geçmiş Olsun"

Ankara 2. Şube Müdürü Mustafa Erdoğan ile Komiser Ahmet Selçuk Kezer'e teslim edilen Deniz, daha sonra götürüldüğü 'Ankara Emniyet Müdürlüğü'de, sorgusuna başlanmadan, "Polislerle sohbet ettiği sırada, devamlı gülümsemiş, bir ara, 'Sizleri çok yorduk, kusura bakmayın' şeklinde konuşmuş, sol ayağını da tikli hastalar örneği devamlı olarak sallamıştır."

Polisler, Deniz Gezmiş için, "Hiç korkmuyor veya korkmuyormuş gibi görünüyor. Ancak, bizde normal bir insan izlenimi uyandırmadı. Bir tuhaflığı var, her an bir yerden, bir yardım gelecek, kendini kurtaracakmış gibi bir havanın içinde görüldü" demişlerdir.

Deniz, İkinci Şube'de sorgusu sırasında, "Hükümet istifa etmese idi, THKO olarak, Mart ayı içerisinde idareyi ele alacaktık" der.

Deniz'in Ankara Emniyet Sarayı'nda ifadesi alınırken, Başkent'te çeşitli söylentiler ortaya çıkmıştır. Hattâ, Emniyet Müdürlüğü'ne gelen telefonlarda Deniz Gezmiş'in Emniyet Sarayı'nın 8. katından aşağı atlayarak intihar edip-etmediği ve gene Deniz Gezmiş'in Adliye Sarayı'na götürülüşü sırasında öldürülmesinin muhtemel olduğu belirtilmiştir.

Deniz Gezmiş'in Ankara Adliye Sarayı'ndaki sorgusu, saat 16.20'de başlamış ve tam 4 saat sürmüştür. Saat 20.20'de sorgu odasından çıkartılan Deniz Gezmiş, Ankara Emniyet Müdürlüğü İkinci Şube Müdürü Mustafa Erdoğan ile komiser Ahmet Selçuk Kezer tarafından Ankara Merkez Cezaevi'ne götürülmüştür. Saat 20.45'te

Ankara Cezaevi'nin kapısından içeri giren Deniz'in üzeri Cezaevi başgardiyanı Osman Keçeli tarafından aranmıştır.

Savcılıkça verilen karar gereğince, infaz hücreleri bölümündeki tek kişilik bir hücresine götürülürken, geçiş yolu üzerindeki sekizinci koğuş pencerelerinde biriken hükümlü ve tutuklular, Deniz'e, "Geçmiş olsun" demişlerdir.

Hükümet Kuruldu mu?

Deniz ile birlikte iken polislerle girdiği silahlı çatışma sonunda kasığından yaralanan Yusuf Aslan, Sivas Devlet Hastanesine kaldırılarak 17 Mart günü sabaha karşı 04.30'da ameliyat edilir.

Ameliyatı yapan Dr. Hilmi İlksöz, "kurşunun sağ kalçadan girdiğini, mesaneyi delip sol kasıktan çıktığını" söylemiştir. Başlangıçta durumu ağır olan Yusuf Aslan, saat 10.00'da kendisine gelerek konuşmaya başlar.

Yusuf Aslan, ameliyattan sonra kendisi ile konuşmasına izin verilen AA muhabiri Nalan Seçkin'e herşeyden önce Deniz Gezmiş'in ne olduğu sorar. Arkadaşının Ankara'ya götürüldüğü söylendiğinde, "Yaşıyor mu, yaralı mı, sağlam mı?" diyerek soruları sıralar. Sonra, "En büyük amacımız tasarılarımızı gerçekleştirmekti. Yakalandığımız için üzgünüm" demiş, fakat tasarılarının ne olduğunu açıklamamıştır.

Yusuf Aslan, sonra, kendisini ameliyat eden doktorla uzun uzun konuşur, babasının gelip gelmediğini, yeni hükümetin kurulup kurulmadığını, sakat kalıp kalmayacağını sorar.

Yusuf Aslan, Deniz'den sık sık söz ederek; "Eğer ölseydi ben de yaşayamazdım sanırım. Deniz bir idealdi. Onun ölümü de idealde büyük bir kopukluk olacaktı" der.

Hemşireler bir ara Yusuf'un, Deniz'in resmini gözyaşları arasında dudaklarına götürdüğünü görür.

Beş dakika kadar konuşabilen babası Beşir Aslan, oğlunun yanından gözyaşları içinde çıkar. Görüşme sırasında, Yusuf'un devrimci görüşlerinden hiçbir şey kaybetmediğini söyler baba Aslan. "Annesini sordu, baba yaptığımız kötü bir şey değil, beni affetmeni değil, anlamanı istiyorum" diyor. Sonra, "Hiçbir şey anlamıyorum. Oğullarımız bizden bambaşka düşünüyorlar" diye başını sallıyor.

Yakalandıktan sonra üzerinden çıkanlar Emniyet'te tek tek gözden geçirilirken, hastanenin tek konusu Yusuf Aslan, beyaz örtüler altındaki yatağında hiç de üzgün görünmüyor. "Bu bir kadro meselesi, bizim yakalanmamız davanın sürekliliğinde hiçbir şey değildir. Üç kişinin, beş kişinin yakalanması dışardakilerin sayısını azaltmayacak, bilakis tarihi tekâmül içinde sınıflar arası zıtlaşmalar olduğu sürece birler bin, binler onbin olacaktır" diyor Yusuf, ve şöyle devam ediyor: "Mahkûm olacağım diye üzülmüyorum. Zaten dışarıda da hakim sınıfların menfaatlerine mahkûm değil miydik?"

Gençlik Bakanlığı

Deniz'in "radikal" olarak adlandırılan kesimle-kesimlerle ilişki kurduğu konusunda çok yaygın bir söylenti vardır.

Sarp Kuray, bu konuda şunları anlatmıştır:

"Deniz Gezmiş'i ben sakladım. Bunu herkes biliyor. Deniz Gezmiş, benim elbisemle yakalandı. Hepimiz vardık bu işin içinde. Denizler de var, Mahirler de var, biz de vardık. Zaten üç büyük grup vardı.

Deniz Gezmiş'i saklandığı bir evden diğerine, Orman Bakanı Turhan Şahin'in makam arabası taşıyordu. Turhan Şahin Nar Limited Şirketi'nde İrfan Solmazer'le ortaktı. Ve hazırlanıp, düşük doğan 9 Mart olayının içindeydiler. Yukarıdaki kadrolarda mevzilendikleri için de, bir yandan bizi, bir yandan komuta merkezini, bir yandan Amerika'yı çevire çevire oynattılar.

Bu iş çok karışık. Örneğin Hasan Cemal'i ele alalım, Uluç Gürkan diyelim. Bunlar o zaman Devrim gazetesindeydiler. Bu 9 Mart olayının düzenlenmesinde en uç adamlardı. O gün Hasan Cemal'in kaleminden kan damlıyordu gazete sütunlarında.

9 Mart hazırlığına katılan herkesi karalamak niyetinde değilim. Samimi olarak inanan insanlar da vardı işin içinde. Zaten biz de inandığımız için girmiştik. Fakat adını saydığım kişiler sayesinde, CIA'nın bir komplosuna kurban gittiğimiz inancını taşıyorum."[20]

Abdullah Yılmaz ise bu konuda şunları söylemiştir:

"Deniz'lerin belli kesimlerle ilişkileri de oldu, bu cuntacı denilen kesimlerle. Onlar Deniz'in kurtulmasını artık istemiyorlardı. Meselâ

Faruk Gürler'e kadar uzanan bir takımdı bu. Bugünkü Muhsin Batur'ların kümelendiği bir takımdı bu. Ve onu gözden çıkarmışlardı. Onu sadece hükümet değil kendilerinin de bu işlerde varolduğunu ortaya çıkaracak kimse olduğu için bu gruplar da bunların tasfiye edilmesini ve Deniz'lerin idam edilmesini istiyorlardı. Bu da etken oldu."[21]

Mustafa Yalçıner ve Metin Güngörmüş, ortaklaşa kaleme aldıkları yazılı bir metinde özetle şu açıklamayı yapmıştır:

"9 Mart cuntası, önceden hazırladığı Bakanlar Kurulu listesinde, Deniz Gezmiş'e Gençlik Bakanlığı'nı uygun görmüştü."[22]

Benim Cezam İdamdır

Deniz, toplum polisinin davranışlarını, yakalandığı sıra şöyle dile getirmiştir:

"Üzerine çevrilmiş yirmiye yakın namlunun gölgesi altında ve yaya olarak Gemerek yönüne yürüyen Deniz Gezmiş, bir ara kendisini yakalayanlara göz gezdirmiş, bileğine kelepçe geçirilip etkisiz hale getirileceği sırada da Kayseri il Jandarma Komutanı Albay Fehmi Törün'e bağırarak; 'Albayım neredesin? Beni siz teslim alın. Polisin kucağına düşmekten korkuyorum' diye bağırmıştır."

Ankara'da İkinci Şube'de sorguya çekilmeden önce, polislerle sohbeti sırasında ise şunları söylediği yazılmıştır:

"Toplum polisi askerlikten yetişmiş olduğundan, bütün emirleri körükörüne yerine getiriyor ve öğrencilere çok gaddar davranıyorlar. Oysa hakiki polis olarak yetişenler psikolojik yönden daha yumuşak hareket etmesini biliyorlar."

Deniz'in, bir gün eğer öldürülmeden sağ yakalanırsa başına neler geleceğini bildiğini, 16 Mart 1971 Salı günü, Gemerek'te yakalandıktan sonra götürüldüğü Kayseri Emniyet Müdürlüğü'ndeki konuşmasından anlıyoruz:

"Gezmiş, ilk sorgusu yapılmadan önce, kendisini yakalayanlarla polislere, Amerikalıları nasıl kaçırdığını, soygunları nasıl yaptığını bir sohbet havası içinde nakletmiştir. İtirafları ve sohbet sırasında, arada bir duraklayan ve düşünen Deniz Gezmiş, sık sık, 'Benim cezam idamdır...' cümlesini tekrarlamıştır."[23]

İddianame Kelle İstemek İçin Hazırlanmıştır

12 Mart döneminin Başbakanı Nihat Erim, gazeteci Abdi İpekçi'ye hükümetini nasıl yürüttüğünü şöyle açıklamıştır:

"Benim bir tarafımda 12 Mart Muhtırası var. Bir tarafımda parlamento var. Bir tarafımda memleket kamuoyu var. Öbür tarafımda dünya kamuoyu var... Böyle devamlı her an değişen dengelerle götürmek, yürütmek zorundayım ben."[24]

Böyle sürekli değişen dengeler içinde yürüyen bir hükümetin yönetiminde bulunan adli kurumların kararlarında sonucun nasıl etkilendiğini İÜ Hukuk Fakültesi Anayasa Hukuku öğretim üyesi Doç. Bülent Tanör, özetle şöyle açıklamıştır:

"Normal şartlarda Deniz Gezmiş ve arkadaşlarının muhtemelen adi suçtan yargılanmaları gerekirdi. Ve cezaları kesinlikle idam cezası olmayacaktı. Demek istediğim, siyasi dalgalanmaların ve askeri rejimlerin bir sonucudur."[25]

Ertuğrul Kürkçü de bu konuda şunları söylemiştir:

"Eğer 72'de değil de, Deniz'lerle yakalansaydım ben de idam edilirdim. Böyle olunca da suçun karşılığı ceza olarak, idam denilen şeyin aslında bir siyasal çatışmanın unsuru olduğu ortaya çıktı. Dolayısıyla soyut hukuk diye bir şey olmadığını görmüş olduk. Ben şimdi ne diyeyim, şanslı tarafta kaldım..."[26]

Ali Elverdi, bu konuda özetle şu açıklamayı yapmıştır:

"Milli irade, o kurtulmuş, öbürü kurtulamamış... O zaman şanssızlıktır diyebiliriz. Şanssızlık ama, adalette böyle hadiseler çoktur."[27]

Avukat Burhan Apaydın "Deniz Gezmiş Cinayeti" olarak değerlendirdiği konu hakkında şunları söylemiştir:

"Deniz Gezmiş, konu bu açıdan ele alındıkça, adli bir hatanın değil; kasti bir yargılama ve hüküm vermenin kurbanı olmuştur. Adli hata, ismi üstünde, 'hatalı' verilen kararlara denir. Deniz Gezmiş, idam edilmek için yargı önüne çıkarılmış; yargılanması, 'suçsuzluğunun kanıtlanmasına olanak verilmeksizin' sadece idamını sağlayacak bir hüküm verilmesi doğrultusunda cereyan etmiştir. Suni deliller elde edilmesini amaçlayan bir olaylar zinciri yaratılmış ve Deniz Gezmiş bunların içine bir kısım devlet kuvvetleri tarafından itilmiştir. Böylece TBMM'yi devirmek ve Anayasa'yı kaldırmak yerine ideolojik bir dikta rejimi kurma suçlamasını haklı gösterme manzarası yaratılarak 'minareye kılıf hazırlanmıştır.'"[28]

Deniz'in yargılandığı 146. madde konusunda İÜ Hukuk Fakültesi Ceza Hukuku öğretim üyesi Prof. Çetin Özek, özetle şunları söylemiştir:

"146. madde, silahlı darbelere kalkışanları cezalandırmak için düzenlenmiş çerçeve maddedir. Bu açıdan da, silahlı darbe kalkışmasında kaybedenin 146. maddeye göre suçlu, kazananın haklı sayılması sonucu doğar. Darbeyi başarıyla tamamlayan ise kendisinde 146. maddeyi uygulamak haklılığını görür. 146. maddeyi uygulayarak kendi zorba iktidarını meşru gösterme gereksinimi duyar.

146. maddenin amacı, mantığı, suç unsurları açısından Türkiye'de uygulanabileceği olaylar, sadece 27 Mayıs, 21 Mayıs Talat Aydemir, 12 Mart ve 12 Eylül silahlı darbeleridir. Bu darbelerin hepsi, 146. maddenin unsurlarına tümüyle uygun eylemlerdir. Talat Aydemir kaybetmiştir ve 146. maddeye göre ölüm cezası ile cezalandırılmıştır. Diğer darbeciler başarıya ulaşmış ve kendi eylemlerinin hukuka uygunluğunu ilan etmişlerdir. Kazandıkları için yargılanmayan darbeciler, kendileri 146. maddeye aykırı olmayan birçok kişiyi, olağanüstü dönemin olağanüstü hukuku kapsamında yargılatıp, ölüm cezası ile cezalandırmışlar ve cezaların infazına da karar vermişlerdir."[29]

Deniz'lerin idamlarını karara bağlayan Askeri Yargıtay'da görev yapan emekli hakim Albay Nahit Saçlıoğlu davayla ilgili olarak özetle şu açıklamayı yapmıştır:

"İdamlar bir adli hata sonucu olmuştur. Karara muhalif kalmıştım. Deniz Gezmiş ve arkadaşlarının idam değil, 15-24 yıl ağır hapis cezası ile yargılanmaları gerekirdi... Mahkeme, kamuoyunun genel havasına uydu. O dönemlerde komutanlardan da baskı oldu... Deniz Gezmiş ve arkadaşları Türk Ceza Kanunu'nun 146. maddesinin 1. fıkrasıyla yargılanıp idam ile cezalandırılıyorlardı. Anayasa'yı tebdil, tağyir veya ilga ve Büyük Millet Meclisi'ni görevden cebren men gibi fiillerle suçlanıyorlardı. Sanki bunları yapmış gibi değerlendiriliyorlardı. Bu suçları yapan veya yapmaya teşebbüs edene verilecek ceza veriliyordu. Oysa sanıkların bunu yapacak güçleri yoktu. Yapamazlardı... Gezmişler, ihtilalci, sosyalist olduklarını gizlemiyorlardı. Başarılı olduğumuz zaman sosyalist düzeni, anayasasını getireceğim diyorlardı. Ancak bu gaye suçudur. Oysa 146/1 icrai suçtur. Şu anda yapılan fiilleri öngörür. Gayede, ileride, gelecekte yapılacak fiillerle şu anda yapılanlar aynı şey değildir. Biri ile ikincisini cezalandıramazsınız. Mahkeme nitelendirmede hata yaptı. Maalesef mahkeme şartlanmıştı..."[30]

ANAP Bitlis Milletvekili ve İstanbul Sıkıyönetim Komutanlığı eski savcılarından Faik Tarımcıoğlu, 146. madde konusunda özetle şunları söylemiştir:

"Deniz Gezmiş, Adnan Menderes ve Talat Aydemir 146. maddeden asıldılar. Oysa ne Deniz Gezmiş ne de Adnan Menderes'in bu maddeye göre yargılanmaları gerekirdi. Ayrıca şimdiye kadar bu maddeye göre hüküm giymiş ya da yargılanmakta olanların bu maddeye sokulmamaları gerekir."[31]

Değişen dengelerin insanları nasıl etkilediklerine şöyle bir gözatalım. Örneğin Tercüman gazetesi yazarlarından Rauf Tamer, 8 Nisan 1972 günü, özetle şunları yazmıştır:

"İPTAL

İdamlara dair kanun iptal edildi.

Ne demek iptal?

İsterseniz gelin kelimenin menşeini arayalım:

İptal.

İpta.

İpt.

İp.

Gördünüz mü, sonunda yine ip çıkıyor."

Rauf Tamer onbeş sene sonra ise şunları yazmıştır:

"Gezmiş, bugün yaşasaydı infaz kanunu sayesinde belki de hapisten çıkmış bile olacaktı... 70'li yılların şartlarına göre belki çok çabuk ve çok şiddetli cezalandırılmıştır. Şimdi, ondan daha büyük suç işleyenlerin idamını hâlâ onaylayamıyor Meclis..."[32]

Adalet Partisi Genel Başkanı Süleyman Demirel, olay hakkında şunları söylemiştir:

"Deniz Gezmiş olayı o günkü şartlar içinde gelmiş geçmiş bir olaydır. Biz o cezanın infazına oy verdik. O günkü şartlar onu gerektiriyordu."[33]

"Cezaları ben vermedim ki, o dönemin, baskı altında olunan dönemin, zor şartlarındaki hakimleri verdi. Zaten meclisteki parlamenterlerin önüne gelen idam dosyalarına bakıp, 'Hayır, ben bunu onaylamıyorum' diyecek durumu yoktu ki, yok da. Zaten o zaman karar verilmiş, her yerden geçmiş, Meclis'e gelmiş. Orada da zaten onaylanacak. Yani 'Hayır, ben bunu onaylamıyorum' deme hakkınız yok ki."[34]

Davanın birinci dereceden tarafları olanlar, dava konusunda neler söylerler ona bakalım:

Türkiye Cumhuriyeti Anayasasının tamamını tağyir, tedbil veya ilgaya ve bu kanun ile müesses Türkiye Büyük Millet Meclisini iskata ve vazifesini yapmaktan mene teşebbüs etmekten, haklarında ölüm cezası istenen Deniz Gezmiş ve 21 arkadaşının yargılanmasına, 16 Temmuz 1971 Cuma günü sabah, saat 09.00'da Altındağ'da Veteriner Okulu binasında, Tuğgeneral Ali Elverdi'nin başkanlığındaki Ankara Sıkıyönetim Komutanlığı 1 Numaralı Mahkemesinde olaylı bir şekilde başlanır.

Duruşmaya sanıklardan önce, sanık yakınlarıyla diğer bazı dinleyiciler ve gazeteciler alınır.

Deniz Gezmiş'in babası Cemil Gezmiş ile Yusuf Aslan'ın babası Beşir Aslan, oğlu duruşmada olmadığı halde İrfan Uçar'ın annesi, Ercan Öztürk'ün babası ile ablası dahil, birçok sanık yakını da duruşmayı dinleyicilere ayrılan bölmeden izler.

Deniz ve arkadaşları, Sıkıyönetim Mahkemesine getirildikleri sırada, sol kolları havada olduğu halde, "Bağımsız Türkiye" ve "Kahrolsun faşistler" diye yüksek sesle bağırır ve kendilerini içeri almak isteyen güvenlik kuvvetlerine mukavemet gösterir. Mustafa Yalçıner, yaralı olduğu için duruşmaya sedyeyle getirilir.

Deniz ve arkadaşları, mahkeme salonuna alındıktan sonra ve duruşma safhasında televizyoncular duruşmayı filimle tesbit eder.

Duruşma salonuna alındıktan sonra, Hakim Yarbay Ahmet Tetik, Deniz ve arkadaşlarına, mahkeme heyetine güvenleri olup olmadığını sorar. Deniz ve 18 arkadaşı, itimatları olmadığını ve kendilerine işkence yapıldığını söyler.

Sevim Onursal, İbrahim Seven, Necmettin Baca ise, mahkeme heyetlerine itimatları olduğunu belirterek yargılanmalarında bir sakınca görmediklerini, sıkıyönetim idaresince hiçbir işkenceye maruz kalmadıklarını ve iyi muamele gördüklerini açıklar.

Deniz'lerin avukatları, konunun Anayasa Mahkemesine götürülmesini ister. İstek, mahkeme heyetince reddedilir.

Hüviyet tesbitinden sonra, Savcı Kıdemli Binbaşı Kerametttin Çelebi tarafından hazırlanan 42 sayfalık iddianamenin okunmasıyla, duruşmada birinci gün sona erer.

Deniz, 17 Temmuz 1971 Cumartesi günkü duruşmada, "İddianame kelle istemek için hazırlanmıştır" der.

Deniz'e yanıt, 20 Temmuz 1971 Salı günü yapılan duruşmada, Sıkıyönetim 1 Nolu Askeri Mahkeme Savcısı Kerametttin Çelebi' den gelir. Çelebi, özetle şunları söyler:

"Savcı hiçbir zaman kelle istemez. Mahkeme de kelle almaz. Sanık fiilleri ile kellesini ipe uzatır, kanun da altındaki sandalyeyi çekerek kelleyi koparır."

Bizlerin Tek Özlemi Türkiye'nin Bağımsızlığıdır

Deniz Gezmiş sorgusunda şunları söylemiştir:

"Evvelemirde iddianameye karşı diyeceklerim mevcuttur. İddianame kelle istemek için hazırlanmıştır. Yapılan tahliller yanlıştır, hatalıdır, değerlendirmeler keza isabetsizdir. Yalnız biz varlığımızı hiçbir karşılık beklemeden esasen Türk halkına armağan etmiş bulunmaktayız. Bu sebeple ölümden çekinmiyoruz. İddianamede yapılan değerlendirmeler başkana arzettiğim gibi hatalıdır. 1908 tarihinden itibaren yapılan gelişme, isabetsiz tahlillere tâbi tutulmuştur. Giriş kısmı muğlaktır. Açık değildir, bunun hangi manaya geldiğini anlayamadım, neyi kastettiği açık değildir.

Eğer giriş kısmında korku, gaflet, kurnazlık ve ihtiras içinde bulunanlardan bizleri kastediyorsa, bu doğru değildir. Türkiye'de gaflet, delâlet ve hattâ hıyanet içinde bulunanlar varsa, bunlar ancak Amerikan emperyalizmi ile iş yapan çıkarcılardır. İddianame hukuk mantığından ari olarak hazırlanmıştır. Gelişmiş ülkelerin gençliği ile az gelişmiş ülkelerin gençliği terazinin aynı kefesine konmuştur. Ve kız-erkek ilişkileri, içki olayları, toplum baskısından uzak bir yaşama isteği gibi değerlendirmeler vardır. Bunlar doğru değildir. Bizlerin tek özlemi tahsil sırasında bulunmamıza rağmen Türkiye'nin bağımsızlığıdır. Biz hiçbir zaman bütün çabamıza rağmen Türkiye'nin bağımsızlığını temin edemedik. Bugüne kadar da bu özlem içinde kaldık. İddianamede bir hususa daha değinmek istiyorum. 14 Mayıs 1950 tarihi Türkiye'nin döneminde yeni bir olay ve tarihi bir dönüm olarak nitelendiriliyor. Ve aynen şöyle denmektedir. Ulusun tarihinde ilk defa seçimle iktidar değişikliği oluyor. Bu tarih bize göre Amerikan emperyalizminin Türkiye'de seçimle iktidara gelmesidir. Ve iddianame bundan sonraki kısımlarında bu hususu da belirtmektedir. İkili anlaşmalar kısmı bundan sonra yer almaktaydı ve bu hususu açıklığa kavuşturmaktadır. Türkiye'nin madenleri, petrolü 1950 tarihinden sonra Amerikalılara peşkeş çekilmiştir. Kurtuluş Savaşı'nı da yerli yerine oturtmak gerekmektedir. Biz 50 sene evvel Kurtuluş Savaşı vermiş bir ülkenin çocukları olarak Kurtuluş Savaşı'nın gerçek tahlilini yapmaya her zaman muktediriz. Biz yine çok iyi biliriz ki, Türkiye Kurtuluş Savaşı'nı yapmak için Samsun'a çıkanlara İstanbul Örfi İdaresi'nce ve mahkemelerince idam cezası vermiştir.

Ve yine bilmekteyiz ki Osmanlı İmparatorluğu'nun yüzlerce generalinden ancak birkaç tanesi Kurtuluş Savaşı'na iştirak etmiştir. Ve yine bilmekteyiz ki Kurtuluş Savaşı yapıldığı sırada İstanbul'da bulunanlar bunları yapanlara eşkiyà demiştir. Türkiye'nin kurtuluş ve bağımsızlık savaşından ne şekilde bağımlı hale geldiğini de belirtmek gerekmektedir.

1922-1923 sıralarında Lozan müzakereleri sırasında İngilizler Türk Delegasyon Başkanı İsmet İnönü'ye bu hususu peşin olarak hatırlatmışlardır. Kurtuluş Savaşı aydınların yönetiminde yapılmış savaştır. Fakat bu yönetime feodal mütegallibe ve eşraf iştirak etmiştir. Bu eşraf ve mütegallibe evvela İş Bankası'na sızdı, daha sonra da 1944-1945 yıllarında Çiftçiyi Topraklandırma Kanunu hazırlıklarında bu tasarıya kesin cephe aldılar. Bunlar Adnan Menderes, Refik Koraltan ve Demokrat Parti'yi kuran kimselerdir. Böylece 1950 tarihine gelindi ve 1950 tarihinde Amerikan emperyalizmi iktidara geldi.

Olaylar bundan sonra bildiğimiz gibi gelişti, olaylar cereyan etti, Demokrat iktidar 27 Mayıs 1960'da tarihe gömüldü. Demokrat Parti gitti, bunun gitmesi ile tellallar değişti. Amerika bu dönemde imdada yetişip İnönü'yü düşürdü. Demirel'i iktidara getirdi. Öğrenci hareketlerine gelince, iddianamede öğrenci hareketlerinin başlangıç tarihi 1968 olarak belirtilmektedir. Bu tarih yanlıştır. Türkiye'de öğrenci olayları 50-60 senedir eksik olmamıştır. Sultan Hamid'in Tıbbiye talebelerini Sarayburnu'ndan denize attığı tarihten itibaren öğrenci hareketleri Türkiye'de devam edegelmiştir. 1908'i hazırlayan hareketler ileriye dönük hareketlerdir. Vagonli'yi tahrip eden gençler ilerici gençlerdir.

İkinci Dünya Savaşı sırasında, Faşizme hayır diyen gençler ilerici gençlerdir. Ve 28 Nisan 1960 tarihinde özgürlük savaşı veren gençlerdir. İlerici gençlerdir. Amerikan Emperyalizmi tarafından İnönü hükümetten düşürüldüğünde protesto gösterisi yapan gençler ilerici gençlerdir.

Anayasaya bağlılık mitingini de bizler yaptık. O günün mitinginde iktidarın kiralık adamlarından ve polisinden dayak yiyen de gene bizlerdik. 1968 senesine gelince üniversiteler öğrenciler tarafından işgal edildi. İşgalleri gayet meşru idi ve kürsü ağaları dahi bu işgallerin haklılığını hiçbir zaman inkâr edemedi. Ve 1968'de umumi efkâr ve herkes öğrenci isteklerinin kabul edileceğini beyan ediyordu, herkes bu kanaatte idi.

Aradan üç sene geçti, bu üç sene içerisinde o zamanki isteklerin tahakkuku istikametinde en ufak bir kıpırdanma olmadı. Aynı yılın Temmuz ayında Amerikan filosuna karşı gösteri yapanlardan Vedat Demircioğlu polis tarafından hunharca öldürüldü. Bundan sonra olayları sizler de biliyorsunuz. İktidarın silahlı kuvvetleri -yanlış oldu, kiralık kuvvetleri ve polisi hunharca devrimcilerin üzerine saldırdı. Yirmiye yakın devrimci öldürüldü. Bunların hiçbirinin katili bulunamadı. Polis karakolları işkencehane yerine getirildi. Hiçbir savcı buna karşı çıkmadı.

İddianamede bir gerçek tahrif edilmek isteniyor, bu hususu da belirtmek ve düzeltmek isterim. Fikir özgürlüğünü ve Anayasayı paravan yapanlar önceleri Atatürkçü geçinirken, onun fikir ve şahsiyetini de küçük görmeye başladılar şeklinde ve sadece Mustafa Kemal tarafını beğeniyorlardı şeklinde bir cümle mevcuttu. Bunu kesin olarak reddediyorum, asla kabul etmiyorum. Diğer yurtseverler de bunu kabul etmez, bu kasten tahrif edilmek isteniyor, gerçekler örtülmek isteniyor. Bu cümle art niyetle hazırlanmıştır. Bu memlekette Mustafa Kemal'e gerçekten sahip çıkanlar varsa onlar da bizleriz. Onun istiklali tam prensibi ve ideali tam yanlış zapta geçti, onun istiklali tam Türkiye idealini yalnızca biz devam ettiriyoruz. İddianamede bizim Anayasayı cebren ilgaya teşebbüs ettiğimiz ileri sürülmektedir.

Öteden beri arzetmiş olduğum gibi, bu ülkede Anayasayı en fazla savunanlar bizleriz. Anayasayı ihlal edenlerse ortadadır. Anayasanın uygulanmasını isteyen gene bizleriz. Anayasayı uygulamayan yavuz kimselerse hâlâ ortadadır. Yine o kişiler, bizim kellemizi istemektedirler. Bile bile iddia makamı bizim Anayasayı ilgaya teşebbüs ettiğimizi ileri sürmektedir.

İddia makamı bizim vermekte olduğumuz bağımsızlık savaşına karşıdır. Türkiye Cumhuriyeti Anayasasına karşı, reformlara karşıdır ve bu nedenle bizim Anayasayı ilgaya teşebbüs ettiğimizi ileri sürmektedir. Çünkü Süleyman Demirel hâlâ ortada gezmektedir. Kudreti yetiyorsa Süleyman Demirel hakkında aynı şekilde dava açsın, onlar 36 milyonluk ülkenin bütün yükünü 20 gencin üzerine yıkmaya alışmışlardır. Bizi bağımsız bir ülkenin çocukları olmaktan mahrum eden hepiniz dahil, sizlersiniz. Çünkü Amerika sizin döneminiz sırasında Türkiye'ye girdi ve hiçbiriniz sesinizi çıkarmadınız ve Demokrat Parti iktidarına 10 yıl ses çıkarmadınız, ta ki 38 yurtsever subay ses çıkarana kadar ve onları devirene kadar.

Ve bugün aynı savcılar bu şahıslar hakkında da idam kararı istemektedir. Süleyman Demirel'in Anayasayı ihlaline ve despotizmine ve ülkeyi Amerika'ya satmasına ses çıkarılmadı. Ve meydanlarda bunlara karşı bizler dövüşmek mecburiyetinde kaldık, bizler kurşunlandık. Ve sonunda idam isteği ile buraya getirildik. Dediğim gibi Türkiye'yi bu hale getiren eski yöneticilerin bütün suçları bize yüklenmek istenmektedir. Türkiye'nin bağımsızlığından başka hiçbir şey istemedik ve hayatımızı bu yola koyduk, varlığımızı Türkiye halkına armağan ettik. Bunun aksini iddia edenler vatan hainidir.

12 Mart Muhtırası muvaffak olmasaydı, bizi itham eden makam onları da aynı şekilde itham ederdi, buna da kanaatim tamdır. 12 Mart Muhtırası Anayasanın uygulanmadığını iddia etmektedir. Ve Parlamentoyu açıkça suçlamaktadır. Biz stratejik olarak düşüncelerimizi hiçbir zaman saklamayız. Hangi şartlar altında olursak olalım bunu açıkça söyleriz. Düşüncelerimizi mezara kadar götürürüz. Nasıl

burada namluların ve dipçiklerin gölgesi altında konuşuyorsak, düşüncelerimizi herzaman açıkça ifade ederiz.

Bizim Anayasayı ilgaya teşebbüs gibi bir kastımız bulunsaydı bunu da burada açıkça söylemekten çekinmezdik. Meclisi ıskat amacı gütmüş olsaydık, bunu da söylerdik, hattâ gider meclise de bombayı koyardık. Böyle bir amacımız olsaydı, bunu söylerdik ve yapardık. Daha evvelce de belirtmiş olduğum gibi bizim böyle bir amacımız yoktur, tek yazılı belgede, bildiride bu husus açıkça ortaya konmuştur. Orada açıkça da anlatıldığı gibi bizim düşmanlarımız Amerikan emperyalizmi ve onun yerli işbirlikçileridir.

Yine bildiride açıkladığımız gibi yerli işbirlikçiler, hain patronlar yani emperyalizmle işbirliği yapan patronlar feodal mütegallibe yani bezirganlar, tefeciler, toprak ağaları ve diğer işbirlikçileri ve bizim bütün eylemlerimiz bu hedefe yönelmiş bulunmaktadır. Bunun dışında başka bir hedefimiz yoktur. Eylemlerimiz de savcının iddianamesini yalanlamaktadır.

Olaylara gelince, bizim, Ersin Bağatır isimli talebeyi dövdüğümüz iddiası kesinlikle doğru değildir. Bu isnadı kesin olarak kabul etmiyorum, doğru değildir. Vuku bulmamıştır.

Kavaklıdere Amerikan Sefareti önünde nöbet bekleyen polis memurlarını kurşunladığımızı kabul ediyorum. Çünkü onlar her türlü işkenceyi devrimci gençler üzerinde yapmaktan zevk alıyorlardı.

Olaydan iki gün evvel de iki kişi ölmüştü. Nail Karaçam ve İlker Mansuroğlu isimli arkadaşlarımız öldürülmüştür. Bunların bir tanesi toplum polisi tarafından, birisi sivil polisler tarafından öldürülmüştür.

1920'lerde İstanbul'da karakol teşkilatı M. Grubu hangi amaçla İngilizlere ve Osmanlı polislerine kurşun sıktıysa biz de o amaçla polislere kurşun sıktık. Olayı arkadaşım Yusuf Aslan anlattı, burada açıklamak istediğim husus öldürmek kastı yönündendir, öldürmek kastı ile ateş açmadım. Mesafe çok yakındı, iki metre kadar vardı. İsteseydik bunları rahatça öldürebilirdik, ayaklarına ve kollarına ateş ettik, çok yakın mesafeden ateş ettik. Olayda herhangi bir tanık olmadığı halde bunu açıkça ikrar ettik.

Biz Türkiye İş Bankası Emek Şubesi'ndeki 124 bin liraya el koyduk, bunu da kendi şahsımız için almadık, fakat kendi şahsı ve kardeşleri için 30 milyon lira çalanlar hâlâ ellerini kollarını sallayarak ortada dolaşmaktadır.

İş Bankası'nın mekanizmasını izah etmek istiyorum. İş Bankası bilindiği gibi her sene küçük cep defterleri dağıtır. Bu cep defterlerinin arka sayfası açıldığında, görülecektir ki, İş Bankası Türkiye'de yabancı sermaye ile iş yapan, işbirliği halinde bulunan en büyük müessesedir. Nerede Türkiye halkını sömüren, halkın zararına çalışan bir müessese varsa bunun altında muhakkak İş Bankası bulunmaktadır. Ve İş Bankası'nın bu marifetleri yeni değildir, ileri tarihlere uzanmaktadır. Demokrat Parti'yi de iktidara getiren İş Bankası'dır.

1936 tarihinde İsmet İnönü Meclis koridorlarında memleketi İş Bankası'na soydurtmayacağız diye, yanlış oldu hazineyi soydurmayacağız diye bağırmıştı. Birinci Kurtuluş Savaşı sırasında Kuvayı Milliyeciler İzmir Valisi Rahmi Bey'in oğlunu kaçırıp 50 bin altın almışlardır ve civardaki paralara el koymuşlardır. Biz de bunu yapmakla en az onlar kadar haklıyız. Tarih evvelce bunu yapanları nasıl temize çıkarmışsa bizi de temize çıkaracaktır. Buna da inanıyoruz.

Bu hadisede altı kişi bulunuyorduk. Ben, Yusuf Aslan, Hüseyin İnan, Sinan Cemgil ve Alpaslan Özdoğan beraberdik. Arabayı Yusuf Aslan temin etti. İçeriye üç kişi beraber girdik. Parayı vezneden kimin aldığını şu anda hatırlamıyorum. Alpaslan Özdoğan dışarda kaldı. Yusuf Aslan arabada kaldı. Bu olaylar Yusuf Aslan'ın anlattığı gibidir. Diğer olaylarda da Yusuf Aslan'ın ifadelerine aynen katılıyorum. Anlattığı şekilde cereyan etmiştir. Yalnız Sevim Onursal'ın evinde altı kişi bulunuyorduk. Ben, Hüseyin İnan, Sinan Cemgil, Yusuf Aslan, Alpaslan Özdoğan ve Kor Koçalak bulunuyordu. Fakat Kor Koçalak herhangi bir hadiseye karışmadı.

Burada polis memuru Cemal Şeker'in 170 lira parasını aldığım veya aldığımız iddia ediliyor. Bu husus doğru değildir. Sureti katiyede reddediyorum. Polis memurunun parasını almadık, sadece silahını aldık. Avukatın şapkasını da aldığımız iddiası doğru değildir. Cebinde 10 bin lira para vardı, alsaydık o parayı alırdık, biz kimlerin parasını alacağımızı gayet iyi biliyorduk. Bu gasp iddiaları yani polis memurunun parası ve Avukat Mehmet Karaçalı'nın şapkasının alındığı iddiaları doğru değildir. Kor Koçalak burada hadiselere karışmadı.

Balgat üssünden zenci Amerikalı Jimmy Finley'i kaçırdık, bu da doğrudur, kabul ediyorum. Bu hadisede üsse girdik, Amerikan silahlarına el koymak istiyorduk, silah deposu olarak keşfettiğimiz depoya girdik, silahları bulamadık. Üssün içindeki Pieksin önünde zenci Çavuş Jimmy Finley arabasında bulunuyordu, kendisini arabası ile beraber aldık üsden çıkardık. Yalnız kapıdan çıkarken bir olay oldu, kapıda nöbet bekleyen nöbetçiler silah çektiler, biz de kendilerini korkutmak maksadıyla ateş ettik ve bu suretle kapıdan çıktık.

Jimmy Finley'i Orta Doğu'ya getirdik. ODTÜ 1 numaralı yurtta, 201 numaralı odada bir gece misafir ettik, ertesi gün serbest bıraktık. Kendisinden bilgi almak istedik, o maksatla misafir ettik, daha sonra da serbest bıraktık. Bu hadisede de beş kişi idik, Alpaslan Özdoğan da bizimle beraberdi.

Atelyeler şefi Nihat Çokyüce'nin arabasının kaçırılması ve kendisinin bağlanması hadisesiyle ilgim yoktur. Bu konuda bilgim de mevcut değildir.

Recep Sakın, Jimmy Finley'in kaçırılması hadisesinde bizim yanımızda yoktu. Ben, Yusuf Aslan, Sinan Cemgil, Hüseyin İnan ve Alpaslan Özdoğan beşimiz beraberdik. Nihat Çokyüce hadisesinde ise ben bulunmuyordum. Bildiğime göre Hüseyin İnan'la Sinan Cemgil ikisi beraberdi, diğer arkadaşlar bu işe karışmadılar. Bu hadisenin kararlaştırılması konusuna cevap vermiyorum, dedi. Dört Amerikalıyı ben, Hüseyin, Yusuf ve Sinan Cemgil dördümüz kaçırdık. Mete Ertekin yalnız boş arabayı şehre getirdi, bize başkaca yardımı olmadı, kaçırılmada doğrudan doğruya bir ilgisi ve faaliyeti olmadı. Kendilerini 4 Mart 1971 tarihinde Amaç Apartmanı 3 nolu dairesine getirdik.

Bildiğime göre daireyi Yusuf Aslan'la Sinan Cemgil tutmuşlardı. İrfan Uçar'ın bu olaylarla hiçbir ilgisi yoktur. Necmettin Baca ve İbrahim Seven'in Sevim Onursal'ın evindeki hadiselerle ilgisi yoktur. Bu husus evvelce zapta geçmedi. Ben, Necmettin Baca'yı cezaevinde tanıdım. İbrahim Seven'i ise evvelce gıyaben tanırdım. İkisinin bu hadiselerle ilgisi yoktur.

Amaç Apartmanı'nda bildiriyi biz kaleme aldık. Bildiriyi Hüseyin İnan dağıtacaktı. Kendisi o zaman deşifre olmamıştı. O maksatla bildiriyi o dağıtacaktı. Müddet geçtikten sonra verdiğimiz kararı uygulamadık. Amerikalıların serbest bırakılmasında Sinan Cemgil de bizimle beraberdi. Biz, Amerikalılara acımış, serbest bırakmıştık.

Sinan da aramızdaydı, sonradan dağıldık. Sinan Cemgil Nurhak dağlarında yaralandı, silah kullanamaz haldeyken kasti olarak öldürüldü. Alpaslan ve Kadir de aynı şekilde öldürüldü. Mustafa Yalçıner iki aydır hastanede yatmaktadır. Şans eseri kurtulmuştur. Apartmandan çıkarken Yusuf, Sinan, ben üçümüz beraberdik, sonradan dağıldık. Hüseyin İnan bizden daha evvel ayrıldı.

Yusuf'la beraber temin ettiğimiz motosikletle güç şartlar altında Şarkışla'ya gittik. Maksadımızı Yusuf Aslan anlattı, bir köprü civarında buluşacaktık. Sinan bizi bir köye yerleştirecekti. Biz, Şarkışla'da teşhis edildik, ancak burada isteseydik, bizi teşhis edenleri silah kullanamaz hale getirirdik, fakat bunu asla yapmadık, bu yola başvurmadık, arkamızı döndüğümüz sırada, bu yola başvurmadığımız kimseler tarafından ateş açıldı, arkadan açılan ateşle Yusuf Aslan yaralandı. İddianamede başçavuşun hanımının kasti olarak vurulduğu iddiası doğru değildir, ben kapının kilidine ateş ettim, o sırada hanımın eli tokmakta olduğundan yaralanmış, ben kendisini görmedim. Bunun dışında olaylar iddianamede yazıldığı şekilde cereyan etti. İddianamede geçen ve bana atfedilen bir cümleyi kabul etmiyorum. Ben silahımı halka ve orduya karşı kullanmadım, ancak vatan hainlerine karşı kullanmak maksadıyla taşıdım ve halka ve orduya karşı kullanırım şeklinde beyanda bulunmadım. Silahlarımızı vatan hainlerine karşı çeviririz, bunların da kimler olduğunu başlangıçta arzettim. Polisteki ve Cumhuriyet Savcılığı'ndaki ifadelerimi kabul etmiyorum, Askeri Savcıya da ifade vermemiştim.

İddianamede Marksist-Leninist düzen kurmak istediğimiz iddiaları yer almaktadır. Bunlara da değinmek istiyorum. Bu iddiayı Marksizm ve Leninizmin cahili olan kimseler ortaya atabilir. Marksizm ve Leninizm metod içinde bulunduğu şartları tahlil eder, değerlendirir, o şartlara göre değerlendirme yapar. Durum böyle iken Marksist-Leninist düzen kurulacağı iddiası bunun iyi bilinmemesinden doğmaktadır.

Profesyonel devrimci olmak bir suç unsuru olarak ileri sürülmektedir. Bu da bir cehalet örneğidir. Bu konuların bilinmemesinden ileri gelmektedir. Profesyonel devrimci bugünün Türkiye'sinde kendini hayatı boyunca Türkiye'nin bağımsızlığına adayan kimsedir. Birinci suçumuz iddia makamına göre hayatımızı boşu boşuna Türkiye'nin bağımsızlığına adamış olmamızdır. İkincisi Dev-Genç üyesi olmakla suçlanıyorum, aramızda Dev-Genç üyesi olmayan arkadaşlar da mevcuttur. Dev-Genç üyeliği bir suç değildir. Dev-Genç Sıkıyönetime kadar faaliyette bulunmuş legal bir örgüttür. Kanunen faaliyeti tahdit edilmemiş ve yasaklanmamıştır.

Kanunların himayesinde olan ve faaliyetini kanunlara uygun olarak yürüten bir derneğe üye olmak hiçbir zaman suç teşkil etmez. Kaldı ki ben şahsen Dev-Genç üyesi değilim. Kanunların himayesinde olan ve faaliyet gösteren derneğe girmek suç değildir, bunu iddia makamının da bilmesi gerekirdi.

Marksizm-Leninizm konusuna gelince daha evvel de bunun ne olduğunu belirttik ve açıkladım. Bu konuda daha fazla bilgi sahibi olmak isteyenler Türkiye Cumhuriyeti Anayasası'nı inceleyebilirler. Burada üç tane suç unsuru ileri sürülüyor, üçünü de açıklamış bulunuyorum. Birincisi varlığımızı Türkiye'nin bağımsızlığına armağan etmiş olmak, ikincisi kanuni ve legal bir örgütün üyesi olmak, kaldı ki çoğunluk bu derneğin mensubu değildir. Üçüncüsü ise doğru olmayan bir takım bilgilere müsteniden itham edilmek ve Recai Galip Okadan'ın kitaplarından derlenmiş bilgilerle Marksist-Leninist düzen kurmak istemekle itham ediliyoruz. Bu iddiaların hiçbirisi varit değil. İddialar ortadadır. Mesnetsizdir, bu iddialarla idamımız istenmektedir.

Ayrıca iddianamede Türkiye halkının bir takım etnik gruplardan teşekkül ettiği iddiaları ve bunu bizim yaptığımız, ortaya attığımız ithamları mevcut bulunmaktadır. Birinci Türkiye Büyük Millet Meclisi'nin kararlarında ve Misak-ı Milli'de şu vardır: Misak-ı Milli sınırları içinde iki kardeş kavim yaşar. Türk ve Kürt kavmi yaşamaktadır. Birinci Büyük Millet Meclisi'nin kararı böyledir. Türkiye'de iki kardeş kavmin ve unsurun yaşadığını kabul etmektedir. Bunu kabul etmek bölücülük değildir. Bölücülük olarak kabul edildiği takdirde Birinci Türkiye Millet Meclisi ve Mustafa Kemal'i de bölücü olarak kabul etmek gerekir. Bu iki kardeş unsur Birinci Kurtuluş Savaşı'nı müştereken başarmışlardır. Güney cephesinde düşmanla omuz omuza savaşmışlardır. Bu ikisine birden biz Türkiye halkı diyoruz ve bu iki kardeş unsur ikinci bağımsızlık savaşını da müştereken başaracaklardır. Asıl bölücüler bu gerçeği kabul etmeyenlerdir.

Ayrıca memleketin huzurunu bizim bozduğumuz iddia ediliyor. Memleketin huzurunu kimlerin bozduğu ortadadır. Ve kimler 30 milyon çalmıştır? Kimler Devlet hazinesini kardeşlerine peşkeş çekmiştir? Memleketin madenlerini peşkeş çekmiştir. Anayasayı uygulamamıştır. Bunlar ortada iken, bilinirken bunlardan bahsedilmeyip, memleketin huzurunu bozduğumuz iddiaları değersiz ve mesnetsizdir. Bizim kişi güvenliğini, mülkiyet hakkını, egemenlik ilkelerini, milli bütünlüğü bozmak için harekete geçtiğimiz iddiaları vardır. Kişi güvenliğini ihlal edenler kimlerdir? Bunu evvela tesbit etmemiz gerekir.

Karakollarda işkence gören bizler olduk, meydanlarda kurşunlanan gene bizler olduk. Bakanların emri ile hapishanelere atılan bizler olduk. Buna rağmen kişi güvenliğini bozan olmakla itham ediliyoruz, yukarıda anlatılanlar, asıl kişi güvenliğini bozanlar ise serbestçe meydanlarda dolaşmaktadır. Mülkiyet hakkını ortadan kaldıracağımız iddia ediliyor. Bizatihi Anayasa mülkiyet hakkını toplum yararına kısıtlamıştır. Mutlak mülkiyet hakkı tanımamıştır. Elli köye sahip bir toprak ağasını Anayasamız kabul etmemiştir. Egemenlik ilkelerine karşı çıkmakla itham edilmekteyiz. Asıl egemenlik ilkelerine karşı çıkanlar halkın sırtından geçinenlerdir. Ayrıca milli bütünlüğe karşı çıkmakla da suçlanıyoruz. 101 tane Amerikan üssünün bulunduğu ülkede, bizim, milli bütünlüğü bozmak istemekle itham edilmemiz gülünç olmaktadır.

35 milyon metrekare vatan toprağı işgal altında iken, bizim milli bütünlüğü bozmakla suçlanmamız gülünçtür. Mustafa Kemal sağ olsaydı bugün çok şaşırırdı. İddianame baştan beri arzettiğim gibi sırf kelle istemek maksadıyla hazırlanmıştır. Şeklen de hukuk mantığından mahrumdur. Hukuki kıymetten ve değerden mahrumdur. 21 yılın hesabını 21 gençten sormak maksadıyla ve suçluların telaşı içerisinde hazırlanmış bir iddianamedir.

Ben şunu iddia ediyorum ki hareketimiz tamamen Anayasal bir harekettir. Anayasanın başlangıç ilkesinde belirtilen ulusun zulme karşı direnme hakkını kullandık. Bu sebeple Anayasal bir davranışta bulunduk. Yaptıklarımızın haklı olduğuna inanıyorum. Halen de bu inancı taşıyorum. Türkiye'nin bağımsızlığından başka bir şey istemedim ve bu sebeple Amerikan emperyalizmine ve işbirlikçilerine karşı mücadele verdik. Bundan dolayı ölümden korkmuyoruz. Onu ancak işbirlikçiler düşünsün ve ancak onlar kendi canının telaşına düşsün ve ben 24 yaşındayken kendimi Türkiye'nin bağımsızlığına armağan etmekten onur duyuyorum. Bağımsızlık düşüncesini mezara kadar götüreceğiz" dedi.

Açlık Grevi Yapılıyor

Anayasayı değiştirmek suçuyla idam cezasıyla yargılanan Deniz ve arkadaşlarının, 1961 Anayasası'nın değiştirilmesi konusu gündeme gelince, Ankara 1 Nolu Sıkıyönetim Mahkemesinde 12 Ağustos 1971 Perşembe günü Deniz; "1961 Anayasası'nın değiştirilmesini protesto için İstanbul ve Ankara'da tutuklu bulunan bütün devrimciler şu andan itibaren protesto amacıyla açlık grevine başlamışlardır. Bu konuda hazırlanmış bir bildirimiz de mevcuttur. Bu bildirinin okunmasını istiyorum" der.

Duruşma Hakimi Yarbay Ahmet Tetik, "Bildirinin Parlamento çalışmaları ile ilgili bulunduğunu ve okunmasına lüzum olmadığını" söyler. Bu nedenle bildiri okunamaz.

Anayasayı değiştirmek suçuyla İstanbul'da yargılanmakta olan Sarp Kuray da, şu açıklamayı yapar:

"Biz tüm devrimciler olarak, 27 Mayıs Anayasası'nın Hükümet tarafından AP milletvekilleri ile işbirliği yapılarak değiştirilmesini protesto için 48 saatten beri açlık grevindeyiz."[35]

9 Eylül 1971 Perşembe günü yapılan duruşmada, Savcı Kerametttin Çelebi esas hakkındaki mütalaasını okumaya başlamadan önce sanıklardan bazılarının sorguları sırasında iddia makamına hakaret ettiklerini ileri sürerek; sanıkların bu tutum ve davranışlarının da gözönünde bulundurulmasını ister ve "Biz bazı sanıkların zannettiği gibi hükümet ve devlet yöneticilerine bağlı kişiler değiliz" der. Savcı Kerametttin Çelebi daha sonra okuduğu mütalaasında özetle şöyle der:

"Atatürkçülükten bahsediyorlar. Ancak ona ihanet edenlere şunu hatırlatmak isteriz ki, onun manevi varlığı sizi boğacaktır... Kurtuluş Savaşı halka rağmen, halka karşı yapılmaz. Türk tarihinde tek Kurtuluş Savaşı vardır. Sanıkların iddia ettikleri gibi, birinci, ikinci diye Kurtuluş Savaşı yoktur. İnsancıl esaslara göre hazırlanan Anayasamızda, Marksizme ve Leninizme yer yoktur. Bir zümre veya sınıf namına direnme hakkı hiç kimseye tanınmamıştır."

Deniz, 9 Eylül 1971 Perşembe günü, Sıkıyönetim Mahkemesine bir dilekçe vererek; "İkili anlaşmaların Türkiye'nin bağımsızlığını zedeleyip zedelemediğinin savcılarca açıklanmasını" ister.

Deniz, bu isteğinin reddedilmesi üzerine aniden ayağa kalkarak duruşma yargıcı Albay Tetik'e hitaben söyleyecekleri olduğunu el kol hareketleriyle anlatmaya çalışır. Albay Tetik tarafından oturması bildirilen Deniz, ayakta durmakta ısrar etmesi üzerine salondaki askerler tarafından yerine oturtulur.

Onsekiz Kişi İdama Mahkûm Ediliyor

16 Temmuz 1971 Cuma günü başlayan mahkeme, 9 Ekim 1971 Salı günü son bulur. Duruşmalar, 86 gün devam etmiştir.

Deniz ve arkadaşları, 9 Ekim 1971 Salı günü, Ankara 1 Numaralı Sıkıyönetim mahkemesinde idama mahkûm edilir. Mahkeme Başkanı Tuğgeneral Ali Elverdi, duruşma yargıcı Albay Ahmet Tetik ile üye yargıç Mehmet Turan, eski bir geleneğe uyarak kararı imzaladıkları kalemlerini kırar.

Mahkeme, idam kararı verdiği sanıkların, "Türkiye Cumhuriyeti Anayasasının tamamını veya bir kısmını tağyir, tedbil ve ilgaya teşebbüs ettiklerini sabit görerek" haklarında TCK'nun 146/1 maddesini uygulatır.

Duruşma başlamadan önce Askeri Veteriner Okulu'nun içinde ve dışında geniş emniyet düzeni alınır ve Mamak Cezaevinden Etlik yolundaki mahkeme binasına kadar olan yol boyunca sık aralıklarla ellerinde tomson bulunan askerler konulur. Sanıklar mahkeme binasına ikişer ve üçer kişilik gruplar halinde, ayrı vasıtalarla getirilir. Bu iş için askeri ambülanslar da kullanılır.

Mahkeme binasının ana kapısı önünden mahkeme salonuna kadar iki sıra halinde tomsonlu askerler yer alır. Duruşma salonu içinde bulunan nöbetçilerin ellerine ise sadece cop verilir. Kararların açıklandığı sırada duruşma salonunda sanıkların yakınları ile televizyon kameraları, foto muhabirleri, 100'e yakın gazeteci, yüksek rütbeli subaylar ve sivil elbisesi ile Ankara Merkez Komutanı Tevfik Türüng hazır bulunur.

Duruşma yargıcı Albay Ahmet Tetik, kararı şöyle açıklar:

"Hakkınızdaki kararı tefhim ediyorum. Mahkememiz, Türkiye Cumhuriyeti Anayasasının tamamını veya bir kısmını tağyir, tebdil veya ilgaya teşebbüs yolundaki suçunuzu sabit görerek Türk Ceza Kanunun 146. maddesinin birinci bendi gereğince ölüm cezası verdi. Karar kabili temyizdir. Tutukluluk haliniz devam edecektir. Duruşma bitmiştir. "

Duruşmaya ilk getirilen Deniz ile Yusuf Aslan olur. Deniz, sarı kazak, Yusuf Arslan ise giydiği siyah kazakla yerlerini alır. Duruşma hakimi Albay Ahmet Tetik, tok bir sesle kararı okur ve bir hafta içinde kararın temyiz edilebileceğini söyler.

Karar karşısında Deniz, "Yaşasın Bağımsız Türkiye" der.

Yusuf Aslan da aynı sözleri tekrarlar.

Her ikisi de kararı dinlerken gülümser.

Duruşma Hakimi Albay Tetik, Deniz konuşmaya başlayınca, görevlilere "Götürün" diye emir verir. Böylece ilk karar, saat tam 09.05'te Gezmiş'le Aslan'ın yüzüne karşı okunur.

Duruşma salonuna ikinci olarak Atilla Keskin ile Hüseyin İnan alınır. Her ikisi de kararı heyecanlı bir şekilde dinler, karar sonunda gülümser ve herhangi bir söz sarfetmeden salondan çıkarılırlar. Bu sırada dinleyicilerin bulunduğu yerde, Hüseyin İnan'ın ablası, yüksek sesle ağlamaya başlar.

Metin Yıldırımtürk ile Ahmet Erdoğan, yüzlerine karşı okunan ölüm kararını duyunca sol kollarını havaya kaldırarak; "Bağımsız Türkiye" diye bağırmaya başlar. Çok yakınlarında bulunan iki üsteğmen derhal her ikisinin de ağızlarını kapatır ve kollarını bükerek mahkeme salonundan çıkarır.

Recep Sakın ile Mehmet Asal, karar karşısında herhangi bir harekette bulunmaz ve konuşmaz.

Semih Orcan ile Hacı Tonak, kararı sessizlik içinde dinler ve gülümser.

Dinleyicilerin arasında bulunan Semih Orcan'ın annesi Melahat Orcan; "Yavrum Atatürk ilkelerini savunuyordu. Ben 33 yıl bunun için mi kendimi harap ettim. İnsaf edin, karar haksızdır" diye bağırdıktan sonra fenalık geçirir. Mahkeme Başkanı Tuğgeneral Ali Elverdi, bu sözleri duyar duymaz "dışarı çıkarın" diye emir verir. Buna Orcan'ın babası itiraz ederek, "Fenalık geçirdi, geçti. Dışarı çıkarmayın" der. Buna rağmen Semih Orcan'ın annesi bir kadın polisin yardımı ile dışarı çıkarılır, kocası da karısı ile birlikte dışarı çıkar.

Bundan sonra sanıkların ikişer ikişer salona alınmasından vazgeçilir. Mustafa Yalçıner, Cengiz Baltacı ve Metin Güngörmüş, üçü birlikte mahkeme karşısına getirilir. Her üçü de ölüm cezası karşısında gülümser ve herhangi bir söz söylemezler.

Amerikalıların kaçırıldığı gün ilk ele geçirilen Mete Ertekin de ölüm kararını sessiz dinler. Ertekin'le birlikte salona alınan Mehmet

Nakipoğlu ve Mustafa Çubuk da karar karşısında heyecanlı görünür.

Mahkeme salonuna birlikte alınan Kor Koçalak ile İrfan Uçar sakin görünür. Duruşma hakimi Ahmet Tetik, İrfan Uçar'ın ve Kor Koçalak'ın diğer sanıkların suçlarına fer'an iştirak ettiklerinin sabit olduğunu açıklar ve 5 yıl ağır hapis ile 1 yıl 8 ay sürgüne gönderilmelerine, ayrıca, amme haklarından da müebbeden mahkûm edilmelerine karar verildiğini açıklar.

Duruşma salonuna son olarak Sevim Onursal alınır. Sevim Onursal'ın siyah bir manto ile siyah çizme giydiği görülür. Sevim Onursal'a da suça fer'an iştirak ettiği gerekçesiyle 5 yıl ağır hapis cezası verilir. Sevim Onursal karar karşısında herhangi bir söz söylemez.. Dinleyiciler arasında bulunan büyük kızı ise ağlar.

Daha önceden tahliye edilen ve duruşmaları tutuksuz olarak devam eden İbrahim Seven, Necmettin Baca ve Hüseyin Cemal Özdoğan delil yetersizliğinden beraat eder.

18 Ölüm kararını veren Ankara 1 Numaralı Sıkıyönetim Mahkemesi Başkanı Tuğgeneral Ali Elverdi, duruşma hakimi Ahmet Tetik ile üye hakim yarbay Mehmet Turan, kararı salonda bulunan sanıkların avukatlarına yazdırıp verdikten sonra kalemlerini kırar. Kalemini ilk kıran Albay Tetik olur; onu, kararı imzaladıktan sonra yarbay Mehmet Turan takip eder.

"Kalem kırma geleneği" hakkında Ceza Hukuku Profesörü Sulhi Dönmezer, "Gelenek yıllardan beri süregelmektedir. İdam kararı veren yargıç, bir daha böyle karar vermeyeyim, diye kalemini kırar" demiştir. İstanbul 5. Ağır Ceza Mahkemesi Başkanı Talip Güran ise, bu geleneğin, "Kamış kalemlerin kullanıldığı devirden kaldığını ve beş, altı yüzyıldan beri devam ettiğini" söyler.

Mehmet Asal'ın annesi Necdet Nesibe Asal ile babası Hamit Fikret Asal, Semih Orcan'ın annesi Melahat Orcan ile babası Süleyman Orcan, Osman Arkış'ın annesi Jale Arkış ile babası Mehmet Arkış, Recep Sakın'ın babası Hasan Sakın ve kardeşi Hanife Gökduman, Mete Ertekin'in annesi Meliha Ertekin, Metin Güngörmüş'ün babası Kemal Güngörmüş, Yusuf Aslan'ın babası Beşir Aslan, Ercan Öztürk'ün kardeşi Ali Orhan Öztürk, Sevim Onursal'ın kızı Zerrin Alganer, İrfan Uçar'ın babası Tayyar Uçar dinleyicilere ayrılan bölmede duruşmayı izler.

Kararın okunması 1 saat 10 dakika sürer.

Üç Gençten Oluşan Bir Yaşam Çizgisi Türkiye'yi İkiye Böldü

Deniz'lerin idam kararları ile ilgili çalışmalar konusunda Yalçın Küçük, şu tezleri ileri sürmüştür:

"Üç gencin yaşamı sözkonusudur ve o günleri hatırlıyorum, üç yaşamı çok geride bırakan bir nitelik ortaya çıkıyor. İncelediğim veya yaşadığım yakın zamanlarda, Türkiye'de gericilik ile ilericilik arasında bundan daha net, bundan daha katı ve bundan daha saflaşmış bir inatlaşma bilmiyorum. Üç gençten oluşan bir yaşam çizgisi Türkiye'yi ikiye böldü ve Türkiye'de ilericiler bir yanda saflaşarak, bu üç yaşamı kurtarmak için görülmemiş bir inat gösterdiler."[36]

İnatlaşmanın sonuçları ve etkileri üzerinde bir değerlendirme yapmayacağım. Sadece, Deniz'lerin yakalanmasından idamlarına kadar geçen sürede ilerici cephenin neler yaptığını özetle aktarmaya çalışacağım.

16 Mart 1971 Salı: Niğde ve komşu illerde 20'ye yakın idam mahkûmunu asmış bulunan eski cellatlardan "Zırtlan Kadir" adıyla tanınan Kadir Özşeniçli (61), İçişleri Bakanına gönderdiği bir telgrafla Deniz Gezmiş'i asmak istediğini bildirir.

18 Mart 1971 Perşembe: Ankara'da bir polis yetkilisi, Deniz Gezmiş ve arkadaşlarının yakalanması için Ankara polisinin bugüne kadar harcadığı paranın üç milyonu bulduğunu ifade etmiştir. Bu paraya günlerce sabahlara kadar kiralanan 500'ü aşkın taksinin ücreti de dahildir.

18 Mart 1971 Perşembe günü Yeni Gazete'de yayınlanan bir haber özetle şöyledir:

"Deniz Gezmiş konusunda konuştuğumuz öğrenci liderleri ve militanlar, bu konuda endişe duyduklarını, en geç bir hafta içinde bir '-yabancı elçinin' kaçırılarak, Deniz Gezmiş'in hayatı ile elçinin hayatının takas edileceğini söylemişlerdir. Eğer bu usûl sökmezse, herhangi bir uçağın Filistin'e kaçırılıp, içindeki yolcuların hayatlarının Deniz Gezmiş'e karşılık rehin tutulacağını da belirtmişlerdir."

Yusuf Aslan Öldüğü ve Deniz Gezmiş'e İşkence Edildiği Takdirde

19 Mart 1971 Cuma: İTÜ Dev-Genç, İTÜ Öğrenci Birliği ile TDGF İstanbul Bölge Yürütme Kurulu, birer bildiri yayınlayarak, Deniz Gezmiş'in tutuklanıp hapishaneye girmesine rağmen, öğrenci hareketlerinin devam edeceğini bildirir.

İTÜ Dev-Genç ile İTÜ Öğrenci Birliği'nin bildirilerinde özetle şu görüşlere yer verilir: "Deniz Gezmiş, 1967-1968'lerde gençlik lideriydi. O zaman da gençlik hareketlerinin öncüsüdür diye aylarca zindanlara atıldı. Gençlik hareketleri durdurulabildi mi? Aksine hergün daha da büyüdü. Üniversiteler, emperyalistlerin ve uşaklarının korkuyla bahsettikleri yerler oldu. Bugün de Deniz Gezmiş'in hapse atılmasıyla Türkiye devrimci hareketi durmayacak, aksine tarihin akışına uygun olarak doğru çizgisinde gelişecektir."

Aynı gün, Ankara'da bazı gazete bürolarına gönderilen "Türkiye Halk kurtuluş Ordusu" imzalı bildiride, "Yusuf Aslan öldüğü ya da Deniz Gezmiş'e hapishanede işkence edildiği takdirde örgüt mensuplarının Amerikalılara ait bütün binaları, emniyet merkezlerini ve yabancı işyerlerini imha edecekleri" öne sürülür.

21 Mart 1971 Pazar: Adana ili, Kozan kazasına bağlı ve dokuz yüzün üzerinde seçmeni olan Hamam köyü muhtarlık seçimleri yapılır. Seçimlerden sonra yapılan oy tasnifinde Deniz Gezmiş'in muhtarlık heyetinin birinci yedek azalığını kazandığı görülür. Ancak ilçe seçim kurulu tarafından Deniz'in azalık görevi iptal edilir.

26 Mart 1971 Cuma: Kadın rejisör Bilge Olgaç, "Deniz Gezmiş ve arkadaşlarının olaylarını filme alacağım. Oyuncu kadrosunu henüz tesbit etmedim. Ancak filmin başkahramanı Deniz Gezmiş rolünü Tanju Korel'e oynatmayı düşünüyorum. Filmde Deniz Gezmiş'in İçişleri Bakanı ile olan görüşme sahnesi de bulunacaktır" açıklamasını yapar.

Kor Koçalak, 26 Mart 1971 günü, Ankara Cumhuriyet Savcılığına giderek teslim olur.

Türkiye Halk Kurtuluş Ordusu mensupları tarafından yazıldığı belirtilen ve Sivas'tan postaya verilerek TRT Genel Müdürlüğüne gönderilen bir mektupta, Deniz Gezmiş ile tutuklu arkadaşlarının 10 gün içinde serbest bırakılması istenmekte; aksi halde TRT Genel Müdürlüğü binası ve Parlamento ile Çankaya Köşkünün havaya uçurulacağı ifade edilmektedir. Altı imza bulunan mektup, 27 Mart 1971 Cumartesi günü, TRT Genel Müdürü Adnan Öztrak'ın eline geçmiştir.

30 Mart 1971 Salı: Konya Barbaros İlkokulu öğretmeni Veli Sevinç'in, ders sırasında öğrencilerine "Deniz Gezmiş'i övdüğü" iddia edilir. 5. sınıfı okutmakta olan öğretmen Veli Sevinç, ileri sürüldüğüne göre; "Deniz Gezmiş davasında haklıdır. Birgün Deniz Gezmiş'in heykeli dikilecektir" demiştir. Öğrencilerin durumu velilerine bildirmeleri üzerine olaya ilgililerce el konulur. Konya Valisi, Deniz Gezmiş'i öven öğretmene işten el çektirmiştir.

Avukat Niyazi Ağırnaslı, 4 Nisan 1971 Pazar günü bir açıklama yaparak; "Deniz ve arkadaşlarını kırk veya elli avukatın savunacağını" söyler.

Deniz, 8 Nisan 1971 Perşembe günü, saat 16.30'da Doğu Perinçek'e bir telgraf çekerek, "Acele Ankara Merkez Cezaevine gelmesini" ister. Perinçek, 9 Nisan günü, cezaevine giderek Deniz ve Hüseyin ile görüşür. Deniz ile Hüseyin, Doğu'ya, özetle; "Hücreye konulduklarını, bunu protesto etmek amacıyla 6 Nisan akşamından itibaren açlık grevine başladıklarını, bunu kamuoyuna açıklamasını" ister. Perinçek, bir basın toplantısı yaparak, Deniz ve Hüseyin'in açlık grevi yaptığını açıklar. Fakat, açıklama sadece "Devrim" ile "Proleter Devrimci Aydınlık" dergilerinde yayınlanır.

Tutuklular Kayseri Cezaevine Naklediliyor

10 Nisan 1971 tarihli Akşam gazetesinde, Yavuz Donat imzası ile yayınlanan bir haberde, "İsmet İnönü tarafından, Deniz Gezmiş'in serbest bırakılması için kaçırılacağının istihbarat edildiği" yazılır.

Deniz, 12 Nisan 1971 Pazartesi günü, yargılandığı bir davada, Ankara İkinci Ağır Ceza Yargıcı Rauf Tozer'in sorularını şöyle yanıtlamıştır:

"Soru: Ne iş yaparsınız?

Yanıt: Devrimciyim.

Soru: Anlayamadım. Mesleğiniz demiştim?

Yanıt: Devrimciyim. Türkiye Halk Kurtuluş Ordusunun bir savaşçısıyım."

17 Nisan 1971 Cumartesi: Bu sabah, gazete idarehanelerine posta ile Türk halk Kurtuluş Ordusu adı altında bir bildiri gönderilmiştir. Bildiride, 15 şart ileri sürülmüş ve bunlar yerine getirilmediği takdirde yurdun her yerinde mücadeleye devam edileceği bildirilmiş, bildiriyi 3 gün içinde yayınlamayan matbaanın havaya uçurulacağı ilave edilmiştir. bildiri özetle şöyledir:

*Türkiye'de fiat artışlarının durdurulması ve her yerde eşit muamele.

*Fakir vatandaşlara devletçe bakılması. Mal ve can emniyetinin sağlanması.

*Silahlı Kuvvetlerdeki haksızlığın giderilmesi. Astsubayların haklarının verilmesi.

*Lüzumsuz masrafların önlenmesi. Fakir köylülere kredi verilmesi.

*Vergi kaçakçılığının önlenmesi. Ölüm cezalarının arttırılması.

*Toprak reformunun yapılması. Kadın işçilerin yurt dışına çalışmasına müsaade edilmemesi.

20 Nisan 1971 Salı: Elazığ Lisesi Edebiyat Bölümü öğrencilerinden Nuran Şen, sırasının gözünde Deniz Gezmiş'in resmi bulunduğu için, okul disiplin kurulu kararı ile bir hafta okuldan uzaklaştırma cezası alır.

Kaçma ihtimali gözönünde bulundurulan Deniz ve arkadaşları, 15 Nisan 1971 Perşembe günü, Kayseri Cezaevi'ne nakledilir. Kayseri Cezaevi'nde tutuklu kaldığı süre içinde, daha önce eski Cumhurbaşkanı Celal Bayar'ın kaldığı hücreye bir süre konulur.

Deniz ve arkadaşları, Sıkıyönetim ilan edildikten sonra, 21 Mayıs 1971 Cuma günü, Ankara'ya getirilir.

2 Mayıs 1971 Pazar: Sulama projelerini incelemek üzere Toprak-Su Müdürlüğü'nden Kayseri Pınarbaşı'na giden Cevat Korkmaz, Mustafa Bilgin ve Ethem Akdemir adındaki Ziraat yüksek mühendisleri ile şoför Burhan Postası, saat 21.30'da Pınarbaşı ilçesinde lokanta önünde otururlarken, sinemadan çıkan 150 kişi tarafından, saç ve kıyafetlerinden Deniz Gezmiş'in arkadaşları sanılarak dövülmüşlerdir.

16 Mayıs 1971 Pazar günü kaçırılmış olan, İsrail'in İstanbul baş-

konsolosu Ephraim Elrom, 22 Mayıs 1971 Cumartesi günü, üç kurşunla şakağından öldürülmüş olarak bulunur.

22 Mayıs Cumartesi: İstanbul'da Ali Canpolat, Ali Gök, Emir Ali Toprak, Hüseyin Demirkan adlı öğrencilerle Niğde-Aksaray ilçesine bağlı Eşkil kasabası ilkokul öğretmeni Zeki İlker Akay, Deniz Gezmiş'i övdükleri için gözaltına alınır.

5 Haziran 1971 Cumartesi: Nazilli İlköğretmen Okulu öğretmenlerinden Ali Demiral'ın evi gece İzmir Sıkıyönetim Komutanlığına bağlı güvernlik kuvvetleri tarafından aranır. Aramada THKO başlıklı kâğıtlar ile sol liderlerin resimleri bulunur.

9 Ağustos 1971 Pazartesi: İzmir Sıkıyönetim Askeri Mahkemesinde "Komünizmi övmek, Deniz Gezmiş'in giriştiği eylemleri desteklemek" suçlarından Mülayim Yılmaz yargılanmaya başlanır.

8 Eylül 1971 Çarşamba: Ankara Sıkıyönetim 3 Numaralı Askeri Mahkemesi, Mucur Lisesi ikinci sınıf öğrencisi Meşhur Demir'in, bir minibüste Deniz Gezmiş'i ve anarşist eylemleri övücü konuşma yaptığı yolundaki suçunu sabit görür ve son duruşmada, 2 ay hapis ve 44 lira para cezasına mahkûm eder.

10 Eylül 1971 Cuma: Hacettepe Üniversitesi'nde sağcı ve solcu öğrenciler, Deniz Gezmiş ve arkadaşlarının duruşmasını tartışmak yüzünden birbirine girer ve üniversite yöneticileri çatışmayı önlemek üzere güvenlik kuvvetlerinden yardım ister. Üniversiteye gelen polisler kavgacıları ayırır ve elebaşı oldukları bildirilen Sefa Asım Yıldız, Ali Ağzıtemiz, Ömer Saatçi, Ali Nur, Oğuz Şahin, Ali Kemal Ercan ve Kemal Murat isimli öğrencileri gözaltına alarak, Sıkıyönetim'e teslim eder.

16 Ekim 1971 Cumartesi: Türkiye Ticaret Odaları Birliği Sekreterlerinden Zühal Güvener, Deniz Gezmiş ve arkadaşlarını övdüğü gerekçesiyle, Ankara Sıkıyönetim 2 Numaralı Mahkemesince tutuklanır.

21 Ekim 1971 Perşembe: Aydınlıkevler Lisesi'ni yeni bitiren Metin Peker isimli genç, Deniz Gezmiş'i övdüğü gerekçesiyle, TCK.'-nun 312. maddesini ihlalden yargılanmak üzere, Ankara 2 Numaralı Sıkıyönetim Mahkemesi tarafından tutuklanır.

30 Ekim 1971 Cumartesi: Elazığ Atatürk Lisesi öğrencisi Veli Çiçek'e, Deniz Gezmiş hakkında övücü sözler söylediği için, okul disiplin kurulu tarafından alınan karar üzerine okuldan uzaklaştırma ceza-

sı verilir.

Politik Suçlarda Haklılık Koşullara Göre Değişir

DTCF Öğrenci Derneği eski Başkanı, Bağımsız İçel Milletvekili Celal Kargılı 4 Kasım 1971 Perşembe günü, "İdam cezalarının kaldırılması" için hazırladığı önergeyi TBMM Başkanlığına verir.

Önergede özetle şu görüşlere yer verilir:

"Politik suçlarda kimin haklı, kimin haksız olduğu koşullara göre değişmektedir. Kurulu düzene başkaldırıp başarısız kaldığı için (asi) sayılan suçlu da, tıpkı kendisini suçlayanlar gibi, ülkesine yararlı olmak savındadır. Öte yandan politik suçlarda, ortak suçlulardan bazılarının idamına karşılık bazılarının hapis cezasına çarptırılıp sonradan affedilmeleri, uygulamada telafisi olanaklı olmayan hukuki çelişmelere yol açmaktadır."

Celal Kargılı, 5 Kasım 1971 Cuma günü yayınladığı bir açık mektupla, "Türkiye'deki tüm hukukçuları, Türk Ceza Kanunu'nun kırküçüncü maddesinde yer alan idam cezalarının kaldırılması" için imza kampanyası açmaya çağırır.

29 Kasım 1971 Pazartesi: Nahit Tören yakalanıyor. Nahit Tören'i sakladığı gerekçesiyle Halis Fındık (İTÜ), Yusuf Karaçavuş (İTÜ), Güher Karaçavuş (İKTÜ'de asistan), Mehmet Ataberk (Yedek subay öğrenci), Saniye İnci Ataberk (Ev kadını), Yaşar Uçar (Öğrenci), Abdullah Özkan (Öğrenci), Sevgi Özkan (Üniversitede sekreter), Gürer Korulsan (Sultanahmet Çocuk Esirgeme Kurumu Müdiresi), Semra Sücudamlı (Günaydın gazetesinde çalışır), Veli Yılmaz (İTÜ), Hüseyin Hulki Teztel (Emekli Deniz Yarbay), Selma Teztel (Ev kadını), Tahsin Özer Eşsiz (Beyoğlu Hastahanesi Bevliye servisinde memur), Ahmet Murat Yeşilyurt (Memur), Hüseyin Taşdemir (Sanka memuru), Hüseyin İlmik (Öğrenci) hakkında dava açılır.

16 Aralık 1971 Salı: Kayseri Kız İlköğretmen Okulu 5-A sınıfı öğrencilerinden Refika Başar, Nejla Güleç ve Zehra Kelket hakkında Kayseri Savcılığı, Deniz Gezmiş'i İkinci Atatürk olarak gösterme cüretinde bulundukları iddiasıyla soruşturma açar.

1790 kişi tarafından imzalanarak 5 Ocak 1972 Çarşamba günü Cumhurbaşkanı, Meclis, Senato Başkanları ve Başbakana bir dilekçe ile sunulan yazılı metin şöyledir:

"Biz aşağıda imzaları bulunan kişiler, ölüm cezaları hakkında görüşümüzü açıklamayı zorunlu buluyoruz:

1) Özellikle siyasi suçlar için ölüm cezası, dünya hukuk uygulamasındaki son gelişmelerin gösterdiği gibi, artık çağdışı kalmıştır.

2) Türkiye'de ölüm cezasını kaldırmak için gerekli kanun değişiklikleri en kısa zamanda yapılmalıdır.

3) Bu kanun değişiklikleri gerçekleşinceye kadar hiçbir ölüm cezası infaz edilmemelidir.

4) Bütün yetkili kurum, kuruluş ve kişiler ölüm cezasının kaldırılması ve uygulamalarının durdurulması için demokratik ve anayasal imkanlar içinde her türlü çabayı göstermelidir.

Suç ve ceza, hiç kuşkusuz insan denen canlının yaratılması ile birlikte varolmuştur. Mitolojik olarak kabul edilen Adem ile Havva'nın ilk doğal davranışları suç olarak nitelenmiş ve cezaya çarptırılmışlardır. Ama yine kuşkusuzdur ki, göğsünde yürek taşıyan insanoğlunu acıma ve bağışlama duygularından yoksun düşünmek olanaksızdır.

Bilindiği gibi, ölüm cezasının ceza adaleti niteliği 18. yüzyıldan beri tartışma konusu olmuştur. Bu tartışma sonucu, çağdaş uygarlık düzeyine varmış ülkelerde yasalarda var olmasına karşın uygulamaktan kaçınılmıştır. Örneğin Federal Almanya, İtalya, Hollanda, İspanya vb.

Uygarlık yarışında büyük çaba harcayan toplumumuzda, ölüm cezasının hâlâ uygulanmasının bu çabalara ters düştüğü, dünya kamuoyunda olumsuz etkiler yaptığı kuşkusuzdur.

Özellikle politik suçlara ölüm cezası uygulanması, toplumda giderilmesi olanaksız yaralar açmakta, giderek ayrı politik görüşte olan topluluklar arasında derin düşmanlık duygularının oluşmasına neden olmaktadır.

İşte, aşağıda imzaları bulunan bizler, bu düşüncelerden esinlenerek ceza adaleti ve insanlığın doğal eğilimleri ile bağdaşmayan ölüm cezalarının, öncelikle politik suçlarda, en kısa sürede yasalardan kaldırılmasını diliyor, bu konudaki gerekli girişimlerde bulunmanızı umutla bekliyoruz. Saygılarımızla."

Büyük Reis

Ankara 1 Numaralı Sıkıyönetim Mahkemesi'nin Deniz ve arkadaşları hakkında onsekiz idam kararı vermesi nedeniyle çeşitli yerlerde eylem gerçekleştirilir.

10 Ocak 1972 Pazartesi günü, ODTÜ'de patlamalar olur.

Gazi Eğitim Enstitüsü'nde öğrenciler marşlar söyleyerek derslere girmez.

Mamak Askeri Tutukevi'nde Sevim Onursal, Şirin Cemgil, Serpil Kurtgözü, Meral Kayır, Güler Koç, Sema Karagözoğlu, Tülin Bingöl, Mahiye Morgül, Emine Dinç, Mehtap Güçlü, Sibel Şerifoğlu, Şenay Zangir, Nihan Şerifoğlu, Hülya Zağyapan ve Nurten Gezer adlı tutuklular açlık grevine başlar.

12 Ocak 1972 Çarşamba günü, Ankara Üniversitesi Hukuk Fakültesi öğrencilerinden biri kız dört öğrenci, bildiri dağıttıkları gerekçesi ile gözaltına alınır.

13 Ocak 1972 Perşembe günü, Çorum'dan 248 imzalı bir dilekçe ile ölüm cezasına karşı olunduğu açıklanır.

Türkiye Sanatçılar Birliği Yönetim Kurulu adına bildiri yayınlayan Tan Oraloğlu, özetle şu açıklamayı yapar:

"İstanbul'da öğrenciler ve ev kadınları arasında toplanan 50 bin imzalı isteğe ve Türk Tabibler Birliği'nin basında açıklanan görüşlerine katıldığımızı kamuoyuna duyururuz."

Merkezi Paris'te bulunan, "Uluslararası Demokrat Hukukçular Birliği" Genel Sekreteri Joe Notman, CHP Genel Başkanı İsmet İnönü'ye bir telgraf göndererek, "Ölüm cezasına karşı yapılan hareketi desteklemesini" ister.

Merkezi Londra'da bulunan Uluslararası Af Örgütü, 29 Kasım'da, üç gencin infaz edilmesine engel olması için Başbakan Nihat Erim'e gönderdikleri mektubun metnini kamuoyuna açıklar.

14 Ocak 1972 Cumartesi günü, Türk Tabibler Birliği Merkez Konseyi Başkanı Erdal Atabek, "Türk hekimlerin ölüm cezalarına karşı oldukları"nı açıklar.

17 Ocak 1972 Pazartesi günü, Stockholm'de Erhan Erdoğmuş, Mahmut Bąksı, Hüseyin Yetkin ve Yaşar Oğuz adlı dört genç, idam kararlarını protesto etmek amacıyla açlık grevine başlarlar.

TMGT, UNESCO Türkiye Milli Komisyon Yönetim Kurulu'na bir mektup göndererek, "Ölüm cezasının Türk hukukundan çıkarılması için teşebbüse geçmesini" ister.

18 Ocak 1972 Salı günü, beş Türk öğrencisi Başbakan Nihat Erim'in Paris gezisini protesto etmek amacı ile, Paris'te idamların infaz edilmemesi için açlık grevine başlar. Açlık grevi yapan öğrenciler şunlardır: Ataol Behramoğlu, Necmiye Alpay (Behramoğlu), Çelik Bilge, Nihat Fırıncıoğulları ve Lütfü Yazar.

Açlık grevi yapan öğrenciler ve arkadaşları bildiri de dağıtmışlardır. Deniz Gezmiş, Yusuf Aslan ve Hüseyin İnan'ın idamlarının önlenmesi için bildiri dağıtanlar arasında Ertuğrul Özkök de vardır.

19 Ocak 1972 günü, İnşaat Mühendisleri Odası ve Türkiye Devrimci Öğretmenler Birliği, ölüm cezalarına karşı olduklarını açıklar.

22 Ocak 1972 Cumartesi günü, Fransa'yı ziyaret etmekte olan Başbakan Nihat Erim'le görüşen Hüsnü Dilli ve Nejat Firuzkar adlı öğrenciler, Türkiye'de idam cezalarının infaz edilmemesini ister.

Bu sırada bazı kişiler Paris Opera Meydanı'nda bulunan Türk Hava Yolları bürosunu idam kararlarını kınamak amacıyla işgal eder.

Dışarda bu eylemler olurken, idam cezası almış olan Deniz, şakacı tavrını cezaevinde de sürdürmektedir.

Deniz, İstanbul Üniversitesi Hukuk Fakültesi profesörlerinden birine çok kızmaktadır. Deniz'in çok kızdığı profesörün adı, bu dönem gazetelerde çok sık geçmeye başlar. Deniz, cezaevinde arkadaşlarına bu profesör hakkında bildiği şeyleri anlatırken, bir nöbetçinin kendisini dinlediğini farkeder. Ne konuştuğunu hemen cezaevi yönetimine iletileceğini bilen Deniz, sesini biraz yükseltir ve anlatmaya başlar:

"Keşke bunca cezaya katlanmasaydık da, o profesörün büyük reisimiz olduğunu söyleseydik. Bakın şimdi biz idama gidiyoruz, o kalıyor. Yazıklar olsun ona, bizi kurtarmak için kılını bile kıpırdatmadı."

Konuşmaları dinleyen nöbetçi ortadan kaybolur. Deniz'in planı tutmuştur. Biraz sonra Deniz, cezaevi müdürü albayın yanına çağrılır.

Albay, sakin bir sesle:

- Deniz, evladım. Gençsin. Anneni, babanı düşün. Şayet bana büyük reisin kim olduğunu söylersen seni kurtarırım.

- Albayım, önemli olan toplumun yararına iş yapmaktır. Büyük reisin kim olduğunu nasıl söylerim, mümkün mü?

- Kendini bu kadar eziyete soktuğun yetmedi mi? Seni ipe gitmekten kurtarmak istiyorum.

- Albayım, eğer sahiden bir büyük reis olsaydı ve ben onu bilseydim kendisini ele vermektense ipe gitmeyi göze alırdım. Kusura bakmayın, ben arkadaşlarla şaka yapıyordum, siz kulağınıza gelen haberi ciddiye almışsınız.

CHP'nin Kapatılması İçin Adım Atılıyor

Bu arada, sıkıyönetimin beşinci defa iki ay daha uzatılmasıyla ilgili hükümet tezkeresinin 24 Ocak 1972 Pazartesi günü TBMM'de görüşüldüğü sıra, CHP adına söz alan Genel Başkan İsmet İnönü, özetle şunları söyler:

"Öteden beri siyasi suçlardan idam cezası istemediğimi söylüyorum. Siyasi suçlardan dolayı idam cezası yapmayalım. Bunu kaldıralım. Dünyada öyle memleketler vardır ki, idam cezalarını kaldırmışlardır. İçişleri Bakanımızın söylediği gibi hadiseler patlayacaksa, siyasi boğuşmalar olacaktır. Memleketin birbirine girmesinden korkuyorum. İsabetli bir tedbir saydığım siyasi suçlardan idam cezasının kaldırılmasını teklif ediyorum. Suçlular için ne kayıtlar alınır, ne tedbirler yapılabilir, bunları düşünebiliriz, yoksa halk için, gelecek için çok karanlık olacaktır."

4 Şubat 1972 Cuma günü: MİT, idamların affının bir dış merkezden sol bir slogan halinde geliştirilerek Türkiye'ye intikal ettirildiği konusunda siyasi liderlere brifing verir.

Brifinge katılanların belirttiklerine göre, toplantının amacı daha çok CHP Genel Başkanı İnönü'ye dönük bulunmaktadır.

CHP yetkililerinin bildirdiklerine göre, Ankara Sıkıyönetim Komutanlığı Adli Müşavirliği, Orgeneral Semih Sancar imzasıyla CHP merkezine 9 Şubat 1972 tarih ve 1972/4483-6 sayılı bir yazı göndererek, "Dev-Genç'li bazı kimselerin partiye üye kaydedildiklerini ve bunların parti içinde militan görev aldıkları yolunda CHP Genel Başkanı İsmet İnönü'nün yaptığı açıklama ile Merkez Yönetim Kurulunun bu konuda yayınladığı bildiri hakkında" bilgi istemiştir. Sıkıyönetim komutanlığı Adli Amirliği, CHP Genel Merkezinden gelecek bilgiyi değerlendirecek ve dava açıp açmama konusunda karar verecektir. Esasında bu yazı, CHP'nin kapatılması yönünde atılmış bir adımdır.

CHP'liler, Ankara Dev-Genç İddianamesinde, "CHP ve ortanın solu politikasının anarşik olaylara sebep olduğu"nun ileri sürülmesi üzerine 26 Şubat 1972 Cumartesi günü, tepki gösterir.

1 Mart 1972 Çarşamba günü, CHP, kamuoyuna yaptığı bir açıklama ile "Hükümetin, hukuki yetkilerini aşan altı sıkıyönetim savcısı hakkında sorumluluğun gereğini yapmasını" ister. Bildiride özetle şunlar açıklanmıştır:

"Bu günlerde bir değil, altı sıkıyönetim savcısının ortaklaşa yazdıkları ikinci bir iddianame mahkemede okunarak kamuoyuna açıklanmıştır. Bu iddianamede, CHP ve onun Genel Başkanı açıktan ve 1938'den beri bütün siyasi olaylar ve hareket için itham edilmektedir. Savcılar tarafından alınan bu teşebbüs, bilgileri hududunu aşan ve hukuki yetkileri bakımından da kanun dışı bir tecavüz hareketidir.

Sıkıyönetim savcıları, hükümeti yok farzetmek derecesine kadar vardıklarını henüz ilan etmemişlerdir. Onun için hükümet, kanunlara göre, savcıların tecavüzlerinden de başlıca sorumludur. Hükümetin sorumluluğunun gereğini yapmasını ve sonucu en kısa zamanda açıklamasını, anayasa müessesesi olan bir siyasi partinin genel başkanı ve yetkili kurulları olarak istiyoruz."

11 Şubat 1972 Cuma günü, Berlin'de bazı Türk öğrenciler, Almanya Öğrenci Federasyonu Başkanı Hakkı Keskin yönetiminde idam kararlarını kınamak için açlık grevine başlar.

Deniz'in İstekleri

13 Mart 1972 Pazartesi günü, saat 14.00 sularında Avukat Erşen Şansal, Kemal Yücel, Sadık Akıncılar ve Halit Çelenk; Deniz, Yusuf ve Hüseyin ile görüşmek amacıyla Mamak Askeri Cezaevine gider. Avukat Halit Çelenk, ilk olarak Deniz'le görüşür. Deniz, Halit Çelenk'le yaptığı görüşmede şu isteklerinin yerine getirilmesini ister:

- İnfazlardan sonra üçümüzü de yanyana Taylan Özgür'ün Cebeci'deki mezarının yanına gömsünler.
- İnfazlarda en azından bir avukatımız bulunsun.

- Başbakan Nihat Erim, eylemlerden pişmanlık duyduğumuzu belirterek af dilememizi istedi. Af istemiyoruz. Böyle birşey söz konusu değildir. Ayrıca anne ve babalarımıza da söyleyin, bizler için kimseden af dilemesinler.

- Emniyet'te alınan ifadelerimizde Sovyetler Birliği Büyükelçisini de kaçırmak istediğimiz ve bunu planladığımız yazılmaktadır. Bunu reddediyoruz.

Üç'e Karşı Üç

15 Mart 1972 Çarşamba günü, Cemil Gezmiş, Hıdır İnan ve Beşir Aslan, Cumhuriyet Senatosu üyelerine tek tek şu mektubu gönderir: "Sayın Senato üyesi... Üç gencin ölüm cezaları Anayasamızın son mercii olarak tesbit ettiği ve bir teminat unsuru olarak kabul ettiği yüce Senatomuza sunulmuş bulunmaktadır.

Siyasi görüşünüz hangi istikamette olursa olsun, 24 yaşında, hayata yeni başlamış üç insanın ölümüne 'Evet' demeden önce bir iç muhasebesi yapacağınızı ve herşeyin üstünde sizin de aynı kudretin bahşettiği canı taşıyan bir yaratık ve özellikle bir baba olduğunuzu düşüneceğinizi kuvvetle ümit etmekteyiz. Saygılarımızla."

Yusuf Aslan'ın babası Beşir Aslan ayrıca Cumhurbaşkanı Cevdet Sunay'a aynı içerikte bir dilekçe verir.

Başbakan Nihat Erim'in İsveç'te bulunan oğlu Işık Erim, eski eşi Luis Lingren ve üç yaşındaki çocuğu Kamile Erim, idam kararlarıyla ilgili olarak kendilerini kaçıracakları konusunda aldıkları tehditler üzerine İsveç Konsolosluğu'na sığınır.

TİP Kocaeli Senatörü Fatma Hikmet İşmen, 27 Mayıs 1960 ihtilaliyle kapatılan DP'nin devamı olan AP Senatörlerinin Parlamentodaki tavırları konusunda şunları anlatmıştır:

"Onlar karar vermişler, bunları öldürmeye. Parlamentonun kulislerinde, bizim geçtiğimiz yerlerde, idamlara karşı olanları çıldırtmak için 'Üçe üç, üçe üç, üçe üç' diye bağırışıyorlardı. 17 Eylül 1961 tarihinde idam edilen Adnan Menderes, Fatin Rüştü Zorlu ve Hasan Polatkan'ın karşılığı olarak bunu yapıyorlardı. Olayın üzerinden onbir sene geçmesine rağmen bu kadar kin beslemişler."

16 Mart 1972 Perşembe günü Senatoda yapılan oylamada idam

kararına onay çıkar. Oylamaya katılan 141 senatörden 105'i Deniz Gezmiş, Hüseyin İnan ve Yusuf Aslan'ın idam edilmesi için oy kullanır. 36 senatör ise reddeder.

23 Mart 1972 Perşembe günü, İngiliz Komünist Partisi Genel Sekreteri John Gollan, "Deniz ve arkadaşları için af isteminde" bulunur.

Belçika, Danimarka, Avusturya ve Norveç'in Ankara'daki elçilikleri hükümetlerinin yönergesi üzerine Dışişleri Bakanlığı ile Cumhurbaşkanı'na başvurarak, Deniz ve arkadaşları hakkındaki idam kararlarının yerine getirilmemesi isteğinde bulunur.

Arkadaşları arasında, "Bombacı Zihni" olarak adlandırılan Zihni Çetiner, Deniz'lerin idamlarının engellenmesi için yaptıkları projeyi şöyle anlatmıştır:

"Deniz'lerin idamını engellemek için birileri Kızıldere olayını yaptı, birileri uçak kaçırdı, biz de Ankara Gemisi'ni kaçıracaktık.

1972 Mart ayında, biz TMGT'nda iken, Almanya'dan iki kişi geldi. Bunlardan birisi Kıbrıslı Zeki, diğeri Muammer Özer'di. 'Mustafa Gürkan'ı arıyoruz' dediler. Mustafa Gürkan o zaman kaçak, aranıyor. Neden aradıklarını sorduk, anlattılar. Planlarına göre; Ankara Feribotu Akdeniz seferini yaparken İtalya'ya uğradığında, bunlar da, bir grup arkadaşlarıyla Roma'da gemiye binerek yolcularıyla birlikte gemiyi, Deniz'lerin idamlarının önlenmesi amacıyla rehin alacaklar. 'Bu eyleme ben de varım' dedim. Birkaç kez buluştuk. Meğer bunlar Almanya'dan beri izleniyorlarmış. Sonuçta, bir şey yapamadan polisler tarafından yakalandık."

Üç İngiiz Teknisyeni Kaçırılıyor

Deniz Gezmiş, Hüseyin İnan ve Yusuf Aslan hakkında verilen ölüm cezalarının infaz edilmesine ilişkin yasa, 24 Mart 1972 günü Cumhurbaşkanı Cevdet Sunay tarafından onaylandıktan sonra, 25 Mart 1972 Cumartesi günü Resmi Gazete'de yayınlanarak yürürlüğe girer.

Kanun yürürlüğe girer girmez, saat 09.20'de, CHP Genel Başkanı İsmet İnönü imzasını taşıyan ve yasanın esas yönünden iptalini isteyen CHP'nin iptal dilekçesi CHP Genel Sekreter Yardımcısı Orhan Eyüboğlu ile Merkez Yönetim Kurulu üyelerinden Erzurum Milletvekili Selçuk Elverdi tarafından Anayasa Mahkemesi Başkanlığına verilmiştir.

Ankara Sıkıyönetim Komutanlığı, bunun üzerine, "CHP'nin talebi politiktir. İnfaz durdurulamaz" diye bir karar alır. Ankara İnfaz Savcısı Sami Uğur, idamların yerine getirilmesi konusunda Sıkıyönetim Mahkemesinin verdiği infaz şerhi kararının Askeri Yargıtayca da onaylanması halinde, derhal infaza gidebileceklerini söyler.

CHP'nin Anayasa Mahkemesi'ne açtığı iptal başvurusu sonunda Deniz Gezmiş, Yusuf Aslan ve Hüseyin İnan'ın idamlarının infazı şimdilik ertelenir.

İdamların yapılmasının engellenmesi konusunda diğer bir çalışmayı da Ertuğrul Kürkçü, şöyle açıklamıştır:

"Hüseyin İnan'dan Mamak Askeri Cezaevi'nden nasıl gönderdiğini bilmediğim ve kiminle gönderdiğini açıklamayacağım, İngilizce yazılı iki not aldım. Birincisinde, '24 Aralık'ta Noel eğlencesini basmamızı ve bütün diplomatları biraraya toplayarak kendilerini de oraya çağırmamızı, ne yapılacağına orada karar verileceğini' söylüyordu. İkincisinde ise, 'artık kendilerinin gitmiş olduklarını, ne yapılacaksa bir an önce yapılması gerektiğini' söylüyordu. Bunları Cihan Alptekin'le birlikte okuduk." Kürkçü, Kızıldere olaylarına böylece karar verildiğini de aynı duruşmada belirtmiştir.

27 Mart 1972 Pazartesi günü, Ünye Radar üssünde görevli üç İngiliz Mahir Çayan, Cihan Alptekin, Ertuğrul Kürkçü ve arkadaşları tarafından kaçırılır. Mahir Çayan ve arkadaşları da sanki, "Üçe karşı üç" tavrını izlemişlerdir.

Aynı gün, Ankara Sıkıyönetim ve İkinci Ordu Komutanı Orgeneral Semih Sancar, bir bildiri yayınlayarak, CHP Genel Başkanı İsmet İnönü ve yetkili organlarına şu yanıtı verir:

"Uzun zamandan beri Cumhuriyet Halk Partisi'nden bir kanat mensuplarının devamlı olarak askeri savcılık ve askeri mahkemelere tecavüzkâr tutum ve davranış içerisinde oldukları, Cumhuriyet Halk Partisi Başkan Vekili Necdet Uğur'un 25 Kasım 1971 tarihli Meclis konuşmasından, CHP Yönetim Kurullarının 1 Mart 1972 günkü ortak bildirisinden ve 25 Mart 1972 günkü CHP Genel Başkanı İsmet İnönü'nün TBMM birleşik toplantısında yapmış olduğu Meclis konuşmasından anlaşılmaktadır. 21 Şubat 1972 tarihinde duruşması başlaması dolayısıyle aleniyet kazanmış bulunan Dev-Genç iddianamesinde CHP'ye tecavüz teşkil eden haksız ithamlar varmış gibi gösterilerek, görülmekte olan bir dava üzerinde bilhassa Anayasamızın 132'nci maddesine aykırı olarak etki yapılmak istenilmiş ve kamuoyu yanıltılmaya çalışılmıştır.

Bazı uyarılar sonunda Dev-Genç iddianamesinde, CHP'ye herhangi bir sataşma olmadığı anlaşılmış ve bu kere maksatlı olarak 27.8.1971 tarihinde yazılmış olan TÖS iddianamesi ele alınarak kendilerine göre, bir sonuca varılmak istenilmiş ve bu husus politik bir konu haline getirilmiştir."

İnfazlar İçin Yalvarmaya Geldim

CHP Genel Başkanı, 25 Mart 1972 günü Sıkıyönetimin uzatılması ile ilgili görüşme yapılırken, TBMM birleşik toplantısında askeri savcıları, ordu içersinde anarşist Mahir Çayan'ı kaçıran aşırı sol uçla mukayese eder ve bunların aşırı sağ ucun temsilcileri olduklarını; 'Kaba yalancı', 'Zorlu derviş', 'Müfteri', 'Hastalık' içinde bulunduklarını söyler ve ordu içerisinden tasfiyelerinin gerekeceği telkininde bulunur.

CHP Yönetim kurullarının ortak bildirisinde de askeri savcıların 'Bilgi hudutlarını aşan', 'Mütecaviz' ve 'Hükümeti yok farzetmeye varan' bir tutum içersinde oldukları belirtilmiştir.

Ankara Sıkıyönetim Komutanlığı, 70 Sayılı bir bildiri yayınlar. Bildiride şunlar yazılıdır:

"Askeri Savcılık, Anayasa'nın 138. maddesine dayanılarak 353 ve 357 Sayılı Kanunlara göre kurulmuş anayasal bir müessesedir.

Türkiye Cumhuriyeti'ni uzak ve yakından tehdit eden olaylar üzerine kendilerine görev tevdi edilen bütün askeri hakim, askeri savcı ve adli müşavirlerimiz daima tevdi edilen görevin ehemmiyetini fazlasıyle müdrik olarak feragat ve fedakârlıkla çalışmak suretiyle ifa etmişlerdir. Demokratik düzene geçişimizden sonra çalışmaları takdir ve şükranla karşılanacak örneklerle doludur.

Askeri Savcılarımız, Anayasa'nın başlangıcında ve 2. maddesinde esasları belirtilen Atatürk ilkelerinin doğrultusunda ve tam bir tarafsızlık içerisinde görevlerini yapmanın vicdan huzurunu duymaktadırlar.

Bu itibarla vatan ve millet sevgisi ile dolu olarak yılmadan feragat ve cesaretle çalışan askeri hakim ve savcılarımızın aşırı sağ ucun temsilcileri oldukları yolundaki iddiaları kesin olarak reddetmekle beraber, bu isnadları yapanların aşırı sağ ve sol uca ne şekilde bir tavizde bulunduklarını da kamuoyunun takdirlerine sunarım."

Bu bildiriden sonra, İstanbul Sıkıyönetim ve Birinci Ordu Komutanı Faik Türün, Eskişehir Sıkıyönetim Komutanı Hava Korgenerali İrfan Özaydınlı, Adana-Hatay Sıkıyönetim Komutanı Korgeneral Vecihi Akın, Diyarbakır-Siirt Sıkıyönetim Komutanı Korgeneral Şükrü Olcay, ard arda birer bildiri yayınlayarak; "Ankara Sıkıyönetim Komutanlığı tarafından yayınlanan 70 sayılı bildirinin içeriğine katıldıklarını" belirtirler.

İdamlara karşı gösterilen tepkiler, Türkiye'de ve tüm dünyada yoğun ilgiyle sürmektedir. 29 Mart 1972 günü yayınlanan bir habere göre; "Deniz ve arkadaşlarının eylemlerine ve idamlarına Sovyet Televizyonu geniş yer" verir.

30 Mart 1972 Perşembe günü Sunay, şu açıklamayı yapar: "İnönü, 'infazlar için yalvarmaya geldim, anlayış göstermiyorsunuz' dedi."[37]

3 İngiliz teknisyeni kaçıran Cihan Alptekin, Mahir Çayan ve arkadaşları, 30 Mart Perşembe günü öldürülür.

Deniz'in, Kızıldere'de ölen on kişinin resimlerinin yayınlandığı gazeteyi görünce, içini hüzün kaplar. En yakın arkadaşı Cihan da yoktur artık.

Bu Şerefli Kanların Hesabı Kesinlikle Sorulacaktır

24 Nisan 1972 Pazartesi günü, TBMM'de idam cezalarının yerine getirilmesine ilişkin kanun tasarısı görüşülürken CHP Genel Başkanı İsmet İnönü, öteden beri siyasi suçlardan dolayı idam yapılmaması görüşünde olduklarını belirterek; "Mahkûmlara, suçlulara, mahkûm oldukları cezalar yerine, evvelce söylediğimiz gibi, siyasi suçlardan dolayı idam cezası olmasın deyişimiz istikametinde bunların cezalarını müebbet hapse çevirmeli, ondan sonra, hapis zamanlarında, ıslahlarına çalışılmalı ve ondan sonra da sosyal tedbirler aranmalı" der.

29 Nisan 1972 Cumartesi: Deniz Gezmiş, Yusuf Aslan ve Hüse-

yin İnan, Ankara Gülhane Askeri Tıp Fakültesi'nden cezaevine gelen üç profesör tarafından muayene edilmişlerdir.

3 Mayıs 1972 Çarşamba günü Yaşar Aydın, Mehmet Yılmaz, Sefer Şimşek ve Necdet Akça tarafından Türk Hava Yolları'nın Boğaziçi adlı yolcu uçağı Bulgaristan'a kaçırılır.

4 Mayıs 1972 Perşembe günü Deniz, Hüseyin ve Yusuf'un idamlarını engellemek amacıyla Jandarma Genel Komutanı Orgeneral Kemalettin Eken'e ODTÜ Makine Fakültesi öğrencisi Hasan Ataol, ODTÜ Mimarlık Fakültesi öğrencisi Ergun Adaklı, Sefa Asım Yıldız ve Niyazi Yıldızhan tarafından suikast düzenlenir. Suikastte Niyazi Yıldızhan ile er Mustafa Baş ölür. Adaklı ile Ataol, kaçmayı başarır.

Genelkurmay Başkanı Orgeneral Memduh Tağmaç, Jandarma Genel Komutanı Eken'e yapılan suikastle ilgili Silahlı Kuvvetlere yayınladığı mesajda, "Bu gidişe son vermek için gerekli tedbirler alınmış ve alınacaktır. Haince akıtılan bu şerefli kanların hesabı sorulacaktır" der.

Deniz'lerin idam cezalarının infaz edilmemesi için yapılan bazı hareketler konusunda aşağıda yer alan düşünceler dile getirilir.

Cemil Gezmiş, idamları önlemek için, Cumhuriyet Senatosu' ndan 31 üyenin Anayasa Mahkemesi'ne dava açması için senatörlerden 4 Mayıs 1972 gününe kadar 28 imza toplar. Orgeneral Kemalettin Eken'e yapılan suikast üzerine, dilekçeye imza koyan senatörlerden 6'sı imzalarını geri alır. Böylece Anayasa Mahkemesi'ne başvuramaz.

TMGT eski başkanlarından Kazım Kolcuoğlu, Meclis Komisyonlarında idamların görüşüldüğü dönemde Deniz'le cezaevinde yaptığı görüşmeyi şöyle anlatmıştır:

"Raif Ertem'le gittik. Sarıldık öpüştük. Uzun uzun gelişmeleri değerlendirdik. 'Çok zor durumdayız' dedi. 'Kendimizi korumak, kimseye zarar vermeden olayları götürmek için belli radikal unsurlarla ister istemez dayanışma içerisine girdik. Yani askeri unsurlarla. Hep seni Kemalist diye suçlardım. Sen yapmadın, biz yapmak zorunda kaldık. Bundan sonra yapılacaklar önemli. Şimdi bizi asmak için bahane arıyorlar.' Sonra arkadaşlarını uyarmamızı istedi Deniz. 'Bizim dışımızdaki insanlar heyecanlanır ve bir şey yapmak isterler. Arkadaşları, ulaşabildiğiniz kadarıyla uyarın, bir olay olmasın. Biz de büyük bir olay yaratıp buraya girmedik aslında. Olay yaratıp idamımıza sebebiyet verilmesin.'"[38]

5 Mayıs 1972 Cuma günü, Cumhurbaşkanı Cevdet Sunay, Genel Kurmay Başkanı, Kara ve Deniz Kuvvetleri Komutanlarını kabul ederek son olayları gözden geçirmişler ve anarşik olaylara karşı alınacak sert ve sıkı önlemler konusunda düşünce alışverişinde bulunmuşlardır.

Halkımın Mutluluğu ve Bağımsızlığı İçin Savaştım

5 Mayıs gününü 6 Mayıs'a bağlayan geceyarısı, Ankara Merkez Cezaevi'nde olağanüstü bir hareketlilik görülmektedir.

Hücrelerinden apar topar getirilen Deniz, Hüseyin İnan ve Yusuf Aslan, bu olağanüstü hareketlilik içinde belki de en soğukkanlı kişilerdir.

Deniz, Hüseyin ve Yusuf'un avukatı olan Halit Çelenk infaz gecesini özetle şöyle anlatmıştır:

"Olağanüstü güvenlik tedbirlerinin alındığı Merkez Cezaevi'ne giden yollardan yıldırım hızı ile geçerek cezaevinin bahçe kapısına geliyoruz. Cezaevi, etrafındaki yol ve alanlardan başlayarak asker ve zırhlı araçlarla kordon altında. Projektörlerle aydınlatılan cezaevi, kuşatılan bir kaleyi andırıyor.

Avukat Mükerrem Erdoğan'la karşılaşıyoruz. O da başka bir resmi araba ile alınarak kapıya getirilmiş; birbirimizi orada görüyoruz.

Arabadan inerek, bizleri getiren görevlilerle birlikte bahçeye doğru birkaç adım ilerliyoruz. Bahçede üstümüzü-başımızı arıyorlar. Bu sırada iç kapıdan koşarak yanımıza gelen bir yüzbaşı bize kim olduğumuzu soruyor. Yanımızdaki görevliler idam hükümlülerinin avukatları olduğumuzu, Ankara Savcısı Fazıl Bey'in emri ile getirildiğimizi söylüyorlar. Yüzbaşı beklememizi emrediyor ve koşar adımlarla içeri gidiyor ve bir-iki dakika içinde geri geliyor. Bahçe kapısından geçerek cezaevinin kapısından giriyoruz.

Her zaman durmadan geçtiğimiz bu geniş giriş yerinin sağ tarafında on-onbeş kadar albay, bir de üsteğmen bekliyor. Sol tarafta üç gardiyan duruyor. Üstümüzde ve ceplerimizde ne varsa çıkarıp, kenarda duran masanın üzerine bırakmamızı söylüyorlar. Avukat Mükerrem Erdoğan'la birlikte cüzdanlarımızı, mendillerimizi, sigara paketlerimizi, kibrit ve dolmakalemlerimizi vb. masanın üzerine bırakıyoruz. Cebimdeki Bellergal şişesini de masanın üzerine bırakıyorum. Subaylardan birisi şişede ne olduğunu soruyor. Şişede Bellergal bulunduğunu, bunun herkes tarafından kullanılan sinir yatıştırıcı bir hap olduğunu söylüyorum. 'Şişe burada kalsın' diyor.

Bir görevli bütün giysilerimizi, çorap ve ayakkabımıza varıncaya kadar inceden inceye arıyor. Vücudumuzun en kuytu yerlerini eliyle yokluyor. Ayakkabılarımız çıkartılıyor, ökçelerinden yere vurularak silkeleniyor. Sigara paketinden sigaralar çıkarılarak tek tek inceleniyor. Para cüzdanlarının içi aranıyor. Çakmak ve kibrit kutuları kontrol ediliyor. Arama tamamlandıktan sonra ceplerimizden çıkardığımız şeyleri veriyorlar. Bellergal şişesi kalıyor.

Bizi cezaevine girmek üzere bir üsteğmene teslim ediyorlar. İçeri girerken, silahlı olan üsteğmenden silahını bırakmasını istiyorlar. Üsteğmen tabancasının şarjörünü bırakıyor ama üstleri direniyorlar. Üsteğmen tabancasını da teslim ediyor. İçeri silah bırakmıyorlar.

Kapıdan küçük avluya giriyoruz. Daha önce çok kez gördüğüm bu avluyu ilk kez görüyormuş gibi bakıyorum. Oradaki kara kavağın sol tarafına bir demir sehpa kurulmuş. Tepesinde ip ve ilmik. Altında orta boyda bir masa. Masanın üstünde de bir tabure var.

Sağdaki birkaç ayak merdiveni atlayarak başgardiyanın odasının önündeki koridora çıkıyoruz. Ankara İnfaz Savcısı Sami Uğur, bizi karşılıyor:

- Sizi müvekkillerinizle görüştüreceğiz, biliyorsunuz Tashihi Karar talebiniz Askeri Yargıtayca reddedildi.

- Tashihi Karar isteğimizin reddedildiğinden bilgimiz yoktur. Bize bu konuda bir tebligat yapılmadı.

- Bugün reddedildi.

- ?!... Red kararını görmek istiyoruz.

İnfaz savcısı ile bu konuşma sürerken, üst kat merdivenlerinden Ankara Savcısı Fazlı Alp iniyor. Elinde bir resmi gazete var. Bize dönüyor:

- İnfaz için bütün hukuki gerekler yerine getirildi.

- Tashihi Karar talebinde bulunmuştuk. Sonuç hakkında bizlere herhangi bir tebligat yapılmadı.

- Kararlar yanımdadır, size göstereceğim.

- Biz, davanın diğer sanıkları hakkındaki bozma kararına göre, 353 sayılı yasanın, 226. maddesine dayanarak infazın ertelenmesini istedik. Bu başvurumuza da bir cevap alamadık.

- Savcılığımızın infazın yapılmasında herhangi bir tereddütü yoktur. Dilekçenizde ileri sürülen itirazları, infazın ertelenmesini gerektirir nitelikte görmedik. Buyurun sizi Deniz'le görüştüreyim.

Başgardiyanın odasına giriyoruz.

Yaklaşık 3-4 metrekare genişliğindeki bu odanın sağ tarafında ve sehpanın bulunduğu avluya bakan pencerenin karşısındaki bir koltukta Deniz Gezmiş oturuyor. Sırtında parka, üstünde boğazlı sarı-yeşil yün bir kazak, ayağında limon küfü kadife bir pantalon ve postallar içinde dimdik bir görüntüsü var. Elleri arkadan kelepçeli. Birkaç görevli kol ve omuzlarından tutuyor. Ayaklarında kalın demirden yapılmış, bilek kalınlığında zincirler. Bu zincirler iki ayağından ayrı ayrı iki asma kilitle kilitlenmiş. Tunç renkli zincirler. Yeni ve ilk kez kullanıldığı besbelli.

Odada 25 kadar yüksek rütbeli subay, emniyet memuru ve cezaevi görevlisi. Çoğu ayakta. Tevfik Türüng ve Ali Elverdi de bunlar arasında.

Gezmiş, odada beni ve Mükerrem Erdoğan'ı görünce gülümsüyor ve bize 'hoşgeldiniz' diyor. Yüzünde inançlı ve yürekli bir ifade okunuyor. Bir görevlinin, ağzına verdiği uçlu bir sigarayı içiyor. Yanındaki masanın üzerinde bir 'Samsun' paketi var. Bizleri görmekten memnun olduğu bakışlarından anlaşılıyor.

Gözlerimize bakarak:

- İki gün öncesine kadar 'Birinci' içiyorduk. İki günden beri sonucu bildiğimizden, hiç olmazsa iki gün uçlu sigara içelim dedik, diyor ve ekliyor:

- Geldiğinize sevindim. Ölüme nasıl gittiğimizi gözlerinizle görüp, yarınki kuşaklara doğru olarak anlatasanız diye, sizlerin olaya tanık olmanızı istedik. Daha önce de söylemiştim. Bizleri Cebeci Mezarlığı'nda Taylan'ın yanına gömün.

Bu sırada infaz savcısı söze karışarak Deniz'e soruyor:

- Deniz, kendini nasıl hissediyorsun?

Bu sözlerde zoraki bir ilgi çabası seziliyor.

Deniz, başını infaz savcısına doğru kaldırıyor ve gülerek:

- Çok mutluyum ve rahatım, diyor.

- Avukatlarına bir şey söyleyecek misin?

- Söyleyeceklerimi söyledim, diyor.

İnfaz savcısı ile birlikte Yusuf Arslan'la görüşmek üzere odadan çıkarak bitişik odaya giriyoruz. Küçük bir oda. İçerde birkaç albay ile gardiyanlar var. Yusuf'un da elleri Deniz gibi arkadan kelepçeli, ayaklarında prangalar, bir sandalyede oturuyor. İki yanında ikişer gardiyan Yusuf'un omuzlarından tutuyorlar.

Yusuf da bizi görünce, 'hoşgeldiniz' diyor. Yüzünde o her zamanki rahat ve sakin görüntü ile gözlerimize bakarak:

- Bu saatte bizim için sizler de yoruldunuz. Bizim için çok çalıştınız. Hepsi için teşekkür ederiz, diyor. Sonra, eşi Hacettepe Hastahanesi'nde doktor olan avukat Mükerrem Erdoğan'a dönerek:

- Biliyorsun, kardeşim Yücel rahatsızdır. Onun rahatsızlığı benim yüzümdendir. Benim durumuma bağlı olarak hastalığı da ya geçmiş ya da kötüleşmiştir. Hastalığı ile ilgilenir, tedavisi için çalışırsanız sevinirim, diyor.

- O bakımdan hiç kaygın olmasın Yusuf. Senin tahmininden daha çok ilgileneceğim Yücel'le. Zaten son zamanlarda çok iyileşti.

Yusuf, bu kez her ikimize tekrar soruyor:

- Babam nasıl?

- Çok metin. Kendisini buna hazırladı zaten.

- İnfazdan haberi var mı?

- Var, diyoruz.

Babasının infazdan haberi olup olmadığını bilmiyoruz. Ama o anda sorusunu böyle yanıtlamayı uygun buluyoruz.

Bütün bu konuşmalar yapılırken Yusuf son derece sakin görünüyor, her zamanki gibi gülerek konuşuyor.

Yusuf'a başka bir arzusu olup olmadığını soruyoruz. Son bir defa Deniz'i görmek istiyorum, diyor. Bu sözleri yanımızda duran infaz savcısı Sami Uğur da işitiyor. Yüzüne bakıyoruz. Yusuf'un isteğini olumsuz karşılıyor ve 'buna ne lüzum var' diyor.

Avukat Mükerrem Erdoğan'la birlikte kendisine:

- İdam hükümlülerinin son arzularını yerine getirmek bir gelenektir ve bunda bir sakınca da yoktur. Her üç hükümlünün birbirleriyle görüştürülmeleri gerekir, diyoruz. Bizim bu tutumumuz karşısında savcı; 'Merak etmeyin bir şey yaparız' diyor.

Yusuf Arslan'ın odasından ayrılarak, Hüseyin İnan'ın odasına gitmek üzere koridora çıkıyoruz. Görüşme odasına giderken koridorda bulunan bir albay yanımıza yaklaşarak:

- İmamı ve dini merasimi reddettiler, müslüman değillermiş, diyor.

Ben de albaya dönerek:

- Bu onların bileceği bir şey, diyorum,

- Yok yok, bunu siz de bilirsiniz, diyor imalı bir tarzda.

Konuşmayı uzatmadan Hüseyin İnan'ın odasına giriyoruz.

İnan, avukat-tutuklu görüşme odasının sol tarafında bir sandalyede oturuyor. Elleri arkasından kelepçeli. Ayaklarında zincirler. Sağında ve solunda iki gardiyan omuzlarından tutuyor. Kapıda iki albay ayakta duruyor. Cezaevi müdürü ile bir astsubay da odada bekliyorlar. İnan, bizi görünce, 'hoşgeldiniz' diyor ve gülümsüyor. Daha sonra, 'Size çok teşekkür ederim' diyor ve soruyor:

- Babam Ankara'da mı?

- Ankara'da.

- İnfazı biliyor mu?

- Biliyor.

- Nasıl babam?

- İyi. Çok metin.

- Biz inanıyoruz ki, bu mücadele bizimle bitmeyecektir.

- ...

İnfaz savcısı, İnan'a dönerek:

- Avukatlarına söyleyeceğin bir şey var mı? diye soruyor.

İnan:

- Son sözümü sehpada söyleyeceğim, diye yanıt veriyor.

Odadan çıkıyoruz. Koridorda bekleyen imamla gözgöze geliyoruz. İmam ağlayacak kadar üzgün görünüyor. Deniz'in odasına giriyoruz.

Deniz, babasına son mektubunu yazdırıyor. Bir gardiyan masanın üzerindeki yazı makinesinde onun söylediklerini yazıyor. Bekliyoruz. Mektup bitiyor. Kelepçesini çözüyorlar, eline verdikleri kalemle mektubu imza ediyor. Ellerini yeniden kelepçeliyorlar.

Yusuf Arslan'ın isteği ve bizim direnmemiz üzerine infaz savcısı, görüşmeye izin veriyor. Yusuf, bir grup görevli tarafından odasından alınarak Deniz'in bulunduğu odaya götürülüyor. Yürürken, beton döşeme üzerinde sürüklenen prangaların çıkardığı korkunç gürültü gecenin sessizliğinde yankılanıyor. Koridordaki subaylar odaya doluşuyorlar. Deniz'le Yusuf son kez ayakta konuşuyor ve öpüşüyorlar. Ne konuştuklarını anlayamıyoruz.

Yusuf'u odasına götürüyorlar. Hüseyin İnan da odasından alınarak Deniz'in odasına getiriliyor. Betona çarpan pranga sesleri kulaklarda çınlarken İnan ile Gezmiş, konuşuyor ve öpüşüyorlar. Sözlerini duyamıyoruz.

Hüseyin de odasına götürülüyor.

Elleri arkadan kelepçeli, ayakları prangalı, dost üç ölüm yolcusu sehpaya gitmek üzere vedalaşıyor ve birbirlerini son kez selamlıyorlar.

Deniz'i ayağa kaldırıyorlar. Ceplerini boşaltıyorlar. Cebinden 11.50 lira çıkıyor. Babasına verilmek üzere emanet hesabına alıyorlar. İnfaz savcısı, mahkemenin kararını okuyor. Bitirdikten sonra Deniz'e soruyor:

- Bu karar sana mı ait? Bir diyeceğin var mı?

- Evet bana ait. Bir diyeceğim yoktur.

İki sivil doktor geliyor. İnfaz savcısı, doktorlara, Deniz Gezmiş'in infaza engel herhangi bir hastalığı ya da rahatsızlığı olup olmadığını soruyor. Doktorlar uzaktan, oldukları yerden Deniz'e bakıyorlar:

- Hayır yok, diyorlar.

- Şuuru yerinde mi? diye soruyor savcı.

- Yerinde, diyor doktorlar.

Savcı ile doktorlar arasında bu konuşmalar olurken Deniz, onlara ve etrafındakilere bakarak gülüyor.

İnfaz savcısının işareti üzerine, masanın üzerinde duran bir kağıt paket açılıyor. Paketten çıkan, patiskadan yapılmış, dar, kolsuz ve ayak topuklarına kadar uzanan beyaz bir ölüm gömleği, başından geçirilerek Deniz'e giydiriliyor. Arkadan bağlı kolları ölüm gömleğinin içinde kalıyor.

İnfaz savcısı, Deniz'in prangalarının çözülmesini emrediyor. Eldeki anahtarlar Deniz'in ayak bileklerindeki asma kilitleri açmıyor. Başgardiyan, masanın çekmecesinden birkaç anahtar daha çıkararak görevli gardiyana veriyor. Bunlar da kilitleri açmıyor. Görevlilerde bir telaş başlıyor. Deniz, sessiz ve sakin bakışlarla kilitleri açmaya çalışan görevlileri seyrediyor.

Orada bulunan bir albay:

- Prangayı çözmeden yapalım bu işi, diyor.

İnfaz savcısı:

- Yok canım. Bunlar uslu çocuklar, çözelim, kilitleri kim kilitlediyse onu çağırın, diyor.

Hüseyin İnan'ın odasında bekleyen bir astsubayı çağırıyorlar. Mamak Askeri Cezaevinde görevli olan ve elinde bir deste anahtar bulunan astsubay, anahtarları gardiyana uzatıyor. Gardiyan, birkaç denemeden sonra kilitleri açıyor. Deniz'in ayağından çıkardığı bilek kalınlığındaki prangayı odanın köşesine, betonun üzerine atarcasına bırakıyor. Kalın zincirin beton üzerinde çıkardığı ses kulaklarda çınlıyor.

Deniz, ayağındaki bağları çözük postallarını bize göstererek, görevliye sesleniyor:

- Postallarımın bağlarını bile bağlamaya vakit bırakmadan beni apartopar buraya getirdiler. Postallar bu hali ile sehpada ayağımdan düşecek. Düşmelerini istemiyorum. Onları bağla da düşmesinler.

Görevli, postallarını bağlıyor.

Ayağa kalkıyor. İdam sehpasına doğru yürürken bize dönerek:

- Allahaısmarladık. Cezaevindeki bütün devrimcilere selam. Onları benim için tek tek öpün, diyor ve metin adımlarla avluya doğru yürüyor.

Sehpanın önüne geliyor. Sehpanın altında normal yükseklikte bir masa ve üstünde tabure var. Elleri arkasından bağlı, topuklarına kadar inen ve ayaklarına hareket olanağı vermeyen dar gömlek giydirilmiş bir insanın kendi başına masanın üzerine çıkması olanaksız. Gardiyanların yardımı ile masanın üzerine çıkıyor. Masanın üzerinde bulunan tabureye kendi kendine çıkmak istiyor. İlmik iki kattır, dardır ve sıkılmıştır. Kafası girmiyor. Bir gardiyan ilmiği açıyor, genişletiyor, Deniz'in kafasına takıyor. Çift ilmik Deniz'in boğazına asılıyor.

Bu esnada Deniz, gecenin derinliklerine dalga dalga yayılan gür sesiyle, şunları söylüyor:

"Yaşasın tam bağımsız Türkiye. Yaşasın ... Yaşasın işçiler, köylüler. Kahrolsun emperyalizm."[39]

Emperyalizm kelimesinin "izm"ini bitiremeden infaz savcısı:

- Çek, çek! diye bağırıyor.

Bu esnada Deniz, ayağının altındaki tabureyi tekmelemek isterken, cellat arkadan tabureye vuruyor. Tabure yere düşüyor. Deniz'in ayaklarının uçları masaya kadar uzanıyor. Deniz'in boyunun sehpaya göre hesaplanmamasından doğan bu durum, görevlilerde bir şaşkınlık, bir heyecan yaratıyor. Bu sırada infaz savcısı:

- Masayı da çek, diye bağırıyor.

Masayı da çekiyorlar. Saat 01.25.

Deniz karşımızda, uzun beyaz gömleği içinde asılı duruyor. Yüzü bize dönük. İpte ağır ağır dönmeye başlıyor. Sadece başı ve postalları görünüyor. İki kez dönüyor ve duruyor. Sonra gözkapakları iniyor. Alt dudağı aşağıya sarkıyor. Kasılmalar başlıyor. Belden aşağısını üç kez, aralıklarla silkiyor. Sanki arkasına bağlı ellerini kelepçeden kurtarmak istiyor.

Göğsüne karar özetini gösteren beyaz bir karton asıyorlar.

İnfazın yapıldığı küçük avlu subaylarla dolu. Avluya haki renk egemen. Ortada bir karakavak. Avlunun karşı kenarında yanyana leylak ağaçları. Merkez Komutanı Tevfik Türüng, elleri parkasının cebinde, bir leylak ağacının kenarına yaslanmış, kısık gözleri ve anlamsız bakışları ile infazı izliyor. Ali Elverdi, sehpanın karşısında, ağzında sigara, arkaya doğru kaykılmış, ellerini arkasına bağlamış, kahraman bir eda takınma çabası içinde, donuk ve duygusuz bir bakışla ipte sallanan Deniz'i seyrediyor. Gardiyanlar, doktorlar, tutanak katipleri ve imam ise, üzgün ve saygılı görünüyorlar.

Ortada derin bir sessizlik var. Bir pire kanadını oynatsa işitilecek. Birden sehpaya yakın avlu duvarından, önce ne olduğu anlaşılamayan bir ses kulaklara çarpıyor. Bu sesin doğurduğu ani korku ve heyecanla, komut almış gibi, bütün başlar sesin geldiği duvara dönüyor.

Duvarın çıkıntısında bir güvercin kanat çırpmıştır.

Başlar bir rahatlık içinde sessiz ve ağır yerlerine dönüyor.

İdamdan 10 dakika sonra doktorlar, Deniz'e yaklaşıyor ve gömleğini sıyırarak nabzını yokluyorlar:

- Nabız atıyor, diyorlar.

İçimiz burkuluyor. Ve bir şey yapamamanın üzüntüsü yüreğimizi yakıyor.

İnfaz savcısına ve savcıya bu gecikmenin "çift ilmik"ten doğduğunu, bunun bir işkence olduğunu söylüyor ve ilmiğin tek'e indirilmesini istiyoruz.

Doktor, bana doğru eğilerek:

- Üzülmeyin, sandalye çekilip düşme meydana gelince boyun kırılır, beyinle bağlantı kesilir ve artık acı duyulmaz, diyor.

İnfaz savcısı, kelepçelerin çözülmesini emrediyor. Kelepçeler çözülüyor. Deniz'in kolları ölüm gömleğinin altında, aşağıya doğru sarkıyor.

15 Dakika sonra doktorlar yine nabzı yokluyorlar.

- Nabız yine atıyor, diyorlar.

Saat 02.15'e kadar bekleniyor. Son bir muayeneden sonra Gezmiş ipten indiriliyor.

Böylece Deniz 50 dakika ipte kalıyor. İpi bir bıçakla kesiyorlar. Ölüyü, boynunda kesilmiş ilmikle, yere serili bir bezin üzerine koyarak götürüyorlar.

Başgardiyanın odasına dönüyoruz. Deniz'in asılmadan önce oturduğu sandalyede Yusuf oturuyor. Deniz asılırken Yusuf'u buraya getirmişler. Bizi görünce;

“Duydum Deniz'in sesini” diyor Yusuf.

Bu sözleri söylerken, Deniz'in tutumundan kıvanç duyduğunu anlatmak ister gibi gülüyor.

Babasına yazdığı bir mektupla, köy halkına ve akrabalarına yazdığı bir mektubu bize uzatıyor. Mektupları infaz savcısı alıyor:

Yusuf, infaz savcısına:

- Mektuplarımı babama verirsiniz değil mi?

- Elbette veririz. Bize güvenin yok mu?

- Yok tabii, size güvenim yoktur. Mektubumu vermezsiniz.

- Merak etme vereceğim.

İnfaz savcısı, daha sonra, sözünde durmuyor ve Yusuf'un köyüne yazdığı mektubu suç içerdiği gerekçesiyle babasına vermiyor.

Yusuf, savcıya:

- Tuvalete gitmek istiyorum, diyor.

- Peki.

Yusuf'u prangaları ile tuvalete götürüyorlar. Odada bulunan bir albay, Yusuf'u tuvalete götüren görevlilere sesleniyor:

- Dikkat edin, intihar edebilir, diyor.

Yusuf, bu sözleri duymuyor.

Biz, albaya dönüyoruz:

- Onlar böyle şeyler yapmazlar, müsterih olun, diyoruz.

- Belli olmaz, diyor albay.

Yusuf geliyor. Kendisine sigara içmek ister misin, diye soruyoruz. Son olarak bir sigara içeyim, diyor.

Avukat Mükerrem Erdoğan, kendisine uzun bir "Maltepe" veriyor. Gardiyanlar içiriyorlar.

Bu sırada tam karşısında oturan ve sonradan Emniyet Birinci Şube Müdürü olduğu anlaşılan bir kişiyi tanıyor ve ona soruyor:

- Yine işkencelere devam ediyor musunuz?

- Bizde öyle usûller yoktur.

- Yine elektrik cereyanı ile işkence yapıyor musunuz?

- ...

- Sizin çocuklarınız var mı?

- Bir kızım var.

- Nerede okuyor?

- Daha küçük, okula gitmiyor.

İnfaz savcısı, doktorları çağırıyor:

- Yusuf'un infaza engel bir rahatsızlığı var mı? diye soruyor.

Doktorlar yanıt vermeden Yusuf yanıt veriyor:

- Hiçbir şeyim yok. Sanki komada olsam asmayacak mısınız?

İnfaz savcısı kararı okuyor ve soruyor:

- Bu karar size mi ait?

- Bana ait.

- Bir diyeceğin var mı?

- Yok.

Savcı, "Yusuf'u bekletmeyelim" diyor. Ceplerini boşaltıyorlar. Cebinden 17.25 lira çıkıyor. Emanet hesabına alınıyor.

İkinci kağıt paket açılıyor. Hazırlanmış beyaz ölüm gömleğini başından geçirerek giydiriyorlar.

Yusuf, infaz savcısına:

- Bu gömleği giydirmeden asamaz mısınız? diye soruyor.

- Usûl böyle, diyor savcı.

Ayağındaki prangaları çözüyorlar.

"Hadi" diyor savcı. Yusuf, ayağa kalkıyor. Sehpanın bulunduğu avluya doğru yürüyor ve bize dönerek:

"Hoşça kalın, Şekibe ablaya selam" diyor. Hep birlikte avluya çıkıyoruz.

Yusuf, sehpanın altında, yüksek ve yürekli bir sesle şunları söylüyor:

"Ben ülkemin bağımsızlığı ve ülkemin mutluluğu için şerefimle bir defa ölüyorum. Biz halkımızın hizmetindeyiz. Sizler Amerika'nın hizmetindesiniz. Yaşasın devrimciler, kahrolsun faşizm."

Yusuf sözlerini tamamlarken infaz savcısı:

"Çek, çek!" diye bağırıyor; eliyle, koluyla celladın tabureyi çekmesini işaret ediyor.

Yusuf, tabureyi tekmelemek isterken cellat tabureyi hızla çekiyor. Yusuf ipin ucunda sallanıyor. Saat 02.25.

O da Deniz gibi dönüyor, üç kez silkiniyor. Göz kapakları kapanıyor, alt dudağı sarkıyor.

Beş dakika sonra Yusuf'un kelepçelerini çözüyorlar. Kolları yana sarkıyor. Göğsüne karar özetini gösteren yaftayı asıyorlar.

Doktorlar nabzına bakıyorlar.

"Biraz daha bekleyelim" diyorlar.

Saat 02.50'ye kadar bekliyoruz. İpi kesiyorlar. Yere serili bir bezin üzerine yatırıyor ve götürüyorlar Yusuf'u.

Yine başgardiyanın odasına dönüyoruz.

Orada bulunan bir emniyet görevlisi:

"Yusuf'u çok şedit, çok hırçın diye tanıtmışlardı, hiç de öyle değilmiş" diyor.

Odada masanın başında oturan bir albay söze karışıyor:

- Bu çocukların günahı yok. Bunlar suçlu bile olsalar yüzde elli suçludurlar. Yüzde elli suçlu olanlar da onlara bu ortamı hazırlayan yöneticilerdir, diyor.

Hüseyin İnan bulunduğu odadan getiriliyor. Aynı sandalyeye oturtuluyor. Sigara içer misin diye soruyoruz Hüseyin'e.

- İçmeyeyim, diyor. Sonra da ayağındaki lastik spor ayakkabıları bize göstererek ve gülerek:

- Babam, yarın ayağımdaki bu lastik ayakkabıları görünce, oğlumun doğru dürüstü bir ayakkabısı bile yokmuş diye üzülecek. Ayakkabımı bile giyemeden beni apar-topar buraya getirdiler. Babama söyleyin, ayakkabım yoktur diye üzülmesin. Ayakkabılarım cezaevinde kaldı. Onlara hediyem olsun, diyor.

İnan, babasına yazdığı bir mektubu savcıya veriyor.

İnfaz savcısı yine doktorlara soruyor:

- İnfaza engel bir hastalığı var mı?

- Yoktur, diyorlar.

Hüseyin, bütün bu konuşmalara ve olup bitenlere karşı hiç bir tepki göstermiyor, sakin bakışlarla bunları izliyor.

İnfaz savcısı, kararı okuyor ve İnan'a soruyor:

- Bu karar sana mı aittir?

İnan, gülüyor ve yanıt vermiyor.

"Bekletmeyelim Hüseyin'i" diyor savcı. Hüseyin ayağa kalkıyor. Ceplerini boşaltıyorlar. 21.95 lira çıkıyor. Üçüncü kağıt paketi açıyorlar. Beyaz ölü gömleğini İnan'a giydiriyorlar. İnan, avluya doğru yürüyor. Gülerek bize dönüyor:

- Hadi eyvallah. Şekibe ablaya selam, diyor.

Sehpanın önüne geliyor. Masanın üzerine çıkıyor ve duruyor:

- Tabureye çık! diye bağırıyor savcı.

İnan, savcıya dönerek:

- Sabırlı ol çıkacağım, diyor.

Tabureye çıkmadan, masanın üzerinde yürekli ve yüksek sesle son sözlerini söylüyor:

"Ben, şahsi hiçbir çıkar gözetmeden halkımın mutluluğu ve bağımsızlığı için savaştım. Bu bayrağı bu ana kadar şerefle taşıdım. Bundan sonra bu bayrağı Türk halkına emanet ediyorum. Yaşasın işçiler, köylüler ve yaşasın devrimciler. Kahrolsun faşizm."

Sözlerini bitirdikten sonra tabureye çıkıyor. İlmiği boynuna takıyorlar. İnan, tabureye bir tekme sallıyor. Düşüremiyor. Bir tekme daha vuruyor ve deviriyor taburеyi. İnfazı kendi kendine yapıyor. Saat: 03.00. İpte bir kez dönüyor. Göz kapakları iniyor. Dudakları sarkıyor. Doktorlar nabzına bakıyorlar:

- Bekleyelim, diyorlar.

Saat 03.25'e kadar bekliyoruz. İpi kesiyorlar ve Hüseyin'i götürüyorlar.

İnfaz sona erdikten sonra cezaevinin ikinci katındaki müdür odasına çıkıyoruz. İnfaz savcısı, burada bize tashihi karar isteminin reddedildiğine ilişkin Yargıtay kararını okuyor.

İnfaz savcısı, tutanak yazıcısına infazı yazdırıyor. Gezmiş'in, Arslan'ın ve İnan'ın sehpa altında söylediği sözlere sıra gelince:

- Ne demişlerdi? diye soruyor ve anımsamaya çalışıyor.

Mükerrem Erdoğan'la birlikte savcıya konuşmaları dikkatle izlediğimizi, belleğimizde tuttuğumuzu, eğer bu sözler tutanağa yazılacaksa olduğu gibi yazılması gerektiğini söylüyoruz. Sözleri yineliyoruz. Orada bulunanlar doğruluyorlar. Sözler tutanağa olduğu gibi yazılıyor.

İnfaz savcısının, Yusuf'un sözlerinde geçen "halkımın" sözünü "milletimin" biçiminde yazdırmaya kalkışması üzerine biz müdahale ediyor ve Yusuf'un "halkımın" sözünü kullandığını söyleyerek böyle yazılmasını istiyoruz.

Orada bulunan Ali Elverdi söze karışıyoruz:

- Bunlar "millet" demez, "halk" derler. Halkımın demiştir, doğrudur, diyor.

Ali Elverdi tutanağın bir örneğini alıyor, bükerek cebine koyuyor. Odada bulunanlara Allahaısmarladık diyor. Önümden geçerken yüzüme bakarak:

- Siz avukat olarak vazifenizi fazlasıyla yaptınız. Ama bu iş başka iş, diyor.

İnfaz savcısı, örneğini istediğimiz infaz tutanağının ertesi gün harçlandırılarak bizlere verileceğini söylüyor.

Tutanağın konuşmaları içeren örneği bizlere verilmiyor. Sürekli başvurmalar sonunda infaz savcılığı, Deniz Gezmiş, Yusuf Arslan ve Hüseyin İnan'ın idam sehpası altında söyledikleri sözleri çıkararak tutanak örneğini veriyor.

Saat 5:00. Ankara Savcısı Fazıl Alp, gece dışarı çıkma yasağı olduğu için bize; "Sizi arabamla götüreyim" diyor. Mükerrem Erdoğan'la birlikte Beşevler'deki evimize geliyoruz.

Cebeci Mezarlığı'na gömülmesine izin verilmeyen cenazeler, cezaevi idaresince Yenimahalle-Karşıyaka Mezarlığı'na gönderiliyor. Cenazelerin yanyana gömülmesine izin verilmiyor ve cenazeler üçer mezar ara ile gömülüyor."

Ölüm İnfaz Tutanağı'nda olay özetle şöyle anlatılmıştır:

"Türkiye Cumhuriyeti Anayasasını kısmen veya tamamen tebdil ve tağyir etmek ve bu Anayasa ile kurulmuş olan Türkiye Büyük millet Meclisini ıskata cebren teşebbüs etmek suçlarından sanık olup Askeri Yargıtay 2. Ceza Dairesinin 10/1/1972 gün 1971/157-1972/1 esas 1972/1 karar sayılı ilamı ile kesinleşen ve Yargıtay Askeri Başsavcılığının 3/2/1972 tarih 1972/187-98 sayılı kararı ile tashihi karar talepleri reddedilen Sıkıyönetim Komutanlığı 1 Nolu Askeri mahkemesinin 9/10/1971 tarih 1971/13 esas 1971/23 karar sayılı hükmü ile TCK.nun 146/1 maddesi ile ölüm cezasına mahkûm edilmiş bulunan Erzurum Ilıca Nahiyesi Özlük köyünden Cemil oğlu Mukaddes'ten doğma 1947 doğumlu Deniz Gezmiş ile Yozgat iline bağlı Çekerek ilçesi Kuşsaray köyünden Beşir oğlu Nebiha'dan doğma 1947 doğumlu Yusuf Aslan hakkında ve Sarız ilçesi Bahçe mahallesinden Hıdır oğlu Server'den doğma 1947 doğumlu Hüseyin İnan hakkında ölüm cezalarının yerine getirilmesi resmi gazetenin 5/5/1972 günlü nüshasında neşredilen 1586 sayılı kanunla kabul edilmiş olmakla bugün sanıklar saat 00.01'de bulundukları Askeri Cezaevinden Kapalı Cezaevimize getirilmişlerdir.

Bunlardan Deniz Gezmiş ilk olarak gardiyanlar odasına alınmış, cezaevi müdürü Selahattin Eren bu hükümlünün daha evvelce kapalı cezaevinde bulunduğunu, hükmün buna ait olduğunu bildirdiği gibi, mahkeme heyetinden Başkan Tümgeneral Ali Elverdi ile mahkeme zabıt katibi İsmail Ok dahil, mahkûm edilen Deniz Gezmiş'in bu şahıs olduğunu beyan etti... Müteakiben tabip Sait Altay ile cezaevi tabibi Cahit Ünlüsoy tarafından bu sanığın muayenesi yapıldı, şuurunun yerinde olduğunu, infaza mani herhangi bir hastalıkları bulunmadığını beyan etmeleri üzerine hüküm fıkrası kendilerine okundu, hiçbir diyeceği olmadığını, sadece yaptığı işten nadim olmadığını, pişmanlık duymadığını beyan etmesi üzerine beyaz gömlek giydirildi ve son söz olarak da birşey söylemeyerek bilâhare saat 01.25 de sehpaya çıkarken de (suç unsuru bulunduğundan 16 kelime yazılmadı) dedi ve ip boynuna geçirildi, müteakiben de ipi boynuna geçiren cellat tarafından da altındaki sehpa çekildi, böylece doktorların arada sırada muayeneleri ile hükümlü Deniz Gezmiş 02.15'e kadar askıda kaldı. Bu arada hüküm fıkrasını ihtiva eden yazılı levha da boynuna takıldı, 02.15'de sephadan indirildi.

Daha sonra diğer odada beklemekte bulunan Yusuf Aslan başgardiyanlar odasına alındı ve Deniz Gezmiş'in 02.15'te tamamen ölmüş, hayatiyetini kaybetmiş olduğunu doktorlar beyan ettiler. Bu arada Deniz Gezmiş babasına sehpaya çıkmadan evvel bir mektup yazarak bunda ölümünün metanetle karşılanmasını istediğini, kendisinin Taylan Özgür'ün yanına gömülmesini istediğini, annesini, ağabeyini, kardeşini devrimciliğinin ateşi ile karşıladığını beyan eden bir mektup da bıraktı.

Daha sonra başgardiyan odasına alınan Yusuf Aslan cezaevi müdürü Selahattin Eren'e sorulduğunda Yusuf Aslan'ın daha önce cezaevimizde yattığını, kendisinin bu şahıs olduğunu beyan etti, mahkeme başkanı Tuğgeneral Ali Elverdi ile zabıt katibi İsmet Ok'dan sorulduğunda mahkemece ölüm cezasına hükmedilen şahsın bu kişi olduğunu beyan ettiler, Yusuf Aslan tarafından daha önce babasına ve bütün akrabalarına hitaben yazdığı iki adet mektup Savcı Yardımcısı

Sami Uğur'a verildi ve bunların babasına her ikisinin de teslimi istendi. Kendisine dini telkinatta bulunulması istenip istenmediği sorulduğunda dini telkinat istemediğini beyan etti. Adli Tabib Dr. Sait Altay ile cezaevi tabibi Cahit Ünlüsoy tarafından yapılan muayenesinde kendisinde infaza mani bir hastalık olmadığını, şuurunun yerinde olduğunu, infaza mani hali bulunmadığını beyan etmesi üzerine beyaz gömlek giydirildi. Rigi marka bir kol saati ile üzerinde bulunan 17 lira 25 kuruşu Savcı Yardımcısı Sami Uğur'a teslim etti. Bilâhare hüküm özeti kendisine okundu, bir diyeceği olmadığını, hükmün de kendisine ait bulunduğunu beyan etti. Bilâhare sehpaya çıkarken (suç unsuru bulunduğundan 26 kelime yazılmadı) dedi. Bilâhare daha önceden temin edilen cellat tarafından saat 02.25 de ip boynuna geçirildi, altındaki masa sandalye çekildi sanık boşlukta kaldı saat 02.50'-de cesedi muayene eden tabibler ölümünün vukua geldiğini beyan etmesi üzerine sehpadan indirildi.

Daha sonra diğer odada bulunan Hüseyin İnan gardiyanlar odasına alındı, kapalı cezaevi müdürü Selahattin Eren'den sorulduğunda bu hükümlünün de daha evvelden kapalı cezaevinde kaldığını, kendisinin Hüseyin İnan olduğu ıu beyan etmesi üzerine kararı veren Mahkeme Başkanı Tuğgeneral Ali Elverdi ile Mahkeme Zabıt Katibi İsmet Ok'dan sorulduktа hükmün bu şahsa ait olduğunu bildirdiler. Son arzuları sorulduktа bir diyeceği olmadığını, daha evvelden babası Hıdır İnan'a yazdığı baba, anne, kardeşlerime, yakın akrabalarıma başlıklı bir mektubu Savcı Yardımcısı Sami Uğur'a 21 lira 95 kuruş parası ile teslim etti. Hükümlüyü muayene eden Adli Tabip Dr. Sait Altay ile cezaevi tabibi Cahit Ünlüsoy, infaza mani sanığın hiçbir hastalığı olmadığını infazın yapılabileceğini beyan etmeleri üzerine beyaz gömlek giydirildi, hüküm özeti kendisine okundu. Bu mahkûmiyet hükmünün kendisine ait olduğunu beyan etmesi üzerine sehpa yerine getirildi ve saat 03.00 de daha evvelden temin edilen cellatlar tarafından ip boynuna geçirilmeden evvel, hiçbir menfaat gözetmeden halkımın mutluluğu için çalıştım ve bu bayrağı taşıdım. Bundan sonra bunu Türk halkına emanet ediyorum. Yaşasın Türkiye'nin bağımsızlığı, yaşasın devrimciler, kahrolsun faşistler dedi ve ip daha evvelden temin edilen cellatlar tarafından saat 03.00 de boynuna geçirildi. 03.25'e kadar askıda kaldı. Hükümlüyü muayene eden yukarıda isimleri yazılı tabiplerin ölümün vukua geldiğini beyan etmeleri üzerine 03.25 de sehpadan indirildi. Cesetler bilâhare Ankara Belediyesi Mezarlıklar Müdürlüğüne teslim edildi.

Fazıl Alp (Ankara Savcısı), Ali Elverdi (Sıkıyönetim 1 No'lu Askeri mahkeme Başkanı, Tuğgeneral), Sami Uğur (Ankara Savcı Yardımcısı), Selahattin Eren (Kapalı Cezaevi Müdürü), İsmet Ok (Mahkeme Zabıt Katibi), Sait Altay (Adli Tabip, Doktor), Cahit Ünlüsoy (Cezaevi Tabibi), Halit Çelenk (Sanıklar Müdafii, Avukat), Mükerrem Erdoğan (Sanıklar Müdafii, Avukat), Ali Ödemiş (İmam), Hacı Zengin (Cellat), Halis Güven (Cellat), Necati Aygün (Savcı Zabıt Katibi)."[40]

Olaylar, Anma Törenleri

6 Mayıs 1972 Cumartesi: Münih Türk Başkonsolosluk binasına, Amsterdam Türk Hava Yolları bürosuna ve Çankaya Farabi Sokak-ta aynı apartmanda bulunan AP İstanbul Milletvekili Tekin Erer, Konya Milletvekili Yılmaz Öztuna ve İstanbul Sıkıyönetim Komutanı Orgeneral Faik Türün'ün evlerine patlayıcı madde atılır.

6 Mayıs günü gecesi: İstanbul'da gece saat 23.00'de Şişli'de Site Sineması karşısında bulunan Beymen konfeksiyon mağazasına, saat 23.30 sıralarında da Aksaray'da bulunan Emlak Kredi Bankası Atatürk Bulvarı şubesine patlayıcı madde atılmıştır.

İstanbul Üniversitesi Hukuk Fakültesi öğrencisi İbrahim Çenet adlı öğrencinin taşıdığı çantadaki bomba patlamış ve öğrencinin bir ayağı ile iki kolu kopmuştur.

9 Mayıs 1972 Salı: Ankara Üniversitesi Hukuk ve Siyasal Bilgiler Fakültesi' nde Deniz Gezmiş'in idamını kınayan bildiriler dağıtılması üzerine onüç öğrenci gözaltına alınır.

Anafartalar Lisesi öğrencisi Abdurrahman Güzelgün, Deniz ve arkadaşlarının mezarlarına her gülün üzerine birer yazı yazarak bıraktığı için tutuklanır.

Deniz, Hüseyin ve Yusuf lehine sözler söylediği gerekçesiyle Hacı Hüseyin Naneci ile Adnan Şahin Ankara 3 Nolu Sıkıyönetim Mahkemesi tarafından tutuklanır.

Hasan Ürkmez, Ahmet Bozkurt, Bekir Reyhan, Alaattin Kaplan

ve Hasan Kaplan, Gaziantep'in Çıksorut Mahallesi'ndeki bir evde "THKO" adına bildiri teksir ederken yakalanır.

17 Mayıs 1973 Perşembe günü, Sağmalcılar Lisesi Matematik öğretmeni Necdet Çayhan, Deniz Gezmiş'i övdüğü için üç ay hapse mahkûm edilir.

14 Aralık 1973 Cuma: İstanbul'da bir kuaförde yaptığı konuşmalarla "Deniz Gezmiş ve arkadaşlarını övdükleri" gerekçesiyle haklarında TCK'nun 312. maddesine muhalefetten yargılanan Mayda Adlı, Ayten Özdikmen ve Feriha Altınok adlı üç kadın, bugünkü duruşmaları sonucu yargılandıkları İstanbul 3 Numaralı Sıkıyönetim Askeri Mahkemesi'nde beraat etmişlerdir.

23 Şubat 1974 Cumartesi: Barış gazetesinde yayınlanan Nimet Arzık tarafından yazılan "Deniz Gezmiş, Yusuf Aslan, Hüseyin İnan İdam Sehpası Önünde" Başlıklı Yazı Nedeniyle Ankara Savcılığınca Soruşturma Açılmıştır.

6 Mayıs 1974 Pazartesi-6 Mayıs 1975 Salı: Deniz Gezmiş ve arkadaşlarının idamlarını kınamak amacıyla değişik il ve ilçelerde eylemler yapılmıştır. Çıkan olaylarda yaralananlar ve gözaltına alınanlar olur.

3 Şubat 1975 Pazartesi: DP Aydın Milletvekili Mutlu Menderes, 14 Ekim 1973 seçimlerinden önce yaptığı bir radyo konuşmasında Deniz Gezmiş aleyhinde "Vatan haini", "Komünist Deniz Gezmiş" gibi sözlerle Gezmiş ailesine bilfiil hakaretten yargılanarak 25 bin liralık tazminat ödemeye mahkûm edilmiştir.

Ankara Belediyesi eski başkanlarından Vedat Dalokay, Deniz Gezmiş'in mezarından aldığı bir avuç toprağı, 25 Ekim 1975 Cumartesi günü, Moskova'da Nâzım Hikmet'in mezarına serpiştirmiştir.

6 Mayıs 1976 Perşembe-6 Mayıs 1977 Cuma: Deniz ve arkadaşlarının idamlarını kınamak amacıyla değişik il ve ilçelerde eylemler yapılmıştır. Çıkan olaylarda yaralananlar ve gözaltına alınanlar olur.

13 Eylül 1977 Salı: Ankara'da öldürülen MHP Yenimahalle Gençlik Kolları üyesi Erdem Arabacı'nın cenaze törenine katılan bir grup MHP'li, törenden sonra Karşıyaka Mezarlığında bulunan Deniz Gezmiş, Yusuf Aslan, Hüseyin İnan, Mahir Çayan, Ulaş Bardakçı ve Hakan Yurdakuler'in mezar taşlarını tahrip eder. MHP'li grup saldırı-

da bulunurken, "Kahrolsun komünistler", "Hepinizi mezara göndereceğiz" gibi slogan atmışlardır.

6 Mayıs 1978 Cumartesi-6 Mayıs 1979 Pazar: Deniz'lerin idamını kınamak için değişik il ve ilçelerde eylemler yapılır. Çıkan olaylarda bazı kişiler yaralanır ve gözaltına alınır.

6 Mayıs 1980 Salı: Deniz'lerin idamını kınamak için değişik il ve ilçelerde eylemler yapılır.

7 Mayıs 1980 Çarşamba: Haydarpaşa Yüksek Teknik Öğretmen Okulu'nda Deniz'leri anmak için gösteri yapan öğrencilerden Serap Şimşek, gösteriye müdahale eden askerlerin ateşi sonucu ölür.

6 Aralık 1987 Pazar: İnsan Hakları Derneği'nin düzenlediği "Genel Af, İdam Cezaları Kaldırılsın" mitinginde Deniz Gezmiş ve idam edilen insanların resimleri taşınır.

30 Kasım 1988 Çarşamba: Mülkiyeliler Birliği İstanbul Şubesi'nin Kuruçeşme'de saat 18.30'da düzenlenen ve Macit Akman, Tülay Arın, Cengiz Çandar, Tuğrul Eryılmaz, Esat Güçhan, Baskın Oran ve Koray Düzgören'in katıldığı "68'liler Panali"nde konuşma yapan Cengiz Çandar, yaptığı konuşmada özetle şunları söylemiştir: "68'lilerin eli silahlı militanı Regis Debray şimdi Fransız Cumhurbaşkanına danışman oldu. Bugün sevgiyle andığımız Deniz Gezmiş'in yaşadığını ve Cumhurbaşkanı Kenan Evren'e danışman olduğunu düşünün, böyle bir şey."

18 Aralık 1988 Pazar: İzmir Karataş Lisesi öğrencisi Melih Çalayoğlu adlı öğrenci, Deniz Gezmiş'i övdüğü, komünizm propagandası yaptığı öne sürülerek tutuklanır.

8 Mayıs 1990 Salı: Deniz ve arkadaşlarının idam edilmelerini kınamak amacıyla İstanbul-Fatih Ziraat Bankası Özel İşler Bürosu'na bomba atılmıştır.

11 Mayıs 1990 Cuma: Deniz Gezmiş, Hüseyin İnan ve Yusuf Aslan haklarında verilen idam cezalarının yerine getirilmesine dair 1586 sayılı yasanın kaldırılması için Cemil Gezmiş, Hıdır İnan, Beşir Aslan ile avukat Halit Çelenk, avukat Orhan İzzet Kök ve avukat Refik Ergün, TBMM Başkanlığına dilekçe ile başvurur.

14 Ocak 1999 Perşembe: Adnan Menderes Üniversitesi'nde öğrenci olan 18 yaşındaki Ahmet Özdemir adlı üniversiteli genç, Aydın Orman İşletme müdürlüğü lojmanlarında, "Bir süre önce Deniz Gez-

miş'in hayatını anlatan bir kitabı okuduğunu ve ölümünden kimsenin sorumlu olmadığını" yazan bir not bıraktıktan sonra, kendini asarak intihar eder.

6 Mayıs 1999 Perşembe: 68'liler Birliği Vakfı ile bazı kuruluşlar, Karşıyaka Mezarlığında Deniz'lerin mezarlarının başında anma töreni düzenler.

6 Mayıs 2002 Pazartesi: 68'liler Birliği Vakfı, CHP, EMEP, DİSK ve Atatürkçü Düşünce Kulüpleri Federasyonu trafından Deniz Gezmiş Hüseyin İnan ve Yusuf Aslan'ın ölüm yıldönümleri çeşitli etkinliklerle anıldı.

İstem

Müfit Özdeş, gençliğin yaşadığı süreci şöyle anlatmıştır:

"60-70 döneminin bir özelliği üniversite öğrencilerinin şaşırtıcı bir biçimde saygı görmesiydi.

Mahallemizde liseli bir delikanlı vardı. Bu çocuk sevdiği kızın peşine düşmüş, kızın babası da bunu yakalamış, döve döve karakola teslim etmiş. Kızın babası şikayetçi. Delikanlının babası ise şirket sahibi, tüccarlık yapmakta. Cesaret edip de çocuğunu bir türlü nezarethaneden çıkartamadı. Olay 1964 yılında oluyor. Ben ODTÜ'de birinci sınıf öğrencisiyim. Öğrenci kimliğimle kefil oldum, çocuğu nezarethaneden çıkarttım. Şimdi böyle bir olay olsa beni de içeri atarlardı."

"68'liler" olarak adlandırılan kuşağın kendilerine devredilen miras ile kendilerinden sonra gelen kuşağa devrettikleri miras açısından kayıplar görülmektedir.

Atıl Ant, bunu şöyle belirtmektedir:

"68'liler bu hareketlerde daha çok efsane düzeyinde yaşıyorlardı... 74'ten sonra sol hareketlere artık ruhlar önderlik ediyordu. Özellikle teröre dayanan grupların önderleri birer ruhtu... 74 sonrası kuşak 'kavruk' bir kuşak oldu."[41]

74 sonrası kuşak "kavruk" bir mirası 68'lilerden miras aldığından "kavruk" bir kuşak oldu.

Artık belli bazı olaylara, kişilere takılarak politika yapmak geride kaldı. Tarihe geçmişin tüm değerleri alınarak sahip çıkılır yoksa "seçerek" sahip çıkılmaz.

Nâzım Hikmet'in bir şiirinde yazdığı gibi:

"Çok uzaklardan geliyoruz
çok uzaklardan
Kaybetmedik bağımızı çok uzaklarla
Bize hâlâ konduğumuz mirası hatırlatır
Bedrettin Simavi'nin boynuna inen satır
Engürülü esnaf Ahilerle beraberdik
Biliriz

hangi pir aşkına biz
Sultan ordularına kıllı göğüslerimizi gerdik
Çok uzaklardan geliyoruz
Alevli bir fanus gibi taşıyoruz ellerimizde
İhrak binnaz edilen Galile'nin
dönen küre gibi yuvarlak kafasını."[42]

Ülkemiz çok zengin bir siyasi tarih birikimine sahiptir. Buna rağmen toplumun her kesiminde önemli bir tarih bilinci eksikliği görülmektedir.

Oysa bir toplum tarihsiz yaşayamaz. Tarih bilinci dünü, bugünü ve yarını kapsayan bir sürekliliktir. Gelecekle ilgili kaygılar taşıyan bireyler, kurumlar, toplumlar, tarihten ve tarihi kavrama olgusu olan tarih bilincinden vazgeçemez. Çünkü tarih dünü anlayıp, bugünü geliştirmek ve geleceğin nasıl olacağının belirlenmesine yarayan tek kaynaktır.

Herşeyin karmakarışık gösterildiği ortamlarda tarih okumak ve bazı olayları yalınlaştırarak görmeye çalışmak, içinde bulunulan ortamı biraz da olsa anlamaya yararlı olur.

Günümüzde yaşam akıl almaz bir hızla değişmektedir. Gün geçmiyor ki önemli bir gelişme, günlük yaşamımızı bütün yönleriyle etkileyip değiştirmesin.

Bu değişimin ana itici gücü, bilimsel-teknik devrimden gelmektedir. Çağımızda artık, bilimsel-teknik devrim ile, "yeni bir tarihsel dönemin" başladığı öne sürülmektedir.

Bilime ve teknolojiye inananlar, varolan bütün olayları ve kavramları yeniden ele alıp sorgulamaya, değerlendirmeye başladı. Bunun etkilerini yaşadığımız güncel pratik etkinliklerimizde gözlemlemek olanaklıdır.

Kitapta biyografisini içinde yaşadığı ortamla aktarmaya çalıştığım Deniz Gezmiş kimilerince "vatan haini", kimilerince "yurtsever" olarak görülmektedir.

Varolan bilgiler bilimsel-teknik devrim ile gelişen özgür, araştıran, sorgulayan, katılımcı politikalar ile yenilenmelidir.

Kısaca değerlendirmek gerekirse, "Gençlik gençliğini yaşamak için tez elden olgunlaşmaya bakmalı"[43] ve başta ölüm sonucu olmak üzere, bireyin bedensel ve zihinsel potansiyelini sınırlandıran her türlü "şiddet, ilke olarak reddedilmeli"dir.[44]

Hataların, yanlışlıkların yinelenmemesi dileğiyle...

İKİNCİ BÖLÜMÜN DİPNOTLARI

1. *Akşam,* 20.3.1969
2. *Yeni Gazete,* 26.2.1969
3- *Milliyet,* 14.10.1973
4, *Milliyet,* 14.10.1971
5- *Cumhuriyet,* 18.1.1971
6- Bu günlerde "Gerçek FKF'liler" imzasıyla, teksir edilmiş bir bildiri dağıtılır. Bildiri şöyledir:
"FKF'li Kardeşlerimiz; Bilimsel Sosyalizmi en iyi şekli ile kavramış bulunan arkadaşımız Sıtkı Coşkun'un FKF İstanbul Sekreterliği'nden istifası üzerine; kendilerini dev aynasında gören, fakat sosyalizmle hiç ilgisi bulunmayan Deniz Gezmiş gibi ermeni dönmesi veya Celal Doğan gibi geri zekalı kimselerin kışkırtmasıyla, Doğulu kardeşlerimiz kandırılarak FKF'miz çalışamaz hale getirilmektedir. Art düşünceli olan bu kişiler şunu iyi bilsinler ki, biz gerçek bilimsel sosyalistler sizlerin daima karşısındayız. Bu bildiri sizlere ihtar mahiyetindedir. Eğer bundan sonra da, anarşizmi savunur ve bu yolda harekete devam ederek, ilk devrimci şehit Vedat'ın ruhunu muazzep ederseniz, gayet sert eylemimizle karşılaşacaksınız. Kendilerini Mao'cu veya Guevera'cı ilan edenlere hodri meydan." (*Türk Solu,* 20.5.1969, sayı:79, sayfa:2).
7. Hüsamettin Ertürk, *İki Devrin Perde Arkası,* sayfa: 30-31-32
8. Celil Gürkan, *12 Mart'a Beş Kala,* sayfa: 9-10
9. Oral Çalışlar, *68 Başkaldırının Yedi Rengi,* sayfa: 118-119
10. Demir Küçükaydın'ın Deniz Gezmiş'in Arnavutluk Konsolosluğu'ndan silah alması için yaptığı öneri konusunda anlattığı olayın bir başka benzerini de, Türkiye'de Sovyet TASS Ajansı muhabirliği yapmış olan Asildar Hüseyinbeyli, şöyle anlatmıştır: "Musa Tanrıkulu bir gün beni bir yere götürmek ve öğrenci hareketleri lideriyle tanıştırmak istediğini söyledi. Şeflerimden onay aldım. Gözlerimi bağladılar ve tahmin ettiğim kada-

rıyla şehir dışında bir binaya geldik ve yeraltına indik, burada gözlerimi açtılar. Bir odada beni bekleyen 5-6 kişi vardı. Kendilerini tanıttılar. Aralarında Deniz Gezmiş, Mahir Çayan ve Sinan Cemgil vardı. Bir hedefleri olduğunu, bu yolda Sovyetler Birliği'nden yardım istediklerini, özellikle silaha ihtiyaçları olduğunu, uzun uzun anlattılar. Bu tür tekliflere tamamen kapalı olduğumuzdan reddettim ve terörle bir netice alamayacaklarını söyledim. Aynı şekilde gözlerim bağlanarak geri getirildim." (*Türkiye,* 17.1.1995)

11. *Türk Solu,* Eylül 1969, sayı: 96
12. *Milliyet,* 10.8.1989

Not: Mihri Belli, kendisiyle yaptığım konuşmada, izlediği Ho Chi Minh toplantısı konusunda Deniz'le ilgili olarak şunları anlatmıştır: "Ho Chi Minh'in ölümünü anmak için SBF'de bir toplantı olmuştu. Deniz çıktı sahneye. Sırtında gerilla giysileri. Kısa bir konuşma yaptı. Kolları, bacakları uzun olduğu için gerilla elbiseleri kısa gelmiş. Bir şeye de benzemiyor. Benim de yanımda, o dönem Gaziantep Belediye Başkanı'nın hanımı vardı. Barlas ailesinden. Kadın, 'Bey asker midir?' diye sordu.

'Hayır çöpçüdür' demiştim. Akşam Deniz eve gelince, bunu Deniz'e anlattım.

'Oraya çıkacak başka kıyafet yok muydu?' diye sorduğumda, Deniz, 'Pantalonum yırtılmıştı' vb. gibi şeyler söyledi.

'Bunlar laf. İsteseydin bulurdun' dedim.

Deniz, SBF'deki toplantıya böyle kıyafetle çıkarken, gerilla ruhunu aşılamak istiyor. Hikaye o. Tabii soylu bir şey bu."

13. *Nokta,* 2.10.1988, sayı: 39, sayfa:16
14. Bu konuda Mihri Belli, şunları anlatmıştır: "Cihan ile birlikte Bursa Cezaevinde yatarken Deniz kardeşiyle bana haber yolladı. Ziyarete gelmemi, konuşacak şeyleri olduğunu bildiriyordu. Sanırım dertli günleriydi o günler. İstanbul'daki bazı yakın arkadaşları ona sırt çevirmişlerdi. Ben böyle birşeyi seziyordum. Ama 'Olamaz', diyordum. 'Herhalde, geçici bir şeydir' ve taraf tutar gibi görünmemeğe çalışıyordum. Bursa'ya gidemedim." Mihri Belli, *İnsanları Tanıdım,* c. 2, Milliyet Yay. İst. Eylül 1990, s. 139, 140.

15. *Cumhuriyet,* 13.3.1990
16. *Özgürlük Dünyası,* Mayıs 1989, sayı: 7
17. Bak: 16. Dipnot.
18. *Çankaya'ya Giden Yol,* Cüneyt Arcayürek, sayfa: 45
19. 25.8.1971 tarihli *Cumhuriyet* ve *Hürriyet* gazeteleri.
20. *Milliyet,* 30.11.1993
21. *THKP-C ve Kızıldere,* Koray Düzgören, sayfa: 57
22. *Zemin,* Temmuz 87, sayı 8; *Toplumsal Kurtuluş,* Ağustos 1987, sayı: 2
23. *Tercüman,* 17-18 Mart 1971
24. *Milliyet,* 7.11.1971
25. *Kadınca,* Kasım 1990, sayı: 144, sayfa: 36
26. *Kadınca,* Kasım 1990, sayı: 144, sayfa: 37-38
27. *Nokta,* 17.5.1987, sayı: 19, sayfa: 21
28. *Nokta,* 20.5.1990, sayı: 20, sayfa: 20-21
29. *Nokta,* 20.5.1990, sayı: 20, sayfa: 22
30. *Milliyet,* 3.11.1990
31. *Güneş,* 19.2.1991
32. *Tercüman,* 6.11.1987
33. *Nokta,* 16 Mart 1986, sayı: 10, sayfa: 37
34. *Nokta,* 20 Mayıs 1990, sayı: 20, sayfa: 18
35. Konu için bak: Tartışılan 1961 Anayasası'nın yeni taslağı, 18 Ağustos 1971 günü AP, CHP ve DP gruplarında kabul edilir. Taslak, uzun görüşme ve tartışmalardan sonra yeni değişiklerîyle beraber 20 Eylül 1971 günü TBMM'de kabul edilerek kanunlaşır. (*Milliyet 1971 Yıllığı,* sayfa: 131'den 159'a kadar)
36. Yalçın Küçük, *İtirafçıların İtirafları,* sayfa: 103
37. Cüneyt Arcayürek, *Çankaya'ya Giden Yol,* sayfa: 281-282
38. *İkibin'e Doğru,* 1.5.1988, sayı: 19, sayfa: 31.
39. Deniz'in son sözleri hakkında Halit Çelenk, *"İdam Gecesi Anıları"* kitabının 12. baskısında şöyle bir dipnot koymuştur: Deniz Gezmiş'in idam sehpası altında söylediği bu sözleri yayınlayanlar hakkında TCK'nın 141-142. maddelerine dayanılarak İstanbul 3. Ağır Ceza Mahkemesinin 977/585 esas sayılı dosyası ile dava açılmıştır, dava sürmektedir."

Deniz'in idamına tanık olan iki avukattan biri olan Halit Çelenk, Deniz'in idam edildiği an söylediği son sözler hakkında farklı açıklamalarda bulunmuştur. Hazırlanan bir televizyon programı için Deniz'in idam edilirken söylediği son sözler hakkında Çelenk, şunları ānlatmıştır:

"Deniz, o şimdiye kadar birçok yerde yayınlanan konuşmasını o gecenin sessizliğinde yüksek sesle bağıra bağıra söyledi. Hatırımda kaldığı kadarıyla 'Yaşasın Marksizmin, Leninizmin yüce ilkeleri. Yaşasın Türk ve Kürt halklarının bağımsızlık mücadelesi. Kahrolsun emperyalizm, Kahrolsun faşizm' şeklinde bir konuşmaydı." (Mehmet Ali Birand, Can Dündar, Bülent Çaplı, *12 Mart-İhtilalin Pençesinde Demokrasi,* İmge Yayınları, Ankara, ikinci baskı, Eylül 1994, sayfa: 244)

Bulabildiğim bazı yayınlar, Deniz'in idam edilirken söylediği 16 kelimeyi, şu şekilde vermektedir:

a) "Yaşasın marksizm, leninizm, kahrolsun emperyalizm, faşizm." (*Yeni İstanbul,* 7.5.1972.)

b) "Yaşasın tam bağımsız Türkiye. Yaşasın (...) Yaşasın (...) Yaşasın işçiler, köylüler. Kahrolsun Emperyalizm-," derken "izm"i bütünleyemedi. Deniz Gezmiş'in son sözlerinden onbir sözcük çıkarılmıştır. (Erdal Öz, *Deniz Gezmiş Anlatıyor,* Cem Yayınları, İstanbul, Birinci baskı 1976, sayfa:135).

c) "Yaşasın tam bağımsız Türkiye. Yaşasın Marksizmin Leninizmin yüce ideolojisi. Yaşasın (...) -in devrimci bağımsızlık mücadelesi. Yaşasın işçiler, köylüler. Kahrolsun emperyal-"izm derken, "izm"i bütünleyemedi." Deniz Gezmiş'in son sözlerinden dört sözcük çıkarılmıştır. (Erdal Öz, *Gülünün Solduğu Akşam,* Can yayınları, ikinci baskı, Kasım 1986, sayfa: 251).

d) "Yaşasın tam bağımsız Türkiye, yaşasın... Yaşasın halk, yaşasın işçiler, köylüler... Kahrolsun emperya"... Sonunu getiremedi Deniz. Sözünü tamamlayamadı. "Emperyalizm" sözcüğünün ancak, "emperya" heceleri sese dönüşebildi." (Ahmet Kahraman, *Darağacında,* Milliyet Yayınları, İst. 2. baskı, Aralık 1986, sayfa: 224).

e) "Yaşasın tam bağımsız Türkiye!. Yaşasın işçiler, köylüler!. Kahrolsun emperyalizm." (Şaban Erik, *Zor Günler,* Yalçın Yayınları, İstanbul, Şubat 1992, sayfa: 629).

f) "Yaşasın Türk halkının bağımsızlığı. Yaşasın, Marksizmin ve Leninizmin Yüce ideolojisi. Yaşasın, Türk ve Kürt halklarının bağımsızlık mücadelesi, kahrolsun emperyalizm." (Burhan Dodanlı, Darağacı, Evren Yayınları, İstanbul, Mayıs 1978, sayfa: 349)

40- *İdam Gecesi Anılar ve Kararlar,* Halit Çelenk, Tekin Yayınları, İstanbul, 12. Baskı, 1996, sayfa: 81'den 106'ya kadar.

Not: Yazar Erdal Öz'ün iddiasına göre, Mamak Askeri Cezaevinde tutuklu iken, "Deniz, Yusuf, Hüseyin üç kişilik zehir istediler benden" demektedir. Bu konuda yaptığı açıklama özetle şöyledir:

"Benim tahliye emrim olağanüstü ve istemediğim bir hızla ulaşmıştı cezaevine. Adım durmadan anons ediliyor ve bırakamıyordum çocukları. Sonunda hepsiyle sarılıp öpüştük. Deniz'le birlikte çıktık onların koğuşundan ve bizim koğuşa girdik. Tek kişi yoktu koğuşta. Öteberimi toplayacaktım. İki katlı ranzamın başında, işte orada Deniz'le son konuşmamızı yaptık. Ben toparlanmaya çalışırken, Deniz o şaşırtıcı önerisini yaptı bana:

'Üç kişilik zehir istiyoruz senden' dedi. 'Ben, Yusuf, Hüseyin ipin ucunda sayılırız artık. Belli oldu: Kesin gidiyoruz. Asacaklar bizi. Ama ölümümüzün bu adamların elinden olmasını istemiyoruz. Son dakikaya kadar devrimci tavrımızı sürdüreceğiz, gerçek bir devrimci gibi davranacağız. Kurtuluş olmadığını biliyoruz. Ama ölümümüzün kendi elimizle olmasını istiyoruz. Üç kişilik zehir istiyoruz senden reis.' Böyle dedi. Ama.. yapamadım. Gönderemedim." (*Nokta,* 11.1.1987, sayı: 1, sayfa: 63, 64, 65.

41. *Bir Uzun Yürüyüştü 68,* Alev Er, sayfa: 24-25
42. *Nazım'ın Bilinmeyen Mektupları,* Şükran Kurdakul, s. 7-8
43. *Yarın,* Haziran 1985, sayı: 46, sayfa: 4-5
44. *Cumhuriyet,* 6.1.1991

Üçüncü Bölüm

EKLER

EK-1

Deniz Gezmiş'in TİP Üyelik Formu

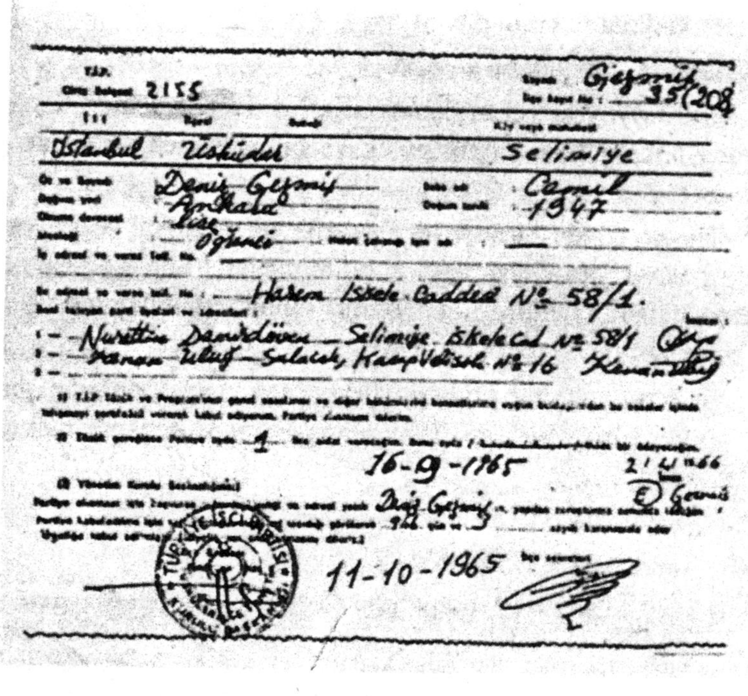

(Rasih Nuri İleri'nin özel arşivinden alınmıştır.)

EK - 2

Deniz Gezmiş imzasıyla yayınlanan bir şiir:

"FENERNAME
Dediler milyonluk bir takım kurduk
Balkanların Real Madrit'i olduk
Bütün kupalara adaylık koyduk
Artık sahalara sığamayız biz
*
Oysa neler gördük mevsim başında
Takım sanki sonunculuk peşinde
Gözümüz kaldı hep Kartal kuşunda
Bu hali görmeye kıyamayız biz.
*
Şenol ile Birol nerde bilinmez
Aydın'ın sahada izi görünmez
Yaşar'ın oyununa akıl sır ermez
Eski coşkunluğu duyamayız biz.
*
Kupayı alırız demiştik artık
Beleşten, meleşten bir de gol attık
Şeref ters vurunca cümleten yattık
Şimdi büyük takımız diyemeyiz biz.
*
Uluğ gitti, Ilgaz geldi ne oldu?
Boşuna harcadık biz Oscar Hold'u
Bayrağımızın bile renkleri soldu
Yakamıza rozet takamayız biz.
Deniz Gezmiş.

16 Haziran 1966 günü, yayınlanan bu şiir hakkında Aydın Çubukçu, şunları anlatmıştır: "Deniz, Beşiktaş'lıydı. Seneler sonra ilk karşılaştığımızda, 'Ne oluyor yahu Fenerbahçe'ye marş yazmaya başlamışsın?' dedim. Deniz, 'Arkadaşın birisi benim imzamla göndermiş. Valla benim alâkam yok' diye yanıt verdi."

EK - 3

Devrimci Hukuklular Örgütü Tüzüğü

I - ADI VE MERKEZİ

Madde: 1- Derneğin adı: "Devrimci Hukuklular Örgütü"dür. Merkezi Tünel, Arda Apt. 472/1 - Beyoğlu.

Madde: 2- Derneğin amacı: Türkiye'nin ulusal tam bağımsızlığı ve Türk halkının her türlü sömürüden uzak olarak en ileri uygarlık düzeyine ulaşması için, Atatürk Devrimi doğrultusunda elinden gelen katkılarda bulunmaktır.

Madde: 3- Dernek bu amaçla:

a) Eleştiriye yer veren demokratik bir disiplin içinde devrimci, toplumcu hukukluların örgütlenmek ve bilinçlenmek sureti ile güçlenmesini sağlar.

b) Dünya içinde Türkiye'mizin yerini ve gerçeğini çeşitli yanları ile doğru olarak yansıtacak verileri bilim metodları ile araştırıp ortaya koymaya çalışır. Kültürel, ekonomik, toplumsal eylemler ve araştırmalar yapar.

c) Halktan ve tam bağımsız Türkiye'den yana örgütlerle işbirliği yapar ve gereğinde birleşir. Tüm olanaklarını kullanarak halkın bilinçlenmesine çalışır.

II - SİYASETLE UĞRAŞMAZ

Madde: 4- Devrimci Hukuklular Örgütü siyasetle uğraşmaz.

III - ÜYELİK DURUMU

Madde: 5- Amacı benimseyen İstanbul Hukuk Fakültesi öğrencileri, mezunları üye kayıt fişini doldurmak, iki üyenin teklifi ve yönetim kurulunun salt çoğunluğunun onayı ile derneğe üye olabilirler.

Madde: 6- Üyelikten çıkış:

a) Üyeler üyelikten yazılı bildirim sureti ile ayrılabilirler.

b) Amaca aykırı davranışlarda bulunan üyeler 5 üyenin veya yönetim kurulunun teklifi ile onursal kurulun 2/3'nin en fazla bir ayda vereceği kararla üyelikten ihraç edilirler.

IV - ORGANLAR

Madde: 7- Genel Kurul: Devrimci Hukuklular Örgütü'nün en yetkili organıdır. Her yıl Aralık ayı içinde yönetim kurulunun bir hafta önceden yöresel bir gazete ile yapacağı çağrı üzerine olağan olarak toplanır. En az bir ay önce üye olmayanlar, yıllık ödentisini ödemeyenler genel kurula katılamazlar.

Olağanüstü kurultay yönetim kurulu kararı ile veya son olağan kurultay tarihindeki kayıtlı üyelerin 1/5'inin isteği ile toplanır.

Madde: 8- Yönetim Kurulu: Genel kurulca seçilen 7 üyeden kurulur. Genel kuruldan sonraki ilk toplantıda aralarında bir başkan, bir ikinci başkan, bir yazman ve bir sayman seçer. Genel kuruldan sonra en yetkili organdır.

Madde: 9- Onursal Kurul: Genel kurulca seçilen 3 üyeden kurulur. Disiplin organıdır.

Madde: 10- Denetim Kurulu: Genel kurulca seçilen 3 üyeden kurulur. Üç ayda bir derneği denetler.

V - GELİR KAYNAKLARI

Madde: 11

a) Yılda en az 12, en fazla 120 lira olmak üzere üye ödentileri,

b) Bağışlar,

c) Çeşitli çalışmaların gelirleri.

Bütün bu yollarla derneğin gelirleri sağlanır.

VI - ORTAK HÜKÜMLER

Madde: 12 - Tüzük, Genel Kurulda 1/5 üye sayısının teklifi ile ve üye tam sayısının salt çoğunluğunun onayı ile değiştirebilir.

Madde: 13 - Dernek, Genel Kurulunun tam sayısının salt çoğunluğunun kararı ile fesh edilir.

Madde: 14 - Kurucular:

Adı-Soyadı: Atilla Can. Tâbiyeti: TC. Baba Adı: Mustafa. Doğum Yeri: Rize. Doğum Tarihi:1939. Adresi ve İşi: Site Talebe Yurdu - Şehzadebaşı - Öğrenci.

Adı-Soyadı: Deniz Gezmiş. Tâbiyeti: TC. Baba Adı: Cemil. Doğum Yeri: Ayaş. Doğum Tarihi: 1947. Adresi ve İşi: Harem İskelesi Sok. No: 57/4 - Selimiye - Öğrenci.

Adı-Soyadı: M. Lütfü Kıyıcı. Tâbiyeti: TC. Baba Adı: Ethem. Doğum Yeri: Sivas. Doğum Tarihi: 1945. Adresi ve İşi: İETT Sitesi, No: 47 - Etiler - Öğrenci.

Adı-Soyadı: Önder Yerlikaya. Tâbiyeti: TC. Baba Adı: Mevlût. Doğum Yeri: Muğla. Doğum Tarihi: 1945. Adresi ve İşi: Yukarı Havacılar Sitesi E/2 - Basınköy - Öğrenci.

Adı-Soyadı: Deniz Çamlıbel. Tâbiyeti: TC. Baba Adı: Hasip. Doğum Yeri: Malatya. Doğum Tarihi: 1947. Adresi ve İşi: Petrol Sitesi No: 26/1 - Levent - Öğrenci.

Adı-Soyadı: Kenan Çebi. Tâbiyeti: TC. Baba Adı: Dursun. Doğum Yeri: Ordu. Doğum Tarihi: 1947. Adresi ve İşi: Sinan Ağa Mah. Yesarizade Sok. No: 36/1 - Fatih - Öğrenci.

Adı-Soyadı: Ali Yazıcı. Tâbiyeti: TC. Baba Adı: Hasan. Doğum Yeri: Rize. Doğum Tarihi: 1947. Adresi ve İşi: Kadırga Talebe Yurdu - Kadırga - Öğrenci.

Adı-Soyadı: Cihan Eren. Tâbiyeti: TC. Baba Adı: Mustafa. Doğum Yeri: Rize. Doğum Tarihi: 1947. Adresi ve İşi: Haliç Cad. 84/13 - Fatih - Öğrenci.

Adı-Soyadı: Y. Baha Gürcan. Tâbiyeti: TC. Baba Adı: Nevzat. Doğum Yeri: Denizli. Doğum Tarihi: 1948. Adresi ve İşi: Sofular Cad. Gül Palas - Fatih - Öğrenci.

Adı-Soyadı: Rıfat Çaldırık. Tâbiyeti: TC. Baba Adı: Abdullah. Doğum Yeri: Akhisar. Doğum Tarihi: 1948. Adresi ve İşi: Hatice Sultan Mah. Yusufağa Sok. 2/1 - Edirnekapı - Öğrenci.

Adı- Soyadı: Hikmet Kuşçu. Tâbiyeti: TC. Baba Adı: Seyfettin. Doğum Yeri: Elazığ. Doğum Tarihi: 1946. Adresi ve İşi: Gül Sokak No: 13 - Çağlayan - Öğrenci.

Adı-Soyadı: Mehmet A. Tansuğ. Tâbiyeti: TC. Baba Adı: Ömer.

Doğum Yeri: İstanbul. Doğum Tarihi: 1947. Adresi ve İşi: Esentepe Em. Sb. Evleri 12/8 - Mecidiyeköy - Öğrenci.

Adı-Soyadı: Bozkurt Nuhoğlu. Tâbiyeti: TC. Baba Adı: Ahmet. Doğum Yeri: Of. Doğum Tarihi: 1939. Adresi ve İşi: Site Talebe Yurdu - Öğrenci.

Adı-Soyadı: H. Serdar Güngörmez. Tâbiyeti: TC. Baba Adı: Ali. Doğum Yeri: Adana. Doğum Tarihi: 1945. Adresi ve İşi: Adana Öğrenci Yurdu - Fındıkzade - Öğrenci.

Adı-Soyadı: Cahit Arıkan. Tâbiyeti: TC. Baba Adı: Haydar. Doğum Yeri: Kars. Doğum Tarihi: 1945. Adresi ve İşi: Haliç Cad. 84/3 - Fatih - Öğrenci.

Adı-Soyadı: Saim Deliismailoğlu. Tâbiyeti: TC. Baba Adı: Nuri. Doğum Yeri: Rize. Doğum Tarihi: 1943. Adresi ve İşi: Site Talebe Yurdu - Öğrenci.

Adı-Soyadı: Raif Ertem. Tâbiyeti: TC. Baba Adı: Eşref. Doğum Yeri: Bergama. Doğum Tarihi: 1936. Adresi ve İşi: İstiklâl Cad. Arda Han 471/2 - Tünel - Stajyer avukat.

Adı-Soyadı: Nusret Selen. Tâbiyeti: TC. Baba Adı: M. Rıfat. Doğum Yeri: İstanbul. Doğum Tarihi: 1945. Adresi ve İşi: Ziya Gökalp Cad. No: 61 - Çapa - Öğrenci.

Adı-Soyadı: Önder Aktosun. Tâbiyeti: TC. Baba Adı: İ. Vahap. Doğum Yeri: Manisa. Doğum Tarihi: 1938. Adresi ve İşi: Büyük Langa Cad. 9/1 - Aksaray - Öğrenci.

EK - 4

Devrimci Öğrenci Birliği Tüzüğü

I) ADI VE MERKEZİ

1) Derneğin adı "Devrimci Öğrenci Birliği" (DÖB)'dir.

2) Genel Merkezi İstanbul'dadır (Arda Han No. 471/2 Tünel - Beyoğlu)

II) AMACI

1) Ülkemizde devrimci düşünceyi ve eylemi yaşatmak ve yaymaktır.

III) DERNEĞE GİRİŞ

1) Derneğin amacını ve tüzüğünü benimseyen kanuni şartlara haiz ve iki üyenin salık verdiği her yüksek öğrenim genci, Şube Yönetim Kurullarının kabulü ve Genel Yönetim kurulunun tasdiki ile derneğe üye olabilir. Üye şubelere kayıt edilir. Genel Yönetim Kurulu gereğince üye kabul edebilir. Ve asil üyelerin Genel Yönetim Kuruluna itiraz hakları vardır. Fakülte ve yüksek okullarda şubesi bulunmayan öğrenciler dayanışma şubesine üye olur.

IV) DERNEKTEN ÇIKIŞ

a - Üyeler üyelikten yazılı bildirim sureti ile ayrılabilirler.

b - Amaca aykırı davranışlarda bulunan üyeler 5 üyenin veya Yönetim Kurulunun teklifi ile Onursal Kurulun 2/3'nin en fazla bir ayda vereceği kararla üyelikten ihraç edilir.

c - Öğrenci niteliği düşenlerin üyelikleri, kendiliğinden düşer.

V) ORGANLAR

1) Genel Kurul, DÖB'nin en yetkili organıdır. Genel Başkan, Genel Yönetim Kurulu üyeleri, Şube Başkanları, Şube delegasyonlarından oluşur. Her on kişiye bir delege düşer. Normal olarak Aralık ayı-

nın ilk haftasında toplanır. Olağanüstü toplantısı ise üyelerin 1/5'inin veya Yönetim Kurulunun isteği ile olur.

Görev ve yetkileri:

a) Genel Başkanı seçer.

b) Genel Yönetim Kurulunu seçer.

c) Onursal Kurulu seçer.

d) Denetim Kurulunu seçer.

2) Genel Yönetim Kurulu: Genel Başkan ve 8 asil üyeden oluşur. Ayrıca 4 yedek üye vardır. 1. ve 2. Sekreteri, Genel Saymanı kendi arasından seçer.

3) Merkez Yürütme Kurulu: Genel Başkan. 1. ve 2. Sekreter ve Genel Saymandan oluşur.

4) Onursal Kurul: Genel Kurulca seçilen 3 kişidir. Disiplin organıdır.

5) Denetleme Kurulu: Genel Kurulca seçilen 3 kişidir. Kurulları denetler.

6) Şube Yönetim Kurulu: Bir Başkan, Sekreter ve Saymandan oluşur. Gerektikçe bürolar kurup yönetir. Büroların kurulmasında Genel Yönetim Kurulunun tasvibini alır.

VI) GELİR KAYNAKLARI

Yılda en az 12, en fazla 120 lira üye aidatı. Bağışlar ve çeşitli çalışmalardan elde edilen gelirler.

VII) DERNEĞİN FESHİ

Genel Kurulun 1/5'inin veya Genel Yönetim Kurulunun teklifi ve 3/5 çoğunluğunun kararı ile feshedilir.

Dernek feshedilme anında mallar Genel Yönetim Kurulu'na kalır.

KURUCULAR:

Adı-Soyadı: Deniz Gezmiş. Tâbiyeti TC. Baba Adı: Cemil. Doğum Yeri: Ayaş. Doğum Tarihi: 1947. Adresi: Harem İskelesi Sok. No: 54 - Selimiye/İst.

Adı-Soyadı: Cihan Alptekin. Tâbiyeti: TC. Baba Adı: Eşref. Doğum Yeri: Ardeşen. Doğum Tarihi: 1947. Adresi: Kadırga Öğrenci Yurdu - Kadırga/İst.

Adı-Soyadı: Ahmet Özdemir. Tâbiyeti: TC. Baba Adı: Şerif. Doğum Yeri: İstanbul. Doğum Tarihi: 1949. Adresi: Kadırga Öğrenci Yurdu - Kadırga/İst.

Adı-Soyadı: M. Lütfü Kıyıcı. Tâbiyeti: TC. Baba Adı: Ethem. Doğum Yeri: Sivas. Doğum Tarihi: 1945. Adresi: İETT Sitesi No: 47 - Etiler-İst.

Adı-Soyadı: M. İlker Gürkan. Tâbiyeti: TC. Baba Adı: Mehmet. Doğum Yeri: Amasya. Doğum Tarihi: 1948. Adresi: Emekli Subay Evleri Blok 12/2 - Esentepe/İst.

Adı-Soyadı: Deniz Çamlıbel. Tâbiyeti: TC. Baba Adı: Hasip. Doğum Yeri: Malatya. Doğum Tarihi: 1947. Adresi: Petrol Sitesi No: 26/1 - Levent/İst.

Adı-Soyadı: Eray Karabilgin. Tâbiyeti: TC. Baba Adı: Sezai. Doğum Yeri: İzmir. Doğum Tarihi: 1947. Adresi: Samatya Cad. Durak Apt. No. 14/2 - Aksaray/İst.

Adı-Soyadı: Cevat Ercişli. Tâbiyeti: TC. Baba Adı: Tayyar. Doğum Yeri: Malatya. Doğum Tarihi: 1946. Adresi: Dede Ef. Sok. No: 24/4 - Beyazıt/İst.

Adı-Soyadı: M. Mehdi Beşpınar. Tâbiyeti: TC. Baba Adı: Halit. Doğum Yeri: İstanbul. Doğum Tarihi: 1948. Adresi: Koşuyolu Cenap Şahabettin Sok. No:12 - Kadıköy/İst.

Adı-Soyadı: Ender Ünay. Tâbiyeti: TC. Baba Adı: Hüsnü. Doğum Yeri: Ereğli (Konya). Doğum Tarihi: 1948. Adresi: Ardahan No. 411/2 - Tünel/İst.

Adı-Soyadı: Saim Kurul. Tâbiyeti: TC. Baba Adı: Ahmet. Doğum Yeri: Balıkesir. Doğum Tarihi: 1946. Adresi Balıkesir Yurdu - Çemberlitaş/İst.

Adı-Soyadı: Selahattin Okur. Tâbiyeti: TC. Baba Adı: Sadık. Doğum Yeri: Silifke. Doğum Tarihi: 1947. Adresi: Cağaloğlu Erkek Öğrenci Yurdu - Cağaloğlu/İst.

EK - 5

Demokratik Devrim Derneği Sirküleri:

DEMOKRATİK DEVRİM DERNEĞİ
Babıâli Cad. No. 29
İSTANBUL
Sayı:52
İstanbul Valiliğine, 28.11.1968

Demokratik Devrim Derneği'nin ilk olağan Genel Kongresi 24 Kasım Pazar günü yapılmış ve aşağıda kimlikleri yazılı olanlar Merkez Yönetim Kurulu'na seçilmişlerdir. Merkez Yönetim Kurulu'nun 27.11.1968 tarihli ilk toplantısında görev taksimi yapılarak Genel Başkanlığa Dr. Kemal İşler, Genel Sekreterliğe Sevinç Özgüder, Mali Sekreterliğe İhsan Memoğlu seçilmişlerdir. Gereği için bilgilerinize sunarız. Saygılarımızla.

Demokratik Devrim Derneği

1 - Kemal İşler (G. Başkan)
2 - Sevinç Özgüner (G. Sekreter)
3 - Hikmet Gürdağ (Örgüt Sekreteri)
4 - Ekrem Şıkak (İşçi H. Sekreteri)
5 - Rasih Nuri İleri (Yayın ve Propaganda Sekreteri)
6 - Deniz Gezmiş (Gençlik H. Sekreteri)
7 - Vecdi Özgüner (Eğitim Sekreteri)
8 - Hamit Yavaş (Sekreter Yardımcısı)
9 - Kumru Gözügeçgel (Sekreter Yardımcısı)
10 - Fadıl Barkan (Köy İşleri Sekreteri)
11 - İhsan Memoğlu (Mali Sekreter)

Demokratik Devrim Derneği Genel Başkanı
Dr. Kemal İşler

Ekler:

1 - Merkez Yürütme Kurulu üyelerini gösterir çizelge (3 adet).

2 - Genel Kongrece tadil edilmiş tüzük (7 adet).

3 - Tüzüğün değişen maddelerinin eski ve yeni şeklini gösteren çizelge (2 adet).

MYK yedekleri: Tarık Almaç, Cihan Alptekin, Cemal Alptuğ, Halit Çalışır.

M. Haysiyet Divanı: Bora Gözen, Şevki Akşit, Sedat Düzkan, Halil Öymen, Bedia İleri, Muammer Öztuksal.

M. Haysiyet yedekleri: İsmet Ozan, Osman Hilmi Erdem, Fehmi Kurucu.

Denetçiler: Naci Ormanlar, Kemal Öymen, Engin Gözen.

(Rasih Nuri İleri'nin özel arşivinden alınmıştır.)

EK - 6

Türkiye İşçi Partisi Devrimci Grup Bildirisi

"Biricik sosyalist siyasi örgütümüz Türkiye İşçi Partisi'ni, yıkıcı oportünistlerin elinden kurtarmak azminde olan bizler, sosyalist hareketteki son gelişmelerle ilgili görüşlerimizi bildiriyoruz.

Başta Mehmet Ali Aybar olmak üzere TİP yöneticilerinin belirtileri uzun zamandan beri görülen, sosyalizme ve Türkiye gerçeklerine aykırı ve Parti programı ile çelişen oportünist tutumları, statükocu bir niteliğe bürünmüş ve emperyalizmin işbirlikçileriyle uzlaşmaya kadar varmıştır. Oportünist parti yöneticilerinin, emperyalizme bağlı gerici güçlerden gelen baskı ve tehditlere boyun eğmeleri karşısında, bir defa daha anlaşılmıştır ki, sosyalist mücadele yiğit devrimcilerin işidir.

Gerçek sosyalistlerin, devrimci hareketi bütün engellere rağmen yılmadan ve tavizsiz yürütmeleri karşısında, TİP yöneticilerinin anti-emperyalist mücadeleyi köstekleme politikaları iflas bayrağını çekmiştir.

Biz, gerçek sosyalizmin düşünce ve eylemi yanında, emperyalizmden ruhsatlı sahte sosyalizmin yaşayamayacağının gün ışığına çıkmasını olumlu bir gelişme sayıyoruz. Bu gelişme, Türkiye'deki sosyalist hareketin olgunluk çağına ulaşma yolunda olduğunu kanıtlamaktadır. Sosyalist akım, içinde taşıdığı yabancı unsurlardan arınmakta, bilimsel sosyalizmin sağlam temeli üzerinde bütünlüğe ulaşmaktadır.

Düne kadar parti yönetiminde sosyalizmi yozlaştıran ve bu ağır sorumluluğu omuzlarında taşıyan yöneticilerden bazılarını, bugün "muhalefet"te görmekteyiz. Biz, gerek bugünkü yöneticiler, gerekse ideolojik muhtevadan yoksun bir muhalefet yürütmek çabasında olanlar arasında bir tercihi reddediyoruz. Ancak doğru ideolojiyi benimseyen ve geçmişteki yanlış tutumunu terkettiğini eylemi ile isbat eden bütün sosyalistlere devrimci mücadele safları elbette açıktır.

Çözüm yolu

1 - Partimizi gerçek sosyalist yönetime kavuşturmak ve eylemini sosyalizmin temel ilkelerine dayandırmak tek çözüm yoludur. Sosya-

list teori, Türkiye gibi yarı bağımlı, yarı feodal bir ülkede, bugünkü devrimci görevin, bize sosyalizmin yolunu açacak olan bağımsızlık ve demokrasi mücadelesini zafere ulaştırmak olduğunu emreder. Emperyalizmin boyunduruğunu kırmak ve yurdumuzu feodal kalıntılardan arıtmak amacı ile, bütün millici ve demokratik güçlerin devrimci dayanışmasını sağlamak, sosyalistlerin en başta gelen görevidir.

2 - İşçi sınıfımızın mücadele örgütü olarak partimiz, şehir ve köy proletaryası saflarından gerçek proleter devrimcileri eğiterek, sosyalist kadrolar yetiştirmeyi ve bunları parti organlarında yetkili yöneticiler olarak görevlendirmeyi amaç bilmelidir. Biz, parti yöneticilerinin bugüne dek ihmal ettiği bu temel görevi yerine getirmeye kararlıyız.

3 - Türkiye İşçi Partisi'nin gerçek sosyalist kimliğine kavuşması ve bu dönemde tarihi görevini yerine getirmesini sağlamak için, parti içi demokrasiyi, kolektif yönetimi, kardeşlik ve feragat havasını örgütümüze hakim kılmak zorundayız. Bu yolda ilk adım, işbirlikçi iktidara ihbar edilerek ve parti tüzüğü çiğnenerek ihraç edilen sosyalistlerin mücadelelerine parti çatısı altında devam etmelerini sağlamak ve örgütlü sosyalistlerle, örgüt dışında mücadele veren bütün sosyalistlerin birlik ve kardeşliğini gerçekleştirmektir. Bunun için mücadele etmeyi görev biliyoruz.

4 - Bütün bunların gerçekleştirilmesi için, emperyalizme bağlı güçlerin dolaylı desteği ile ve bütün bilinen yöntemlerle partimizin başına çöreklenmiş olan yönetici kliği, Türkiye emekçilerinin davası yolunda karşımıza çıkan ilk engel olarak görüyoruz. Ve bu sahte sosyalistleri parti yönetiminden uzaklaştırmanın zorunluluğuna inanıyoruz.

Sosyalist bir partide birlik ve disiplin, ancak sosyalizmin temel ilkeleri ve bunun gerektirdiği devrimci eylem üzerine kurulabilir. TİP, yasaların tanıdığı demokratik hak ve özgürlüklerin sonuna kadar kullanılmasına karşı çıkan ve sosyalist eylemi engelleyen oportünist yöneticilerden arındığı anda, çok daha güçlü olarak tarihi görevini yerine getirme imkânlarına kavuşmuş olacaktır. Sosyalizmden sapanlarla uğraşmak uğruna sosyalizmin ilkelerini feda eden çıkışlar, havayı bulandırmaktan ve karşı-devrimcilerin işine yaramaktan öte bir sonuç vermeyecektir.

Bundan böyle sosyalist eylem olanağının bulunduğu her yerde ve her durumda (Önümüzdeki olağanüstü kongre dahil), yukarıda belirttiğimiz sosyalist amaçların gerçekleştirilmesi için olanca gücümüzle mücadele edeceğiz. Ve amaçlarımıza uymayan, olup-bitti niteliğindeki her türlü oportünistçe çözüme karşı duracağız.

Türkiye emekçilerinin umut bağladığı partimizi, gerçek sosyalist siyasi örgüt niteliğine kavuşturmak için, bütün sosyalist kardeşlerimizi omuz omuza mücadeleye çağırıyoruz.

ARKADAŞ!

Devrimci grup bildirisindeki görüşleri benimseyen bütün parti üyelerinin bildiriye katılmalarını sağla! Bildiriyi imzalat! Ve en kısa zamanda aşağıdaki adrese gönder.

Adres: Selanik caddesi 82/5 Yenişehir-Ankara

Adı:

Adresi:

Üyesi olduğu parti örgütü:

Partideki görevi:

İmza:

İMZALAR

ADAPAZARI-Merkez İlçe: Ercan Enç. ADIYAMAN-Gölbaşı İlçesi: Mehmet Tükenmez (Büyük Kurultay Delegesi ve İlçe Başkanı). ADANA-Merkez İlçe: Rasih Nuri İleri (Eski Genel Yönetim Kurulu Üyesi), Tuncer Yanar, Şükrü Tekbaş (Eski Adana İl Sekreteri), Turan Taşıyan (Eski Adana İl Yönetim Kurulu Üyesi), Necip Deveci. Saimbeyli İlçesi: Mustafa Gökçe (Eski İlçe Başkanı). ANKARA-Merkez İlçe: Aktan İnce, Tuncer Eşsizhan, Süleyman Ege. Haymana İlçesi: Halis Holozlu. Altındağ İlçesi: İlhan Kalaylıoğlu (Görevi askıya alınmış İlçe Başkanı), Sezgin Büyükkuşoğlu, Burhan Gürcan, Ruhi Koç, Ertuğrul Özdağ, Necdet Sütsangı, Ersen Olgaç. Çankaya ilçesi: Şekibe Çelenk (Eski Merkez Haysiyet Divanı Üyesi), Türkkaya Ataöv (Merkez Bilim ve Araştırma Kurulu Üyesi), Erdoğan Güçbilmez (Merkez Bilim ve Araştırma Kurulu üyesi), Süleyman Alparslan, Ali Orhan Yücealp, Nuri Çolakoğlu, Rüstem Sungur, Galip Uzun, Aydın Çulfaz, Doğan Altuner, Akın Evren, Yusuf Küpeli, Atıl Ant, Süha Berk, Rüknettin Biryol, Hüseyin İnan, Olcay Girgiç, Doğu Perinçek (Merkez Bilim ve Araştırma Kurulu Üyesi), Özden Sonad, Ekrem Öztürker, Müzeyyen Hoşgör, Seyhan Erdoğdu, Ergun Aydınoğlu, Mahir Çayan, Canan Altunlu, Nuran Ağırnaslı, İbrahim Seven, Leman Ağırnaslı, Halil Çelimli, M. Ali Zarifoğlu, Erdal Gökyüzü, M. Ali Çobaner, Halit Çelenk (Eski Genel Yönetim Kurulu Üyesi), Tebessüm Sarp, Orhan Aksungur, Atilla Sarp. Yenimahalle İlçesi: Erol Mutlu (İlçe Yönetim Kurulu Sekreteri), Muzaffer Köklü (Yönetim Kurulu Üyesi), Yavuz Tarakçıoğlu (Eski İlçe Yönetim Kurulu Sekreteri), Kutlu Anıl, Cengiz Öztunalı, Selçuk Özdemir. TİP Merkez Bilim Kurulu Üyelerinden: Şahin Alpay. ANTALYA-Merkez İlçe: Yusuf Yalçın (İlçe Yönetim Kurulu Sekreteri). AYDIN-Sultanhisar İlçesi: M. Fikri Çiftçi. BALIKESİR-Ayvalık İlçesi: Ali Çolakoğlu, Mustafa Çolakoğlu, Tevfik Tamer. İÇEL-Silifke İlçesi: Oktay İlter. Tarsus İlçesi: Oral Çalışlar, Şadi Temiz, İbrahim Yerman, Daniş Boroğlu, Murtaza Çalışlar, Selçuk Gözgün, Teoman Gözgün, Özer Sarıgül. İSTANBUL-Bakırköy: İbrahim Şahin. Beşiktaş: Metin Atılal (Genel Yönetim Kurulu Yedek Üyesi, İstanbul Belediye Meclis Üyesi), Münire Tamkan, İsmet Kurt, Mahmut Damlarca, Nail Satılgan, İbrahim Çıntar, Orbay Hazar, Metin Kıvanç, Candan Savran, Hasan Tahsin Kaylan, İsmail Ekliyen, Behçet Dinç, Vahdet Atılal, Ökkeş Aydın, Ali Sığınan, Hüseyin Çelikbilek, Fatma Atılal, Nazım Pekçalışır, Erdoğan Çalışır, Haydar Tamkan, Şevket Çardak, İbrahim Çınar, Emin Baltaoğlu, Kadri Esmeray, İsmail Palaskaya, Mukaddes Esmeray, Muzaffer Kerpiç, Faruk Sezginer, Ali Akpınar, Yaşar Şikak, Yaşar Behiç Aslan, Hasan Büken, Cemal Sıklık. Beyoğlu: Osman Hilmi Erdem, Nihat Oğuzkan, Hasan Hevenk, Kemal İşler, Gültaze Erdem, Hüseyin Ahenk. Fatih İlçesi: Cevat Ercişli, Mahmut Çitli. Kadıköy İlçesi: İlhan Menderes, Ahmet Say. Şişli: Şadan Aksu (İlçe Yönetim Kurulu Üyesi), Hikmet Eray, Nişan Bıraş, Sedat Eryoldaş, Vural Dalar, Şefik Alaza, Tevfik Yurtsü, Hamit Yabaş, Burhan Uca, Gülseren Uca, Recep Doğruyol, Necati Atay, Sevinç Özgüner, Cemil Akkan, Kumru Gözügeçgel, Bora Gözen, İhsan Memoğlu, Hikmet Gürdağ, Engin Gözen, Naci Ormanlar, Arif Damar, Kutber Akalın. Üsküdar İlçesi: Serpil Akalın, Deniz Gezmiş. Yalova İlçesi: Erhan Ergün (İlçe Yönetim Kurulu Sekreteri). İZMİR-Merkez İlçe: Cavit Kürnek (Eski İl Sekreteri), Sadık Günaydın, Osman Kançak, Ahmet Gülkan, Kemal Fidan, Şükrü Nalıncı, Kamil Şevcan, Yusuf Fidan, Şevki Ali Çalışkan, Kazım Ercan, Orhan Kartal, Günter Berktay, Emine Kartal. Karşıyaka

İlçesi: Bener Öney (İlçe Yönetim Kurulu Üyesi), Mustafa Manas (İlçe Yönetim Kurulu Üyesi), Recep Dolu (İlçe Yönetim Kurulu Üyesi), Ayten Okan (Büyük Kongre Delegesi, İlçe Yönetim Kurulu Sekreteri), Veyis Özcan (İlçe Saymanı), Güney Dinç (Bildirinin yalnız "çözüm yolu" başlığı altındaki kısımlarına grup dışı kalarak katılıyorum). KONYA-Merkez İlçe: Yılmaz Demir (İl Yönetim Kurulu Üyesi), Fikret Soysal (Büyük Kurultay Delegesi ve İl Yönetim Kurulu Üyesi), Mustafa Yavuz (İl Yönetim Kurulu Üyesi), Mustafa Eryılmaz (İl Yönetim Kurulu Saymanı), Mehmet Yüksel (İl Yönetim Kurulu Üyesi), İbrahim Yeğenoğlugil, Ali Demirtaş, Seyfettin Arıöz, Ali Canbaz, Tuncay Turhan, Nahit Tören, Ziya Yüksel, Ali Dine. MALATYA-Merkez İlçe: Mustafa Çağlar, Süleyman Kırteke, Haydar Maho, Ali Kaygusuz, Hayri Şival, Ahmet Esenlik, Kemal Apaydın, Kazım Kırteke, Abdülkadir Sabaner, Vahap Erdoğdu, Köse Polat (Muhtar). Akçadağ İlçesi: Zeynel Kal, Teslim Töre, İbrahim Erdem, Hüseyin Kısacık (Eski İlçe Başkanı), Ali Erdoğdu. Arguvan İlçesi: Mehmet Yılmaz. MANİSA-Merkez ilçe: H. Z. Angıner. Turgutlu İlçesi: Ayhan Kırgız (İlçe Yönetim Kurulu Başkanı), Ömer Özerturgut, İbrahim Erdoğan (İlçe Yönetim Kurulu Sekreteri), Hüseyin Serbesler (Yönetim Kurulu Üyesi), Ramazan Aydın, Ekrem Yıldırım, İlhan Lim. SİVAS: Gürkan Rişvanoğlu (Büyük Kongre Delegesi), Erbey Türkoğlu. TEKİRDAĞ-Lüleburgaz: Ali Ekener, Hüseyin Bayer, Kemal Öztürk, Kadir Topçu, Ahmet Şahinler. YOZGAT-Boğazlıyan İlçesi: Şakir Keçeli (İlçe Başkanı ve Büyük Kongre Delegesi), Necati Akkoyunlu (İlçe Denetçisi), Aksoy Kabukçu (Yönetim Kurulu Üyesi), Cafer Aksoy (Yönetim Kurulu Üyesi), Karabey Parlak (Yönetim Kurulu Yedek Üyesi). Çayıralan İlçesi: Faruk İçöz (Yönetim Kurulu Üyesi), Osman Efe (Yönetim Kurulu Sekreteri), Nazım Külekçi (Yönetim Kurulu Üyesi).

Not: Devrimci Grup Bildirisi, parti üyeleri ve hakim sınıflara ihbar edilerek ihraç edilen arkadaşlar tarafından imzalanmıştır.

"İmzaların toplanması devam etmektedir."

Not: Yusuf Küpeli ve Rüstem Sungur bu bildiride haberleri olmadıklarını, bu bildiriye imzalarını kendi bilgileri dışında ve haberleri olmadan konulduğunu açıklamışlardır.

(Bu belge, Rasih Nuri İleri'nin özel arşivinden alınmıştır.)

EK - 7

"Tam Bağımsız Türkiye İçin Mustafa Kemal Yürüyüşü"ne Katılan DÖB'lülerin tuttuğu Günlük:

28 Ekim 1968: Yeni devrimci bir harekete karar verdik. Bu harekete katılmak isteyen bütün arkadaşlarımız saat 21.30'da TMGT'nda toplandı. Katılmak isteyen bir çok devrimci arkadaşlarımız da bazı önemli sebepler yüzünden gelemediler. Gece saat 00.30'da Kadıköy'den Ankara'ya hareket edildi.

29 Ekim 1968: Sabah saat 9.00. Ankara'da hava yarı kapalı ve sağanak halinde yağmur yağıyor. İstanbul'dan gelen arkadaşlar (yani bizler), 27 Mayıs Milli Devrim Derneği'nde toplandık. Öğleden sonra ortak hareketimizin düzenleyicilerinden AÜTB, TMGT, ODTÜ-ÖB temsilcileri geldi. Onlarla hareketin niteliği üzerinde hareketin neyi kapsayıp neyi kapsamayacağı, uzun boylu görüşüldü, tartışıldı. Neticede: İsim, Tam Bağımsız Türkiye İçin Mustafa Kemal Yürüyüşü olarak kabul edildi. Biz Devrimci Öğrenci Birliği olarak hareketin niteliğinin, özünün Amerikan emperyalizmine-Feodalizme-İşbirlikçi sermaye çevrelerine karşı bir mücadele, gerçek demokrasi için bir mücadele olacağını belirttik. Zira, Tam Bağımsız Türkiye, ancak bu güçlere karşı savaşın başarıya ulaşması ile gerçekleşebilirdi. Biz Mustafa Kemal gençliği olarak, Türkiye'nin istiklalinin zedelendiğini, elden gittiğini görüyorduk. Onun için atılması gereken devrimci adımın İstiklali Tam Türkiye için olacağına, gerçekleştirilmesi gereken ilk amacın Tam Bağımsız Türkiye olduğuna inanıyorduk. Ve bu fikrimizde de direndik.

Sosyalist şiarlar atmadığımız için diğer örgütler tedirgin olmadılar. Fikrimiz üzerinde ufak tefek itirazları olmalarına rağmen kabul ettiler. Hareketin finansmanını örgütler ortaklaşa karşılamaya karar verdiler. Yürüyüş için asgari şartlar yerine getirildi. Bir otobüs, Türk Bayrağı, üzerinde Tam Bağımsız Türkiye İçin Mustafa Kemal Yürüyüşü yazılı bir bez ve bir miktar para ile, gece saat 22.00'de Ankara'dan Samsun'a hareket edildi.

30 Ekim 1968: Sabah saat 08.30'da Samsun'a indik. Önce Türkiye Öğretmenler Sendikasını bulduk ve TÖS'de zeytin, ekmek ve

çayla kahvaltı yaptık. Bu, aynı zamanda öğle yemeğimiz de oldu. Arkadaşların ayaklarına lastikler aldık. Bu arada peynir, ekmek, zeytin ve helva stoklarımızı da yaptık. Saat 13.30'da toplu halde Atatürk anıtı önüne giderek bir dakikalık saygı duruşunda bulunduk. Ardından İstiklal Marşı'nı söyleyip, Bayrağımızı ve üzeri yazılı bezi açarak yola koyulduk.

24 çift beyaz lastikli ayak. 24 devrimci kafa, marşlar, türküler söyleyerek şehirden çıktık. Ankara asfaltına düştük. Bu genç insanlar, neşeli ve gür adımlarla önde bayrak yola koyuldu. Şehri 15 - 20 kilometre uzakta bıraktık. Akşam olmak üzere. Birden asfaltın sağ tarafında 2 pikap, 2 cip ve 1 siyah taksi durdu. İçinden 15 kadar polis inip, yolu geçerek bize yaklaştılar. Durduk. Sonradan, Emniyet Müdür Muavini olduğunu öğrendiğimiz genç, orta boylu bir zat konuşmaya başladı. Başlangıçta gayet sert bir şekilde pikaplara binip Emniyet Müdürlüğüne gitmemiz gerektiğini belirtti. Biz, hangi suçtan ötürü götürülmek istendiğimizi sorduk. Bu söylenmediği takdirde gitmeyeceğimizi bildirdik. Zaman zaman tartışmalar sertleşti, yumuşadı. Sonra hakkımızda ihbar yapıldığını, ihbar mevzuunun da izinsiz gösteri ve yürüyüş yapmak olduğunu açıkladılar. Hepimizin gitmesi gerekmediğini bildirdik. Sonra üç arkadaşımızın onlarla gidip meseleyi öğrenip gelmesini kararlaştırdık. Teklifimizi olumlu buldular. 3 arkadaşımız ciplerle götürüldü. Bizle birlikte beş altı polis ve iki pikap kaldı. Yarım saat sonra tekrar polisler geldi ve bizi de götürdüler. Saat 17.00'de Emniyet Müdürlüğüne vardık. Hepimiz sabahki yediğimiz zeytin ekmekle duruyorduk. Açtık, susuzduk, sinirliydik. Emniyet mensuplarından izin alarak iki arkadaşımızı otobüsteki ekmek, peynir ve soğanları almaya yolladık. Arkadaşlar onları getirdiler. Saat 22.00'de ifadeler ancak bitti. 22.30 sıralarında Emniyet müdürlüğüne gelen Yeni İstanbul foto muhabiri içeri sokulmadı ve polisler tarafından feci şekilde dövüldü. Olaya müdahale etmek zorunda kaldık. Kendilerine basın özgürlüğünü çiğnediklerini, bu durumun çok aleyhlerine olacağını söyledik. Gazeteciyi serbest bıraktılar.

Biraz sonra polislerin bulunduğu odada foto muhabirinin dövülmesi olayı üzerine kendi aralarında sert tartışmalar çıktı. O kadar ki, sesleri bize kadar geliyordu. Emniyet Müdürlüğünün geniş bir odasında, masalar ve sandalyeler üzerinde sabahladık.

31 Ekim 1968: Saat 09.30'da topluca adliyeye götürüldük. Sav-

cılık tarafından ifadelerimizin alınması 12.30'a kadar sürdü. Öğleden sonra duruşmamız saat 15.30'da I. Asliye Ceza Mahkemesinde başladı. Arkadaşlarımız genellikle iyi ifade verdiler. Duruşma sırasında bir arkadaşımız (Burada yargılanan biz değil, Gazi Mustafa Kemal'dir) dedi. Bu söz üzerine yargıç, hepimizi etkileyen şu cevabı verdi: "Burada bütün hakimlik sıfatımı ve titrimi bir kenara bırakarak şunu belirtmek isterim ki, Türkiye'de hiç bir mahkemenin Atatürk'ü yargılamaya gücü ve yetkisi yoktur."

Bu, Türk Hakiminin Atatürkçü ve millici geleneğe bağlılığının bir kanıtı idi; bizim için çok şey ifade ediyordu: Yürüyüşümüzdeki amaca ve öze katıldığını, yargıç âdeta bürokrasinin ilerici kanadı adına açıklamış oluyordu.

Tanıklardan birisi siyasi polisti. Ve verdiği ifadenin ne yazık ki gerçekle ilgisi yoktu. Zaman zaman üzerinde durulan bir konu da, bizim için canlı bir belge idi: Türkiye'de siyasi polisin bir kısmı devletin emniyet kuvveti olmaktan çıkıp, siyasi iktidarın baskı unsuru durumuna gelmiştir. Yargıç, duruşmayı erteledi. Adliyeden çıktıktan sonra otobüsle Havza'ya kadar geldik. Zira alıkonduğumuz yolu programımızı aksatmamak için almamız gerekiyordu. Burada şuna değinmek istiyoruz. Bu devrimci eylemimizin başından beri, basının bize karşı tutumunu ilgiyle izledik. İlk gün bazı gazetelerde hareketimiz manşet atılarak duyuruldu. Fakat daha sonra bu ilginin en küçük bir şekilde devam etmediğini gördük. Bu bize oldukça anlamlı göründü: Çünkü gazeteler bizimle birkaç röportaj yapmışlardı ve bunların hiçbiri basılmadı.

1 Kasım 1968: Saat 06.30. Yola koyulduk. Havza-Merzifon 25 kilometre. Yol boyunca çok neşeliydik. Türküler, marşlar söyleyip, fıkralar anlatarak arada sırada birbirimize takılıyorduk. İniyor çıkıyor, tepeler aşıyorduk. Yol kıvrım kıvrımdı. Çevre tamamen çıplak, bozkırdı. Pancar taşıyan kamyon ve traktörlerle karşılaşıyorduk. Yollara dökülen pancarları toplayıp yiyorduk. Amasya yol ayırımını üç kilometre kadar geçmiştik. Bir tepenin başında hem su içtik, hem dinlendik. O sırada asfaltın karşısında yüz, yüzelli kadar kadın ve çocuk gördük. Yırtık pırtıktı elbiseleri. Kömür artıkları arasında insana hüzün veren görünüşleri vardı. Yanlarına vardık. Tam o anda kömür artığı yüklenmiş damperli bir kamyon yanaştı. Kalabalıkta bir hareket sezdik. Arabanın demir kasasının ön kısmı kalktı arkadaki kapak ya-

rı açıldı, kara taş yığınları dökülmeye başladı. Büyük bir uğultuyla paçavralar içindeki kadın ve çocuk kalabalığı arabadan dökülmekte olan maden artıklarının içine daldı. Arabanın boşalmasını bile beklemeye tahammülü olmayan bu insanlar dökülen yığınlar altında kalma pahasına bile bir parça kömür ele geçirmek için birbirleriyle yarış ediyorlardı. Halk bunların içinden kışın yakacak kömür arıyordu. Mola sona erdikten sonra yolumuza devam ettik. Merzifon'a bayraksız girdik. Zira kanunun bazı maddeleri bizim için pekâlâ uygulanabilirdi. Ve biz işlemediğimiz bir suçtan dolayı yolumuzdan bir kere daha alıkonulabilirdik. Merzifon'da daha önce hazırladığımız devrimci bir bildiriyi bastırmak istedik. Matbaaları dolaştık, bunların sahipleri genellikle gericiydiler. Bizim bildirimizi basmamak için uygun tabiriyle çamura yattılar. Uğradığımız kasaba ve şehirlerde bu durumla her zaman karşılaştık. Gözlemlerimize dayanarak şunu rahatlıkla söyleyebiliriz ki, Anadolu'da karşı-devrim tezgâhlanmaktadır. Bunun Alaca'daki son görünümünü herkes bilmektedir. Geçtiğimiz bütün kasabalarda İmam Hatip Okulları vardı. Bazı yerlerde Risale-i Nur'lar ücretsiz olarak dağıtılıyordu. Çorum'da Hakses adlı gerici bir derginin, adliyede çalışanlara ücretsiz olarak dağıtıldığını gördük. İmam Hatip Okullarında, hattâ camilerde yayılan ve derinleşen bu hareket Mustafa Kemal Devrimlerinin, Cumhuriyetin dayandığı temellere yöneliktir. Hangi kaynaklardan beslendiği malûmdur. Bu son hareketlerin en belli başlı savunucuları eşraf diye vasıflandırılan mütegallibe takımıdır. Halk, özünde Atatürk'e karşı değildir. Fakat kendi üzerinde sulta kurmuş güçlerin hakkından gelmesini bilememektedir. Çünkü bu ona öğretilmemiştir, sorumluluk halkın değil, aydın geçinenlerindir. Halka yaşadığı gerçek dünya'da, şeriatın dine dayanan devlet idealinin yerine koyabileceği somut bir şey göstermemiş ve verememiş olanlarındır. Merzifon'dan saat 16.30'da ayrıldık. Hava kararmaya başladı. Karşımızdan gelen arabaların farları gözümüzü alıyordu.

Gene marşlar ve türküler söyleyerek yürümeye başladık. Hava gittikçe soğuyordu. Geceyi bir dağ lokantasının önünde otobüste geçirdik. (Otobüs eşya taşımak ve geceleri yatmak içindir.) Sabaha kadar gözlerimize uyku girmedi.

2 Kasım 1968: Bir çok arkadaşımızın tabanları patlaktı. Bazı arkadaşlarımız hastaydılar. Buna rağmen sabah erkenden kalktık. Otların üzerindeki çiğler buz tutmuştu. Isınmak için ateş yaktık, çay kay-

nattık ve öğleye kadar dinlendik. Saat 12 sıralarında tekrar yola düzüldük. Akşama kadar yürüdük. Saat 17.30'da Çorum'a girdik. Çorum'da TÖS salonunda geceledik. Halk aşığı Hüseyin Çırakman söyledi, biz dinledik.

Yolda, uğradığımız her yerde öğretmenlerden büyük ilgi gördük. Tam Bağımsız Türkiye İçin Mustafa Kemal Yürüyüşü karşısında, Türk öğretmenlerinin ve aydınlarının tutumu milliyetçi nitelikteydi. Hareketin başarıya ulaşması için ellerinden gelen fedâkârlığı gösterdiler. Atatürkçü ve Laik Türkiye Cumhuriyetinin en etkin kuvveti olan öğretmen tabakasının, Türkiye'deki ilerici güçler arasında önemli bir yeri vardır. Bu niteliği ile öğretmenler, memleketimizde bazı çıkarcı çevrelerle sık sık çatışmak zorunda kalırlar. Zira, asla karşı-devrimden yana değildirler. Sonuna kadar Laik, Demokratik, Bağımsız Türkiye mücadelesinin içindedirler.

3 Kasım 1968: 08.00 sıralarında kalktık. Gece, Ankara'dan bir grup arkadaş daha geldi. Bugün, daha kalabalığız. Saat 10.00'da hareket ettik. Öğleden sonra Alaca'ya uğradık. Birkaç gün önce burada Atatürk büstünün dikileceği yer yüzünden, kaymakam ve halka karşı birkaç mütegallibenin tezgâhladığı, şeriatçı ve ümmetçi takımının aktörlüğünü yaptığı bilinen olaylar çıkmıştı. Halk bizi alkışlarla karşıladı. Bir saat kadar onlarla konuştuk. Atatürk büstünün dikileceği yere taşlar taşıdık. Saat 15.00 sıralarında, geldiğimiz yoldan Ankara asfaltına çıktık ve yola devam ettik. Geceyi Hamdiler Köyü'nde geçirdik.

4 Kasım 1968: Yürüyüşe katılanlar çoğaldı. Yürüyüşün daha disiplinli ve düzgün olmasını sağlamak için 7 kişilik bir komite seçtik. Hamdiler Köyü'nden sabah 07.45'de ayrıldık. Öğle yemeğini yol üzerinde bir köyde yedik. Komite, akşam Çavuşlar Köyü'nde kalınmasını kararlaştırdı. Gece, Çavuşlar Köyü'nde ateşler yakıldı. Köylülere Türkiye'nin meseleleri anlatıldı. Köylüler bizi üçer dörder kişilik gruplar halinde, evlerine davet ettiler.

5 Kasım 1968: Çavuşlar Köyü'nden 07.30'da ayrıldık. Öğleye kadar 15 km. yürüdük. Öğle yemeğini Sungurlu'da TÖS salonunda yedik. Bir gün önce Ankara'ya gönderdiğimiz bir arkadaşımız, 1.500 bildiri bastı getirdi. Sungurlu'da halka bildiri dağıtıldı. Bildiri şöyleydi:

"Sayın Türk halkı,

Karşımızda düşmanımız: Amerikan emperyalistleri, onların içindeki işbirlikçileri (ithalatçılar, ihracatçılar, aracılar, tefeciler, kapkaççılar) ve Amerikan emperyalistinin müttefiki ağalardır. Bu kuvvetlere karşı tüm Türk halkı (işçisiyle-topraksız, az topraklı köylüsüyle, gençliği ile, asker-sivil aydınıyla) artık mücadeleye geçmek zorundadır.

Anti-emperyalist ve anti-feodal mücadelemiz, Tam Bağımsız Gerçekten Demokratik Türkiye içindir. Bu mücadele sonunda Türk halkı kendi mutluluğunu kendi sağlamış olacaktır.

Bugün, Samsun'dan Ankara'ya Yürüyen Mustafa Kemal Gençliğinin Amacı, Amerikan Emperyalizmini Protesto Etmektir."

Atatürk anıtına bir buket konularak bir dakikalık saygı duruşunda bulunuldu. Daha sonra halka, Türkiye'nin Amerika ile olan ilişkileri açıklandı. Saat 12.30'da tekrar yola koyulduk. Gece, Kocabaş Köyü'nde konakladık. Yolda uğradığımız bütün köylerde, köylüler bize karşı ellerinden gelen bütün misafirperverliği gösterdiler. Onlara anlattığımız bütün meseleler ilgi ile karşılandı. Radyo ve gazete yüzü görmeyen bütün bu insanlar yeni ve doğru şeyler öğrenmenin mutluluğu içindeydiler.

6 Kasım 1968: Sabahleyin köyden ayrılarak asfalta çıktık. 13.30 sıralarında öğle yemeğini yemek için mola verdik. Bu sırada yürüyüşümüze FKF'den arkadaşlarımız katıldı. Bugün, yürüyüşe başladığımızdan beri en uzun yolu aldık. Kocabaş Köyü'nden Kırıkkale'ye kadar 65 kilometre. Kırıkkale'ye vardığımızda gece saat 01.30'du. Yemek yedikten sonra TÖS salonunda masalar üzerinde yattık.

7 Kasım 1968: Saat 10.00 sıralarında tekrar yola koyulduk. İstanbul'dan gelen bir grup arkadaş, daha katıldı. Kırıkkale'de hareketimizden önce halka, 500 kadar bildiri dağıttık. Akşam üzeri bir benzin istasyonunda mola verdik. Orada, Aşık Nesimi ile karşılaştık. Aşık, bize, deyişlerini okudu. Biz de ona katıldık. Molamız sona erdiğinde gece olmuştu. Hedefimiz Elmadağ'ı idi. Yağmura aldırmadan yola koyulduk. 4-5 saat hiç dinlenmeksizin yokuş tırmandık. Gece, zifiri karanlıktı. Kafilenin önünde, gemici feneri taşıyan arkadaşlarımız vardı. Karşıdan bir araba geldiğinde feneri sallıyarak işaret veriyordu. Bazı arabalar durup neden yürüdüğümüzü sordular. (Bağımsızlık yürüyüşü, Amerika'ya karşı) diye cevap verdik. Yüreklerimizin aydınlığı, bacaklarımıza güç veriyordu sanki. Elmadağ'a geldiğimizde

saat 22.30'du. Bir kahveye girdik. Yolda pek farkında değildik ama, hepimiz sırılsıklam olmuştuk. Sıcak bir şeyler içerek biraz sohbet ettik. O geceyi, 2 ayrı otelde yemek yemeden geçirdik.

8 Kasım 1968: Sabahleyin Kadri Kaplan ve Kazım Kolcuoğlu, geldi. Bir kenara çekilip, hareketin bundan sonraki biçimi hakkında Kadri Kaplan'ın yaptığı konuşmayı dinledik. Tam bu sırada, İstanbul'dan bir grup arkadaş daha geldi. Yarım saat geçmeden Ankara'dan da bir grup geldi. Bu arada üzücü bir haber aldık. İstanbul'dan Devrimci Öğrenci Birliği'ne bağlı arkadaşları getiren otobüs, İstanbul-Ankara yolu üzerinde trafik kazası geçirmiş, beş altı arkadaşımız ağır, yedi sekiz arkadaşımız da hafif olarak yaralanmışlar. Bu, bizim için pek iyi olmadı. Güvendiğimiz, militan arkadaşlarımız, harekete iştirak edemeyeceklerdi.

9 Kasım 1968: Öğleye doğru Ankara'ya gönderdiğimiz iki arkadaşımız geri geldi. Haberler, hiç de hoş değildi. Bizimle birlikte fiili gücü olmamakla beraber, hareketi düzenleyen, küçük burjuva örgütleri (TMGT, ODTÜÖB, AÜTB) bizi terkettiler. Bu gayet normaldi. Zira, küçük burjuva tabakasının mücadeledeki yeri bellidir. Kaypak bir niteliği vardır. İşte böyle 427 kilometre olan yolun 410'uncu kilometresinde mücadeleyi terkedebilirler. Bu durumda, kanuni engeller yüzünden Ankara'ya belki yarın giremiyecektik. Ankara'da yapılan bütün hazırlıklar suya düştü. Belki de 10 Kasım'da Atatürk'ün mezarı başında saygı duruşunda bulunamayacaktık. Bizi Anıtkabir'de iki dakikalık saygı duruşunda bulunmaktan, mahrum etmek istiyorlardı. Basının satılmışlığı daha da ortaya çıktı. Devrimci olarak bildiğimiz bir gazetede hakkımızda, Anıtkabir'de hadise çıkartacağımız yazılıyordu. İktidar partisinin genel başkanı, 10 gündür bizimle uğraşıyordu. Ana muhalefet partisi, bize cephe aldı. Hava gerçekten çok kötüydü. Yolda mütemadiyen, gericilerin bizi basacakları haberi geliyordu. Bu kötü şartlar karşısında Komite, yürüyüşü durdurmaya karar verdik. Basın toplantısı yapmak istedik, bir muhabir bile gelmedi.

10 Kasım 1968: Öğleden evvel, Siyasal Bilgiler Fakültesi'nde toplandık. Yürüyüşün sonunu bağlamamız gerekiyordu. Biz, Anıtkabir'e varmak ve Ata'nın huzurunda ona bağlılığımızı, hiç değilse saygı duruşunda bulunarak göstermek istiyorduk. Dağınık halde, çeşitli yollardan Anıtkabir'e doğru gittik. Saat 13.30'da Anıtkabir'in önün-

de toplandık. Her türlü tertiplere, azgınlıklara rağmen yılmayan üçyüz bilinçli kafa.

Türk Silahlı Kuvvetleri'nin bir subayı, bize, gereken, en mükemmel kolaylığı sağladı. O sırada çelengimiz getirildi. Çelengin üzerine, "Amerikan emperyalizmine karşı milli kurtuluş yolunda izindeyiz-Samsun Yürüyüşçüleri" yazmıştık. Önde çelengi taşıyan Türk Silahlı Kuvvetleri'nin iki eri, arkasında altışar sıra olmuş üç yüz Kemalist gençlik temsilcileri, Ata'nın huzuruna çıktık. Saygı duruşunda bulunduk ve deftere: 'Amerikan emperyalizmine karşı ikinci milli kurtuluş savaşımızda gerçekten izindeyiz. Milli Kurtuluş Savaşımız yok edilemez. Onu yoketmek için bütün Türk milletini yoketmek gerekir. Tam Bağımsız Türkiye İçin Mustafa Kemal Yürüyüşçüleri' diye yazıldı."

EK - 8

Deniz Gezmiş'in "Gençlik ve Anti-Emperyalist Kavgası" başlıklı yazısı:

"Çağımız, devrimcilerin Amerikan emperyalizmini adım adım kovaladığı çağdır. Çağımız, gençliğin Çekoslavakya'da ve diğer revizyonist ülkelerde karşı devrimci olduğu çağdır. Çağımız biz yaştakilerin Vietnam'da, Dominik'te, Meksika'da Amerikan emperyalizmine karşı dövüşerek öldüğü çağdır.

Azgelişmiş dünya halkları emperyalizme karşı bir savaş verirken gençlik bunun dışında kalamaz. Biz daima ezilenlerden yana çıkmak zorundayız. Eğer bizim kavgamız anti-emperyalist kavganın paralelinde yürümezse, ayaklarımız havada kalır.

Yalnız, gençlik bu paralelde savaşırken politik partilerden bağımsız olmak zorundadır.

Geçmişteki örnekler bağımlılığın zararlarını göstermiştir. Bu hataları bir kere daha tekrar etmenin hiçbir anlamı yoktur. Gençlik yalnız devrime karşı sorumludur, politik partilere değil. Zaman olur ki, bütün politik partiler karşı devrimci olabilirler. Bugün Türkiye'de olduğu gibi. Bu nedenlerden ötürü gençliğin görevi anti-emperyalist kavgaya katılmak, fakat bağımsız olmaktır.

Bugün bu zorunlu kavgada tek umut olması gereken devrimci gençlik bölünmüştür. Bunda şüphesiz ki, oportünist kişilerin rolü büyüktür. Dürüst, yiğit, devrimci kardeşlerimizden bir kısmı, sekterlikleri yüzünden oportünistlerin etki alanına girmiştir. Bu giriş, onları giderek karşı devrimcilerin safına düşürmüştür. O kadar ki, Amerikan erlerini denize atmak isteyenlere engel olmak için barikat kurmaya kadar götürmüştür. Bu gidiş onları aktif direnmenin başladığı yerde pasif direnmeye itmiştir. Cağaloğlu'nda görüldüğü gibi. Bu oportünist kişiler hiç bir şey yapamadıkları zaman faşizm gelir fobisini ortaya atarak devrimci gençliği eylemden çekmeyi denemişlerdir. Bu fobi, kısmen başarı sağlamış ve devrimci eyleme büyük darbe vurmuştur.

Bu iddiayı dikkatle incelemek gerekir. Sosyalist örgütün %3 oy aldığı bir ortamda faşizme gitmek için hiçbir sebep bulunmazken bunu söyleyenler Hürriyet Meydanı'nda ve Kızılay'da hiçbir şey halledilmez diyenlerle aynı düşünceye sahiptirler. Fakat bütün bunları olağan karşılamak gerekir. Çünkü, küçük burjuva sosyalistlerinden daha fazlası beklenemez. Onlar, elbette ki, rahat mücadeleyi tercih edeceklerdir. Bizim bu gibilere söyleyeceğimiz tek şey şudur:

'Düşmesin bizimle yola
Evinde ağlayanların gözyaşlarını
Boynunda ağır bir zincir gibi taşıyanlar.'

Devrimci gençlik Amerikan emperyalizmine ve oportünizmine karşı duran gençliktir. Onların görevi, sayısının azlığına, düşmanın çokluğuna bakmadan, Amerikan emperyalizmine karşı sonuna kadar dövüşmektir. O, en iyi biçimde karar veren ve uygulayandır. O, boş gecelerini değil, boylu boyunca ömrünü bu kavgaya verendir.

Yaşasın Bağımsızlık Savaşı Veren Dünya Halkları.

Yaşasın Tam Bağımsız Türkiye."

(Türk Solu, 19.11.1968, sayı: 13)

EK - 9

TİP Olağanüstü Kongresi Delegelerine Çağrı

Devrimci Öğrenci Birliği, Yapı İşçileri Sendikası, İşsizlik ve Pahalılıkla Savaş Derneği, Demokratik Devrim Derneği, Türkiye Tiyatrocuları Sendikası ve 17 Nisan Derneği tarafından 24-25 Aralık 1968 tarihinde düzenlenen "Devrimci Eylemin Bugünkü Sorunları" konulu açık oturuma katılan DÖB Başkanı Deniz Gezmiş, YİS sözcüsü Sadık Göksu, İPSD sözcüsü Prof. Dr. İsmet Sungurbey, İPSD Genel Yönetim Kurulu Üyesi Dr. Hikmet Kıvılcımlı, DDD üyesi Şevki Akşit, YİS Genel Yönetim Kurulu Üyesi Osman Sercan ve oturumu izlemiş bulunan dinleyiciler aşağıdaki sonuçlara varmışlar ve bu sonuçların TİP Olağanüstü Kongresi delegelerine bir çağrı olarak bildirilmesine karar vermişlerdir:

1) İlk Milli Kurtuluş savaşını vermek şerefine sahip olan halkımız, sinsice yapılan bir karşı-devrim sonucunda yeniden emperyalizmin ve yerli işbirlikçilerinin pençesine düşürülmüştür. Bundan dolayı, sosyalizmin bilimine göre, emekçi halkımızın ilk hedefi, anti-emperyalist ve anti-feodalist bir savaştır. Sosyalist savaşın ilk adımı budur.

2) Türkiye'de sosyalistler, Anayasaya aykırı anti-demokratik yasaların engellemesine rağmen yine de sosyalist bir örgüt içinde toplanarak yasaların verdiği her türlü hak ve olanakları sonuna kadar kullanmak ve aynı zamanda gerçekten demokratik bir düzenin kurulması için çaba göstermek zorundadırlar. Türkiye'de yarım yüzyıllık sosyalist eylemin meydana getirdiği birikim, 27 Mayıs sonrası ortamında kurulan TİP'i, böylesine bir savaşı sürdüreceği umuduyla desteklemiştir.

3) Ne yazıktır ki, TİP'in yönetimini ele geçiren oportünist klik, kısa bir süre sonra yukarda belirtilen ilkelere karşı çıkmakla kalmamış, TİP içinde bu yolda savaşan devrimcileri tasfiye için yoğun bir çaba göstermiştir.

4) Son günlerde yönetici klik içinde çıkan ihtilafta her iki taraf, hattâ kendine "tabanın sesi", "üçüncü yol" gibi adlar takarak ortaya çıkan bir kliğe, ön ayak olanlar da şimdiye değin sosyalizm bili-mine

ihanette, jurnalcilikte ve maksatlı tasfiyelerle partinin güçsüz bırakılmasında ve gelişememesinde ortaklaşa sorumludurlar.

5) Yönetici klik tarafından emperyalistlere, CIA'ya ve işbirlikçilerine sevinç çığlıkları attıran bugünkü duruma düşürülmesine rağmen, TİP'in içinde sosyalizmin bilimine içten bağlarla bağlanmış, yürekli ve fedakâr devrimciler, bu gidişe dur demek yolunda ilk adımı atmışlardır. Bu gerçek sosyalistler, gerek son TİP kongresinde, gerekse olağanüstü kongre öncesinde her üç kliğe de karşı çıkarak devrimci uyanıklığın somut örneklerini vermişlerdir.

Bu gerçekler karşısında:

I) Parti genel kongresine katılan delegeler, tarihsel bir sorumlulukla karşı karşıyadırlar. Aslında nitelik bakımından birbirinin aynı olan ve Partiyi bugün içinde bulunduğu açmaza sokan her üç kliğin de aldatmacalarına kanmamak gerekir.

II) Partinin adına uygun olarak işçi sınıfının Parti yönetimine egemen olması yolunu açacak ve bu ortamı yaratacak olan Devrimci Grubun desteklenmesi, Partiyi bugünkü açmazdan kurtaracak tek çıkar yoldur.

III) Partiyi bugünkü güçsüz duruma düşürmüş bulunan haksız ihraç ve tasfiyeler kaldırılmalı ve bütün gerçek sosyalistlerin Parti içinde toplanması ve Partiye destek olmaları sağlanmalıdır.

IV) Yurdumuzun bugünkü gerçekleri karşısında sosyalist savaşın ilk adımı olan anti-emperyalist ve anti-feodalist savaşa girilmeli ve bu uğurda bütün ilerici ve demokratik kuvvetlerle, sosyalist prensiplerden taviz vermeksizin güç birliği yapılmalıdır.

V) Parti içi demokrasi sağlanmalı, kişisel ve despotik yönetime son verilmeli, Parti içi çalışmalarda kritik ve otokritik kurumlarının işler hale getirilmesi sağlanmalıdır.

VI) Oportünist ve işçi sınıfından kopmuş sendikacıların Parti yönetimindeki imtiyazına yol açan tüzük hükümleri değiştirilmeli, gerçek işçilerin ve onların onayıyla kendini gerçekten işçi sınıfına adayanların Parti yönetiminde egemen olmaları sağlanmalıdır.

VII) Eğitim ve örgütlenme sorunu önemle ele alınmalıdır.

Delege Arkadaş,

Senin, bu dileklerimizi gerçekleştirerek Partiyi gerçek sosyalist yörüngesine oturtmanı yürekten diliyor ve bu yolda seni destekliyoruz. Yukarda aslında aynı nitelikte olduğu belirtilen her üç kliğin kulis oyunları yüzünden Partimiz, içinde bulunduğu bugünkü durumdan yine de kurtarılamazsa ve bu yolda artık hiçbir umut kalmazsa, Parti içi ve Parti dışı gerçek sosyalistlerin katılacağı bir sosyalist kurultayın sonucunda, gereğinde sosyalizmi temsil yeteneğine sahip olan bir örgüte gitmek, her devrimci için görev olacaktır.

Yaşasın Gerçek Sosyalistler ve Onların Devrimci Örgütü.

Deniz Gezmiş (Devrimci Öğrenci Birliği - DÖB), Sadık Göksu (Yapı İşçileri Sendikası - YİS), Prof. İsmet Sungurbey (İşsizlik ve Pahalıkla Savaş Derneği Sözcüsü - YİS), Hikmet Kıvılcımlı (İşsizlik ve Pahalılıkla Savaş Derneği Yönetim Kurulu Üyesi), Şevki Akşit (Demokratik Devrim Derneği Üyesi), Osman Sercan (Yapı İşçileri Sendikası Genel Yönetim Kurulu Üyesi).

Not: Açık oturuma Ti-Sen adına katılmış olan konuşmacının tek ve kendi başına hazırlamış olduğu bildiriyle hiçbir ilgimiz yoktur.

EK - 10

28-29 Aralık 1968 günleri yapılan TİP 3. Olağanüstü Kongresine sunulan Devrimci Grup Genel Yönetim Kurulu Aday Listesi:

İŞÇİLER: Gündoğan ABUKAN (Silifke), Sadettin AYDIN (Ankara Merkez İlçe Üyesi, Otel İşçisi), Necip AKAN (Genel Yönetim Kurulu Yedek Üyesi), Metin ATILAL (Tütün İşçisi, Genel Yönetim Kurulu Yedek Üyesi, İstanbul Belediye Meclis Üyesi), Vahap CİVAN (İşçi, Sivas İl Yönetim Kurulu Üyesi), Mustafa ÇAĞLAR (Şeker Fabrikası İşçisi, Malatya Üyesi), İbrahim ERDEM (Marangoz, Halk Şairi, Malatya Üyesi), İbrahim ERDOĞAN (Tekstil Fabrikası İşçisi, Turgutlu İlçe Yönetim Kurulu Sekreteri), Sami ELMALI (İşçi, Mut Üyesi), Gani GÜRBÜZER (Şoför, Çankaya Üyesi), Zakir KOÇAK (Şoför, Çankaya üyesi), Niyazi KEKE (Tütün İşçisi, Akhisar), Kemal KESKİN (Disk Turizm İş Send. Ankara Şube Bşk.), Fikret SOYSAL (Seyyar Satıcı, Konya İl Yön. Kur. Üyesi), Erol ŞENER (İşçi, Sivas Üyesi), M. Yüksel ÜŞENMEZ (İşçi, İçel İl Yön. Kur. Üyesi), Ziya YÜKSEL (İşportacı, Konya Üyesi), Durdu ZİBA (İşçi, Maraş Delegesi), Şuayıp GÜNGÖR (Motor İşçisi, Altındağ Üyesi), Mustafa KUZAK (Kaporta İşçisi, Altındağ Üyesi), Münir CERİT (Sendikacı, Ankara İl Saymanı. Büyük Kongre Delegesi).

İŞÇİ OLMAYANLAR: Ayhan AKKOYUNLU (Avukat, Boğazlıyan İlçe Saymanı), Doç. Dr. Türkkaya ATAÖV (Parti Bilim ve Araştırma Kurulu, İç ve Dış Sosyal ve Siyasi Gelişmeler Komitesi Başkanı), Oral ÇALIŞLAR (Öğrenci, Tarsus İlçesi Üyesi), Şekibe ÇELENK (Eski Merkez Haysiyet Divanı Üyesi, Hukukçu), Güney DİNÇ (Avukat, İzmir İl Genel Meclisi Üyesi, Eski İl Başkanı, Büyük Kongre Delegesi), Deniz GEZMİŞ (Devrimci Öğrenci Birliği Başkanı, Üsküdar İlçe Üyesi), Erdoğan GÜÇBİLMEZ (Parti Merkez Bilim ve Araştırma Kurulu Üyesi, S.B.F. Sosyoloji Asistanı), Hüseyin İNAN (Çankaya İlçe Üyesi), Şakir KEÇELİ (Boğazlıyan İlçe Başkanı, Avukat), Ayten OKAN (Karşıyaka İlçe Sekreteri), Ömer ÖZER TURGUT (Turgutlu İlçesi Üyesi, Fen Fakültesi Öğrenci Birliği Başkanı), Ömer ÖZDAL (Avukat, Sivas İli Üyesi), Gürkan RIŞVANOĞLU (Avukat, Sivas İli Büyük Kongre Delegesi), Erol TEMELKURAN (Muğla İli Büyük

Kongre Delegesi), Mehmet TÜKENMEZ (Teknisyen, Gölbaşı İlçe Başkanı, Adıyaman Büyük Kongre Delegesi), Erbey TÜRKOĞLU (Sivas Üyesi), Yılmaz DEMİR (Konya İli Yönetim Kur. Üyesi), Nazım YAZAR (Silifke Üyesi, İçel Büyük Kongre Delegesi), Teslim TÖRE (Köylü, Malatya Üyesi), İsmail GÜLDAL (Sultanhisar İlçe Bşk. Büyük Kongre Delegesi)

EK - 11

Devrimci Öğrenci Birliği ile DÖB İktisatlılar Şubesi'nin 25 Kasım 1968 günü yayınladıkları bildiri:

"Devrimci İktisat Öğrencilerine, Amerikan emperyalizminin sömürüsü altındaki bizim gibi ülkelerde devrimci Türk gençliğinin yeri, Türk halkının yanıdır. Devrimci Türk halkının, emperyalizmin-ağalığın-işbirlikçi sermayesinin, iktidarının ve yönetiminin ezici sultasından kurtuluşu yolunda yaptığı devrimci mücadelede; Türk gençliğinin en ön safta ve yiğitçe dövüşmesi gerekir. Bunu Dolmabahçe'de Amerikan askerlerini denize atarak, Cağaloğlu'nda gayri milli iktidarın köpeklerini tepeliyerek ispatlamıştır.

Devrimci Türk gençliği en doğru şeyi en iyi şekilde yapmaktadır. O Türk halkına karşı sorumluluğunu bilmektedir. O milli görevini yerine getirmektedir. Bu memlekette son Amerikalıyı yok edinceye kadar, ağalığın ve ona bağlı olan her türlü gerici akımların [İrticaın-Şeriatçılığın-Ümmetçiliğin-Nurculuğun) kökü kazınıncaya kadar, Amerikan doları ile beslenen işbirlikçi Amerikan çevrelerinin canlarına okununcaya kadar; devrimci Türk gençliği devrimci kavgasına devam edecektir. Bu kavgada sayısının azlığına, düşmanın çokluğuna bakmadan, yılmadan, yorulmadan önüne çıkan bütün karşı güçlerin hakkından gelmesini bilecektir.

Bu kavga: Türkiye'nin bağımsızlığı için,

Bu kavga: Demokrasi ve laisizm için,

Bu kavga: Türk halkının kurtuluşu için yapılmaktadır.

Yaşasın devrimci Türk halkı.

Yaşasın devrimci Türk gençliği."

EK - 12

Cihan Alptekin'in 1968 Haziran ayında Üniversite İşgalleri sırasında yazdığı bir yazı:

"Kurtulmak İçin Kavga: Gençlik direniyor. Kapitalist blok da direniyor. Üçüncü Dünya ülkeleri de başkaldırıyor. Bu direnişin altında yatan gerçekler nelerdir? Kapitalist ülkelerin gençliği geri ülkelerin sömürülüşüne karşı direniyor. 'Yeter artık bıktık bu sömürüden' diyor. 'İnsanlığın yüz karasıdır sömürü' diyor. Ve yürekten inançla bağırıyor: Bizim aşımızda geri ülke halklarının nafakası vardır. Sosyalist blokun gençliği, ülkelerin siyasal yönetimlerinin ceberrut özelliğine karşı direniyor. Geri bırakılmış ülkelerin gençliğiyse kavgasını, dinamizmi ölçüsünde aşama aşama veriyor. 20 milyonun okuması yok. Alfabesiz bunlar, kara-cahil bırakılmış. Eğitimin halklaşması, çağdaşlaşması için kurulan Köy Enstitülerini içten içe yıktılar. Bir takım çıkarcı zümrelerin elinde yozlaştırıldı. En sonunda halk eğitim kurumlarına kıydılar. Sağlıksız insanlar. Doğmadan ölen (sorumlusu kimdir henüz bilinmeyen) zavallı yavrular. İnsanları aç. Çocukları aç, sefil, perperişan sefalete atılmış. Külfetlerin çokluğun omuzlarına yükletildiği, nimetlerini bir azınlığın paylaştığı ülke. Daha kötüsü ulusal değerleri ulusallığını yitirmiş, petrolü satılmış, boraksı pazarlığa konmuş, madenleri peşkeş çektirilmiş ülke. Ve bu ülkenin insanları. Bu ülkenin gençliği. Gençliğe sorulan şimdi ne yapmalı? sorusu. Sorun açıktır. Cevabımız da kesindir. Kavgayı sürdürmeliyiz, kavga neden sürdürülmeli? Çağdaşlaşmak, bağımsızlaşmak için.

Koşullarımız belirmiştir. Geri bırakılmış bir ülke Türkiye. Yarı bağımlı, yarı feodal. Emperyalizmin yeniden kıskıvrak bağladığı Atatürk Türkiyesi. İşbirlikçilerin, feodal güçlerin egemen olduğu yurdumuz. Ve bu ülkenin üniversiteleri, sömürge ülkesinin gençliği. Emperyalizm-feodal güçlerin kendilerine yardakçı yaptığı bilim adamları. Yurt yönetiminde karar sahibi olan emperyalizm ve işbirlikçi güçler. Özerk olması gereken üniversite yönetimine de girmişler, burada da ağırlıklarını duyurmuşlardır.

Tüm bunların nedeni çürümüş eğitim düzeni. Yosunlaşmış, kokmuş, berbat bir yönetim. Ve bunun kurduğu kökleri asırlar önceye dayanan bir eğitim sistemi. Öğrencilerini ezen bir sistem. Öğrencisinin kişiliğini yitirten bir yönetim. Bu kötülere, çıkarları aynı olan gençliğin başkaldırışı. Üniversite yönetiminden hoşnut olmayanlara ortak cephe kurduran devrimci eylem. Bu ortak cepheyi öğrenci, devrimci hocasıyla oluşturuyordu. Karşı cephe, üniversite yönetimi, bu yönetime satılmış, yönetimle işbirliği etmiş öğrencilerdir. (Edebiyat Fakültesinde olan çatışma bu yargımı doğrular.) Neden oldu bu çatışma? Yönetime karşı kavga veren gençliğin, onunla işbirliği etmiş güçlere de aynı paralelde kavga vermesi zorunludur.

Amerikan kavgasını taşıyan, bilim adına bilimsizlik yapan, sözde bilim adamları çokluktурlar. Ve bunların Amerikanlaştırdığı bir eğitim düzeni var. Emperyalizmin ajanlığını (yardakçılığını) yapan bilim adamları cirit atmaktadır üniversitelerimizde. Emperyalizm-işbirlikçi güçlerin yanında bilim yuvaları (!) olmuştur üniversitelerimiz. Gençlik bu acı durum karşısında başkaldıracaktır. Bunlara karşı yeni bir kavgasını başlatacaktır. Kavga aşama aşama verilir.

Şişirilmiş kitaplar. Bilim paravanası arkasında kitap ticareti yapan bilim adamları (!) Avrupa'yı gezmekten zaman bulamayanlar... Bu nedenle doğru dürüst bir eser ortaya çıkarmak acizliği içinde kıvrananlar. Bunlara son verilmeli. Üniversiteyi kokmuşların, eskimişlerin sultası olmaktan çıkarmalıyız. Yolsuzluklara, sâhtekarlıklara son vermeliyiz.

Göstermelik bilim adamlığına son. Öğrencisinin de katıldığı, bir yönetim. Demokratik bir yönetim istiyoruz üniversitelerde. Bu kesinleşecektir. Ve olacaktır. Gençlik şimdilik bunların düşüncesini yapmakta... Eylem günleri yakındır."

EK - 13

Cihan Alptekin'in 1968 Temmuzunda yazdığı yazı:

"Sen Hey... Amerikalı: Avrupa'nın en sıcak günlerini yaşayan İstanbul. Bir yaz sabahı. Güneş doğmamış henüz. Tan yeri ağarmak üzere. Sabahı da aydınlığı da bulmak için yüreklerde direnme duygusu belirginleşiyor. Günlük güneşlik olması için Türkiye'nin ulusçu duyguları şahlanıyor.

Böyle bir sabahtı. Bir rüzgar esiyordu hafiften. Dalgalar inip kalkıyordu ağlamaklı. Bu İstanbul Boğazı. Boğazın denizi. Bizim deniz. Büyük kahramanlıkların tanıklığını yapan deniz. İstila ordusu teknelerinin yüzdüğü deniz. Türkiye'nin İstanbul şehrinin denizi. Despot Abdülhamit'in 'Satış pazarlığını' sen iyi bilirsin. Satılık Vahdettin'i bilirsin. Şimdi gene ağlamaklı yüzün. Elin gavuru gelmiş demirlemişti. Amerikalı emperyalist Boğazın sularındaydı. Siyasal yönetim kollarını açtı onlara. 21 pare top atışıyla karşıladılar onu. Türkiye'nin güvenliğini sağlıyacaklarmış! Ondan Akdeniz'de demirliyorlarmış. İç ve dış güvenliğimiz onları çok düşündürüyormuş. Dünyanın candarmalığı onlardaymış. Gene İstanbul'umuza ayak bastılar. Dolarları lira yaptılar. Balını, kaymağını yemeğe koyuldular İstanbul'un. İğrenç zevklerini tatmin etmek için Beyoğlu'nun sokaklarına daldılar.

Hey... Amerikalı! Bu ülkenin kahraman tarihi var bilmez misin? Emperyalistleri denize döktüydü İzmir'de. Kurtuluşunu yaptı o zaman bu ülkenin halkı. Biz kurtuluş savaşı nasıl yapılır biliriz. Maroken koltuklarda oturarak verilmez kurtuluş savaşı. Bu ülkenin halkı var, aydını var, ordusu var, uyanık gençliği var. Bunların tokadını yemeden gideceğin yok biliyoruz. Senden yana olan işbirlikçilerin var. İktidarın polisi seni koruyacak. Bu durumda sen bu sulardayken o suların gençliği rahat uyuyamaz. Elbette canını dişine takıp direnecek. Birleşiyor, guruplaşıyor, örgütleniyor gençlik. Halkla birleşen gençlik, yer yer lâyık olduğun cevabı veriyor sana. Mahzenlere tıkılıyorlar, coplanıyorlar, yerlerde sürükleniyorlar ama her gün daha güçle ve inançla direniyorlar. Bizim olan polis bizi tutukluyor, neden Amerikalıya karşı koydun diye. Amerikalı bayrağımızı yırtar, yurttaşlarımızı öldürür, tutuklanmaz, yargılanmaz hiç. Bizim polisimiz, bizim kaldığımız yurtları basar. Öğrenciler polisin saldırısından korunmak isterler. Dolaplar devrilir, dökülür, pencerenin camları kırılır. Karyolalardan barikatlar yapılır. Ağır yaralananlar olur. Elin gavuruna 'Vatanımdan çık' demenin karşılığı bunlar.

Gençlik kendi üniversite yöneticilerini de yanında bulamaz. Rektörlerini çağırırsın Amerikalıya karşı direnişte; ön saflarda yer almasını istersin. Korkarlar, polisle karşı karşıya bırakırlar gençliği. Rektör yakınır 'Ben bir devlet memuruyum' diye.

Kavgamız belirlenmiştir. Bir daha Amerikan neferini görmiyecektir bu sular, bu güzelim İstanbul. Eğer görürsek tükürülecektir suratına. Amerikalı gidecektir Türkiye'mizden. Topuyla, tüfeğiyle, NATO'-suyla, üssüyle çıkıp gidecek buradan. Uşaklarınla, karınla, kızınla gideceksin sen hey... Amerikalı."

EK - 14

Cihan Alptekin'in 1968 Kasımında yazdığı yazı:

"Gençlik Savaşımız: Yıl 1848. Fransa büyük bir savaşın başında. Hükümetler kuruluyor; devriliyor. Devrin en liberal gerici bakanı Guizot kabinede. Seçmen olmak isteyen yüzbinlerce halk. Oy hakkı için başkaldıran Fransız halkı meydanlarda. Bağırıyor; çağırıyor. Şöyle cevap veriyor Guizot halkın başkaldırısına, 'zenginleşin, siz de seçmen olabilirsiniz' demektedir.

Günümüzün üniversite hocaları da aynı düzeyde. Çokbilir tutumlarda, başkaldıran öğrencilerine aynı özellikte cevaplar veriyorlar. 'Okulunuzu bitirin, siz de doğruları konuşabilirsiniz.' Yazdıkları, konuştukları en doğru insanlarmış kendilerine göre. Sanki 'eğitimin generalleridirler,' dedikleri uygulanacak, konuştukları bir plak gibi tekrarlanacak. Sınırlı bilgileri, soydan soya devredilecek belirli kuralları, her zaman ve her yerde aynen uygulanacak.

Üniversitelerimiz belirli soyun at oynattığı yerler oldu. Bir bilim adamı aristokrasisi yaratıldı. Ve yönetimleriyle birlikte her devrin siyasal iktidarına hizmetlerini sunmak yarışına girdiler, üniversitelerimiz. Komprador siyasal yönetimin gönüllü öğreticisi oldular. Tüm güçlerini komprador siyasal yönetimin yararına sundular. Bilim adamları kurulu teknik yönetimin öğreticisidirler. Siyasalı, toplumsalı, ekonomiyi istenilen ve gerekli biçimde veremezler. Komprador siyasal yönetimin istediği çizgide ve ölçüde verebilirler. Bu ölçülerin dışına çıkanlar etkisiz bırakılırlar, ya da yetkileri elinden alınır. Sonra öğrencinin öğrenme hakkını kurdukları sistemle kapatırlar. Öğrenciyi teknik konular altında ezerler. Yozlaşmış bilgileri 'oku da adam ol' diye öğrenciye sunarlar. Doğruları, zorunlu olanları öğrenme olanaklarını kaldırırlar.

Gençlik, çağının dünyasının akışını, gidişini öğrenmek aşkıyla yanan kişilerdir. Ülkesini tanımak zorundadır. Bunu bireysel uğraşısıyla yapar. Ve ülke topraklarının emperyalizmin bir sömürü alanı olduğu yargısına varır. Kapitalist-emperyalizminin vantuzlarına bırakılmış bir ülke. Amerikan emperyalizminin kol gezdiği, cirit attığı topraklar. O üs ve tesisiyle Amerika Türkiye'de. Teknik uzmanlarıyla, teknik yönetimin üst kademelerine girmişler. Barış Gönüllüleriyle Anadolu'yu afyonlamışlar. Uluslararası güçlü organizasyona sahip casusluk örgütü CIA'sıyla ve bunun Türkiye'deki ajanları her yerde hazır ve nazırdırlar. Görevleri, Amerikan emperyalizmini koruyacak iktidarlar bulmaktır. Bu iktidarların kendilerine göre çalışmalarını sağlarlar. İşbirlikçi iktidarlarına planlar hazırlarlar. Ulusal olmayan güçlerin ağırlık koymasına çalışırlar. Ulusal güçleri etkisiz bırakmak yolunda uğraşırlar. Üniversitelerimizde kendilerinden yana yönetici bilim adamı bulurlar. Gayrı milli kültürün düşüncesini yaptırırlar. Ulusal kültürü yozlaştırırlar. Kültürümüzü de emperyalizmin hizmetine koyarlar.

İşte böyle bir ülkenin gençliğiyiz. Amerikan emperyalizminin var olduğu ülkeyiz. Görevlerimizi doğru çizgi üstünde yerine getirmeliyiz. Bize düşen ilk görev Gazi Mustafa Kemalci gençliği kurmaktır. Emperyalizmi ancak Gazi Mustafa Kemalci güçler yenebilirler. Bunun düşüncesini yapmalıyız. 'Gençlik deyince sosyalist gençlik anlarım' düşüncesi yanlıştır. Ülkemizde Amerika var. Gençlik Anti-Amerikan gençliktir. Bu gençliktir ki, emperyalizmi korkutur. Bu gençliğin ön görevi: Amerika-İşbirlikçi güçler-Feodalizmi yenmek ve yıkmak olmalıdır. Bu güçleri yenmek ancak Gazi Mustafa Kemal'ci güçlerin Birleşik Ulusal Cephe kurmalarıyla olur. O zaman kavgamızı doğru çizgiye oturturuz. Bu güçlerin istenilen doğru çizgisi milli demokratik devrimdir. Bu çizgide başarıyla gidebilmemiz Ulusal Birleşik Cephenin gerçekten kurulmasıyla olur. Gençlik ulusal güçlerin Türkiye'de ortak bir iktidar kurmalarını, milli iktidarın egemen olmasını istemeli ve bu çizgide direnmelidir. Ulusal kurtuluş düşüncesini topluma yansıtmalıdır. Amerika haklı olmanın her türlü ölçüsünü yitirmiştir. Dominik'te de yitirmiştir.

Çağımız savaş çağıdır. Dünya üstünde barışın kurulması için savaşın zorunlu olduğu çağdır. Emperyalist rüzgarı ulusçu rüzgarların yeneceği çağdır. Halklar ve ezilmiş ulusların emperyalizme karşı silahları çevirip tetiğe bastığı çağdır. Devrim savaşları çağıdır. Yığınların savaşıdır. Üçüncü Dünya ülkelerinin devrim savaşları, ulusal kurtuluş savaşlarıdır.

Gençlik bu çizgide savaşmalısın. Emperyalizmi Türkiye'den kovmak, dünya üstünden yoketmek için savaşmalısın. Bıkmadan, yılmadan, usanmadan savaşmalısın."

EK - 15

Cihan Alptekin'in 1969 Ekiminde yazdığı yazı:

"Arkadaşlarımıza Sahip Çıkacağız: İstanbul Üniversitesi'nin ortaçağ kalıntısı yönetimi Senato, Amerikan emperyalizminin ve uşaklarının egemen olduğu bir yönetim. Emperyalizmin yardakçılığını yapan 33 bilim adamı (!) üniversite senatosunda. Cüppe giyip Amerikan emperyalizminin borazanlığını yapanlar sayısız. O kürsülerden Amerikan 6. Filosu 'hür dünya ülkelerinin garantisidir' diyenler, 'Komünizme karşı Türkiye'nin tek silahlı garantisidir' deyip emperyalizme hizmetini sunan bilim adamları (!) üniversite yönetimine kesin ağırlık koymuşlar. 'Amerika dostumuz, NATO herşeyimizdir' fetvasını verdikten sonra Amerikan üniversite kürsülerinde ders alanların varolduğu üniversite. Yıllardır süren her geçen gün daha güçlenen, genişleyen, sağlam temellere oturan gençliğin bağımsızlık ve demokrasi kavgası bunları korkutmaktadır.

Yurtsever devrimci gençliğin bu kavgası yayılmakta, güçlenmekte, yığınlara malolmakta. Tunceli'den, Demir Döküm işçilerinden, Sökeli köylülerden sesler gelmektedir. Emperyalizmin uşakları efendilerine karşı görevlerini tam yapamamak kuşkusu içindeler. Bu CIA ajanı emperyalizmin uşakları görevlerini yapamamaktan doğan suçluluk kompleksi içlerine işlemiş, yakıp kahrediyor işbirlikçileri. Bu kompleks bir memurun amirine karşı var olan görevlerini yapamamak veya tam yapamamak korkusudur. Emperyalizmin uşağı bilim adamlarındaki (!) korku yıllardır sürüyor.

Bu bağımsızlık düşmanı, demokrasi, özgürlük düşmanı bilim adamları (!) emperyalizme hizmetlerini sundular. Deniz Gezmiş'i okuldan atarak, işbirlikçi iktidara karşı görevlerini yaptılar. Üniversite yönetimi mensupları efendilerine karşı görevlerini tam yapmış uşak rahatlığı içindedirler. Bağımsızlık kavgasının yiğit bir askeridir, gerçek demokrasi savaşçısıdır, bağımsızlık ve özgürlük kavgasının yiğitçe önderliğini yapmaktadır Deniz Gezmiş. Üniversitede devrimci asistanlara yapılan baskıyı protesto etmiştir. Bu, üniversitenin demokratikleşme kavgasıydı.

Bu kavgayı durdurmaları gerekirdi. Artık kürsülerden 'Amerika bizim dostumuzdur, 6. Filo bizim komünizme karşı garantimizdir' diyemiyorlar. Maskeleri düşürüldü bu uşakların. Deniz Gezmiş'in suçu sokaklarda, meydanlarda, üniversitelerde binlerce genç arkadaşıyla bağırmaktı; 'Kahrolsun Amerika, kahrolsun işbirlikçileri' diye. Hazmedemediler Deniz'in bu güçlü kavgasını. Ve attılar üniversiteden. Bağımsızlık kavgamızı durdurmanın çözüm yolunu devrimci gençlik öncülerini okuldan atmakta buluyorlar kendilerince. Orta Doğu Teknik Üniversitesinde bağımsızlık savaşçısı 7 arkadaşımızı işbirlikçi üniversite yönetimi çeşitli biçimlerde cezalandırdı. Devrimci gençlik bu gayri milli faşizmin baskısına dur diyecektir. Bu demokrasi ve özgürlük kavgamızın bir parçası olacaktır. Milli güçlerin üniversite içinde ve dışında güçlenmesi olacak, Mustafa Kemal'ci yargıçlarımız da bunun karşısına çıkacaklardır. Gayri milli olan her şeye dur demek Mustafa Kemal'ciliğin gerektirdiği bir görevdir.

Deniz Gezmiş ve çeşitli biçimlerde cezalandırılan 7 arkadaşımıza sahip çıkacağız. Bu sahip çıkma devrimcilerin üniversite içinde güçlenmesi, sağlam temellere oturması demektir. Meydanları bu işbirlikçilere bırakmayacağız. Bu, bağımsızlık ve demokrasi kavgamızın gereğidir."

EK - 16

Deniz Gezmiş: "Bizi Meşru Savunmaya Zorlamış Oldular"

Ahmet Kahraman: Bir köy öğretmeninin oğlu olan hukuk öğrencisi Deniz Gezmiş'le bir rastlantı sonucu karşılaştık. Polis takibinde olan ve yakalandığı takdirde cezaevine konacak genç hukuk öğrencisi:

"İstanbul Üniversitesi'nden üç arkadaş atıldık, bazı asistanlar cezalandırıldı. Ayrıca 160 öğrenci ve yirmi asistan hakkında da soruşturma açılmış bulunuyor. Bu, bize karşı girişilmiş bir şiddet hareketidir. Bize karşı şiddete başvuranlara gül sunacak ya da İsa gibi öteki yanağımızı çevirecek değiliz. Şiddete şiddetle karşı koyacağız. Devrimci kıyımına girişmekle ayrıca hareketi onlar başlatmış oluyorlar. Ama onlardan güçlü olduğumuzu kanıtlayacağız" demiştir.

Deniz Gezmiş, ceza dağıtan İstanbul Üniversitesi Senatosu disiplin kurulunu, "İhtiyarlar Meclisi" olarak adlandırmış ve şöyle konuşmuştur:

"Armatörlerden ve adları çeşitli yolsuzluklara karışmış kişilerden meydana gelen ihtiyarlar meclisi oturup hakkımızda karar alamaz. Asıl kovulması gereken kişiler de onlardır. Çünkü, kimin ne yolsuzluklar yaptığı, kimin kimin karısına veya kız öğrencilere sarkıntılık ettiği, hattâ otuzbin lira karşılığında cezaevinden adam tahliye ettiği herkesçe bilinmektedir. Bunlar mı hakkımızda karar alacak?"

Deniz Gezmiş, arkadaşlarıyla birlikte üniversiteden kovulması olayının nedenleri için şöyle demiştir:

"Türkiye tam anlamıyla iktisadi bir krizin içindedir. Enflasyon en ağır şekliyle hüküm sürmektedir. Köylü aç, perişan, seçimden sonra devalüasyona gidilip dolar onbeş liraya çıkarılacaktır. İşsizler ordusunun sayısı beş milyonu aştı. Bu tablo karşısında devrimci gençlik, görevini yapar diye korkuyorlar. Kimimizi askere, kimimizi cezaevine göndermekle rahat edeceklerini, iflaslarını haykıracak kişileri susturacaklarını sanıyorlar. Bize karşı girişilen baskı emperyalizmle el ele hazırlanmıştır. Ama ne yaparlarsa yapsınlar, bütün baskıları vız gelecektir. Türkiye'de bütün engelleri yıkıp Kemalist Devrimi tamamlayacağız."

"İşbirlikçilerin seçimden sonra işbaşına gelecek bir Cunta'dan korktuğunu" öne süren Deniz Gezmiş, "İşbirlikçiler, Amerika'ya sempati beslediklerini gizlemiyorlar. Biz neden Mustafa Kemal'in ordusuna sempati beslediğimizi gizleyelim" demiştir.

Her devrimci hareketi destekleyeceklerini de belirten polis takibindeki genç, "Onların demokrasileri borsa demokrasisidir. Gerçek demokrasi sandıktan değil, halkın arasından çıkar. Kokuşmuş bu parlamentarizmle işler yürümeyecek, yürüyeceğine de inanmıyoruz" şeklinde konuşmuştur.

Deniz Gezmiş, şimdilik önümüzdeki günlerde başlayacak eylemlere hazırlanmak için devamlı olarak okuduğunu, arkadaşlarının da hazırlanmakta olduğunu belirterek; "Elbette Türkiye'yi üç-beş ağaya ve işbirlikçiye bırakacak değiliz" demiş ve polise teslim olmayacağını da bildirmiştir."

(Akşam, 11.9.1969)

EK - 17

"Deniz Gezmiş'le Saklandığı Yerde Konuştuk"

Yurdaer Acar: Üniversite öğrenci hareketlerinin lideri olduğu için fakülteden atılan ve polis tarafından aranmakta olan Gezmiş ile görüştüm.

Yatağının üstüne bağdaş kurmuş bir dergi okuyordu. Beni ürkek ve saklanan bir insan gibi değil aksine her zamanki gibi kendinden emin olarak karşıladı. Ve kelimelere basa basa, "Üniversiteye döneceğim" diye anlatmaya başladı.

"Senatonun beni üniversiteden çıkartma kararı anti-demokratiktir. Her anti-demokratik karara karşı çıktığım gibi buna da karşı çıkacağım. Avukatlarım da kararın bozulması için Danıştay'a müracaat etmişlerdir."

"Para konusunda ne yapıyorsun?" diye sordum.

"Bütün gelir kaynaklarımız üniversite öğrencilerinin harçlıklarından arttırdıkları üç-beş liradan ibarettir. Avukatlarımız ücret almadan benim ve benim durumumdaki arkadaşlarımızın davalarına bakarlar. Bu hareket de, mücadeleye inanmış kişilerin gösterdikleri bir dayanışma örneğidir."

Lise birinci sınıfta iken öğretmeninin okuttuğu "Teneke" kitabı ile yurt gerçekleriyle karşılaşan ve yine öğretmeninin ezilen halk kitleleri hakkında verdiği bilgi ile yoğrulup üniversiteye bir devrimci olarak gelen Deniz Gezmiş 1968 Ocak ayında, 18 arkadaşı ile birlikte "Devrimci Hukuklular" adında bir dernek kurarak güçlenmeye başlamış. 12 Haziran 1968 tarihinde üniversite işgali olayını başlatan Deniz Gezmiş, "Ben tek başıma lider değilim. Tam bağımsız Türkiye isteyen kitleleri peşimden sürüklüyorum. Bütün üniversitenin birleşmesi amacıyla çalışıyorum. Kapıda nöbet tutan arkadaşımla benim aramda bir fark yoktur."

Üniversiteyi işgal olayında kişisel meselelerini geriye atan Deniz Gezmiş, davaya inanmış bütün arkadaşları ile ya muvaffak olmayı yahut da ortadan silinmeyi peşin olarak kabul ettiğini belirterek, şöyle dedi:

"Amacımızda muvaffak olduk. Önceleri bizim hareketimizi önlemeye çalışan güçler sonra bize inandılar. 1968 Ekiminde Devrimci Öğrenciler Birliği'ni kurduk. Bugün gücümüz İstanbul'da 5 bin, Ankara'da 4 bin olmak üzere 9 bin kişiye yükseldi. Mücadeleci kadromuz gittikçe çoğalacaktır."

- Yaptığınız mücadeledeki siyasi kanaatiniz nedir?

- Biz emperyalizmin boyunduruğu altındayız. Ülkemizin değişik problemleri vardır. Halkımızın büyük bir kısmı sömürülüyor. İşçi, köylü, memur ve yurdunu seven aydınlar güç durumda. Üniversiteden yetişenler yurdun gerçeklerini öğrenmeden diploma aldıkları için halka sırt çeviriyorlar. Bizim mücadelemiz toprak ağaları ve tefeciler tarafından ezilen Türkiye halkı içindir. Biz, verdikleri ile bizi okutan halka sırt çevirmeyiz.

- Partilerin tutumlarına ne dersin?

- İşçi ve köylüden yana olduğunu söyleyen TİP dahil bütün partiler yozlaşmış ve halka karşı durumdadırlar. Parlamenterler demokrasiyi sandıktan çıkma olarak kabul ediyor. Aslında ağa emri ile verilen oylar millet iradesi olamaz. Buna da demokrasi diyemeyiz. Bizim anladığımız demokrasi milli sınıfın emperyalizmi, ağaları ve tefecileri tasfiye ederek yönetimi ele almalarıdır.

- Polise teslim olmayacağına göre, bundan sonraki mücadeleniz nasıl olacaktır?

- Bundan sonraki mücadelemiz parlamento dışı muhalefet şeklinde olacaktır. Bizim istediğimiz biçimde sokaklarda, tarlalarda, fabrikalarda ve meydanlarda olacaktır. Parlamenter mücadele anti-demokratiktir. Çünkü, milletvekili olmak için paralı olmak şarttır. Basın özgürlüğü kısıtlanmıştır. Bize mücadele edeceğimiz başka alan kalmadığı için savaşımızı sokaklarda vereceğiz. Ve tarih bir gün benim haklı olduğumu yazacaktır. Benim öğrenci olaylarına katılmama kimse mani olamaz. Öğrenci olarak değil devrimci olarak mücadele ediyorum. Emperyalizme, ağalığa karşı nerede mücadele varsa benim devrimci olarak görevim orada olmaktır.

Deniz Gezmiş son olarak bundan sonraki mücadelenin karşısındakilere ağır darbeler indireceğini belirterek, "Onlar kendilerini güçlü sanıyorlar. Fakat aldanıyorlar" diyerek beni uğurlarken yeni başlatacakları devrimci hareketin temelini yeniden atmaya başlıyordu."

(Günaydın, 20.9.1969)

EK - 18

"Gençlik Lideri Deniz Gezmiş'le Bir Konuşma"

Uluç Gürkan: Atatürk'ün "tam bağımsızlık" ülküsünü kendilerine şiar edinen devrimci gençleri sindirmek için cinayet tedbirlerine kadar varan planlar yapılıyor şu günlerde. Tertipçilerin baş hedeflerinden biri de gençliğin önde gelen liderlerinden Deniz Gezmiş, son olayları şöyle yorumladı:

- Türkiye ekonomisi tam bir çıkmaz içindedir. Zamlara rağmen, bütçenin açığı 2.5 milyardır. Bu, tutucular koalisyonunun iflasını açıkça ortaya koymuştur. Tutucu güçler, egemenliklerini uzun süre devam ettiremeyeceklerini anlamış olmanın telaşı içindedir. Devrimci gençlik eylemini engellemek için tertiplere girişmeleri bundandır. Fakat umduklarının tersi olmuş ve bu olaylar bizi daha örgütlü, daha disiplinli ve daha güçlü eylemlere hazırlamıştır. Tertipleriyle gençliği ordunun karşısına düşürmek hedefine ulaşamadıkları gibi, devrimci gençlik eylemi, Mustafa Kemal'ci zinde güçler saflarını birbirlerine kenetlemiştir. Mustafa Kemal adı, geniş öğrenci kitlelerinde daha fazla ağızdan ağıza dolaşır olmuş, forumlarda Bursa Nutku ve Gençliğe Hitabı tekrarlanmış ve bunlar uygulanmıştır. Emperyalistler ve işbirlikçileri, Gazi Mustafa Kemal'in çizgisinin geniş kitlelerde ve bütün zinde güçlerde yankılanmasından korkmuşlardır bugün.

- Gençlik eylemleri içinde önemli bir yerin var ve tutucu güçler senin okuldan atılmış olmanı sürekli istismar konusu ediyorlar. Bu durumda senin söyleyeceklerin neler?

- Üniversite öğrenimi yapmak Anayasa'nın verdiği bir haktır. Öğrenci olarak devrimci mücadeleye katılmak ise, Mustafa Kemal'in bize yüklediği bir görevdir. Dünyanın bütün gericileri biraraya gelseler bu hakkımızı ve görevimizi elimizden alamayacaklardır.

- Mustafa Kemal'in gençliğe yüklediği devrimci görevler nelerdir, biraz daha açar mısın?

- Türkiye ilk Kurtuluş Savaşı'ndan 50 yıl sonra tekrar yarı-sömürge durumdadır. Ve Kemalist bir Cumhuriyetin başına anti-Kemalist politikacılar geçmiştir. Politikacı, anti-Kemalist karşı devrim hareketine yeşil ışık yakmaktadır. Bu koşullarda gençlik, emperyalizme ve anti-Kemalist gidişe karşı verilen savaşta somut olarak ön safta bulunmaktadır. Elbette tarihi önderlik sorunu ayrı bir konudur. Bugün için gençlik, mümkün olduğu kadar geniş halk kitlelerini emperyalizme karşı mücadeleye katmak için devrimci eylemde bulunacaktır. Kemalist devrim tamamlanacak ve onun emperyalizmle çelişen bütün milli sınıf ve tabakalara maledilmesi sağlanacaktır. Gençlik bütün Kemalist güçlerle yek vücut olmak zorundadır.

- Halk kitlelerini emperyalizme karşı mücadeleye katmak için gençliğin dayanışma içinde bulunacağı Kemalist güçler kimlerdir?

- Bugün Türkiye'de Kemalist Devrim'in bekçiliğini yüklenen güçler arasında başta ordu, 27 Mayıs'ı yapan güçlerin önemli bir yeri vardır. Anti-Kemalist karşı devrim hareketine karşı gençlik bütün zinde güçlerle eleledir. Emperyalizmin işbirlikçileri gençlik ile öteki zinde güçlerin arasını açmak istemektedir. Fakat aynı inançta olan, yani emperyalizmi kovmuş, feodal unsurları tasfiye etmiş bir Kemalist Türkiye isteyen bu ilerici güçlerin arasını anti-Kemalist karşı devrimi tezgâhlayanlar açmayı başaramayacaklardır.

- Emperyalizme karşı nasıl bir mücadele verilecektir?

- Bugün Amerikan emperyalizmi saldırganlık yolunu seçmiştir. Buna karşı biz de, emperyalizmin parmağının bulunduğu her yerde ona karşı aynı silahlarla mücadele yolunu seçtik: Tıpkı Mustafa Kemal'in 50 yıl önce yaptığı gibi. Emperyalizm bugün millici güçleri tasfiye etmek için listeler hazırlamakta ve bütün kurumlarımıza elini uzatmaktadır. Bizse onları defterden sileli çok oldu. Milli kurumlarımıza uzanan elleri de kırmakta kararlıyız.

- Bazı çevreler bu görüşleri, "devrim yobazlığı" sayıyorlar. Bu sence nasıl açıklanabilir?

- Devrimcilik demek halk dalkavukluğu demek değildir. Herşeyden önce devrimcilerin görevi halkın önünde gitmek, halkın gerçek özlemleri için mücadele etmektir. Halk için düzen değişikliği isteyen gençliğe halk karşıdır gibi saçma bir iddiayla Kanlı Pazarları görmezlikten gelen ve gerçek devrimciyi yobazlıkla suçlamaya kalkışan tatlısu devrimciliğine özenmiş politikacı, aslında tutucu güçler koalisyonunun usta propagandalarının esiri olmaktadır. Politikacı, "halk kızar" diye, halk düşmanlarının uşaklığını yapmaktadır. Değirmenköy,

Elmalı, Göllüce köyleri, davalarını desteklediğimiz bu topraksız köylüler bize hiç kızmadı, aksine gençliği bağrına bastı. Demirdöküm işçileri de öyle yaptı. Devrimci gençliği halkçı görünüp, egemen sınıflara göz kırpan tatlısu devrimcisi politikacı anlamaz, ama işçi köylü anlar. Devrimci gençlik de onlara dalkavukluk etmez, gerçek kurtuluş yolunda onlarla birlikte mücadele eder. Hem egemen sınıflara göz kırpan oy goygoyculuğu, hem devrimcilik olmaz. Bugün bizi devrim yobazı olarak nitelendiren birkaç CHP yöneticisi Ortanın Solu tabanını temsil etmemektedir. Anti-Kemalist karşı devrimcilerin yanında yer alan bu birkaç yöneticiyle ortak bir mücadele sözkonusu değildir. Fakat şuna inanıyoruz ki, tam bağımsızlık isteyen dürüst Ortanın Solu tabanı Kemalist bir Türkiye'nin kurulması için bizimle birlikte mücadele edecektir."

(Devrim, 23.12.1969, sayı:10, sayfa: 2-7)

EK - 19

"Milli Kurtuluş Savaşlarıyla ve Vietnam Halkıyla Dayanışma Derneği."

Milli Kurtuluş Savaşlarıyla ve Vietnam Halkıyla Dayanışma Derneği adı altında bir dernek kurulmuştur.

Derneğin amacı: Elli yıl önce Türkiye halkını esir etmek için yurdumuzu istila etmiş olan ve bugün Türkiye'yi yarı-sömürge bir ülke olarak sömüren emperyalizme karşı, milli kurtuluş savaşı veren halklarla ve emperyalizme karşı yıllardır kahramanca mücadele eden Vietnam halkıyla, halkımız arasındaki dayanışmayı güçlendirmekdir. Bu amaçla dernek, milli kurtuluş savaşlarının niteliklerini anlatmak ve kendi milli kurtuluş savaşımızla bağlarını göstermek için konferanslar ve açık oturumlar düzenler, bu yolda yayın yapar.

Derneğin kurucuları:

1) Tarık Almaç: İTÜ Öğrenci Birliği Başkanı.

2) Dursun Akçam: Öğretmen. Yazar. TÖS İkinci Başkanı.

3) Muammer Aksoy: SBF Profesörü, Türk Hukuk Kurumu Başkanı.

4) Çetin Altan: Yazar, Eski İstanbul Milletvekili.

5) Nahit Arda: Emekli Kurmay Albay, Yazar.

6) Ahmet Arif: Şair, Gazeteci.

7) Türkkaya Ataöv: SBF Doçenti, Yazar.

8) Mehmet Barlas: Cumhuriyet Gazetesi Dış Politika Yazarı.

9) Fakir Baykurt: TÖS Genel Başkanı, Yazar, Romancı.

10) İbrahim Çamlı: Dış Politika Yazarı.

11) Cengiz Çandar: SBF Öğrenci Derneği Başkanı.

12) Ayberk Çölok: Halk Oyuncuları Sanatçısı.

13) Deniz Gezmiş: İstanbul Ü. Hukuk Fakültesi öğrencisi.

14) Mevlüt Karakaya: Köylü, Değirmenözü Köyü. Kütahya.

15) Hamdi Konur: Öğretmen, Yazar.

16) Uğur Mumcu: A.Ü. Hukuk Fakültesi Asistanı, Türk Hukuk Yönetim Kurulu üyesi.
17) Tuncer Necmioğlu: Halk Oyuncuları Genel Başkanı.
18) Ömer Özerturgut: İşçi Köylü Gazetesi Yazı İşleri Müdürü.
19) Doğu Perinçek: A.Ü. Hukuk Fakültesinde Dr. Asistan.
20) İlhan Selçuk: Cumhuriyet Gazetesi Yazarı.
21) Bahri Savcı: SBF Profesörü, TÖDMF Eski Başkanı.
22) Ali Sirmen: Akşam Gazetesi Dış Politika Yazarı.
23) İsmet Sungurbey: İ.Ü. Hukuk Fakültesi Profesörü.
24) Güner Sümer: AST Yönetmeni, Oyun Yazarı.
25) Ahmet Yıldız: Senatör, M.B.K. Üyesi.
26) Gün Zileli: TDGF Merkez Yürütme Kurulu Üyesi.

(*Son Havadis*- 22.6.1971 ve *TÖS Gazetesi*, 1.2.1970, sayı: 47)

O dönem SBF'de öğretim üyesi olan Prof. Bahri Savcı, bu dernek yüzünden Ankara Sıkıyönetim Komutanlığı Askeri Savcılığı'nın Evrak no: 1971/125, Esas no: 159, Karar no: 122 iddianamesiyle yargılanmıştır.

EK - 20

Pete Earley Adlı Yazarın "Bir Casusun İtirafları: Aldrich Ames'in Gerçek Öyküsü" Adlı Kitabında Yeralan Deniz Gezmiş'le ilgili Bölüm:

"Turkısh Daily News" gazetesinin Washington Muhabiri Uğur Akıncı imzasıyla, Turkısh Daily News gazetesinin 28 Şubat 1977 tarihli 8308 nolu nüshasında, "CIA Deniz Gezmiş'in Yakın Arkadaşını Görevlendirdi" başlığıyla bir haber yayınlandı.

Haber, Pete Earley adlı yazarın, New York'ta, "Berkley Books" adlı yayınevi tarafından yayınlanan "Confessıons The Real Story Of Of A Spy Aldrıch Ames" başlığıyla yayınlanan kitabından derlenerek hazırlanmıştı.

Araştırmacı-yazar Rıfat N. Bali, hazırladığı bir kitap için bu kitabı türkçeye çevirmişti. Bu kitabın Deniz Gezmiş ile ilgili olan bölümünü bana verip vermeyeceğini, kitabımda kullanıp kullanamayacağımı sordum. Olumlu karşıladı. Kendisine teşekkür ediyorum.

Pete Earley adlı şahsın yazdığı kitapta, Deniz Gezmiş ile ilgili sayfa 47'den 51'e kadar olan bölüm aynen şöyledir:

"4. BÖLÜM: KGB, teknolojisini, uydu Cumhuriyetleriyle bile paylaşmak istemiyordu; fakat CIA, 1960'ların sonlarında, telle gizlice telefon dinleme cihazlarının dağıtımı konusunda cömert idi. Ames şöyle dedi: "Türk İstihbarat Teşkilatının nakit sıkışıklığı vardı; bu nedenle onlara yarım milyon dolar değerinde telefon dinleme teçhizatı sattık ve elemanlarına, onları nasıl kullanacaklarını öğrettik. Onlar ise, Sovyet Büyükelçiliğinin hatlarını gizlice dinleyerek ve daha sonra bantlarını bize vererek bunu geri ödediler. Bu sadece Türkiye'de olmadı, fakat özellikle Orta ve Güney Amerika'da olmak üzere, dünyanın her tarafında uygulandı."

Rick, Langley'ı terketmeden önce, Ankara'dan gönderilmekte olan istihbarat raporlarını gözden geçirdi ve bunların birkaçında, GRU'daki genç bir görevliden bahsedildiğini gördü. Bir Fransız işadamı, GRU görevlisi ile arkadaş olmuştu ve ondan CIA'ye bahsetmişti. Ames: "bu hedef GRU elemanını işe almak (kendi safımıza katmak) için oldukça karmaşık bir plan tasarladım" diye hatırlıyor. Rick, GRU görevlisini, Türk istihbarat elemanları tarafından bir casus olarak tutuklanıp ülkeden dışarı atılmak üzere olduğuna inandırarak, GRU görevlisini korkutmak istiyordu. Rick, genç görevlinin paniğe kapılacağını tahmin ediyordu. Bu Rus, yaşam şartlarının zor olduğu Moskova'ya dönmek istemezdi. Bir ülkeden atılan GRU görevlileri, bir istihbarat elemanı oldukları belirlenince, genellikle Sovyetler Birliğini tekrar terketmekte zorluk çekiyorlardı. Ames şöyle dedi: "Uygulanan plan, onu tehlikeye açık ve ümitsiz bir duruma düşürmekti. Daha sonra, Türklerle birlikte araya girerek, onu kurtarmayı teklif edecektik. Bu tehdit tümüyle uydurmaca olacaktı, fakat o bunu bilmeyecekti." Ames amirlerinin planını onayladığını söyledi; fakat Ankara'ya vardığında, bu operasyonu idare etmek için, daha kıdemli bir vaka görevlisinin seçildiği ona söylendi. Ames şöyle dedi: "Bu adamın, biletini damgalatmaya, özgeçmişinde, ona bir sonraki terfisini sağlayacak bir şeye ihtiyacı vardı; ve bana, daha sonra sıranın bana geleceği söylendi."

Rick, bu vaka görevlisinin Rusça konuşmadığını ve sadece birkaç kelime Türkçe bildiğini öğrenince bozuldu. Oysa GRU görevlisi, sadece bu iki dili konuşabiliyordu. Ankara'ya gönderilmeden önce hızlı bir Türkçe dersi almış olan Ames şöyle dedi: "Bizim adamımız onunla tutarlı bir şekilde konuşmaya bile muktedir olmadığından, bu adamı işe alıp birlikte çalışmamızı sağlayacak bir yol kesinlikle yoktu. Herkes bu işin yürümeyeceğini biliyordu; fakat kimse aldırmıyordu. Mesele şu idi ki, merkez (istasyon), bir işe alma girişiminde bulunduğunu rapor edebilecekti ve herkes tebrik edilecekti." Tıpkı Ames'in tahmin ettiği gibi, Rus, konuşmayı anlamadı ve hile, başarısız oldu. "CIA'nın vaka görevlisi terfi etti; bu yüzden herhangi bir kişiyi işe almamış olmamız onun açısından önemli değildi."

Rick, Ankara'da kendi ismini kullandı, fakat herkese, Amerika Birleşik Devletleri Hava Kuvvetlerinde çalışan bir sivil personel olduğunu söyledi. Bu sahte görüntüyü desteklemek için, TUSLOG'un (Türkiye-ABD Harekat ve Lojistik Komuta merkezinin) Ankara'daki karargahında çalıştı. Sözde uzun dönemli bir lojistik çalışmaya katılmış gibi görünüyordu; fakat zamanının tümünü, işe alınacak (kendi safına katılacak) hedef kişileri aramakla geçiriyordu.

Rick, Ankara'ya gelmeden önce, KGB'nin kendisini, Ankara'nın loş bir barında bir Sovyet ajanı ile randevulaşırken yakalamaya çalıştığı, bir kedi-fare oyununu oynarken hayal ediyordu. Oysa kendisini, bir masada oturup, istihbarat raporlarını doldururken ve telgraflara cevap verirken buldu.

"Richard Nixon, 1968 seçimlerini kazandıktan sonra, yeni Başkanın, Sovyetler sözkonusu olduğunda CIA'nin İyi Adam olmaya son vermesini istediği şeklinde bir söylenti çıktı. Yeni hükümet, Rusların bizlerle oyun oynamasından bıkmıştı ve her merkeze, yaratıcı olmaları ve birtakım ciddi sinsi eylem planları önermeleri emredilmişti. O zaman, "nihayet harekete geçip bir Rusu gerçekten kendi safımıza katacağız" diye düşünüyordum. Fakat merkezimizin şefinin, sert olmanın ne anlama geldiği konusunda farklı düşünceleri vardı."

Sovyetler Birliği, 1968 yılının Ağustos ayında Çekoslovakyayı işgal ederek, Çeklerin lideri Alexander Dubcek'i koltuğundan atmışlardı; bu nedenle, Ankara'daki merkezin şefi, bu işgali protesto eden binlerce etiket bastırdı. Ames, çalışma günlerini, şehri dolaşarak, ofis binalarının duvarlarına ve pencerelerine, üzerinde: "Dubcek'i hatırlayın, 68'i hatırlayın" yazan etiketler yapıştırarak geçirdi. "Türkleri, Çekoslovakyanın işgal edilmesine gerçekten kızmışlar gibi göstermek istiyorduk." Rick birkaç haftayı etiket dağıtarak geçirdi ve buna rağmen henüz dağıtılmamış bir büyük kutu etiket kalmıştı. Bir öğleden sonra, o ve başka bir vaka görevlisi, şehrin merkezindeki yüksek bir binanın tepesine tırmandılar ve içinde etiketler bulunan kutuları, şehrin en kalabalık kavşağına bakan taraftan aşağıya doğru boşaltarak, aşağıda öğle yemeğine çıkan kalabalığı, Dubcek yanlısı etiketlerden oluşan bir sağanağın içinde bıraktılar. "Bu olayı, merkezimizin büyük bir başarısı olarak yazdık".

Nancy Segebarth Ames, kocası gibi, Ankara'daki yaşamı hüsran verici buldu. Bürokratik saçmalığın mükemmel bir örneği olarak, Nancy'nin bir DI (istihbarat) analisti olarak istifa etmesini isteyen aynı CIA personel ofisi, onun Ankara'da Rick'le aynı ofiste bir idari asistan olarak işe alınmasına itiraz etmedi. Nancy kısa bir süre sonra, zeki, saldırgan ve sözünü esirgemeyen bir kişi olarak tanındı. Evde ve ofiste, kocasına üstünlük kurmuş gibi görünüyordu.

Görevi aldıktan bir yıl sonra, Rick nihayet, başkalarını kendi safına çekme becerilerini test etme imkanını buldu. Ankara'da ders veren bir Amerikalı yüksek okul profesörü, Rick'e, onu, Türk hükümetini iktidardan düşürmeyi amaçlayan radikal bir öğrenci örgütü olan DEV-GENÇ'e üye olan bir Türk (kız) öğrencisi ile tanıştırmayı teklif etti. Rick'in kendi safına katması beklenen öğrenci, DEV-GENÇ'in liderlerinden biri olan Deniz Gezmiş'in yakın bir arkadaşıydı. CIA DEV-GENÇ'in içine sızma konusu ile ilgileniyordu; çünkü Türkiye o sırada kargaşa içinde sallanıyordu. Başbakan Süleyman Demirel istifaya zorlanmıştı ve ülke sıkıyönetim altındaydı. Gazeteler sansür ediliyordu, kitaplar yasaklanıyordu, kanunsuz tutuklamalar yapılıyordu ve hükümetin infaz timlerinin, gece vakti yüksek okul kampüslerinden muhalifleri kaçırdığı şeklinde söylentiler vardı. Rick, hükümeti eleştirenlerin savundukları demokratik reformların çoğunu destekliyordu; fakat ABD"in kurulmuş hükümete karşı çıkmak üzere olmadığını biliyordu. Milli Güvenlik Kurumu Türkiye'yi, Sovyet haberleşmelerini dinlemek amacıyla kurulan birtakım dinleme istasyonları için bir yer olarak kullandı. Türkiye, ABD'nin nükleer arsenalinin bir kısmını yığdığı bir yerdi ve Türkiye hükümeti, NATO'nun hayati bir destekleyicisi idi. DEV-GENÇ'in içinde bir muhbir bulundurmak alışverişin iktidardakileri avantajlı kıldığı dürumlarda, CIA'ye önemli bir pazarlık kozu sağlayacaktı.

Rick'in hedefini bilen Amerikalı yüksek okul profesörü, kızın onlara yardım edeceğini biliyordu, çünkü profesörün o kızla bir cinsel ilişkisi vardı. Rick, Dışişleri Bakanlığının, Türkiye'deki demokratik reformları izleme konusu ile ilgilenen bir görevlisiymiş gibi davranmaya karar verdi. Buluşma için, üniversiteden uzakta olan bir lokantayı seçti ve emniyetli olduğundan emin olmak için oraya yeterince erken gitti. Daha sonra ne olduğunu hatırlıyordu. Lokantanın arka köşesinde bulunan bir masayı seçmişti ve sigarasından yükselen dumanın bayat havaya karışıp gözden kaybolmasını seyrederek zaman geçirmişti. Kafede, ızgara kuzu eti ve insan teri kokusu vardı. Lokantanın girişine yakın birkaç masada hızlı bir şekilde konuşan erkek ve kadınlardan yükselen, anlaşılmaz bir uğultu vardı. Rick endişeliydi. Kız gelecek miydi? Böyle keyifsiz bir yeri seçmiş olduğu için, içinden kendi kendine lanet etti. Gelecek olan öğrenci, 20-25 yaşlarındaydı ve daha önce bir güzellik yarışmasını kazanmıştı. Profesör ona bir fotoğrafını göstermişti. Kız, bu şişman, göbekli erkeklerin ve derbeder kadınların uğradıkları yerde göze batacaktı.

Korktuğu gibi, kız içeri girdiğinde herkez ona baktı; fakat onu masasına getirirken, kız endişeli görünmüyordu. Rick, çekici kadınların yanında kendini hiçbir zaman rahat hissetmemişti; ve o anda evli olmasına rağmen hala kendini rahat hissetmiyordu. Hala kalın siyah gözlükler takıyordu, daima alnının üstüne düşen bir perçemi vardı ve nazik bir sohbet yapmak ona zor geliyordu. Kıza: "Sanırım ikimiz de aynı şeyi istiyoruz", dedi. Bu, birkaç gündür prova etmekte olduğu bir konuşmanın giriş kısmı idi. ABD'nin, reformlar için baskı yapmak istediği konusunda onu temin etti; fakat mevcut hükümetle olan ilişkileri nedeniyle perde arkasından hareket etmek zorunda olduğunu açıkladı. Rick, ana önceliğinin, kan dökülmesini önlemek olduğunu söyledi. Kızın veya arkadaşlarının tutuklanmasını, işkence görmesini veya öldürülmesini istemiyordu; fakat DEV-GENÇ ve DEV-GENÇ'in planları hakkında daha fazla şey öğrenmedikçe, onlara yardım edemezdi. Rick, şüphesiz yalan söylüyordu. Kıza veya DEV-GENÇ'e yardım etmeyi planlamıyordu. Fakat daha sonra, o gün lokantada samimi ve ikna edici konuştuğunu hatırlayacaktı, ve kız oltayı yutmuştu.

Arnes daha sonra şu açıklamayı yaptı: "Bir kişiyi işe almanın (kendi safına katmanın) püf noktası, o kişinin sizden tam olarak istediği şeyi teklif ederken, bunu, onlar için sanki herhangi bir zarar sözkonusu değilmiş gibi göstermektir.""Konuşmayı yaptıktan sonra, içinde yetmişbeş dolar olan bir zarfı masanın üzerinden kıza uzatmıştı. Ona, "Bunu para için yapmadığınızı biliyoruz; fakat sizden istediğim şey sizin zamanınızı alacak ve size bunun karşılığını vermek istiyorum" demişti. "Her ay masraflarınızı karşılamanıza yardımcı olmak için bunu almanızı istiyorum." Rick, ayda yetmişbeş doların kız için büyük bir tutar olduğunu biliyordu. Bu, hayatta kalmaya çalışmakla, rahat bir şekilde yaşamak arasındaki fark demekti. Kız zarfı cebine soktu. O anda, kızı elde ettiğini biliyordu.

Birkaç gün sonra, üniversiteye yakın bir köşede, kızla arabasının içinde buluştu. Arabayla Ankara'yı dolaşırken, kız ona DEV-GENÇ üyesi olan diğer öğrencilerin adlarını ve grubun bir sonraki toplantısının tarihini söyledi. Rick, bu bilgileri merkezdeki şefine iletti, o da Türk istihbaratı ile temasa geçti. Ancak, CIA'yi çok şaşırtan bir şekilde, Türkler ilgilenmediler. Onların DEV-GENÇ içinde halihazırda birkaç adamları vardı. Rick, ajanı ile iki kere daha buluştu; fakat kız ona işe yarar birşey söylemedi; bu nedenle Rick'e, bu ilişkiyi bitirmesi emredildi.

Kızla konuşmuş olduğu aynı kafede buluştular. Kız geç geldi ve bozulmuş görünüyordu. Nedenini sormadı. Onun yerine, içinde ikiyüz dolar olan bir zarfı ona uzattı. Daha sonra hatırladığına göre, ona şunu söylemişti: "Ülkem, yardımınız için size minnettardır; fakat birlikte çalışarak çok fazla birşey yapabileceğimizi sanmıyorum. Yaptığınızın çok yararlı olduğunu bilmenizi istiyoruz. Eğer Rick'le tekrar temasa geçmek isterse, yapacağı şey, herhangi bir ABD Büyükelçiliğine gidip bir istihbarat görevlisi ile konuşmayı istemekti. "Adınızı bildirin yeter" dedi. Kız şok olmuş görünüyordu. Emin olmamakla birlikte, bunun şundan kaynaklandığını sanıyordu: Kız, CIA ile iş yapmakta olduğunu, ve ona tekrar ihtiyaç duyulduğunda çağırılmak üzere, isminin bir yerdeki bir dosyada tutulduğunu daha yeni anlamıştı.

Kız, Rick'in, ortak arkadaşları olan yüksek okul profesörü ile konuşup konuşmadığını sordu, ve Rick, konuşmadığını söyledi. Kız: "Benimle görüşmeyi kestiğini biliyor musun?" diye sordu. Rick cevap vermeye fırsat bulamadan, kız devam etti: "Kendisine yeni, daha genç bir kız öğrenci buldu". Kahvelerinin geri kalanını içerken bir yorumda bulunmadılar ve daha sonra kız çıktı. Rick, kızın nasıl tepki göstereceğini, daha önceden bilmiyordu.

Rick, aylıklarının kesildiği söylendiğinde bazı ajanların paniklediği konusunda uyarılmıştı. Bazıları rahatlarlar. Diğerleri ise daha çok iş yapmayı teklif ederler. Rick, kıza veya DEV-GENÇ'e yardım etmek için hiçbirşey yapmadığından, kızın kızacağından endişe etmişti. Rick daha sonra şöyle dedi: "Bu sürecin tümü, aslında benim sandığımdan çok daha kolay olmuştu. O, benim işe aldığım ilk kişiydi."

****

Bu konuyla ilgili olarak gazeteci Arslan Bulut, 8 Mart 1997 tarihli Günaydın gazetesinde, "Deniz Gezmiş'i de Gladio Kullandı" başlıklı bir haber yayınlandı. Bu haber şöyledir:

"10 Mart'ta (1971) Yüksek Komite Konseyi toplantısında Başbakanın çekilmesi istenir. 11 Mart'ta ele alınan konular Cumhurbaşkanı Sunay'a iletilmiş, 12 Mart'ta muhtıra radyoda okunmuş, Demirel hükümeti istifa etmiştir.

16 Mart'ta Deniz Gezmiş ve Yusuf Aslan Şarkışla'da yakalanır.

Deniz Gezmiş'in elinde sten tabanca, Yusuf Aslan'ın da el bombaları olduğu açıklanmaktadır. Gazetelere yapılan açıklamalarda, teröristlerin ellerindeki silahların Rus yapısı olduğu ileri sürülmektedir.

Balgat'tan Bakış. Şimdi de, Türkiye'yi 12 Mart'a götüren olaylara Balgat Amerikan Tesisleri'nin içinden bakalım...

Balgat Amerikan Tesisleri, geniş bir arazi üzerinde kurulmuştu. Deniz Gezmiş ve arkadaşlarının tel örgüyü keserek girdikleri iddia edilen bölgede her gece M-16 silahları ile 9 Amerikalı askeri polis nöbet tutuyordu. 9 Amerikalı geçilse bile hemen yollarının üzerinde hizmet binası vardı. Hizmet binası da nöbetçiler tarafından sarılmış durumdaydı.

Balgat Amerikan Tesisleri'ne içerden yardım almadan girmek imkânsızdı. İçeri girdikten sonra da, hem hizmet binasının, hem de levazım deposunun önündeki nöbetçileri atlatmak kesinlikle mümkün değildi. Conex diye tabir edilen çelik konteynırların hangisinde silah, hangisinde yiyecek ve giyecek malzemesi var, görevli olanlar dışanda kimse bilmiyordu.

Polis Biliyordu. Deniz Gezmiş ve arkadaşlarının silahları aldığı kontenyır, Amerikan Askeri Avcılık Kulübü'ne aitti. Burada çalışan H. Y. adlı Türk işçisi de bu kulübün her şeyini bilen, Amerikalılar'ın itimat ettiği bir kişiydi. Ankara polisi, Deniz Gezmiş ve arkadaşlarının Balgat Amerikan Tesisleri'ne silah almak için girdiğini biliyordu. Nitekim 18 Şubat 1971 tarihli Cumhuriyet gazetesinde, Ankara polisine atfen, "Polis: Amerikan tesislerine silah almak için girildi" başlığını kullanılmıştı. Ancak bu ayrıntı herkesin gözünden kaçmıştı.

Deniz Gezmiş ve arkadaşları, zenci çavuş Finley'i rehin almış gibi yanlarında götürdüler. Gerçekte rehin alma diye bir olay yoktu. Zenci çavuşun elinde temsiz vardı. Kendisi askeri polisti ve telsizin bir düğmesine basması yeterliydi. Ancak, Chevrolet bir kamyona Deniz Gezmiş ve arkadaşlarıyla birlikte binerek gitti. Üsde çalışan Türk ve Amerikan görevliler, çavuşun geri geleceğini biliyor ve hiç bir endişe duymuyordu.

Nitekim zenci çavuş sözde serbest bırakıldıktan sonra, Türk polisinin sorularına cevap vermemiş, sorgulamada bulunan Amerikalı bir yetkili, çavuşun konuşmasını önlemişti. Çavuş, Türk polisinin elinden alındıktan hemen sonra, apar-topar Amerika'ya gönderilmişti.

Deniz Gezmiş ve arkadaşlarının elinde yakalanan bombalar ve silahlar işte bu sözde baskın sırasında, dosdoğru gidip elleriyle koymuş gibi buldukları Conex'in içindeki silahlardı.

Deniz Gezmiş, Şarkışla'da yakalandığı zaman, sadece üzerindeki silahlar değil, sırtındaki parka bile Balgat'taki Amerikan Tesisleri'nden alınmış parkaydı.

4 Amerikalı'nın kaçırılması da açık bir senaryoydu. Amerikalılar'ın kaçırıldığı DET-18 müfrezesi bir elektronik casusluk merkezi idi ve burada çalışan Amerikalılar çok iyi eğitim görmüştü. Üstelik kaçırılanlar nöbette idi.

Fidye Niçin Ödendi? Amerikalılar, fidyenin THKO'ya ödendiğine dair bilginin alınmasından sonra serbest bırakıldı. Balgat'taki Amerikalı yetkililer, bu arada 4 Amerikalı'nın eşlerini Amerika'dan getirmişler ve kendilerine teminat vermişlerdi. 4 Amerikalı serbest bırakılmadan 4 saat önce de, eşlerine yeniden bilgi verilmiş ve "Eşleriniz bugün kurtarılacak" denilmişti.

Deniz Gezmiş ve arkadaşları, hem sözde Balgat baskınında, hem de 4 Amerikalı'nın sözde kaçırılması olayında her tarafta şahitler bırakmışlar, kimsenin kılına bile dokunmamışlardı. Oysa, bu tür işleri yapanların şahit bırakmaması gerekirdi.

Deniz Gezmiş ve arkadaşları, sözde Amerikan aleyhtarıeylemlerle, 12 Mart'a zemin ve gerekçe hazırlamışlardı. Gladio tarafından kullanıldıklarını bilseler de, bilmeseler de yaptıkları işin özeti buydu.

Dev-Genç, polisin değil ama, Gladio'nun ardından sürükleniyordu. Maraş Bağımsız Milletvekili İbrahim Öztürk'ün Meclis araştırması için verdiği önerge de doğrulanıyordu. Savaş aracı olan bombalar ve silahlar ancak bir ordunun elinde bulunabilirdi. Hem de Balgat'taki Amerikan ordusunun elinde.

4 Amerikalı'nın kaçırılması için verilen fidye ise, bundan sonraki terör eylemlerinin finanse edilmesinde kullanılacaktı.

Herhalde Deniz Gezmiş ve arkadaşlarının o silahları, Balgat'taki Amerikan Tesisleri'nden elleriyle koymuş gibi alıp, tesislerde 4 saat kaldıktan sonra nizamiye kapısından çıkıp gitmeleri, Amerikan askeri polisi OSI'nin bilgisi dışında değildi. Herhalde, 4 Amerikalı'nın kaçırılması sırasında nöbet değişim saatini onlara birileri fısıldamıştı.

Niçin İdam Edildiler? Kısacası, bugün Türk solunun ilahlaştırdığı Deniz Gezmiş ve arkadaşları, Gladıo tarafından kullanılmıştı. İdam edilmelerine de seyirci kalmıştı. Çünkü, 12 Mart'ı tezgahlayanlar, Deniz Gezmiş'in ebediyyen susmasını istemişlerdi. Tıpkı Mahir Çayan ve arkadaşlarının başına gelecek olanlar gibi...

Peki, Deniz Gezmiş'in asıl suçu neydi? Deniz Gezmiş'in asıl suçu iyi İngilizce bilmesiydi!.

Tıpkı, Gladıo'da eğitim gören Türklerin İngilizce bilmesi gibi. Yoksa toplum psikolojisi ve liderlik derslerini nasıl anlayacaklardı?

Babası Erzurum'un Özen köyünden, annesi Rize'nin Cimil köyünden olan ve kendisi de Özen köyünde dünyaya gelen Deniz Gezmiş, 1971'de 24 yaşlarındaydı. Toplum psikolojisini çok iyi biliyordu. 1968 olaylarının lideriydi. 1966'dan beri eylemlerin içindeydi. Kimbilir, belki de gerçekten Amerikan emperyalizmine şiddetle karşıydı. Ama, bütün yaptıkları Türkiye'deki Amerikan hegemonyasını artırmaya yaradı!.

Not: Balgat tesisleri ile ilgili bilgiler Deniz Gezmiş ve arkadaşlarının baskın yaptığı söylenen gece, tesislerde nöbetçi olan bir Türk'ten alınmıştır."

EK - 21

Can Pulak: "Gezmiş Efsanesi"

- Deniz Gezmiş yakalanmış...

- Ankara Oteli'nin arkasında polislerle çatışıyormuş.

- Hayır... Hayır.... Ayrancı'da kıstırmışlar Deniz'i. Yakalanması an meselesi.

- Silah sesleri Meclis'in bahçesinden işitiliyor.

- Bestekâr Sokakta kaldıkları ev şimdi basıldı. Ben ordan geliyorum. Görmeyin, tam polisiye filmi andırıyor manzara...

Dakika geçmiyor, yeni bir söylenti, yeni bir istihbarat ortalığı allak bullak ediyor. Parlamento koridorlarında konuşulan tek konu haline geldi şehir çetesi. Yakalandılar. Hayır yakalanmadılar. Yakalanacaklar, hayır yakalanmayacaklar. Tutulmaları an meselesi. Kim söylemiş onu? Bu ve benzeri konuşmalar duyuluyor adım başı.

Deniz Gezmiş hakkındaki her haber, koridorlarda büyük heyecan uyandırıyor. Hele hayal merkezi geniş olan parlamenterlerin anlattıklarını hiç sormayın. Bayındırlık Bakanı Turgut Gülez'in yanlış istihbaratı hayli vakit kaybettirdi meraklı parlamenterlere. Gülez, koridorda çevresine toplananlara, "Şu anda Gezmiş ile polis Paris Caddesi'nde çatışıyorlar" deyince, çok sayıda parlamenter ve gazeteci otomobillere atladıkları gibi soluğu Paris Caddesi'nde aldılar. Bizim otomobilde CHP milletvekili Kamuran Evliyaoğlu da vardı. Gidip baktık Paris Caddesi'ne. İn cin top atıyor. Kimsecikler yok ortalıkta. Bir ara resmi üniformalı bir bekçiye rastladık. Köyünden gelen mektubu okuyordu kapıcılara.

İçişleri Bakanı Haldun Menteşoğlu, AP Meclis grubunda, "Gezmiş ve arkadaşlarının yakalanması an meselesi" demiş. Bunu duyanlar, çeşitli rivayetler atmışlar ortaya.

- Deniz Gezmiş yakalandı. Fakat Emniyet Müdürlüğü'ne götürülürken Küçükesat'ta kaçtı.

Meraklı parlamenterler, "Gidip bakalım" diyerek, doluşmuşlar otomobillere. Küçükesat'ta rastlamışlar bir Deniz'e ama, adam filan değil tabelaymış bu. Üzerinde Deniz Kıraathanesi yazıyormuş!

- Şimdi polisler Gezmiş'in üzerine çullanmışlar.

- Nerede?

- Ayrancı'da...

- Kim söyledi?

- Üzümünü ye, bağını sorma...

Otomobillere koşuşanlar, soluğu Ayrancı'da almışlar. Dön, dolaş, ara, sor kimsecikler yok çevrede...

Her istihbarata gidemedik tabii. Ama Ayrancı'dan dönen parlamenterlere sorduk.

- Yok be kardeşim, herkes bir şey atıyor. O kadar dolaştık, bir şey bulamadık.

- İyi bakamadınız herhalde?

- Bakmaz olur muyuz? Sadece Ayrancı kalsa iyi. Çankaya'dan Gaziosmanpaşa'ya yöneldik. Oradan da Küçükesat ve Kolej civarına indik. Hiçbir şey göremedik.

- Dalga geçtiler galiba sizinle?

- Hiç olur mu? Koskoca bakan söylüyor. Bakan söyleyince inanmaz mısın? O zaman Bakanların her söylediklerine inanmamak lâzım.

İşte iki gündür Meclis'in, parlamenterlerin hali özetle bu... Maaşları bile unuttular. Onu ikinci plana attılar. Durup, dinlenip Deniz Gezmiş'in akıbeti hakkındaki söylentileri yayıyorlar çevrelerine. Ama doğru, ama yanlış!

Bazıları işin gırgırında. Neler söylüyorlar bir duysanız? Yok Deniz Gezmiş Meclis'in içindeki kanallarda saklanıyormuş. Yok, polisler Deniz'i bulmak için Karadeniz'i, Akdeniz'i, Ege Denizi'ni aramalıymışlar. Buna mümasil espriler yapılıyor kulislerde..."

(Zafer, 11.3.1971)

EK - 22

Teoman Erel: "Deniz Gezmiş, Clay'e Üzüldü"

Deniz Gezmiş, eğer rivayetlere bakılırsa son günlerde en çok Clay'e üzülüyormuş. Bu kaçaklar ekibi, polis çemberlerini teker teker yarınca artık söylentilerin, yakıştırmaların, efsanelerin bini bir para oldu.

Bir tanesini, daha doğrusu Clay'le ilgili konuşmanın geçtiği söylentiyi nakledelim.

Deniz Gezmiş ve arkadaşları Amerikalıları serbest bırakıp kaçtıkları gecenin sabahı öğleye doğru bazı genç arkadaşlarını ziyaret etmişler. Üç kişilermiş: Deniz Gezmiş, Yusuf Aslan ve Sinan Cemgil.

Üzerlerinde gayet temiz takım elbiseler, temiz beyaz gömlekler ve güzel kravatlar varmış. Sinekkaydı traş olmuş durumdaymışlar.

Deniz Gezmiş gayet soğukkanlı, hattâ esprili bir hava içindeymiş. Sadece biraz avurtları çökük, zayıflamış bir hali varmış. Arkadaşları üzerinde büyük nüfuzu olduğu açıkça belli oluyormuş. Hattâ bir ara Yusuf Aslan bir söze başlayacak olmuş, Deniz'in şöyle bir bakışı ile susuvermiş...

Gezmiş, çevresindekilere "Kardeşler" diye hitap ediyormuş.

O sabahki gazeteleri okuma fırsatını bulmuş ki, Clay-Frazier maçının sonucunu biliyormuş. Bir ara elini dizine vurmuş.

"Yahu Clay yenilmiş" demiş. "Çok üzüldüm Clay'e. Ama mafyanın işidir bu yenilgi..."

Amerikalıların serbest bırakılmasını "tesadüf"le izah ediyormuş. Şöyle anlatmış:

"Polislerin gelmesi tesadüf. Bizim katta durmadılar. Ama kaçtıktan sonra öğrendik bize geldiklerini."

Deniz Gezmiş oturup ceketinin önü açıldığında pantolonunun kemerine sokulmuş vaziyette iki tane otomatik Map marka tabanca görünüyormuş.

Söz bir ara son şehir gerilla hareketlerinin tartışmasına gelmiş. Deniz'e arkadaşları bazı çevrelerde bu hareketlerin tasvip edilmediğini, halkın antipatisini artırdığı için bu hareketlerin tenkid edildiğini anlatmışlar. Şöyle cevap vermiş Gezmiş:

"Her yenilik bir takım insanlar üzerinde antipati yaratır..."

Gezmiş, bildirilerinde kabullendikleri suçları bu konuşmada da kabul ediyormuş. Banka soygunlarından Emek İş Bankası soygunu ile İstanbul'daki soygunu kendilerinin ya da kendilerine bağlı olanların düzenlediklerini söylüyormuş. Ve diyormuş ki:

"Türkiye'de üç kişiyle istenilen banka gayet rahat soyulur..."

Bilindiği gibi Gezmiş ve arkadaşlarının katıldıkları hareketin stratejisi "Şehirlerde gerilla yapıp para temin ettikten sonra dağlara çıkıp üsler kurmak, yeterince kuvvetlenince tekrar şehirlere dönüp sonuç almak" diye anlatıyor.

Gezmiş ve arkadaşları öğle yemeğini bu arkadaşlarının yanında yemişler. Gerilla usulünce... Güya Yusuf Aslan cebinden iki kutu konserve çıkarmış. Bir kutu yalancı dolma, öbürü barbunya fasülye... Bunlarla karınlarını doyurmuşlar!

Sonra söz yine Amerikalıların kaçırılması olayına gelmiş. Deniz, "öldürmeyi bir an bile düşünmedik" diyormuş.

Birisi sormuş: "Peki Amerikalıların şoförünü niye bağlamadınız? Gidip haber verdi sizi..."

Deniz, "Dert değil" demiş. "Gidebileceğimiz yerler her an hazır... Her an 3-4 tane kirada ev hazır. Şoför biz onu bıraktıktan sonra üsse en az 20 dakikada gidebilirdi. Biz ise 10 dakika sonra saklanacağımız yere varacaktık..."

Bu sohbet saatlerce, hava karardıktan sonra da devam etmiş. Deniz ve arkadaşları gayet soğukkanlı, vedalaşıp çekip gitmişler.

İşte size dört başı mamur bir rivayet... Şu hırsız-polis oyunu daha devam ederse, daha nelerle karşılaşacağız bilinmez..."

(Yeni İstanbul, 12 Mart 1971)

EK - 23

Gezmiş-Menteşoğlu

İçişleri Bakanı Haldun Menteşoğlu ile Deniz Gezmiş arasında geçen konuşma bir belge değerine sahip olduğu için yayınlıyorum.

Menteşoğlu: Neden yola çıktın bu genç yaşta?

Gezmiş: İnandığım dava uğruna mücadele veriyorum. Sizin yüzünüzden mücadele veriyorum.

Menteşoğlu: Nereye gidiyordunuz?

Gezmiş: Devrime.

Menteşoğlu: (Eliyle duvardaki haritada Sivas'ı işaret ederek) Devrim o tarafta mı?

Gezmiş: Devrimin o tarafı, bu tarafı yoktur, her taraftan gelir.

Menteşoğlu: Parayı ne yaptın?

Gezmiş: Türkiye Halk Kurtuluş Ordusu paranın gereğini yapacaktır.

Menteşoğlu: Halk Kurtuluş Ordusu nedir? Türkiye'de bir tek ordu vardır. O da Cumhuriyet ordusudur.

Gezmiş: Hükümetinizin istifasından belli.

Menteşoğlu: (Deniz'i gazetecilere göstererek) İşte bu pejmürde adam, Türkiye Halk Kurtuluş Ordusu'nun kahraman kumandanı imiş. İyi bakın. Kılığına, kıyafetine, suratına.

Gezmiş: Kahramanım, tabii.

Menteşoğlu: Kimin kahraman olduğu belli olmadı mı?

Gezmiş: Belli oldu. Kahraman olduğunuz için istifa ettiniz, değil mi? Sizler Demirel'in neferisiniz, ben Türkiye Halk Kurtuluş Ordusu'nun...

Menteşoğlu: Susturun şu ukâlayı. Konuşturmayın. Götürün, çok konuşup ukalâlık etmesin.

Deniz: (Emniyet Sarayı'nda kendisini merakla seyreden polislere) Bakın görün beni, daha evvel hiç görmemiş miydiniz? Ben, siz polislerden daha alacaklıyım, alacaklarım var sizden."

(Hürriyet, Milliyet, Akşam, 18.3.1971; Cumhuriyet, 19.3.1971; Devrim 23.1.1979)

EK - 24

İdam Cezası Kaldırılsın Kampanyası İçin Toplanan İmzalar:

PARLAMENTO

Fatma Hikmet İşmen, Fakih Özlen, Ekrem Acuner, Mucip Ataklı, Vehbi Ersü, Suphi Karaman, Kamil Velioğlu, Sami Küçük, Ahmet Yıldız, Muzaffer Yurdakuler, Mehmet Ali Aybar.

YARGI ORGANLARI - YARGITAY

Ali Rıza Sönmez, Rebia Karaoğlan.

DANIŞTAY

Nihat Asyalı, Nursal Aymakoğlu, Muzaffer Cebesoy, Nurşen Çatal, Yılmaz Çimen, Zuhal Çoker, Yurdagül Dinçsoy, Kamer Genç, Füsun Gökmen, Tezal Görün, Nesrin Kaya, Sumru Kunduloğlu, Figen Molu, Mustafa Saylı, Melahat Tan, Sami Tezveren, Sami Tuncu, Kudret Ulutürk, Tahsin Yağmurlu, Tansel Tuğcu, Ahmet Bilgin.

YARGIÇLAR

Hasan Basri Akgiray, Bahattin Balıoğlu, Mehmet Feyyat, Mustafa Kutluğ, Doğan Öz, Ömer Faruk Öz, Cevdet Tekbaş, Mahmut Teksöz, Namık Kemal Yalçınkaya, Orhan Güner, Uğur Uysal, Erhan Soral.

AVUKATLAR

Hayrettin Aracı, Ziya Acar, Abdullah Ardahan, Niyazi Ağırnaslı, Nihat Akalın, H. Akangir, Osman Akbay, Mutlu Akçay, Turhan Akçay, Yücel Akınan, Önumut Akıncı, Sadık Akıncılar, Metin Aktan, Dursun Alpar, Taner Alpat, Nermin Akman, A. Alıntay, Orhan Apaydın, Tuncay Arat, Turgan Arınır, Ayşe Arısan, Özdemir Arkan, Suna Güzin Arkanal, Orhan Arsal, Hasan Aslan, Tugal Ateş, Beyhan Aydemir, Osman Aydın, Halil Azeri, Nedret Baban, Sahir Bafra, Selahattin Bağdatlı, Remzi Bakırcı, Mustafa Balcı, Güven Başpınar, Namık Behramoğlu, Tomris Belgin, Hıdır Benzer, Tuncay Bilen, Meriç Biliner, Refet Bozer, Kamuran Bozkır, Sait Bozkurt, M. Kaya Canpolat, Ülkü Celayiroğlu, Enis Coşkun, Nedim Çağlar, Artun Çağlayan, Mehmet Çağlayan, Rauf Çapan, Yüksel Çekemoğlu, Muzaffer Çavdar, Halit Çelenk, Suat Çelik, Cahit Çelikel, Günfer Çelikman, M. Emin Değer, E. Demirel, Yılmaz Dereli, Macit Deni. Feyzi Dinçer, Abuzer Doğan, Ayten Domaniç, Mennan Duatepe, Hasan Duman, Hüseyin Ekmekçioğlu, Necdet Emek, Atilla Eray, Cevat Erçişli, Nazım Erdem, İsmet Erdeniş, Ömer Erdoğan, Mediha Eren, Zeki Oruç Erel, Aykut Ergil, Selmin Ergör, Ayla Erkan, Hüseyin Erkanlı, Cemil Erman, Mehmet Ersan, Şemsettin Ertalu, Coşkun Ertürk, Nur Erün, Teoman Evren, Cevdet Yücel Fenercioğlu, Turan Fırat, Orhan Firuz, Muzaffer Gencay, Merih Gelman, Atilla Göktürk, Erol Güllü, Muammer Güngör, Nevzat Helvacı, Dündar Hüdaverdi, Ali İlhan, Hayati İnan, Hamdi İskender, Süreyya Kahraman, Yusuf İzzet, Atilla Kan, Nur Kaner, Yusuf Karaduman, Çetin Karakuş, Perihan Karakuş, Nur Kartal, Şener Kartal, Ahmet Kaya, Galip Kaymak, Özcan Kırca, Osman Kiper, Kazım Kolcuoğlu, Ethem Korkmaz, Tanju Korkmaz, Remzi Korkut, İzzet Kök, Süleyman Köymen, Ayşe Nur, Alp Kuran, Ayşe Kutlu, Osman Kürkçüoğlu, Hıdır Lüle, Erdal Mersol, Şener Mete, Nuh Oker, Hasan Olman, Selçuk Minkari, Sera Oğuz, Nurettin Onur, Selim Onurkaş, Haluk Ömerbaş, Tümer Önen, Tahsin Örücüler, Ahmet Özalp, Can Özbakan, Erdal Özcan, Celal Özdemir, Suzan Özel, Asena Özgen, Ahmet Öztan, Tuncer Özkan, Yalçın Öztürk, Erten Şahin, Muammer Şahin, Hasan Ali Şahin, Ersen Şansal, Altay Şatıroğlu, Mehmet Sinan Şavata, Erdoğan Şengezer, Necdet Sağır, Timuçin Salihoğlu, Cenkhan Sandıkçıoğlu, Yücel Sayman, Alp Selek, Gürhan Serbes, Betül Serdar, Abdullah Sert, Muammer Sıral, Yüksel Silier, Mine Sirmen, Halide Sonar, Turan Tamar, Müşerref Tan, Mediha Tangiray, Mehmet Tangün, Mustafa Tarhan, Cevat Tekbaş, Hatice Teknel, Rekin Teksoy, Özden Timurkaynak, Özden Tomik, Aden Tolay, Erkin Topkaya, Ülkü Toprak, Orhan Tuncer, İbrahim Türk, Erol Ulutan, Özcan Uzunoğlu, Turgal Ünal, Altan Üner, Nizamettin Üstündağ, Selahattin Ünlü, Hidayet Ünal, Ergin Ünsal, Nebil Varuy, Adil Yalım, Ertuğrul Yalçın, Nuri Yazıcı, Çetin Yıldıranokur, Ergin Yıldıranokur, Osman Yıldırım, Mehmet Yılmaz, Şenol Yılmaz, Cemil Yorgancıoğlu, Ülkü Yöney, A. Çetin Yücel, Doğan Yücel, Hüsamettin Yücel, Kemal Yücel, Y. Yüksel, Orhan Barlas, Muvaffak Şeref, Şükran Artunkal, Abdullah Ebteroğlu, Fevzi Bilan, Fuat Kürkçü, Erdal Eralp, Mehmet Akdağ, Cemal Solmaz, Tamer Kurtoğlu, Süleyman Çiftçioğlu, Aydın Günel, Mehmet Ali Şengül, Saadet Genç, Mediha Zenginyücel, Gülsün Tör, Mehmet Ersil, Aktan Ünver. Bülent Türkmen, Yavuz Berke, Teoman Ev, Alaeddin Bağlı, Ayşe Arısoy, Abidin Özkan, Medet Serhat, Rasim Öz, Hüseyin Bekir, İffet Namlı, İrfan Bal, Cafer Kaya, Ergün Ağırkol, Erol Altıntaş, A. Emin Evseroğlu, Ünal Moğoltay, Suat Akyüz, Cahit Acar, Zerrin Ersoy, Sevgi Salkaya, Şükrü Salkaya, Suat Seğer, N. Çelik Güre, Cengiz Atalay, Gülgün Kızıltan, Ömer Taşdemir, İlhan Gürel, Leman Yetkin, Gönül Türkmen, Şükrü Bütün, Şefik Öz, Türkan Yurtsever, Gönül Ergin, Vehbi Aybakan, Kamil Ateşoğulları, Aysel Erol, M. İlhan Dinç, Zübeyda Banazlı, Necla Tataroğlu. Haluk Barutçuoğlu, İlhan Baykal, Semra Baykut, Remzi Çaybaş, Mükerrem Erdeğsin, A. Çetin Güner, Kaya Gençoğlu, Sıtkı Kocabeyler, Ertürk Sevencen, Ahmet Tahtakılıç, Yusuf Ziya Türker, Abdurrahman Vural.

SANATÇI VE YAZARLAR

Kuzgun Acar, Kerim Avşar, Esin Avşar, Adalet Ağaoğlu, Tektaş Ağaoğlu, Mehmet Akan, Ziya Akelli, Haluk Aker, Yaşar Akın, Fahir Aksoy, Feridun Akyürek, Ayla Algan, Beklan Algan, Ersin Alok, Göktal Alpman, Şamil Altan, Erol Alınteri, Güner Altıntaş, Yurdaer Altıntaş, Füsun Altıok, Metin Altınok, Ahmet Arif, Rüştü Asyalı, Tolga Aşkıner, Engin Ayça, Ufuk Aydın, Rutkay Aziz, Ergun Balcı, Nüzhet Balcıoğlu, Renin Batıgün, Süreyya Berfe, İlhan Berk, Egemen Berköz, Asım Bezirci, Adnan Binyazar, İsmail Biret, Salah Birsel, Uğur Bugay, Muzaffer Buyrukçu, Ceyhun Can, Eray Canberk, Edip Cansever, Engin Cezzar, Bedrettin Cömert, Müfide Çalık, Şadi Çalık, Yalçın Çetin, Emel Çeviren, Asuman Çiğiltepe, Filiz Çizgen, Gültekin Çizgen, Arif Damar, Nezih Danyal, Güven Demirer, Erol Demiröz, Metin Deniz, Mehmet Dinçel, Haldun Dormen, Refik Durbaş, Mert Egemen, Güner Ener, Leyla Erbil, Füsun Erbulak, Altan Erbulak, Aydoğan Ergezen, Genco Erkal, Ferit Erkman, Mengü Ertel, Mümtaz Ertürel, Memet Fuat, Erhan Gülegen, Zeki Gülsoy, Erdal Gülver, İzzet Günay, Faruk Güvenç, Hümeyra, Asiye İliçin, Aykut İlker, Metin İlkin, Ersin İmer, Özdemir İnce, Nasip İyem, Savaş Kalkan, Suna Kan, Dr. Ceyhun Atuf Kansu, Duran Karaca, Hikmet Karagöz, Yaşar Kemal, Mehmet Keskinoğlu, Ali Kocatepe, Şener Gökkaya, Cevdet Kudret, Şükran Kudgu, Şükran Kurdakul, Onat Kutlar, Mahmut Makal, Nezihe Meriç, Ferdi Merter, Fethi Naci, Aziz

Nesin, Tülin Oral, Gönül Örbey, Saadettin Öner, Mustafa Öneş, Vasıf Öngören, Erdal Öz, İsmet Özel, Kemal Özel, Ali Özgentürk, Güzin Özipek, Feray Özipek, Tezer Özlü, Ali Özoğuz, Kadir Pencaplıgil, Cavidan Polatkan, Ali Poyrazoğlu, Ali Püsküllüoğlu, Sevgi Sabuncu Soysal, Başar Saburcu, Ozan Sağdıç, Rahmi Saltık, Vedat Sargın, Turhan Selçuk, Deniz Şenatar, Nisa Serezli, Nevra Şirvan Serezli, Metin Serezli, Demiralp Serezli, Güner Sevinç, Mehmet Şeyka, Süleyman Siret, Defne Subaşı, Gülriz Sururi, Dinçer Sümer, Osman Şahin, Bilge Şan, Mehmet Şenel, Cevza Şipal, Cengiz Tacer, Ülkü Tamer, Haldun Taner, Oğuz Tansel, Ali Taygun, Orhan Taylan, Zeynep Tedü, Burhan Terzioğlu, Oğuz Tığlı, Kartal Tibet, Yalım Tolga, Kurtar Tolgay, Işık Toprak, Emel Tuğal, Necati Tosuner, Şaika Günsel Tuğrul, Nihal Türmen, Gülay Uğurata, Nurer Uğurlu, Ömer Uluç, Ulvi Uraz, Suzan Ustan, Meral Ülgen, Müzehher Va-Nu, Oktay Verel, Altan Yalçın, Tonguç Yaşar, Abdi Yazgan, Bekir Yıldız, Tekin Yücebalkan, Abdi Yücel, Erkan Yücel, Bora Adsay. Fazıl Hüsnü Dağlarca, İlhan Usmanbaş, İlhan Baran, Kamuran Gündemir, Selçuk Gündemir, Mehmet Salihoğlu, Ercüment Uçarı, Hüseyin Kılıç, Hürrem Arman, Rasih Nuri İleri, İlhan Özsoy, Ermukan Saydam, Cahit Koparal, Aykut Doğansay, Orhan Göktürk, Saim Perker, Sevil Perker, Çetin Yalçın, Mehmet Erten, Mehmet Kıyat, Özkan Dizmen, Mine Kocatürk, Metin Gerçeker, Ali Doğan, Metin Tekin, Oktay Sözbir, Müjdat Başaran, Ayberk Çölok, Elif Türkan Çölok, Mümtaz Sevinç, Zeki Şahin, Tomris Tacer, Sadık Kaplan, Gönül Orbey, Halil Ergün, Naci Başsorgun, Nevzat Şenol, Levent Kırca, Yavuz Kumçay, Adil Kut.

BASIN

Bedii Güray, Behzat Akgün, Esat Toprak, İlhami Soysal, Ahmet Kahraman, Doğan Avcıoğlu, Uluç Gürkan, Mehmet Yolyapar, Harun Bilgiç, Selçuk Altan, Ali Hikmet Korkmaz, Zekiye Türkmen, A. Kiraz, Osman Yılmaz, M. Ali Uysal, Galip Saydam, Haydar Sakalbir, Necati Erol, Abidin Topçu, Nurettin Yılmaztürk, Yaşar Demir, Kemal Cindiloğlu, Ahmet Çakır, Adem Öztürk, Köksal Köse, Ali Danışman, Ali Güntürkün, Yurdakul Erdoğdu, Nihat Afat, Kazım Uysal, A. Ali Öztürk, Yusuf Sönmez, İzzet Meriç, Sadık Demir, H. İbrahim Bahar, Saffet Erkan, Hüseyin Ulusoy, Mustafa Düzgünçıkar, Mustafa Bilgiç, Mehmet Çimen, Hüseyin Kelek, Müslim Tunaboylu, Mustafa Merçin, Mehmet Keçeliöz, Mustafa Serceroğlu, Hasan Kayalı, Halil Tekin, M. Ali Gültepe, N. Sedat Özlü, Mehmet Kalender, Yüksel Güntürkün, Hüseyin Bozdağ, Ülker Aykaç, Erol Özgen, Cemile Alpar, Ayşe Ersoy, Veli Çelik, Nabi Çil, Ahmet Özlü, Cemal Topal, Selahattin Koçak, Sabahattin Kayı, Ali Öztürk, Fevzi İlmin, Şükrü Ulusoy, Mithat Düğençeli, Arif Ünlü, Aslan Emektar, Hüseyin Temir, Faik Ünal, Şükrü Kapucu, M. Zeki Turgay, Hami Cebeci, M. Sabri Gür, Hayrullah Erçetin, Aziz Üstün, Süleyman Sarıkaya, Hasan Emir, Cevat Onat, Necati Cebe, Murat Evsahibioğlu, Feyzullah Ertuğrul. Yakup Kadri Karaosmanoğlu, Aydemir Akbaş, Tanju Akerson, Can Aksın, Çetin Altan, Hayati Asılyazıcı, Yaşar Aysev, Hüseyin Baş, Beyhan Cenkçi, Atilla Dorsay, Orhan Duru, Mustafa Ekmekçi, Aydın Engin, Özer Esmer, Soner Girgin, Duran Gökaltay, Yılmaz Gümüşbaş, Yüksel Hançerli, Oktay Kurtböke, Nadir Nadi, Fikret Otyam, Altan Öymen, Örsan Öymen, Çetin Özbayrak, Refik Öztürk, Muzaffer Satır, Bilgin Şentay, Cemalettin Ünlü, Ali Sirmen, Tanju Cılızoğlu.

ÖĞRETİM ÜYELERİ

Prof. Erdal İnönü, Prof. Nermin Abadan, Prof. Bedia Akarsu, Prof. Dr. Muammer Aksoy, Doç. Dr. Önder Ağbaba, Doç. Ayla Aktulga, Doç. Özdemir Altan, Asis. Dr. İhsan Açar, Asis. Dr. İrem Acaroğlu, Asis. Hüseyin Avşar, Prof. Tuğrul Akçura, Asis. Necla Akçura, Asis. Dr. Gülden Akduman, Dr. Burhan Akıncı, Asis. Dr. Nazmi Akpınar, Sevgi Aktüre, Asis. Dr. Samuel Akyol, Dr. M. Türker Alkan, Asis. Dr. Meral Alpay, Asis. Dr. Atilla Altıner, Asis. Fatma Arda, Asis. Çelik Arıova, Asis. Mehmet Asatekin, Asis. Dr. Cengiz Aslan, Oğuz Atay, Asis. Eser Ayanoğlu, Asis. Dr. Ferda Aytaç, Asis. Dr. Halil Azizerli, Prof. Dr. Demir Başar, Prof. Dr. Naci Bengisu, Prof. Dr. Kenan Bulutoğlu, Doç. Ünal Bengisu, Doç. Adnan Benk, Asis. Dr. Gülşen Babaoğlu, Yük. Müh. Affan Balaban, Asis. Dr. Cemal Bayülken, Dr. Murat Belge, Asis. Ülker Berke, İlhan Berktay, Asis. Nurten Bilbay, Dr. Korkut Boratav, Prof. Halet Çambel, Doç. Cevat Çapan, Halit Çakır, Asis. Dr. Semra Çalangu, Asis. Dr. Arif Çelebi, Uzman Dr. Erhan Cimsin, Asis. Dr. Sedat Çöloğlu, Asis. Prof. Erdal Demokan, Asis. Dr. Muzaffer Erdoğan, Asis. Dr. Cem Eroğul, Sadun Ersin, Asis. Pars Esin, Dr. Ömer Eskiyurt, Asis. Dr. Esat Eşkazan, Prof. Bedri Rahmi Eyüboğlu, Dr. Hamit Fişek, Doç.

Ali Germaner, İnst. Gürkan Gezim, Öksel Göçmen, Asis. Tamer Gök, Prof. Dr. Macit Gökberk, Asis. Raşit Gökçeli, Prof. Dr. Hüsnü Göksel, Gündüz Gölönü, Yard. Prof. Güney Gönenç, Asis. Ahmet Göcükoğlu, Prof. Dr. Neşet Günalp, Altay Gündüz, Asis. Erol Gürbüz, Asis. Dr. Ateş Gürler, Asis. Ersen Gürsel, Asis. Dr. Birkan Gürses, Asis. Metin Gürses, Asis. Dr. Gencay Gürsoy, Doç Dr. Aziz Gürzey, Asis. Rahmi Güven, Asis. Metin Haseki, Asis. Ümit Hassan, Asis. Cemil Fuat Hendek, Prof. Nusret Hızır, Doç. Dr. Mukim İdil, Asis. Dr. Özdemir İlter, Asis. Vacit İmamoğlu, Asis. Dr. Mustafa Kemal İncioğlu, Prof. Dr. Orhan İskeçeli, Yük. Müh. S. Kaçmaz, Yard. Prof. Dr. Çiğdem Kağıtçıbaşı, Asis. Sıtkı Karaca, Asis. Gülçin Kardar, Dr. Erhan Karaesmer, Yük. Müh. Fevzi Kartal, Asis. Dr. Abdülkadir Kaysı, Dr. Ali Kazancıgil, Prof. Dr. Ruşen Keleş, Mübeccel Kıray, Asis. Güven Kızıltan, Asis. Murat Kirezci, Abdi Yücel, Erkan Yücel, Mehmet Koca, Dr. Göksel Kolaycı, Asis. İbrahim Konuk, Asis. Dr. Ferruh Korkut, Prof. Dr. Özcan Köknel, Asis. Dr. Tanju Küçükçakırcılar, Asis. Prof. Hayri Körezlioğlu, Dr. Abidin Kumbasar, Bilsay Kuruç, Dr. Celalettin Kutcan, Doç. Dr. Oğuz Lav, Asis. Kutlu Merih, Asis. Dr. Güler Mocan, Prof. Cevat Geray, Prof. Berna Moran, Doç. Dr. Tatyana Moran, Asis. Uğur Mumcu, Dr. Asis. İstemi Nebil, Doç. Dr. Özdemir Nutku, Dr. Alim Şerif Onaran, Prof. Dr. İhsan Onat, Asis. Baskın Oran, Doç. Dr. Gündüz Ökçün, Asis. Öğet Öktem, Asis. A. Sedat Önder, Ayşe Önen, Asis. Özer Örüklü, Asis. Dr. Candan Övül, Prof. Dr. Coşkun Özdemir, İnst. Alpay Özduran, Sami Özerdin, Doç. Dr. Metin Özgür, Asis. Prof. Orhan Özgüner, İnst. Süha Özkan, Asis. İdil Özkol, Asis. Ferit Özsen, Doç. Dr. Ergun Özsunay, Cahit Öztelli, Asis. Kurban Özuğurlu, Asis. Kudret Radophan, Doç. Sümer Saldıray, Mehmet Salihoğlu, Yurdanur Salman, İnst. Türel Saranlı, Doç. Dr. Murat Sarıca, Asis. Dr. Yıldız Say, Asis. Dr. Süleyman Saygılı, Asis. Dr. Ertuğrul Sayın, Av. Dr. Yücel Sayman, Doç. Dr. Mehmet Selik, Meral Serdaroğlu, Dr. Rona Serozan, Dr. Nurettin Sözen, Asis. Dr. Önay Sözer, Asis. Dr. Gencay Şaylan, Asis. Dr. Alaettin Şenel, İnst. Tansu Şenyapılı, İnst. Bilgi Şenyapılı, Prof. Melih Tahsinoğlu, Doç. Dr. Server Tanilli, Dr. Bülent Tanör, Asis. Prof. İlhan Tekeli, Prof. Nazif Tepedelenlioğlu, Asis. Prof. Tosun Terzioğlu, Asis. Yahya Sezai Tezel, Doç. Dr. Taner Timur, Asis. Tuncer Tuğcu, Doç. Mete Tunçay, Asis. Prof. Esat Turak, Dr. Hikmet Sami Türk, Prof. Dr. İlhan Unat, Prof. Mina Urgan, Asis. Dr. Ali Uyar, Cengiz Yalçın, Asis. Dr. Kenan Yonarsoy, Asis Dr. Nural Yasin, Asis. Sevinç Yavuz, Prof. Dr. Fehmi Yavuz, İnst. Cengiz Yetken, Asis. Dr. Coşkun Yıldır, Asis. Nuri Yıldırım, Asis. Oya Yiğit, Asis. Dr. Yurdagül Yolaç, Asis. Dr. N. Yüceköy, Yard. Prof. Orhan Özgüner, Prof. Dr. Cahit Talas, Doç. Dr. Üren Arsan, Doç. Dr. Oğuz Onaran, Doç. Dr. Haluk Ülman, Doç. Dr. Yüksel Koç, Doç. Dr. Osman Nuri Koçtürk, Asis. Ömer Kürkçüoğlu, Asis. Dr. Kurthan Fişek, Doç. Dr. Alpaslan Işıklı, Asis. Ömer Madra, Asis. Aysel Aziz, Asis. Dr. Nuri Uman, Asis. Dr. Ahmet Danışman, Asis. Dr. Ünsal Oskay, Asis. Dr. İnam Turankam, Asis. Dr. Kutay Aktir, Asis. Dr. Reha Tolun, Asis. Dr. Ali Sönmezler, Asis. Dr. Çağlar Kırçak, Asis. Necla Akçora, İnst. H. Behnur, Yard. Prof. Ayşe Öncü, Dr. Üstün Ergüder, Dr. Mustafa Dilker, Dr. Ahmet Aker, Prof. Dr. Oktay Yenal, Şahap Yalın, Dr. M. Emin Bozhöyük, Burak Erman, Mehmet Tümer, Turgut Noyan, Özer Ertuna, Şinasi Ellialtıoğlu, Özer Kubaş, Doç. Dr. Oğuz Arı, İnst. Bilgi Denel, İnst. Aydan Bulca, Y. Prof. Metin Heper, Y. Prof. Rona Aybay, Y. Prof. Fikret Görün, Y. Prof. Metin Berk, Prof. Sadun Aren, Doç. Dr. Güler Gürsu, Asis. Metin Kazancı, Asis. Metin Tansuk, Asis. Erses Eray, Asis. Erhan Oyal, Asis. Merih Kutlar, Asis. Semay Büyükdavras, Asis. Doğan Canman, Asis. Risalettin Pekinel, Asis. Gülümser Kocabıyıkoğlu, Asis. Emine Örs, Asis. Birkan Uysal, Asis. Dr. Ömer Bozkur, Asis. Anıl Çeçen, Asis. Oya Çiftçi, Asis. Sami Güner, Asis. Dr. Mustafa Tosunoğlu, Asis. Vedat Erkin, Asis. Selçuk Yalçındağ, Asis. Rüçhan Bozer, Asis. Gürcan Karagöz, Asis. Erol Kocaoğlu, Asis. Cemil Arıkan, Asis. Sönmez Çetinkaya, Asis. Hayrettin Yücel, Asis. Lokman Metin, Asis. Türker Gürkan, Asis. Necmettin Kaynarca, Asis. Orhan Yılmaz Şilier, Asis. Nesrin Soydemir, Asis. Dr. Yalçın Küçük, Asis. Kemali Saybaşılı, Asis. Nur Keyder, Asis. Yakup Kepenek, Asis. Oya Köymen, Asis. Raşit Hoşgör, Asis. Dr. Erhan Köksal, Asis. Dr. Bozkurt Güvenç, Asis. Sevda Özgökmen, Asis. Taner Arnaz, Asis. Ali Rıza Balaman, Asis. Deniz Şahin, Asis. Perihan Uçman, Dr. Ali S. Gitmez, Asis. Gönül Erkan, Dr. Doğan Cüceloğlu, Asis. Elkin Besin, Asis. Dr. Erkan Öngel, Asis. Güven Etkin, Asis. Dr. Nezla Önem, Asis. M. Erdal Gökhan, Dr. Serin Timur, Dr. Ahmet Taner Kışlalı, Dr. Artun Ünsal, Asis. Ali Baykal, Asis. Halil Tekin, Asis. Cihat Toygar, Asis.

Dr. Metin Güner, Asis. S. Özek, Asis. G. Sarpel, Asis. Dr. Emine Yıkar, Asis. Dr. Ahmet Karainan, Asis. Filiz Kardam, Asis. Mahir Ulusoy, Dr. Birsen Gökçe, Doç. Dr. Sevda Şener, Asis. Hatice N. Tekbaş, Asis. Atilla Erçelebi, Asis. Aysel İbrahim, Asis. Selçuk Varol, Asis. Ali Uzun, Asis. Yurdahan Güler, Asis. Dr. Yücel Akıncı, Asis. Sevinç Sokullu, Dr. Esmeray Acartürk, Dr. Güneş Akgün, Prof. Dr. Muzaffer Aksoy, Dr. Ergin Atasü, İlhan Baran, Asis. Mehmet Erbil, Doç. Dr. Özdemir Erdem, Dr. Suat Erkan, Doç. Dr. Kıvanç Ertop, Kamuran Gündemir, Selçuk Gündemir, Osman Gürel, Asis. Leyla Karakaya, Asis. Dr. Cevat Kart, Dr. Mehmet Can Köksal, Müt. Asis. Dr. Abidin Kumbasar, Dr. Tülay Koray, Asis. Cemil Oğuz, Doç. Dr. Maide Oruç, Asis. İnci Ödün, Asis. Yılmaz Özbay, Prof. Dr. Necdet Özdemir, Asis. Dr. Yüksel Sarıkaya, İlhan Usmanbaş, Dr. Akın Uysal, Asis. İbrahim Yalçın, Dr. Ülgen Yararbaş, M. Ayhan Zeren

MİMAR VE MÜHENDİSLER

Alp Acar, Vedat Acar, Erol Açıkgöz, Mete Akalın, Haluk Aktan, İlhan Aktay, Erdal Aktulga, Özcan Altaban, Turgut Altan, Tarık Almaç, Atilla Alböce, Cemal Arkon, Atılay Arsan, Mustafa A. Aslaner, Alparslan Ataman, Seçkin Aybars, Osman Aybars, M. Recep Aydoğan, Solmaz Aykut, Gönül Bakır, Oktar Bartu, Öztürk Başarır, Afife Batur, İlhan Baysal, Attila Bayülken, Yavuz Bayülken, Oya Bekiroğlu, Cengiz Bektaş, Nalan Berkkan, Güven Bilsel, Erdal Bingöl, M. Kani Bingöl, Çelen Birkan, Güven Birkan, Hülagü Bulguç, Güntörkün Bükülmez, Müzeyyen Gülşen Can, Zühtü Can, Ömür Candaş, Tamer Catay, Demirtaş Ceyhun, Günöz Ceyhun, Hasan Çakır, Hikmet Çallı, Tansu Çamlıbel, Malik Çapar, Tuncay Çavdar, Besim Çeçener, Emre Çekiç, Metin Çelik, Sefa Çınar, Behmuz Çinici, Ahmet Çullu, Vedat Dalokay, Tülin Damar, Mahmut Dank, Kemal Baysal, Halit Değer, Arif Delikanlı, Celal Demirağ, Ünal Berman, Orhan Dinç, Niyazi Duranay, Özgür Ecevit, H. Basri Ekinci, Özhan Elgin, Erdoğan Elmas, Erdal Erbatur, Hüsnü Erbil, Ömüral Erdem, Emin Erdener, Suna Erdoğan, Yaşar Ergin, Saadettin Erişken, Hüseyin Erkan, Güldehan Eydemir, Türker Genç, Cemil Gerçek, Ayhan Gerçeker, Kaya Gerin, Güner Gezim, Metin Göktürk, Ersen Gömleksizoğlu, Bülent Gözen, Şakir Gülbaş, Ceval Gülsoy, Yalçın Günay, Turgay Günday, Erhal Güngören, Arif Güzelbeyoğlu, Baran İdil, Dinç İlkuş, İlkay İzer, Mehmet Kaçmaz, Faruk Karaaslan, Ünal Karacan, Latif

Karadağ, Yaşar Kanmaz, Macit Kasnak, Turan Kaynar, Süheyl Kırçak, Affan Kırımlı, Muhtar Kocataş, Vasıf Köksal, Erol Kösebalaban, Cevdet Köseman, Semra Kutluay, Attila Kuyulu, Cemşit Lodi, Nafiz Nadi, Aktan Okan, Oğuz Oktay, Serter Olgaç, Meral Omacan, Tan Oral, Yılmaz Orun, Adil Ovalı, Maruf Önal, Rezzan Şima Önen, Yavuz Önen, Şinasi Önengüt, Alp Öroğlu, T. Övünç, Güney Özcebe, Hüseyin Yusuf Özoğuz, Tuğrul Öztoygar, Enver Öztürk, İzzettin Silier, Ayten Sirel, Asım Sirel, Ahmet Sönmez, Kayhan Şahinbeyoğlu, Orhan Şahirler, Rahmi Şen, Adnan Şener, İlhan Şenova, Arif Şentek, Müjgan Şerefhanoğlu, Fevzi Şolt, Erman Tamur, Hüseyin Tanrıöver, Harun Tapkın, Çelik Tekin, Önder Temeltaş, Ali Topuz, Hikmet Tuğlu, Orhan Tuncaalp, Mustafa Tüfekçi, Beyhan Türel, Ali Türel, Feyzi Ulus, Somer Ural, Taner Uraz, Reyhan Usel, Selahattin Ustaer, Şevki Vanlı, Bülent Vargel, Oral Vural, Abdullah Yalım, Hikmet Yalvaç, Dumrul Yavaş, Muhterem Yavuz, Sinan Yelken, Hilmi Yüncü, Lütfi Zengineken, Mümtaz Zeytinoğlu, Süheyl Zor, A. Feridun Zorluoğlu, Akdoğan Mat, Günuğur Sanbekli, Richard Meyer, Mustafa Pepe, Hüseyin Özer, Çetin Özerciyaş, Ahmet Akçaoğlu, İlker Sevdik, Kaya Yazgan, M. Hanefi Çelik, Erdal Giresunlu, Sadık Arf, Teoman Alptürk, Faruk Aloğlu, Necmi Uyar, Veysel Silindir, Gürcan Aylanç, Oğuz Kırımkan, Yurdakul Ceyhan, Murat Gültekingil, İnci Ertaş, Perran Taner, Hayrettin Kocabaş, Emin Başaran, Ahmet İnam, Ahmet Toksoy, Hikmet Alptekin, Enver Palaşoğlu, Mustafa Mertoğlu, İnst. Yılmaz İnkaya, Mithat Bakır, Şazi Sirel, Reyhan Türer, Aykut Ülkütekin, Halit Uluç, Ali Balamir, Dr. Ali F. Kunt, Önder Tuncel, Murat Erdim, Ersin Arısoy, Gürkan Ertaş, Ahmet Berk Birsen, Leyla Akaydın, Çiğdem Berdi, Ayşe Sicinoğlu, Çınar Altay, Uğur Kangal, Erol Günöz, Solmaz Aykut, Fatih Ergökmen, Leyla Erşahin, Vildan Yazar, Mehmet Hamuroğlu, Ali Arısoy, Erdal Tandıroğlu, Selçuk Yener, İhsan Tutum, Numan Tuna, Ali Balamir, Tuncay Turuthan, Kılıç Uyanık, Cansen Sönmez, Rüştü Meriçelli, Umur Taluğ, Gürel Gürkan, Özer Sarımoğlu, Engin Yaman, Sibel Altınyuva, Ali E. Özveren, Mehmet Metin Demirel, Ahmet Çelebi, Mehmet Erdem, İlhami Başaçık, Ahmet Çetin, M. Ceyhan Yıldız, Oya Babüroğlu, Pars Akın, Gülümser Kocabıyıkoğlu, Erhan Kocabıyıkoğlu, Fahri Aydağ, Ayça Bilsel, Ertaç Tunalı, Cem Akdamar, Alpakın Engin, Abdullah Özkul, Muammer Özel, Cihat Uysal, Tarhan Koldaş,

Süleyman Seherler, Eser Özbay, Ömer Akın, Nazan Usel, Işık Kumbaroğlu, Mehmet Danışman, Ünsal Burdurlu, Fevzi Yalım, Ali İlgen, Cahit Tamkar.

DEĞİŞİK MESLEKLER

Nilgül Abisel, Abdullah Akcan, Nalan Akgün, Serpil Akıllıoğlu, Suzan Albek, Ülkü Alçora, Altan Alganer, İrina Alganer, Eser Altınay, Akın Alyanak, Ayşe Amay, Berke Akmay, Zafer Atay, Güsen, Berrin Aybar, Siret Aybar, Süleyman Ayberkin, Özdemir Ayer, Avni Aytaç, Enver Aytekin, Fethi Bağcı, Yusuf Ziya Bahadınlı, Mehmet Bahçeci, Hüsnü Baki, Leyla Baki, Renin Batıgün, Taner Baygün, Gürsel Bayiz, Erol Açıkgöz, Suna Akkan, Sevgi Aktüre, Nazire Alkım, Sevinç Alptekin, İzzet Ararat, Ayça Bilsel, Yüksel Candan, Bilgi Denel, Tülay Eratalay, İsmail Erdemir, Gökçen Biber, Hasan Bilecikli, Özcan Bilginer, Mustafa Borar, Ali Bozkurt, Mehmet Caferoğlu, Jale Candan, Sunuhi Cav, Nazife Cemgil, Mustafa Coşun, Cemil Çakır, Savaş Çavuşoğlu, Alev Çelensü, Tahsin Çelik, Safinaz Çelikkaya, Musa Çınar, Behiç Çongar, Hüseyin Demirkan, Hikmet Demirsoy, Osman Deniz, Faruk Dinçer, Şadan Doğan, Yalçın Doğan, Özdemir Duman, Turan Dursun, Mehmet Emiralioğlu, Ziya Ercan, Mustafa Eren, Erdem Ergil, A. Akın Erkan, Abdullah Eser, Nazife Fecan, Necati Feyzioğlu, Bahattin Fırtına, Sabahat Firuz, Gülşen Girginkoç, Yusuf Gökçe, Mustafa Enver Gökçe, Sadık Göksu, Aynur Gönüşen, Mesut Gönüşen, Salih Gülçat, Şensu Güleger, Fatma Günbulut, Zülfü Gündoğan, Çetin Gündüz, Kemal Güngörmüş, Nural Güran, Maria Gürmen, Bülent Habora, Nesrin Habora, Cemal Halanur, Muhlis Hasa, Ayşe Haznedar, Azra İnal, Fazıla Işık, Cazibe Işık, Yaşar Kanmaz, Sıtkı Kansu, Galip Kardam, Çetin Karakoç, Leman Karaosmanoğlu, Murat Katoğlu, Ali Rıza Kayaalp, Keskin Keser, Nur Kılıç, Halis Kılıçkaya, Salih Gömlekçioğlu, Yılmaz İnkaya, Alkaya İsmet, Tuğrul Kaçmaz, Fikret Kolverdi, Şener Kökkaya, Metin Küçükbumin, Ergun Melih, Meral Serdaroğlu, Ali Rıza Koçer, Mehmet Kopan, Mustafa Kısmet, Mehmet Koç, Serpil Koç, Nevzat Köksal, Osman Köksal, Cemal Lami, Fatma Layık, Binnaz Melih, Ferdi Mertel, Mehmet Naret, Ahmet Oktay, Haydar Orhan, Bedriye Önder, Mahmut Tali Öngören, Okan Öner, Gül Önet, İbrahim Öngüt, Fatma Özen, Fikri Özen, Vakıf Özkul, Varlık Özmenek, Salih Öztürk, Zeki Öztürk, Yaşar Öztürk, Ekan Palib, Mutlu Parkan,

Osman Sakalsız, Ersin Salman, Altıngül Sarıca, Emin Serindil, Ertürk Sevencan, Kazım Sevincan, Ali Sever, Dinçer Sezgin, Lale Sezer, Faik Seyhan, Orhan Soner, Yasemin Subaşı, Aynur Sungur, Mine Şengezer, Salim Şengil, Adnan Şener, Bülent Tanla, Tuban Taylan, Semra Teberk, Necdet Tekçe, Şakir Tekgündüz, Gülçin Telçi, Nil Tlabar, Ahmet Cihan Tolan, İlkser Tuncay, Mehmet Turp, Muzaffer Türkman, Müşerref Uçar, Nezih Ulagay, Mediha Ungan, M. Uysal, Ramazan Ünlü, Gülen Yavuz, Rıfat Yavuz, Simca Yavuz, Ramazan Yazar, Gülten Yazıcı, Sezai Yazıcı, Erdoğan Yazılıyurt, Gülseren Yenersoy, Nurettin Yıldıran, Haydar Yılmaz, Tunca Yönder, Macide Yüzakı, Halil Şedele, Gülşah Şengezer, Fikret Vural, Cengiz Yalçın, Dr. Metin Acar, Dr. Coşkun Akıcı, Dr. Nurettin Akışık, Dr. Marufe Alikanoğlu, Dr. Tahir Aktaş, Dr. Rıza Akyıldız, Kudret Asma, Necibe Asma, Türkay Asma, Mualla Boratav, Dr. Can Boratav, Dr. Yüksel Burkutoğlu, Dr. Turgay Çelen, Dr. Şakir Derkut, Dr. Yalçın Eğeci, Düriye Erzen, Dr. Ayşe Esatoğlu, Yervant Ersemerci, N. Eyyup, Beril Eyüpoğlu, Ayhan Gökalp, Rıfat Güney, Ali Şakir Gürey, Dr. Zühal Gürol, Dr. C. Hatipoğlu, Bekir Ilıcak, Mehmet Karaca, Şinasi Kaya, Dr. A. Rıza Kozan, Faika Kumbasar, Reşat Mater, Günnur Ormanlar, Ayşim Öktemgil, Dr. Oğuz Öktür, Dr. Ata Özdoğan, E. Özkan, Muhabbet Siper, Kemal Süler, Cavit Şarman, Seçkin Selvi, Süveyda Tansel, Binnaz Tekben, Şerif Tekben, Dr. Melih Tümer, Kemal Türkler, Arif Uğur, Dr. Mustafa Yenal, Ruhi Yümlü, Mehmet Zehir, Hasan Basri Akgiray, Suna Güzin Arkan, Özdemir Arkan, Haydar Akpınar, Mehmet Emin Altaç, Ferda Algan, Hüseyin Adıgüzel, Ümran Aydoğan, Ali Aydın, Cemal Aydınlar, İsmail Aynur, Muhittin Akdoğan, Mukaddes Atlı, Nermin Aksın, Cemil Alsun, Muharrem Akkurt, Zeki Akbal, Nuri Apan, Hanefi Akdeniz, Enver Atılgan, Bahri Akbulut, Selahattin Alioğlu, M. Emin Altaç, H. Sabahattin Bayrak, İnci Bayırlı, Atilla Balaban, Mustafa Bakır, Reşat Bahalıbaba, Halil Bekan, Ziya Bilgin, Namık Behramoğlu, Tomris Belgin, Sahir Bafra, Yılmaz Bayrak, İnci Barış, Rıza Bolat, İhsan Büyük, Güner Bayraktar, Serap Başaran, Ertürk Boyacı, Nergis Çavdar, Osman Çalışkan, Günseli Çiyavul, Hasan Çakıl, Muharrem Çıtak, Hasan Çelikel, Mustafa Kemal Can, Bekir Çelikdağ, Celal Cırık, Leyla Cırık, Osman Çakıllı, Hüseyin Çöpür, Hasan Basri Ceylan, Abbas Dumlu, Osman Deniz, Mehmet Demircan, İrfan Demirel, Mesude

Dinçsoy, Cemon Doğan, Cemal Durgun, Namık Düşko, Muzaffer Dizmen, Hasan Demirel, Halit Ercan, Haluk Eldem, Yılmaz Elmas, Mehmet Eken, Merdali Erdoğan, Sevim Eken, Sabahat Eröktem, Muhittin Eren, Semra Eldem, Havva Esen, Umal Ercan, Bahattin Fırtına, Rezzan Fırtına, Alaattin Gürsoy, Tankut Gürsoy, Müfit Güran, Müjdat Güran, Cemal Gahçe, Turgut Gököz, Bilgi Gürelgün, Necmettin Gürsoy, Celal Kıtay, Nihat Kocamaz, Hüsnü Küçükahmat, Asuman Kum, Celal Kirişçioğlu, Naide Kahraman, Müzeyyen Kürekçi, Mustafa Kırkhan, Ferdi Kayadelen, Fazlı Kotan, Cevat Kuruçan, Mikail Kaya, Cemil Küçükşahin, Tunca Kartal, Ö. Lütfü Karslı, Mustafa Kızılus, Gülten Kumral, Tayyar Kekeç, Osman Mamal, Kadir Markoç, İsmail Meral, Hüseyin Mor, Özhan Oğuz, Fevzi Gezgin, Ünvan Şensizgin, Cavit Lus, Nejat Kasabalı, Turgut Erdem, Lütfü İpekçioğlu, Asaf Tez, M. İsmet Aral, Hamdi Mehteroğlu, Dilek Miman, Ayten Türkmen, Nail Alpar, Birsen Karaman, Celal Yılmaz, Şevket Erberk, Yusuf Sınıklı, Ahmet Aykaç, Serap Ekin, Kazdar Coşkun, Şaip Dede, Yalçın Karatay, Hüseyin Ekşi, Atilla Tanılkan, İlhami Karagözoğlu, Gültekin Özbay, Cenap Ş. Gedikoğlu, Ayca Öner, Emel Kert, Hüseyin Akyazı, Seçkin Selvi, Taner Celensü, Metin Özden, Aydan Veziroğlu, Orhan Kozbay, Cahit Berk, Mümtaz Çiğ, Metin Ercan, Ali Duygu Güncü, H. Hüseyin Öğretmen, Erdoğan K. Deniz, Mustafa Aslan, Hüsnü Ergül Veli, Tonsel Tokcan, İlmur Sezgin, Aynur Tensu, Ülkü Güngör, Işın Durmaz, Uğur Çiftçi, Makbule Demircioğlu, Rıza Çalıkoğlu, Yurleşen Esteyiçi, S. Sedat Türkeri, Bilsel Savcı, Erkan Yıldırım, Sudi İlkorur, Murat Karakuşçu, Emine Hamarat, Emin Galip Sandalcı, Dr. Kamil İdil, İlhan Erdost, Özdemir Duru, Bekir Çifçi, Havva Bayındırlı, Ayşe Adile Eren, Metin Öztepe, Halil Tokdil, İsmail Sevinç, Necati Bayındırlı, Tülay Kaptan, İnci Ötügen, Refik Sevinç, Ayşin Öğnel, Metin Çetin, Bedrettin Uyar, Hüseyin Ünlü, Ahmet Subaşı, Muharrem Köse, İzzettin Mescigil, Ferit Doğaner, Yaşar Çoruh, Metin Kutay, Nadir Bingöl, Mahmut Emre, Bedia Tarhan, Önder Özkazanlı, Celal Karatekelioğlu, Ufuk Somer, Türkan Toprak, Vahip Borahan, Nejat Uçaner, Nesin Tünkaya, Neşe Çulhaoğlu, Ayfer Erbesler, M. Zeki Köseoğlu, Sezgin Tüzün, Mümtaz Paker, Türkiz Gökgöl, Gülgün Ether, Ayşe Nil Borakan, Ertan Coşar, Metin Çulhaoğlu, Füsun Süvari, Cumhur Uyar, Ömer Canberi, Mustafa Arlı, Cem Erdal Sertkaya, E. Tuğrul, Ercan Güldü,

S. Özyavuz, Ersoy Salman, Ercan Özer, Osman Aray, Sema Köksal, Ömer Zafer Göktürk, Meziyet Tahtakılıç, Erdoğan Şahin, Ş. Bahar, Tülin Üresoy, Necdet Sülsangı, Dilek Köprülü, Sevgi Kıral, Feride Otkun, Güney Celeb, Engin Güngör, Bedriye Bolazar, Filiz Koçoğlu, Halil Güldü, Afet Güldü, Fatma Fişenk, Beyhan Uçkan, Ömür Ünlü, Tolga Akgün, Cevza Yurtsever, Erol Turunç, Orhan Şahin, Nazım Kömürcü, Mehmet Tezel, Erdoğan Çelebi, İbrahim Fidan, Azime Banazlı, Halide Veziroğlu, Koray Düzgören, Ekrem Akaman, Alev Yamaş, M. Tevfik Akoğlu, Tülay Akoğlu, İçten Sar, Demet Ekin, Mevhide Aksoy, Latife Aksoy, Destegül Aksoy, Elmas Şahin, Selmin Başak, Çiçek Kaya, Türkan Tekin, Selvinaz Yılmaz, Selvi Kara, Ömer Yıl, Hüseyin Bağ, Kazım Kara, Kemal İnal, Mehmet Kılıç, Hüseyin Kaya, Yaşar Ateş, Hayriye Kubilay, Paşa Öztürk, Ahmet Kır, İsmail Gür, Rasim Uslu, İbrahim Türkbay, Hasan Özcan, Naci Ünlüer, Halil Kurun, Cemalettin Güney, Adnan Ayrıkaya, Mahmut Yuter, Kaya Gülbağ, Mehmet Yurtseven, Harun Fırat, Saim Yurtbaşı, Necmettin Yılmaz, Meliha Yüksel, Orhan Kırmacı, Orhan Yanıkoğlu, Sevim San, Şensu Yemişçi, Azmi Öztür, Havva Hassan, Zeynel Uysal, İsmail Eryüce, Hamdi Şahin, Hasan Tunç, A. Rıza Kapısız, Mustafa Çölçöl, Rıza Eroğlu, Bahtiyar Köseoğlu, İsmail Çakmak, Ahmet Atak, Nurettin Koç, Ahmet Uçar, Ahmet Katırcı, Hüseyin Mercan, Hasan Topaktaş, Mustafa Yılmaz, Refet Menekşe, Evlan Baydar, Zafer Batur, Kamil Karabulut, Zeki Aykut, Selami Saydam, Ümit Kapısı, Şuayıp Kızılırmak, Abdullah Ergün, Hasan Çimen, Mustafa Avşar, Satılmış Eşen, İsmet Akkuş, İrfan Kavaklı, M. Ali Yıldız, Asım Aslan, Alp Öktem, Hayati Sencer, Metin Aytek, Muzaffer Bülbül, Gülten Cılızoğlu, İsmet İlhan, Yılmaz Kara, Mustafa Altıok, Cemal Kubilay, Adil Gürbüz, Tokay Demirci, Rıza Acar, Koray Korkmaz, Zeki Gül, Kazım Yelgel, Dursun Eroğlu, Cebrayıl Koç, Kemalettin Ok, Kemal Demir, Durmuş Şahin, Ali Kaner, Sultan Kaya, Ali Tan, Kazım Doğan, Osman Tatar, Hasan Çelik, İbrahim Çelik, Hüseyin Temel, Hasan Aksoy, Hasan Türkman, Kazım Doğan, Kemal Kalyon, Bekir Çınar, Mehmet Şuşutgil, Mahmut Çınar, Ali Şantürk, Asım Doğan, Sabri Gürbüzer, A. Galip Asungur, Necat Köse, Levent Çölgezen, Halil Yüksel, Bayram Demirbilek, Hüseyin Polat, Hüseyin Topçu, Erdal Yalçınkaya, Necati Uysal, M. Marup, İsmet Aftekin, Mustafa Köse.

ÖĞRETMENLER

Taner Meraler, Yücel Alkan, Hülya Nurözler, Cahit Aral, İlhan Gencer, Erol Bostancı, Gökhan Özel, Raif Süleyman, Serol Ertem, Bennan Bernay, Emine Ülke, İhsan Tunç, Deniz Çakıcı, Bayram Yönetmen, Bedia Solmaz, Çetin Tor, Erdal Efe, Gülperin Öcal, İsmail Apel, Ünal Öztürk, Hulusi Ezgi, Yavuz Özoran, Suzan Ünal, Mustafa Dülger, Kudret Dürük, A. İsa Özcan, Aydın Budakoğlu, A. Cevat Türkan, A. Kadir Çınar, Turgut Türe, Hayri Özşen, Ömer Alsat, Cemil Cengiz, Ahmet Zafer Ergün, Ergun Gülşen, Müşerref Yener, Mehmet Erdoğan, Necati Ertürk, Yıldırım Çınar, Gürkan Dirik, Nazım Paksu, Müzeyyen Yedican, A. Ş. Şendoğdu, Eren Eriş, M. Turan Arıkan, Reyhan Türesay, M. Güner Şenyol, Cemal Kutluer, Günay Paker.

HEKİMLER

Dr. Ziya Oykut, Dr. Şitai Çığ, Dr. R. Reha, Dr. Orhan Avşar, Dr. Ertürk Ercan, Dr. Sulhi Kutucu, İlhan Centoğlu, Dr. Müstesna Tonguç, Dr. Emin Türkalp.

(Yankı Dergisi, Sayı: 44 ve 46, Ocak 1972)

EK - 25

Açlık Grevleri

Deniz karşılaştığı bazı olayları protesto etmek amacıyla açlık grevi yapar.

İlk açlık grevini 1969 Temmuz ayında Filistin'e giderken Suriye'de bir süre tutuklu kaldıkları cezaevinde yapar.

İkinci açlık grevini, dürbünlü tüfek olayı nedeni ile tutuklandığı 21 Aralık 1969 günü yapar.

Üçüncü açlık grevini 6 Nisan 1971 Salı günü, "hücreye konulduğu için" yapar. Açlık grevi üç gün sürdürülmüştür.

Dördüncü açlık grevini 12 Ağustos 1971 Perşembe günü, "1961 Anayasası'nın değiştirilmesini protesto etmek amacı ile" yapar.

Son kez ise 18 Nisan 1972 günü, "ölüm orucu"na başlar.

Ölüm orucuna gitme nedenleri özetle şunlardır:

1 - Yapılan zamlar,

2 - 1961 Anayasası'nın değiştirilmesi,

3 - Devrimcilerin katledilmesi,

4 - İşkenceler,

5 - Basına konulan sansür.

Ölüm Orucuna 29 Nisan 1972 Cumartesi günü son verir.

EK - 26

Deniz'in Gözaltına Alınma, Tutuklanma Tarihleri ve Yattığı Cezaevleri

1 - 31 Ağustos 1966 Çarşamba: Gözaltı. Aynı gün serbest.

2 - 19 Ocak 1967 Perşembe: Gözaltı. Aynı gün serbest.

3 - 22 Kasım 1967 Çarşamba: Gözaltı. Aynı gün serbest.

4 - 9 Mart 1968 Cumartesi: Tutuklanma. Sultanahmet Cezaevi. 2 Mayıs 1968 Perşembe günü serbest.

5 - 30 Temmuz 1968 Salı: Tutuklanma. Sultanahmet Cezaevi. 21 Eylül 1968 Cumartesi günü serbest.

6 - 1 Kasım 1968 Cuma: Gözaltı. Aynı gün serbest.

7 - 28 Kasım 1968 Perşembe: Tutuklanma. Sultanahmet Cezaevi. 17 Aralık 1968 günü serbest.

8 - 2 Ocak 1969 Perşembe: Tutuklanma. Sultanahmet Cezaevi. 26 Ocak 1969 Pazar günü Sağmalcılar Cezaevi'ne nakil. 22 Şubat Cumartesi günü serbest.

9 - 19 Mart 1969 Çarşamba: Tutuklanma. Sağmalcılar Cezaevi. 31 Mart 1969 Pazartesi günü serbest.

10 - 23 Eylül 1969 Cumartesi: Tutuklanma. Sağmalcılar Cezaevi. 25 Kasım 1969 Salı günü serbest.

11 - 20 Aralık 1969 Cumartesi: Tutuklanma. Sağmalcılar Cezaevi. Daha sonra Bursa Cezaevi'ne nakil. 18 Eylül 1970 Cuma günü serbest.

12 - 17 Mart 1971 Çarşamba: Tutuklanma. Ankara Merkez Cezaevi. 15 Nisan 1971 Perşembe günü Kayseri Cezaevi'ne nakledilir. 21 Mayıs 1971 Cuma günü Ankara'ya geri getirilir. Mamak 1 Nolu Askeri Cezaevi'ne konulur. Deniz ve arkadaşları, 26 Kasım 1971 günü cezaevi yönetimine karşı ayaklanır. Çıkan olaylarda cezaevi müdürü atılan tahta ve demir parçaları ile yaralanır.

EK - 27

Deniz Gezmiş'in Sağmalcılar Cezaevi'nden Doğu Perinçek'e gönderdiği mektup

"Doğu Arkadaş, 7. 2. 1969

Bildiğin gibi tahliye olamadım. Bu ayın 22'sine kaldı bizim tahliye işi. Yeni cezaevine taşındık. Sing Sing'den farkı yok burasının. Sana uzun süredir mektup yazamadığım için kusura bakma.

Öte yandan üniversitenin bizim için açmış olduğu tahkikatın sonucunu bekliyorum. Öyle zannederim ki 2 sömestr uzaklaştırma kararı verecekler. Benim öteki davaların durumu berbat. Ceza yeme ihtimalim kuvvetle muhtemel.

Bugünlerde tek üzüldüğüm konu 6. Filonun gelişinde dışarıda bulunamamak.

Yusuf Küpeli'nin başkan seçilmesi beni fazlasıyla sevindirdi. Fakat yine de bu oportünizmin tasfiyesi anlamına gelmez. Yalnız bu bizim için iyi bir fırsat olmalı. Benim burada kimseyle temasım olamıyor. Sen İstanbul'a gelip de bizim çocukların FKF'ye giriş işini bir düzene soksan çok iyi olur.

Cumhuriyet'te çıkan bir seri röportaj var. Bilmem okuyor musun. Bir işgal sonrası diye. Doğu Avrupa'yı anlatıyor. Anladığım kadarıyla revizyonizm bütün haşmetiyle gelmiş oturmuş. Doğu Avrupa'daki bu revizyonist gidişin kaynağını yani nedenini bir türlü bulamadım.

Şimdilik bu kadar. Bütün arkadaşlara selam.

Not: Adresim

E1 - 101 Sağmalcılar Cezaevi Deniz"

EK - 28

Deniz'in Mamak Askeri Cezaevinden babasına gönderdiği mektup:

15 Ekim 1971
Mamak-Ankara

Baba,

Sana sık sık yazacağına söz vermiştim. Sözümü tutuyorum. Aslında sen mektup yazmada ne kadar tembel olduğumu iyi bilirsin Ama bu da soya çekimle ilgili. Çünkü sende de var aynı tembellik.

Akşam radyoda avukatlarımızın hakkında dava açıldığını duydum ve güldüm. Baştakiler ne yapacaklarını şaşırdılar. Ellerinden gelse okuma yazma bilen herkesi tutuklalayacaklar.

Bildiğin gibi şimdi hücrede kalıyorum. Vaktimi bol bol kitap okumayla geçiriyorum. Okumaya doymak olmuyor. Ölene kadar doymıyacağız. İdamı fazla düşündüğüm yok. Daha evvelde söylediğim gibi dünyaya kazık çakmadım ya. Fazla yaşamak değil önemli olan, ağaçlar da yaşıyor. Ben şimdiye kadar yaptıklarımdan pişman değilim. Elimde olsa tekrarlardım onları.

Burdaki arkadaşlarımın hepsinin morali yerinde. Aslında hiçbir zaman moralimizi bozmadık ki.

Ben gelecekten her zaman umutluyum. Tarihin çarkları bizden yana dönüyor. Kaldıki biz halkın umuduyuz.

Şimdilik bu kadar.

Deniz Gezmiş"

EK - 29

Deniz'in Cezaevinden Mustafa Gürkan'a gönderdiği mektup:

"16 Mart 1972
Mamak- Ankara

Kardeşim Gürkan

Cevap yazmakta geciktim. Artık bir daha mektup yazmaya da vaktim olmıyacak. Belki bu mektup eline geçtiği zaman mezarı boylamış olacağım.

Geçmişi unutmuş değilim. Bütün eski dostlar aklımda. Gelecek konusunda umutluyum. Yarınların daha aydınlık olacağına inanıyorum.

Tüm arkadaşlara devrimci selamlar,

Deniz Gezmiş"

EK - 30

Deniz'in idam edilmeden önce ailesine yazdığı son mektup:

"6.5.1972
Baba,

Mektup elinize geçmiş olduğu zaman aranızdan ayrılmış bulunuyorum. Ben ne kadar üzülmeyin dersem yine de üzüleceğinizi biliyorum. Fakat bu durumu metanetle karşılamanızı istiyorum, insanlar doğar, büyür, yaşar, ölürler, önemli olan çok yaşamak değil, yaşadığı süre içinde fazla şeyler yapabilmektir. Bu nedenle ben erken gitmeyi normal karşılıyorum. Ve kaldı ki benden evvel giden arkadaşlarım hiçbir zaman ölüm karşısında tereddüt etmemişlerdir. Benim de düşmeyeceğimden şüphen olmasın, oğlun, ölüm karşısında aciz ve çaresiz kalmış değildir, o bu yola bilerek girdi ve sonunun bu olduğunu biliyordu. Seninle düşüncelerimiz ayrı ama beni anlayacağını tahmin ediyorum. Sadece senin değil, Türkiye'de yaşayan Kürt ve Türk halklarının da anlayacağına inanıyorum. Cenazem için avukatlarıma gerekli talimatı verdim. Ayrıca savcıya da bildireceğim. Ankara'da 1969'da ölen arkadaşım Taylan Özgür'ün yanına gömülmek istiyorum. Onun için cenazemi İstanbul'a götürmeye kalkma, annemi teselli etmek sana düşüyor, kitaplarımı küçük kardeşime bırakıyorum. kendisine özellikle tembih et. Onun bilimadamı olmasını istiyorum, bilimle uğraşsın ve unutmasın ki bilimle uğraşmak da biryerde insanlığa hizmettir, son anda yaptıklarımdan en ufak bir pişmanlık duymadığımı belirtir, seni, annemi, abimi ve kardeşimi devrimciliğimin olanca ateşi ile kucaklarım.

Oğlun Deniz Gezmiş"

(İdam Gecesi Anıları, Halit Çelenk, 6. Baskı, sayfa:81)

EK - 31

Hüseyin İnan'ın idam edilmeden önce ailesine yazdığı son mektup:

"Babama, Anneme, Kardeşlerime ve yakın arkadaşlarıma,

Söyleyecek fazla söz bulamıyorum. Bir insanın sonunda karşılaşacağı tabii sonuç bildiğiniz sebeplerden dolayı erken karşıma çıktı.

Üzüntü ve acınızı tahmin ediyorum. İleride durumu çok daha yakından anlayacağınız inancındayım. Metin olunuz. Üzüntü ve acılarınızı unutmaya çalışınız.

Bütün varlığımla hepinize kucak dolusu selamlar, sevgiler.

Yazılacak çok şey var, fakat hem mümkün değil, hem de sırası değil.

Candan selamlar.

Hüseyin İnan"

EK - 32

Yusuf Aslan'ın ailesine yazdığı mektup:

2.5.1972 Salı

"Sevgili babacığım...

Bu mektubu aldığın zaman ben ebediyen bu dünyadan göç etmiş olacağım. Ne kadar sarsılacağını tahmin ediyorum. Bir buçuk seneden beri, benim yüzümden nasıl üzüntü içinde olduğunuz malum. Bu son olayı da metanetle karşılamanızı sadece dileyebiliyorum.

Babacığım, bu olayda da annemin ve Yücel'in, senin tesellilerine ve desteklerine ihtiyaçları çok. Bunun için ne kadar metin olursan hem senin sağlığın için hem de onlar için o kadar iyi olur. Elbette ki, yıllarca emek verip yetiştirdiğin bir oğulun bir günde öldürülmesi, kolay göğüslenecek bir olay değildir. Fakat siz benim ne için, kimlere karşı mücadele verdiğimi biliyorsunuz. Ben bu açıdan rahat ve vicdan huzuru içinde gidiyorum. Sizlerin de bu bakımdan rahat ve huzur içinde olduğunuzu ve olacağınızı biliyorum.

Babacığım. Annemin ve Yücel'in, senin desteklerine muhtaç olduklarını yukarıda söylemiştim. Onları rahat ettirmek için bütün gücünü kullanacağından zaten eminim. Babacığım, burada şunu ilave edeyim ki, Yücel'in hastalığından kendimi sorumlu hissediyorum. Yücel için herşeyinizi ortaya koyacağınız konusunda da kuşkum yok. Ablamlar için söyleyeceğim: Fazla üzülmesinler, olayın sarsıntıları geçtikten sonra normal hayatlarını devam ettirsinler. Mehtap'a ne diyeyim. Benim için her zaman bol bol öpün.

Babacığım, cezaevinde kalan arkadaşları ara sıra yoklarsan, hallerini hatırlarını sorarsan çok memnun olurum. Her birisi oğlun sayılır. Dışarıda bizler için uğraşan dostlarımı ve dostlarını hiç bir zaman unutmayacağını biliyorum.

Mektubum burda biterken sizi, annemi, Yücel'i, ablamı, Aziz Abiyi, Mehtap'ı hasretle kucaklarım Babacığım. Sağlıcakla kalın.

Yusuf Aslan"

EK - 33

Görüşme Yaptığım Kişiler:

ADAKLI, Ergun: 11 Haziran 1998- İstanbul
AKBULUT, Saim: 17 Mart 1994- İzmir
AKSOY, Nurcihan: 29 Ağustos 1997- İstanbul
AKTOLGA, Münir Ramazan: 1 Aralık 1995-Almanya
AKALIN, Cüneyt: 1993- İstanbul
AKKAYA, Hüsnü: 18 Mart 1999- İstanbul
AL, Savaş: 29 Ekim 1994- İstanbul
ALPAY, Necmiye: 22 Nisan 1995- İstanbul
ALTINTAŞ, Aydınel: 28 Temmuz 1998- Ankara
ANADOL, Çağatay: 24 Şubat 1994- İstanbul
ANT, Atıl: 11 Ekim 1993- İstanbul
ARAS, İlhami: 14 Ekim 1993- İstanbul
AROLAT, Osman Saffet: 13 Ekim 1995-İstanbul
ARSLAN, Süleyman: 16 Mart 1999- İstanbul
ARTUN, Ali: 9 Mayıs 1997- Ankara
ATAHAN, Haşmet: 10 Şubat 1999- İstanbul
ATAOL, Hasan: 18 Mayıs 1993- İstanbul
ATAUZ, Mehmet Akın: 18 Mayıs 1998- İstanbul
ATEŞOĞLU, Şahin: 23 Kasım 1994- Gaziantep
BABUŞ, Fikret:12 Mayıs 1996- İstanbul.
BATU, Alpaslan: 29 Ağustos 1997- İstanbul
BAYKARA, Mustafa: 9 Ağustos 1993- İstanbul
BEHRAMOĞLU, Namık Kemal: 12 Aralık 1998- İstanbul
BELLİ, Mehmet Mihri: 22 Haziran 1994- İstanbul
BEŞLİOĞLU, Mehmet: 9 Aralık 1996- İstanbul
BEŞPINAR, Mehmet Mehdi: 25 Kasım 1993- İstanbul
BOYACI, Ahmet Fazıl: 25 Mart 1999- Ankara
BOZCALI, Hikmet: 29 Aralık 1997- İstanbul
BÖRÜBAN, Ahmet: 29 Temmuz 1998- Adana
BULUT, Arslan: 28 Mart 1998- İstanbul
CEVAHİR, Ali Kamer: 27 Nisan 1994- Ankara

CİNEMRE, Tayfur: 14 Mayıs 1997- İstanbul
COŞKUN, Bekir Sıtkı: 25 Mayıs 1994- İstanbul
ÇALIŞKAN, Habip: 28 Nisan 1994- Ankara
ÇALIŞLAR, Oral: 1993- İstanbul
ÇAYAN, Enver: 21 Temmuz 1993- İstanbul
ÇAYAN, Hüseyin Ergün: 1993- İstanbul
ÇELEN, Tuncay: 8 Mayıs 1997- Ankara
ÇELİMLİ, Halil: 8 Mayıs 1997- Ankara
ÇETİN, Namık: 28 Temmuz 1998- Ankara
ÇETİNBAŞ, Ertunç: 27 Kasım 1998- İstanbul
ÇETİNER, Zihni: 4 Temmuz 1994- İstanbul
ÇIĞ, Ali Aydın: 20 Mart 1997- İstanbul
ÇILADIR, Sina: Eylül 1994- Karadeniz Ereğlisi (Mektupla)
ÇINAR, Vahit: 25 Mart 1999- Ankara
ÇITAKOĞLU, Akın: 10 Mart 1999- İstanbul
ÇUBUKÇU, Aydın: 30 Temmuz 1998- Ankara
DEDE, Kamil: 30 Temmuz 1994- İstanbul
DİNLER, Ahmet Hamdi: 9 Ekim 1993- İstanbul
DİZMAN, Necdet: 19 Şubat 1999- İstanbul
DOĞU, Fahri: 9 Eylül 1998- İstanbul
ERDUMLU, Bingöl: 3.7.2002, İstanbul
EREL, Erhan: Ağustos 1993- İstanbul
EREN, Gökalp: 23 Temmuz 1993- İstanbul
ERGÜN, Halil: Haziran 1993- İstanbul
ERGÜN, Hüseyin: 7 Eylül 1998- İstanbul
ERSOY, Kaya: 21 Mart 1995- İstanbul
ERTEKİN, Mete: 12 Ağustos 1995- İstanbul
ERTUĞRUL, Kenan Rıfkı: 9-10 Kasım 1988- İstanbul
ERTÜRK, Berrin: 24 Haziran 1994- İstanbul
ERYILMAZ, Tuğrul: 1993- İstanbul
EŞREFOĞLU, Metin: 22 Aralık 1998- İstanbul
ETİMAN, Oktay: 28 Nisan 1994- Ankara
FİŞEK, Kurthan: 29 Mayıs 1998- Ankara
GÜLEÇ, Selahattin: 10 Nisan 1997, Ankara

GÜRKAN, Mustafa İlker: 4 Nisan 1993- İstanbul
GÜRSOY, İbrahim: 30 Nisan 1998- İstanbul
GÜVENÇ, Sefer: 26 Mayıs 1995- İstanbul
GÜVEZNE, Savaş: 18 Haziran 1998- İstanbul
HÜSREVOĞLU, İsmet: 29 Temmuz 1998- Adana
HÜSREVOĞLU, Necmiye: 29 Temmuz 1998- Adana
İBA, Şaban: 14 Temmuz 1993- İstanbul
İLERİ, Rasih Nuri: 15 Haziran 1994- İstanbul
İNAN, Hıdır: 2 Nisan 1998- İstanbul
İŞMEN, Fatma Hikmet: 17 Eylül 1996 İstanbul
KAÇAROĞLU, Mustafa Kemal: 1 Kasım 1994- İstanbul
KARA, Ali Bayram: 19 Şubat 1999- İstanbul
KARAGÖZOĞLU, Aydın: 2 Eylül 1997- İstanbul
KAYA, Celal: 5 Mayıs 1994- İstanbul
KAYNAK, Oktay: 8 Ocak 1997- İstanbul
KAYPAKKAYA, Ali: 14 Haziran 1997- Ankara
KILIÇ, Muharrem: 8 Temmuz 1993- Ankara
KINACILAR, Ahmet: 23 Kasım 1994- Gaziantep
KIYICI, Mustafa Lütfü: 1993- İstanbul
KOÇ, Ruhi: 7 Temmuz 1993- Ankara
KOĞACIOĞLU, Murat Cahit: 17 Mart 1994- İzmir
KORKMAZ, Esat: 28 Ekim 1994- İstanbul
KOZACIOĞLU, Sait: 11 Mayıs 1997- Ankara
KURŞUNCU, Feyyaz: 26 Nisan 1994- Ankara
KÜÇÜKAYDIN, Demir: 2 Aralık 1995-Almanya
KÜPELİ, Hasan Yusuf: 8.12. 1995-İsveç (Mektup ve telefonla)
KÜRKÇÜ, Ertuğrul: 22 Nisan 1993- İstanbul
LAÇİNER, Ömer: 8 Eylül 1993- İstanbul
MENEMENCİOĞLU, Haluk: 25 Ekim 1996- İstanbul
MERT, Özkan: 11 Kasım 1993- İstanbul
MÜSTECAPLI, Orhan: 15 Haziran 1994- İstanbul
NERGİS, Ahmet: 20 Haziran 1996- İstanbul
OFLUOĞLU, Rahmi Aydın: 8 Haziran 1994- İstanbul
OKUR, Selahattin: 15 Haziran 1995-İstanbul

ORÇUN, Alp: 18 Şubat 1994- İstanbul
ORHAN, Alaattin: 29 Temmuz 1994- İstanbul
ÖNAL, Akın Nejat: 18 Haziran 1997- İstanbul
ÖNAL, Nazif: 1 Mart 199-, İstanbul
ÖZCAN, Celal: 23 Kasım 1994- Gaziantep
ÖZDEŞ, Müfit: 11 Temmuz 1997- İstanbul
ÖZKAN, Hamza: 20 Şubat 1999- İstanbul
ÖZKAN, Suat: 23 Mayıs 1996- Ankara
ÖZEL, İsmet: 28 Haziran 1993- İstanbul
ÖZKAN, Suat: 23 Mayıs 1996- Ankara
ÖZKONUKSEVER, Edip: Ekim 1993- İstanbul
ÖZTÜRK, İsmet: 1993- İstanbul
ÖZTÜRK, Yalçın: 1994- İstanbul
ÖZÜGÜR, Ergin: 25 Mart 1999- Ankara
PAKOĞLU, Cemal Salman: 28 Nisan 1994- Ankara
PERİNÇEK, Doğu: 13 Kasım 1997- İstanbul
POLAT, Selçuk Şahin: 4 Temmuz 1994- İstanbul
SAKIN, Recep: 28 Temmuz 1998- Ankara
SAKIZLI, Enis Rıza: 18 Haziran 1998- İstanbul
SAMER, Şadi: 1993- İstanbul
SARGIN, Nihat: 8 Kasım 1998- İstanbul
SARISÖZEN, Veysi Kemal: 21 Temmuz 1992- İstanbul
SARP, Atilla: 15 Mart 1993- İstanbul
SAYILGAN, Aclan: 25 Nisan 1996-İzmir
SONAD, Arslan: 5 Temmuz 1993-Ankara
SUNGUR, Rüstem: 1993- İstanbul
SÜERKAN, Ömer Erim: 6 Aralık 1994- İstanbul
SÜMER, Tuncer: 27 Mayıs 1994- İstanbul
SÜNGER, Hüseyin: 22 Mart 1998- Ankara
ŞAHHÜSEYİNOĞLU, Hasan Nedim: 10.8.2000, İstanbul
ŞAHİN, Mustafa: 29 Nisan 1994- Ankara
ŞAHİN, Zülküf: 10 Ocak 2000, İzmir
ŞENTEK, Arif: 8 Nisan 1998- İzmir
TAT, Tülay: 10 Ağustos 1993- İstanbul

TEKEŞ, Zeki: 29 Aralık 1997- İstanbul
TEKİN, Saffet Rüştü: 1993- İstanbul
TELLİ, Ahmet: 10 Nisan 1997- Ankara
TEMİZ, Şadi: 28 Nisan 1994- Ankara
TOKCAN, Osman: 1993- İstanbul
TONAK, Hacı: 12 Mayıs 1996- İstanbul
TOY, Erol: Kasım 1994- İstanbul
TÖRE, Teslim: 15 Ağustos 2002, İstanbul
TÖREN, Nahit: 9 Mart 1998- İstanbul
ULUDERE, Fatih: 25 Temmuz 1998- İstanbul
YAĞCIOĞLU, Ahmet: 26 Nisan 1996- İzmir
YALÇINER, Mustafa: 9 Kasım 1997- İstanbul
YAŞARGÜN, Abdülkadir: 23 Kasım 1994- Gaziantep
YENER, Sevgi: 1 Aralık 1993- İstanbul
YAĞCIOĞLU, Ahmet: 26 Nisan 1996-İzmir
YAZICI, Necmettin:13 Mayıs 1999- İstanbul
YEŞİLYURT, İsmail: 5 Mayıs 1994- İstanbul
YILMAZ, Ziya: 28 Nisan 1994- Ankara
ZÜLKADİROĞLU, Mustafa: 8 Ağustos 1994- İstanbul

KAYNAKÇA

GAZETELER:

Akşam, Aydınlık, Babiâlide Sabah, Barış, Bugün, Cumhuriyet, Devrim, Dünya, Günaydın, Güneş, Haber, Hürriyet, Milliyet, Politika, Son Havadis, Söz, Star, Tercüman, Ulus, Vatan, Yeni Gazete, Yeni İstanbul, Yeni Ortam, Zafer.

HAFTALIK VE AYLIK DERGİLER:

Ant, Aydınlık Sosyalist Dergi, Akis, Çağdaş Yol, Cumhuriyet Dergi, Dönüşüm, Eylem, Erkekçe, Gençlik (TMGT'ın aylık yayın organı), Güneş P-Eki, Halkın Sesi, Hayat, İşçi-Köylü, İkibin'e Doğru, İleri (TDGF'nin aylık yayın organı), Kadınca, Mayıs, Nokta, Ortam, Özgürlük Dünyası, Saçak, Sosyal Adalet, Tempo, TİP Haberleri, Toplumsal Kurtuluş, Türkiye Solu, Türk Solu, Yankı, Yarın, Yeni Gündem, Yeni Ufuklar, Yeni Açılım, Yeni Çözüm, Yeni Öncü, Yön, Yürüyüş, Zemin.

KİTAPLAR:

ABADAN, Yavuz: *Mustafa Kemal ve Çetecilik,* Varlık Yay. 2. Baskı, İst. Ekim 1964

ADASAL, Rasim: *Yeryüzü Tanrıları, Liderler, Komutanlar ve Kahramanlar Psikolojisi,* Minnetoğlu Yay. İst. 1. Baskı, 1979.

AĞCA, M. Ali: *Ben Mesih,* Alfa Basım Dağıtım, İst. 1994.

AHMAD, Bedia Turgay ve Feroz: *Türkiye'de Çok Partili Politikanın Açıklamalı Kronolojisi,* Bilgi Yayınevi, Ank. 1976.

AKALIN, Cüneyt: *Düşler ve Gerçekler,* Sarmal Yay. İst. Kasım 1995.

AKAR, Atilla: *Eski Tüfek Sosyalistler,* İletişim Yay. İst. 1989.

AKDAĞ, Mustafa: *Türk Halkının Dirlik ve Düzenlik Kavgası,* Bilgi Yayınevi, Ank. 1975
AKDAĞ, Mustafa: *Türkiye'nin İktisadi ve İçtimai Tarihi,* Cilt: 1, Tekin Yayınevi, 3. Baskı, İst. Ekim 1979;
AKDAĞ, Mustafa: *Türkiye'nin İktisadi ve İçtimai Tarihi,* Cilt: 2, Cem Yayınevi, İst. 1974.
AKTAR, Yücel: *İkinci Meşrutiyet Dönemi Öğrenci Olayları,* İletişim Yay. İst. 1. Baskı, 1990.
AKTOLGA, M. Ramazan: *Devrim ve Diyalektik,* Ulusal Kültür Yay. İst. Mayıs 1991
AKYOL, Mete: *Hem Yaşadım Hem de Yazdım,* Yılmaz Yay. İst. 1993.
ALPAT, İnönü: *Randevuyu Dağa Verdik,* Aral Yay.Ank. Kasım 1995.
ALTAN, Çetin: *Suçlanan Yazılar,* Kitaş Yay. İst. 1970
ALTAN, Çetin: *Ben Milletvekili İken,* Bilgi Yayınevi, Ank. 2. Baskı, 1976.

ALTAYLI, Mürşid: *Türk Milliyetçi, Toplumcu Doktrininin Esasları,* DAS Dava Yay. İst. 1969.
AND, Metin: *İnsanüstülük Taslayanların İçyüzü,* Karacan Yay. 1981.
ARCAYÜREK, Cüneyt: *Darbeler ve Gizli Servisler,* Bilgi Yayınevi, 4. Baskı, Ank. Ağustos 1989;
ARCAYÜREK, Cüneyt: *Cüneyt Arcayürek Açıklıyor,* Cilt: 5, Bilgi Yayınevi, 2. Baskı, Ank. Ağustos 1985;
ARCAYÜREK, Cüneyt: *Çankaya'ya Giden Yol,* Bilgi Yayınevi, Ank. 2. Baskı, 1985.
AREN, Sadun: *TİP Olayı,* Cem Yay. İst. 1993; *Askerlik Bilimi,* İki Cilt, Güncel Yay. İst. 1978.
ATAY, Falih Rıfkı: *Başveren Bir İnkılapçı,* TMTF Yay. İst. 1951.
ATABEK, Erdal: *Gençlik Duvarları Yıkıyor,* Altın Kitaplar, İst. 1990; *Kırmızı Işıkta Yürümek,* Altın Kitaplar, Yedinci Baskı, İstanbul.
APAYDIN, Orhan: *Kim Öldürüyor - Niçin Öldürüyor?* Çağdaş Yay. 2. Baskı, İst. Mart 1979
ATEŞ, Toktamış: *Osmanlı Toplumunun Siyasi Yapısı,* Say Kitap - Pazarlama, İst. Mart 1992
AVCIOĞLU, Doğan: *Türkiye'nin Düzeni,* İki Cilt, Tekin Yayınevi, İst.

1984; *Devrim Üzerine,* Bilgi Yayınevi, Ank. 1971; *31 Martta Yabancı Parmağı,* Bilgi Yayınevi, Ank. 1969.

AYBAR, Mehmet Ali: *TİP Tarihi,* Üç Cilt, BDS Yay. İst. 1986.

AYDEMİR, Şevket Süreyya: *İnkılap ve Kadro,* Bilgi Yayınevi, 2. Baskı, İst. Ocak 1968; İ

AYDEMİR, Şevket Süreyya: htilalin Mantığı, Remzi Kitapevi, 4. Baskı, İst. 1990;

AYDEMİR, Şevket Süreyya: *Suyu Arayan Adam,* Remzi Kitabevi, İst. 1967; *Enver Paşa,* Üç Cilt, Remzi Kitabevi, İst. 1972; İ

AYDEMİR, Şevket Süreyya: kinci Adam (İsmet İnönü), Üç Cilt, Remzi Kitapevi, İst. 1983;

AYDEMİR, Şevket Süreyya: *Talat Aydemir'in Hatıraları,* Ak Yay. İst. Şubat 1968.

BARDAKÇI, İlhan: *İhtilal Tekniği ve Yığın Psikolojisi,* TÖYKO, Ank. 1968.

BAŞTUNÇ, Yüksel: *Şu 68 Kuşağı,* Yılmaz Yay. İst. 1992.

BAYKAM, Bedri: *68'li Yıllar/Eylemciler,* İmge Yay. Ank. Aralık 1998.

BEER, Max: *Sosyalizm ve Sosyal Mücadelelerin Tarihi,* May Yay. İst.

BEHRAM, Nihat: *Darağacında Üç Fidan,* May Yay. İst. 1. Baskı, 1976; *Sol Kendini Anlatıyor,* May Yay. İst. 1. Baskı, 1977.

BELEN, Fahri: *Türk Kurtuluş Savaşı,* Kültür ve Turizm Bakanlığı Yay. 1983.

BELGE, Murat: *Sosyalizm - Türkiye ve Gelecek,* Birikim Yay. İst. 1989.

BELLİ, Mihri: *İnsanları Tanıdım,* İki Cilt, Milliyet Yay. İst. Eylül 1990

BELLİ, Mihri:*Rigas'ın Dediği,* Dönem Yayınevi, Ank. 1988; *Milli Demokratik Devrim,* Aydınlık Yay. Ank. Nisan 1970.

BELLİ, Sevim: *Boşuna mı Çiğnedik?* Belge Yay. İst. Kasım 1994.

BENDİT, Daniel Cohn-DUSLOS, Jacgues: *Anarşizm,* Ant Yay. İst. Mart 1969; *1960'lardan 1980'e Türkiye Gerçeği,* Patika Yayıncılık, Ekim 1989, İstanbul

BİRAND, Mehmet Ali: *Em: t Komutanım,* Milliyet Yay. İst. 8. baskı, Kasım 1986

BİRAND, Mehmet Ali:*12 Eylül,* Karacan Yay. İst. 1984

BİRAND, Mehmet Ali-DÜNDAR, Can-ÇAPLI, Bülent: *12 Mart,* İmge Kitabevi, 2. Baskı, Ank. Eylül 1994.
BRAVO, Douglas: *Milli Kurtuluş Cephesi,* Ant Yay. İst. Nisan 1969
BOLŞAKOV, V: *Orta Katmanların Başkaldırısı,* Konuk Yay. İstanbul 1979.
BORAN, Behice: *Toplumsal Yapı Araştırmaları,* Sarmal Yayınevi, İst. Ekim 1992
BORAN, Behice: *Edebiyat Yazıları,* Sarmal Yayınevi, İst. Ekim 1992
BORAN, Behice: *Türkiye ve Sosyalizm Sorunları,* Sarmal Yayınevi, İst. Ekim 1992
BORAN, Behice: *İki Açıdan TİP Davası,* Bilim Yay. İst. Mart 1975
BÜRÜN, Vecdi: *Kansız İhtilal,* Ekicigil Yayınevi, 1960
CANETTİ, Elias: *Körleşme,* Payel Yay. İst. 2. Baskı, Ocak 1984.
CEM, Hasan: *Deniz Gezmiş Olayı,* Kardeş Matbaası, İst. 1971.
CİRAVOĞLU, Ömer Faruk: *Titrek Hamsi Örgütü,* Pencere Yay. İst. 1992
CLAUSEWİTZ, Carl Von: *Savaş Üzerine,* May Yay. İst. Mayıs 1975
CHİLDE, Gordon: *Tarihte Neler Oldu?* Alan Yayıncılık, İst. Beşinci Baskı, Şubat 1990.
CENKÇİ, Burhan: *Gene mi Demirel?* Sentez Reklamcılık, İst. Eylül 1991.
CEVİZOĞLU, Hulki: *Dünü ve Bugünü İle 68'liler,* Toplumsal Dönüşüm Yay. İst. Eylül 1997.
ÇALIŞLAR, Oral: *68 Başkaldırının Yedi Rengi,* Milliyet Yay. İst. 1. Baskı, 1988.
ÇAVDAR, Tevfik: *Özgürlük Kavgasında Yaşayan Geçmiş (1860-1918),* Ayça Yay. Ank. Mart 1982.
ÇELENK, Halit: *İdam Gecesi Anıları ve Kararlar,* Tekin Yay. İst. 12. Baskı, 1996.
ÇETİNER, Yılmaz: *El Fateh,* May Yay. İst. 1970
ÇETİNKAYA, Hikmet: *Sancılı Yıllar,* Tekin Yayınevi, İst. Mayıs 1986
DEĞER, Mehmet Emin: *CIA- Kontgerilla ve Türkiye,* Çağ Matbaası, Ank. Beşinci Baskı, Haziran 1979
DEĞER, Mehmet Emin: *Oltadaki Balık Türkiye,* Çınar Yay. İst. 3. Baskı, Nisan 1993.

DEBRAY, Regis: *Devrimde Devrim,* Toplum Yayınevi, Ank. Eylül 1967.

DEMİR, İsmet: *Anılar-Deneyler,* Odak Yay. İst. 1980.

DEMİRER, Aydın: *68 Fransa,* Metis Yay. İst. 1987

DİYARBEKİRLİ, Nejat-ASLANAPA, Oktay: *Türk Tarihi,* Yaygın Yüksek Öğretim Kurumu Yay. Ank. 1977

DİNLER, Ahmet Hamdi: *TİP Tarihinden Kesitler,* Gelenek Yayınevi, İst. Şubat 1990

DOĞAN, Sinan: *THKP-C Doğuşu ve İlk Eylemleri,* Kaynak Yay. İst. 2. Baskı, Temmuz 1987

DOSTOYEVSKİ, Fyodor: *Ecinniler,* İki Cilt, Sosyal Yayınlar, İst. Ekim 1982; *Suç ve Ceza,* İki Cilt, Ararat Yayınevi, İst. Kasım 1973

DURKHEİM, Emile: *İntihar,* İmge Kitabevi, Ank. Şubat 1992

DUVERGER, Maurice: *Sosyal Bilimlere Giriş,* Bilgi Yayınevi, Ank. 4. Baskı, Kasım 1990

DUVERGER, Maurice:*Siyasi Partiler,* Bilgi Yayınevi, Ank. 2. Baskı, Mayıs 1974

DÜZGÖREN, Koray: *THKP-C ve Kızıldere,* BDS Yay. İst. Nisan 1988

ELEVLİ, Avni: *Batırılamıyan Gemi Türkiye,* Balkanoğlu Matbaacılık, Ank. 1967; *27 Mayıs 1960 Devrimi,* Yeni Desen Matbaası, Ank. 1960

ELİÇİN, Emin Türk: *Kemalist Devrim İdeolojisi,* Ant Yay. İst. Mart 1970.

ER, Alev: *Bir Uzun Yürüyüştü 68,* Afa Yay. İst. 1. Baskı, 1988.

ERBULAK, Füsun: *Niçin Geç Kaldım?* Ararat Yayınevi, İst. 2. Baskı, 1975

ERBULAK, Füsun:*İntiharı Ertelemek,* Broy Yay. İst. Şubat 1994.

ERDAL, Hüseyin (Aydın Meriç): *TKP'de Tartışmalar 1981-1982,* İşçinin Sesi Yayınları

ERDAL, Hüseyin (Aydın Meriç):*Oportünizme Karşı Savaş ve TKP'nin Leninci Birliği İçin,* İşçinin Sesi Yayınları.

ERDEM, Selahattin (Derleyen): *Türkiye Devriminin Yolu ve* Görevleri, Zagros Yay. İst. Mart 1992.

ERDEMİR, Sabahat: *Milli Birliğe Doğru,* cilt:1, Türk Devrim Ocakları Yay. Ank. 1961.

ERKANLI, Orhan: *Anılar-Sorunlar-Sorumlular,* Baha Matbaası, İst. 1972
ERKEKOĞLU, Yılmaz: *Nurhak Ey Nurhak,* Tekin Yayınevi, İst. Kasım, 1988
ERKİNER, Engin: *Güzel Bir Ölüm,* E Yay. İst. Kasım 1992
ERİK, Şaban: *Zor Günler,* Yalçın Yay. İst. Şubat 1992
ERTÜRK, Hüsamettin: *İki Devrin Perde Arkası,* Pınar Yayınevi, 1964.
ERYILDIZ, Semih: *Kemalist Yeni Düzen,* ODTÜ Sosyal Demokrasi Derneği Yayını, ikinci baskı, Ank. Şubat 1970.
EYMÜR, Mehmet: *Bir MİT Mensubunun Anıları,* Milliyet Yay. İst. Ağustos 1991,
FEYİZOĞLU, Turhan: *Türkiye'de Devrimci Gençlik Hareketleri Tarihi,* Cilt: 1, 1960-1968, Belge Yay. İst. Ekim 1993
FEYİZOĞLU, Turhan:*Mahir,* Su Yay. İstanbul, 5.baskı, Temmuz 2000
FEYİZOĞLU, Turhan: İbo/ İbrahim Kaypakkaya, Ozan Yayıncılık, İstanbul, Nisan 2000

FEYİZOĞLU, Turhan: Sinan/ Nurhak Dağlarından Sonsuzluğa, Ozan Yayınları, İstanbul, Temmuz 2000
FEYİZOĞLU, Turhan: Fırtınalı Yıllarda Ülkücü Hareket, Ozan Yayıncılık, İstanbul, Kasım 2000
FEYİZOĞLU, Turhan: Fikir Kulüpleri Federasyonu/ Demokrasi Mücadelesinde Sosyalist Bir Öğrenci Hareketi, Ozan Yayıncılık Yayıncılık, İstanbul, Nisan 2002
FRASER, Ronald: *İsyancı Bir Öğrenci Kuşağı,* Belge Yay. İst. Kasım 1988
GARAUDY, Roger: *Sosyalizmin Büyük Dönemeci,* Milliyet Yay. İst. 2. Baskı, Temmuz 1970
GENÇ, Süleyman: *12 Mart'a Nasıl Gelindi?* İleri Yay. Ank. Kasım 1971.
GERGER, Haluk: *Barış İçin Yazdılar/Çizdiler,* Bilim ve Sanat Yay. Ank. 1985.
GEVGİLİ, Ali: *Türkiye'de 1971 Rejimi,* Milliyet Yay. İst. Nisan 1973.
GUEVERA, Ernesto Che: *Savaş Anıları,* Payel Yay. İst. 5. Baskı, 1979.

GÜLDEMİR, Ufuk: *Kanat Operasyonu,* Tekin Yayınevi, İst. Ekim 1985
GÖKSENİN/ Hava Harb Okulu Yıllığı, Ararat Yayınevi, İst. Temmuz 1968
GÜRKAN, Celil: *12 Mart'a Beş Kala,* Tekin Yayınevi, İst. Ocak 1986
GÜVENÇ, Bozkurt: *Türk Kimliği,* Kültür Bakanlığı Yay. Ank. 1993.
HAVATME, Nayif: *Filistin'de Halk Savaşı ve Ortadoğu,* Ant Yay. İst. Haziran 1970.
Haydarpaşa Lisesi 1963-1964 /Öğrenci Velilerine Bilgi.
HAWKİNG, Stephen W: *Zamanımızın Kısa Tarihi,* Milliyet Yay. İst. 1994
HUGO, Victor: *Sefiller,* Hayat Yay. İki Cilt, İst. 1971
ILICAK, Nazlı: *12 Mart Cuntaları,* Tercüman Yay. 1986
İdam Görüşmeleri-TBMM Tutanakları, BDS Yay. İst. İki Cilt, Mayıs 1988.
İBA, Şaban: *Ordu Devlet Siyaset,* Çiviyazıları Yay. İst. Temmuz 1998.
İLERİ, Rasih Nuri: *TİP'de Oportünist Merkeziyetçilik,* Yalçın Yay. İst. Ocak 1987
İLERİ, Rasih Nuri:*Mihri Belli Olayı,* Üç Cilt, Anadolu Yay. İst. Kasım 1976
İLERİ, Rasih Nuri:*Atatürk ve Komünizm,* Sarmal Yayınevi, İst. 2. Baskı, Aralık 1994.
İHMALYAN, Vartan: *Bir Yaşam Öyküsü,* Cem Yayınevi, İst. 1989.
İŞMEN, Fatma Hikmet: *Parlamento'da 9 Yıl,* Çark Matbaası, Ank. Mayıs 1976.
KAHRAMAN, Ahmet: *Yılmaz Güney Efsanesi,* V Yay. Ank. Mayıs 1991; *Darbecilerin İtirafları,* Boyut Yayınevi, İstanbul.
KARADENİZ, Harun: *Olaylı Yıllar ve Gençlik,* May Yay. İst. Yedinci Baskı, 1979
KARADENİZ, Harun:*Yaşamımdan Acı Dilimler,* May Yay. İst. 1979
KANBOLAT, Yahya: *Eski TİP Üzerine Anılar (Olduğu Gibi),* Bayır Yay. Ank. Nisan 1979
KETENCİ, Tayfur: *Türk Silahlı Kuvvetleri ve Aşırı Sol,* Altınok Matbaası, Ankara.

KEMAL, Mehmed: *Ara Rejim-Kara Rejim,* Çağdaş Yay. İst. Mart 1979; *Sürgün Alayı,* Soyut Yay. İst. Mayıs 1974.
Kemal Tahir'den Fatma İrfan'a Mektuplar, Sander Yay. İst. 1979.
KESKİN, Atilla: *Acılara Yenilmeyen Gülümseyişler,* Gendaş Yay. İst. Mayıs 1999.
KIŞLALI, Ahmet Taner: *Öğrenci Ayaklanmaları,* Bilgi Yayınevi, Ank. Nisan 1974
KIRÇAK, Çağlar: *Türkiye'de Gericilik,* Cilt: 2, İmge Kitabevi, Ank. 2. Baskı, Kasım 1993; *Meşrutiyetten Günümüze Gericilik,* Cilt: 1, İmge Kitabevi, Ank. 2. Baskı, Mart 1994
KIVILCIMLI, Hikmet: *Oportünizm Nedir? / Halk Savaşının Planları / Devrim Zortlaması / Demokratik Zortlama,* Derleniş Yay. Ank. 2. Baskı, Ocak 1978
KIVILCIMLI, Hikmet: *Sosyalist Gazetesi Yazıları,* Diyalektik Yay. İst. Ocak 1995
KIVILCIMLI, Hikmet:*Günlük Anılar,* Diyalektik Yay. İst. Mayıs 1994
KIVILCIMLI, Hikmet: *Anarşi Yok! Büyük Derleniş!* Derleniş Yay. İst. 4. Baskı, Mayıs 1993.
Kızıl Tugaylar/ Komünizm İçin Silahlı Mücadele, Yar Yay. İst. 1978
KORKMAZ, Esat: *68 Güncesi,* Arba Yay. İst. Eylül 1992.
KOÇAŞ, Sadi: *Bir Seçim Böyle Geçti,* Truva Yay. Ank. 1970
KOÇAŞ, Sadi: *Atatürk'ten 12 Mart'a,* Cilt: 4, May Yay. İst. 1977
KOÇAŞ, Sadi: *12 Mart Anıları,* May Yay. İst. 1978
KÖKNEL, Özcan: *Cumhuriyet Gençliği ve Sorunları,* Cem Yayınevi, İst. 1981.
KURAN, Ahmet Bedevi: *Osmanlı İmparatorluğu'nda İnkılap Hareketleri ve Milli Mücadele,* İstanbul 1959.
KÜÇÜK, Yalçın: *21 Yaşında Bir Çocuk: Fatih Sultan Mehmet,* Tekin Yayınevi, İst. 2. Baskı, 1990
KÜÇÜK, Yalçın:*Türkiye Üzerine Tezler,* Beş Cilt, Tekin Yayınevi, İstanbul
KÜÇÜK, Yalçın:*Aydın Üzerine Tezler,* Beş Cilt, Tekin Yayınevi, İstanbul
KÜÇÜK, Yalçın: *Bilim ve Edebiyat,* Tekin Yayınevi, İst. Ocak 1985
KÜÇÜK, Yalçın: *İtirafçıların İtirafları,* Tekin Yayınevi, İst. 1988

KÜÇÜKÖMER, İdris: *Düzenin Yabancılaşması,* Ant Yay. İst. Nisan 1969

KÜRKÇÜ, Ertuğrul/ DURAN, Ragıp: *Diriliş Tamamlandı/Sıra Kurtuluşta,* Güneş Ülkesi Yay. İst. Aralık 1995.

LANDAU, Jacob: *Türkiye'de Sağ ve Sol Akımlar,* Turhan Kitabevi, Ank. 2. Baskı, 1979

LONDON, Jack: *İntihar,* Deniz Yay. İstanbul

LÖKER, Erhan: *Talebe Topluluğu,* TMTF Yay. Ank. 1950

MADANOĞLU, Cemal: *Anılar,* Cilt: 1, Çağdaş Yay. İst. Kasım 1982

Madanoğlu Dosyası, Töre-Devlet Yay. Ank. 1973

MARİGHELLA, Carlos: *Şehir Gerillası,* Ant Yay. İst. Ekim 1970

MARCUSE, Herbert: *Tek Boyutlu İnsan,* May Yay. İst. 2. Baskı, Ağustos 1975; *Eros ve Uygarlık,* İdea Yay. İst. 1985

MANDEL, Ernest: *Hoş Cinayet,* Yazın Yayıncılık, İst. 1985

MARDİN, Şerif: *Türk Modernleşmesi,* İletişim Yay. İst. 2. Baskı, Eylül 1992

Marmara Brifingi-Devletin Gözüyle Sol ve Sağ Örgütler, Kaynak Yay. İst. Nisan 1995.

MERAM, Ali Kemal: *Türkçülük ve Türkçülük Mücadeleleri Tarihi,* Kültür Yay. İst. 1969.

MİNH, Ho Şi: *Milli Kurtuluş Savaşımız,* Toplum Yay. Ank. 1968.

MUMCU, Uğur: *Suçlular ve Güçlüler,* Tekin Yayınevi, İst. 2. Baskı, Haziran 1975

MUMCU, Uğur:*Sakıncalı Piyade,* Tekin Yay. İst. 17. Baskı, Aralık 1978

MUMCU, Uğur:*Çıkmaz Sokak,* Tekin Yayınevi, İst. 10. Baskı, Ekim 1984

MUMCU, Uğur: *Bir Uzun Yürüyüş,* Tekin Yayınevi, İst. On1. Baskı, 1994

MUMCU, Uğur:*40'ların Cadı Kazanı,* Tekin Yayınevi, İst. Onbirinci Baskı, 1994

MUMCU, Uğur: *Silah Kaçakçılığı ve Terör,* Tekin Yayınevi, İst. Onsekizinci Baskı, 1994

MUMCU, Uğur: *İnkılap Mektupları,* Tekin Yayınevi, İst. Şubat 1987

MUMCU, Ahmet: *Siyaseten Katl,* Birey ve Toplum Yayınevi, Ank. 2. Baskı, Ağustos 1985

NADİ, Nadir: *Sil Baştan,* Bilgi Yayınevi, Ank. 1. Baskı, 1975.

NİDA, Ömer: *Yarın Biz Konuşacağız,* Gerçek Sanat Yay. İst. Ağustos 1989.

NİYAZİ, Resneli: *Balkanlarda Bir Gerillacı,* Çağdaş Yay. İst. 1. Baskı, 1975.

NİZAMÜLMÜLK: *Siyasetname,* Dergah Yay. İst. 2. Baskı, Şubat 1987

12 Mart'a Nasıl Getirildik: Ufuk Ajansı Yay. Ank. 1971

ORKUNT, Sezai: *NATO ve Milli Güvenlik,* Sosyal Demokrat Yay. Ank. 1969; *Türkiye ABD İlişkileri,* Milliyet Yay. İst. Temmuz 1978

ÖZ, Erdal: *Gülünün Solduğu Akşam,* Can Yay. İst. 6. Baskı, 1986.

ÖZ, Erdal: *Kanayan,* Cem Yayınevi, İst. 1974.

ÖZAKMAN, Turgut: *Vahidettin/M. Kemal ve Milli Mücadele,* Bilgi Yay. Ank. ikinci baskı, Şubat 1998.

ÖZGEN, Mahmut İhsan: *TKP ve Organize Gençlik Hareketleri,* 14 Mayıs Vakfı Yay. İst. I. Baskı, 1982.

ÖZÜGÜL, Oğuz: *Dostoyevski'nin Mirası,* Pencere Yay. İst. Ekim 1994

ÖZTÜRK, O. Metin: *Ordu ve Politika,* Gündoğan Yay. Ank. Ekim 1993

ÖZDAĞ, Ümit: *Ordu-Siyaset İlişkisi,* Gündoğan Yay. Ank. Kasım 1991

ÖZEK, Çetin: *Faşizm ve Devrimci Halk Cephesi,* Ant Yay. İst. Aralık 1970

ÖZEK, Çetin: *100 Soruda Türkiye'de Gerici Akımlar,* Gerçek Yayınevi, İst. Kasım 1968

Proleter Devrimci Aydınlık Seçmeler, İki Cilt, Aydınlık Yay. İst. Haziran 1979

ROSENCOF, Mauricio: *Tupamarolar,* Pencere Yay. İst. Aralık 1990

RUSSEL, Bertrand - RUSSEL, D. Stetler Jr.: *Vietnam'da Savaş ve Zulüm,* Sol Yay. Ank. Ocak 1966.

SAFA, Peyami: *Türk İnkılabına Bakışlar,* İnkılap ve Aka Yayınevi, İst. ikinci baskı, 1958.

SAYILGAN, Aclan: *Türkiye'de Sol Hareketler,* Otağ Yay. Ank. 3. Baskı, 1976
SAYILGAN, Aclan: *Deprem,* Tur Yay. Ank. 1975
SAYILGAN, Aclan: *Tutuklama,* Ötüken yayınevi, İst. 1974
SAYILGAN, Aclan: *Kabahat Kimde?* Uygar Yay. Ank. Ekim 1989.
SEYHAN, Dündar: *Gölgedeki Adam,* İst. 1966
SELÇUK, İlhan: *Ziverbey Köşkü,* Çağdaş Yay. İst. Onikinci Baskı, Kasım 1989.
SÜKAN, Faruk: *Aşırı Sol Hareketler,* Ankara 1969.
ŞENER, Cemal: *Çerkes Etem Olayı,* Okan Yayıncılık, 2. Baskı, 1984.
ŞİŞMANOV, Dimitr: *Türkiye İşçi ve Sosyalist Hareketi,* Belge Yay. İst. Mart 1978
ŞERİF, Muzaffer: *Sosyal Kuralların Psikolojisi,* Alan Yayıncılık, İst. Mart 1985.
SARGIN, Nihat-KUTLU, Haydar: *Sorgu,* Amaç Yayıncılık, İst. Eylül 1988.
STODDARD, Philiph Hendrick: *Teşkilat-ı Mahsusa,* Arba Yay. İst. Kasım 1993
SOYSAL, Sevgi: *Yıldırım Bölge Kadınlar Koğuşu,* Bilgi Yayınevi, Ankara
SOYSAL, Mümtaz: *Anayasaya Giriş,* AÜSBF Yay. Ank. 2. Baskı, 1969.
TAÇALAN, Nurdoğan: *Ege'de Kurtuluş Savaşı Başlarken,* Milliyet Yay. İst. 2. Baskı, 1971.
TAHİR, Kemal: *Osmanlılık-Bizans,* Bağlam Yay. İst. Eylül 1992; *Sosyalizm, Toplum ve Gerçek,* Bağlam Yay. İst. Eylül 1992
TANERİ, Aydın: *Türk Devlet Geleneği,* MEB Yay. İst. 1993
TATLAV, Erdoğan: *Siyasal Tarihimize Genel Bakış ve Çıkarılması Gereken Temel Dersler,* İst. 1994.
TAYLAK, Muammer: *Türkiye'de Anarşi ve Bolşeviklik Belasının Sorumlusu: CHP,* Bedir Yayınevi, İst. 1975
TEBER, Serol: *Davranışlarımızın Kökeni,* Sorun Yay. İst. 2. Baskı, Ocak 1978.
TEMO, İbrahim: *İttihad ve Terakki Anıları,* Arba Yay. İst. 1987.

Terör ve Anarşi Üzerine Düşünceler, Kemalist Atılım Birliği Yay. İst. 1990
THOMAS, Louis Vincent: *Ölüm,* İletişim Yay. İst. Eylül 1991
TONAK, E. Ahmet-SCHİCK, İrvin Cemal: *Geçiş Sürecinde Türkiye,* Belge Yay. İst. 2. Baskı, Ekim 1992
TOKER, Metin: *Solda ve Sağda Vuruşanlar,* Akis Yay. Ank. Temmuz 1971
TOKER, Metin:*Demokrasimizin İsmet Paşalı Yılları,* Altı Cilt, Bilgi Yayınevi, Ank. Temmuz 1992
TOKATLI, Atilla: *Gizli Örgütler,* Gezegen Yay. İstanbul.
TOY, Erol: *Türk Gerilla Tarihi,* Giray Yay. İst. 1970
TROÇKİ, Leon: *Edebiyat ve Devrim,* Kabalcı Yay. İst. 2. Baskı, Eylül 1989
TROÇKİ, Leon: *Sürekli Devrim Çağı,* Habora Yay. İst. Aralık 1970
TROÇKİ, Leon:*Sürekli Devrim,* Köz Yay. İst. Kasım 1976
TUNÇKANAT, Haydar: *İkili Anlaşmaların İçyüzü,* Tekin Yayınevi, İst. 3. Baskı, Ağustos 1975

TURHAN, Talat: *Bomba Davası-1,* Kastaş Dağıtım, İst. Ocak 1986
TURHAR, Talat:*Bomba Davası-2,* Kastaş Dağıtım, İst. Temmuz 1986
TURHAN, Talat:*Özel Savaş, Terör ve Kontgerilla,* Tümzamanlar Yayıncılık, İst. Mart 1992
TURHAN, Talat: *Doruk Operasyonu,* Sorun Yay. İst. Ağustos 1989
TURHAN, Talat:*Kontgerilla Cumhuriyeti,* Tümzamanlar Yayıncılık, İst. Mart 1993
TUŞALP, Erbil: *Bin Belge,* Dost Kitabevi, Ank. Şubat 1987
TUŞALP, Erbil: *Ben Tarihim Bay Başkan,* Bilgi Yayınevi, Ank. 3. Baskı, Haziran 1990
Türkiye'de Anarşi ve Terörün Sebepleri ve Hedefleri, Hizmete Özel, 1985
Türkiye Gerçekleri ve Terörizm, Ajans Türk Matbaacılık, Ank. 1973
TMGT XVI. Dönem Çalışma Raporu, İstanbul 1970.
THKO Davası, Akyüz Yay. İst. 2. Baskı, Ağustos 1991.
Türkiye İhtilalci İşçi-Köylü Partisi Dosyası, Töre-Devlet Yayınevi, İst. 1973.

Türkiye Sorunları, Cilt:1, Alan Yayıncılık, İst. 2. Baskı, Mart, 1989
ULUÇ, Sıtkı: *Gizli Servis Öyküleri,* İmge Kitabevi, Ank. Ocak, 1994
ULUĞ, Naşit Hakkı: *Üç Büyük Devrim,* Ak Yay. İst. 1973
ULAM, Adam: *Bitmemiş Devrim,* Türk Siyasi İlimler Derneği Yay. Ank. 1965.
URAL, İbrahim: *Gençlik Pazarı,* Nisan 1976, Ankara; *Yıkılan Değerler,* Ank. 1987.
URAZ, Murat: *Türk Mitolojisi,* Düşünen Adam Yay. İst. 2. bas. 1994.
UYAN, Memduh Mahmut: *Gerilla Kartaldır,* Belge Yay. İst. 1. Baskı, Şubat 1993
Ülkemizi 12 Eylül'e Getiren Sebepler ve Türkiye Üzerindeki Oyunlar, Aydınlar Ocağı Yay. İst. 1984
WEBER, Gaby: *Gerilla Bilanço Çıkarıyor,* Belge Yay. İst. 1. Baskı, Ekim 1991
WELS, Calvin: *İnsan ve Dünyası,* Remzi Kitabevi, İst. 2. Baskı, 1984
YETKİN, Çetin: *Direnme ve Devrim,* Toplum Yayınevi, Ank. Nisan 1970; *Türkiye'de Soldaki Bölünmeler,* Toplum Yay. İst. Mayıs 1970
YILDIRIM, Ali: *FKF/ Dev-Genç,* İki Cilt, Yurt Kitap Yayın, Ank. Nisan 1990.
YILMAZ, Veli: *Emirle Gelen İdam Kararı,* Tümzamanlar Yayıncılık, İst. 3. Baskı, Nisan 1993.
YÜCEKÖK, Ahmet: *Türkiye'de Din ve Siyaset,* Gerçek Yayınevi, İst. Ekim 1971
ZWEİG, Stefan: *İnsanlık Tarihinde Yıldızın Parladığı Anlar,* İstanbul Yay. İst. Mart 1954

SÖZLÜKLER:

Türkiye'de Halk Ağzından Derleme Sözlüğü, Üç Cilt, Türk Dil Kurumu Yayını, Ank. 1968
Osmanlıca Türkçe Sözlük, Bilgi Yayınevi, Ank. Mayıs 1977
Öz Türkçe Sözlük, Ali PÜSKÜLLÜOĞLU, Bilgi Yayınevi, Ank. Altıncı Baskı, Şubat 1979

YILLIKLAR:
Milliyet 1970, Milliyet 1971

ANSİKLOPEDİLER:
Sosyalist Kültür Ansiklopedisi
Sosyalizm ve Toplumsal Mücadeleler Ansiklopedisi
Ana Britannica
Meydan Larousse
Türk Edebiyatı Ansiklopedisi (Atilla Özkırımlı)

YAZI DİZİLERİ - MAKALELER

ABADAN, Nermin: *Komandolar Türkiye'yi Nereye Sürüklüyorlar?* Cumhuriyet, 23 Ocak 1969.

ACAR, Özgen: *Bir İşgal Sonrası,* Cumhuriyet, 19 Ocak - 15 Şubat 1969.

ACUN, Niyazi: *Kıbrıs ve Türkler,* Adalet, 9.12.1970 (1), 10.3.1971(73).

AKBAL, Oktay: *Kim Soyuyor Bu Bankaları,* Cumhuriyet, 17 Şubat 1971; *Menderes'ten Gezmiş'e,* Cumhuriyet, 17.5.1987.

AKBAL, Oktay: *Efsaneye Değil-Bilime,* Milliyet, 6.6.1996.

AKDEMİR, İhsan: *Demirel'e Göre Profesyonel Teröristler İşbaşında,* Milliyet, 20 Ekim 1990.

AKGÜÇ, Öztin: *Duygusal Solculuk,* Cumhuriyet, 5 Mayıs 1995.

AKIN, Kenan: *İTÜ Raporu,* Tercüman, 18.7.1970 (1).

AKINCI, Uğur: *CIA Recruited Close Friend Of Deniz Gezmiş,* Daily News, 28.2.1997.

AKMAN, Nuriye: *Acısını Ağaçlarla Paylaşan Adam,* Sabah, 17 Ekim 1993.

AKSOY, Muammer: *Can-Mal-Irz,* Kim, 7-13.12.1966, Sayı: 437; *Toplumcuların Can Güvenliği,* Akşam, 4 Nisan 1967(1); *Tırmanan Faşizm ve Gerçekler,* Cumhuriyet, 24 Nisan 1976(1).

AKTOLGA, Muazzez: *Gençlik İçin,* 21.5.1966, Cumhuriyet; *Gençlik ve Kadın Kuruluşlarının Bildirisi, Akşam,* 25.6.1969.

AKTÜRK, Yıldırım: *Bugün Devlet Kadrolarında Yerleşmiş Maaş Alan Fakat Üretimi Olmayan 800 Bin Aylak Karga Var,* Sabah, 2.7.1999.

ALÖÇ Kazım: *Türkiye'de Komünizm ve Irkçılık,* Yeni Gazete, 12 Nisan 1967(1).

ALTAN, Çetin: *İleri Gelenlerle İleri Gidenler,* Sabah, 17 Mayıs 1992

ALTAN, Mehmet: *Bolivya Dağlarından Elysee Sarayı'na,* 28.3.1984, Cumhuriyet.

ALPAY, Şahin: *68'den 96'ya,* Milliyet, 5.3.1996; *71'den 96'ya 12 Mart,* Milliyet, 16.3.1996

AMAÇ Faik Muzaffer: *Türkiye'de Nasıl Komünist İcat Edilir,* Yön, 22 Nisan 1966, Sayı: 160; *Doktrinsiz Anayasa,* İmece, Temmuz 1967, Sayı: 75; *Onur Veren Suçluluklar,* İmece, Ağustos 1967, Sayı: 76; *Savunulması Yasak Sanıklar,* Cumhuriyet, 7 Şubat 1977.

ANDAY, Melih Cevdet: *Göç Bizim Ulusal Kimliğimizdir,* Cumhuriyet, 3 Aralık 1993; *Ben Dahi Değilim,* Cumhuriyet, 23 Ağustos 1994.

ARAL, Namık Zeki: *Siyaset ve Üniversite,* Ulus, 28 Haziran 1957; *İktidar ve Üniversite,* Ulus, 5 Şubat 1960.

ARAL, Oğuz: *Pankart Asan ve Silah Atan Gençlere Sorular,* Hürriyet, 15. 3. 1996.

ARAZ, Nezihe: *Genç Zorbalar,* Yeni Gazete, 31 Ocak 1970.

ARCAYÜREK, Cüneyt: *Türkeş Açık Konuştu,* Hürriyet, 10 Ocak 1969; *Sükan'ın Gizli Raporu,* Milliyet, 6 Kasım 1969; *El-Fetih Türkiye'de,* Hürriyet, 11/17 Mart 1970.

ARKIN, Nezahat: *Gençlik ve Üniversite Sorunu,* Cumhuriyet, 8.1.1966.

ARKIŞ, Mehmet: *Doksandan Vuranlar,* Cumhuriyet, 5.1.1976.

ARSEL, İlhan: *Üniversiteye Hücum,* Cumhuriyet, 3.1.1966; *İktidar Neden Anarşi İster,* Cumhuriyet, 26 Mart 1969.

ATABEK, Erdal: *Düşünce Eğitimi Olmayınca,* Cumhuriyet, 10 Nisan 1995.

ATSIZ, Yağmur: *MHP'nin Almanya Dosyası,* Cumhuriyet, 28 Mart 1976; *Batı Alman Tedhişçilerinin Öyküsü,* Cumhuriyet, 6 Ekim 1977.

AUDEN, W.H.: *Bir Deneme,* Metis Çeviri, 1989 Bahar, Sayı:7.

AVCIOĞLU, Doğan: *Panosmanizm-Panislamizm ve Pantürkzim,* Cumhuriyet, 31 Haziran 1976(1).

AYDEMİR, Şevket Süreyya: *Yeni Genç Türkler,* Vatan, 1 Ağustos 1962; *Nazım Hikmet Gerçeği,* Kim, 21.7.1967, Sayı: 468.

AYSEV, Yaşar: *Üniversiteli Köşesi,* Öncü, 5 Aralık 1960.
BAĞCI, Kemal: *Deniz Gezmiş'in Hayatı Film Oluyor,* 13.3.1996, Milliyet.
BALBAY, Mustafa: *Ulusal Amerikanlaşma,* Cumhuriyet, 22 Nisan 1995.
BARIŞ, Hasan Behzat: *Sing Sing Hapishanesi,* 18-25 Ağustos 1966, Cumhuriyet.
BARLAS, Mehmet: *Emperyalizm-Devrim ve Diğer Politik Sorunlar,* 13.1.1971, Cumhuriyet.
BATUR, Enis: *Ordu ve Kültür,* Milliyet, 26 Temmuz 1994.
BAYDAR, Ekrem: *Mustafa Kemal'in Gizli Teşkilatını Ben İdare Ediyordum,* Cumhuriyet, 6.10.1970 (1).
BAYKURT, Fakir: *Akçadağ'da Yanar Bir Işık (Şerif Tekben),* İmece, Nisan 1967, Sayı: 72.
BAYRAK, Galip Rıfkı: *Vedat'a-Şiir,* İmece, Eylül 1968, Sayı: 89.
BAYRAKTAR, Mehmet: *Yahudiler ve Vatandaşlık,* Adalet, 16.11.1970.
BEHRAM, Nihat: *Darağacında Üç Fidan,* Vatan, 29 Nisan-16 Mayıs 1976.
BELLİ, Mihri: *"Gülümseyen Savaşçı",* Kim, 27.10.1967, Sayı: 482; *Emekçi Sosyalist Parti Kurulabilir,* Milliyet, 8.8.1969; *Mihri Belli'nin Anıları,* Milliyet, 10-17 Ağustos 1987.
BERKES, Niyazi: *Politika ve Seks,* Cumhuriyet, 21 Ekim 1976.
BERKTAY, Erdoğan Başar: *Milli Kurtuluş Cephesi,* Vatan, 12. 12. 1962.
BİL, Hikmet: *Suçluların Telaşı,* Yeni Gazete, 27 Ocak 1971.
BİNGÖLLÜ, Kemal: *İfşa Ediyorum,* Yeni Gazete, 15 Ocak-4 Mart 1969.
BİRAND, Mehmet Ali: *Pekinci Örgüt: "Türk Çeteciler Bizde Eğitim Gördü",* Milliyet, 4 Haziran 1971; *Asın Üçünü-Beşini, Bakın Nasıl Siniyorlar,* Milliyet, 3 Kasım 1990.
BULUT, Arslan: *Gladio'nun Esrar Perdesi Açılıyor,* Yeni Günaydın, 3-10 Mart 1997
BULUT, Arslan: *Deniz Gezmiş'i de Gladio Kullandı,* Yeni Günaydın, 8 Mart 1997.
CANDANGİL, Ahmet: *Anarşistlerle Beraberdim,* Bugün, 25 Haziran-10 Temmuz 1969.

CANGIZBAY Kadir: *Gençlik ve Solun Parçalanışı,* Cumhuriyet, 28 Şubat 1978.
CEHŞAN, Mehmet Ali: *Filistin Demokratik Halk Kurtuluş Cephesi,* Türk Solu, 23.9.1969, Sayı: 97.
CEM, İsmail: *Gnl. Lammerding mi, Deniz Gezmiş mi?* Milliyet, 24 Ocak 1971.
CEMAL, Ahmet: *İki Kraliçenin Öyküsü,* Cumhuriyet, 24 Mart 1994.
CILIZOĞLU, Tanju: *Çorumlu İşçiler Yürüdü, Sendikacılar Nutuk Çekti,* Akşam, 2-6 Eylül 1966.
CÜREKLİBATUR, Fahrettin: *Hikaye,* A Dergisi, Sayı: 28.
ÇİÇEK, Hikmet: *Bilinmeyen Yönleriyle 9 Mart,* Siyah Beyaz, 18.3.1996.
COŞAR Ömer Sami: *Baz Morfin Kaçakçısı Senatör Kudret Bayhan Olayının İçyüzü,* Günaydın, 26 Ekim 1975(1)
ÇAĞATAY, Ergun: *Üniversiteler Var Fakat,* Cumhuriyet, 22.6.1969 (1), 5.7.1969 (14).
ÇALIŞKAN, Kerem: *68'li Gençlik Eylemcisi Mustafa Gürkan,* Cumhuriyet, 6 Ocak 1991.
ÇETİNER, Yılmaz: *Kaçak Silah Tüccarları,* Hürriyet, 26 Ocak 1975(1); *Almanlar Demokratik Davranmıyor,* 20.3.1996, Milliyet.
ÇETİNKAYA, Hikmet: *Belgelerle Komando Saldırısı,* Cumhuriyet, 8 Mart 1976(1).
DAVER, Bülent: *Gençlik ve Siyasi Protesto Hareketleri,* Milliyet, 23 Eylül 1964.
DEMİRCİOĞLU, Tünaydın: *Fakir Baykurt'un İçyüzü,* Samsun Hürsöz, 21.2.1970(1), 13.3.1970(18).
DEMİREL Süleyman: *Kardeş Kardeşe Düşman Olur,* Cumhuriyet, 26 Mart 1991; *Demokrasinin Gücünü Göstereceğiz,* Cumhuriyet, 9 Ocak 1992.
DORSAY, Atilla: *Devrimcilik Maskesi Altında Sinemada Oynanan Oyunlar,* Cumhuriyet, 5.7.1969 (1).
DURSUN, Turan: *Kalkınma Çabası ve Kuvay-ı Milliye,* Ulus, 2.1.1965.
DÜNDAR, Uğur: *Topal, Milli Gençlik,* Nisan 1964, sayı:7.
ECEVİT, Bülent: *Marksistler Yanılmışlardır,* Kim, 1-7 Şubat 1967, Sayı: 443.

ECEVİT, Nazlı: *Annesi Bülent Ecevit'i Anlatıyor,* Kim, 19.5.1967, Sayı: 459.

EGELİ, Ömer Zeki: *Eski Tüfekler* (1), Yeni Sayfa, 2 Haziran 1995.

EKMEKÇİ, Mustafa: *Deniz'in Anlattıkları,* Yeni Ortam, 10.6.1974; *12 Mart Deyince,* Cumhuriyet, 12 Mart 1987; *Hinthorozu'yla Kocaman Bir Çocuk,* Cumhuriyet, 2 Ekim 1988; *Hadim'de Cinayet,* Cumhuriyet, 18 Şubat 1990.

EREL, Teoman: *Fidye Ödendi mi?* Yeni İstanbul, 10 Mart 1971; *11 Yıldır Aynı Oyun Oynanıyor,* Yeni İstanbul, 20.3.1971 (1).

ERCİŞLİ, Cevat (TMGT MYK Üyesi): *Devrimci Milliyetçi Gençlik Kurultayı,* Cumhuriyet, 23.6.1969.

ERGİN Sedat: *Amerikan Gizli Belgeleriyle 12 Mart,* Hürriyet, 12 Mart 1991(1)

EROĞUL Cem: *Kanayan Yara ABD'nin Çıkarına,* Cumhuriyet, 24 Şubat 1995; *27 Mayıs Neydi Geride Ne Kaldı?* Cumhuriyet, 3 Haziran 1995.

ESEN, Can Kaya: *Aydemir İsyanının İçyüzü,* Son Havadis, 16 Eylül 1964(1)

EYGİ, Mehmet Şevki: *İslam Komandoları,* Bugün, 3 Ocak 1969; *Satılmışlara İki Lafımız Var,* Bugün, 19 Şubat 1969; *Cihada Hazır Olunuz,* Bugün, 16 Şubat 1969; *Gerilla Notları,* Bugün, 20 Temmuz 1969

FEYİZOĞLU, Turhan: Sendika Yetkilileri Sorunumuzla İlgilenmeli, Cumhuriyet, 28.1.1979

FEYİZOĞLU, Turhan: *1960-1970 Gençlik Liderleri Tartışıyor,* Yarın, Haziran 1985, sayı: 46, Temmuz 1985, sayı: 47

FEYİZOĞLU, Turhan:*Öğrenci Hareketi Tarihinden,* Özgür Üniversiteli, Mart 1993, sayı:1

FEYİZOĞLU, Turhan:*68 Hareketinin Sanat ve Toplumdaki Yeri,* Çağdaş Marmara, 23.3.1993

FEYİZOĞLU, Turhan: *Terörizm, Türkiye ve Siyasi Cinayetler,* Genç Sosyal Demokrat, Şubat 1993, sayı: 9

FEYİZOĞLU, Turhan: *14 Şubat Sevgililer Günü,* Genç Sosyal Demokrat, Mart 1993, sayı: 9

FEYİZOĞLU, Turhan: *Deniz-Mahir-İbrahim,* Yazın, Haziran 1995, sayı:66

FEYİZOĞLU, Turhan: *12 Eylül Kitapları,* Yazın, Eylül 1995, sayı:67
FEYİZOĞLU, Turhan: *Hikayeci Yılmaz Güney,* Yazın, Eylül 1996, sayı: 72
FEYİZOĞLU, Turhan: *İlk Öğrenci Cemiyetinden Günümüze Bazı Hatırlatmalar,* M.K. Dergisi, Eylül 1997, sayı: 11
FEYİZOĞLU, Turhan: *Çekiç Güç ve Türk-ABD İlişkilerine Bir Bakış,* 68'liler Birliği Vakfı Bülteni, Temmuz 1996, sayı: 14
FEYİZOĞLU, Turhan: *1961-71 Döneminde ABD, NATO ve 6. Filoya Karşı Yapılan Eylemler Dizini,* 68'liler Birliği Vakfı Bülteni, Temmuz 1996, sayı: 14
FEYİZOĞLU, Turhan: *Yayıncılıkta Korsanlık Yapanlar,* TÜRDAV Kitap Kataloğu, Ağustos 1996, sayı: 84
FEYİZOĞLU, Turhan: *Biyografik Bir Kitap Üzerine Bazı Notlar,* Yazın, Haziran 1995, sayı: 66
FEYİZOĞLU, Turhan: *Üç Gencin Ortak Yaşam Çizgisi,* Sanat ve Edebiyat Dergisi Tohum, Mayıs 1997, Sayı: 16.
FİŞEK, Gürhan: *Gençlik Hareketleri Saptırılmak İsteniyor, (SGÖ),* Yeni Gün, 14 Aralık 1970.
FUAT, Memet: *Terörizm,* Adam Sanat, Aralık 1993, Sayı: 97.
FUAT, Reşat: *Güçbirliği Bozguncuları İhanete Gidiyor,* Türk Solu, 7. 5. 1968, Sayı: 25.
GELGEÇ, Abdullah: *Komando Terörü Altındaki Bir Kent-Erzurum,* Cumhuriyet, 21 Haziran 1977(1).
GERAY Haluk: *Yeni Dünya Düzeni Senaryoları ve Türkiye,* Cumhuriyet, 19 Şubat 1995(1).
GEZMİŞ, Cemil: *Hain Kim?* Cumhuriyet, 28 Ocak 1976.
GİRİTLİ, İsmet: *Politika ve Gençlik,* Milliyet, 18 Nisan 1965.
GÖKSEL, Erhan: *Basın Olmazsa Sokağa Çıkamayız,* Kanal 6-Strateji Programı, 8.7.1999.
GÖKTÜRK, Gülay: *Üniversite İşgali,* Yeni Yüzyıl, 2.3.1996.
GÖNENÇ, Erol: *Taçsız Kral Fahrettin Aslan,* Akşam, 26.9.1970.
GÖZE, Ergun: *Mehmet Sevinç Büyük,* Tercüman, 6.4.1970.
GUEVERA, Ernesto Che: *Guevera'nın Günlüğü,* Yeni Gazete, 7 Temmuz-7 Ağustos 1968.
GÜLERSOY, Çelik: *İttihatçılarla Kemalistler,* Cumhuriyet, 7 Haziran 1995.

GÜLGEÇ, İsmail: *Kurtbay* (Çizgi-roman), Ekspres, 21.10.1971.

GÜMÜŞBAŞ, Yılmaz: *Polisin Aradığı El-Fetih'li Beş Gençle Konuştuk,* Cumhuriyet, 6-8 Nisan 1970.

GÜNÇİNER, Ertan: *Bir Dönemin Eylemcileri Anlatıyor,* Siyah Beyaz, 17.3.1996 (9)

GÜRESİN, Ecvet: *Zor Zoru Getirecektir,* Cumhuriyet, 17 Şubat 1969.

GÜRKAN, Mustafa: *Devrimci Görev,* Türk Solu, 5.3.1968, sayı:16.

GÜRKAN, Turhan: *Kemal Tahir'le Konuşma,* Cumhuriyet, 19.6.1969.

GÜRLER Faruk: *12 Mart Olayı (Bir Cumhurbaşkanı Seçimi),* Hürriyet, 25 Ocak 1975(1)

GÜVENTÜRK, Faruk: *Üniformalı Politika,* Yeni Gazete, 1 Mart 1970(1).

IŞIK, Gül: *"Che" Guevera Sırrı Çözüldü,* Cumhuriyet, 9-13 Aralık 1967.

İLHAN, Attila: *Geniş Açıdan Bakılırsa,* Dünya, 26 Ağustos 1977; *Bissel Raporu,* Dünya, 27 Ağustos 1977.

İLKNUR Miyase: *Bir Askeri Darbenin 20. Yılı,* Günaydın, 11 Mart 1991(1)

İNAN, Şefik: *Kıbrıs ve Gerçekler, Milliyet,* 30.9.1964.

İPEK, Atilla: *Niçin Boykot?* Forum, 28.4.1970, sayı:379 (6).

İPEKÇİ, Abdi: *Bu Tür Maceralardan Vazgeçmek Gerek,* Milliyet, 2 Ocak 1969; *Cesaret Bulan Caniler,* Milliyet, 15 Aralık 1969; *Gerillacılığın Alması Gereken Ders,* Milliyet, 3 Mayıs 1971; *Anlayın Artık,* Milliyet, 24 Mayıs 1971.

İSTEPENYAN, Torkom: *Ermeni Kurtuluş Ordusu,* Cumhuriyet, 19 Kasım 1978.

İŞLEYEN, Ercüment: *Deniz Gezmiş'in İdamı Adli Hata,* Milliyet, 30-31 Ekim 1990.

KABAKLI, Ahmet: *Gün Işığında,* Tercüman, 19.4.1971.

KAHRAMAN, Ahmet: *Asanlar ve Asılanlar,* Politika, 6-23 Mayıs 1976.

KAKINÇ, Halit: *İlk Türkçülerimiz solcu/İlk Solcularımız Türkçü İdi,* Star-Cumartesi Pazar Eki, 4.7.1999

KAKINÇ, Halit: *Türkiye'de Ordu/Devlet/Yasa Geleneği Vardır,* Kanal 6-Strateji Programı, 8.7.1999.

KANSU, Ceyhun Atıf: *Kurtuluş Savaşı ve Gençlik,* Barış, 19.5.1972.

KAPLAN, Kadri: *Kemalist Devrimciler ve Güçbirliği,* Halkçı, 21.3.1971.

KARABUDA, Güneş: *Dağlara Döneceğiz,* Cumhuriyet, 22 Kasım-4 Aralık 1970.

KARADAĞ, Raif: *İnönü'nü Hiç Kimse Kurtaramıyacaktır,* Bizim Anadolu, 27.1.1972.

KARAHAN, Teoman: *Üniversitede Son Bunalım ve Nedenleri,* Ulus, 9-12 Haziran 1969; *Nazım Hikmet'in Yakın Arkadaşıydım,* Ulus, 27 Nisan 1970(1).

KARGILI, Celal: *Oto Stopla Ortanın Solu,* Akşam, 25 Nisan 1967(1).

KAYNAK, Mahir: *Mahir Kaynak'ın Ajanlık Anıları,* Yeni Yüzyıl, 17.3.1996 (1)

KILIÇKAYA, Belkıs: *Deniz Gezmiş'ler de İdam Edilmemeliydi,* Milliyet, 18 Eylül 1990.

Kıvılcımlı Gençleri Nasıl Kandırdı, Akşam, 1.6.1972 (1)

KOÇAŞ, Sadi: *Tarih Boyunca Din ve Politika,* Cumhuriyet, 24.11.1969; *Cemal Gürsel'i Anarken,* Cumhuriyet, 14.9.1970.

KOĞACIOĞLU, Murat: *Devrimci Eğitim Kurumlarına Yapılan Baskı,* Akşam, 13 Mayıs 1969.

KONUKSEVER, Ergin: *Bir Komandonun İfşaatı,* Günaydın, 11-16 Şubat 1969.

KORKMAZ, Ali Hikmet: *Merkezi Yunanistan'da Olan Gizli Teşkilat Türkiye'de Nasıl Çalışıyor?* Kim, 9-15.11.1967, Sayı: 433.

KÖKLÜ, Muzaffer: *Solcu Bir Lider ve Polis Ajanıydım,* Yeni Gazete, 28.9.1969-28.101969.

KÜPELİ, Yusuf: *Köylü-Gençlik Omuz Omuza,* Türk Solu, 18.2.1969, Sayı: 66, Sayfa: 10, 11

KÜPELİ, Yusuf: *Yaşasın İkinci Kurtuluş Savaşımız,* Türk Solu, 25.2.1969, Sayı: 67, Sayfa: 12

KÜPELİ, Yusuf: *Sosyalistlere Çağrı,* Türk Solu, 4.3.1969, Sayı: 68, Sayfa: 12

KÜPELİ, Yusuf: *Keller ve Hançerli Köylerinin Yürüyüşleri,* Türk Solu, 27.5.1969, Sayı: 80, Sayfa: 6

KÜPELİ, Yusuf (A. Kerim takma ismiyle): *Orta Doğu'da Fedayi Harekatı ve Filistin Demokratik Halk Kurtuluş Cephesi,* Aydınlık, Mayıs 1970, Sayı: 19, Sayfa: 86'dan 96'ya kadar

KÜPELİ, Yusuf: *Yaşasın Filistin ve Bütün Orta Doğu Halklarının Devrimci Savaşı,* Aydınlık, Ekim 1970, Sayı: 24, Sayfa: 513'den 522'ye kadar.

MUMCU, Uğur: *Yassıada...Menderes...Deniz Gezmiş,* Cumhuriyet, 23-25.6.1985; *TİP Lideri Behice Boran,* Cumhuriyet, 28 Mayıs 1977; *Bir Dönemin Eylemcileri Tartışıyor,* Cumhuriyet, 9.7.1971(1)

MUTAFYAN, Mesrop: *Milliyetçilik Irkçılık Değildir,* Cumhuriyet, 11.6.1995.

NESİN, Aziz: *İslamlıkta Laiklik Olamaz,* Sancak, 16.1.1969; *İslamlık En Mükemmel Dindir,* Sancak, 17.1.1969; *Türkiye'de Laiklik,* Sancak, 20.1.1969; *Bayrağa Hayır,* Sancak, 21.1.1969; *Emperyalizmin Dini Milleti Yoktur,* Cumhuriyet, 22 Mayıs 1995.

OKAY, Öcal: *Bir Dokun Bin Ah Dinle,* Milliyet, 5.8.1964.

OLGAÇ, Ersen: *Hangi Devrime Doğru,* İmece, Mayıs 1967, Sayı: 73.

ONUR, Necdet: *Duruşma Yarın Başlayacak,* Günaydın, 11.4.971.

OTYAM, Fikret: *Dalokay'ın Moskova Gezisi ve Ankara'nın Sorunları, Cumhuriyet,* 1 Ocak 1976(1).

ODTÜ'de Tedhiş Kol Geziyor, Son Havadis, 3.2.1970 (1).

ÖCALAN, Abdullah: *1991'de DEP'e Oy Vermeyen Herkesi Hattâ Tavuğunu bile Öldürün Talimatını Verdim,* Star, 2.7.1999.

ÖLÇMEN, Özer: *Babalar ve Oğullar, Bizim Anadolu,* 24.3.1972.

ÖNAL, Günseli: *Ata'nın Evlilik Krizi,* Cumhuriyet, 11.4.1991.

ÖYMEN, Altan: *Hitler ve Castro'nun Hışmına Uğrayan Türk,* Milliyet, 11.4.1964

ÖYMEN, Altan: *Üniversiteden İhraç Edilenler,* Akşam, 5.9.1969

ÖYMEN, Altan: *FKF Nedir?* Akşam, 17.6.1969

ÖYMEN, Altan: *Molotof Kokteylleri ve Deniz Gezmiş,* 18.6.1969

ÖYMEN, Altan: *Anaların Asıl Ağlayacağı Zaman,* Akşam, 19.6.1969.

ÖZ, Erdal: *Zehir Zemberek Anılar,* Nokta, 12.4.1987, Sayı: 14, Sayfa: 64-65

ÖZDEN, Yekta Güngör: *Öğrenci Kuruluşlarındaki Buhranın Nedenleri ve Çözüm Yolları,* Kim, 18-24.1.1967, Sayı: 443; *Öğrenci Olaylarının İçyüzü,* Ulus, 30 Ocak 1967.
ÖZEK, Çetin: *Geçmişin Hataları ve Yarın,* Milliyet, 21-25.2. 1972.
ÖZGENTÜRK, Nebil: *Halikarnas Balıkçısı/Oğlu Anlatıyor,* Sabah, 3.9.1995 (1).
ÖZKOL, Adil: *12 Mart Dosyalarından İnsan Manzaraları,* Politika, 18.2.1976(1).
ÖZTÜRK, Mehmet Velid: *İslam Mücahid Kampı,* Bugün, 27-28 Ağustos 1969.
PEREDO, İnti: *Tekrar Dağlara Döneceğiz,* Türk Solu, 1.10.1968, sayı:46.
PERİNÇEK, Doğu: *İrticanın Arkasındaki Düşman Emperyalizm,* Akşam, 3.5.1968.
PULUR, Hasan: *Çorum'dan Johson'a Gönderilen Mektup,* Milliyet Magazin, 18.3.1965; *Topçular Tüfekçiler (TİP Kongresi Üzerine),* Milliyet, 26.11.1966; *Kızlara Bir Hafta Boykot Yapıldı,* Milliyet, 31.12.1966.
SAĞLAMER, *Kayhan: El-Fetih'te Bir Hafta Kaldım,* Yeni İstanbul, 19.3.1971(1).
SANLI, Ali: *Hukuk Devleti/Politik Demokrasi ve Sosyal Demokrasi,* Milli Gençlik, Ocak 1964, sayı: 5.
SARP, Atilla: *TİP Tartışmaları,* Yön, 1.7.1966, Sayı: 170; *Sert Adımlarla Emperyalizm Üzerine,* Türk Solu, 13.8.1968, sayı: 39; *Bağımsızlık ve Demokrasi,* Akşam, 14 Haziran 1969.
SAVCI, Bahri: *ODTÜ Bunalımı,* Cumhuriyet, 9.2.1970 (1); *Gençlik Hareketleri,* Cumhuriyet, 1 Ocak 1971.
SAYAR, Güzin: *Rahmi ve Cemile Duman ile Röportaj,* Haber, 10.2.1965.
SAYILGAN, Aclan: *Bilimsel Çalışmalarda Asya Üretim Tarzı,* Dost Dergisi, Mayıs 1968, Sayı:43.
SELÇUK, İlhan: *Kürt Meselesi,* Cumhuriyet, 25.4.1966; *Gençlik İçin, Cumhuriyet,* 28.4.1966; *Nasıl bir Sosyalizm,* Cumhuriyet, 30.6.1966; *Yunan Emperyalizminin Kaynakları,* Cumhuriyet, 25.12.1965; *Gerilla, Cumhuriyet,* 8.12.1968; *YÖN İçin,* Cumhuriyet, 1.7.1967; *Kürt Meselesi ve Doğu İlleri,* Cumhuriyet,

5.10.1967; *Che Guevera İçin,* Cumhuriyet, 14.10.1967; *Dünya İhtilali,* Cumhuriyet, 29.1.1969; *Reform Yerine Ceza,* Cumhuriyet, 3.9.1969; *Ordu Üstüne Entrika Hevesleri,* Cumhuriyet, 26.6.1969; *Bilimsel Sosyalizm ve Atatürkçülük,* Cumhuriyet, 27.9.1970; *Beşikçi,* Cumhuriyet, 4 Eylül 1970; *Nasıl Aldatılıyoruz?* Cumhuriyet, 13.9.1970; *Deniz Gezmiş'e,* Cumhuriyet, 19.1.1971; *Deniz ile Menteşeoğlu,* Cumhuriyet, 19.3.1971; *68'liler 40 Yaşında,* Cumhuriyet, 7.4.1988; *Filistin Askısı,* Cumhuriyet, 17.4.1988; *Kahraman Kimdir?* Cumhuriyet, 7.5.1976; *Zamanla ve Uzamla Barışmak,* Cumhuriyet, 26.5.1995.

SERDENGEÇTİ, Osman Yüksel: *3 Mayıs 1944'ten Hatıralar,* Yeni İstanbul, 6.5.1967 (1)

SERTEL, Yıldız: *Siyasal ve Sosyal Yönleriyle 27 Mayıs,* Cumhuriyet, 27 Mayıs 1995 (1).

SEVİNÇ, Necdet: *Babalar ve Oğullar,* Bizim Anadolu, 24.3.1972; *Her Komünist Vatan Hainidir,* Bizim Anadolu, 25.3.1972.

SONER, Şükran: *İşgalden Bu Yana İstenenler, Gerçekleşenler,* Cumhuriyet, 25-27 Eylül 1968.

SOYSAL, Muammer: *Gelecek Bizi Doğrulayacaktır,* Akşam, 26 Nisan 1969.

SOYSAL, Sevgi: *Anası Bellenenlerin Günü,* Politika, 7.5.1976.

SU, Ruhi: *Halk Türkülerinin Söylenişi,* Yeditepe, 16-31.8.1961, S. 45.

SÜMER, Şirin: *Sol 12 Mart'ı Nasıl Karşıladı,* Evrensel, 12.3.1996(1) - 14.3.1996 (3)

ŞİMŞEK, Hikmet: *Gençliğe Emanet,* Cumhuriyet, 27.5.1995.

TALAS, Cahit: *Sosyalizme Dair,* Öncü, 17 Eylül 1960.

TAMER, Rauf: *Teklif,* Tercüman, 19.3.1971; *Arıza Nerede?* Tercüman, 6.11.1987; *Sözün Kısası,* Tercüman, 20-22-23 Mart/8 Nisan 1971.

TANJU, Sadun: *Yeni Bir Patlayıcı Madde (Genç Nüfus),* Ulus, 9.7.1968(1); *Parlamento ve Gençler,* Cumhuriyet, 11-15.2.1971.

TAVŞANOĞLU, Leyla: *"Em. Dz. Bnb. Erol Bilbilik: MİT'deki Hainler Herkesi Kullandı",* Cumhuriyet, 10 Mart 1996.

TEKBEN, Şerif: *Köy Enstitüleri Ne Değildir?* İmece, Mayıs 1970, Sayı: 109.

TEKİN, Arslan: *Bir Ülke Türkmenistan,* Türkiye, 19.10.1998 (1)

TEKİN, Füruzan Hüsrev: *Türk Adı Üzerine,* Cumhuriyet, 25.7.1976.

TOKER, Metin: *Siz Hiç Genç Olmadınız mı?* Milliyet, 4.10.1967; *El-Fetih'in İçyüzü, Milliyet,* 20-23.4.1969; *Üç Genç Adam ve Ölüm,* Milliyet, 5.3.1972.

TOPUZ, Hıfzı: *Öğrenci Sorunları Polisle Çözülmez,* Cumhuriyet, 23 Ocak 1971.

TOSUN, Öztekin: *Üniversitedeki Son Olaylar,* Cumhuriyet, 5 Ocak 1969.

TÖRE, Teslim: Parayı Alan Adam Silahları Vermedi, Cumhuriyet, 12.5.2002

THKP-C İddianame, Cumhuriyet, 17-26 Ağustos 1971.

TÜTENGİL, Cavit Orhan: *Atatürk ve Doğu Üniversitesi,* Vatan, 10 Kasım 1958.

TUNA, Yalçın: *Üniversitelerde İlmi ve Siyasi Faaliyetler Tefriki,* Ulus, 2 Nisan 1957.

TURGUT, Hulusi: *Bitmeyen Kan Davası-Bucak Ailesi,* Akşam, 13.9.1966(1).

UĞURLU, Nurer: *Türkiye'de İlk Batılılaşma Hareketleri,* Cumhuriyet, 11 Mart 1977(1).

ULUNAY, Refi Cevat: *Kuleli Vakası,* Milliyet, 1.3.1964.

ÜNLÜ, Cemalettin: *Bursa Nutku Kimler İçin Söylendi?* Kim, 30 Kasım-6 Aralık 1966, Sayı: 436.

ÜNSAL, Engin: *Türk-İş ve TİP Çekişmesi,* Milliyet, 21.4.1965.

VELİDEDEOĞLU Hıfzı Veldet: *Bölücülük ve Ermeniler,* Cumhuriyet, 4.2.1971; *Şiddet Tohumu Nasıl Ekilir?* Cumhuriyet, 2.4.1978

YALÇINER, Selim: *Maraş'ın 4 Günü,* Cumhuriyet, 28 Aralık 1978(1).

YEŞİM, Nazan: *Duygu Yazman İçin,* Milliyet Pazar, 16.8.1964; *Zeki Müren'i Tanıyor musunuz?* Milliyet, 25-31.10.1964.

YILDIZ, Aytekin: *Anarşi Raporu,* Milliyet, 25.2.1977(1)

YILMAZ, Yaşar: *Halka Dönük Üniversite,* Akşam, 1.4.1969.

YILMAZER, Hasan: *Atatürk'ün Sevdiği Kadın,* Milliyet, 10.11.1966 (1).

YÖN-Bir Derginin Hikayesi(1), Kim, 30. 6. 1967, Sayı: 465.
ZAPTÇIOĞLU, Dilek: *Teröristler Tecrit Olmuş Durumda,* Cumhuriyet, 3 Mayıs 1990.
ZIT, Mehdi: *Müstehcen,* Ulus, 1 Ocak 1970(1).

HABERLER-DEMEÇLER-YAZI DİZİLERİ

Anarşiye Hız Veren Tutumlar, *Tercüman,* 29.3.1972.
Anayasa Nereye Kadar Açık?, *Cumhuriyet,* 1-10 Haziran 1967.
Ankara'da Gerilla Savaşı Başladı, *Adalet,* 14.1.1971.
Ankara Mayın Tarlasına Döndü, *Adalet,* 19.2.1971.
Apocuların Arkasında İsrail Var, *Aydınlık,* 9.4.1980.
Avrupa Gençliğinin Seks Bunalımı, *Akşam,* 20.7.1969(1).
Ayıklayın Pirincin Taşını Beyler, *Tercüman,* 13 Nisan 1971.
Behice Boran'la Söyleşi, *Yeni Gün,* 3 Kasım 1970.
Bilinmeyen Yönleri İle Soygun Öncesi ve Sonrası, *Adalet,* 27-30.1.1971
BASK Milliyetçisi 5 Genç İspanya'da Kurşuna Dizildi, *Günaydın*-Haber, 27.9.1975.

Burası Brezilya Değildir, *Hürriyet,* 5 Mart 1971.
Carlos Dosyasını Açıklıyoruz, *Günaydın*-Haber, 19-20.1.1976.
CHP Anarşistlere Arka Çıkan Tutumdan Kurtarılmalıdır, *Tercüman,* 3.4.1972.
Devlet Gücü Üzerine Şüphe Yaratılamaz, *Tercüman,* 21.3.1972.
Elbistan Hareketi, *Tercüman,* 22.6.1971(1).
Emel Sayın Baba Oğulu Birbirine Düşürdü, *Hafta Sonu,* 22.9.1978.
Faik Türün'ü Amerika'da CIA ve Pentagon Yetkilileri Ağırlamış (19.1.1974'te gitmiş, 3.2.1974'te dönmüş), *Günaydın*-Haber, 6.10.1975.
FKF'nin İçyüzü, *Bizim Anadolu,* 10.10.1969 (1).
Ferhat Tüysüz Dosyası, *Cumhuriyet,* 28.9.1979(1).
Gazinocu Aslan Oğluna Ateş Püskürüyor, *Hafta Sonu,* 2.6.1978.
Gece Klübünde Polise Saldıran Kılıç, Serbest Bırakıldı, *Cumhuriyet,* 22 Şubat 1970.
Gençlik Örgütleri Cevaplıyor, *Aydınlık,* 29 Mayıs 1978(1).
Hücrede Olan Gezmiş ve Arkadaşları "Bağırarak" Konuşmak İstiyor, *Milliyet,* 27 Nisan 1971.

İçişleri Raporunda Ülkücü Dernekleri Suçlanıyor, *Cumhuriyet,* 6.10.1978.
İhtilalin Getirdiği Darbe (13 Kasım 1960), *Yeni İstanbul,* 19.6.1967(1)
İnönü'yü Yanlış Yola Sürüklüyorlar, *Tercüman,* 4.4.1972.
İslamcı Siyasi Hareketler ve Terör, *Cumhuriyet,* 19.4.1991.
İttihat ve Terakki Üzerine Anılar, *Günaydın,* 25 Ekim 1973(1).
Japon Komandoları, *Cumhuriyet,* 23.1.1969.
Kadınlar Tenis Kortundalar (Konya 1927), *Kim,* Ocak 1995, Sayı: 34, Sayfa: 33
Kızıl Ahtapot ve Türkiye'deki Kolları (Dev-Güç Üzerine), *Son Havadis,* 23.1.1973(1).
Madanoğlu Dosyası, Dünyada ve *Türkiye'de Sabah,* 13.1.1973(1) ve *Bugün,* 11.1.1973(1).
Ne Ortadoğu - Ne Vietnam. Burası Başkent Ankara. Adım Başında Dinamit Patlıyor, *Adalet,* 21.2.1971.
Ordu'nun AP'yi İlk Defa 26 Kasım 1965'te Uyardığı Öne Sürüldü, *Haber,* 19 Nisan 1971.
Polis Üniversiteye Girer mi, Girmez mi? - Öğretim Üyeleri Ne Diyor?, *Yeni Gazete,* 26 Mart 1970.
Solcular/Marksistler/Mahkûm Komünistler, *Bizim Anadolu,* 11.6.1969 (1)-8.11.1969 (134).
Şimdi Ne Yapmalı? (Üniversite Reformu), *Yeni Gazete,* 2/14.7.1968.
Tarık Akan Kürt Elinde, Hafta Sonu, 22.9.1978.
Tedhiş Eylemleri Giderek Daha Etkili Bir Niteliğe Bürünüyor, *Cumhuriyet,* 31.7.1976.
Tehlikeli Yatırım, *Tercüman,* 19.3.1972.
Teğmen Callay ve Deniz Gezmiş, *Adalet,* 17.4.1971.
THKO İle İlgili Sanılan Yedi Emekli Subay İle Üç Askeri Öğrenci Tutuklandı, *Yeni Gazete,* 9 Nisan 1971.
THKO Liderlerinden Olduğu İleri Sürülen Emekli Bir Deniz Albayı Aranıyor, *Yeni Gazete,* 10.4.1971.
Türkiye'nin Siyasi Hayatında Gençliğin Yeri, *Gençlik Dergisi,* Sayı: 82-83-84-85, 1965 Mayıs-Haziran-Temmuz ve Ağustos.

Üniversite Köşesi, *Son Havadis,* 2.11.1961.
Üniversite Olayları, *Milliyet,* 1-13 Temmuz 1968.
Yeni Hedef: Bütün Yurtta İç Harp, *Adalet,* 17.2.1971.
27 Mayıs ve Solcuların Gözü İle Türkiye, *Yeni Gazete,* 1 Haziran 1967-19 Haziran 1967(19).
Zenginler Korku ve Panik İçinde, *Adalet,* 21.4.1971.

KİTAP HAKKINDA BASINDA YERALAN BAZI YAZILAR

"Masamın üstünde bir kitap duruyor: Deniz."

İlhan Selçuk, 7 Mayıs 1992, Cumhuriyet

"Deniz, bir araştırma kitabı ve bir dönemin aydınlatılması için kaynakça. Bunun yanısıra dört dörtlük bir Deniz Gezmiş biyografisi."

Genç Sosyal Demokrat Dergisi, Ağustos 1992, sayı:

"Bu kitap aslında bir yankı, bir ayna. Şapkalar düşüyor, keller gözüküyor. Kim kimdir, nasıldır, apaçık ortaya çıkıyor."

Füsun Erbulak, 23 Kasım 1991, Güneş

"Deniz'in izlerini süren bu kitap, kısa, fakat onurlu bir yaşamın yalnızca belgesi olarak değil, bizim de korumamız gereken bir mirası hatırlatması açısından da önemli."

Oğuz Bilici, Kasım 1991, Demokrat, sayı: 18

"Deniz'e sıcak bakışının ötesinde, kimi 'iç tartışmalar' açısından tarafsız kalmaya özen gösterdiği dikkat çekiyor."

Tunca Arslan, 3 Kasım 1991, İkibin'e Doğru

"Turhan Feyizoğlu'nun hakkını yememek lazım. Kitabı, çok titiz ve uzun süre almış bir çalışmanın ürünü. Hemen her belge taranmış, tanıklara doğrudan ya da dolaylı ulaşılmış. Deniz Gezmiş'in neredeyse tüm eylemlerinin dökümü yapılmış. Sonuçta çok önemli bir başvuru kitabı yaratmış."

Ayşenur Arslan, Cumhuriyet Kitap Eki, 7 Mayıs 1992, Sayı: 115

"Feyizoğlu'nun, siyasal tarihimizin bu onurlu adları hakkındaki birçok ayrıntılı bilgiyi, belgeyi, anlatımı içeren bu kitapları hazırladığı için kutlanması gerektiğini ve yeni kuşaklara 12 Mart dönemi gençliğinin bu iki öncüsünü başarıyla tanıttığını söyleyebilirim."

Öner Yağcı, Sanat ve Edebiyat Dergisi Tohum, Mayıs 1997, Sayı:16.

"Turhan Feyizoğlu adını hızla geçmemek gerek. Bir kasırga gibi yoğun geçmiş bir dönemi, bu kadar çok yönlü ve kapsamlı bir üstbilinç ve çalışkanlıkla, bu kadar genç bir adamın kalıcı bir araştırmalar dizisine dönüştürmüş olması, dünyada bile ender rastlanan bir olaydır."

Bedri Baykam, 68'li Yıllar/Eylemciler, İmge Yay. 1998, sayfa:18

"Turhan Feyizoğlu Dostum, Yetişen Gençlere Örnek Olmaları İçin, Mahir Çayan'ın, Deniz Gezmiş ve Arkadaşlarının Biyografilerini Yazdı"

Mehmed Niyazi, Zaman, 31.1.2000

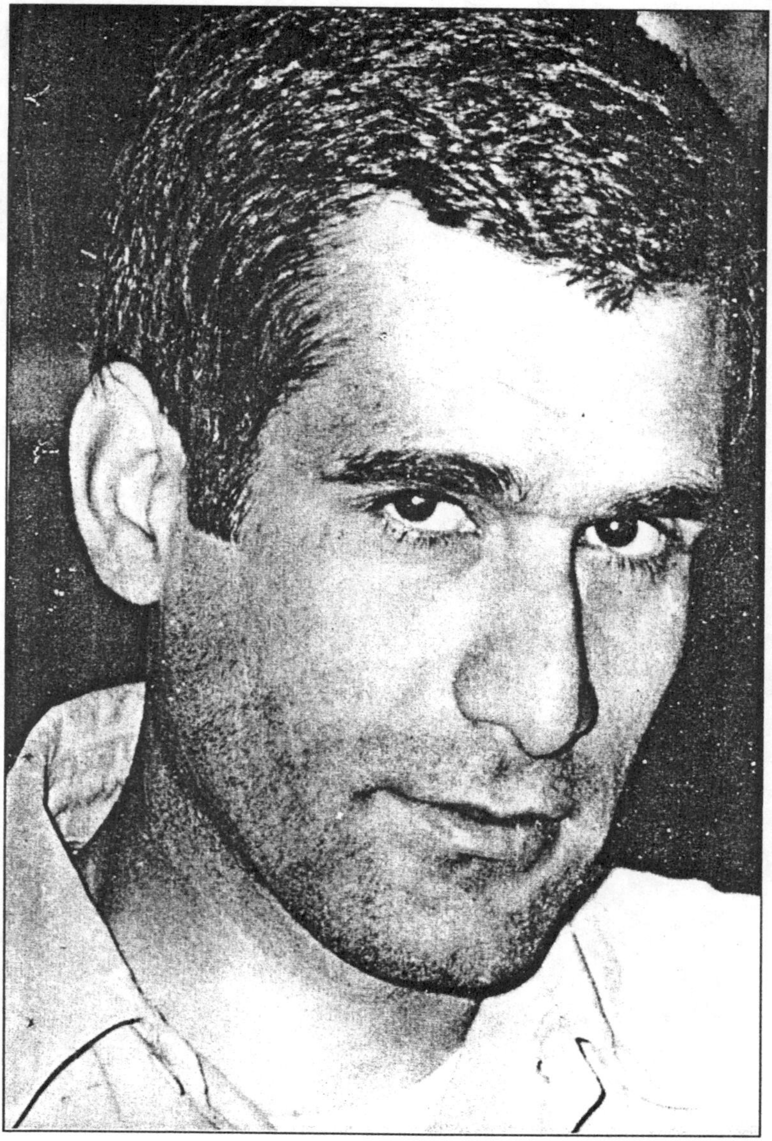

31 Ağustos 1966, Deniz'in ilk gözaltına alınışı.

Nisan 1968: AIESEC olayı nedeniyle yapılan duruşmalardan birisinde.

11 Haziran 1968: İstanbul Üniversitesi Rektörlüğünü işgale giderken.

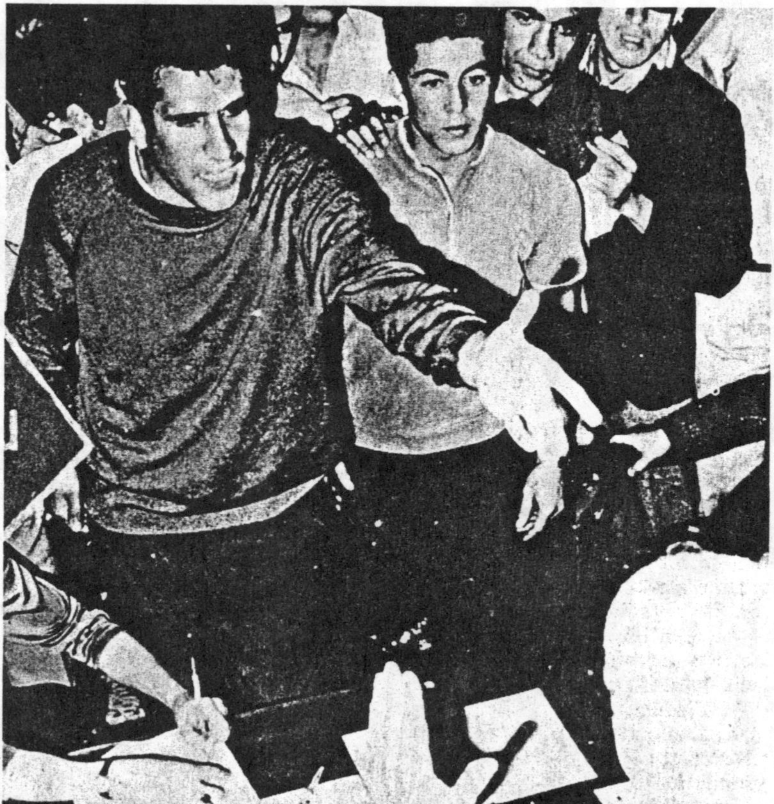

11 Haziran 1968: İstanbul Üniversitesi Rektörlüğünün işgali. Deniz, Rektör Prof. Ekrem Şerif Egeli ile tartışırken.

11 Haziran 1968: İstanbul Üniversitesi Rektörlüğünü işgale giderken.

26 Temmuz 1968, Vedat Demircioğlu'nun cenaze töreni.

29 Kasım 1968, Sultanahmet Cezaevi.

30 Mayıs 1969: İstanbul Üniversitesi Rektörlüğünün işgali. Deniz, Rektör Prof. Ekrem Şerif Egeli ile tartışırken.

31 Ekim 1968, Samsun Ankara yürüyüşü. Elinde bayrak olan Deniz.

23 Eylül 1969, Deniz, babası Cemil Gezmiş ile.

14 Aralık 1969, Deniz, Battal Mehetoğlu'nun cenazesinin başında.

2İ Ekim 1969, Deniz duruşmalarından birine giderken.

14 Aralık 1969: Deniz, Yıldız DMMA önünde.

FDHKP-C'nin Deniz'e verdiği geçici kimlik kartı.

1970, Deniz ile Cihan Bursa Cezaevinde

16 Temmuz 1971, Deniz ve arkadaşları duruşma salonuna gelirken.

16 Temmuz 1971, Duruşma salonuna girerken
Deniz ve arkadaşları slogan atarken.

Deniz Gezmiş, Hüseyin İnan ve Yusuf Aslan

TURHAN FEYİZOĞLU'NUN
Ozan Yayıncılık'tan çıkan
Diğer Kitapları

İbo

İbrahim Kaypakkaya

Turhan Feyizoğlu

Ozan Yayıncılık
Altınçağ Yayıncılık

TURHAN FEYİZOĞLU

nurhak dağları'ndan sonsuzluğa

SİNAN

fikir kulüpleri federasyonu

FKF

Demokrasi Mücadelesinde Sosyalist Bir Öğrenci Hareketi

TURHAN FEYİZOĞLU

OZAN YAKINTARİH